JN493599

모바일 웹 서비스 구현을 위한

JSP 웹 프로그래밍

한빛아카데미
Hanbit Academy, Inc.

지은이 **김현규** hgkim@syu.ac.kr

한국국방연구원 및 원자력연구원에서 클라이언트 서버 기반의 엔터프라이즈 시스템 개발에 참여하였으며, LG전자 MC연구소에서 책임연구원을 맡아 안드로이드 기반의 휴대폰 개발에 참여하는 등 다수의 실무 프로젝트 개발 경험을 가지고 있다. 2012년부터 삼육대학교 컴퓨터공학부 교수로 재직 중이며, 학생들에게 현업에 필요한 실전 기술들을 함양시키기 위한 캡스톤디자인 위주의 수업을 진행하고 있다. 주 관심사는 소셜 빅데이터 분석과 관련한 인공지능 및 빅데이터 처리 분야이며, 국제 저널과 학술대회 등에서 50여 편의 논문을 발표하였다.

지은이 **박유현** yhpark@deu.ac.kr

한국국방연구원 및 한국전자통신연구원에서 국방 전산화 사업과 클라우드 플랫폼 개발 사업에 참여하였다. 2009년부터 동의대학교 컴퓨터소프트웨어공학과 교수로 재직 중이며, 프로그래밍, 클라우드 시스템, 앱/웹 개발 수업 등을 진행하고 있다. 주 관심사는 빅데이터 분석, 클라우드 플랫폼 등이며, 다양한 주제의 특허와 논문을 발표하였다.

모바일 웹 서비스 구현을 위한 JSP 웹 프로그래밍

초판발행 2021년 08월 23일

지은이 김현규, 박유현 / **펴낸이** 전태호
펴낸곳 한빛아카데미(주) / **주소** 서울시 서대문구 연희로2길 62 한빛아카데미(주) 2층
전화 02-336-7112 / **팩스** 02-336-7199
등록 2013년 1월 14일 제2017-000063호 / **ISBN** 979-11-5664-565-8 93000

책임편집 김성무 / **기획** 정서린 / **편집** 김도윤
디자인 표지 이아란 내지 박정우 / **전산편집** 이소연 / **제작** 박성우, 김정우
영업 이윤형, 길진철, 김태진, 김성삼, 이정훈, 임현기, 이성훈, 김주성 / **영업기획** 김호철, 주희

이 책에 대한 의견이나 오탈자 및 잘못된 내용에 대한 수정 정보는 아래 이메일로 알려주십시오.
잘못된 책은 구입하신 서점에서 교환해 드립니다. 책값은 뒤표지에 표시되어 있습니다.
홈페이지 www.hanbit.co.kr / 이메일 question@hanbit.co.kr

모바일 웹 서비스 구현을 위한

JSP 웹 프로그래밍

한 권으로 완성하는 나만의 웹 서비스

김현규, 박유현 지음

한빛아카데미
Hanbit Academy, Inc.

JSP의 동작 원리부터 실전 활용 모델까지

4차 산업혁명 시대가 도래하면서 우리 사회는 인터넷에 산재되어 있는 다양한 정보들을 빠르게 수집하고, 이를 분석하여 가치를 창출할 수 있는 인재를 요구하고 있습니다. 그리고 가치 있는 정보를 모바일 앱의 형태로 표현하기 위한 프로그래밍 실력이 그 어느 때보다도 중요해지고 있습니다. 이를 위해 JSP를 활용하면 효과적입니다. JSP로 모바일 웹앱을 만들면 동작 원리 중심의 프로그래밍을 차근차근 익힐 수 있습니다.

현재까지 많은 JSP 교재가 출판되었음에도 불구하고, 동작 원리를 명쾌하게 설명하거나 세부 기술들이 실전에서 어떻게 연동되고 활용되는지에 관련한 설명이 부족해 다소 아쉬움이 있었습니다. 특히 기존 교재에서는 문법적인 측면을 강조하기 위한 단편적인 예제를 제시하는 경우가 많아 학생들의 흥미를 유발하기에는 한계가 있었습니다. 따라서 이번 교재를 집필하면서 이러한 부분들을 조금이나마 개선하고자 노력하였습니다.

이 책의 특징은 다음과 같이 3가지로 정리될 수 있습니다.

- 동작 원리 중심으로 단원별 주제를 설명합니다. 예를 들어, JSP가 서블릿으로 어떻게 변환되는지, 서블릿에 전달되는 HTTP 메시지는 어떤 구조를 지니며, 메시지로부터 어떻게 사용자 입력값을 추출하고 응답 메시지를 구성하는지 등, 시스템 내부에서 일어나는 과정들을 유기적으로 설명하여 전체 시스템의 동작 과정에 대한 이해도를 높이고자 하였습니다.
- 소셜 네트워크 서비스(SNS) 구현 과정을 예제로 제시합니다. 페이스북과 트위터 등으로 대표되는 SNS는 직관적인 사용자 인터페이스를 제공하는 동시에 대량의 데이터를 효율적으로 처리하기 위한 다양한 기술을 선보임으로써, 최근 개발되는 웹앱의 설계와 구현에 지대

한 영향을 끼치고 있습니다. 따라서 트렌드에 맞는 모바일 웹 애플리케이션을 작성하기 위해서는 SNS에 대한 이해가 필수입니다. 이 책에서는 단원별 주제를 설명할 때, 각각의 기술이 SNS의 어떤 부분에서 활용될 수 있는지 예제와 함께 설명합니다. 또한 책의 마지막 단원에서는 각 단원에서 소개한 예제들을 함께 묶어 SNS가 어떻게 완성되는지도 소개합니다.

- 주제별로 WHY, WHAT, HOW 측면에서 설명합니다. 각각의 단원을 시작하면서 주제를 소개할 때, 해당 단원에서 학습할 기술이 왜(WHY) 중요한지 설명합니다. 그리고 단원 내에서는 질문 박스를 통해 세부 기술들의 필요성을 환기시킵니다. 단원 설명이 끝난 후에는 학습한 내용을 요약하며 무엇을(WHAT) 배웠는지 리마인드 합니다. 마지막으로 연습 문제를 통해 어떻게(HOW) 적용할지 고민하면서, 학습한 내용에 대한 응용 능력을 향상시킬 수 있도록 구성하였습니다.

이 교재는 최신 트렌드에 맞는 모바일 웹 애플리케이션을 작성하고자 하는 분들께 적합합니다. 또한 기존에 웹 프로그래밍을 공부했던 학생들이 JSP 기반 웹앱의 동작 원리를 이해하고 응용 능력을 향상시킬 수 있도록 돕습니다.

끝으로 교재를 함께 집필하면서 함께 고생하고 많은 도움을 준 박유현 교수님께 감사드립니다. 그리고 책을 기획·출판하는데 도움을 준 한빛아카데미(주)의 정서린 님과, 책의 구성 내용을 꼼꼼히 확인해주시고 한 단계 업그레이드될 수 있도록 편집해 준 김도윤 님께 감사의 말씀 드립니다. 무엇보다도 부족한 저를 항상 믿고 따라주는 아내 지혜와 언제나 밝은 아이들, 예원, 유하, 하원에게 사랑한다고 전하고 싶습니다. 감사합니다.

저자 김현규

이 책의 구성 요소

| 학습목표 |

본문을 학습하기 전에 이번 장에서 중점적으로 학습해야 할 개념을 확인할 수 있습니다.

> **학습목표**
> - 동적 웹 프로그래밍이 무엇이며, 어떻게 동작하는지 이해한다.
> - URL의 구성과 HTTP 동작 원리를 이해한다.
> - HTML과 JSP 처리 과정의 차이를 이해한다.

| 질문 박스 |

저자가 강의를 진행하면서 자주 받은 질문과 그에 대한 답변을 통해 놓치기 쉬운 부분을 학습합니다.

> ? <input> 태그의 type 속성 값 중 <form> 태그가 함께 정의되어야 정상 동작하는 것은 0
>
> <input> 태그에서 <form> 태그가 함께 정의되어야만 정상 동작하는 U 었습니다. 첫 번째는 텍스트 입력형 UI인 Email 타입이며, 두 번째는 앞 Submit과 Reset 타입 입니다. 이외에 <input> 태그의 일부 속성 역시 <

| 코드 |

본문에서 설명하는 개념을 코드로 다시 한 번 학습합니다. 프로그램을 만들며 관련 개념을 확인할 수 있습니다.

Hello/login.html

```
<html>
<head>
<meta charset="utf-8">
</head>
<body>
<h4>로그인</h4>
아이디 <input type="text" name="id" placeholder="Email address"
        required> <br>
```

| 예제 |

실습 환경을 구성하고, 본문에서 소개한 코드를 따라하면서 직접 실습합니다.

> **예제 5-1** 로그인 로직을 위한 서블릿 구현
>
> **1 서블릿 파일 추가 :** Hello 프로젝트를 선택한 후 이클립스의 상단 메 [Servlet]을 선택합니다.
>
> Servlet 메뉴를 선택하면 다음과와 같이 Create Servlet 팝업이 뜨며, 프

| TIP |

본문을 학습하면서 평소 알아두면 도움이 되는 유용한 팁을 함께 학습합니다.

> **2 생성된 LoginServlet 구조 확인 :** 다음 코드는 이클립스가 생성한 현 코드에 해당하며, 기본적으로 생성자Constructor와 함께, doGet()과 포함합니다. 코드에서는 편의상 주석 부분은 모두 삭제하였습니다.
>
> **TIP** 서블릿은 다른 파일과 다르게 src/main/java 폴더 아래에 생긴다는 것을 기억하세요!

| NOTE |

실수하기 쉽거나 현업에서 중요한 내용을 본문과 별도로 학습합니다.

> **NOTE 혹시 생성된 프로젝트에서 에러가 발생하나요?**
>
> 프로젝트 생성 시, 아래와 같이 Faceted Project Problem (Java Version Mismatch) 오류 이는 컴퓨터에 설치된 JDK 버전과 이클립스에서 제공되는 Java 버전이 달라서 생기는 오류

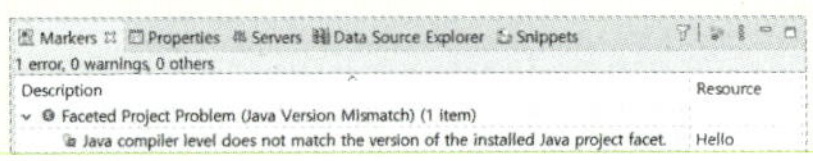

| 요약 |

장이 끝날 때마다 핵심 내용을 요약하여 복습 시 학습합니다.

> **요약**
>
> **01 서블릿**
> - Server Applet의 줄임말. CGI의 단점을 보완하기 위해 선마이크로 Java 기반의 동적 웹 프로그래밍 솔루션

| 연습문제 |

장이 끝날 때마다 문제를 해결하면서 세분화된 지식을 전체적으로 완성합니다.

> **연습문제**
>
> **01** 다음 중 JSP 프로그램의 구동과 확인에 필요한 소프트웨어와 가장 거리가 먼
>
> ① JDK　② 크롬 브라우저　③ IIS 웹 서버　④

학습 로드맵

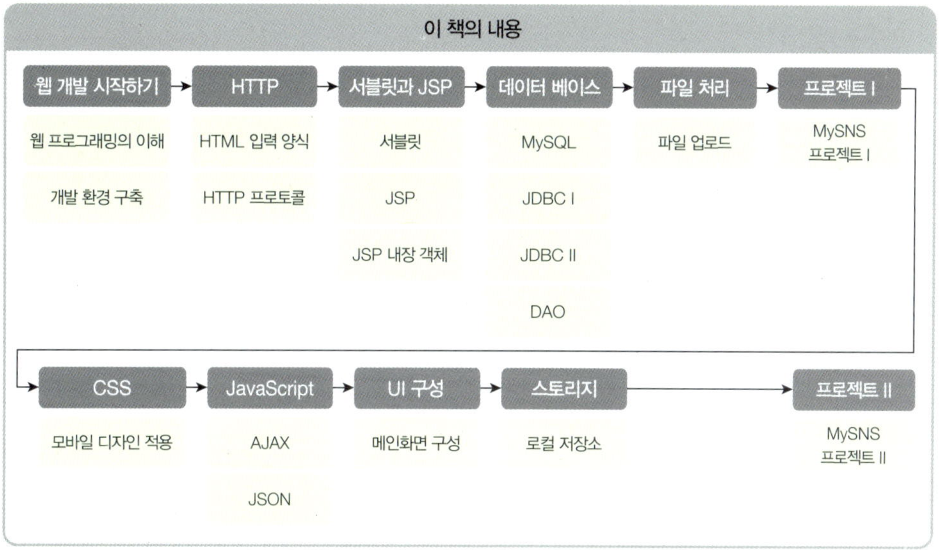

강의 보조 자료

한빛아카데미 홈페이지에서 '교수회원'으로 가입한 분은 인증 후 교수용 강의 보조 자료를 제공받을 수 있습니다. 한빛아카데미 홈페이지에서 메뉴를 클릭하세요.
http://www.hanbit.co.kr/academy

설치와 실습 자료

설치와 실습에 필요한 자료는 다음 주소에서 다운로드할 수 있습니다.
http://www.hanbit.co.kr/src/4565

실습 환경

개발언어 : JSP, Java, HTML, CSS, JavaScript
운영체제 : 윈도우 10 이상
개발도구 : 이클립스 2021-03

연습문제 해답 안내

이 책은 대학 강의용 교재로 개발되었으므로 연습문제 해답을 제공하지 않습니다.

차례

Chapter 04 HTTP 프로토콜

Chapter 05 서블릿

Chapter 06 JSP

차례

Chapter 07 JSP 내장 객체

Chapter 08 MySQL

Chapter 09 JDBC I

Chapter 10 JDBC II

Chapter 11 DAO

CHAPTER 01
웹 프로그래밍의 이해

학습목표

- 동적 웹 프로그래밍이 무엇이며, 어떻게 동작하는지 이해한다.
- URL의 구성과 HTTP 동작 원리를 이해한다.
- HTML과 JSP 처리 과정의 차이를 이해한다.

01 웹과 인터넷

우리는 생활 속 곳곳에서 웹을 쉽게 접합니다. 뉴스를 보고, 원하는 정보를 검색하고, 여가 생활을 할 때도 웹을 이용합니다. 이러한 웹 서비스들은 어떻게 만들어질까요? 웹과 인터넷은 어떻게 다른지, 웹의 동작 원리는 무엇인지, 또 웹 프로그래밍에 사용되는 기술은 무엇이 있는지 학습해 봅시다.

웹(Web)과 인터넷(Internet)의 차이는 무엇인가요?

막상 대답하려니 떠올리기 힘들죠? 대부분은 웹과 인터넷을 혼용해서 쓰고 있으며, 많은 사람들이 같은 의미로 인식하고 있습니다. 그러나 엄밀히 말하면, 두 단어 사이에는 차이점이 존재합니다.

먼저 인터넷은 다수의 컴퓨터를 연결시킨 네트워크를 의미하며, 하드웨어적인 개념으로 볼 수 있습니다. 인터넷이 등장하게 된 히스토리를 알면 이해가 더욱 쉬워집니다. 컴퓨터의 많은 분야가 미국 국방성에서 시작되었듯이, 인터넷 역시 국방성에서 시작되었습니다. 소비에트 연방(현재의 러시아)이 최초로 인공위성 발사에 성공하자, 위협을 느낀 미국은 이를 따라잡기 위해 ARPA Advanced Research Project Agency 부서를 창설합니다. 그리고 미국 내 국방성과 연구소, 대학교를 연결한 네트워크인 ARPANET을 개발합니다. ARPANET은 다시 민간이 이용하는 사설망과 군사 용도로 이용되는 국방망으로 나뉘게 되는데, 이 중 사설망이 인터넷으로 발전한 것입니다.

웹은 월드 와이드 웹 WWW, World Wide Web의 약자로, 인터넷에서 동작하는 여러 서비스 중 하나이며, 소프트웨어적인 개념으로 볼 수 있습니다. 웹 서비스의 특징은 하이퍼 링크 Hyper Link를 이용하여 문서 사이를 이동할 수 있도록 해주는 것으로, 유럽 공동원자핵연구소 CERN의 팀 버너스 리 Tim Berners-Lee가 처음으로 제안했습니다. 원자력 분야는 NPP, AFWS 등 줄임말이 많은 것으로 유명한데, 현재까지도 용어집을 별도로 만들어 쓰고 있을 정도입니다. 팀 버너스 리는 용어집을 검색해야 하는 번거로움을 줄이기 위해, 보고서에 약어가 등장할 때마다 링크를 추가하고, 특정 링크가 클릭될 경우 관련 상세 설명 페이지로 이동할 수 있도록 개발하였습니다. 이러한 하이퍼링크 개념은 현재 우리가 이용하고 있는 웹 서비스의 시초가 되었습니다.

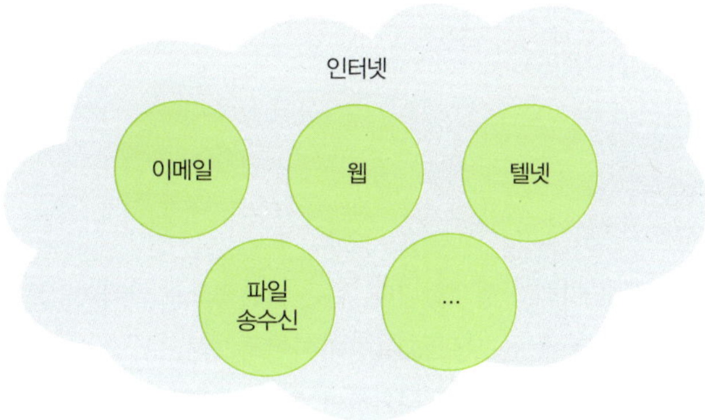

그림 1-1 인터넷과 웹

인터넷에는 웹 이외에도 이메일, 텔넷, 파일 송수신 등의 다양한 서비스가 제공되고 있으며, 각 서비스는 서로 다른 자신만의 프로토콜Protocol, 즉 통신에 필요한 규약을 정의하여 이용하고 있습니다. 따라서 각 서비스를 이해하기 위해서는 해당 서비스의 프로토콜에 대한 이해가 필수적입니다. 웹 서비스에 이용되는 프로토콜을 HTTP라고 합니다.

02 웹의 동작 원리

HTTPHyper-Text Transfer Protocol란 무엇인가요?

이 질문에 대답하려면 웹의 동작 원리에 대한 이해가 필요합니다. 웹은 기본적으로 클라이언트-서버Client-Server 구조를 지닙니다. 클라이언트에는 크롬Chrome, 파이어폭스Firefox, 인터넷 익스플로러Internet Explorer와 같은 웹 브라우저Web Browser가 위치하며, 서버에는 아파치Apache나 IISInternet Information Services와 같은 웹 서버Web server가 구동됩니다. 그리고 클라이언트와 서버 간 통신을 위해 HTTP가 이용됩니다.

HTTP는 이름에서도 알 수 있듯이, 하이퍼 텍스트Hyper-Text를 전송하기 위한 프로토콜입니다. 프로토콜은 통신을 위해 미리 정의된 규약을 의미합니다. 하이퍼 텍스트란 하이퍼 링크를 가진 문서를 의미하며, HTMLHyper-Text Markup Language로 작성된 문서, 즉 웹 페이지를 나타냅니다.

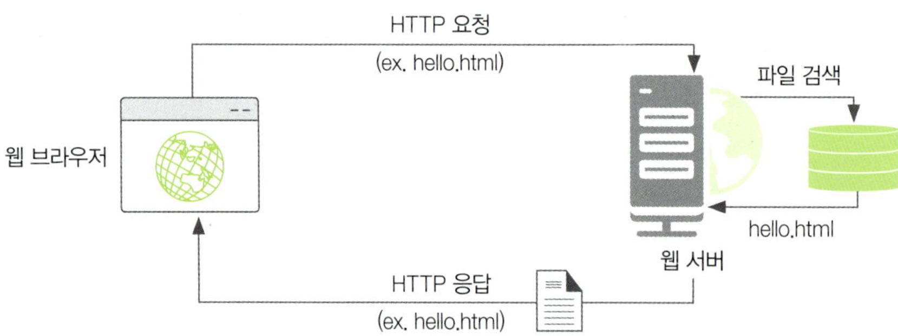

그림 1-2 HTTP 처리 과정

HTTP는 기본적으로 요청Request과 응답Response의 처리 과정으로 구성되어 있습니다. 전자는 브라우저를 통해 사용자가 보기 원하는 웹 페이지를 서버에 요청하는 과정이고, 후자는 서버에서 요청된 웹 페이지를 찾아 전송해 주는 과정입니다. 아주 간단하죠? HTTP의 구체적인 동작 원리에 대해서는 다음 장에서 설명합니다.

자, 그럼 이쯤에서 다음과 같은 질문을 할 수 있습니다.

URL Uniform Resource Locator 이란 무엇인가요?

지금까지의 설명으로부터 대략 URL이 HTTP 요청 과정에서 이용된다는 것 정도는 감이 오죠? URL은 사용자가 보기 원하는 웹 페이지의 주소를 나타내는데 이용됩니다. 예를 들어 네이버에 접속하고자 한다면, 여러분들은 웹 브라우저의 주소 창에 www.naver.com을 입력할 겁니다. 이후에 어떤 일이 일어나는지 구체적으로 살펴봅시다.

먼저 브라우저는 주소창에 입력된 www.naver.com을 분석합니다. 그리고 주소가 URL 형식에 맞게 입력되었는지 체크합니다. URL은 크게 네 부분으로 구성됩니다.

```
[프로토콜] :// [서버 주소] : [포트 번호] / [파일 경로]
    ❶            ❷            ❸            ❹
```

❶ **프로토콜 :** 당연히 HTTP가 됩니다. 만약 주소창에 프로토콜이 주어지지 않았다면, 브라우저가 자동으로 주소 앞에 'http://'를 추가합니다. 경우에 따라 'https://'가 추가되기도 합니다. https://는 HTTPS 프로토콜을 사용함을 의미하며, HTTP 요청과 응답 과정을 암호화해 HTTP의 보안을 한층 강화한 프로토콜입니다. 여기서는 편의상 http://가 이용되는 것으로 가정하겠습니다. HTTP가 무엇이고 어떻게 동작하는지는 4장에서 설명합니다.

❷ **서버 주소 :** 사용자가 입력한 www.naver.com이 됩니다. www.naver.com과 같이 스트링 형식의 주소는 사람이 인지하기 위한 주소이며, 컴퓨터는 이 주소로 실제 네이버 본사에 있는 서버의 위치를 알아낼 수 없습니다. 컴퓨터가 인지할 수 있는 형식은 숫자 형식의 IP 주소입니다. 따라서 브라우저는 IP 주소를 얻기 위해 DNS Domain Name Server를 호출합니다. DNS는 www.naver.com에 대응되는 IP 주소인 125.209.222.141을 반환해 주고, 브라우저는 IP 주소를 이용하여 네이버 서버 위치를 찾아내게 됩니다.

❸ **포트 번호 :** 웹 서비스와의 연결을 위한 네트워크 포트Port 번호를 의미합니다. 포트는 운영 체제에서 네트워크 서비스나 특정 프로세스를 식별하기 위한 논리적인 단위로, 웹 서비스는 80번 포트를 이

용하도록 미리 정해져 있습니다. 이외에도 20번 포트는 FTP, 23번은 Telnet, 53번은 DNS 등, 주요 서비스 별로 고유 포트 번호를 가집니다. URL에서 포트번호 정보는 옵션이며, 생략될 경우 80번을 이용하는 것으로 가정합니다.

❹ **파일 경로 :** 서버 내에서 웹 페이지가 위치한 디렉토리 주소를 의미합니다. 별도의 경로가 주어지지 않았다면, 디폴트로 index.html이 요청된 것으로 간주합니다. 만약 입력된 URL으로 www.naver.com만 주어졌다면, 이는 네이버 서버에서 index.html을 가져올 것을 의미합니다. 즉, 우리가 [그림 1-3]의 화면에서처럼 자주 접하는 네이버 메인 페이지는 네이버 서버 내의 index.html에 해당합니다.

그림 1-3 네이버의 index.html

결과적으로 우리가 www.naver.com과 같이 서버 주소를 간단하게 입력하더라도, 브라우저는 여기에 프로토콜 이름과 포트 번호, 그리고 파일 경로까지 덧붙여 다음과 같이 완성된 URL을 만들어 서버로 전송합니다.

```
www.naver.com  →  http://www.naver.com:80/index.html
```

이 URL이 웹 서버로 전달될 경우, 서버는 파일 경로 부분, 즉 /index.html 부분만 분리하여 어떤 파일을 전송해야 할지 알아냅니다. 그리고 요청된 파일을 자신의 디렉토리에서 찾아 브라우저로 전송합니다. 만약 요청 파일이 없다면 404 에러를 전송합니다.

그러면 다음 질문에 대답해 봅시다.

웹 브라우저를 만드는 게 쉬울까요? 아니면 웹 서버를 만드는 게 쉬울까요?

정답은 웹 서버입니다. 웹 서버는 URL에서 파일 경로에 해당하는 부분만 찾아서 요청된 파일을 보내주기만 하면 됩니다. 따라서 Java의 TCP 소켓Socket과 스레드Thread를 이용하여, 80번 포트를 통해 전달된 URL을 분석하고 요청된 파일을 전송하기 위한 로직을 간단히 구현해 볼 수 있습니다.

이에 반해 웹 브라우저는 HTML 파일이 주어질 경우, 페이지에서 정의된 위치에 맞춰 텍스트를 렌더링할 수 있어야 하며, 이외에 음악이나 동영상 등에 대한 멀티미디어 처리도 함께 해줘야 합니다. 따라서 웹 브라우저의 구현이 웹 서버에 비해 훨씬 어렵습니다. 프로그래밍 실력 향상을 위해 브라우저를 구현해 보겠다는 야심(?)을 지니신 분들은 다시 한 번 고민해 보시기 바랍니다.

03 동적 웹 프로그래밍

이 책의 목표는 여러분들이 페이스북Facebook과 같은 SNS를 비롯한 모바일 응용 프로그램을 제작할 수 있도록 가이드 하는 것입니다. 이러한 응용 프로그램을 개발하려면, 우선 웹 페이지에서 사용자의 입력을 받아들일 수 있어야 합니다. 최소한 로그인이나 회원가입 등은 할 수 있어야 하죠. 그럼 다음과 같이 질문할 수 있습니다.

? 웹 페이지로 어떻게 응용 프로그램을 만들 수 있나요?

HTML이 처음 개발되었을 때에는 하이퍼 링크만 제공하는 텍스트 위주의 정적인 웹 페이지만을 만들 수 있었습니다. 그런데 시간이 흐르면서, 사용자 입력에 따라 서로 다른 페이지를 보여주거나, 입력 내용을 바탕으로 새로운 페이지를 동적으로 만들어 보여줘야 할 필요성이 생겼습니다.

예를 들어, 위메프, 쿠팡과 같은 온라인 쇼핑 웹 페이지에서는 사용자가 누구냐에 따라 처음 보여야 할 페이지의 형태가 달라집니다. 만약 로그인 사용자가 일반 사용자라면 쇼핑 물품에 대한 리스트를 보고 구매 가능한 페이지가 제공되어야 하는 반면, 로그인 사용자가 관리자라면 상품을 등록하고 수정, 삭제하기 위한 관리 페이지를 보여주어야 합니다.

이와 같이 웹 프로그래밍은 사용자의 입력을 받아들이는지 여부에 따라 크게 정적 웹 프로그래밍과 동적 웹 프로그래밍으로 구분될 수 있습니다. 정적 웹 프로그래밍은 사용자의 입력 없이 텍스트만 보여주는 HTML 페이지를 작성하는 것입니다. 이에 반해 동적 웹 프로그래밍은 사용자의 입력에 따라 제공되는 페이지가 달라지도록 HTML을 동적으로 생성하는 작업을 포함합니다. 따라서 여러분이 웹 기반의 응용 프로그램을 만들고자 한다면, 동적 웹 프로그래밍 기술에 대한 학습이 필요합니다.

? 동적 웹 프로그래밍 기술에는 어떤 것이 있나요?

우리 책에서 학습할 JSP 외에, 혹 CGI, ASP 등의 이름들을 들어보신 적이 있나요? 동적 웹 프로그래밍 기술은 1993년 CGI Common Gateway Interface로부터 시작되었습니다. CGI는 사용자의 입력을 받아들이기 위해 HTML에 〈form〉 태그와 〈input〉 태그를 새로이 추가하였습니다. 그리고 해당 태그를 통해 입력된 값을 서버로 전달하기 위한 URL 형식도 추가로 정의하였습니다.

TIP 〈form〉 태그와 〈input〉 태그에 관련된 내용은 4장에서 설명합니다.

이와 같이, CGI는 웹에서 사용자 입력을 받아들이고 전송하기 위한 기본 틀을 마련했다고 보셔도 무방합니다. 반면 CGI는 C언어를 기반으로 하였기 때문에 초보 프로그래머들이 학습하기에는 다소 어려움이 있었습니다. 더 큰 문제는 URL을 통한 페이지 요청이 올 때마다 스레드Thread가 아닌 프로세스Process를 할당하여 처리합니다. 프로세스는 스레드에 비해 많은 자원을 소모하기 때문에 CGI를 이용할 경우 성능 문제가 대두되었으며, 서버가 한 번에 처리할 수 있는 요청의 수 역시 제한적이었습니다.

TIP 프로세스는 하나의 단위 프로그램으로 생각할 수 있으며, 스레드는 프로세스 내부에서 실행되는 작업 단위로 생각하면 쉽습니다. 이는 운영체제에 관련된 내용이니, 가볍게 짚고 넘어가도록 합니다.

CGI 문제를 보완하기 위해, PC 개발의 선두 주자였던 마이크로소프트Microsoft와 유닉스 계열의 워크스테이션 개발의 선두 주자였던 선마이크로시스템즈Sun Microsystems가 새로운 솔루션을 제안하였습니다. 마이크로소프트는 Visual Basic 언어를 기반으로 ASP Active Server Page를, 선마이크로시스템즈는 Java 언어를 기반으로 서블릿Servlet을 개발하였습니다. 두 기술 모두 스레드를 기반으로 동작하며, 객체지향 프로그래밍 기법을 기본으로 채택하였다는 점에서 유사점이 있습니다. 초창기에는 ASP가 서블릿에 비해 프로그래밍이 쉬웠습니다. 따라서 선마이크로시스템즈는 서블릿을 보완한 JSP Java Server Page를 새로이 개발하게 됩니다.

이에 반해 ASP는 마이크로소프트의 웹 서버인 IIS Internet Information Services 만을 사용할 수 있기 때문에 플랫폼에 의존적인 문제가 있었습니다. 반면 서블릿과 JSP는 Java 언어를 사용하기 때문에 플랫폼에 의존적이지 않고, 오픈 소스로 자유롭게 쓸 수 있기 때문에 대중적인 인기를 얻게 됩니다. 이와 유사하게, C언어를 기반으로 제작된 PHP 역시 무료로 사용 가능한 장점으로 인해 인기를 얻습니다. JSP와 PHP는 현재까지도 동적 웹 프로그래밍 솔루션으로 다양한 분야에서 이용되고 있습니다.

04 JSP 처리 과정

JSP는 어떤 과정을 통해 동작하나요?

예를 들어, 도시별 맛집 리스트를 가져오기 위한 응용 프로그램을 작성한다고 가정해 봅시다. 먼저 사용자로부터 어떤 도시의 맛집 리스트를 가져올지 입력을 받아야 합니다. 입력을 받기 위한 페이지는 selectCity.html이며, www.myserver.com에 위치한다고 가정하겠습니다.

```
http://www.myserver.com/selectCity.html
```

사용자가 브라우저 URL 창에 위와 같이 입력하고 실행할 경우, 브라우저는 앞서 [그림 1-2]에서 설명한 과정을 거쳐 서버로부터 selectCity.html을 가져옵니다. selectCity.html는 도시 정보를 입력받기 위한 HTML 파일로써, [그림 1-4]와 같은 형태를 지닐 수 있습니다.

그림 1-4 selectCity.html

[그림 1-4]의 화면에서 사용자가 강릉을 선택한다면, 강릉에 대한 맛집 리스트를 구성하기 위한 서비스가 호출되어야 합니다. 이 때 서비스는 HTML 파일 형식이 아님에 주의해야 합니다. 이와 같은 예시의 경우 입력 파라미터를 기반으로 맛집 리스트를 동적으로 생성해 내기 위한 동적 웹 프로그래밍 기법의 적용이 필요합니다. 선택된 도시에 대한 맛집 리스트를 생성하는 jsp 파일을 diners.jsp라고 합시다. 사용자로부터 선택된 도시가 강릉일 경우, 브라우저에 의해 다음과 같은 형태의 URL이 생성되어 서버로 전송됩니다.

```
http://www.myserver.com:80/diners.jsp?city=gangneung
```

이 URL에서 '?' 다음에 나오는 부분은 사용자에 의해 입력된 파라미터 값을 전송하기 위한 구문이며, 자세한 내용은 4장에서 설명합니다. 굳이 정확한 문법을 모르더라도 이와 같은 URL을 보면 대략 선택된 도시가 강릉이라는 내용 정도는 쉽게 파악할 수 있겠죠?

이와 같이 URL에서 호출된 파일 형식이 html이 아닐 경우, 웹 서버는 이를 처리하기 위한 모듈이 추가적으로 설치되어 있어야 합니다. 아파치Apache와 같은 일반 웹 서버는 기본적으로 HTML 형식의 파일만 처리하도록 구현되어 있습니다. 따라서 아파치 웹 서버가 설치되어 있을 때 이 URL이 주어진다면, 아파치는 [그림 1-2]에서와 같이 주어진 파일을 서버 내의 디렉토리에서 찾아 반환하려고 시도합니다.

이에 반해 URL에 포함된 파일 형식이 html이 아닌 jsp라면, JSP에서 정의한 형식으로 파라미터를 처리하기 위한 모듈이 별도로 필요합니다. 마찬가지로 파일 형식이 asp라면, ASP의 형식으로 파라미터를 처리하기 위한 모듈이 추가되어야 합니다. 이와 같이 html이 아닌 다른 형식의 파일이 URL에 포함되었을 때, 이를 동적 웹 프로그래밍 방식으로 처리하기 위한 모듈을 컨테이너Container라고 부릅니다. JSP 형식을 처리하는 모듈을 JSP 컨테이너, ASP 형식을 처리하는 모듈을 ASP 컨테이너라고 할 수 있겠죠.

JSP 컨테이너는 다음과 같은 역할을 수행합니다.

- JSP 파일의 변환과 컴파일
- URL 해석을 통한 JSP 파일 실행 및 입력 파라미터 값 전달
- JSP 파일로부터 동적으로 생성된 HTML 코드를 브라우저로 전송

예를 들어, JSP 컨테이너는 서버로 전달된 URL을 해석하여 diners.jsp를 호출합니다. diners.jsp는 실행을 위해 내부적으로 Java 파일 형태로 변환되고 컴파일 됩니다. diners.jsp에서는 URL 파라미터(city=gangneung) 해석을 통해 현재 선택된 도시가 강릉이라는 것을 알게 됩니다. 그리고 강릉의 맛집 정보를 알아내기 위해 데이터베이스에 접근합니다. 데이터베이스로부터 식당 이름, 위치, 메뉴, 인기 정보 등을 획득하고 나면, 이를 바탕으로 맛집 정보를 리스트한 HTML 코드를 동적으로 생성합니다. 그리고 생성된 HTML 코드를 HTTP 응답 메시지 형태로 브라우저로 전송하여 사용자가 결과 웹 페이지를 볼 수 있도록 합니다. [그림 1-5]는 JSP 요청에 대한 서버 측의 응답 처리 과정을 보여줍니다.

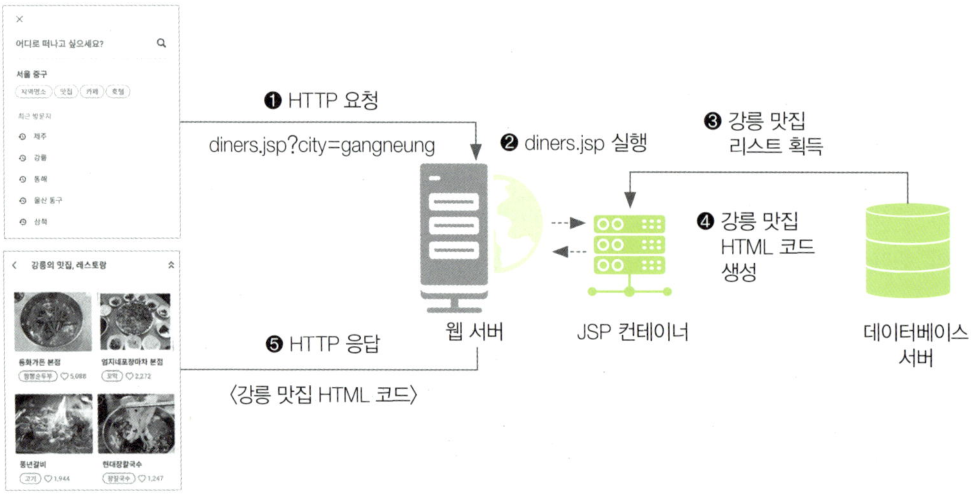

그림 1-5 diners.jsp 처리 과정

[그림 1-5]의 처리 과정에서 볼 수 있듯이, JSP 프로그램이 동작하기 위해서는 하나의 클라이언트와 2개의 서버, 즉 웹 서버와 데이터베이스 서버가 필요함을 알 수 있습니다. 또한 웹 서버는 아파치와 같은 일반 웹 서버가 아닌, JSP 컨테이너를 포함한 웹 서버가 필요하다는 사실 역시 알 수 있습니다. 따라서 JSP 프로그램을 구동하기 위해서는 다음과 같은 3개의 실행 프로그램이 필요합니다.

- 클라이언트 측에서 사용자 인터페이스를 보여주기 위한 웹 브라우저
- JSP 컨테이너 기능을 제공하는 웹 서버
- 데이터베이스 서버

클라이언트와 각각의 서버에서 구동되는 프로그램의 형식도 모두 다릅니다. 예를 들어, 클라이언트에서는 HTML 형식의 파일이 작성되어야 하며, 웹 서버에서는 JSP 형식의 프로그램 작성이 필요합니다. 또한 데이터베이스 서버에서는 SQL Structured Query Language 형식의 명령어 작성이 필요합니다.

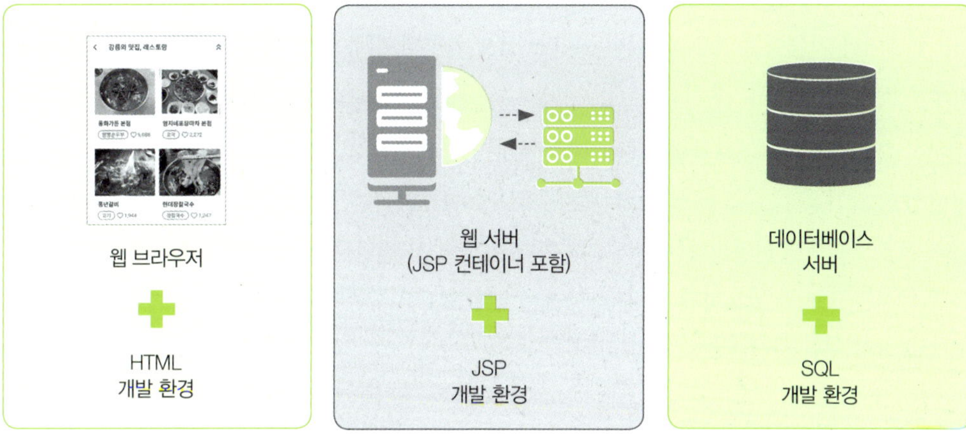

그림 1-6 JSP 프로그래밍을 위해 예상되는 개발 환경

결과적으로 JSP 기반의 동적 웹 프로그래밍을 위해서는 3개의 실행 프로그램과 에디터를 포함해 3개의 개발 환경이 필요합니다. 다행히 개발 환경과 관련해서는 이클립스Eclipse라는 통합 개발 환경에서 HTML, JSP, SQL 프로그래밍 모두를 지원합니다. 그렇지만 프로그램 실행과 관련해서는 HTML, JSP, SQL 각각의 종류를 실행하기 위한 별도의 소프트웨어가 [표 1-1]과 같이 필요합니다.

표 1-1 JSP 개발을 위해 필요한 소프트웨어

요소	프로그램	설명
웹 브라우저	크롬Chrome	구글에서 개발한 웹 브라우저입니다. HTML 코드의 실행과 디버깅이 용이해 널리 이용되고 있습니다.
웹 서버	톰캣Tomcat	JSP 컨테이너 기능을 제공하는 웹 서버로, 아파치 재단에서 개발 및 배포하고 있습니다. 오픈 소스 프로젝트로 누구나 이용 가능합니다.
데이터베이스 서버	MySQL	95년부터 개발이 시작되어 현재까지 이용되고 있는 관계형 데이터베이스 관리 시스템으로써, 현재 오라클에 의해 관리되고 있습니다. 상업적인 용도로 이용하지 않을 경우 무료로 이용 가능하며, 안정성이 입증되어 널리 이용되고 있습니다.

그럼 다음 질문에 답해봅시다.

> ? 아파치와 톰캣의 차이점은 무엇인가요?

요약하자면, 아파치는 HTML 파일의 요청과 응답 처리를 위한 일반 웹 서버이며, 톰캣은 이에 JSP 컨테이너 기능이 추가된 웹 서버입니다. 실제 톰캣의 내부 구현 역시 아파치 소스 코드를 기반으로 JSP 처리 부분을 추가한 형태입니다.

[표 1-1]에서 언급한 소프트웨어 이외에도, JSP 프로그램의 구동을 위해서는 Java 통합 개발 환경인 JDKJava Development Kit의 설치가 추가적으로 필요합니다. 이는 JSP 프로그램이 내부적으로 Java 프로그램으로 변환된다는 점에 기인합니다. 따라서 변환된 Java 프로그램의 컴파일과 실행을 위해서는 JDK가 필요하게 됩니다. 다음 장에서는 JSP 구동에 필요한 소프트웨어들을 설치하고 연동하기 위한 과정들을 소개합니다.

요약

01 JSP를 학습하기 위한 기본 용어

- **인터넷** : 다수의 컴퓨터를 연결시킨 네트워크. 하드웨어적 개념
- **웹** : 월드 와이드 웹(WWW, World Wide Web)의 약자로, 인터넷에서 동작하는 여러 서비스 중 하나. 소프트웨어적 개념
- **HTTP** Hyper-Text Transfer Protocol : 클라이언트와 서버 간 하이퍼 텍스트를 전송하기 위한 프로토콜
- **프로토콜** Protocol : 통신을 위해 미리 정의된 규약
- **하이퍼 텍스트** Hyper-Text : 하이퍼 링크를 가진 문서. HTML로 작성된 문서, 즉 웹 페이지를 나타냄
- **URL** Uniform Resource Locator : 사용자가 보기 원하는 웹 페이지의 주소를 나타내는데에 이용

02 ASP와 Servlet

	ASP	Servlet
개발사	마이크로소프트	선마이크로시스템즈
개발 언어	Visual Basic	Java
공통점	CGI의 단점을 보완하기 위해 개발됨 객체지향 프로그래밍 기법을 기본으로 채택함	
프로그래밍 난이도	서블릿에 비해 쉬움	ASP에 비해 어려움 (이를 보완하고자 JSP가 개발됨)

03 정적 웹 프로그래밍과 동적 웹 프로그래밍

- **정적 웹 프로그래밍** : 사용자의 입력 없이 텍스트만 보여주는 HTML 페이지를 작성하는 것
- **동적 웹 프로그래밍** : 사용자의 입력에 따라 제공되는 페이지가 달라지도록 HTML을 동적으로 생성하는 작업을 포함함

04 아파치와 톰캣

- **아파치** : HTML 파일의 요청과 응답 처리를 위한 일반 웹 서버
- **톰캣** : JSP 컨테이너 기능이 추가된 웹 서버

연습문제

01 웹 서비스를 위해 이용되는 프로토콜은 무엇인가요?

02 웹 서비스에 이용되는 포트 번호는 무엇인가요?

03 URL은 어떤 구성 요소로 이루어져 있나요?

04 정적 웹 프로그래밍과 동적 웹 프로그래밍의 차이는 무엇인가요?

05 다음 중 동적 웹 프로그래밍 기술과 가장 거리가 먼 것은 무엇인가요?

① CGI ② CSS ③ ASP ④ JSP

06 다음 중 사용자 입력을 받아들이기 위해 〈form〉과 〈input〉태그를 도입한 가장 초창기의 동적 웹 프로그래밍 기술은 무엇인가요?

① CGI ② CSS ③ ASP ④ JSP

07 ASP에 비해 JSP가 대중적인 인기를 얻게 된 이유는 무엇인가요?

08 JSP 프로그래밍을 시작하기 위해 설치가 필요한 소프트웨어를 3가지 이상 기술해 주세요.

CHAPTER 02
개발 환경 구축

학습목표

- 웹에서 구동하는 응용 프로그램을 만들기 위한 실습환경을 구축한다.
- 테스트 프로젝트 생성을 통해 설치 및 연동이 제대로 수행되는지 확인한다.

01 개발 환경의 개요

지난 장에서 설명한 바와 같이, JSP 기반의 동적 웹 프로그래밍을 위해 설치가 필요한 소프트웨어는 통합 개발 환경, 웹 브라우저, 웹 서버, 데이터베이스 서버 등을 포함합니다. 이 장에서는 [표 2-1]와 같이 기본적인 JSP 프로그램의 구동에 필요한 소프트웨어들의 설치 방법을 설명합니다.

참고로 데이터베이스 관련 소프트웨어는 JSP 프로그램 구동에 반드시 필요한 요소는 아닙니다. 따라서 이들 소프트웨어 설치와 관련된 내용은 HTTP와 JSP의 기본 원리를 설명한 후, 8장에서 다루도록 하겠습니다.

표 2-1 JSP 개발에 필요한 소프트웨어

요소	프로그램	설명
Java 개발 환경	JDK	JSP는 Java 언어를 기본으로 동작합니다. 따라서 JSP 코드를 컴파일하고 실행하기 위해서는 Java 개발 환경인 JDKJava Development Kit의 설치가 필요합니다.
웹 브라우저	크롬Chrome	구글에서 개발한 웹 브라우저입니다. HTML 코드의 실행과 디버깅이 용이해 널리 이용되고 있습니다.
웹 서버	톰캣Tomcat	JSP 컨테이너 기능을 제공하는 웹 서버로 아파치 재단에서 개발, 배포하고 있습니다. 오픈 소스 프로젝트로 누구나 이용 가능합니다.
통합 개발 환경	이클립스Eclipse	이클립스는 HTML, JSP, SQL 등 동적 웹 프로그래밍에 필요한 소스 코드 작성이 가능한 통합 개발 환경입니다. 톰캣 등의 웹 서버와의 연동 역시 지원합니다.

02 JDK 설치

Java는 1995년에 선마이크로시스템즈에서 제임스 고슬링James Gosling에 의해 처음 개발되었으며, 선마이크로시스템즈가 오라클Oracle로 인수되면서 현재는 오라클에 의해 관리되고 있습니다. 따라서 Java를 설치하려면 오라클 사이트로 접속해야 합니다.

Java 다운로드 시, JREJava Runtime Environment와 JDKJava Development Kit 중 하나를 선택해서 받을 수 있습니다. JRE는 Java 프로그램 실행에 필요한 JVMJava Virtual Machine 및 실행 라이브러리 등을 포함하고 있으며, JDK는 개발에 필요한 컴파일러나 디버거 등을 포함하고 있습니다. 그렇기 때문에 Java 프로그램을 실행하기만 할 경우 JRE로도 충분하지만, 프로그램을 개발해야 하는 상황이라면 JDK를 받아 설치해야 합니다.

예제 2-1 JDK 설치하기

1 오라클 사이트에 접속하기 : Java 다운로드 사이트(https://www.oracle.com/java/technologies/javase-downloads.html)에 접속합니다. 페이지의 가운데 보면 Oracle JDK가 있으며, 해당 항목 아래의 JDK Download를 클릭합니다.

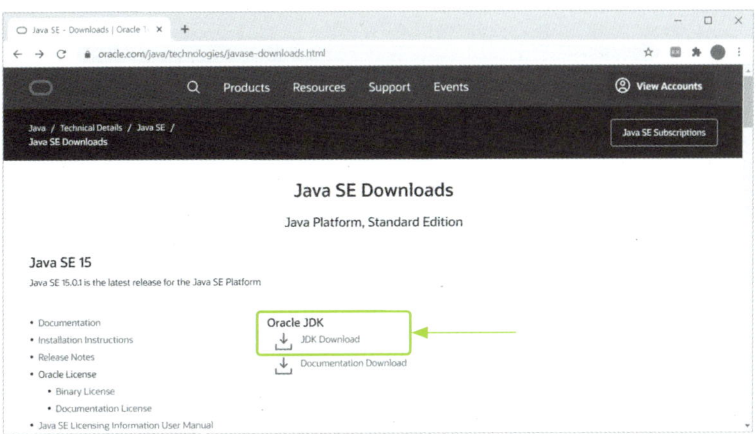

2 JDK 버전 선택하기 : 다운로드 페이지를 아래로 스크롤하면, 운영체제 별로 설치 가능한 파일의 목록이 나타납니다. 윈도우 운영체제의 경우, Windows x64 Installer 실행 파일을 다운로드 받아 실행합니다.

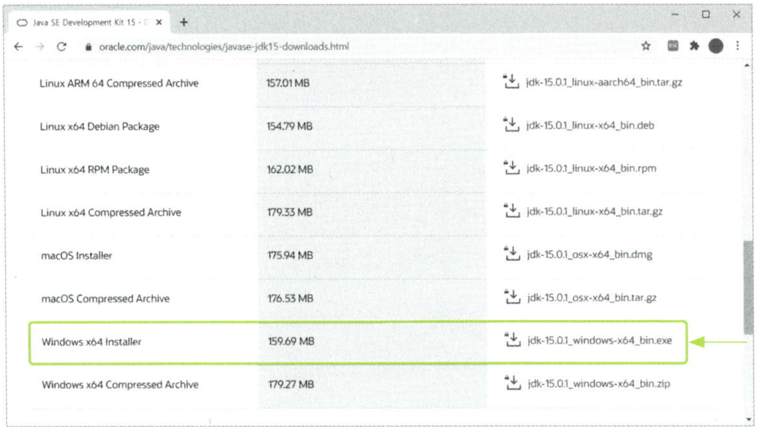

다운로드 링크를 클릭하면, 그림과 같은 라이센스 동의 팝업이 나타날 수 있습니다. 동의의 표시로 'I reviewed and accept' 체크 박스를 선택한 후 다운로드를 계속 진행합니다.

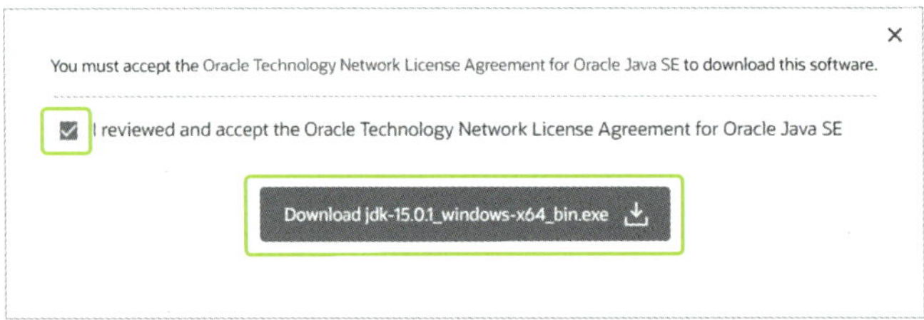

3 JDK 설치하기 : JDK는 설정을 위해 사용자에게 입력을 요하는 부분이 없어 설치가 비교적 쉬운 편입니다. 처음에 웰컴 팝업이 뜨며, 다음에는 JDK 설치 위치를 묻는 팝업이 뜹니다. 해당 팝업에서 디폴트로 주어진 'C:\Program Files\Java\jdk-**〈버전〉**' 경로 아래에 설치될 수 있도록 [Next] 버튼을 눌러 계속 진행해 주세요. 이후 자동으로 몇 가지 설치가 진행되며, 마지막으로 설치 완료 팝업이 나타납니다. [Close] 버튼을 눌러 설치를 종료합니다.

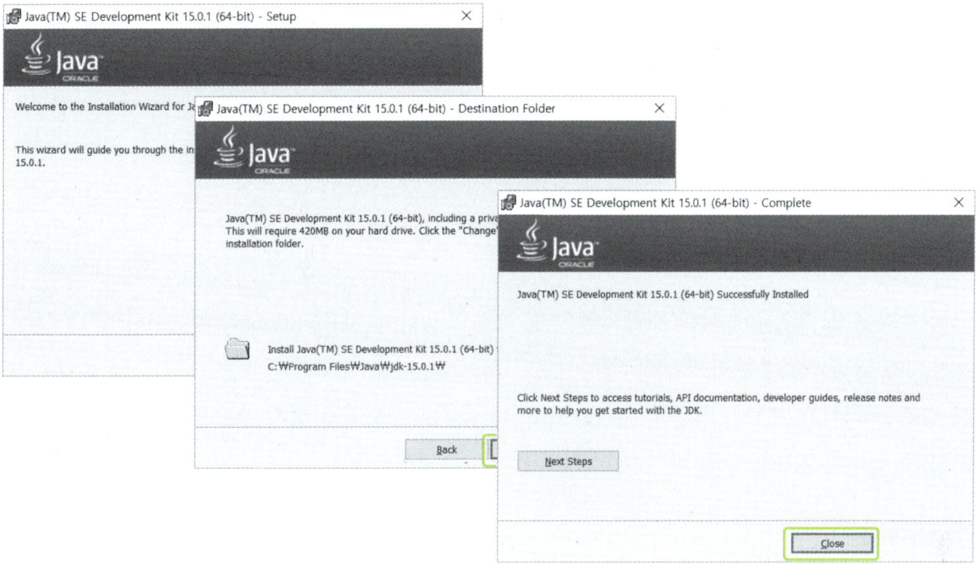

4 JDK 설치 확인하기 : JDK가 올바르게 설치되었는지 확인합니다. 윈도우즈 탐색기에서 C:\Program Files\Java\jdk-**〈버전〉** 아래에 bin 등의 폴더가 있는지 확인합니다. bin 폴더에는 자바 컴파일러인 javac.exe와 실행 파일인 java.exe 등이 존재하는지도 함께 확인합니다.

03 크롬 브라우저 설치

크롬 브라우저는 구글에 의해 개발되었으며, 애플의 iOS에 이용되는 사파리Safari나 마이크로소프트의 인터넷 익스플로러에 비해 업데이트가 빠르고, 더욱 다양한 기능을 가지고 있습니다. 또한 강력한 디버그 모드를 제공하여, HTML이나 Javascript에서 생긴 오류를 쉽게 추적하고 파악할 수 있도록 지원합니다.

예제 2-2 크롬 설치하기

1 크롬 사이트에 접속하기 : 크롬 다운로드 사이트(https://www.google.com/intl/ko/chrome/)에 접속한 후, 파란색 Chrome 다운로드 버튼을 클릭합니다. 라이센스 동의 팝업이 나타나면 체크해 주어야 다운로드가 가능합니다.

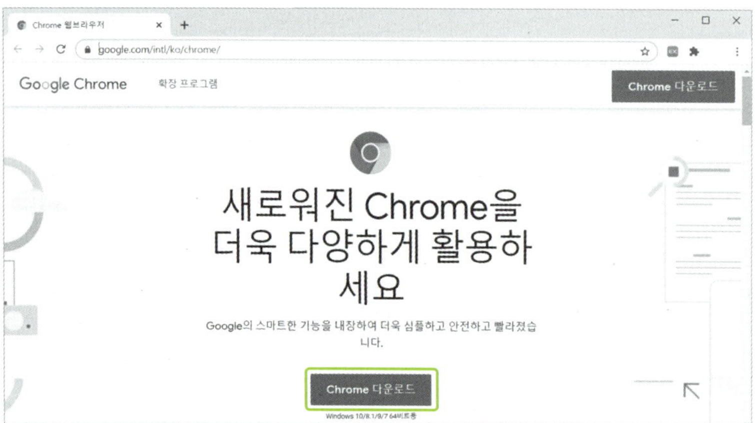

2 크롬 설치하기 : 크롬은 항상 최신 버전을 다운로드 받도록 하며, 사용자에게 어떤 버전을 다운받을지 묻는 부분이 없습니다. 그리고 설치를 위한 디렉토리 위치 등도 묻지 않으며, 단순히 팝업으로 설치 진행 과정을 알려줍니다. 설치가 완료되면 크롬을 열어서 보여주므로 프로그램 설정을 위한 별도의 노력 없이 설치를 쉽게 진행할 수 있습니다.

04 톰캣 설치

톰캣은 아파치 소프트웨어 재단Apache Software Foundation에서 개발한 웹 서버이며, 앞서 소개했듯이, JSP 파일 처리를 위한 컨테이너를 함께 포함하고 있습니다. 오픈 소스 프로젝트로 누구나 이용 가능하여, 대중적으로 활용되고 있습니다.

예제 2-3 톰캣 설치하기

1 톰캣 사이트에 접속하기 : 톰캣 다운로드 사이트(https://tomcat.apache.org)에 접속한 후, 메인 화면의 왼쪽 'Download' 메뉴에서 'Tomcat 9'를 선택합니다.

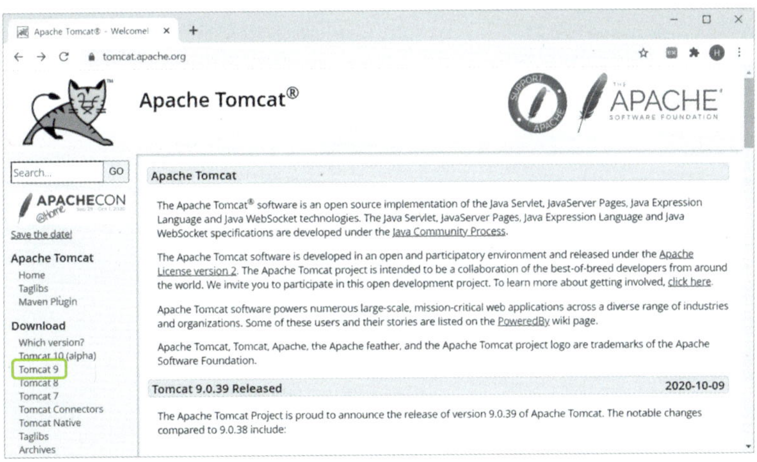

다음으로 https://tomcat.apache.org/download-90.cgi 페이지에서 아래로 스크롤 하면, 운영체제별 설치 파일 리스트가 나옵니다. 윈도우 운영체제일 경우, '32-bit/64-bit Windows Service Installer'를 선택하여 다운받습니다.

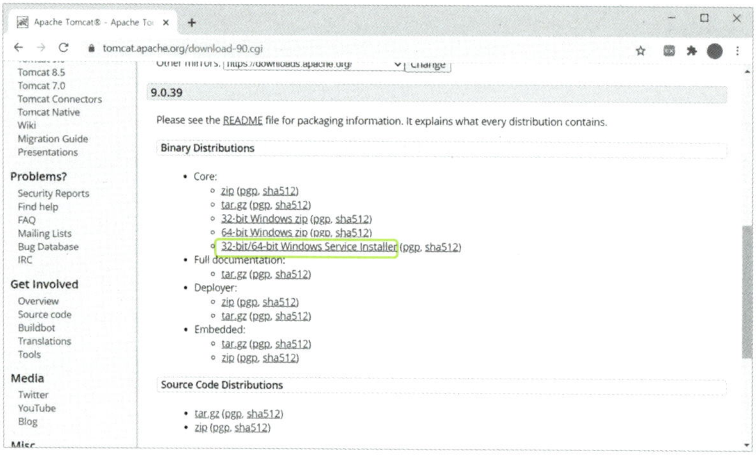

2 톰캣 설치 시작 : 다운로드 받은 설치 파일을 실행하면, 고양이 모양의 톰캣 아이콘과 함께 웰컴 팝업이 뜹니다. [Next] 버튼을 눌러 다음으로 진행하면, 라이센스 조항을 설명하는 팝업이 나타납니다. 동의의 표시로 [I Agree] 버튼을 눌러 설치를 진행합니다.

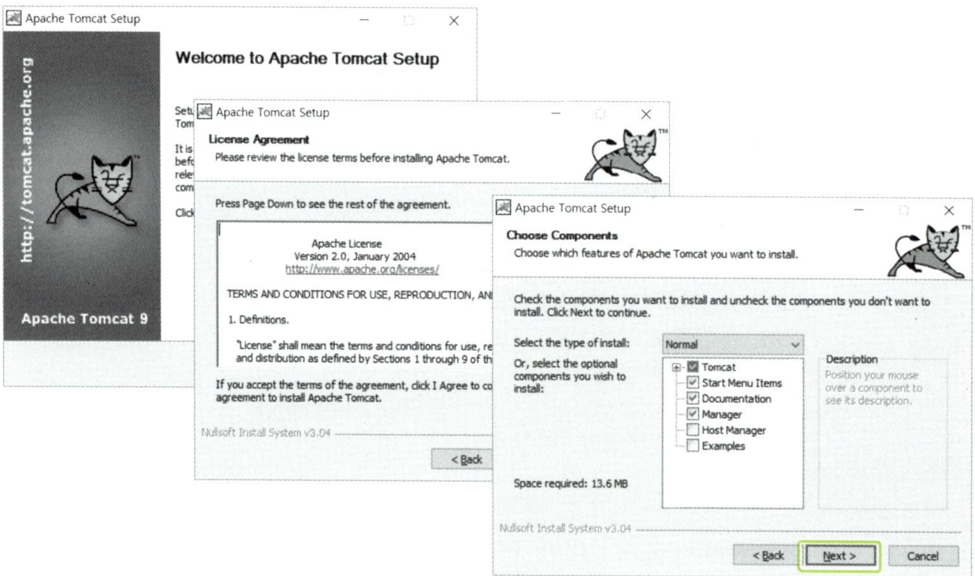

다음으로 설치할 구성 요소를 묻는 팝업이 출력됩니다. Tomcat이 기본적으로 선택되어 있으며, 이외에 서버 이용법을 설명한 문서나 관리 프로그램 등을 함께 설치하도록 옵션이 선택되어 있습니다. 변경 사항 없이 [Next] 버튼을 눌러 디폴트로 선택된 요소들을 함께 설치합니다.

3 포트 번호 설정 : 톰캣 서버와의 연결을 위한 포트 번호를 설정하기 위한 팝업이 출력됩니다. 여러 입력 값 중 눈여겨볼 부분은 'HTTP/1.1 Connector Port' 항목입니다. 이는 개발용 컴퓨터에서 브라우저와 웹 서버 간의 HTTP 연결을 위한 포트 번호를 입력하는 부분이며, 기본 설정 값은 8080입니다. 실제 상용화된 서비스를 제공할 경우에는 1장에서 설명한 바와 같이 80번 포트가 이용됩니다.

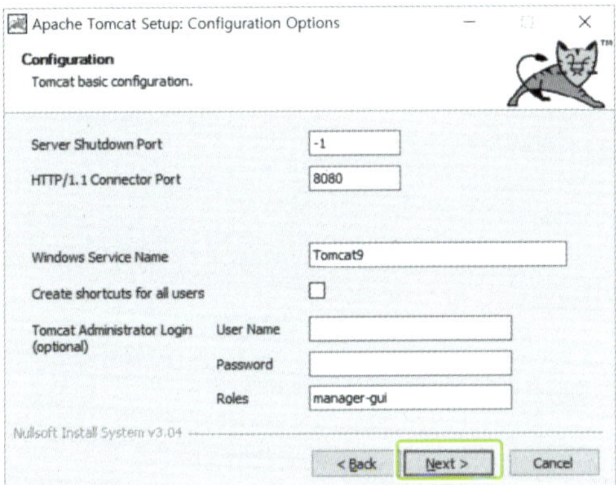

NOTE 혹시 'HTTP/1.1 Connector Port'의 값이 8080이 아닌가요?

일부 컴퓨터에서 'HTTP/1.1 Connector Port' 항목의 값이 8080이 아닌 경우가 있습니다. 이는 개발용 웹 서버가 이미 설치되어 있는 경우이며, 오라클 데이터베이스나 마이크로소프트 개발 환경 등, 웹 서버를 패키지로 포함한 소프트웨어를 설치했을 때 일어나는 일입니다. 이 경우, 톰캣은 기존에 설치되어 있는 웹 서버와의 충돌을 피하기 위해 8080이 아닌, 8090 등의 다른 값을 디폴트 값으로 설정하여 보여줍니다.

여기서 주의할 점은, 향후 서비스 연결 및 호출을 위해 'HTTP/1.1 Connector Port' 항목에 지정된 포트 번호를 기억해두어야 한다는 점입니다. 이는 개발 중인 JSP 서비스를 브라우저에서 테스트하고자 할 때, URL에 JSP 파일 이름 외에 포트 번호를 함께 입력해야 하기 때문입니다. 예를 들어, test.jsp를 호출하려면 브라우저에서 URL에 포트 번호를 다음 형태와 같이 포함시켜야 합니다.

```
http://localhost:8080/test.jsp
```

만약 연결 포트 항목 값이 8080이 아닌 8090으로 설정되어 있다면, 이 URL에서 포트 번호를 8090으로 수정해야 합니다.

4 JDK 설치 경로 확인 : 다음으로 JDK가 설치된 경로 정보를 입력받습니다. 이는 톰캣이 JSP 컨테이너 역할을 함께 수행하므로, JSP 프로그램을 Java 형태로 변환하고 실행하기 위해 JDK가 필요하기 때문입니다. JDK가 설치되어 있을 경우, 관련 경로가 자동으로 인식되어 디폴트 값으로 설정됩니다. 이 경우 별도의 수정 없이 [Next] 버튼을 눌러 다음 단계로 이동합니다.

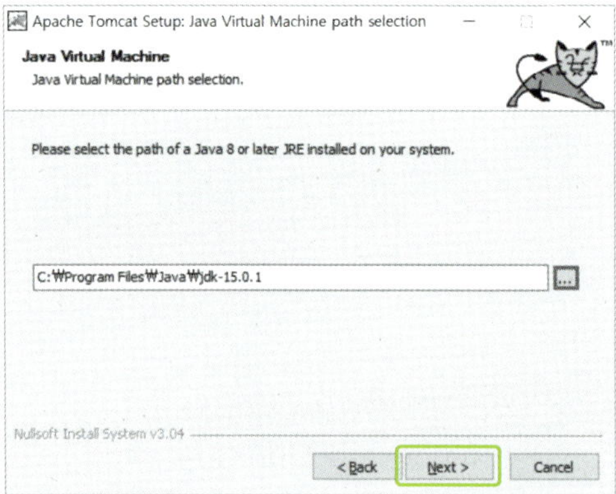

5 톰캣 설치 경로 확인 : 톰캣이 설치될 경로 정보를 입력받습니다. 윈도우 운영체제의 경우 톰캣은 Program Files 아래의 Apache Software Foundation 디렉토리에 설치됩니다. 별도의 수정 없이 [Install] 버튼을 눌러 톰캣 설치를 완료합니다.

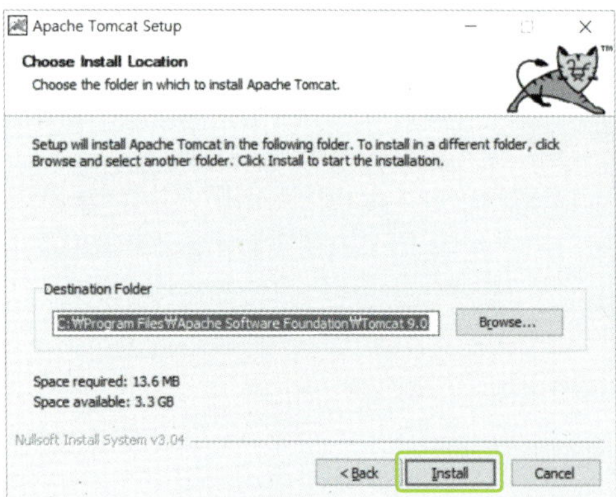

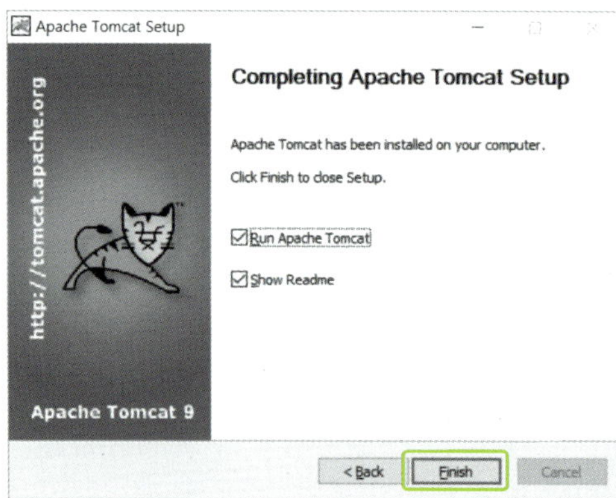

6 톰캣 실행 확인 : 설치 완료 후, 5의 오른쪽 팝업에서 [Finish] 버튼을 누르면 다음 그림과 같은 프로그레스 팝업과 함께 톰캣 서버가 바로 실행되는 것을 볼 수 있습니다. 여기서 주의할 점은 프로그레스 팝업이 사라지고 난 후 별도의 서버가 실행되고 있음을 알리는 별도의 팝업이 제공되지 않는다는 점입니다. 따라서 톰캣이 성공적으로 실행되고 있는지 알기 어려울 수 있습니다.

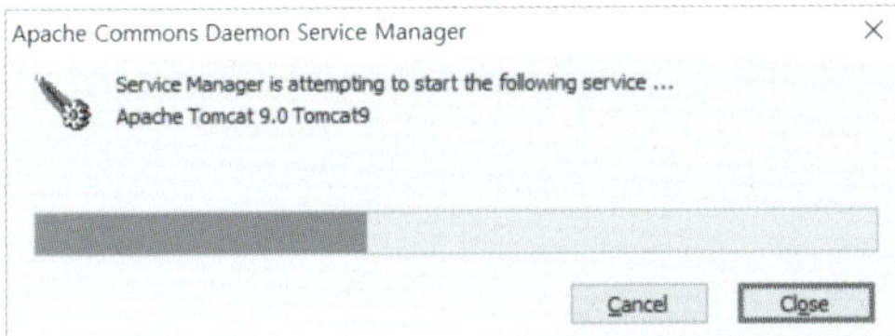

톰캣 실행 여부를 확인하기 위해서는 윈도우 작업 표시줄의 확인이 필요합니다. 작업 표시줄 우측에는 현재 실행되고 있는 프로그램들의 아이콘을 모아둔 패널 창이 있습니다. 이 중 녹색 화살표 모양의 아이콘이 톰캣 설정창과 연결된 아이콘입니다. 더블 클릭하여 실행해 봅시다. 작업 표시줄에 톰캣 아이콘이 보이지 않는다면, 윈도우 키를 누르고 'Configure Tomcat'을 검색하여 설정 창을 열어줍니다.

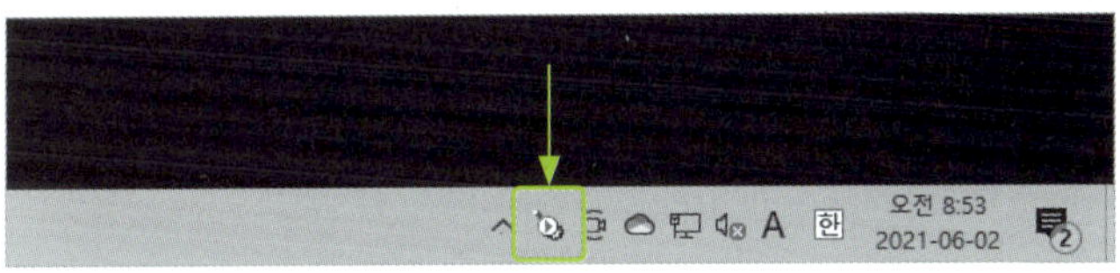

톰캣 설정창의 가운데에 위치한 Server Status에 서버의 실행 여부가 표시됩니다. 해당 값이 Started일 경우 정상 동작을, Stop일 경우 중지 상태를 의미합니다.

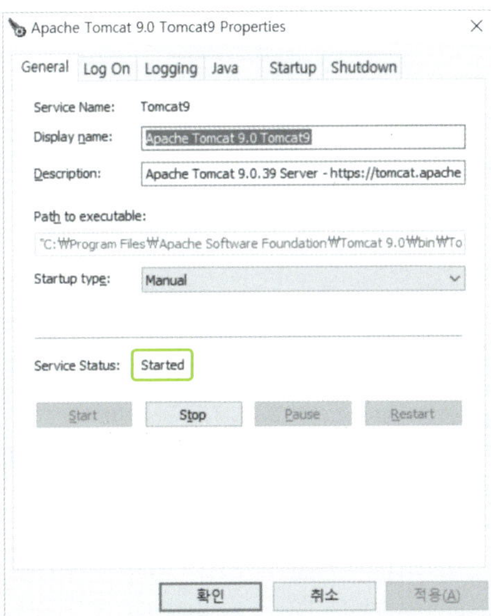

NOTE 혹시 Server Status가 Started 상태가 아닌가요?

설정창의 아래에 있는 [Start] 버튼을 눌러 톰캣을 실행해도 해당 메시지가 Stop에서 Started 상태로 바뀌지 않는다면, 8080 포트가 다른 프로그램에 의해 점유되어 이용 불가능한 상태일 확률이 높습니다. 이 경우, 8080 포트가 다른 프로그램에 의해 점유되어 있을 확률이 매우 높습니다.

어떤 프로그램이 8080 포트를 점유하고 있는지 네트워크 상태를 확인해 봅시다. 관리자 권한으로 윈도우 명령 프롬프트를 실행합니다. 작업 표시줄의 시작 버튼을 눌러 Windows 시스템 항목을 펼칩니다. 그리고 명령 프롬프트 항목에서 마우스의 오른쪽 버튼을 눌러 [자세히]–[관리자 권한으로 실행]을 선택합니다.

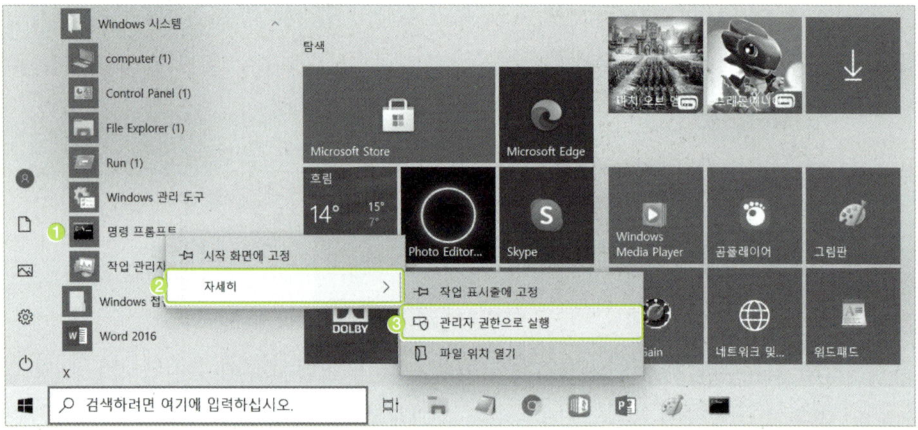

'관리자: 명령 프롬프트'에서 다음 명령어를 실행합니다.

```
netstat -ano | find "8080"
```

파이프라인 문자 (|) / 프로세스 아이디 ("8080")

netstat 명령어는 윈도우에서 네트워크 상태를 알아보기 위한 명령어로, 현재 이용되고 있는 네트워크 연결 정보를 출력합니다. '–' 문자 뒤에 붙은 알파벳은 netstat 명령어의 옵션입니다. a는 모든 연결을 표시하는 옵션, n은 주소나 포트를 숫자 형식으로 표시하는 옵션, o는 연결 프로세스 아이디를 출력하는 옵션입니다.

netstat 명령어로 출력한 연결 정보 중 '8080'이라는 텍스트가 포함된 연결을 검색하기 위해 find 명령어를 파이프라인 문자를 이용해 연결합니다. 명령어를 실행한 결과는 다음과 같습니다.

```
프로토콜    로컬 주소         외부 주소      상태          PID
TCP         0.0.0.0:8080      0.0.0.0:0      LISTENING     1452
TCP         [::]:8080         [::]:0         LISTENING     1452
```

프로세스 번호를 알아냈으니, 8080 포트를 점유하고 있는 프로세스를 강제 종료 하겠습니다. 프로세스 강제 종료를 할 때는 taskkill 명령어를 이용합니다. 옵션으로 준 -f는 forced를 의미하며, 강제 종료를 위한 옵션입니다. -pid는 종료를 원하는 프로세스 번호를 지정하기 위한 옵션입니다.

```
> taskkill -f -pid 1452
```

명령어를 실행하면 다음과 같은 결과가 출력되고, 프로세스 1452가 종료되면서 8080 포트를 사용할 수 있게 됩니다.

```
성공: 프로세스(PID 1452)가 종료되었습니다.
```

TIP 프로세스 번호는 운영체제에 의해 임의로 부여되는 숫자이기 때문에 각 실습환경마다 다를 수 있습니다. 여러분의 컴퓨터에서 1452번이 아니더라도 당황하지 마세요.

크롬을 통해 톰캣의 실행 여부를 확인할 수 있습니다. URL 창에 http://localhost:8080을 입력하고 엔터를 눌렀을 때, 다음의 화면이 보이면 톰캣이 성공적으로 설치되었음을 알 수 있습니다.

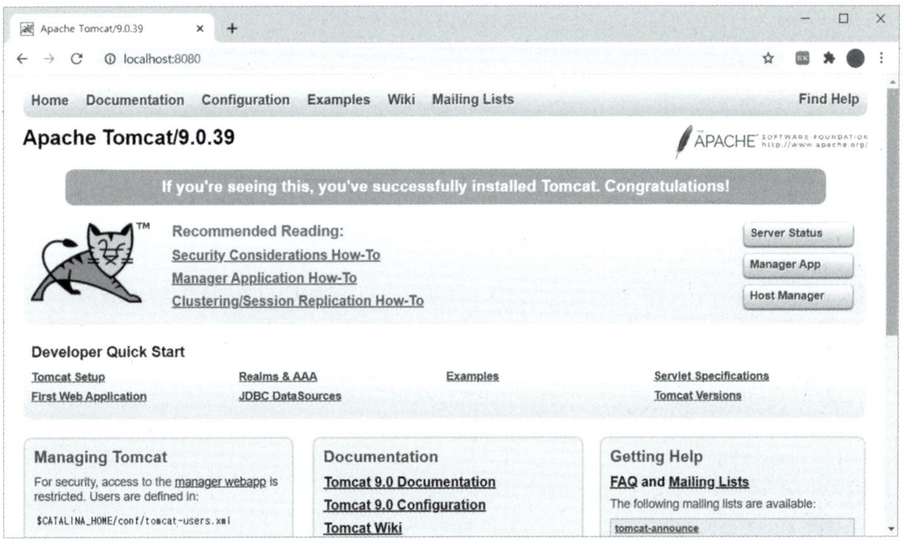

05 이클립스 설치

이클립스는 JSP 기반의 동적 웹 프로그래밍을 위한 통합 환경을 제공하며, 오픈 소스로 누구나 이용 가능합니다. [예제 2-4]에서는 이클립스를 설치하고 톰캣 서버와 연동하기 위해 필요한 절차에 대해 소개합니다. 이 책에서는 2021년 3월에 출시된 2021-03 버전을 기준으로 설명합니다.

예제 2-4 이클립스 설치하기

1 이클립스 사이트에 접속하기 : 이클립스 다운로드 사이트(https://www.eclipse.org/downloads)에 접속합니다. 페이지 왼쪽을 보시면 'Get Eclipse IDE 2021-03' 섹션이 있습니다. 해당 섹션에서 [Download x86_64] 버튼을 선택하고 다운로드 받습니다.

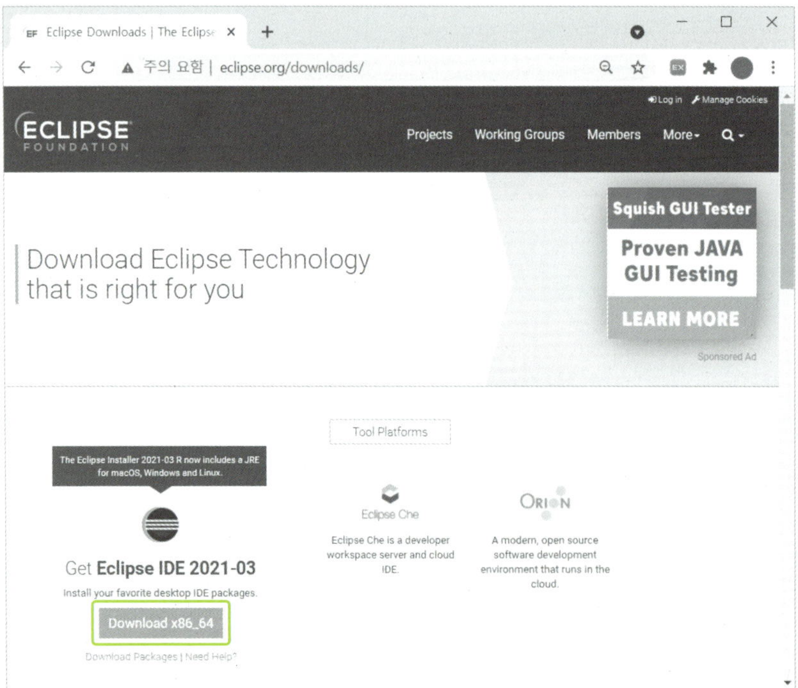

2 개발환경 선택 : 다운로드 받은 exe 파일을 실행하면 어떤 개발환경을 선택할지 묻습니다. 리스트의 두 번째 항목인 [Eclipse IDE for Enterprise Java and Web Developers]를 선택합니다.

3 이클립스 설치하기 : 이어 나오는 팝업 창에서 [INSTALL] 버튼을 클릭합니다. 라이센스 관련 팝업이 나오면 [Accept Now] 버튼을 눌러 설치를 계속합니다.

4 이클립스 실행하기 : 설치가 완료되면 [LAUNCH] 버튼을 눌러 이클립스를 실행합니다.

5 워크스페이스 설정하기 : 이클립스를 처음 실행하면 워크스페이스Workspace 설정 팝업이 나타납니다. 워크스페이스란 사용자가 생성한 프로젝트를 저장하기 위한 공간입니다. 디폴트 값으로 C:\Users\〈**사용자이름**〉\eclipse-workspace가 지정되어 있으며, 기억하기 쉽도록 해당 값을 C:\work\project로 설정합니다.

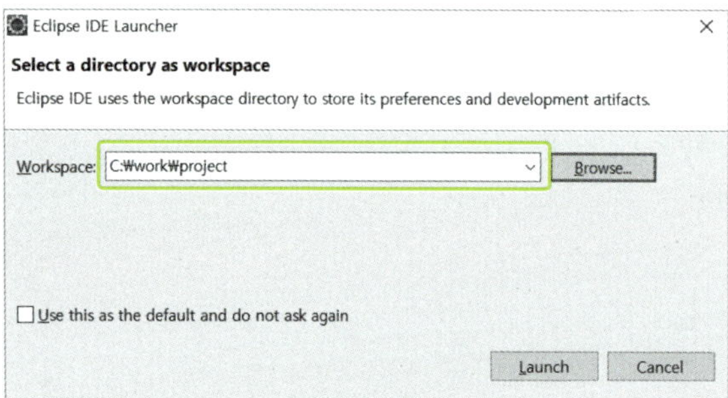

워크스페이스 경로 지정 후, [Launch] 버튼을 누르면 이클립스가 실행됩니다.

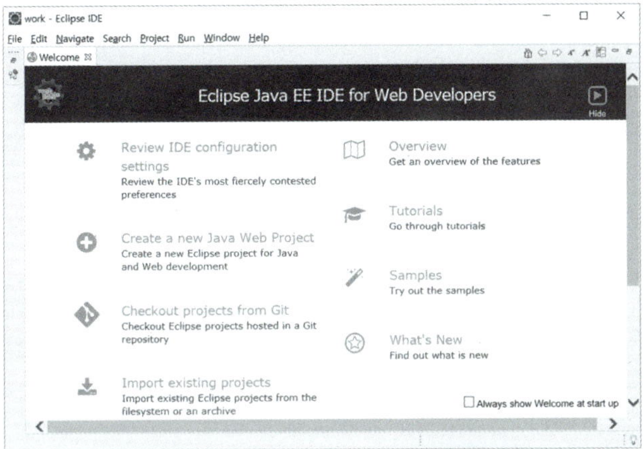

이클립스가 정상 실행된다면, 톰캣 서버와 연동 작업이 필요합니다. 이는 이클립스에서 작성한 JSP 프로그램이 구동될 때 톰캣 서버가 필요하기 때문입니다. 연동 과정은 [예제 2-5]를 통해 소개합니다.

예제 2-5 이클립스와 톰캣 연동

1 JDK 설치 확인 : 이클립스의 메뉴에서 [Window]-[Preferences]를 선택합니다. 다음 팝업의 왼쪽 리스트에서 [Java]-[Installed JREs]를 선택하여, 오른쪽 속성 창에 JDK 경로가 리스트에 추가되어 있는지 확인합니다. JDK가 먼저 설치된 경우, 리스트에는 설치된 JDK의 경로가 자동으로 추가된 상태로 보입니다.

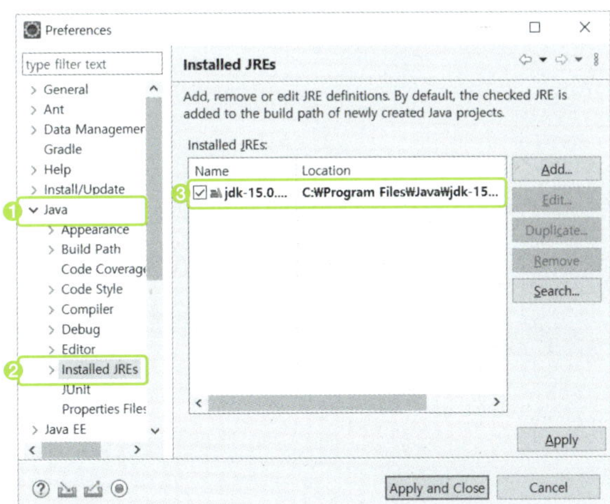

2 Server Runtime Environment 추가 : 다음으로 톰캣 연동을 위해, Preferences 팝업의 왼쪽 리스트에서 [Server]−[Runtime Environment]를 선택합니다. 오른쪽 속성 창의 리스트는 초기에 비어 있습니다. 연동 정보 추가를 위해 [Add] 버튼을 클릭합니다.

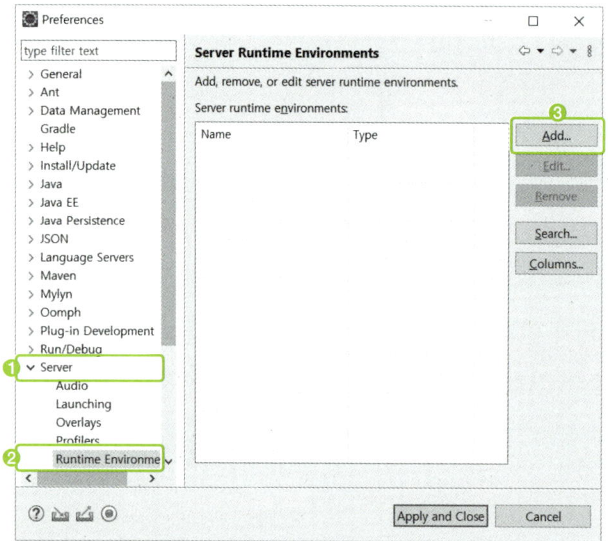

버튼 클릭 시 출력되는 New Server Runtime Environment 팝업에서는 먼저 연동할 서버의 버전을 입력 받습니다. Apache Tomcat v9.0을 선택하고 [Next] 버튼을 눌러주세요.

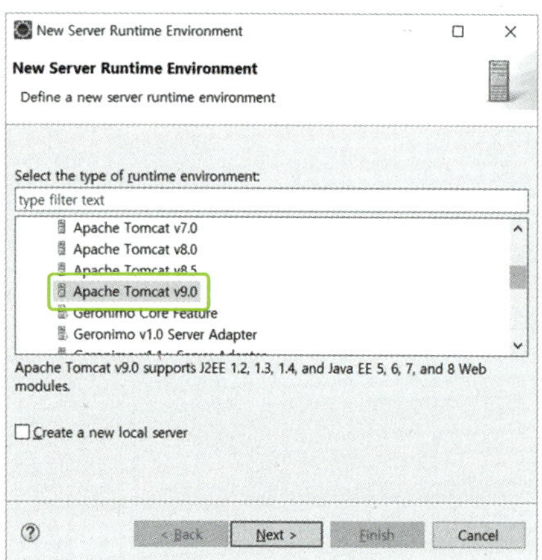

다음으로 톰캣이 설치된 경로를 입력 받습니다. 팝업에서 [Browse] 버튼을 눌러 경로를 'C:\Program Files\Apache Software Foundation\Tomcat 9.0'으로 지정합니다. 경로 지정 후 [Finish] 버튼을 눌러, [Window]-[Preferences]로 이동합니다. Preference 팝업에서 다음과 같이 Tomcat 9.0이 추가된 것을 확인합니다.

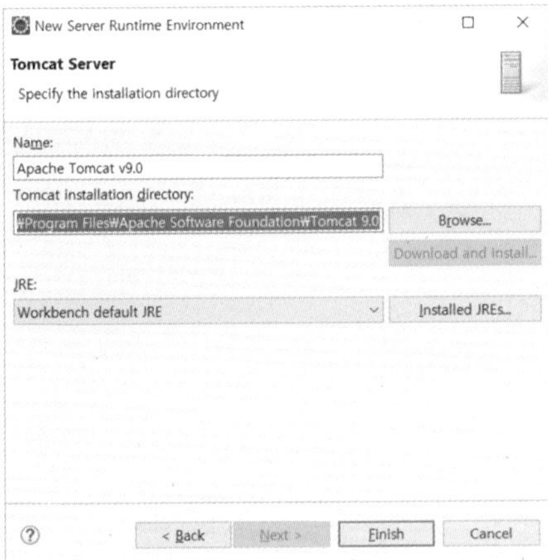

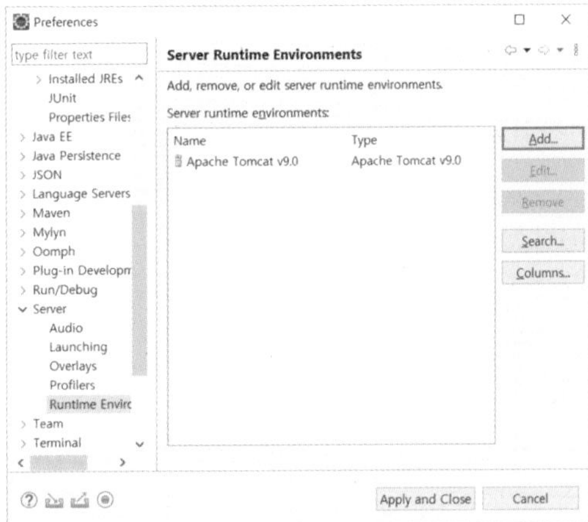

06 Hello 프로젝트

지금까지 JDK, 톰캣, 이클립스를 설치하고, 이클립스에서 톰캣 서버를 연동하기 위한 설정 작업을 수행하였습니다. 이제 설치된 프로그램들이 정상 동작하는지 확인하기 위한 테스트 프로젝트를 생성하고 실행해 봅시다.

예제 2-6 프로젝트 만들고 실행하기

1 프로젝트 생성 : 이클립스의 메뉴에서 [File]−[New]−[Dynamic Web Project]를 선택합니다. 프로젝트 이름을 'Hello'로 입력합니다.

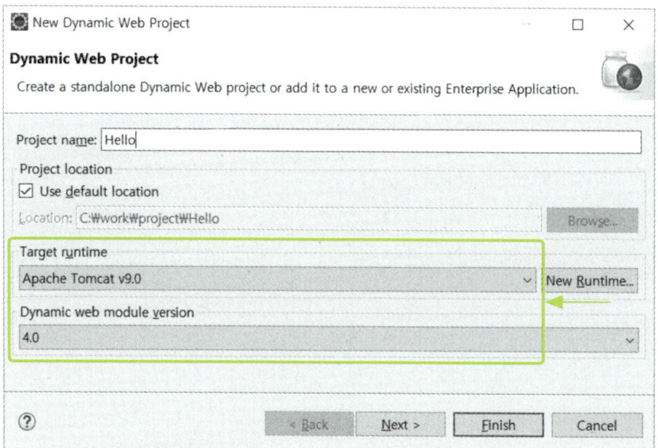

New Project 팝업에서 Target runtime 항목 값이 Apache Tomcat v9.0으로 설정되어 있는지 확인합니다. 만약 이 값이 〈None〉이라면 톰캣 연동에 문제가 있는 경우이며, [예제 2-5]에서 설명한 과정을 통해 Server Runtime Environment를 다시 설정해 주셔야 합니다. Target runtime 항목 값이 올바르게 입력되어 있다면 [Finish] 버튼을 눌러 프로젝트 생성을 완료합니다.

만약 Welcome 창이 떠 있다면 생성된 프로젝트 구조가 제대로 보이지 않을 수 있으니, Welcome 창을 닫아주시기 바랍니다.

NOTE 혹시 생성된 프로젝트에서 에러가 발생하나요?

프로젝트 생성 시, 아래와 같이 Faceted Project Problem (Java Version Mismatch) 오류가 발생할 수 있습니다. 이는 컴퓨터에 설치된 JDK 버전과 이클립스에서 제공되는 Java 버전이 달라서 생기는 오류입니다.

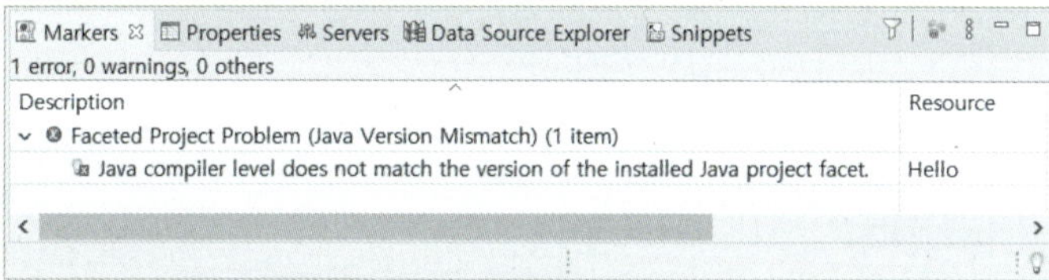

문제 해결을 위해, 왼쪽의 Project Explorer 창에서 프로젝트 이름인 Hello에서 마우스의 오른쪽 버튼을 클릭한 후 [Properties]를 선택합니다.

Properties 팝업이 다음과 같이 나타나면, 왼쪽 리스트에서 [Project Facets]를 선택합니다. 그리고 여러 항목 중 Java 항목의 버전을 낮춰줍니다. 예를 들어 JDK 15 버전을 깔았다면 15로 값이 표시되며, 해당 값을 14나 그 이하의 숫자 값으로 설정합니다. 이후 [Apply and Close] 버튼을 눌러 적용하면 에러가 사라집니다.

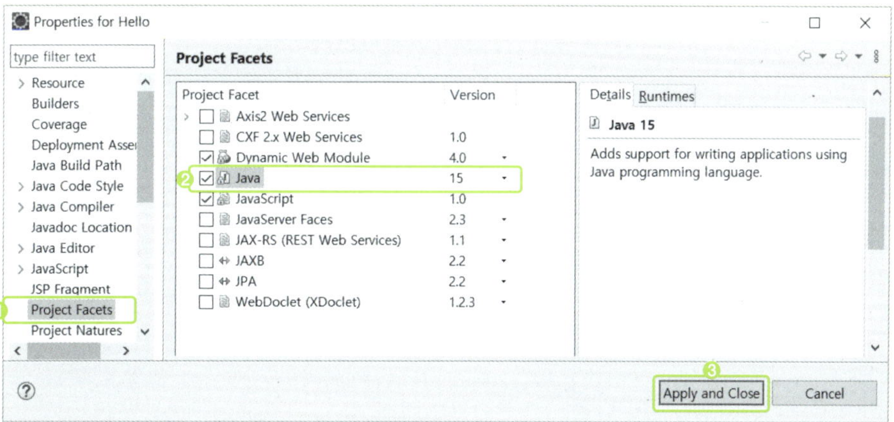

2 JSP 파일 추가 : Project Explorer 창의 폴더 중 제일 아래에 있는 src 폴더를 열어줍니다. src 폴더 아래에 main과 webapp 폴더를 차례로 열어줍니다. webapp 폴더는 앞으로 작성할 jsp 파일이나 html 파일이 저장될 기준 폴더가 됩니다.

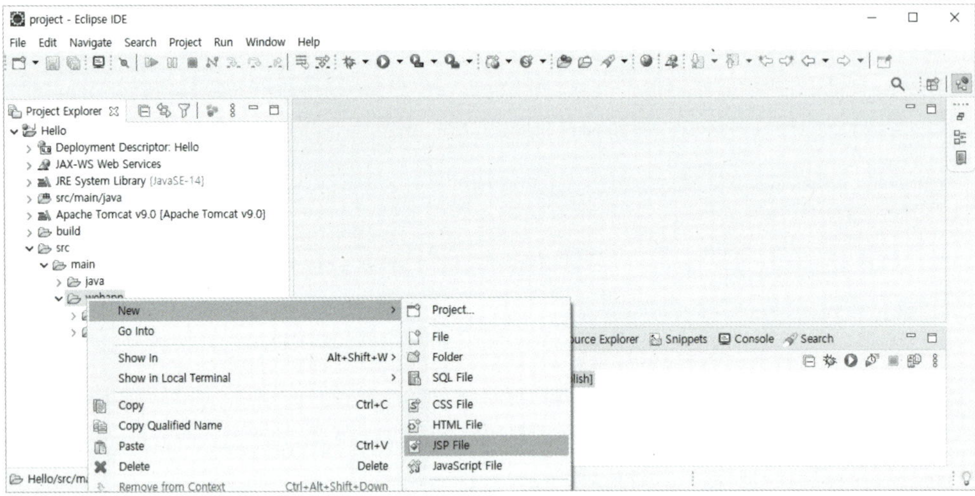

webapp 폴더에서 마우스 오른쪽 버튼을 눌러 [New]-[JSP File]을 선택합니다. 파일 이름을 hello.jsp로 입력한 후 [Finish] 버튼을 클릭합니다.

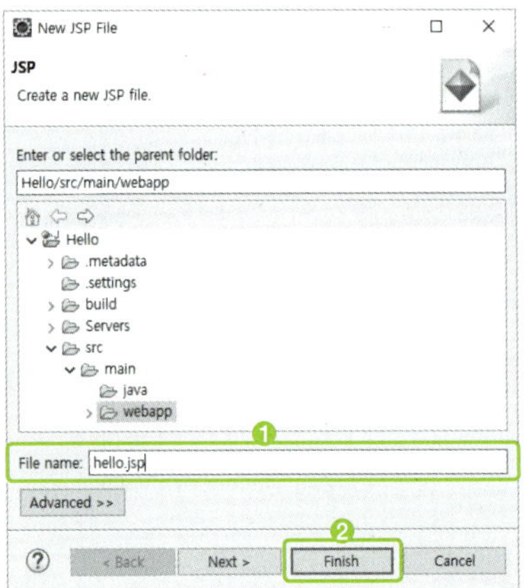

3 JSP 파일 실행 : 생성된 hello.jsp 파일은 실행에 필요한 기본 코드들을 포함하고 있습니다. JSP의 구조와 문법에 대해서는 6장에서 설명합니다. 여기서는 간단한 테스트를 위해 〈body〉 태그 내부인 10행에 'Hello, World!' 문구를 입력합니다. 그리고 실행을 위해 [Run] 버튼을 클릭합니다. 화면 상단의 녹색 원형 모양의 하얀 화살표 아이콘이 [Run] 버튼에 해당합니다.

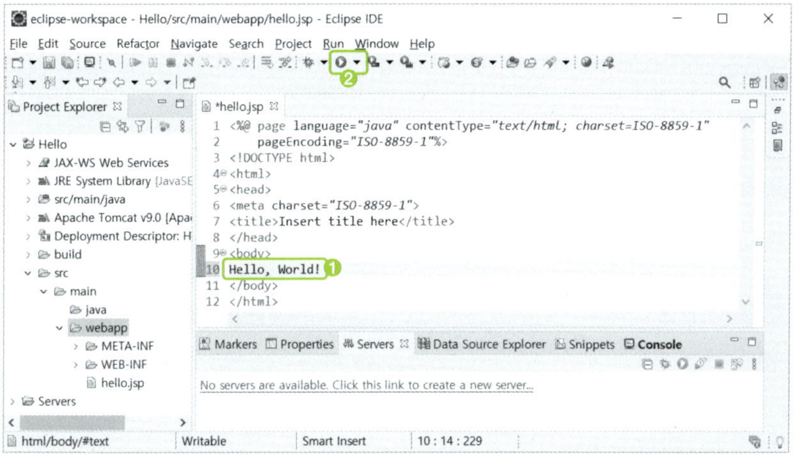

4 웹 서버 설정 : [Run] 버튼 클릭하면 Run on Server 팝업이 뜹니다. JSP 파일을 실행시키기 위해서는 웹 서버가 필요한데, hello.jsp 실행에 사용할 웹 서버를 지정하는 단계입니다. 팝업 내 입력 사항 중 실습 시 필요한 부분을 살펴보겠습니다.

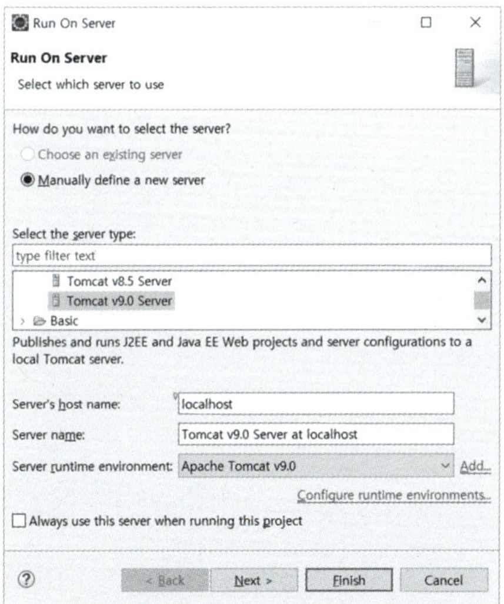

- How do you want to select the server?

  최초 실행 시에는 사용할 수 있는 서버가 없으므로 'Manually define a new server' 옵션만 활성화되어 있습니다. 기존에 만든 서버가 있을 경우, 'Choose an existing server' 옵션을 선택하고 [Finish] 버튼을 눌러 기존의 웹 서버를 사용하면 됩니다.

■ Select the server type

'Tomcat v9.0 Server'가 선택되어 있는데, 이는 [예제 2-5]에서 설정해 두었던 톰캣 서버 정보입니다.

■ Server's host name

서버가 동작하는 호스트 이름을 정의합니다. 개발 및 테스트 단계에서는 일반적으로 로컬 컴퓨터에서 웹 서버를 구동하므로 디폴트 값인 localhost를 그대로 이용합니다.

■ Server runtime environment

여기에 'Apache Tomcat v9.0'이 반드시 들어있어야 합니다. 만약 해당 항목 값이 〈None〉이라면 [예제 2-5]를 참조하여 톰캣 서버 연동 설정을 다시 진행해야 합니다.

서버 정보를 확인한 후 [Finish] 버튼을 클릭하여 서버 생성을 완료하고 hello.jsp를 실행합니다.

NOTE 혹시 JSP 파일 실행 시 에러가 발생하나요?

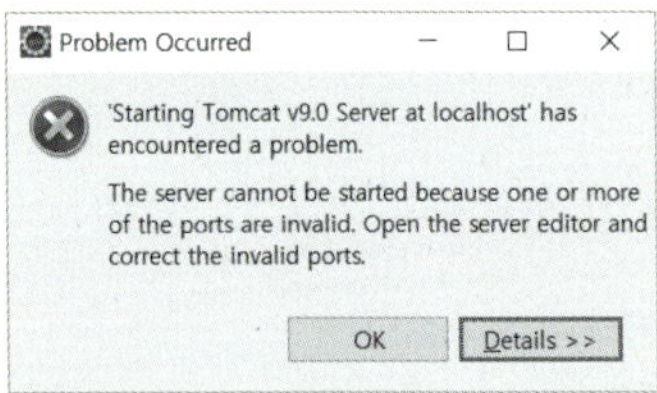

JSP 파일 실행 시, 그림과 같은 오류가 발생할 수 있습니다. 이는 톰캣 서버의 실행에 필요한 연결 포트(8005, 8080, 8009 등)가 이미 사용 중일 때 나타나는 오류입니다. 문제를 일으키는 원인은 크게 3가지입니다.

❶ 톰캣 서버가 외부에서 실행되고 있는 경우

윈도우 작업 표시줄에서 톰캣 속성 창을 열어 Server Status가 Started 상태라면, [Stop] 버튼을 눌러 서버의 실행을 중지합니다.

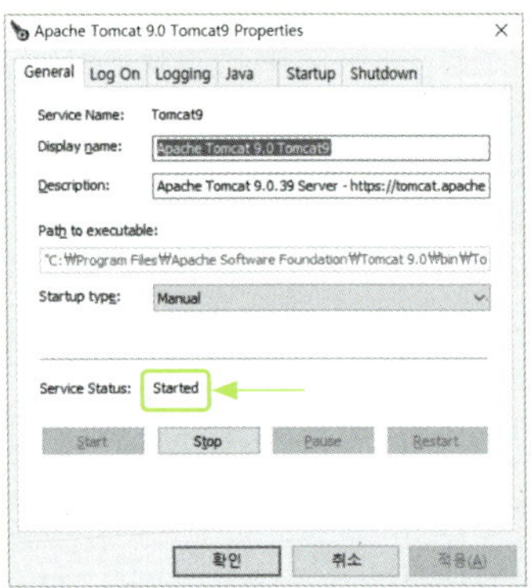

만약 작업 표시줄에 톰캣 속성 창 아이콘이 보이지 않는다면, 탐색기를 열어 톰캣이 설치된 디렉토리(C:\Program Files\Apache Software Foundation\Tomcat 9.0) 아래의 bin 폴더로 이동한 후, Tomcat9w.exe를 실행해 주세요.

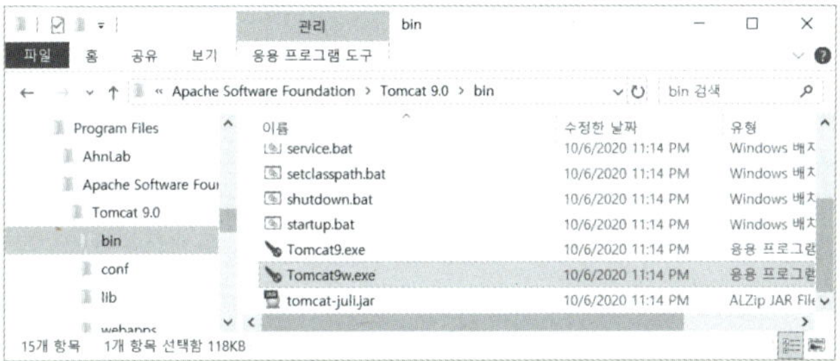

❷ 다른 웹 서버가 외부에서 실행되고 있는 경우

관리자 모드로 명령 프롬프트를 실행한 후, netstat 명령어와 taskkill 명령어를 이용해 해당 프로세스를 강제 종료합니다. 자세한 내용은 [예제 2-3]을 참조하세요.

❸ 서버 연결 정보가 제대로 주어지지 않은 경우

이클립스 화면의 아래 부분에 있는 Servers 탭에서 서버 연결 정보를 확인할 수 있습니다. Servers 탭의 리스트 중 Hello 프로젝트와 연동된 서버를 더블 클릭합니다. Run On Server 팝업에서 디폴트로 지정된 이름을 이용하였다면, Tomcat v9.0 Server at localhost를 더블 클릭하면 됩니다.

다음으로 서버의 상세 정보를 보여주는 Overview 창에서 오른편의 Ports 부분을 확인합니다. 만약 Tomcat admin port 항목이 다음 그림과 같이 비어 있다면, 연결 포트 값으로 8005를 입력합니다.

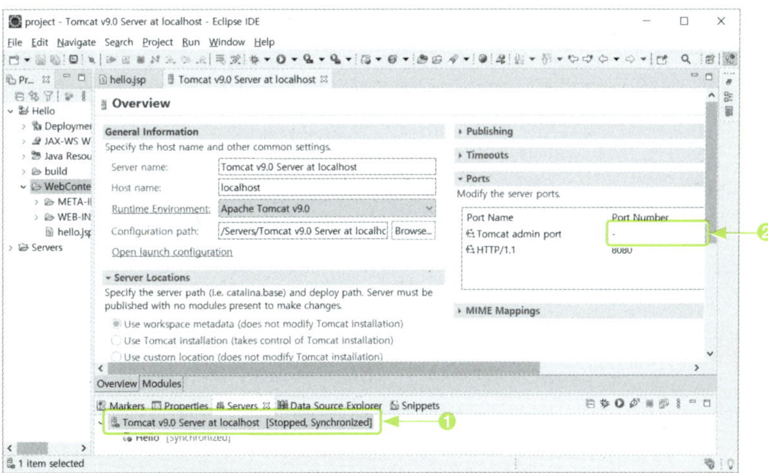

마지막으로 Ctrl+S를 눌러 저장한 후, [Run] 버튼을 눌러 hello.jsp를 다시 실행합니다.

5 실행 결과 확인하기 : hello.jsp가 정상적으로 동작될 경우, 이클립스에 내장된 브라우저를 통해 실행 결과가 나타납니다. 실행 창에 〈body〉 태그에서 입력한 'Hello, World!' 문구가 출력된 것을 확인할 수 있습니다.

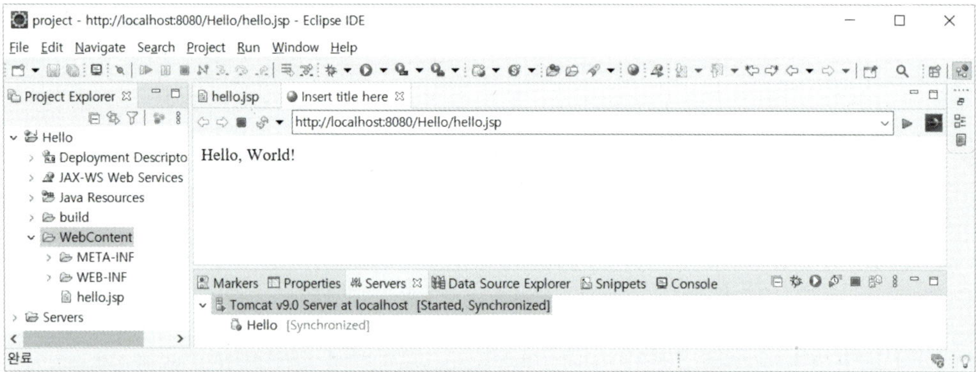

이클립스 내장 브라우저는 업데이트가 자주 되지 않는 문제점이 있습니다. 만약 출력되는 웹 페이지가 HTML 코드 이외에 스타일시트(CSS)나 자바스크립트(JS, JavaScript) 코드를 함께 포함할 경우, 페이지가 깨지거나 자바스크립트가 정상 동작하지 않는 등의 문제점이 발생할 수 있습니다. 따라서 실행 결과를 크롬에서 확인하는 것이 편리합니다. 크롬은 강력한 디버깅 도구를 함께 제공하므로, 코드의 오류를 찾고 수정할 때도 효과적으로 이용될 수 있습니다.

크롬에서 결과를 확인하기 위해, 내장 브라우저의 URL 창에서 주소를 선택한 후 Ctrl+C를 눌러 복사합니다. 그리고 크롬 URL 창에 Ctrl+V를 통해 붙여 넣은 후, F5를 눌러 페이지를 업데이트합니다. 다음 그림은 크롬에서 hello.jsp를 실행한 모습입니다.

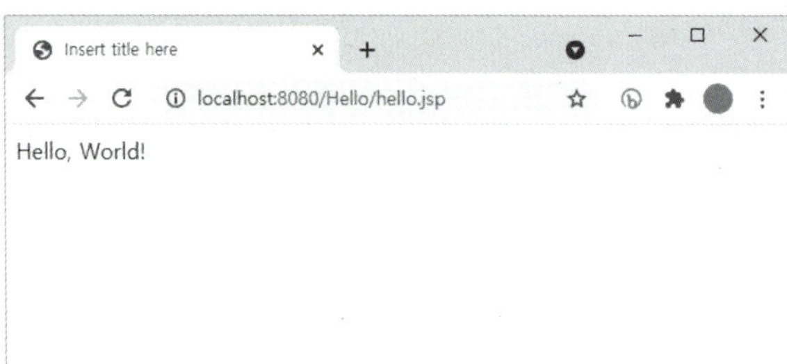

2장에서의 실습을 요약하자면 다음과 같습니다.

- JDK (https://www.oracle.com/java/technologies/javase-downloads.html)
- 크롬 다운로드 (https://www.google.com/intl/ko/chrome/)
- 톰캣 다운로드 (https://tomcat.apache.org)
- 이클립스 다운로드 (https://www.eclipse.org/downloads)

요약

01 JSP 프로그램 구동에 필요한 소프트웨어

- Java 개발 환경 : JDK
- 웹 브라우저 : Chrome
- 웹 서버 : Tomcat 9.0
- 통합 개발 환경(IDE) : Eclipse(2021-03)

02 이클립스를 이용한 JSP 프로젝트 실습 순서

프로젝트 생성 → JSP 파일 추가 → JSP 파일 실행 → 웹 서버 설정 → 실행 결과 확인

연습문제

01 다음 중 JSP 프로그램의 구동과 확인에 필요한 소프트웨어와 가장 거리가 먼 것은 무엇인가요?

① JDK ② 크롬 브라우저 ③ IIS 웹 서버 ④ 이클립스 개발 환경

02 HTTP 요청과 응답 처리 외에, JSP 기반의 동적 웹 프로그래밍 기술을 함께 지원하기 위한 웹 서버는 무엇인가요?

03 JRE와 JDK의 차이점은 무엇인가요?

04 개발 과정에서 톰캣 서버와 연결을 위해 일반적으로 이용되는 포트 번호는 무엇인가요?

05 다음 조건에 맞게 Aloha 프로젝트를 만들고 실행해 보세요.

❶ Dynamic Web Project 형식으로 프로젝트를 만들고, 이름을 'Aloha'로 설정합니다.

❷ 프로젝트의 src/main/webapp 폴더 아래에 'aloha.jsp'를 추가한 후, 〈body〉 태그에 'Aloha, World!' 문구를 입력합니다.

❸ 크롬에서 실행 결과를 확인합니다.

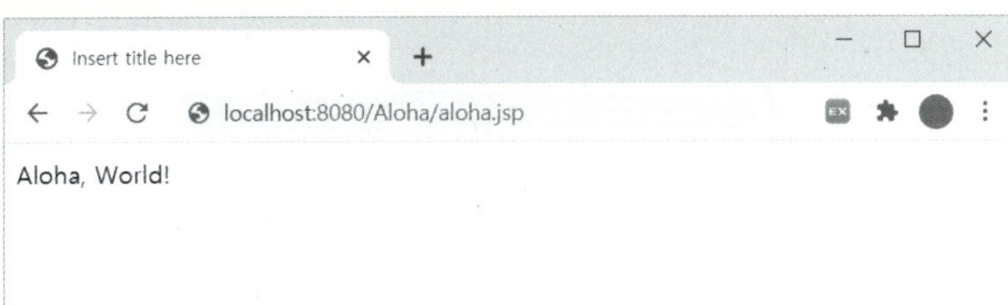

06 이클립스에서 JSP 파일을 실행할 때, 다음과 같은 에러를 발생시키는 상황과 가장 거리가 먼 것은 무엇인가요?

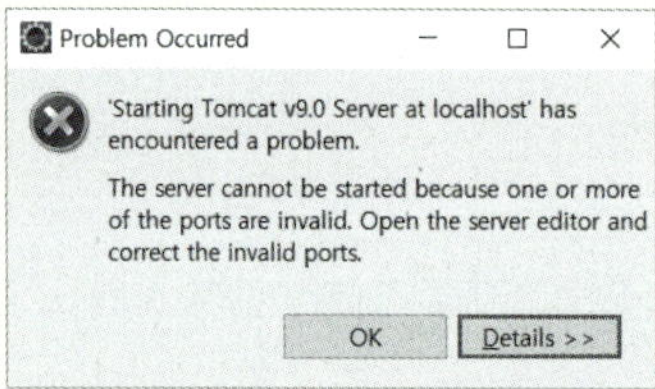

① 외부에서 실행되고 있는 톰캣 서버가 존재할 경우

② Tomcat admin port 정보를 입력하지 않았을 경우

③ 여러 개의 브라우저가 서버에 동시 접속을 시도할 경우

④ 톰캣이 아닌 다른 웹 서버가 이미 실행되고 있을 경우

CHAPTER 03
HTML 입력 양식

학습목표

- 사용자 입력에 따라 입력 양식을 선택할 수 있다.
- 데이터를 서버로 전달되는 과정을 익힌다.
- 다양한 입력 태그를 비교하고, 각각의 작성법을 이해한다.
- name, value 속성 값을 정의하는 방식을 이해한다.
- 구성 요소 정렬을 위한 <table> 태그를 사용할 수 있다.

01 사용자 입력을 위한 태그

JSP 프로그래밍에 앞서 먼저 클라이언트 측에서 사용자 입력을 받아들이고 전송하기 위한 방법에 대한 이해가 필요합니다. 이 장에서는 사용자 입력을 받아들이기 위한 HTML 태그의 종류와 이용 방법에 대해 설명합니다.

[표 3-1]에서는 HTML이 제공하는 입력 태그의 종류를 소개하고 있습니다. 〈input〉, 〈textarea〉, 〈select〉, 〈button〉 등이 포함되어 있으며, 이 중 〈input〉 태그가 가장 다양한 형식으로 이용될 수 있습니다.

표 3-1 HTML 입력 태그

태그	UI 형태	type 속성값	설명
〈input〉	텍스트 입력형	text	한 줄의 텍스트 입력
		password	한 줄의 암호화된 텍스트 입력
		email	이메일 주소 입력
		number	숫자 입력
	옵션 선택형	checkbox	체크 박스
		radio	라디오 버튼
	버튼형	submit	입력 데이터 전송 버튼
		reset	입력 데이터 삭제 버튼
	기타	range	범위 지정
		date	날짜 지정
		color	색깔 지정
		hidden	(UI 입력 없이) 데이터 전송
〈textarea〉	텍스트 입력형		여러 줄의 텍스트 입력
〈select〉	옵션 선택형		옵션 선택
〈button〉	버튼형		버튼

02 〈input〉 태그

〈input〉 태그에서는 사용자 인터페이스의 형태를 결정하기 위해 type 속성을 이용합니다. 예를 들어 type 속성 값을 text로 정의할 경우, 한 줄의 텍스트를 입력받을 수 있는 입력 양식이 제공됩니다. 이에 반해 type 속성 값이 radio일 경우, 여러 옵션 중 하나를 선택하기 위한 입력 양식이 제공됩니다. 〈input〉 태그를 사용하는 입력 양식은 [표 3-1]에서 정리한 바와 같이, 속성 값에 따라 텍스트 입력형, 옵션 선택형, 버튼형, 기타 등 4개의 그룹으로 분류될 수 있습니다.

또한 〈input〉 태그는 사용자 입력과 관련된 부가적인 내용이나 처리 방식 등을 지정하기 위해 여러 속성들을 제공합니다. [표 3-2]는 type 별로 해당 속성들이 사용자 인터페이스를 정의하는 데 어떻게 이용될 수 있는지 설명합니다. 여기서 소개되는 속성들은 〈input〉 태그에서 공통으로 이용될 수 있으며, type 속성 값에 따라 min, max 등의 속성이 부가적으로 이용될 수 있습니다.

표 3-2 〈input〉 태그 속성

태그	설명	필수여부	적용 가능한 UI 형태
type	사용자 인터페이스 형식 지정	필수	공통
name	입력 값을 서버 측에서 참조하기 위한 이름	필수	공통
value	입력 값 (혹은 디폴트 값)	선택	공통
autofocus	포커스 자동 지정	선택	공통
placeholder	입력 값에 대한 설명문	선택	텍스트 입력형
required	필수 입력 여부 지정	선택	텍스트 입력형
checked	옵션에 대한 디폴트 선택 여부 지정	선택	옵션 선택형

1 텍스트 입력형

텍스트 입력형 UI는 사용자로부터 텍스트를 입력받기 위한 인터페이스 형태로, Text, Password, Email, Number 타입 등을 포함합니다.

1.1 Text 타입

〈input〉 태그의 type 속성을 text로 정의할 경우, 한 줄의 텍스트를 입력받기 위한 사용자 인터페이스가 제공됩니다. [예제 3-1]을 통해 Text 타입 UI를 만들어 봅시다.

TIP 3장부터의 실습은 html 파일 내의 나머지 태그는 수정하지 않고, 〈body〉 태그 내의 코드만 수정하게 됩니다! 이번 예제에서 html 파일의 구조를 익히고 넘어가도록 합니다.

예제 3-1 텍스트 한 줄 입력받기

1 HTML 파일 추가 : Hello 프로젝트의 src/main/webapp 폴더에서 마우스 오른쪽 버튼을 눌러 [New]-[HTML File]을 선택합니다. 파일 이름을 input1.html로 입력하고 [Finish] 버튼을 클릭하여 프로젝트에 파일을 추가합니다.

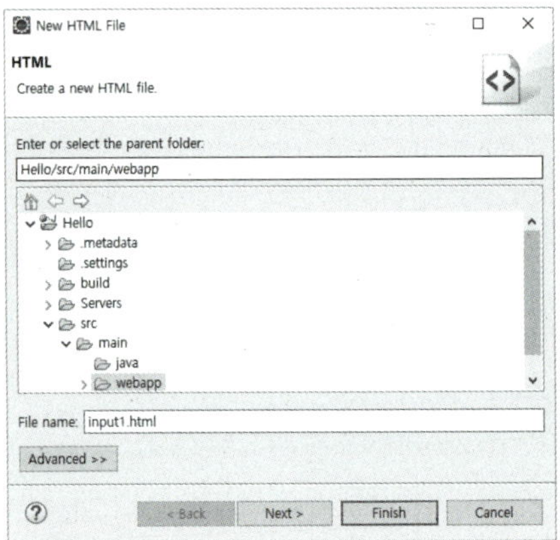

생성된 input1.html 파일은 실행에 필요한 기본 코드들을 포함하고 있습니다.

Hello/input1.html

```
<!DOCTYPE html>
<html>
<head>
<meta charset="ISO-8859-1">
<title>Insert title here</title>
</head>
<body>

```

```
09  </body>
10  </html>
```

01행 : HTML5 문서임을 나타내는 정의입니다.

02행 : HTML 문서의 시작을 나타냅니다. HTML 문서는 크게 헤드head 영역과 바디body 영역으로 구성됩니다.

03행 : 헤드 영역의 시작을 나타냅니다. 헤드 영역에는 바디 영역의 실행에 필요한 스타일시트css나 자바스크립트JavaScript 코드 등이 포함될 수 있습니다.

04행 : 〈meta〉 태그는 바디 파트에서 정의한 HTML 코드에 대한 문자 집합 Character Set을 지정함으로써, 브라우저에서 해당 문자 집합을 기준으로 페이지 내용이 보일 수 있도록 합니다.

05행 : 〈title〉 태그는 브라우저의 윈도우 캡션에 나타날 문자열을 지정합니다.

07행~09행 : 바디 영역으로 실제 브라우저에서 보이게 될 부분을 HTML 코드로 정의합니다.

2 코드 삽입 후 실행 : 1의 코드의 8행에 다음과 같이 입력한 후 Ctrl+S를 눌러 저장합니다. 그리고 이클립스에서 [Run] 버튼을 클릭하여 input1.html을 실행합니다.

Hello/input1.html

```
08  ID <input type="text" name="id" value="kim@abc.com">
```

08행 : 'ID'는 일반 텍스트이므로 브라우저에 그대로 출력됩니다. 그리고 〈input〉 태그에 대해, 한 줄로 된 텍스트를 입력받기 위한 양식이 출력됩니다. 이 때 value 속성 값이 디폴트 입력 값으로 지정됩니다.

TIP name 속성은 서버에서 입력 값을 참조하기 위한 이름에 해당하며, 자세한 내용은 4장에서 설명합니다.

3 크롬에서 결과 확인 : 크롬에서 결과 확인을 위해, 내장 브라우저 URL창의 주소(http://localhost:8080/Hello/input1.html)를 복사하여 크롬 URL 창에 붙여넣기한 후, F5를 눌러 결과를 확인합니다.

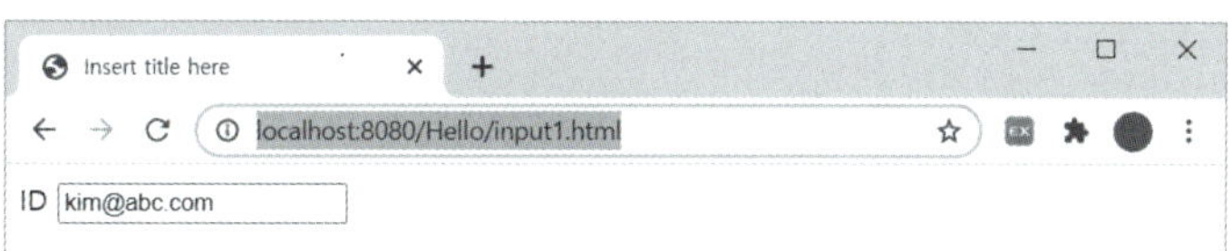

1.2 Password 타입

〈input〉 태그의 type 속성을 password로 정의할 경우, 한 줄의 텍스트를 입력받기 위한 사용자 인터페이스가 제공되며, 입력된 값은 모두 암호화되어 표시됩니다. 따라서 비밀 번호 등 보안이 필요한 항목을 입력받을 때 주로 사용합니다. [예제 3-1]에서 사용한 input1.html 파일의 8번 라인을 다음과 같이 수정해봅시다.

Hello/input1.html

```
08  Password <input type="password" name="ps"  value="111">
```

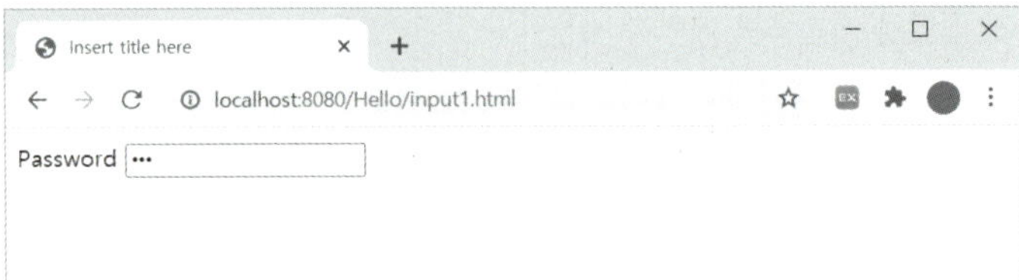

그림 3-1 Password 타입

1.3 Email 타입

〈input〉 태그의 type 속성을 email로 정의할 경우, 이메일 형식의 텍스트를 입력받기 위한 사용자 인터페이스가 제공되며, 입력된 값이 이메일 형식에 위배되는지 자동으로 체크해 줍니다. 따라서 로그인이나 회원가입 페이지에서 이메일 주소를 입력받고자 할 때 유용하게 쓸 수 있습니다.

Hello/input1.html

```
08  ID <input type="email" name="id">
```

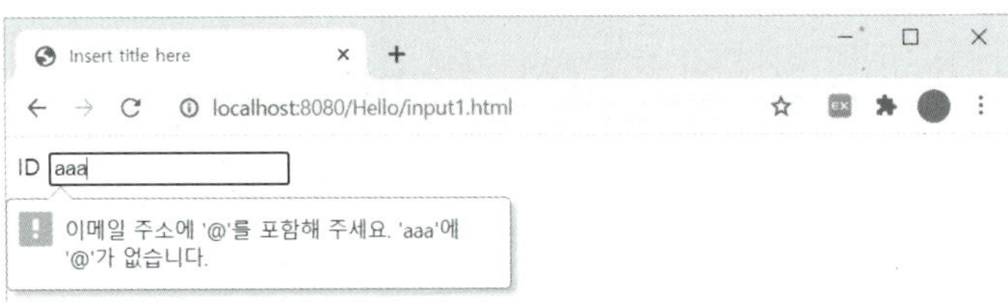

그림 3-2 Email 타입

참고로, 입력된 값이 이메일 형식에 위배될 경우 [그림 3-2]의 화면과 같이 오류 메시지를 출력하려면, 입력 값을 서버로 전송하기 위한 〈form〉 태그와 데이터 전송 버튼에 해당하는 〈input type="submit"〉이 함께 정의되어야 합니다. 관련 내용은 4장에서 설명합니다. 복수의 이메일 입력을 허용하고자 할 때는, multiple 속성을 추가적으로 정의하면 가능합니다.

1.4 Number 타입

〈input〉 태그의 type 속성을 number로 정의할 경우, 숫자를 입력받기 위한 입력창이 제공되며, 증감 버튼이 함께 표시됩니다. 또한 min, max 속성을 이용하여 입력 가능한 숫자의 범위를 지정할 수 있으며, 증감 폭을 지정하기 위한 step 속성의 이용도 가능합니다.

Hello/input1.html

```
ID <input type="number" name="age" value="10" min="1" max="120" step="2">
```

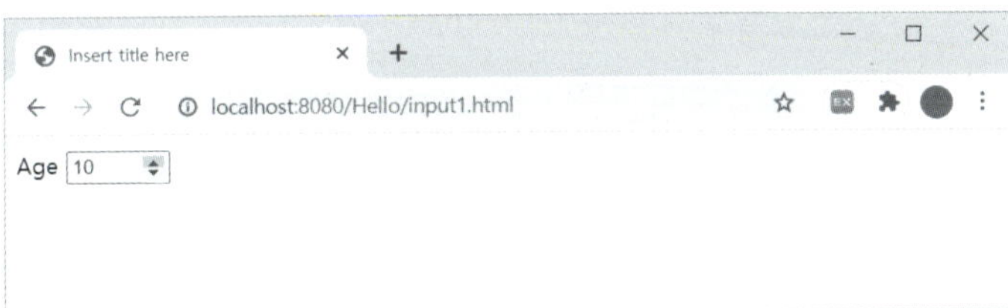

그림 3-3 Number 타입

1.5 속성

텍스트 입력형 〈input〉 태그에는 다음과 같은 속성을 공통적으로 추가할 수 있습니다.

■ autofocus

페이지가 생성될 때 자동으로 포커스가 지정되어, 사용자로부터 가장 먼저 입력을 받을 수 있도록 준비합니다. 다음 코드와 같이 속성 이름만으로 정의합니다. 〈input〉 태그에 autofocus가 정의될 경우, 포커스가 지정되어 굵은 테두리가 생기고 입력 값을 받을 수 있도록 커서가 깜박입니다. autofocus 속성은 모든 타입의 〈input〉 태그에 공통적으로 적용할 수 있습니다.

Hello/input1.html

```
ID <input type="text" name="id" value="kim@abc.com" autofocus>
```

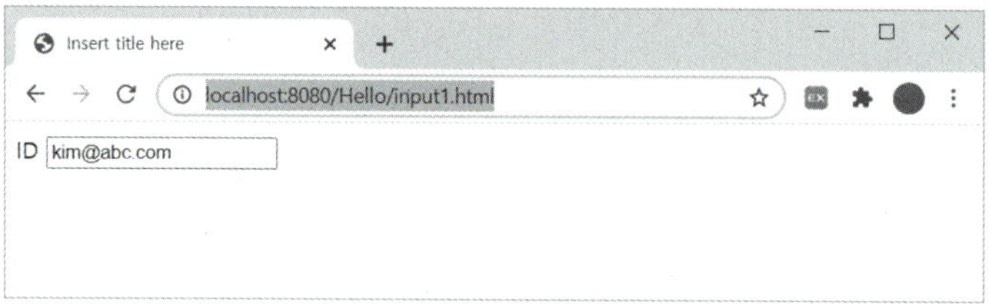

그림 3-4 Text 타입에 autofocus 속성 추가

■ placeholder

입력 값에 대한 설명문을 제공하기 위해 이용되며, 다음 코드와 같이 속성 이름과 값을 함께 정의합니다. 예시에서는 ID 입력 값으로 이메일 주소를 입력받을 수 있도록 'Insert an email address' 문구가 흐리게 출력됩니다. 만약 placeholder 속성과 value 속성을 함께 정의한다면, value 속성에 정의된 값이 먼저 출력됩니다. 그 이유는 value 속성 값이 디폴트 값으로 입력되어 placeholder 속성에서 정의한 설명문이 보이지 않기 때문입니다.

Hello/input1.html

```
ID <input type="text" name="id"  placeholder="Insert an email address">
```

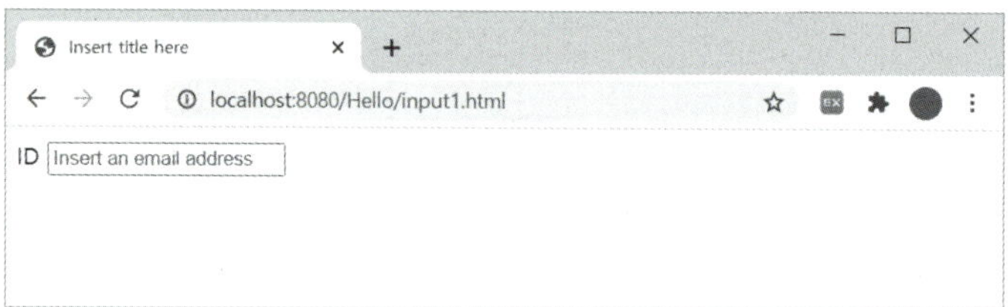

그림 3-5 Text 타입에 placeholder 속성 추가

■ required

필수 입력 필드를 지정하고자 할 때 이용됩니다. 다음 코드와 같이 <input> 태그에 required를 추가함으로써 입력을 강제할 수 있으며, 값을 입력하지 않고 다음 단계로 진행하려고 할

경우 경고문이 출력됩니다. required 속성은 입력 값을 서버로 전송하기 위한 〈form〉 태그와 데이터 전송 버튼에 해당하는 〈input type="submit"〉이 함께 정의되어야 이용 가능합니다. 이와 관련된 내용은 4장에서 설명합니다.

Hello/input1.html

```
ID <input type="text" name="id"  placeholder="Insert an email address"
     required>
```

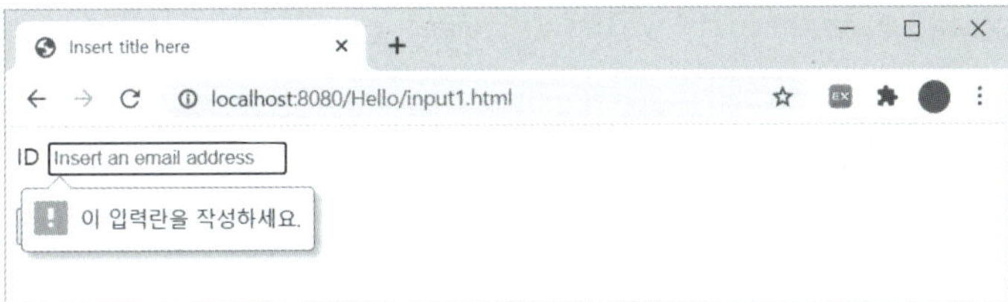

그림 3-6 Text 타입에 required 속성 추가

지금까지 Input 태그의 여러 형태 중 텍스트 입력형 사용자 인터페이스인 Text, Password, Email, Number 타입에 대해 알아보았습니다. 요약하는 의미에서 다음의 질문에 답해 봅시다.

텍스트 입력형 사용자 인터페이스에서만 이용되는 Input 태그의 공통 속성은 어떤 것이 있나요?

지금까지 배운 〈input〉 태그의 속성들은 type, name, value, autofocus, placeholder, required, min, max, step 등이 있었습니다. 이 중, type, name, value, autofocus는 모든 〈input〉 태그에서 공통적으로 적용 가능한 속성입니다. 이에 반해 min, max, step은 Number 타입에서만 이용 가능합니다. 그럼 텍스트 입력형 사용자 인터페이스에만 이용할 수 있는 공통 속성이 어떤 것인지는 감이 오죠?

2 옵션 선택형

다음으로 옵션 선택형 UI인 Checkbox 타입과 Radio 타입에 대해 알아봅시다.

2.1 Checkbox 타입

〈input〉 태그의 type 속성을 checkbox로 정의할 경우, 여러 개의 옵션 선택이 가능한 사용자 인터페이스가 제공됩니다. 다음 코드는 Apple, Banana, Orange 항목 중 0개 이상을 복수로 선택할 수 있는 체크 박스 그룹을 제공합니다.

Hello/input1.html

```
<input type="checkbox" name="fruit" value="apple">Apple<br>
<input type="checkbox" name="fruit" value="banana" checked>Banana<br>
<input type="checkbox" name="fruit" value="orange" checked>Orange<br>
```

줄 바꿈 태그

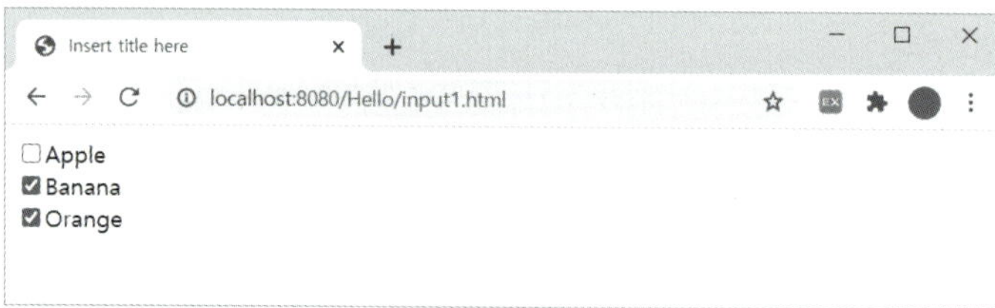

그림 3-7 Checkbox 타입

이 코드에서 name 속성은 모두 같은 값으로 지정했습니다. 그 이유는 3개의 체크 박스를 동일한 그룹으로 묶기 위해서입니다. value 속성 값은 서로 다른 값을 할당하여, 서버에서 어떤 값이 선택되었는지 알 수 있도록 합니다. checked 속성은 디폴트 값을 지정하기 위해 이용됩니다. 즉 checked 속성이 추가된 〈input〉 태그는 디폴트로 선택된 상태로 페이지에 표시됩니다.

2.2 Radio 타입

〈input〉 태그의 type 속성을 radio로 정의할 경우, 여러 옵션 중 하나의 옵션만 선택 가능한 사용자 인터페이스가 제공됩니다. 즉, Radio 타입은 상호 배타적인 옵션 선택을 구현할 때 이용됩니다. 다음 코드는 Apple, Banana, Orange 항목 중 하나를 선택할 수 있는 라디오 버튼 그룹을 제공합니다.

Hello/input1.html

```
<input type="radio" name="fruit" value="apple" checked>Apple<br>
<input type="radio" name="fruit" value="banana">Banana<br>
<input type="radio" name="fruit" value="orange">Orange<br>
```

그림 3-8 Radio 타입

Radio 타입 역시 Checkbox 타입과 같이, name 속성을 모두 같은 값으로 지정하여 동일한 그룹으로 묶습니다. 그리고 value 속성 값은 서로 다른 값을 할당하여 향후 서버에서 선택 값을 구분할 수 있도록 합니다. checked 속성 역시 디폴트 값을 지정하기 위해 이용됩니다.

옵션 선택형 사용자 인터페이스에서만 이용되는 〈input〉 태그의 공통 속성은 어떤 것이 있나요?

지금까지 배운 〈input〉 태그의 속성들은 type, name, value, autofocus, placeholder, required, min, max, step, checked 등이 있습니다. 이 중, checked를 제외한 나머지는 텍스트 입력형 UI에서 이용된 바 있습니다. 그럼 답을 쉽게 유추할 수 있겠죠?

3 버튼형

다음으로 〈input〉 태그의 버튼형 UI에 대해 살펴봅시다.

3.1 Submit 타입

〈input〉 태그의 type 속성을 submit으로 정의할 경우, 자신을 제외한 다른 〈input〉 태그의 입력 값을 서버로 전송하기 위한 버튼이 제공됩니다.

Hello/input1.html

```
ID <input type="email" name="id" placeholder="Insert an email address">
<br><br>
<input type="submit">
```

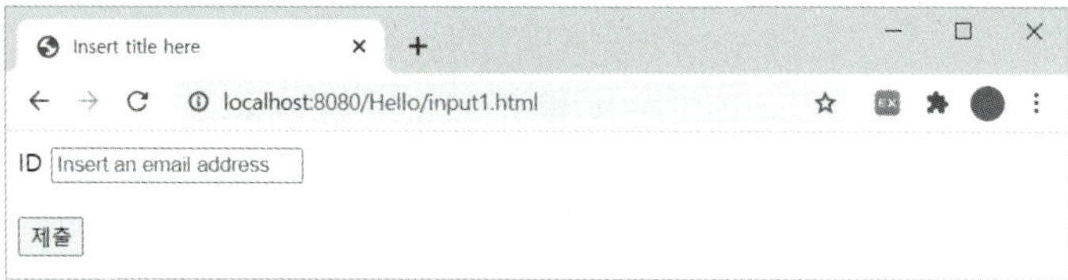

그림 3-9 Submit 타입

이 구현에서는 [제출] 버튼을 눌러도 아무런 응답이 없습니다. Submit 타입의 버튼이 정상 동작하기 위해서는 〈form〉 태그를 통해 입력 값이 서버의 어떤 파일로 전송되는지 구체적으로 정의해야 하기 때문입니다.

버튼 이름을 '제출'에서 다른 이름으로 수정하고 싶을 경우에는 value 속성 값을 정의함으로써 수정이 가능합니다.

3.2 Reset 타입

〈input〉 태그의 type 속성을 reset으로 정의할 경우, 텍스트 입력형 〈input〉 태그에 입력된 값을 모두 초기화시키는 버튼이 제공됩니다.

Hello/input1.html

```
ID <input type="email" name="id" placeholder="Insert an email address">
<br><br>
<input type="reset">
```

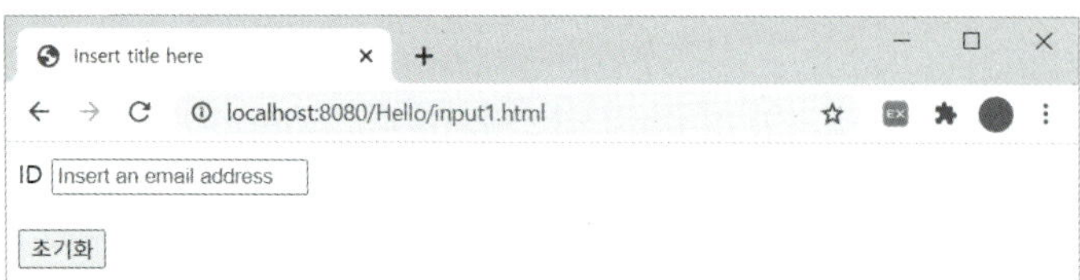

그림 3-10 Reset 타입

Reset 타입 역시 정상 동작하기 위해서는 〈form〉 태그의 정의가 필요합니다. 또한 버튼 이름을 '초기화'에서 다른 이름으로 바꾸고 싶을 경우, value 속성 값의 정의를 통해 변경 가능합니다. 여기서 다음과 같은 의문이 들 수 있습니다.

〈input〉 태그의 type 속성 값 중 〈form〉 태그가 함께 정의되어야 정상 동작하는 것은 어떤 것이 있나요?

〈input〉 태그에서 〈form〉 태그가 함께 정의되어야만 정상 동작하는 UI 타입은 두 부류가 있었습니다. 첫 번째는 텍스트 입력형 UI인 Email 타입이며, 두 번째는 앞서 설명한 버튼형 UI인 Submit과 Reset 타입 입니다. 이외에 〈input〉 태그의 일부 속성 역시 〈form〉 태그가 함께 정의되어야 정상 동작하는 속성들이 있었죠? 바로 required 속성입니다. 함께 기억해 두세요.

4 기타 UI

이외에도 〈input〉 태그에는 Range, Date, Color, Hidden 등의 다양한 사용자 인터페이스 타입을 지원합니다.

4.1 Range 타입

〈input〉 태그의 type 속성을 range로 정의할 경우, 특정 범위 값을 지정받기 위한 인터페이스가 제공됩니다. Range 타입은 Number 타입과 마찬가지로 min, max, step 속성을 지정할 수 있습니다.

Hello/input1.html

```
Number <input type="range" name="num" value="10" min="1" max="120" step="2">
```

그림 3-11 Range 타입

4.2 Date 타입

〈input〉 태그의 type 속성을 date로 정의할 경우, 날짜를 입력받기 위한 텍스트 창과 달력 형태의 팝업이 제공됩니다.

Hello/input1.html

```
Birth <input type="date" name="birth" value="2000-01-01">
```

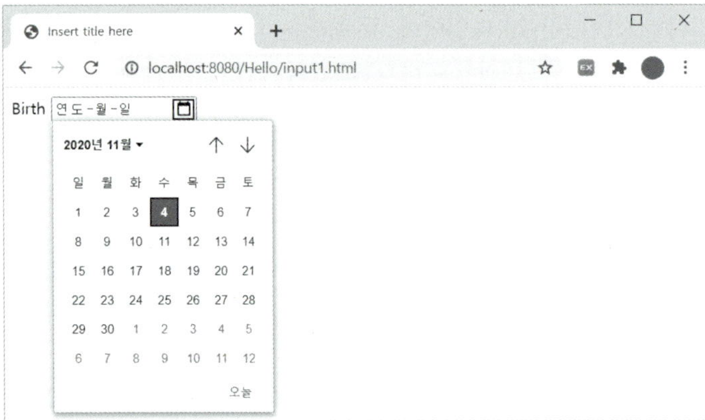

그림 3-12 Date 타입

텍스트 입력형 UI와 같이, 디폴트 값 지정을 위해 value 값을 이용할 수 있습니다. 날짜 형식(YYYY-MM-DD)으로 값을 지정해야 하며, 디폴트 값이 주어질 경우 팝업에서도 지정한 날짜를 기준으로 달력이 세팅됩니다. value 값이 지정되지 않을 경우 현재 날짜를 기준으로 달력 팝업이 생성됩니다.

4.3 Color 타입

〈input〉 태그의 type 속성을 color로 정의할 경우, 색상을 입력받기 위한 창과 팝업이 제공됩니다.

Hello/input1.html

```
Background <input type="color" name="bg" value="#ff0000">
```

텍스트 입력형 UI와 같이 디폴트 값 지정을 위해 value 값을 이용할 수 있으며, 16진수 RGB 형식으로 값을 지정해야 합니다. 디폴트 값이 주어질 경우, 팝업에서도 지정한 RGB 값을 기준으로 컬러가 세팅됩니다. value 값이 지정되지 않을 경우 검정색(#000000)으로 컬러 팝업이 생성됩니다.

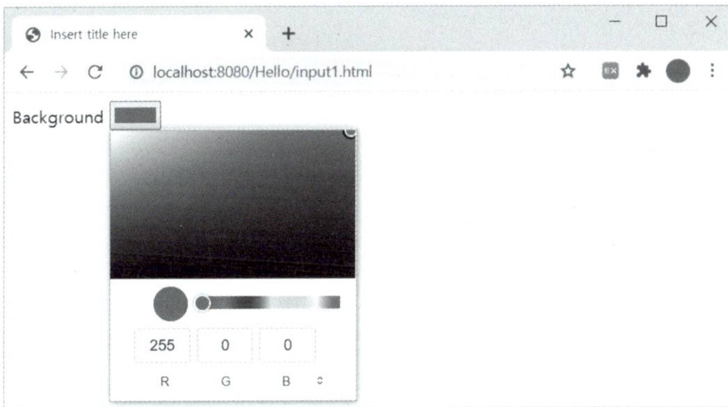

그림 3-13 Color 타입

TIP 컬러 팝업 형태는 브라우저 종류나 버전마다 달라질 수 있으며, [그림 3-13]의 화면은 크롬 버전 86 기준입니다.

4.4 Hidden 타입

Hidden 타입은 사용자의 개입 없이 미리 정의된 name과 value 속성 값을 서버로 전달하기 위해 이용됩니다.

Hello/input1.html

```
<input type="hidden" name="setting" value="true">
```

〈input〉 태그의 type 속성이 hidden으로 정의할 경우, 브라우저에는 UI가 나타나지 않습니다. 따라서 사용자가 입력한 데이터가 아닌, 특정 값을 직접 서버로 전송할 필요가 있을 때 이용합니다.

03 다양한 입력 태그

〈input〉 태그 이외에도 사용자 입력을 위해 〈textarea〉, 〈select〉, 〈button〉 등의 태그가 제공됩니다.

1 〈textarea〉 태그

〈textarea〉 태그는 텍스트 입력형 UI에 해당하며, 여러 줄의 텍스트를 입력받을 필요가 있을 때 이용합니다. 즉, 한 줄의 텍스트를 입력받을 때는 〈input type="text"〉가 이용하며, 여러 줄일 경우에는 〈textarea〉를 사용합니다.

Hello/input1.html

```
Comment <br>
<textarea name="comment" rows="10" cols="50" placeholder="Add your
comment"></textarea>
```

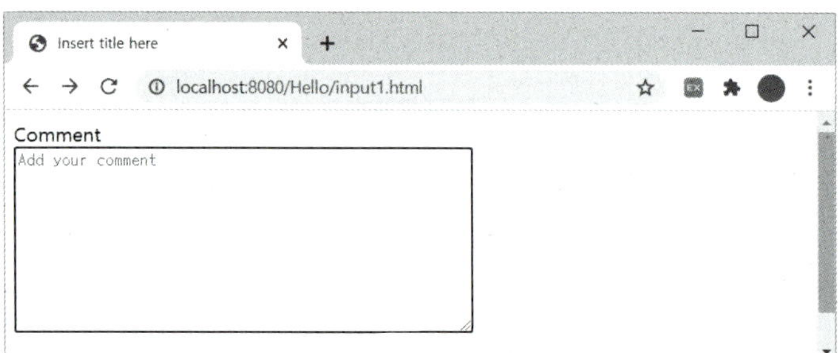

그림 3-14 Textarea 타입

〈textarea〉에서는 입력될 수 있는 행과 열의 개수를 지정하기 위해, rows와 cols 속성을 이용합니다. 즉 rows와 cols를 통해 텍스트 창의 크기를 지정할 수 있습니다. 또한 텍스트 입력형 UI이므로, 〈input type="text"〉에서 공통적으로 이용되었던 autofocus, placeholder, required 등의 속성을 함께 이용할 수 있습니다.

〈input type="text"〉와 비교했을 때, 〈textarea〉는 아래의 두 가지 차이점이 있습니다. 〈input〉 태그는 종료 태그가 없는데 반해, 〈textarea〉는 시작 태그와 종료 태그가 함께 이용되어야 합니다.

디폴트값 설정에 있어 value 속성을 이용하는 〈input〉 태그와 달리, 〈textarea〉의 경우에는 시작 태그와 종료 태그 사이에 값을 설정해야 합니다. 예를 들어, 디폴트 값으로 'No comment'를 지정하고자 할 경우, 다음 코드와 같이 입력해야 합니다.

Hello/input1.html

```
Comment <br>
<textarea name="comment" rows="10" cols="50" placeholder="Add your
comment">No comment</textarea>
```

그림 3-15 디폴트 값을 설정한 Textarea 타입

2 〈select〉 태그

〈select〉 태그는 옵션 선택형 UI에 해당하며, 드롭다운 리스트 Drop-down list 형태의 사용자 인터페이스를 제공합니다. 〈select〉는 각각의 옵션을 정의한 〈option〉 태그를 내부에 포함할 수 있습니다. 다음 코드를 통해 〈input〉 태그를 이용한 옵션 선택형 타입과 비교했을 때 UI 및 코드 스타일 측면에서 어떤 차이점이 있는지 살펴봅시다.

Hello/select1.html

```
<select name="fruit">
<option value="apple">Apple</option>
<option value="banana" selected>Banana</option>
<option value="orange">Orange</option>
</select>
```

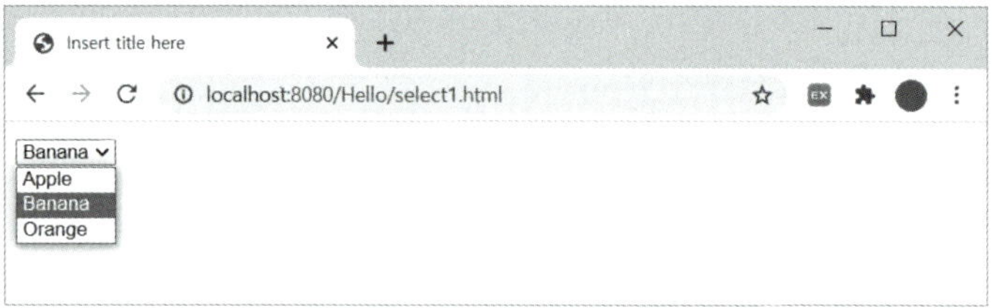

그림 3-16 〈select〉 태그

〈select〉 태그는 여러 옵션 중 하나를 선택하는데 이용한다는 점에서 〈input〉 Radio 타입과 같습니다. 앞서 작성한 select1.html은 다음의 〈input〉 Radio 타입 버튼 그룹과 동일한 역할을 수행합니다.

```
<!-- select 태그와 동일한 역할 -->
<input type="radio" name="fruit" value="apple">Apple<br>
<input type="radio" name="fruit" value="banana" checked>Banana<br>
<input type="radio" name="fruit" value="orange">Orange<br>
```

〈select〉와 〈input〉 Radio 타입 버튼 사이에는 다음과 같은 차이점이 있습니다.

표 3-3 〈select〉와 〈input〉 Radio 타입의 차이점

	〈input〉 Radio	〈select〉
name 속성	각 〈input〉 태그에 같은 값의 name 속성 정의	시작 태그에서만 name 속성 정의
디폴트 값 설정	checked 속성 이용	selected 속성 이용
다중 옵션 선택	X (다중 옵션 → checkbox)	시작 태그에 multiple 속성 추가 시 다중 옵션 선택 가능

<select> 태그에 다중 옵션 선택이 가능하도록 다음 코드와 같이 multiple 속성을 추가해 봅시다. 다중 선택이 가능하므로, 여러 <option> 태그에 selected 속성을 추가할 수 있습니다.

Hello/select1.html

```
<select name="fruit" multiple>
    <option value="apple">Apple</option>
    <option value="banana" selected>Banana</option>
    <option value="orange" selected>Orange</option>
</select>
```

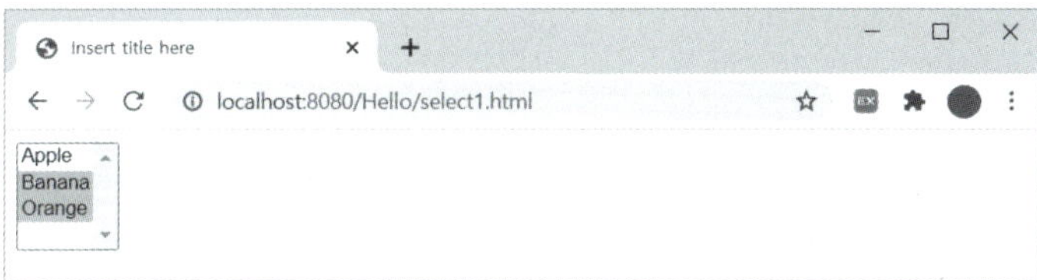

그림 3-17 <select> 태그에 multiple 속성 추가

multiple 속성이 추가될 경우 출력되는 UI는 위와 같이 드롭다운 리스트가 아닌 일반 리스트 박스의 형태가 된다는 점에 유의하세요. <select> 태그의 동작 방식을 확실히 이해하셨다면, 다음 질문에 답해 봅시다.

? 다음과 동일한 역할을 수행하는 <input> 태그를 작성하려면 어떻게 해야할까요?

```
<select name="sport">
    <option value="baseball">Baseball</option>
    <option value="football">Football</option>
    <option value="volleyball" selected>Volleyball</option>
</select>
```

<select> 태그를 <input> 태그로 변환할 때 주의할 점은 multiple 속성의 정의 여부입니다. multiple 속성이 없을 경우 Radio 타입의 역할을 하며, 그렇지 않을 경우에는 <input type=

"checkbox"〉의 역할을 하기 때문입니다. 〈input〉 태그의 옵션 선택형 타입에 따라 〈option〉 태그 변환 방법은 앞서 설명하였으므로 생략합니다.

3 〈button〉 태그

〈button〉 태그는 버튼 모양이 필요할 때 간단히 이용될 수 있습니다. 시작 태그와 종료 태그로 구성되며, 두 태그 사이에 입력한 텍스트가 버튼 이름으로 출력됩니다.

Hello/button1.html

```
<button>Write a comment</button>
```

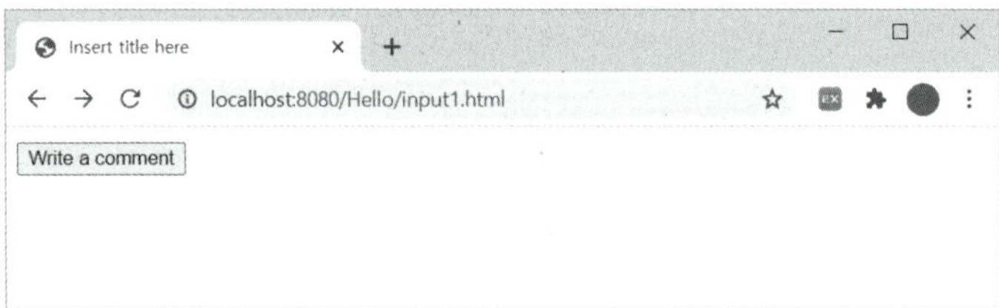

그림 3-18 〈button〉 태그

〈button〉 태그는 〈input type="submit"〉이나 〈input type="reset"〉과 달리, 〈form〉 태그를 필요로 하지 않습니다. 대신 버튼을 선택했을 때의 동작을 정의한 자바스크립트 함수를 지정해주어야 합니다. 다음 코드에서는 버튼이 클릭될 경우, writeComment( ) 함수가 실행됩니다.

Hello/button1.html

```
<button onclick="writeComment()">Write a comment</button>
```

TIP 지금 단계에서는 writeComment( ) 함수가 정의되어 있지 않기 때문에 이 코드 또한 작동하지 않습니다.

04 〈table〉 태그

테이블Table 태그는 여러 개의 입력 양식을 정렬해서 보여주고자 할 때 이용할 수 있습니다. 예를 들어, 아이디와 패스워드를 입력받기 위한 로그인 페이지를 작성해 봅시다. 아이디는 〈input type="text"〉를 이용해 일반 텍스트의 형태로 받으며, 패스워드는 입력 텍스트가 암호화되어야 하므로 〈input type="password"〉로 구현할 수 있습니다. 이 내용을 바탕으로 로그인 페이지를 구현한 login.html은 다음 코드와 같이 작성할 수 있습니다.

Hello/login.html

```
01 <html>
02 <head>
03 <meta charset="utf-8">
04 </head>
05 <body>
06 <h4>로그인</h4>
07 아이디 <input type="text" name="id" placeholder="Email address"
         required> <br>
08 패스워드 <input type="password" name="ps" required> <br><br>
09 <input type="button" value="로그인">
10 </body>
11 </html>
```

03행 : 페이지에 출력될 언어 집합이 UTF-8임을 지정합니다. UTF-8은 다국어를 지원하기 위한 언어 집합으로, 한글 표기를 위해 이용됩니다.

06행 : 〈h4〉 태그를 이용하여 페이지의 타이틀을 출력합니다.

07행 : 아이디를 입력받기 위한 Text 타입 UI를 정의합니다.

08행 : 패스워드를 입력받기 위해 Password 타입 UI를 정의합니다.

09행 : 로그인 버튼을 위한 Button 타입 UI를 정의합니다.

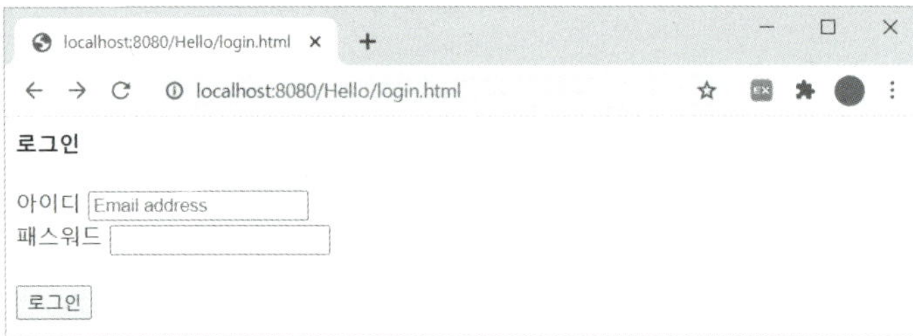

그림 3-19 로그인 페이지 작성

login.html은 크롬에서 [그림 3-19]와 같이 출력됩니다. 그런데 아이디와 패스워드를 입력받기 위한 <input> 태그가 정렬되지 않아 완성도가 다소 떨어지는 느낌을 줍니다. <table> 태그는 이러한 요소들을 정렬하는 데에 도움을 줍니다.

<table> 태그는 이름 그대로 구성 요소들을 행Row과 열Column로 표현된 2차원 테이블로 표현하기 위해 이용됩니다. <table> 태그를 이용할 경우, 테이블을 구성하는 각각의 행을 표현하기 위해 <tr> 태그를 이용하며, 행을 구성하는 각각의 컬럼 데이터를 표현하기 위해 <td> 태그를 이용합니다. 예를 들어 로그인 페이지는 4개의 행으로 구성될 수 있으며, 이 중 두 번째와 세 번째 행은 텍스트와 입력 양식을 따로 나타내기 위해 2개의 열로 구성될 수 있습니다. 따라서 login.html의 body 부분은 <table> 태그를 이용하여 다음과 같이 수정할 수 있습니다.

Hello/login.html

```
...
<body>
<table border=1>
<tr><td>로그인<td></tr>
<tr>
    <td>아이디</td>
    <td><input type="text" name="id" placeholder="Email address"
        required></td>
</tr>
<tr>
    <td>패스워드</td>
```

```
14      <td><input type="password" name="ps" required></td>
15  </tr>
16  <tr><td><input type="button" value="로그인"></td></tr>
17  </table>
18  </body>
19  </html>
```

06행 : 〈table〉 태그를 정의하여 테이블 영역의 시작을 알립니다. border 속성을 1로 정의할 경우 테이블의 경계선이 표시됩니다.

07행 : '로그인' 이라는 타이틀을 출력하기 위한 테이블 행을 정의합니다.

08~11행 : 아이디를 입력받기 위한 행을 정의합니다. input 필드에 들어가야 할 값을 사용자에게 알리는 텍스트인 '아이디'와 〈input type="text"〉 태그를 따로 출력하기 위해 2개의 〈td〉를 포함하여 정의됩니다.

12~15행 : 패스워드를 입력받기 위한 행을 정의합니다. '패스워드' 텍스트와 〈input type="password"〉 태그를 따로 출력하기 위해 2개의 〈td〉를 포함하여 정의됩니다.

16행 : 로그인 버튼을 출력하기 위한 행을 정의합니다.

17행 : 〈table〉 태그를 닫아줍니다.

수정된 코드는 [그림 3-20]과 같이 출력됩니다. 왼쪽 화면은 테이블의 행과 열의 경계를 보여주기 위해 border 속성을 1로 지정한 경우이며, 오른쪽은 border 속성을 0으로 지정한 경우입니다.

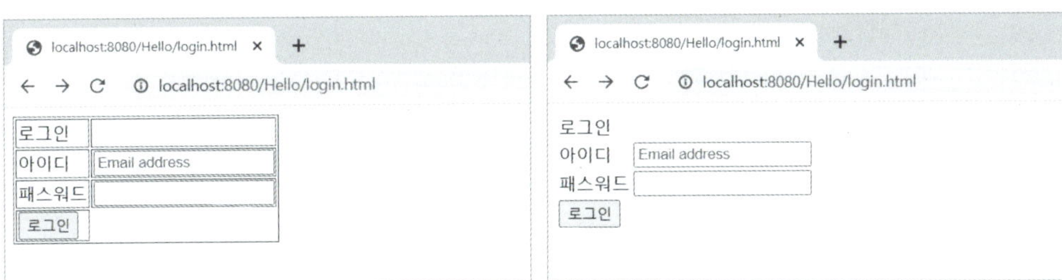

그림 3-20 〈table〉 태그를 이용해 정렬된 로그인 페이지

다음은 〈table〉, 〈tr〉, 〈td〉 등의 태그에서 테이블 구조를 정의하는데 필요한 속성들을 보여줍니다.

표 3-4 테이블 태그에서 자주 사용하는 속성

속성	설명
align	테이블 컬럼 영역에서 텍스트의 정렬 상태를 나타냅니다. left, center, right 등의 값이 정의될 수 있습니다. 단, <table> 태그에서 이용될 경우, 테이블의 위치를 나타냅니다.
width	테이블 요소의 너비를 정의합니다. 디폴트 단위는 픽셀(pixel)입니다.
height	테이블 요소의 높이를 정의합니다. 디폴트 단위는 픽셀(pixel)입니다.
colspan	컬럼을 확장하고자 할 때 이용됩니다. <td> 태그에서 정의될 수 있으며, 정수 값을 입력받습니다.
rowspan	행을 확장하고자 할 때 이용됩니다. <td> 태그에서 정의될 수 있으며, 정수 값을 입력받습니다.

이 페이지에서 '로그인' 타이틀을 이웃 열로 확장한 후 가운데에 위치시켜 봅시다. 열을 확장하기 위해 colspan 속성이 이용될 수 있습니다. 7행의 <td> 태그에 colspan 속성 값을 2로 설정할 경우 '로그인' 타이틀의 영역 크기가 이웃 열까지 확장됩니다. 즉, 가로 2칸 분량의 공간을 차지하게 되어 테이블 전체의 너비와 동일하게 유지됩니다. 그리고 가운데 정렬을 위해 <td>에 align 속성 값을 center로 설정할 수 있습니다. 16행의 [로그인] 버튼에 대해서도 동일한 값을 적용할 수 있습니다. 다음 코드에서는 login.html과 다른 부분에 대해 음영 표시하였습니다.

Hello/login.html

```
... ...
05 <body>
06 <table align=center>
07 <tr><td colspan=2 align=center height=40><b>로그인</b><td></tr>
08 <tr>
09     <td align=right>아이디 </td>
10     <td><input type="text" name="id" placeholder="Email address"
           required></td>
11 </tr>
12 <tr>
13     <td align=right>패스워드 </td>
14     <td><input type="password" name="ps" required></td>
15 </tr>
16 <tr>
17     <td colspan=2 align=center height=50>
18         <input type="button" value="로그인하기">
```

```
19        </td>
20    </tr>
21    </table>
22    </body>
...   ...
```

06행 : 〈table〉 태그에 align 속성 값을 center로 정의하여, 테이블을 페이지의 가운데에 위치시킵니다.

07행 : '로그인' 타이틀을 확장하여 가운데 출력하기 위해 〈td〉 태그의 colspan 값을 2로, align 값을 center로 지정하였습니다. 그리고 〈td〉 태그의 height 값을 40px로 정의합니다.

09행 : '아이디' 텍스트를 오른쪽으로 정렬하기 위해 〈td〉 태그에 align 속성의 값을 right로 주었습니다. 그리고 텍스트와 〈input〉 태그 사이에 공간을 주기 위해 특수 문자인 ' '를 추가합니다. ' '는 Non-breaking space의 약자로 공백white space 문자 중 하나에 해당합니다.

13행 : '패스워드' 텍스트를 오른쪽으로 정렬하기 위해 〈td〉 태그에 align 속성 값을 right로 지정하였습니다. 그리고 텍스트와 〈input〉 태그 사이에 공간을 주기 위해 특수 문자인 ' '를 추가합니다.

06~20행 : [로그인하기] 버튼 역시 7행과 유사한 방식으로 컬럼을 확장한 후 가운데 출력합니다. 〈td〉 태그의 높이는 50px로 정의합니다.

테이블 태그의 속성을 사용해 정리된 login.html은 브라우저에서 [그림 3-21]과 같이 출력됩니다.

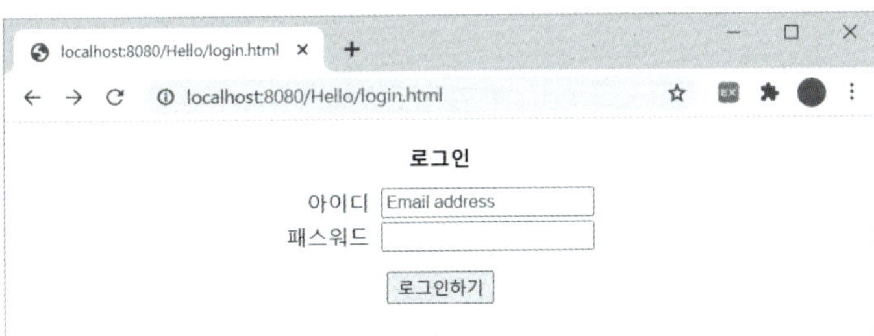

그림 3-21 〈table〉 태그의 속성을 이용한 요소 정렬

요약

01 HTML에서 제공하는 입력 태그

태그	UI 형태	type 속성값	설명
〈input〉	텍스트 입력형	text	한 줄의 텍스트 입력
		password	한 줄의 암호화된 텍스트 입력
		email	이메일 주소 입력
		number	숫자 입력
	옵션 선택형	checkbox	체크 박스
		radio	라디오 버튼
	버튼형	submit	입력 데이터 전송 버튼
		reset	입력 데이터 삭제 버튼
	기타	range	범위 지정
		date	날짜 지정
		color	색깔 지정
		hidden	(UI 입력 없이) 데이터 전송
〈textarea〉	텍스트 입력형		여러 줄의 텍스트 입력
〈select〉	옵션 선택형		옵션 선택
〈button〉	버튼형		버튼

02 각 〈input〉 태그 타입 간 대체 가능한 태그

〈input〉 태그의 타입	대체 가능한 태그
텍스트 입력형 타입	〈textarea〉
Checkbox 타입	〈select multiple〉
Radio 타입	〈select〉
버튼형 타입	〈button〉

03 줄바꿈 태그와 공백 문자

- 〈br〉 : Line break의 약자. 줄바꿈 태그에 해당함
-   : Non-breaking space의 약자. 공백 문자 중 하나에 해당함

연습문제

01 다음 중 〈input〉 태그의 type 속성 값과 거리가 먼 것은 무엇인가요?

① text　　② radio　　③ checkbox　　④ select

02 다음 HTML 입력 태그 중 성격이 다른 하나는 무엇인가요?

① 〈input type="radio"〉　　② 〈input type="hidden"〉

③ 〈input type="checkbox"〉　　④ 〈select〉

03 다음 HTML 입력 태그 중 〈input type="checkbox"〉와 동일한 역할을 수행하는 것은 무엇인가요?

① 〈input type="radio"〉　　② 〈input type="range"〉

③ 〈select〉　　④ 〈select multiple〉

04 여러 줄의 텍스트를 입력받기 위해 이용될 수 있는 HTML 입력 태그는 무엇인가요?

05 여러 개의 〈input type="radio"〉 태그를 공통 그룹으로 묶으려면 어떤 속성의 값을 동일하게 지정해야 하나요?

06 〈input type="submit"〉과 모양이 같은 HTML 태그는 어떤 것이 있나요?

07 텍스트 입력형 사용자 인터페이스에서만 이용되는 〈input〉 태그의 공통 속성은 어떤 것이 있나요?

08 옵션 선택형 UI에서만 이용되는 〈input〉 태그의 공통 속성은 어떤 것이 있나요?

09 다음 코드와 동일한 역할을 수행하는 〈input〉 태그를 작성해 주세요.

```
<select name="sport">
    <option value="baseball">Baseball</option>
    <option value="football">Football</option>
    <option value="volleyball" selected>Volleyball</option>
</select>
```

10 다음 코드와 동일한 역할을 수행하는 〈select〉 태그를 작성해 주세요.

```
<input type="checkbox" name="city" value="seoul">Seoul<br>
<input type="checkbox" name="city" value="busan" checked>Busan<br>
<input type="checkbox" name="city" value="incheon">Incheon<br>
```

11 다음과 같은 화면을 구현하기 위한 HTML 코드를 작성해 주세요.

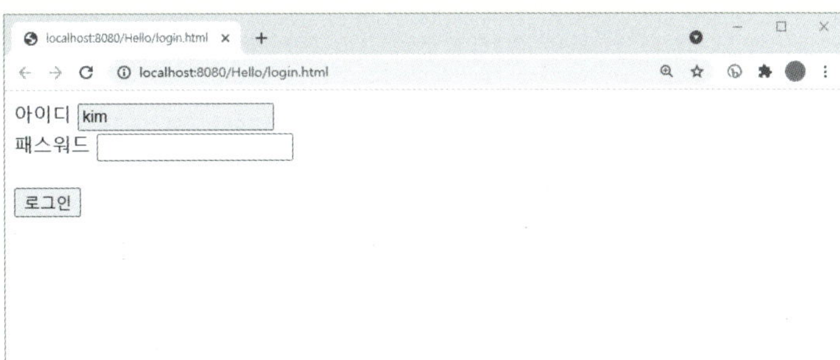

12 회원가입 화면은 로그인 화면과 유사한 방법으로 구현할 수 있습니다. 다음의 회원가입 화면을 구현하기 위한 signup.html 코드를 작성해 주세요.

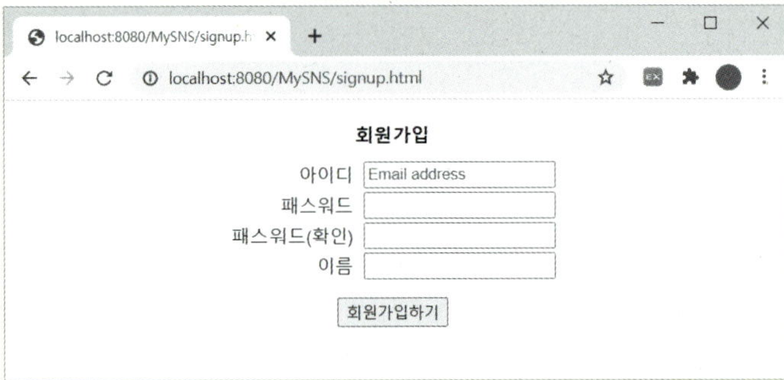

CHAPTER 04
HTTP 프로토콜

학습목표

- HTML 입력 양식을 통해 얻은 사용자 데이터를 웹 서버로 전송하는 과정을 이해한다.
- 〈form〉 태그의 처리 과정과 역할을 이해한다.
- HTTP 요청 및 응답 메시지 구조를 이해한다.
- HTTP 요청 및 응답 과정을 이해한다.
- GET과 POST 전송 방식을 이해한다.

01 〈form〉 태그

〈form〉 태그는 지난 장에서 소개했던 〈input〉, 〈textarea〉, 〈select〉 등의 양식을 통해 입력된 데이터를 웹 서버로 전송하기 위해 이용됩니다.

Form 태그 내에는 어떤 속성이 정의될 수 있나요?

〈form〉 태그는 입력 데이터를 구체적으로 서버의 어떤 파일로 전송할지, 어떤 방식으로 전송할지를 지정합니다. 〈form〉 태그에서 설정 가능한 속성은 [표 4-1]과 같습니다. 이 중, 〈form〉 태그에 필수로 들어가야 할 항목은 action 속성입니다. 비록 선택적인 속성이기는 하지만, 〈form〉 태그를 이용할 때 최소한 입력 데이터를 서버의 어디로 보낼지는 지정해야 하기 때문입니다.

표 4-1 〈form〉 태그 속성

속성	설명	필수 여부
action	입력 데이터를 처리할 서버 측 파일 경로 (URL)	선택
method	입력 데이터의 전송 방법 (HTTP 전송 방식)	선택
name	폼을 식별하기 위한 이름	선택
target	서버측 처리 결과를 실행할 프레임	선택
enctype	입력 데이터의 MIME Multipurpose Internet Mail Extensions 타입	체크 박스
accept-charset	입력 데이터의 문자 인코딩	선택

지난 장에서 작성했던 login.html을 떠올려 봅시다. 〈table〉과 〈input〉 태그 등을 이용하여 UI 구성을 완료한데 반해, 실제 해당 태그를 통해 사용자가 입력한 데이터를 서버로 전송하기 위한 구현은 포함하고 있지 않았습니다. 로그인 기능을 구현하기 위해서는 〈input〉 태그 등으로 입

력받은 데이터를 전송하는 기능이 필요합니다. 또, 사용자로부터 아이디와 패스워드를 입력받아 로그인 성공 여부를 판별하는 서버 역할의 프로그램이 필요합니다. 따라서 〈form〉 태그를 이용해 login.jsp로 전송하도록 login.html을 수정해 봅시다. login.jsp의 구현은 다음 장에서 설명하도록 하겠습니다.

사용자로부터 아이디와 패스워드를 입력받아 login.jsp로 보내기 위한 코드는 [예제 4-1]과 같이 같이 구현할 수 있습니다. 기존의 login.html에 비해 다음 코드에서는 〈form〉 태그를 새로이 추가하였으며, 로그인 버튼 구현을 위해 이용된 〈input〉 태그의 type 속성 값을 'button'에서 'submit'으로 수정하였습니다. 수정된 부분은 음영 표시하였습니다.

예제 4-1 로그인 화면 구동하기

1 HTML 파일 추가 : Hello 프로젝트의 src/main/webapp 폴더에서 마우스 오른쪽 버튼을 눌러 [New]-[HTML File]을 선택합니다. 파일 이름을 login.html로 입력하고 [Finish] 버튼을 클릭하여 프로젝트에 파일을 추가합니다.

2 HTML 코드 입력 : 생성된 파일에 login.html 코드를 입력한 후 Ctrl+S를 눌러 저장합니다.

Hello/login.html

```
<html>
<head>
<meta charset="utf-8">
</head>
<body>
<form action="login.jsp">
<table align=center>
<tr><td colspan=2 align=center height=40><b>로그인</b><td></tr>
<tr>
    <td align=right>아이디 </td>
        <td><input type="text" name="id" placeholder="Email address"
            required></td>
</tr>
<tr>
    <td align=right>패스워드 </td>
    <td><input type="password" name="ps" required></td>
```

```
16 </tr>
17 <tr>
18     <td colspan=2 align=center height=50>
19         <input type="submit" value="로그인하기">
20     </td>
21 </tr>
22 </table>
23 </form>
24 </body>
25 </html>
```

06행 : 〈form〉 태그를 새로이 추가합니다. action 속성 값을 login.jsp로 정의하여, '로그인하기' 버튼을 누를 경우 해당 파일로 이동합니다.

19행 : [로그인하기] 버튼의 type 속성 값을 submit으로 변경합니다. 이를 통해 버튼이 눌러질 경우, 입력 값이 login.jsp로 전달될 수 있도록 구성합니다.

23행 : 〈/form〉 태그를 통해 form 영역을 닫습니다.

3 크롬에서 실행 : 이클립스에서 [Run] 버튼을 클릭하여 login.html을 한번 실행해 줍니다. 다음으로 크롬의 주소창에 http://localhost:8080/Hello/login.html을 입력하여 로그인 페이지를 크롬에서 실행합니다.

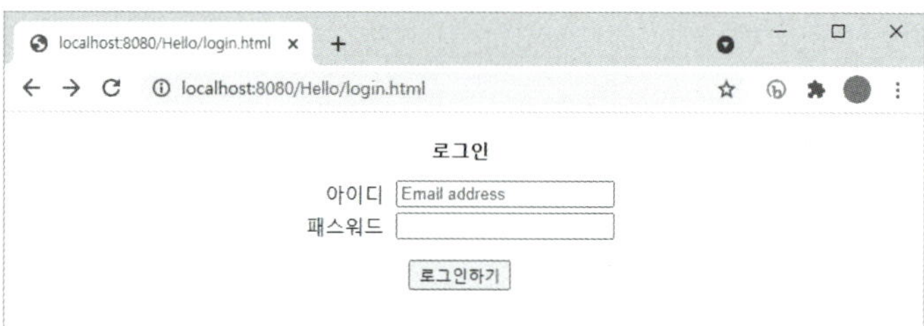

4 로그인 실행 : 3의 화면에서 아이디와 패스워드에 각각 'kim'과 '111'을 입력한 후 [로그인하기] 버튼을 클릭하여 서버로 입력 데이터를 전송해 봅시다. 이 경우 웹 서버는 다음과 같은 결과 페이지를 전송합니다.

이와 같은 오류는 요청한 파일을 찾을 수 없을 때 발생합니다. 즉, login.html에서 입력 데이터를 받을 목적지로 지정한 login.jsp가 Hello 프로젝트에 존재하지 않으므로 이와 같은 오류가 출력됩니다. 오류 메시지가 의미하는 바는 02절에서 설명합니다.

02 HTTP의 개요

login.html에서 login.jsp를 호출하고 응답받는 과정을 보다 자세히 살펴봅시다. 먼저 웹 브라우저는 사용자 입력 데이터를 login.jsp로 보내기 위해, HTTP 요청 메시지를 만들어 웹 서버로 전송합니다. HTTP 요청 메시지에는 사용자의 입력 데이터와 서비스 파일 정보가 URL Uniform Resource Locator 형태로 포함됩니다. 웹 서버는 전달된 URL 정보를 바탕으로 서비스 파일을 검색하여 실행하고, 결과를 응답 메시지에 담아 클라이언트로 전송합니다. 서버에서 보낸 응답 메시지는 최종적으로 브라우저를 통해 출력됩니다.

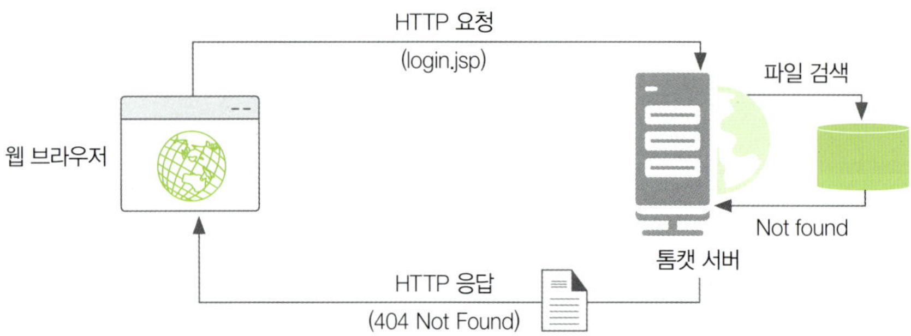

그림 4-1 login.jsp 처리 과정

1 HTTP 요청 과정

HTTP 요청 메시지의 핵심은 URL입니다. URL은 서버의 어떤 파일이 호출되었는지, 사용자로부터 어떤 입력 값이 전달되었는지 등의 정보를 표현합니다.

동적 웹 프로그래밍에서 URL은 어떤 형식으로 구성되나요?

1장에서 URL이 프로토콜, 서버 주소, 포트 번호, 파일 경로의 네 부분으로 구성되어 있다고 했던 것 기억나나요? 여기에서 프로토콜은 웹 서비스이므로 HTTP가 됩니다. 또한 동일한 컴퓨터에서 클라이언트 측 프로그램과 서버 측 프로그램을 함께 개발하고 있으므로 서버 주소는 localhost이며, 포트 번호는 8080이 됩니다.

TIP 서버 주소와 포트 번호에 대한 내용이 기억나지 않을 경우 2장의 설명을 참조하세요.

JSP 파일을 처리하는 경우, HTML 파일만을 처리하는 일반 웹 서버에 비해 파일 경로가 조금 복잡한 형태로 구성됩니다. 그 이유는 사용자 입력을 함께 받아들여 처리해야 하기 때문입니다. 또한 하나의 서버에서 여러 개의 응용프로그램이 동작할 수 있으므로, 호출된 서비스 파일이 어떤 응용프로그램에 포함되는지도 구분해 줘야 합니다. 이러한 내용을 반영하여, JSP나 서블릿을 다루는 동적 웹 프로그래밍에서 파일 경로는 다음과 같이 구성됩니다.

```
[프로젝트 이름] / [서비스 파일명] ? [쿼리 스트링]
       ❶                ❷              ❸
```

❶ **프로젝트 이름 :** login.html에서는 <form> 태그의 action 속성 값에 파일 이름인 login.jsp만 주어졌습니다. 이 경우 login.jsp는 자신을 호출한 login.html과 동일한 프로젝트에 속한 것으로 간주합니다. 따라서 프로젝트 이름은 Hello가 됩니다.

❷ **서비스 파일명 :** login.html에 의해 호출된 login.jsp가 됩니다.

❸ **쿼리 스트링 :** 서버에 전달할 값인 URL파라미터를 전달하는 부분입니다. 사용자 입력 값을 리스트 형태로 나타내며, 각각의 사용자 입력 값은 이름-값의 쌍(Name-value pair)으로 표현됩니다. 여기서 이름은 <input> 태그의 name 속성 값에 해당하며, 값은 사용자가 입력한 텍스트에 해당합니다. login.html에서 사용자가 아이디와 패스워드 창에 각각 'kim'과 '111'을 입력하였다면, 리스트에는 2개의 파라미터 'id=kim'과 'ps=111'이 포함되며, 파라미터 사이에는 구분을 위해 '&'가 이용됩니다. 서비스 파일인 login.jsp와 파라미터 리스트 간에는 '?'가 구분 기호로 이용됩니다.

❶과 ❷는 필수사항이지만, ❸은 필수 사항은 아닙니다. 서버에 전달할 데이터가 없으면 http://localhost:8080/Hello/login.jsp와 같이 표기할 수 있습니다.

결과적으로 이 예시로부터 생성되는 URL은 다음과 같습니다.

```
Hello/login.jsp?id=kim&ps=111
```

전체 URL은 이 파일 경로 앞에 'http://localhost:8080/'을 추가시킨 형태가 됩니다. 만약 서비스 파일(login.jsp)과 이를 호출한 파일(login.html)이 같은 서버에 위치한다면, 서버 주소와 포트 번호를 생략하고 파일 경로만으로 URL을 구성할 수 있습니다.

URL이 어떻게 구성되는지 이해했다면, 다음 문제를 풀어봅시다.

color.html에서 입력창에 'Green'을 입력하고 [OK] 버튼을 눌렀을 때 생성되는 URL은 어떻게 구성되나요? (color.html은 Hello 프로젝트에 포함된다고 가정합니다.)

Hello/color.html

```
<body>
<form action="color.jsp">
What is your favorite color? <br>
<input type="text" name="select" placeholder="Red, green, or blue?"><br><br>
<input type="submit" value="OK">
</form>
</body>
```

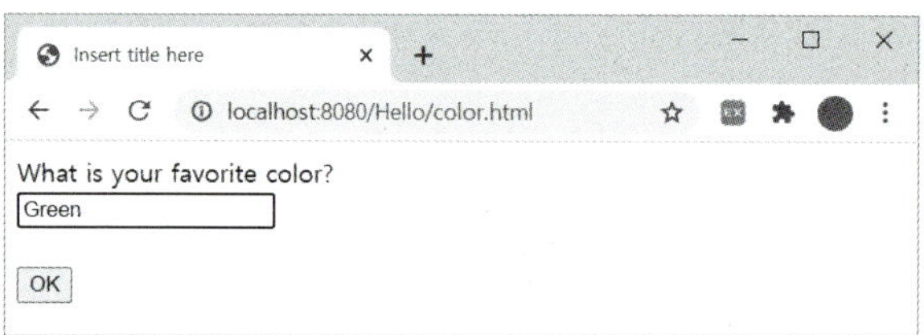

그림 4-2 color.html

이 질문의 답이 무엇일지 감이 오나요? <form> 태그의 action 속성 값에 파일 이름만 주어졌으므로, color.jsp가 color.html과 동일한 호스트(http://localhost:8080)와 프로젝트(Hello)에 위치함을 알 수 있습니다. 그리고 컬러 값을 입력받는 〈input〉 태그의 name 속성 값이 'select'이며, 사용자는 'Green'이라는 텍스트 값을 입력하였습니다. 이로부터 파라미터 리스트는 'select=Green'이 됩니다.

따라서 두 경로를 '?'로 연결하면 다음과 같은 URL이 완성됩니다. 서비스 파일과 호출 파일이 같은 호스트에 있으므로 IP 주소와 포트 번호는 생략 가능합니다.

```
Hello/color.jsp?select=Green
```

2 HTTP 응답 과정

? 톰캣 서버는 요청된 URL의 서비스 유형에 따라 어떤 작업을 수행하나요?

클라이언트로부터 URL을 포함한 HTTP 요청 메시지가 전달되면, 서버는 URL에 포함된 서비스 파일의 확장자를 기준으로 다음과 같은 작업을 수행합니다.

- **확장자가 html일 경우**

  요청된 html 파일을 디렉토리에서 찾아 클라이언트로 전송합니다. 이 때 HTTP 응답 메시지에는 검색된 html 파일의 코드가 포함됩니다.

- **확장자가 jsp일 경우**

  요청된 jsp 파일을 실행하며, 응답 메시지에는 jsp의 실행 결과가 포함됩니다.

- **확장자가 없을 경우**

  요청된 이름에 해당하는 Java 서블릿 파일을 찾아 실행하며, 응답 메시지에는 서블릿의 실행 결과가 포함됩니다.

- **요청된 서비스 파일이 없는 경우**

  파일이 존재하지 않음을 알리는 404 에러 메시지를 출력합니다. 응답 메시지에는 서버가 미리 정의해둔 404 에러 관련 텍스트를 포함한 html 코드가 포함됩니다.

HTTP 메시지는 헤더Header 부분과 바디Body 부분으로 구성됩니다. 이는 HTTP 요청 메시지와 응답 메시지에서 공통이며, 이 실행 결과는 HTTP 응답 메시지의 바디 부분에 포함됩니다. HTTP 응답 메시지의 헤더에는 실행 결과에 대한 요약 정보로써 HTTP 응답 코드를 제공합니다. HTTP 응답 코드는 100번부터 500번 대까지 다양한 메시지를 처리할 수 있도록 제공되며, 이 중 자주 이용되는 코드는 [표 4-2]를 참고하시기 바랍니다.

표 4-2 HTTP 응답 코드

응답 코드	메시지	설명
200	OK	요청이 성공적으로 수행됨
400	Bad Request	요청에 문법 오류가 있어 서버가 이해할 수 없음
403	Forbidden	요청한 리소스에 대한 클라이언트 접근 권한이 없음
404	Not Found	요청받은 리소스를 서버가 찾을 수 없음
500	Internal Server Error	서버 내부 오류 발생
503	Server Unavailable	서버가 요청을 처리할 준비가 되지 않음

또한 응답 코드의 100의 자리 숫자에 따라 성공 여부와 어느 곳에 문제가 있는지 알 수 있는데, 각각 숫자에 대한 의미는 다음과 같습니다.

- **200번 대의 응답 코드** : 요청이 성공적으로 수행함을 의미합니다.
- **300번 대의 응답 코드** : 리디렉션 메시지, 즉 요청한 리소스의 URI가 변경되었음을 의미합니다.
- **400번 대의 응답 코드** : 클라이언트 측 에러를 나타내며, 500번 대 코드는 서버 측 에러를 나타냅니다.

HTTP 요청 메시지의 경우, 헤더에는 URL이 포함되며 바디에는 사용자가 입력한 파라미터나 업로드한 파일 등이 포함될 수 있습니다. 다음 절에서는 HTTP 요청과 응답 과정에서 전송되는 메시지의 형식과 구조에 대해 구체적으로 살펴보겠습니다.

03 HTTP 메시지 구조

크롬 브라우저를 이용하면 HTTP 요청 및 응답 과정에서 발생하는 메시지의 내용을 직접 확인할 수 있습니다. HTTP 메시지 구조의 설명에 앞서, 크롬의 디버깅 모드를 통해 메시지를 어떻게 확인하실 수 있는지 알아봅시다.

예제 4-2 **크롬에서 HTTP 메시지 보기**

1 크롬 디버깅 모드 실행 : 크롬에서 login.html을 열고, F12를 눌러 디버깅 모드로 전환합니다. 화면의 왼쪽 창은 login.html을 보여주며 사용자가 실행할 수 있도록 합니다. 화면의 오른쪽 창은 login.html이 실행될 때 관련 내용을 추적할 수 있도록 다양한 디버깅 도구가 제공됩니다. 이 중 HTTP 요청 및 응답 과정에서 발생하는 메시지를 확인하기 위해 Network 탭을 선택합니다.

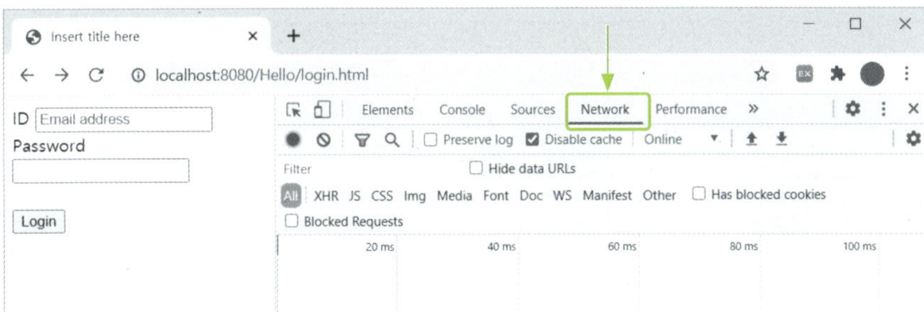

2 로그인 실행 : login.html에서 아이디와 패스워드를 각각 'kim', '111'로 입력하고, Login 버튼을 클릭하여 실행합니다.

3 실행 결과 확인 : 다음 화면은 실행 결과를 보여줍니다. 왼쪽 페이지에서는 서버의 응답 결과로 404 오류 메시지가 출력되며, 오른쪽 Network 탭에서는 실행 도중 발생한 로그가 출력됩니다. 로그 화면 하단에 보시면, login.jsp 처리를 위해 웹 서버와 주고받은 HTTP 요청과 응답 메시지에 대한 요약 정보가 제공되며, 이는 Name, Status 등 7개의 필드로 구성되어 있습니다.

- **Name :** HTTP 요청 메시지를 요약하고 있으며, 웹 서버로 전송한 URL 정보를 포함합니다.
- **Status :** HTTP 응답 메시지를 요약하고 있으며, 웹 서버의 처리 결과를 HTTP 응답 코드의 형태로 나타냅니다.
- **Size :** 네트워크를 통해 전송된 메시지의 크기를 나타냅니다.
- **Time :** HTTP 요청과 응답에 걸린 시간을 표시합니다.

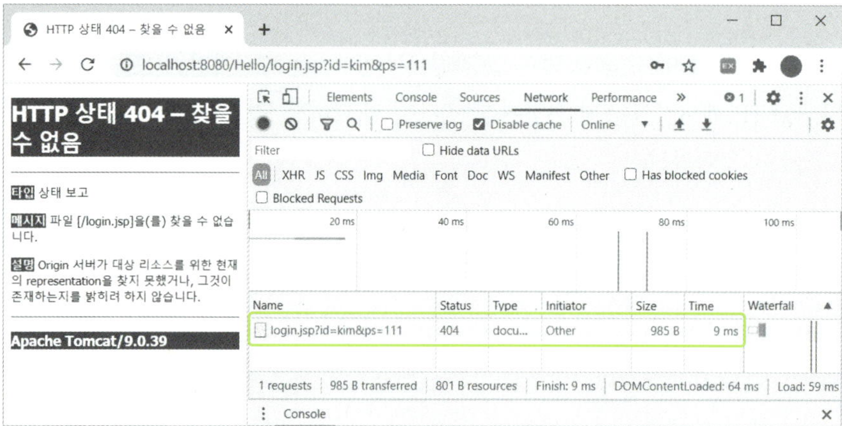

4 HTTP 메시지 확인 : Name 필드에 있는 URL 부분을 클릭하시면, 다음과 같이 HTTP 요청과 응답 메시지를 보다 자세히 볼 수 있도록 Headers, Preview, Response 등의 탭이 나옵니다.

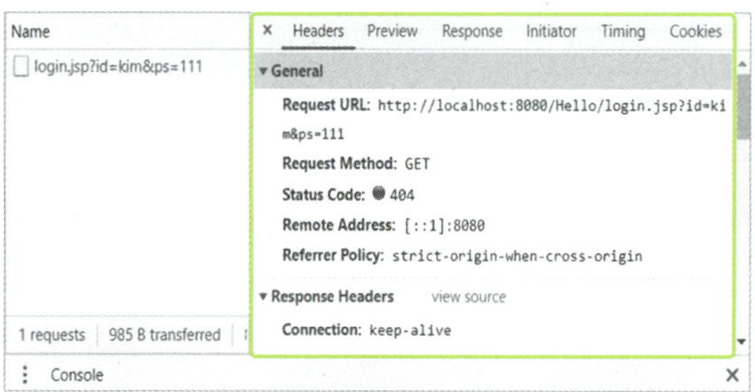

여러 탭 중, 우리가 앞으로 자주 사용할 탭은 다음과 같이 세 가지입니다.

- **Headers :** HTTP 요청 및 응답 메시지의 헤더 부분을 보여줍니다.
- **Preview :** 응답 메시지의 바디 부분이 브라우저에서 어떻게 보이는지 미리 확인할 수 있습니다.
- **Response :** HTTP 응답 메시지의 바디 부분을 보여줍니다.

다음 절에서는 Headers, Preview, Response 등의 내용으로부터 어떻게 HTTP 요청 메시지와 응답 메시지를 볼 수 있는지 설명합니다.

1 HTTP 요청 메시지

HTTP 요청 메시지에는 어떤 내용이 포함되나요?

이 질문의 답을 알아보기 위해 HTTP 요청 메시지의 헤더와 바디 부분을 차례로 살펴봅시다.

1.1 메시지 헤더

먼저 Network 탭의 Headers 필드는 General, Response Headers, Request Headers 순으로 구성됩니다. 이 중 요청 메시지의 헤더 내용은 Request Headers에 있습니다. 화면에서 아래로 스크롤하여 Request Headers 부분으로 이동한 후, 우측의 view source를 클릭합니다.

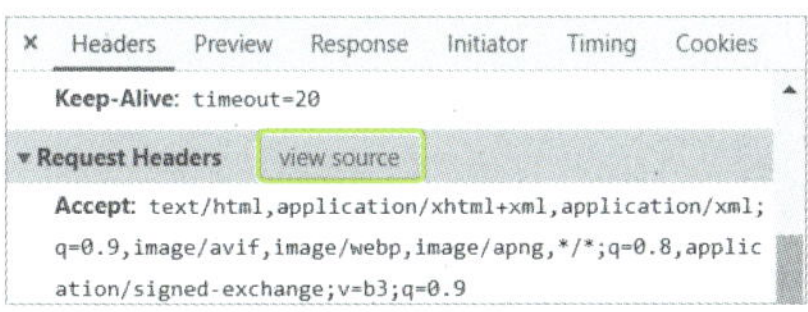

그림 4-3 요청 메시지 헤더

다음 내용은 HTTP 요청 메시지 헤더의 내용입니다.

```
GET /Hello/login.jsp?id=kim&ps=111 HTTP/1.1
Host: localhost:8080
Connection: keep-alive
Pragma: no-cache
Cache-Control: no-cache
Upgrade-Insecure-Requests: 1
User-Agent: Mozilla/5.0 (Windows NT 10.0; Win64; x64) ...
Accept: text/html,application/xhtml+xml,application/xml;q=0.9, ...
Sec-Fetch-Site: same-origin
```

```
Sec-Fetch-Mode: navigate
Sec-Fetch-User: ?1
Sec-Fetch-Dest: document
Referer: http://localhost:8080/Hello/login.html
Accept-Encoding: gzip, deflate, br
Accept-Language: ko,en-US;q=0.9,en;q=0.8
Cookie: JSESSIONID=639B18B5D6E30723C398CF4096B0DB14
```

■ **시작 라인**

HTTP 요청 메시지 헤더에서 가장 중요한 부분은 URL이 포함된 시작 라인이며, 세 부분으로 구성됩니다.

- **HTTP 전송 방식 :** 입력 데이터 전송 방식 (주로 GET과 POST가 이용됨)
- **URL :** 입력 데이터가 전송될 서버 측 파일의 경로와 파라미터 리스트
- **HTTP 버전 :** HTTP/1.1

먼저 HTTP 전송 방식에서는 입력 데이터를 전송하기 위한 방식을 지정하며, 〈form〉 태그에서 method 속성을 통해 정의될 수 있습니다. [표 4-3]은 method 속성에 정의 가능한 HTTP 전송 방식을 보여주며, 이 중 가장 대중적으로 이용되는 방식은 GET과 POST입니다. 만약 method가 별도로 정의되지 않는다면 디폴트로 GET 방식이 적용됩니다. GET과 POST의 차이는 다음 절에서 설명합니다.

표 4-3 HTTP 전송 방식

HTTP Method	설명
GET	요청받은 URL을 검색, 실행하고 응답
HEAD	GET과 유사, 응답 메시지에 헤더 부분만 존재
POST	GET과 유사, 파라미터가 바디 부분에 포함되어 전달
PUT	요청된 자원을 수정
PATCH	PUT과 유사, 요청된 자원 중 일부를 수정하는데 이용
DELETE	요청된 자원을 삭제
CONNECT	동적으로 터널 모드를 교환, 프록시 기능 요청 시 이용
TRACE	원격지 서버에 루프백 메시지를 호출하기 위해 테스트 용도로 이용
OPTIONS	웹 서버에서 지원하는 메소드의 종류를 확인할 경우 이용

URL의 구성 방법은 02절에서 설명했으므로 생략합니다. HTTP 버전은 HTTP/1.1로 표기되어있으며, 버전 1.1을 의미합니다.

■ **나머지 헤더 라인**

HTTP 요청 메시지 헤더의 나머지 라인에서는 주로 브라우저가 지원하는 기능을 정의하고 있습니다.

- **Host :** 서버의 IP 주소
- **User-Agent :** 브라우저 버전
- **Accept :** 브라우저에서 처리 가능한 데이터 형식 (MIME 타입으로 표시)
- **Referer :** HTTP 요청을 생성한 호출자 (클라이언트 측 파일 경로)
- **Accept-Encoding :** 브라우저에서 지원 가능한 압축 형식
- **Accept-Language :** 브라우저에서 지원 가능한 언어 종류

HTTP 요청 메시지의 바디 부분에 포함되는 내용은 다음 절에서 설명합니다.

2 HTTP 응답 메시지

HTTP 응답 메시지에는 어떤 내용이 포함되나요?

HTTP 응답 메시지의 헤더 부분과 바디 부분을 차례로 살펴봅시다.

2.1 메시지 헤더

Network 탭의 Headers 필드에서 Response Headers 부분으로 이동한 후 우측의 view source를 클릭합니다.

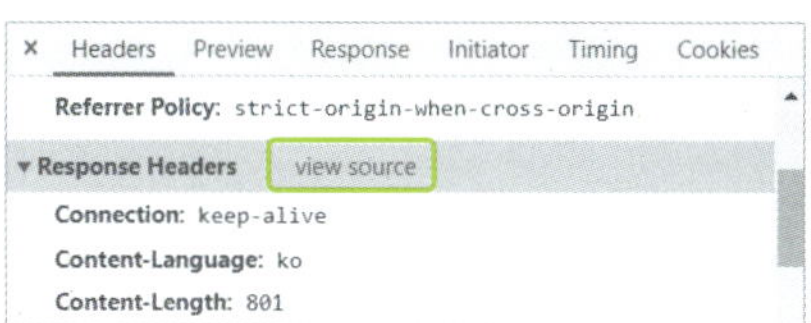

그림 4-4 요청 메시지 헤더

다음은 HTTP 응답 메시지 헤더의 원본 내용입니다.

```
HTTP/1.1 404
Content-Type: text/html;charset=utf-8
Content-Language: ko
Content-Length: 801
Date: Wed, 04 Nov 2020 17:48:53 GMT
Keep-Alive: timeout=20
Connection: keep-alive
```

응답으로 HTML 파일을 전달함을 의미

전달되는 HTML 파일의 문자 집합이 다국어를 지원하는 UTF-8임을 의미

■ **시작 라인**

HTTP 응답 메시지 헤더에서 가장 중요한 부분 역시 시작 라인이며, HTTP 버전과 응답 코드로 구성되어 있습니다. 주요 응답 코드는 [표 4-2]를 참고하세요.

■ **나머지 헤더 라인**

HTTP 응답 메시지에서 나머지 헤더 라인은 메시지 바디 부분에 포함된 컨텐츠에 대한 정보를 제공합니다.

- **Content-Type :** 바디 컨텐츠 형식 (text/html은 HTML 파일이 응답 페이지로 전달됨을 의미하며, charset=utf-8은 HTML 파일의 문자 집합이 다국어를 지원하는 UTF-8임을 의미)
- **Content-Language :** 바디 컨텐츠 언어 (ko일 경우 한글, en일 경우 영어)
- **Content-Length :** 바디 컨텐츠의 길이 (byte 단위로 표시)
- **Date :** 응답 메시지 생성 시간

2.2 메시지 바디

Network 탭의 Response를 항목을 통해 HTTP 응답 메시지의 바디 부분을 확인하실 수 있습니다.

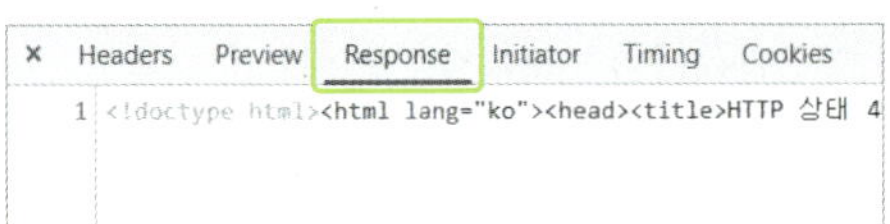

그림 4-5 요청 메시지 바디

다음은 Response 항목을 통해 제공되는 HTTP 응답 메시지 바디의 내용입니다. 다음 내용은 서버가 요청된 파일을 찾지 못했을 때 404 에러를 표시하기 위한 HTML 페이지에 해당하며, 톰캣 서버가 제공합니다.

```
<!doctype html><html lang="ko"><head><title>HTTP 상태 404 - 찾을 수 없음</title> ...
```

만약 요청된 서비스 파일이 서버에 정상적으로 존재한다면, HTTP 응답 메시지의 바디 부분에는 서비스 파일의 확장자에 따라 다음과 같은 내용이 포함됩니다. 4장의 02절을 함께 참고하세요.

- **확장자가 html일 경우 :** 요청된 html 파일 코드
- **확장자가 jsp일 경우 :** jsp의 실행 결과
- **확장자가 없을 경우 :** 요청된 이름에 해당하는 Java 서블릿 파일의 실행 결과

2.3 HTTP 응답 메시지의 전체 형태

앞서 언급한 바와 같이 HTTP 메시지는 헤더와 바디 부분으로 구성됩니다. 그리고 둘 사이에는 공백이 추가된 형태입니다. 따라서 이 과정을 통해 얻어진 헤더와 바디 부분에 대해 공백을 중심으로 하나로 합치면 HTTP 응답 메시지의 원본을 유추할 수 있습니다.

TIP 원본 메시지의 형태 그대로 보시려면 smsniff 등의 네트워크 추적 도구를 별도로 이용하셔야 합니다.

다음은 login.jsp 호출 과정에서 발생한 HTTP 응답 메시지의 내용입니다.

```
HTTP/1.1 404
Content-Type: text/html;charset=utf-8
...
<!doctype html><html lang="ko"><head><title>HTTP 상태 404 - 찾을 수 없음</
title><style type="text/css">body {font-family:Tahoma,Arial,sans-serif;} h1,
h2, h3, b {color:white;background-color:#525D76;} h1 {font-size:22px;} h2 {font-
size:16px;} h3 {font-size:14px;} p {font-size:12px;} a {color:black;} .line
...
```

HTTP 요청 메시지의 원본 형태는 다음 절에서 POST 전송 방식을 소개한 후에 설명합니다.

04 GET과 POST 전송 방식

[예제 4-1]의 login.html에서 <form> 태그를 정의할 때 별도로 method 속성을 정의하지 않았습니다. 이 경우 method 속성 값은 디폴트로 GET으로 정의됩니다. 그런데 다음 실행 결과를 자세히 살펴보시면 개선이 필요한 부분을 찾을 수 있습니다.

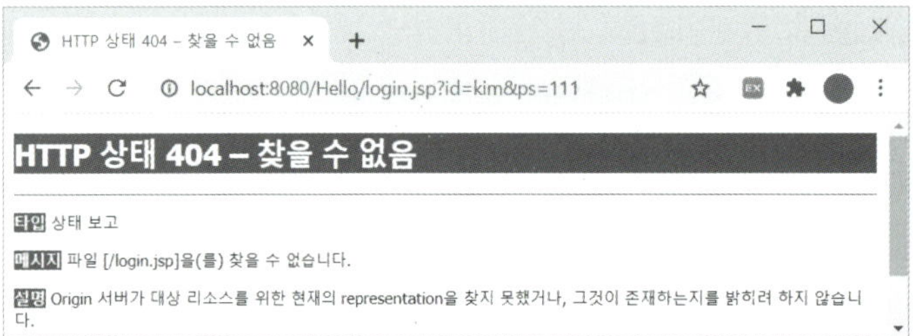

그림 4-6 GET 방식에서의 URL

GET 방식의 문제점은 무엇인가요? 어떻게 해결할 수 있나요?

어떤 부분이 문제인지 찾았나요? URL 창을 자세히 보면 사용자가 입력한 값들이 그대로 노출되는 것을 알 수 있습니다. 패스워드와 같이 보안을 요하는 값들이 노출된다면 문제가 되겠죠?

POST 방식을 사용하여 이 문제를 해결할 수 있습니다. POST 방식으로 HTTP 요청을 보내기 위해 login.html의 <form> 태그에 method 속성 값을 post로 정의합니다.

Hello/login.html

```
<body>
<form action="login.jsp" method="post">
ID <input type="text" name="id" placeholder="Email address" required> <br>
Password <input type="password" name="ps" required> <br><br>
```

```
<input type="submit" value="Login">
</form>
</body>
```

login.html에서 F5를 눌러 페이지를 업데이트한 후 로그인 페이지에서 아이디와 패스워드 창에 임의의 값을 입력합니다. 그리고 [Login] 버튼을 눌러 실행한 후 결과 페이지를 살펴봅시다. URL 창에 아이디와 패스워드 입력 값들이 사라진 것을 볼 수 있습니다.

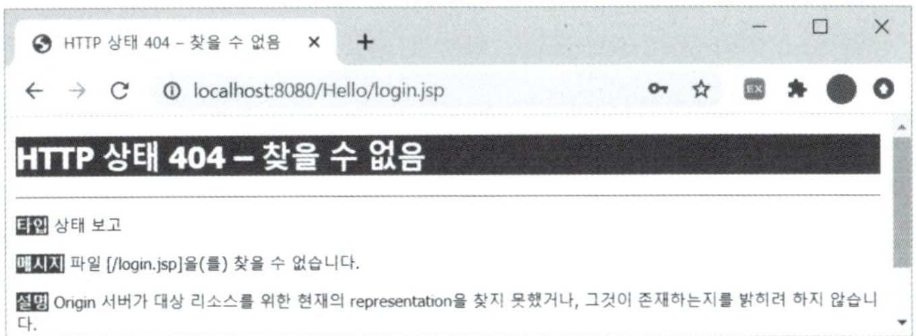

그림 4-7 POST 방식에서의 URL

그럼 HTTP 요청 메시지에 어떤 변화가 있는지 확인해 봅시다. 앞서 설명한 바와 같이, login.html을 실행한 후 디버깅 모드에서 Request Headers 내용을 확인합니다. HTTP 요청 헤더의 시작 라인에서 다음과 같이 사용자 입력 값에 대한 파라미터 리스트가 사라진 것을 확인할 수 있습니다.

```
GET /Hello/login.jsp HTTP/1.1
Host: localhost:8080
...
```

이 내용으로부터 유추해볼 수 있는 사실은 HTTP 요청 메시지의 시작 라인에 나오는 URL 값이 브라우저의 URL 창에 그대로 출력된다는 점입니다.

그럼 사라진 파라미터 리스트는 어디로 이동한 것일까요? HTTP 요청 메시지의 헤더 부분에는 아무리 찾아봐도 없습니다. 따라서 파라미터 리스트가 메시지의 바디 부분에 있을 거라고 추정할 수 있습니다. 불행히도 크롬의 디버깅 모드에서 HTTP 요청 메시지의 바디 부분을 보기는 어렵습니다.

이와 관련하여, smsniff 등의 네트워크 추적 도구를 이용해서 보면, 실제 사용자 입력 값을 포함한 파라미터 리스트는 요청 메시지의 바디에 위치한 것을 알 수 있습니다.

```
GET /Hello/login.jsp HTTP/1.1
Host: localhost:8080
Connection: keep-alive
...
Accept-Language: ko,en-US;q=0.9,en;q=0.8Cookie:
JSESSIONID=639B18B5D6E30723C398CF4096B0DB14

id=kim&ps=111
```

결과적으로 POST 방식을 이용할 경우, 파라미터 리스트가 메시지의 바디 파트로 이동하여 사용자 입력 값이 URL 창에 보이지 않게 됩니다. 따라서 보안 측면에서 GET 방식에 비해 우수하다고 할 수 있습니다. 또한 바디 파트를 통해 서버에 전송할 수 있는 데이터의 크기에 제약이 없으므로, 파일 업로드를 할 경우 역시 POST 방식이 이용됩니다.

이에 반해, GET 방식은 헤더만 이용하므로, 파라미터를 전송할 때 크기에 제약이 있습니다. 그 이유는 HTTP 프로토콜 자체에서 헤더의 크기에 제약을 두기 때문입니다. 대신 바디까지 함께 이용하는 POST 방식에 비해 메시지의 크기가 작아지며, 그만큼 전송 속도가 빠르다는 장점이 있습니다.

GET과 POST 방식의 장단점은 [표 4-4]에서 확인할 수 있습니다.

표 4-4 GET과 POST 방식의 비교

구분	GET 방식	POST 방식
전송형태	사용자 입력 파라미터 리스트가 HTTP 요청 메시지 헤더의 URL을 통해 전송	사용자 입력 파라미터 리스트가 HTTP 요청 메시지의 바디를 통해 전송
보안	지원되지 않음 (URL 창을 통해 사용자 입력 값이 노출)	지원됨
전송량	메시지 헤더 크기에 따라 제한 (4KB)	제한 없음
속도	상대적으로 빠름	상대적으로 느림

요약

01 캣 서버가 요청된 URL의 서비스 유형에 따라 수행하는 작업

- **확장자가 html일 경우** : 요청된 html 파일을 디렉토리에서 찾아 클라이언트로 전송
- **확장자가 jsp일 경우** : 요청된 jsp 파일을 실행하며, 응답 메시지에는 jsp의 실행 결과를 포함
- **확장자가 없을 경우** : 요청된 이름에 해당하는 Java 서블릿 파일을 찾아 실행하며, 응답 메시지는 서블릿의 실행 결과를 포함
- **요청된 서비스 파일이 없는 경우** : 파일이 존재하지 않음을 알리는 404 에러 메시지를 출력

02 HTTP 요청 과정

❶ 프로젝트 이름, 서비스 파일명, 파라미터 목록을 이용해 URL을 구성

❷ 헤더에 HTTP method와 URL을 실어 요청 메시지를 보냄

❸ GET 방식에서는 요청 메시지의 body에 데이터를 싣지 않지만, POST 방식에서는 body에 데이터를 실음

03 HTTP 응답 과정

❶ 헤더에 HTTP 버전과 HTTP 응답 코드 등을 포함

❷ 요청된 서비스 파일이 서버에 정상적으로 존재한다면, HTTP 응답 메시지의 바디 부분에는 서비스 파일의 확장자에 따라 적절한 결과를 받음. 파일이 존재하지 않을 경우, 404 에러 메시지 출력

04 HTTP 응답 코드

코드	의미
2xx	요청이 성공적으로 수행됨
3xx	요청 완료를 위해 추가적인 정보가 필요함
4xx	클라이언트 측(웹 브라우저) 에러
5xx	서버 측 에러

연습문제

01 Form 태그의 action 속성에 정의되는 값은 무엇인가요?

02 다음 중 Form 태그의 속성과 거리가 먼 것은 무엇인가요?

① action ② method

③ name ④ value

03 다음 중 Form 태그의 method 속성에 지정될 수 있는 값과 거리가 먼 것은 무엇인가요?

① GET ② PUT

③ PUSH ④ POST

04 다음 중 URL에 기술된 서비스 파일의 확장자에 따른 톰캣의 처리 방법 중 틀린 내용은 무엇인가요?

① 확장자가 html일 경우, 요청된 html 파일을 찾아 클라이언트로 전송

② 확장자가 jsp일 경우, 요청된 jsp 파일을 실행

③ 확장자가 없을 경우, 요청된 이름에 해당하는 Java 클래스를 실행

④ 요청된 파일이 없을 경우, 404 에러 출력

05 다음 중 HTTP 요청 메시지 헤더의 시작 라인에 포함되는 내용이 아닌 것은 무엇인가요?

① HTTP 전송 방식 ② 컨텐츠 길이

③ URL ④ HTTP 버전

06 HTTP 전송 방식 중 파일을 전송하고자 할 때 이용되는 방식은 무엇인가요?

07 GET 방식의 문제점은 무엇인가요? 어떻게 해결할 수 있나요?

08 동적 웹 프로그래밍에서 URL은 어떤 형식으로 구성하나요?

09 다음 city.html에서 'Seoul'과 'Busan'을 입력하고 [OK] 버튼을 눌렀을 때 생성되는 URL은 무엇인가요?
(단, city.html은 Hello 프로젝트에 포함되어 있다고 가정합니다.)

Hello/city.html

```
<body>
<form action="city.jsp">
<input type="checkbox" name="city" value="seoul" checked>Seoul<br>
<input type="checkbox" name="city" value="busan" checked>Busan<br>
<input type="checkbox" name="city" value="incheon">Incheon<br>
<input type="submit" value="OK">
</form>
</body>
```

10 **04**번에서 주어진 코드를 실행했을 때, 전송되는 HTTP 요청 메시지 헤더는 어떤 형태인가요? (요청 메시지 내용은 크롬 브라우저의 디버깅 모드를 통해 확인할 수 있습니다.)

11 다음 color.html에서 입력창에 'Green'을 입력하고 [OK] 버튼을 눌렀을 때 생성되는 URL은 무엇인가요?
(단, color.html은 Hello 프로젝트에 포함되어 있다고 가정합니다.)

Hello/color.html

```
<body>
<form action="color.jsp">
What is your favorite color? <br>
<input type="text" name="select" placeholder="Red, green, or
blue?"><br><br>
<input type="submit" value="OK">
</form>
</body>
```

CHAPTER 05
서블릿

학습목표

- HTTP 요청 메시지를 처리하기 위한 서블릿의 기본 구조를 이해한다.
- getParameter()와 getParameterValues() 함수를 이용해 입력값을 추출할 수 있다.

01 서블릿의 구조

서블릿Servlet은 Server Applet의 줄임말로, CGI의 단점을 보완하기 위해 선마이크로시스템즈에서 개발한 Java 기반의 동적 웹 프로그래밍 솔루션입니다. 서블릿을 기반으로 JSP가 개발되었으며, JSP는 내부적으로 서블릿으로 변환되어 수행됩니다. 따라서 서블릿의 구성이나 동작 방식을 이해하는 것이 향후 JSP를 이해하는데 많은 도움이 됩니다.

이 장에서는 서블릿에서 HTTP 요청을 처리하기 위한 기본 동작 원리를 설명하고, 3장에서 다뤘던 다양한 HTML 입력 양식들과 서블릿이 어떻게 연동될 수 있는지 소개합니다.

먼저 실습을 통해 서블릿이 어떤 구조를 가지고 있는지 살펴봅시다.

예제 5-1 로그인 로직을 위한 서블릿 구현

1 서블릿 파일 추가 : Hello 프로젝트를 선택한 후 이클립스의 상단 메뉴에서 [File]-[New]-[Servlet]을 선택합니다.

Servlet 메뉴를 선택하면 다음과와 같이 Create Servlet 팝업이 뜨며, 패키지 이름과 클래스 이름을 입력받습니다. 각각에 대해 'com.test', 'LoginServlet'으로 정의합니다.

이때 Superclass 항목에 javax.servlet.http.HttpServlet이 추가되어 있는지 확인해야 합니다. HttpServlet은 서블릿이 HTTP 요청을 다루는데 필요한 주요 기능을 제공하는 클래스이며, 서블릿의 부모 클래스로 동작하게 됩니다. Superclass 항목이 비어 있을 경우, 2장에서 이클립스 설정을 다시 해줘야 합니다. 입력 값을 확인한 후 [Finish] 버튼을 누릅니다.

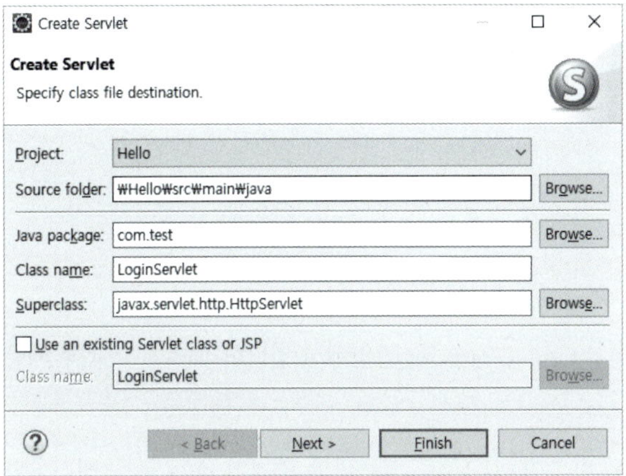

2 생성된 LoginServlet 구조 확인 : 다음 코드는 이클립스가 생성한 LoginServlet 클래스의 구현 코드에 해당하며, 기본적으로 생성자Constructor와 함께, doGet()과 doPost()를 멤버 함수로 포함합니다. 코드에서는 편의상 주석 부분은 모두 삭제하였습니다.

TIP 서블릿은 다른 파일과 다르게 src/main/java 폴더 아래에 생긴다는 것을 기억하세요!

Hello/LoginServlet.java

```
package com.test;

import java.io.IOException;
...

@WebServlet("/LoginServlet")
public class LoginServlet extends HttpServlet {
    private static final long serialVersionUID = 1L;

    public LoginServlet() {
        super();
    }

    protected void doGet(HttpServletRequest request, HttpServletResponse
                response) throws ServletException, IOException {
        response.getWriter().append("Served at: ").append(request.
                getContextPath());
    }
```

```
21
22     protected void doPost(HttpServletRequest request, HttpServletResponse
                 response) throws ServletException, IOException {
23         doGet(request, response);
24     }
25 }
```

01행 : 클래스가 속한 패키지 이름을 선언합니다. Create Servlet 팝업에서 입력한 패키지 이름에 해당합니다.

03~08행 : 클래스 구현에 필요한 클래스들을 선언합니다. 주로 입출력과 관계된 java.io 클래스이거나, 서블릿의 처리에 필요한 javax.servlet 패키지의 클래스들을 포함합니다.

10행 : LoginServlet이 외부에 보여줄 이름, 즉 URL에 들어갈 이름을 설정합니다. 클라이언트에서는 @WebServlet 어노테이션Annotation으로 설정된 이름으로 서블릿을 호출해야 합니다. 보안상의 이유로 서블릿 이름을 숨기고, 다른 이름으로 호출될 수 있도록 강제하기 위해 이용합니다.

14~16행 : 클래스 생성자로써 super() 함수를 호출하여, 부모 클래스인 HttpServlet의 생성자를 호출하여 초기화 작업을 수행합니다.

18행 : GET 방식의 HTTP 요청 메시지를 처리하기 위한 멤버 함수입니다.

19행 : 실행 시 'Served at: 〈프로젝트 이름〉'을 테스트 문구로 출력하기 위한 구현 코드를 포함합니다. response.getWriter()의 역할은 다음 절에서 설명합니다.

20~22행 : POST 방식의 HTTP 요청 메시지를 처리하기 위한 멤버 함수입니다. 내부적으로 doGet() 함수를 다시 호출합니다. 따라서 doGet() 함수만 구현하면 GET과 POST 방식의 요청 메시지를 함께 처리할 수 있도록 구현하고 있습니다.

3 LoginServlet 실행 : 이클립스에서 [Run] 버튼을 클릭하여 LoginServlet을 실행합니다. 서블릿을 어떤 서버에서 구동할지 설정하기 위해, Run On Server 팝업이 다음과 같이 실행됩니다. 해당 팝업에서는 기존에 생성된 서버가 있을 경우 이를 재사용하도록 'Choose an existing server' 옵션을 디폴트로 활성화시킵니다. 그리고 리스트에는 기존 서버, 이 경우 'Tomcat v9.0 Server at localhost'를 함께 보여줍니다. 새로운 서버에서 서블릿을 구동하고 싶을 경우 'Manually define a new server'를 선택하면 됩니다. [Finish] 버튼을 클릭하여 서블릿을 실행합니다.

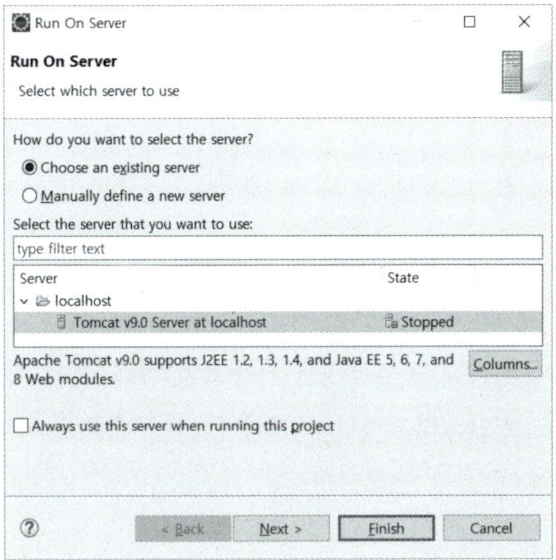

4 실행결과 확인 : 실행 결과를 크롬에서 확인해 봅시다. 'Served at: ' 다음에 프로젝트 이름인 Hello가 출력됩니다.

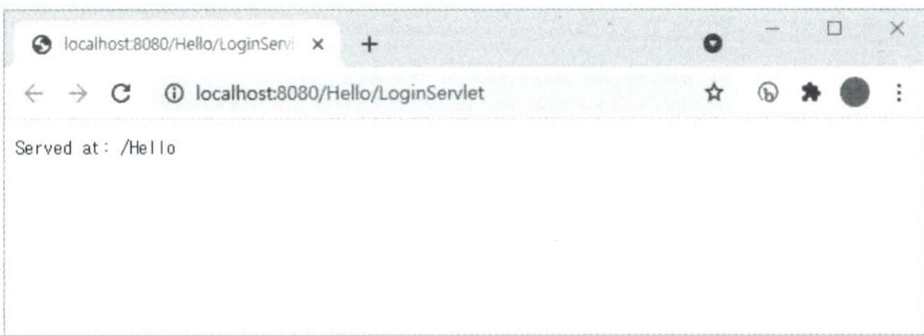

02 서블릿의 동작 원리

이제 서블릿이 HTTP 요청을 어떻게 처리하는지 살펴봅시다. 4장에서 사용자의 입력 값이 이름-값의 쌍으로 구성된 파라미터 리스트의 형태로 전달된다고 한 것 기억나나요? 예를 들어, login.html에서 아이디와 패스워드를 각각 'Kim'과 '111'로 입력하였다면, 'id=Kim&ps=111'의 형태로 웹 서버에 전달됩니다. 따라서 서블릿에서 입력 값을 기반으로 로그인 처리를 수행하려면, 먼저 파라미터 리스트로부터 값을 추출하기 위한 작업이 선행되어야 합니다.

이러한 작업을 위해 서블릿은 HTTP 요청 처리를 위한 멤버 함수들을 제공합니다. [표 5-1]에서 소개하는 함수들은 javax.servlet.http 패키지의 HttpServletRequest 클래스에 포함되어 있습니다.

표 5-1 HTTP 요청 처리를 위한 HttpServletRequest 클래스의 멤버 함수

메소드	반환 유형	설명
getParameter(String name)	String	HTTP 요청 파라미터 리스트에서 이름이 name인 파라미터의 값을 반환합니다.
getParameterValues (String name)	String[ ]	파라미터 리스트에서 이름이 name인 파라미터가 여러 개일 경우, 해당 파라미터들의 값을 배열 형태로 반환합니다.
getParameterNames( )	java.util.Enumeration	파라미터 리스트에서 이름에 해당하는 부분만 Enumeration 형식으로 반환합니다.
getParameterMap( )	Java.util.Map	전체 파라미터 리스트를 Map 객체 형식으로 반환합니다.

1 LoginServlet 예제

실습을 통해 [표 5-1]의 함수들이 HTTP 요청 처리에 어떻게 이용되는지 알아봅시다.

예제 5-2 **LoginServlet의 HTTP 요청 처리**

1 doGet 함수 수정 : LoginServlet 클래스의 doGet() 함수에 코드를 추가해 봅시다. 다음은 login.html에서 입력한 사용자 아이디 값을 그대로 출력하기 위한 구현 코드입니다.

Hello/WEB-INF/classes/com/test/LoginServlet.java

```
18 protected void doGet(HttpServletRequest request, HttpServletResponse
   response) throws ServletException, IOException {
19     String uid = request.getParameter("id");
20     String res = "<html><h3>User ID: " + uid + "</h3></html>";
21     response.getWriter().print(res);
22 }
```

18행 : doGet() 함수는 GET 방식의 HTTP 요청을 처리하기 위한 함수이며, HTTP 요청 메시지의 파라미터 리스트에 대한 접근이 가능하도록 HttpServletRequest 클래스의 인스턴스인 request를 입력 파라미터로 제공합니다.

19행 : request의 getParameter() 함수를 호출하여, 〈input〉 태그의 name 속성 값이 id인 태그의 입력 값을 받아옵니다. 그리고 해당 값을 String 타입의 변수인 uid에 할당합니다.
(여기서 'id'와 'uid'가 다르다는 점에 유의해야 합니다. 'id'는 HTTP 요청 메시지에서 값을 추출하기 위한 이름, 즉 〈input〉 태그의 name 속성 값에 해당하며, 'uid'는 추출한 값을 저장하기 위한 Java 변수입니다.)

20행 : uid 값을 이용하여 클라이언트로 전달될 html 페이지 코드를 생성합니다. 생성된 코드는 간단히 uid 값 앞에 'User ID:' 텍스트가 추가된 형태이며, 〈html〉과 〈h3〉 태그로 감싸고 있습니다. 따라서 브라우저에서는 결과 값이 강조된 글꼴로 출력됩니다. 생성된 HTML 코드는 String 타입의 res에 저장됩니다.

21행 : response.getWriter()는 PrintWriter 클래스를 반환합니다. PrintWriter는 생성된 HTML 코드를 HTTP 응답 메시지의 바디 부분에 추가할 수 있도록 print() 함수를 제공합니다. 따라서 생성된 HTML 코드를 포함한 res를 print() 함수의 인자로 주어 브라우저로 전송될 수 있도록 합니다. 참고로 21행은 다음과 같이 두 줄로 풀어쓸 수 있습니다.

```
// response.getWriter().print(res);
PrintWriter writer = response.getWriter();
writer.print(res);
```

2 코드 실행 및 결과 확인 : Ctrl+S를 눌러 저장한 후, 이클립스에서 [Run] 버튼을 클릭하여 실행해 봅시다. 다음과 같이 User ID에 null 값이 출력됩니다. 사용자 입력 값이 아무것도 전달되지 않았기 때문입니다. 즉 name 속성 값이 'id'에 해당하는 입력 값이 없다는 뜻이죠.

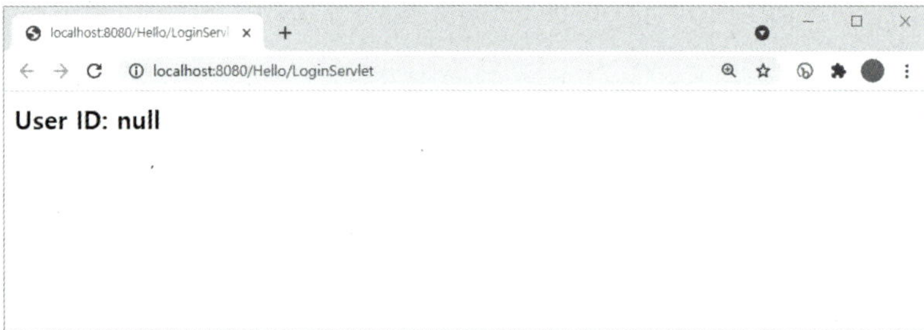

3 login.html 수정 : 입력 값을 전달받기 위해서는 login.html을 실행해야 합니다. 이 때 사용자 입력 값이 LoginServlet으로 전달되도록 〈form〉 태그의 action 속성을 반드시 수정해 주어야 합니다. LoginServlet은 Java 클래스이므로 대소문자 구분을 확실히 해줘야 한다는 점에 유의합니다.

Hello/login.html

```
<body>
<form action="LoginServlet">
...   ...
```

4 login.html 실행 : login.html에서 Ctrl+S를 눌러 저장한 후, 크롬에서 login.html을 실행합니다. 이 때 반드시 F5를 눌러 페이지를 업데이트 해야 합니다. 그렇지 않을 경우, 예전 코드가 캐시에 남아 있어 login.jsp를 호출할 수 있습니다. 이 경우 404 에러 페이지가 출력되겠죠?

업데이트된 login.html에서 아이디와 패스워드를 각각 'Kim'과 '111'로 입력한 후, 버튼을 눌러 실행합니다. 결과 페이지는 다음과 같습니다.

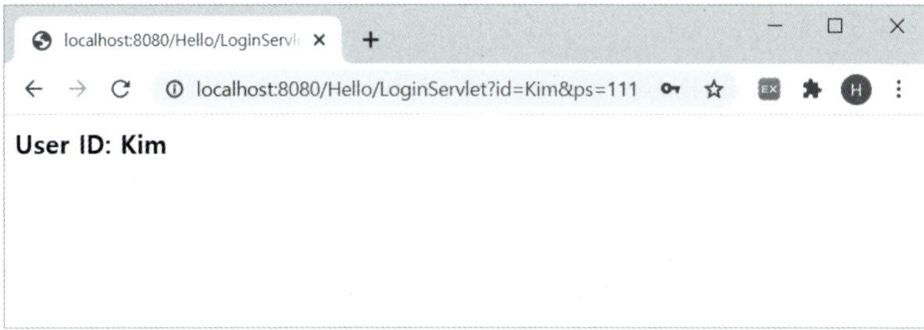

2 LoginServlet 실행

login.html의 실행 과정은 [그림 5-1]과 같이 요약될 수 있습니다.

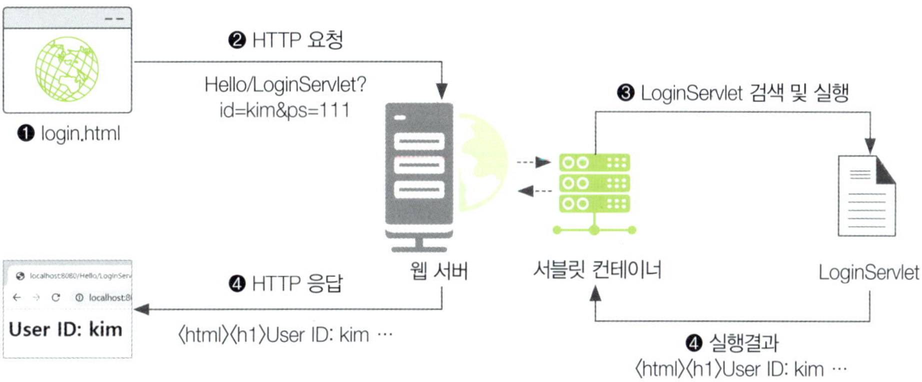

그림 5-1 서블릿의 처리 과정

❶ 브라우저의 login.html에서 사용자가 아이디와 패스워드 값을 각각 'Kim', '111'로 입력합니다.

❷ [로그인하기] 버튼을 눌러 실행하는 순간 다음 URL이 HTTP 요청 메시지에 포함되어 서버로 전송됩니다.

```
Hello/LoginServlet?id=Kim&ps=111
```

❸ 웹 서버는 주어진 URL로부터 LoginServlet을 찾아 실행합니다. LoginServlet의 doGet() 함수는 입력 값 추출, 결과 페이지 생성, 응답 메시지 전송의 역할을 단계적으로 수행합니다.

```
protected void doGet(HttpServletRequest request, HttpServletResponse
response) throws ServletException, IOException {
    String uid = request.getParameter("id");
    String res = "<html><h3>User ID: " + uid + "</h3></html>";
    response.getWriter().print(res);
}
```

① 입력 값 추출

② 결과 페이지 생성

③ 응답 페이지 전송

❹ 이 코드의 실행을 통해 서블릿은 <html><h3>User ID: Kim</h3></html>을 생성하여, HTTP 응답 메시지의 바디에 추가하여 클라이언트로 전송합니다.

❺ 응답 메시지를 받은 브라우저는 바디에 추가된 HTML 코드를 출력합니다.

서블릿이 어떻게 동작하는지 대략 감이 오죠? 확실한 이해를 위해 다음 질문을 함께 살펴봅시다.

> 다음과 같이 아이디, 패스워드, 이름을 입력받는 signup.html을 생성하고, 입력받은 값을 그대로 출력하도록 SignupServlet을 작성하려면 어떻게 해야 하나요?

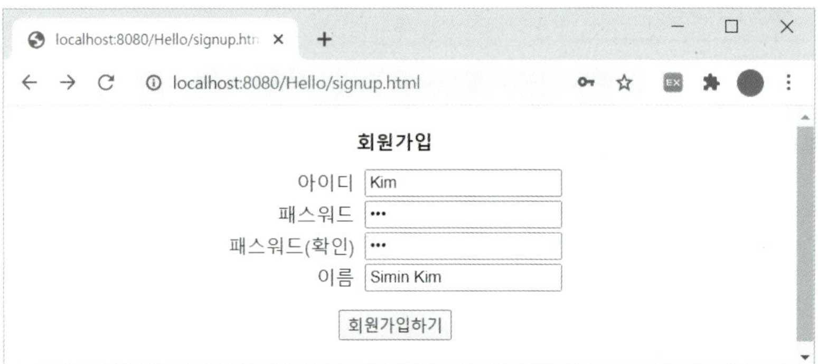

그림 5-2 signup.html

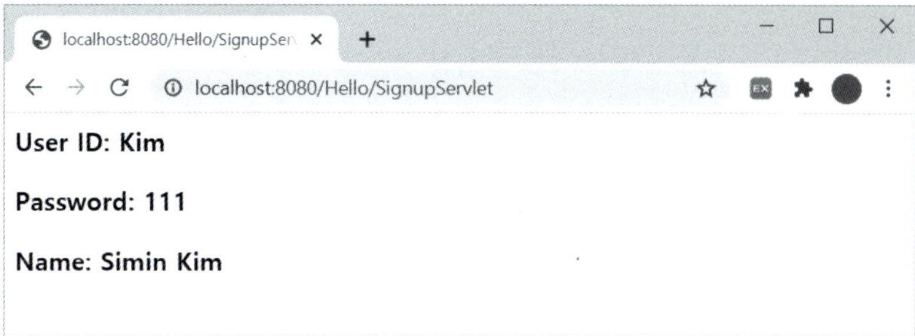

그림 5-3 SignupServlet 실행 결과

NOTE SignupServlet 문제를 풀 때 다음 내용을 참고해 봅시다.

- signup.html은 login.html을 복사해서 수정하시면 더욱 편리하게 작성할 수 있습니다. 이클립스의 Project Explorer 창에서 login.html을 선택한 후 Ctrl+C를 누릅니다. 그리고 src/main/webapp 폴더에서 Ctrl+V를 눌러 복사할 수 있습니다.
- signup.html의 Submit 버튼 이름을 '회원가입하기'로 변경해 주세요.
- 결과 화면을 보면 URL창에 사용자가 입력한 파라미터 값이 보이지 않습니다. 그럼 〈form〉 태그의 method 속성 값이 무엇이 되어야 하는지 생각해 봅시다.
- SignupServlet 클래스의 doGet( ) 함수에서 입력 값을 출력하기 위한 코드를 작성합니다. 다음과 같이 입력값 추출과 결과 코드 생성을 같이 할 수 있습니다.

```
String res = "<html><h3>User ID: " + request.getParameter("id") + "</h3>";
```

- SignupServlet 클래스가 코드를 입력한 후, 이클립스에서 Run 버튼을 눌러 반드시 한 번 실행하기 바랍니다. 이는 SignupServlet 클래스를 현재 동작하고 있는 서버에 등록하기 위함입니다. 등록 단계 없이, Submit 버튼을 눌러 SignupServlet을 실행하려고 하면 404 에러가 발생하니 유의해야 합니다.

signup.html은 다음과 같이 구현될 수 있습니다. 다음 코드에서는 login.html과 비교했을 때, 차이나는 부분에 대해 음영 표시하고 설명하였습니다.

Hello/login.html

```
<html>
<head>
<meta charset="utf-8">
</head>
<body>
<form action="SignupServlet" method="post">
    <table align=center>
        <tr>
            <td colspan=2 align=center height=40><b>회원가입</b></td>
        </tr>
        <tr>
            <td align=right>아이디 </td>
            <td><input type="text" name="id" placeholder="Email address" required></td>
        </tr>
        <tr>
            <td align=right>패스워드 </td>
            <td><input type="password" name="ps" required></td>
        </tr>
        <tr>
            <td align=right>패스워드(확인) </td>
            <td><input type="password" name="ps2" required></td>
        </tr>
        <tr>
            <td align=right>이름 </td>
            <td><input type="text" name="name" required></td>
        </tr>
        <tr>
            <td colspan=2 align=center height=50>
                <input type="submit" value="회원가입하기">
            </td>
        </tr>
    </table>
</form>
</body>
</html>
```

06행 : 사용자 입력 값이 SignupServlet으로 전달되도록 〈form〉 태그의 action 속성 값을 설정합니다. method 속성 값은 post로 정의합니다.

09행 : 타이틀을 '회원가입'으로 설정합니다.

19~22행 : 패스워드를 확인받기 위한 테이블 행을 정의합니다. '패스워드(확인)' 텍스트와 〈input〉 태그를 분리하여 출력하기 위해 2개의 〈td〉가 〈tr〉에 포함되었으며, 암호화된 형태의 텍스트를 입력받기 위해 〈input〉 태그의 type 속성 값을 password로 설정하였습니다.

23~26행 : 이름을 입력받기 위한 테이블 행을 정의합니다. '이름' 텍스트와 〈input〉 태그를 분리하여 출력하기 위해 2개의 〈td〉가 〈tr〉에 포함되었습니다. 이름은 일반 텍스트 형태로 입력받아도 되므로, 〈input〉 태그의 type 속성 값을 text로 설정하였습니다.

29행 : 버튼 이름을 '회원가입하기'로 설정합니다.

SignupServlet 구현 코드 역시 LoginServlet과 유사합니다. 로그인 서블릿은 전달된 사용자 아이디만 출력하는데 반해, SignupServlet에서는 패스워드와 이름 정보를 함께 출력하기 위한 코드를 추가하면 됩니다. SignupServlet.java의 doGet() 함수는 다음과 같이 구현할 수 있습니다.

Hello/WEB-INF/classes/com/test/SignupServlet.java

```
protected void doGet(HttpServletRequest request, HttpServletResponse
response) throws ServletException, IOException {
    String uid = request.getParameter("id");
    String upass = request.getParameter("ps");
    String uname = request.getParameter("name");

    String res = "<html>";
    res += "<h3>User ID: " + uid + "</h3>";
    res += "<h3>Password: " + upass + "</h3>";
    res += "<h3>Name: " + uname + "</h3>";
    res += "</html>";

    response.getWriter().print(res);
}
```

18행 : doGet() 함수를 정의합니다.

19~21행 : request.getParameter() 함수를 이용하여 사용자 입력 값을 추출한 후 uid, upass, uname 변수에 차례대로 저장합니다.

23~27행 : uid, upass, uname 변수 값을 이용하여 클라이언트로 전송될 HTML 코드를 동적으로 생성합니다.

29행 : 생성된 HTML 코드를 print() 함수로 출력하여, 클라이언트로 전송합니다.

03 다양한 입력 양식 처리

지금까지 〈input type="text"〉와 같은 간단한 입력 양식에 대한 서블릿 처리 방법을 설명하였습니다. 이 외에도 3장에서 소개한 〈input type="radio"〉, 〈textarea〉, 〈select〉 등에 대한 다양한 입력 양식으로부터 전달되는 HTTP 요청 메시지를 서블릿에서 어떻게 처리하는지 알아둘 필요가 있습니다. 이번 절에서 하나씩 차근차근 살펴봅시다.

1 〈textarea〉 태그 처리

〈textarea〉 태그는 텍스트 입력형 UI에 해당하며, 여러 줄의 텍스트를 입력받을 필요가 있을 때 이용합니다. textarea1.html 코드를 살펴봅시다. 편의상 body 부분만 기술하였습니다.

TIP 나머지 코드가 기억나지 않으면 3장을 참고하세요.

Hello/textarea1.html

```
<body>
<form action="TextareaServlet">
Comment <br>
<textarea name="comment" rows="10" cols="50" placeholder="Add your comment">No comment</textarea>
<br><br>
<input type="submit" value="Upload">
</form>
</body>
```

〈textarea〉의 rows와 cols는 입력될 수 있는 행과 열의 개수를 나타내며, 이를 통해 텍스트 창의 가로, 세로 크기를 지정할 수 있습니다. 그리고 〈textarea〉의 시작 태그와 종료 태그 사이에 정의된 텍스트는 디폴트 값이 됩니다.

textarea1.html 페이지에서 [Upload] 버튼을 클릭했을 때 어떤 URL이 생성되나요?

이제 URL이 어떻게 만들어지는지는 다들 감이 오죠? URL의 4요소 중 프로토콜, 서버 주소, 포트 번호는 공통입니다. 따라서 여기서 고려해야 할 부분은 쿼리 스트링을 포함한 파일 경로로 국한됩니다.

파일 경로와 관련하여, 먼저 프로젝트명이 필요합니다. 여기서는 별도로 프로젝트를 생성하지 않고 모두 Hello 프로젝트 안에서 구현하는 것으로 가정하겠습니다. 서비스 파일은 〈form〉 태그의 action 속성 값에 정의되어 있습니다. 따라서 파일 경로는 Hello/TextareaServlet이 됩니다. 서블릿의 경우 URL에 확장자가 포함되지 않는다는 점에 주의하기 바랍니다.

다음으로 쿼리 스트링은 이름-값 쌍의 리스트가 됩니다. 이름은 입력 태그에 정의된 name 속성 값에 해당하며, 값은 사용자가 입력한 값 또는 디폴트 입력 값이 됩니다. 현재 입력 태그는 하나 밖에 없으므로, 하나의 파라미터만 URL에 포함됩니다. 따라서 파일 경로와 입력 파라미터 리스트를 '?'를 중심으로 연결하면 다음과 같은 URL이 완성됩니다. '%20'은 공백 문자에 해당합니다.

```
Hello/TextareaServlet?comment=No%20comment
```

TextareaServlet 코드는 이 URL을 처리할 수 있도록 구현되어야 합니다. 따라서 URL로부터 입력 값을 추출하려면 'comment'라는 이름을 request.getParameter() 함수의 인자로 넣어줘야 합니다. 결과적으로 TextareaServlet의 doGet() 함수는 다음과 같이 구현될 수 있습니다.

Hello/WEB-INF/classes/com/test/TextareaServlet.java

```java
protected void doGet(HttpServletRequest request, HttpServletResponse response) throws ServletException, IOException {
    String ucom = request.getParameter("comment");
    String res = "<html><h3>User comment: " + ucom + "</h3></html>";
    response.getWriter().print(res);
}
```

이 코드에서 'comment'를 통해 추출한 입력 값을 저장하기 위해 ucom이라는 Java 변수가 이용되었습니다. 추출된 값은 〈h3〉 태그와 함께 HTML 페이지의 형태로 구성된 다음, response.getWriter().print() 함수를 통해 클라이언트로 전송됩니다.

코드를 작성한 후, textarea1.html에서 Upload 버튼을 눌러 실행합니다. 만약 404 에러가 발생한다면, TextareaServlet 클래스가 서버에 등록되지 않은 경우입니다. 이 경우 등록을 위해 이클립스의 TextareaServlet 코드 창에서 [Run] 버튼을 눌러 한 번 실행해 줘야 합니다.

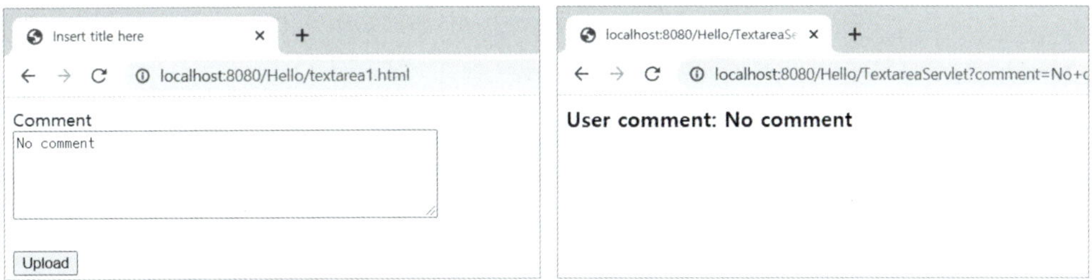

그림 5-4 textarea1.html과 TextareaServlet.java의 실행 결과

결과적으로 〈textarea〉를 이용할 경우 서블릿 코드는 〈input type="text"〉를 이용할 때와 동일하며, 다중 옵션의 선택이 가능한 체크 박스 등이 이용될 경우에 비해 비교적 쉽게 구현될 수 있습니다.

2 Radio 타입 처리

다음으로 〈input〉 태그의 Radio 타입이 주어질 때 서블릿에서 어떻게 처리하는지 살펴봅시다. Radio 타입은 옵션 선택형 UI인 라디오 버튼을 만들 때 사용합니다. 라디오 버튼은 선택 가능한 여러 옵션 중 하나만 선택하도록 강제할 때 이용합니다. HTML에서 라디오 버튼을 구현하기 위해서는 〈input type="radio"〉 태그를 이용합니다. radio1.html은 Apple, Banana, Orange 항목 중 하나를 선택할 수 있는 라디오 버튼 그룹을 제공합니다.

Hello/radio1.html

```
<body>
<form action="RadioServlet">
Select a favorite fruit <br>
```

```
<input type="radio" name="fruit" value="apple" checked>Apple<br>
<input type="radio" name="fruit" value="banana">Banana<br>
<input type="radio" name="fruit" value="orange">Orange<br>
<br>
<input type="submit" value="Select">
</form>
</body>
```

radio1.html 페이지에서 [Select] 버튼을 클릭했을 때 어떤 URL이 생성되나요?

Select 버튼이 클릭되었을 때 생성되는 URL을 살펴봅시다. radio1.html 파일과 서블릿 파일이 Hello 프로젝트에 함께 포함된 것으로 가정합시다. 앞서 언급한 바와 같이, HTML 파일과 서블릿 파일이 같은 컴퓨터에 위치해 있을 경우에는 파일 경로만 고려하면 됩니다.

radio1.html에서 RadioServlet을 호출하기 위한 파일 경로는 Hello/RadioServlet이 됩니다. 그리고 라디오 버튼의 경우, 입력 파라미터가 하나만 전달되게 됩니다. radio.html 파일에서 name 속성 값은 ‘fruit’이며, 선택 값은 별도로 변경하지 않았다면 디폴트 값인 ‘apple’이 파라미터로 전달됩니다. 따라서 파일 경로와 입력 파라미터 리스트를 ‘?’를 중심으로 연결하면 다음과 같은 URL이 완성됩니다.

```
Hello/RadioServlet?fruit=apple
```

RadioServlet 역시 이 URL을 처리할 수 있도록 구현되어야 합니다. URL로부터 입력 값을 추출하려면 ‘fruit’이라는 이름을 request.getParameter() 함수의 인자로 입력해야 합니다. 따라서 TextareaServlet의 doGet() 함수는 다음과 같이 구현할 수 있습니다.

Hello/WEB-INF/classes/com/test/RadioServlet.java

```java
protected void doGet(HttpServletRequest request, HttpServletResponse response) throws ServletException, IOException {
    String usel = request.getParameter("fruit");
    String res = "<html><h3>Selected fruit: " + usel + "</h3></html>";
```

```
        response.getWriter().print(res);
}
```

TIP radio1.html 8번 줄의 checked 옵션을 꼭 확인하세요. 라디오 버튼을 아무 것도 선택하지 않고 Select 버튼을 클릭 시, 404 에러가 발생합니다.

코드 작성이 완료되었다면, radio1.html에서 Select 버튼을 클릭하여 실행합니다. 역시 404 에러가 발생한다면, RadioServlet 클래스의 등록을 위해 [Run] 버튼을 눌러 이클립스에서 한 번 실행해 주어야 합니다.

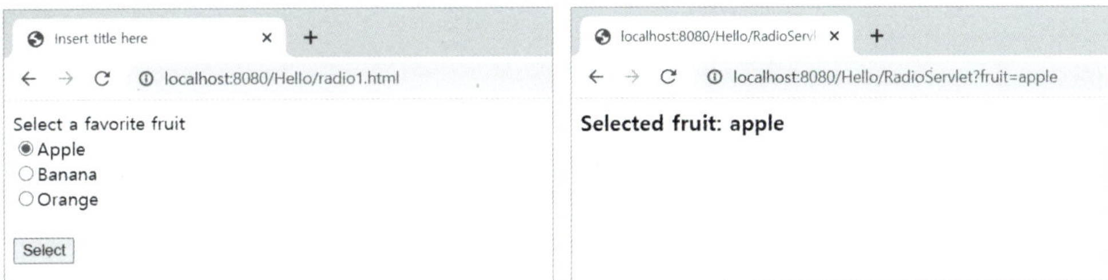

그림 5-5 radio1.html과 RadioServlet.java의 실행 결과

〈input type="radio"〉의 경우에도 〈input type="text"〉나 〈textarea〉를 이용했을 때와 동일한 형식으로 서블릿 코드를 간단히 구현할 수 있습니다.

3 Checkbox 타입 처리

Checkbox 타입은 구현이 다소 까다로워집니다. 〈input〉 태그의 Checkbox 타입은 옵션 선택형 UI인 체크 박스를 만들 때 사용합니다. 체크 박스를 이용해 UI를 만들면 사용자는 0개 이상의 옵션을 선택할 수 있습니다. 예를 들어, 마트에 가서 과일을 사는 상황을 생각해 봅시다. 장바구니에 아무 과일도 담지 않아도 되지만, 원하는 과일만 일부 담을 수 있고, 전부 다 담을 수도 있습니다. 장바구니가 체크 박스의 역할을 한 것이죠.

HTML에서 체크 박스를 구현하기 위해서는 〈input〉 태그의 Checkbox 타입을 이용한다는 것을 3장에서 소개한 바 있습니다. checkbox1.html은 Apple, Banana, Orange 항목 중 0개 이상을 선택할 수 있는 체크 버튼 그룹을 제공합니다.

Hello/checkbox1.html

```
<body>
<form action="CheckboxServlet">
Select one or more favorite fruits <br>
<input type="checkbox" name="fruit" value="apple" checked>Apple<br>
<input type="checkbox" name="fruit" value="banana" checked>Banana<br>
<input type="checkbox" name="fruit" value="orange">Orange<br>
<br>
<input type="submit" value="Select">
</form>
</body>
```

checkbox1.html 페이지에서 Select 버튼을 클릭했을 때 어떤 URL이 생성되나요?

Select 버튼이 클릭되었을 때 생성되는 URL을 살펴봅시다. checkbox1.html 파일과 서블릿 파일이 Hello 프로젝트에 포함된 것으로 가정합시다. 이 경우 CheckboxServlet 호출을 위한 파일 경로는 Hello/CheckboxServlet이 됩니다.

단, 체크 박스의 경우 입력 파라미터가 하나 이상 전달될 수 있습니다. 이 HTML 파일에서 name 속성 값은 'fruit'이며, 선택 값이 별도로 변경되지 않았다면 'apple'과 'banana'를 포함한 2개의 파라미터가 전달됩니다. 따라서 파일 경로와 입력 파라미터 리스트를 '?'를 중심으로 연결하면 다음과 같은 URL이 완성됩니다.

```
Hello/CheckboxServlet?fruit=apple&fruit=banana
```

CheckboxServlet에서 선택된 과일을 추출하기 위해, request.getParameter() 함수의 인자에 'fruit'을 입력하고 실행해 봅시다. 다음 코드는 RadioServlet.java와 동일합니다.

Hello/WEB-INF/classes/com/test/CheckboxServlet.java

```
protected void doGet(HttpServletRequest request, HttpServletResponse response) throws ServletException, IOException {
    String usel = request.getParameter("fruit");
```

```
    String res = "<html><h3>Selected fruit: " + usel + "</h3></html>";
    response.getWriter().print(res);
}
```

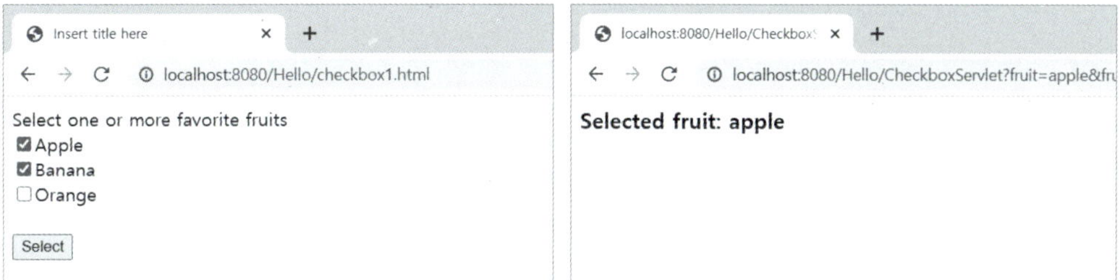

그림 5-6 checkbox1.html과 CheckboxServlet.java의 실행 결과

CheckboxServlet.java의 실행 결과를 살펴보면, 첫 번째로 선택된 과일만 출력되는 것을 확인하실 수 있습니다. 이는 request.getParameter() 함수가 여러 파라미터 중 주어진 name 속성값을 만족하는 첫 번째 값만 출력한다는 것을 의미합니다. 그러면 선택된 값을 모두 출력하려면 어떤 함수를 써야 할까요?

[표 5-1]에서 이런 경우에 이용할 수 있는 함수를 소개하고 있습니다. 선택된 값을 모두 출력하려면 request.getParameterValues() 함수를 이용해야 합니다. 단, 해당 함수의 반환 값이 하나의 스트링이 아닌 스트링 배열이기 때문에, 배열 값을 모두 출력하려면 반복문이 필요합니다. 따라서 checkbox1.html에서 선택된 값들을 출력하기 위한 CheckboxServlet 코드는 다음과 같이 작성할 수 있습니다.

Hello/WEB-INF/classes/com/test/CheckboxServlet.java

```
protected void doGet(HttpServletRequest request, HttpServletResponse
response) throws ServletException, IOException {
    String[] usel = request.getParameterValues("fruit");
    String res = "<html>";
    for (int i=0; i<usel.length; i++) {
      res += "<h3>Selected fruit: " + usel[i] + "</h3>";
    }
    res += "</html>";
```

```
25        response.getWriter().print(res);
26    }
```

19행 : request.getParameterValues()를 통해 입력 파라미터 리스트로부터 name 속성 값이 'fruit'인 모든 입력 값을 String의 배열 형태로 가져옵니다.

20행 : 결과 페이지를 저장할 Java 변수 res를 선언하고 〈html〉로 초기화합니다.

21~23행 : res에 포함된 입력 값의 개수만큼 반복문을 수행합니다. 각각의 입력 값에 대해 '〈h3〉Selected fruit: '와 '〈/h3〉' 태그를 앞뒤로 추가합니다. 그리고 만들어진 스트링을 res에 추가합니다.

24행 : res에 〈/html〉을 추가하여 HTML 페이지 형식을 완성합니다.

25행 : 생성된 HTML 코드를 PrintWriter 클래스의 print() 함수를 통해 클라이언트로 전송합니다. response.getWriter()는 HTTP 응답 메시지와의 연결을 지원하는 PrintWriter 클래스를 반환합니다.

수정된 코드를 실행하면 [그림 5-7]과 같이 모든 선택 값이 정상적으로 출력되는 것을 확인할 수 있습니다.

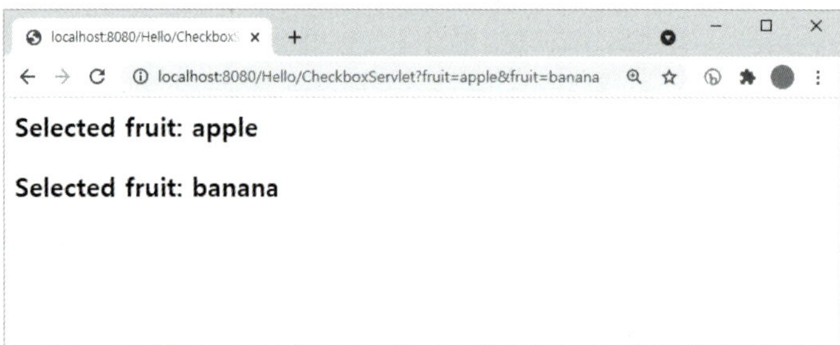

그림 5-7 수정된 CheckboxServlet.java의 실행 결과

그럼 이 코드가 완성 버전일까요? 앞서 체크 박스는 0개 이상을 선택할 수 있다고 했습니다. 확인을 위해, checkbox1.html에서 아무 옵션도 선택하지 않고 [Select] 버튼을 눌러 봅시다. 실행 결과, 다음과 같이 500 에러가 발생하는 것을 확인할 수 있습니다.

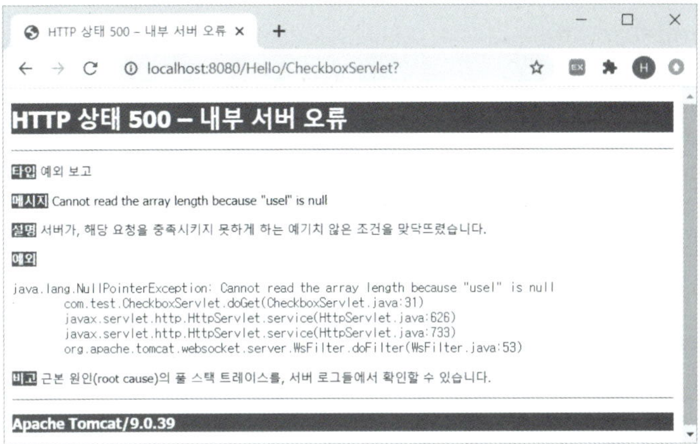

그림 5-8 CheckboxServlet.java 오류

원인 파악을 위해 오류 페이지의 네 번째 줄인 예외Exception 부분에 출력된 메시지들을 자세히 살펴봅시다.

```
java.lang.NullPointerException: Cannot read the array length because "usel"
is null
com.test.CheckboxServlet.doGet (CheckboxServlet.java:21)
```

이 메시지에서 발생된 예외는 NullPointerException이며, 구체적으로 'usel'의 값이 null임을 알려주고 있습니다. 그리고 CheckServlet.java의 21행에서 오류가 발생했음을 알려줍니다. 따라서 usel 변수가 null 값을 가질 경우에 대한 예외 처리 코드의 추가가 필요합니다.

CheckboxServlet은 예외 처리를 추가한 수정 코드입니다. 먼저 21행에서 usel 변수가 null인지 체크합니다. 조건이 참일 경우, 즉 null 값일 경우, 22 행에서 'No fruit selected'라는 메시지가 출력되도록 res에 추가합니다. 그렇지 않은 경우는 정상적인 상황으로써, 24행부터 28행 사이에서 기존과 같이 선택된 과일 정보가 출력되도록 res를 구성합니다.

Hello/WEB-INF/classes/com/test/CheckboxServlet.java

```
18 protected void doGet(HttpServletRequest request, HttpServletResponse
   response) throws ServletException, IOException {
19     String[] usel = request.getParameterValues("fruit");
```

```java
        String res = "<html>";
        if (usel == null) {
        res += "<h3>No fruit selected</h3>";
        }
        else {
            for (int i=0; i<usel.length; i++) {
                res += "<h3>Selected fruit: " + usel[i] + "</h3>";
            }
        }
        res += "</html>";
        response.getWriter().print(res);
    }
```

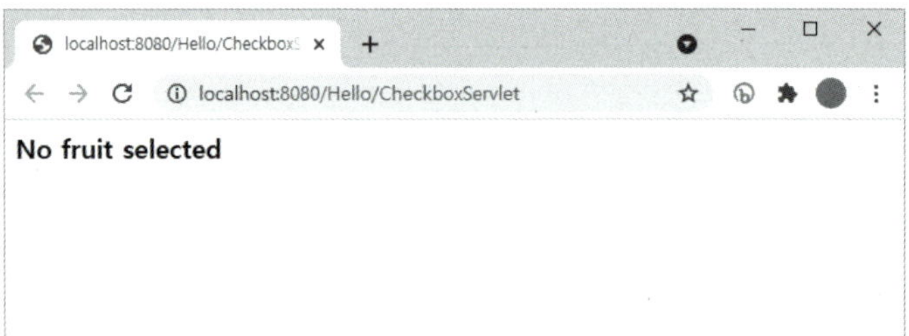

그림 5-9 예외 처리를 추가한 CheckboxServlet.java 실행 결과

4 〈select〉 태그 처리

〈select〉 태그는 옵션 선택형 UI로써, 드롭다운 리스트 형식의 인터페이스를 제공합니다.

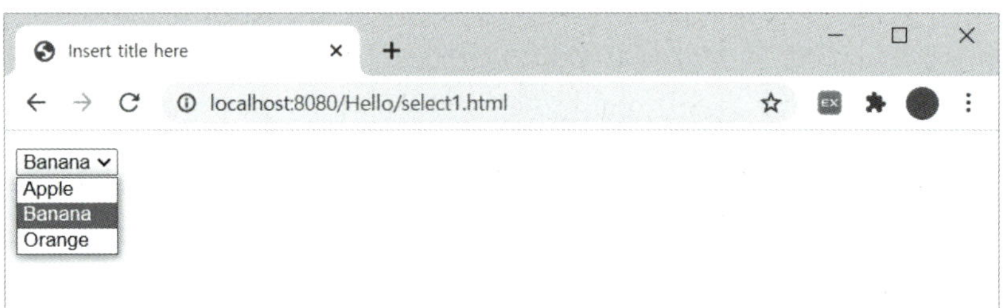

그림 5-10 select1.html

〈select〉 태그를 디폴트로 이용할 경우, 하나의 옵션만 선택 가능합니다. 따라서 HTTP 요청 시 URL의 쿼리 스트링에는 하나의 선택 값만 포함되며, 이 경우 서블릿에서 처리 방법은 Text 타입이나 Radio 타입과 동일합니다.

이에 반해 〈select〉 태그에 multiple 속성을 추가할 경우, 여러 개의 옵션 선택이 가능한 리스트 형태의 사용자 인터페이스가 제공됩니다. 이 경우 URL 쿼리 스트링에는 여러 개의 선택 값이 포함될 수 있으며, 4장에서 Checkbox 타입과 함께 소개한 방법을 통해 선택된 값들을 배열 형태로 추출하고 이를 기반으로 HTML 결과 코드를 생성할 수 있습니다.

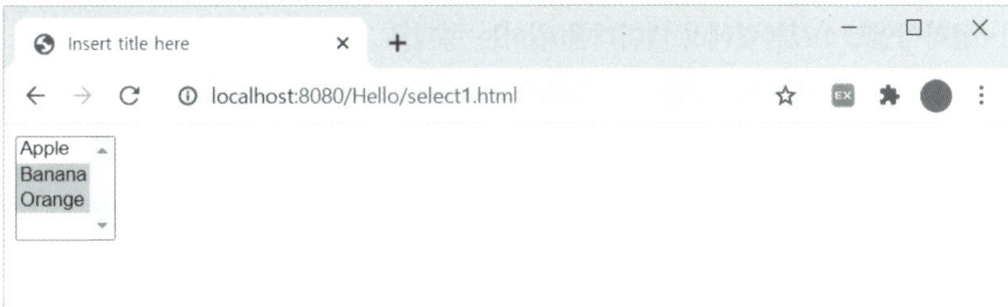

그림 5-11 〈select〉 태그에 multiple 속성 추가

연습문제

01 GET 방식의 HTTP 요청을 처리하기 위한 서블릿의 멤버 함수 이름은 무엇인가요?

02 쿼리 스트링에서 이름이 name인 파라미터의 값을 추출하기 위한 HttpServletRequest 클래스의 멤버 함수 이름은 무엇인가요?

03 체크박스 형태의 HTML 페이지로부터 전달되는 입력 값을 추출하기 위해 가장 적절하게 이용될 수 있는 HttpServletRequest 클래스의 멤버 함수 이름은 무엇인가요?

04 다음은 사용자로부터 좋아하는 색깔을 입력 받기 위한 color.html입니다. 다음 코드를 실행시켰을 때, 사용자가 입력한 값이 'Green'이라면, 'Favorite Color: Green'이 출력되도록 ColorServlet 코드를 작성해 주세요.

Hello/color.html

```
<body>
<form action="ColorServlet">
What is your favorite color? <br>
<input type="text" name="select" placeholder="Red, green, or blue?">
<br><br>
<input type="submit" value="OK">
</form>
</body>
```

05 다음 코드 city.html에서 [OK] 버튼을 눌렀을 때 선택된 값이 모두 출력될 수 있도록 CityServlet 코드를 작성해 주세요.

Hello/city.html

```
<body>
<form action="CityServlet">
<input type="checkbox" name="city" value="seoul" checked>Seoul<br>
<input type="checkbox" name="city" value="busan" checked>Busan<br>
<input type="checkbox" name="city" value="incheon">Incheon<br>
<input type="submit" value="OK">
</form>
</body>
```

06 아이디, 패스워드, 닉네임을 입력받는 signup.html을 생성하고, 다음과 같이 실행 결과가 나오도록 SignupServlet을 작성해 주세요.

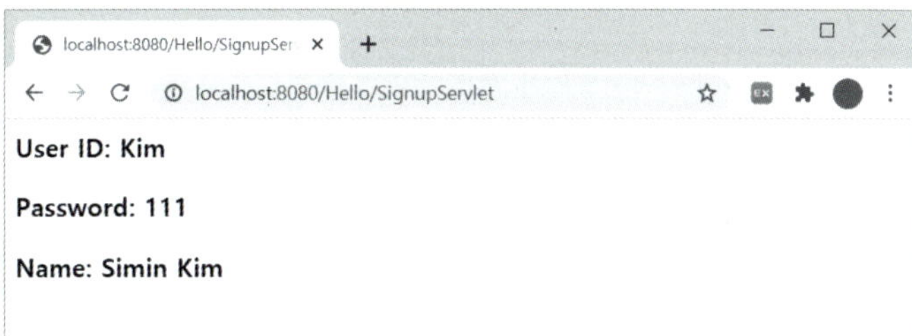

07 다음 sport.html을 실행하면 어떤 URL이 생성되나요?
(단, sport.html은 Hello 프로젝트에 포함되어 있다고 가정합니다.)

Hello/sport.html

```
<body>
<form action="SportServlet">
What is your favorite sport? <br>
<select name="sport" multiple>
    <option value="baseball">Baseball</option>
    <option value="football" selected>Football</option>
    <option value="volleyball" selected>Volleyball</option>
</select>
<br><br>
<input type="submit" value="OK">
</form>
</body>
```

08 **04**번 문제의 sport.html을 실행했을 때 다음과 같은 결과가 출력되도록 SportServlet 클래스를 구현해 주세요.

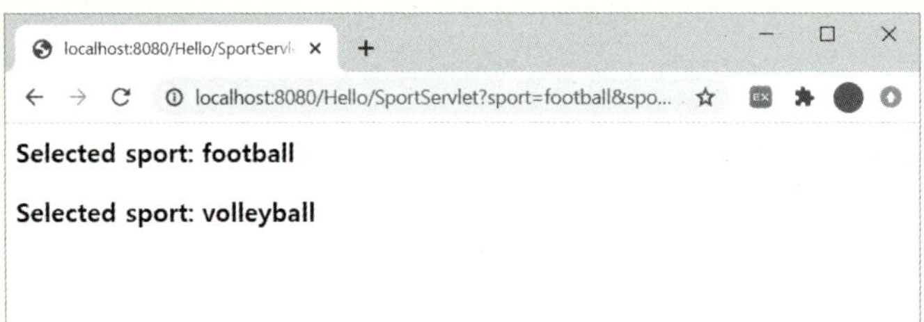

CHAPTER 06
JSP

학습목표

- 서블릿과 JSP의 차이점을 이해한다.
- 프로그래밍을 위해 JSP에서 제공하는 5가지 구문을 이해한다.
- JSP의 구문이 서블릿으로 변환되는 과정을 이해한다.
- JSP 구문과 각각에 대한 변환 규칙을 익힌다.

01 서블릿과 JSP

JSP는 서블릿에 비해 쉬운 프로그래밍 방법을 제공합니다. 그리고 내부적으로는 서블릿으로 변환되어 수행됩니다. 이 장에서는 JSP 프로그래밍이 왜 서블릿에 비해 쉬울 수밖에 없는지, JSP에서 제공하는 프로그래밍 구문들은 어떤 것들이 있고, 또한 각 구문이 어떻게 서블릿으로 변환되어 수행되는지 소개합니다.

먼저 실습을 통해 서블릿과 JSP의 프로그래밍 스타일을 비교해 봅시다.

예제 6-1 로그인 로직을 처리하는 파일 추가

1 JSP 파일 추가 : Hello 프로젝트의 src/main/webapp 폴더에서 오른쪽 버튼을 누른 후 [New]-[JSP File]을 선택합니다. HTML 파일을 추가할 때와 동일한 방식입니다.

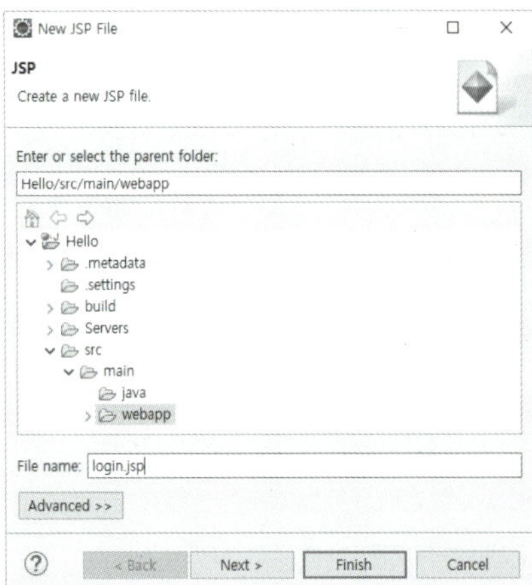

New JSP File 팝업에서 파일 이름으로 login.jsp를 입력한 후 [Finish] 버튼을 눌러 JSP 파일을 생성합니다. 생성된 login.jsp 파일은 실행에 필요한 기본 코드를 포함하고 있습니다.

Hello/login.jsp

```
01 <%@ page language="java" contentType="text/html; charset=EUC-KR"
02     pageEncoding="EUC-KR"%>
03 <!DOCTYPE html>
04 <html>
05 <head>
06 <meta charset="EUC-KR">
07 <title>Insert title here</title>
08 </head>
09 <body>
10 
11 </body>
12 </html>
```

01~02행 : JSP에서 페이지 처리 방법을 설정하기 위한 지시자Directive입니다. 지시자의 역할과 종류에 대해서는 02절에서 설명합니다.

03~12행 : HTML 파일을 생성했을 때와 동일한 코드가 제공됩니다. 기본적으로 헤더와 바디로 구성되며, 바디에서 JSP 코드를 기술할 수 있도록 합니다.

2 login.jsp 수정 : LoginServlet과 같이 login.html로부터 입력받은 사용자 아이디를 그대로 출력해 봅시다. 이를 위해 10행에 다음과 같은 코드를 추가합니다.

```
10 <h3>User ID: <%= request.getParameter("id") %></h3>
```

10행 : 〈%= %〉는 JSP에서 Java 코드를 실행한 후 결과 값을 출력하기 위한 스크립팅 요소로써, 여기서는 request.getParameter() 함수를 통해 사용자가 입력한 아이디 값을 받아옵니다. 추출된 아이디 값은 'User ID:' 텍스트와 함께 〈h3〉 태그의 형태로 정의됩니다. JSP 스크립팅 요소(〈%= %〉)는 다음 절에서 자세히 설명합니다.

3 login.html 수정 : 다음으로 login.html에서 login.jsp를 호출할 수 있도록 〈form〉 태그의 action 속성을 login.jsp로 변경합니다.

TIP login.html의 나머지 부분은 [예제 4-1]을 참고하세요.

Hello/login.html

```
<body>
<form action="login.jsp">
...
```

4 login.html 실행 : 이전 장에서 구현한 login.html을 크롬에서 실행합니다. 실행 전에 변경된 내용이 반영될 수 있도록 F5를 눌러 페이지를 업데이트합니다. 로그인 페이지에서 사용자 아이디와 패스워드에 'Kim', '111'을 입력하고 [Login] 버튼을 클릭합니다. 다음 그림과 같이 사용자 아이디가 정상적으로 출력됩니다.

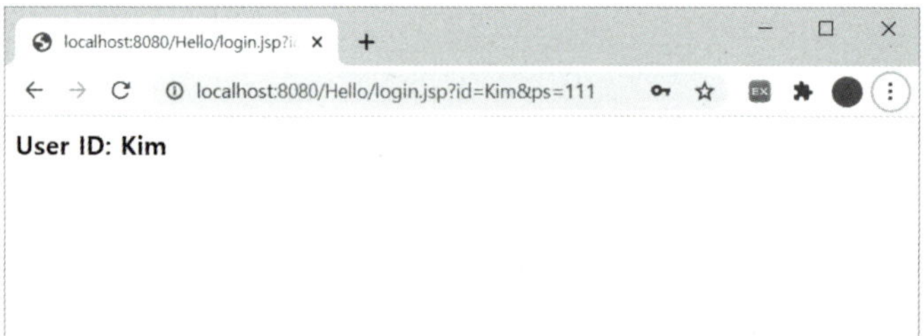

서블릿과 JSP는 어떤 차이점이 있나요?

[예제 6-1] 실습을 통해 서블릿과 JSP의 프로그래밍 스타일에 어떤 차이점이 있는지 감이 오나요? 먼저 LoginServlet 코드부터 살펴봅시다. 다음은 doGet() 함수의 구현 코드입니다.

Hello/LoginServlet.java

```
String uid = request.getParameter("id");
String res = "<html><h3>User ID: " + uid + "</h3></html>";
response.getWriter().print(res);
```

다음 코드는 같은 역할을 하는 login.jsp 코드입니다. 차이점을 부각시키기 위해 login.jsp의 10행을 기준으로, 위아래에 각각 <html>과 </html> 태그가 정의된 부분을 함께 보여주고 있습니다.

Hello/login.jsp

```
<html>
...
<h3>User ID: <%= request.getParameter("id") %></h3>
...
</html>
```

LoginServlet.java와 login.jsp 두 코드의 가장 큰 차이점은 프로그래밍 스타일이라고 할 수 있으며, 서로 정반대의 접근 방법을 이용합니다. LoginServlet의 경우 Java 코드 내에서 HTML 코드를 생성하고 있습니다. 이에 반해, login.jsp에서는 HTML에서 Java 함수 호출을 통해 결과 페이지를 생성합니다. 만약 생성될 HTML 페이지의 구조가 복잡할 경우, doGet() 함수의 구현 코드는 상당히 복잡해집니다. 이 경우 doGet()으로부터 생성되는 HTML 페이지의 구조를 한 눈에 파악하기 어려워집니다. 이는 코드의 가독성Readability을 떨어뜨릴 뿐만 아니라, 유지 보수 역시 어렵게 합니다.

JSP는 이러한 문제점을 보완하기 위해, 역으로 HTML 페이지 내에서 스크립팅 요소(<%= ... %>)를 활용해 Java 코드를 호출할 수 있도록 지원합니다. 따라서 JSP에서는 생성될 HTML 페이지 구조가 쉽게 파악될 수 있습니다.

이외에도 JSP에서는 파일을 따로 등록하지 않아도 클라이언트에서 바로 호출 가능한 장점이 있습니다. 예를 들어 login.jsp를 이클립스에서 실행하지 않아도 login.html에서 바로 호출 가능합니다. 서블릿의 경우 이클립스 실행하지 않고 클라이언트에서 호출하면 404 에러가 발생했던 것을 지난 장에서 확인했습니다.

? 그럼 서블릿은 언제 이용하나요?

지금까지의 설명만 보면, JSP가 서블릿보다 우수해 보입니다. 그러나 이는 사실이 아닙니다. JSP는 프로그래밍 측면에서 편의를 제공하는데 중점을 두고 있습니다. 이에 반해 HTTP 연결을 세부적으로 제어하고자 할 때는 한계가 있습니다. 예를 들어 프록시 서버를 만들거나, 일부 HTTP 요청을 필터링해야 되는 경우에는 서블릿을 이용하는 것이 훨씬 유리합니다. 따라서 JSP와 서블릿은 필요에 따라 함께 이용하는 것이 바람직합니다.

서블릿과 JSP의 장단점을 요약하면 [표 6-1]과 같습니다.

표 6-1 서블릿과 JSP 비교

비교항목	서블릿	JSP
프로그래밍 스타일	Java 코드 HTML 코드	HTML 코드 Java 코드
HTTP 연결 제어	세부 제어 가능 (프록시, 필터 등)	세부 제어 어려움
사용성	호출을 위해 서버 등록 필요	서버 등록 없이 호출 가능

02 JSP 실행 과정

앞서 언급한 바와 같이, JSP는 내부적으로 서블릿으로 변환되어 수행됩니다. 우리가 구현한 login.jsp는 톰캣 컨테이너에 의해 다음과 같은 변환 과정을 거쳐 실행됩니다.

❶ login.jsp는 서블릿인 login_jsp.java로 변환됩니다.

❷ login_jsp.java를 컴파일하여, login_jsp.class를 생성합니다.

❸ Java 리플렉션Reflection API를 이용하여 login_jsp 클래스 파일을 메모리에 로드합니다. Java 리플렉션은 주어진 파일을 메모리에 반영한다는 의미로, Class.forName() 함수에 의해 실행됩니다.

❹ 초기화를 위해 login_jsp 클래스의 jspInit() 함수가 호출됩니다. 그리고 클라이언트로부터 요청이 올 때까지 대기합니다.

❺ 클라이언트로부터 HTTP 요청이 전달될 경우 _jspService() 함수가 실행됩니다. 해당 함수에는 사용자가 login.jsp에서 정의한 JSP 코드를 변환한 Java 코드가 포함되어 있습니다.

이러한 실행 과정은 [그림 6-1]과 같이 요약할 수 있습니다.

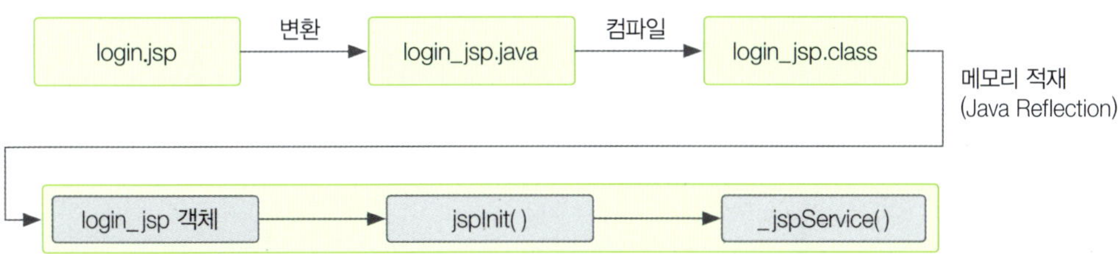

그림 6-1 login.jsp의 실행 과정

이제 실습을 통해 login.jsp가 이클립스에서 실제 어떻게 변환되는지 살펴봅시다.

예제 6-2 login.jsp 변환 코드 확인

1 login_jsp.java 위치 확인 : 파일 탐색기를 열어 Hello 프로젝트가 저장된 워크스페이스로 이동합니다. 워크스페이스는 이클립스를 열 때 다음과 같은 팝업을 통해 확인받는 파일 경로로, 2장에서 C:\work\project로 설정한 바 있습니다.

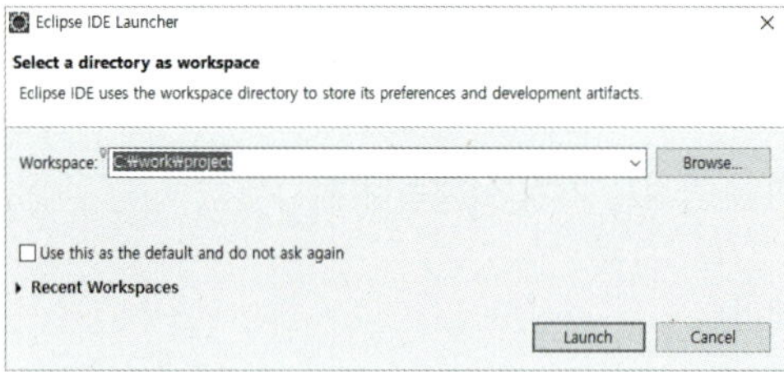

워크스페이스 아래의 다음 경로로 이동합니다.

```
.metadata\.plugins\org.eclipse.wst.server.core\tmp0\work\Catalina\localhost\
Hello\org\apache\jsp
```

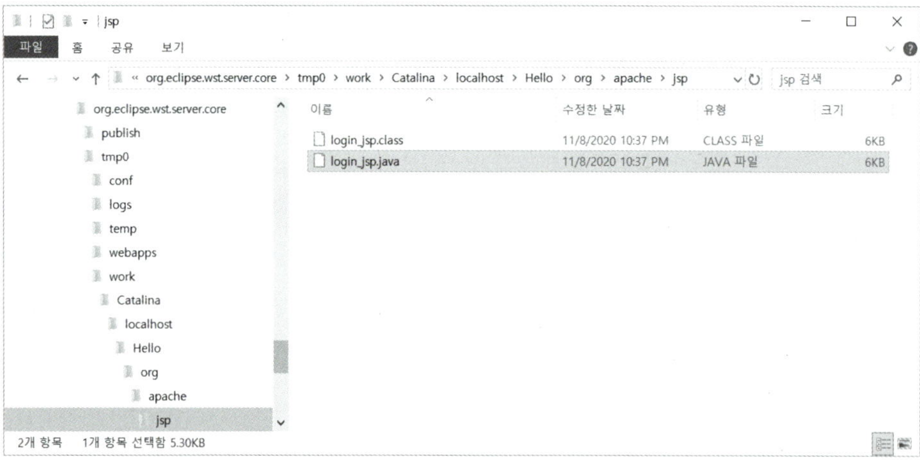

2 login_jsp.java 파일 열기 : 1의 경로에서 login_jsp.java 파일을 열어봅니다. 파일 탐색기에서 마우스를 이용하여 login_jsp.java를 이클립스의 파일 탭으로 끌어다 놓으시면 파일이 열립니다.

Hello/WEB-INF/classes/com/test/login_jsp.java

```
15  public final class login_jsp extends org.apache.jasper.runtime.HttpJspBase
...         ...
73          public void _jspInit() {
74          }
...         ...
79          public void _jspService(final javax.servlet.http.HttpServletRequest
            request, final javax.servlet.http.HttpServletResponse response)
80              throws java.io.IOException, javax.servlet.ServletException {
...             ...
99              javax.servlet.jsp.JspWriter out = null;
...             ...
113             out = pageContext.getOut();
...             ...
116             out.write("\r\n");
117             out.write("<!DOCTYPE html>\r\n");
118             out.write("<html>\r\n");
119             out.write("<head>\r\n");
120             out.write("<meta charset=\"ISO-8859-1\">\r\n");
121             out.write("<title>Insert title here</title>\r\n");
122             out.write("</head>\r\n");
123             out.write("<body>\r\n");
124             out.write("<h3>User ID: ");
125             out.print( request.getParameter("id") );
126             out.write("</h3>\r\n");
127             out.write("</body>\r\n");
128             out.write("</html>");
```

15행 : login_jsp 클래스를 선언합니다. login_jsp는 HTTP 요청과 응답 처리를 지원하는 HttpJspBase 클래스로부터 상속받아 정의됩니다.

73행 : 초기화를 위한 jspInit( ) 함수를 정의합니다.

79~80행 : HTTP 요청을 처리하기 위한 _jspService( ) 함수를 정의합니다. 입력 파라미터로 request와 response를 가지며, 각각은 HTTP 요청과 응답을 처리하기 위한 HttpServletRequest 클래스와 HttpServletResponse 클래스로부터 생성된 변수에 해당합니다.

99행 : 함수를 통해 생성될 결과 페이지를 저장하기 위한 out 변수를 선언합니다. out은 JspWriter 클래스 형으로 정의되며, JspWriter는 서블릿에서 이용한 PrintWriter와 동일한 역할을 수행하는 클래스로, HTTP 응답 메시지 처리와 관련한 함수들을 제공합니다.

113행 : pageContext.getOut() 함수를 호출하여 out 변수에 JspWriter 클래스의 인스턴스를 할당하여 초기화합니다.

116행~128행 : login.jsp로부터 변환된 서블릿 코드입니다. 변환된 코드는 login.jsp의 코드와 1:1 대응 관계를 가지며, 변환 규칙은 다음 절에서 설명합니다.

톰캣 컨테이너는 login.jsp가 변경될 때마다 login_jsp.java로 변환하고 컴파일하는 작업을 수행합니다. 따라서 login.jsp가 변경될 때마다 login_jsp.class 파일이 자동으로 업데이트되며, 워크스페이스 내 **.metadata\...\jsp** 디렉토리에는 login_jsp.java와 login_jsp.class 파일이 항상 함께 위치합니다.

이 실습에서 눈여겨 볼 부분은 _jspService() 함수의 변환 코드가 원본 JSP 파일에서 정의한 코드에 1:1 대응된다는 점입니다. 이는 JSP 코드가 서블릿으로 변환될 때 1:1 대응 규칙을 통해 변환된다는 점을 암시합니다.

03 JSP의 스크립팅 요소

JSP에서 Java 코드의 호출 및 처리를 위해 제공되는 스크립팅 요소들은 어떤 것이 있나요?

JSP에서는 Java 코드 호출 및 처리를 위해 [표 6-2]와 같이 5가지 스크립팅 요소를 제공합니다. 이들은 공통적으로 〈% ... %〉 형태로 정의됩니다.

표 6-2 JSP 스크립팅 요소

종류	문법	설명
스크립트릿Scriptlet(기본)	〈% … %〉	Java 코드 삽입
주석Comment	〈%-- … --%〉	주석 처리
지시어Directive	〈%@ … %〉	페이지 변환 정보
선언문Declaration	〈%! … %〉	공통 함수 및 변수 정의
표현식Expression	〈%= … %〉	함수, 변수 값 호출

이번 절에서는 각각의 스크립팅 요소들에 대해 소개하고, 각 요소가 서블릿에서 어떤 형태로 변환되는지 알아보겠습니다.

1 스크립트릿

JSP 스크립팅 요소 중 가장 기본이 되는 스크립트릿은 Java 코드를 삽입하기 위한 목적으로 이용됩니다. 스크립트릿이 어떻게 동작하는지 확인하기 위해, Hello 프로젝트에 login2.jsp를 추가해 봅시다.

예제 6-3 **login2.jsp 작성 및 변환 코드 확인**

1 login2.jsp 파일 생성 : Hello 프로젝트의 src/main/webapp 폴더에서 오른쪽 버튼을 누른 후 [New]-[JSP File]을 선택합니다. 파일 이름에 login2.jsp를 입력하고 [Finish]를 눌러 생성합니다.

2 login2.jsp 코드 작성 : 생성된 JSP 파일에서 이클립스가 제공하는 기본 코드를 모두 지우고 다음과 같은 내용으로 대체합니다.

Hello/login2.jsp

```
01  <html>
02  <%
03      String uid = request.getParameter("id");
04      String res = "<h3>User ID: " + uid + "</h3>";
05      out.print(res);
06  %>
07  </html>
```

이 코드는 login.html로부터 전달된 사용자 아이디 값을 그대로 출력하기 위한 구문으로, LoginServlet.java의 코드와 거의 일치합니다.

02행 : 스크립트릿의 시작 태그입니다.

03행 : request.getParameter("id")를 통해 입력된 사용자 아이디를 얻어낸 후, Java 변수인 uid에 저장합니다.

04행 : uid 앞 뒤에 〈h3〉 태그를 추가하여 반환될 HTML 코드를 Java 스트링의 형태로 생성합니다. 생성된 HTML 코드를 Java 변수 res에 저장합니다.

05행 : res를 응답 메시지로 출력합니다. out 변수는 서블릿의 doGet() 함수에서 이용되는 response.getWriter()와 동일한 역할을 수행합니다. out 변수의 선언과 초기화는 _jspService() 함수에서 수행되며, 서블릿 변환 과정에서 이 부분이 추가되므로 JSP 코드에서는 별도의 선언 없이 이용하실 수 있습니다.

06행 : 스크립트릿의 종료 태그입니다.

TIP out과 같이 JSP에서 별도의 선언 없이 사용할 수 있는 미리 정의된 객체를 내장 객체(Implicit Object)라고 하며, 7장에서 설명합니다. out 변수의 선언과 초기화는 [예제 6-2]의 login_jsp.java에서도 설명한 바 있습니다.

3 login2.jsp 실행 : 작성된 login2.jsp를 실행해 봅시다. login.html에서 〈form〉 태그의 action 속성 값을 login2.jsp로 변경합니다. 그리고 크롬에서 login.html을 열고 아이디와 패스워드 창에 'Kim', '111'을 입력한 후 [Login] 버튼을 눌러 실행합니다.

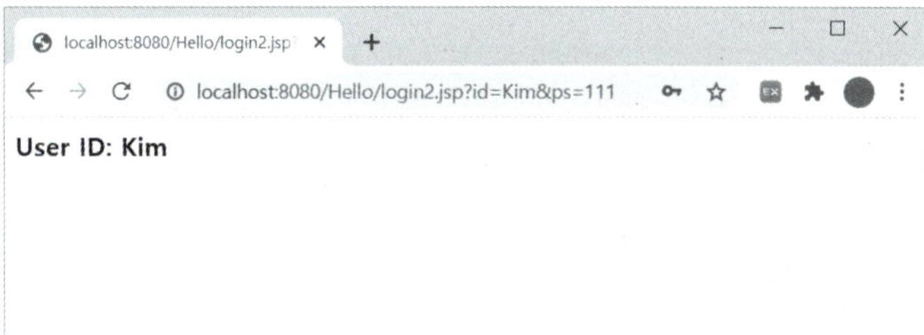

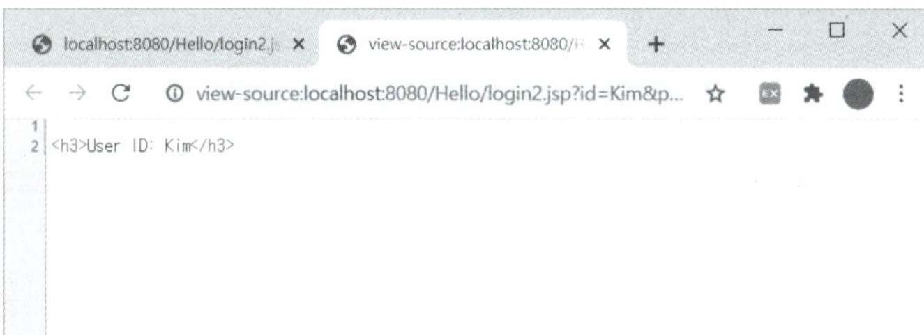

이 화면은 login2.jsp의 실행 결과이며, login.jsp와 동일함을 확인할 수 있습니다. 결과 페이지에서 오른쪽 버튼을 눌러 [페이지 미리보기] 메뉴를 선택하시면, login2.jsp로부터 생성된 HTML 코드의 확인이 가능합니다.

1.1 스크립트릿 변환 규칙

그럼 login2.jsp가 서블릿에서 어떤 형태로 변환되며, [예제 6-3]에서 확인한 것과 같은 HTML 코드가 생성되는지 살펴봅시다. JSP로부터 변환된 서블릿 파일들이 위치한 .metadata\...\jsp 디렉토리로 이동하여 login2_jsp.java 파일을 열어 이클립스에서 확인해 봅시다. login2.jsp로부터 생성된 코드는 _jspService() 함수 내 116행부터 123행에 위치해 있습니다.

다음 코드를 통해 login2.jsp의 원본 코드와 login2.jsp로부터 변환된 서블릿 코드를 행별로 비교해 봅시다.

Hello/login2_jsp.java

```
<html>
<%
    String uid = request.getParameter(
    String res = "<h3>User ID: " + uid +
    out.print(res);
%>
</html>
```

Hello/login2_jsp.java

```
out.write("<html>\r\n");

    String uid = request.getParameter(
    String res = "<h3>User ID: " + uid +
    out.print(res);

out.write("\r\n");
out.write("</html>");
```

두 코드를 보시면 원본 코드와 변환 코드가 거의 1:1로 대응되는 것을 확인할 수 있습니다. login2.jsp에 이용된 JSP 구문은 크게 두 가지로, HTML 태그와 스크립트릿으로 구성되어 있습니다. 이 1:1 대응 관계로부터 각 요소에 대한 변환 규칙을 다음과 같이 유추할 수 있습니다.

- **HTML 태그**

  HTML 태그는 out.write( ) 함수에 텍스트 형태의 인자Parameter로 삽입된 형태로 변환됩니다. 따라서 서블릿 코드가 실행될 때, HTTP 응답 메시지에 텍스트 형태 그대로 출력됨을 알 수 있습니다. '\r\n'은 CR(Carrage Return)과 LF(Line Feed)로 구성된 개행 문자이며, 결과 HTML 코드가 브라우저에서 형식을 갖춰 출력될 수 있도록 톰캣 컨테이너가 추가한 부분입니다. 따라서 이 부분은 변환 규칙을 이해하는데 크게 중요하지는 않습니다.

- **스크립트릿**

  스크립트릿 내에 정의된 코드, 즉 <% ... %> 안에 정의된 코드는 서블릿 변환 시 그대로 삽입됩니다. 따라서 서블릿 코드가 실행될 때, _jspService( ) 함수 내에서 Java 코드의 형태로 실행됩니다.

JSP에서 서블릿으로의 변환 과정에 대해 이해했다면, 다음 문제를 함께 살펴봅시다.

? 다음 JSP 코드는 _jspService( ) 함수에서 어떻게 변환되나요?
('\r\n'등의 개행 문자는 기술하지 않아도 됩니다.)

```
01 <html><h3>
02 User ID:
03 <%
04     String uid = request.getParameter("id");
05     out.print(res);
06 %>
07 </h3></html>
```

스크립트릿

이 문제에 답하기 위해서는 HTML 태그와 스크립트릿에 대한 변환 과정을 기억하고 있어야 합니다. 먼저 1행과 2행, 7행은 HTML 텍스트에 해당하므로, out.write() 함수를 이용해 변환됩니다. 나머지 3행부터 6행까지는 스크립트릿이므로, 〈% ... %〉 내부의 Java 코드를 그대로 서블릿으로 이동합니다. 따라서 _jspService() 내부에 들어갈 변환 코드는 다음과 같습니다. 편의상 개행 문자는 모두 생략하였습니다.

```
out.write("<html><h3>");
out.write("User ID:");

    String uid = request.getParameter("id");
    out.print(uid);

out.write("</h3></html>");
```

? 이 변환 코드를 통해 생성되는 HTML 코드는 어떤 형태인가요? 브라우저에 출력되는 결과는 login2.jsp의 결과와 동일한가요?

서블릿으로부터 생성되는 HTML 코드를 확인하려면, out.write()나 out.print() 함수가 어떤 텍스트를 출력하는지 확인하시면 됩니다. 앞에서 살펴본 _jspService() 함수에 의한 변환 코드에서는 1행과 2행, 5행, 7행에 out 관련 함수가 있으며, 이들을 통해 출력되는 텍스트는 다음과 같이 나열할 수 있습니다.

```
<html><h3>
User ID:
Kim
</h3></html>
```

이 코드는 login2.jsp로부터 출력된 HTML 소스 코드와 비교했을 때, 태그의 내용이나 순서가 동일합니다. 따라서 브라우저로부터 출력되는 결과는 같습니다. 단, 개행 문자나 공백 처리 여부에 따라 두 HTML 코드가 100% 일치하지는 않을 수 있습니다. 그러나 이들은 브라우저의 출력 결과에는 영향을 미치지 않습니다.

2 주석

JSP에서 주석은 <%-- ... --%> 안에 정의하며, HTML 주석의 형태와 유사합니다. 다음은 HTML 주석과 JSP 주석이 서블릿에서 각각 어떤 형태로 변환되는지 테스트하기 위해 작성한 JSP 코드입니다. 스크립트릿 내부의 코드는 login2.jsp와 동일합니다.

Hello/login3.jsp

```
<html>
<!-- HTML comment: print a given user ID -->
<%-- JSP comment: print a given user ID --%>
<%
    String uid = request.getParameter("id");
    String res = "<h3>User ID: " + uid + "</h3>";
    out.print(res);
%>
</html>
```

이클립스로부터 생성된 login3_jsp.java 코드는 다음과 같습니다. 생성된 코드는 _jspService() 함수 내 116행부터 126행에 위치해 있으며, 원본 코드와 변환된 코드를 함께 비교하였습니다.

Hello/login3.jsp

```
<html>
<!-- HTML comment: print a given user
<%-- JSP comment: print a given user
<%
    String uid = request.
      getParameter(
    String res = "<h3>User ID: " +
      uid +
    out.print(res);
%>
</html>
```

Hello/login3_jsp.java

```
out.write("<html>\r\n");
out.write("<!-- HTML comment: print a
out.write('\r'); out.write('\n');

    String uid = request.
      getParameter(
    String res = "<h3>User ID: " +
      uid +
    out.print(res);

out.write("\r\n");
out.write("<\html>");
```

역시 주석에 대해서도 원본 코드와 변환 코드 간에 1:1 대응 관계가 성립함을 알 수 있습니다. 2행의 HTML 주석은 일반 HTML 태그의 변환과 동일하게 적용됩니다. 이에 반해, 3행의 JSP 주석은 개행 문자로 대체되며 변환 코드에서 주석 내용이 무엇인지 알기 어려워집니다. 따라서 보안 측면에서 JSP 주석이 HTML 주석보다 우수하다는 것을 알 수 있습니다.

3 지시어

지시어Directive는 이미 여러분이 본 적이 있습니다. 이클립스에서 JSP 파일을 생성하면, 기본적으로 1~2행에 [그림 6-1]과 같이 **<%@ page ...** 로 시작하는 구문을 보신 적이 있으실 겁니다. 지시어는 <%@ ... %>의 형식으로 정의되며, JSP 페이지를 처리하기 위해 필요한 부가적인 정보를 정의하는데 이용됩니다. 여기서 '@' 문자는 어노테이션Annotation, 즉 주석이나 부가 정보를 의미합니다. JSP에서 제공하는 지시어 종류는 [표 6-3]과 같습니다.

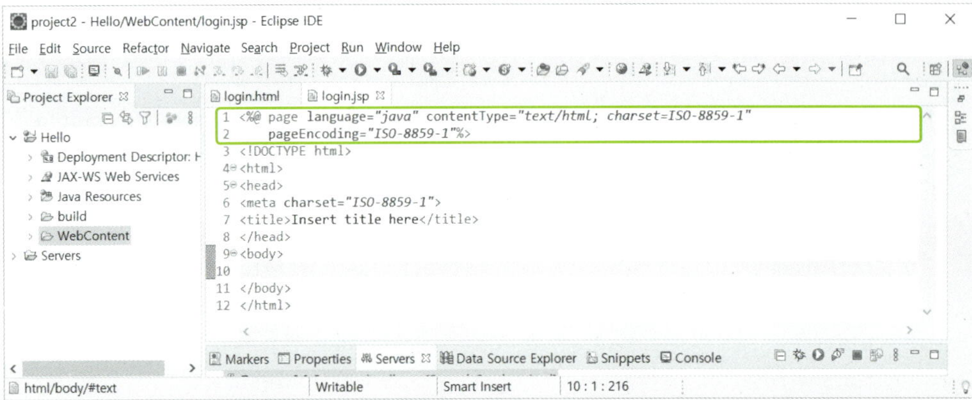

그림 6-2 JSP 지시어의 위치

표 6-3 JSP 지시어

지시어	형식	설명
page	〈% page … %〉	JSP 페이지 처리 방법을 정의합니다.
include	〈% include … %〉	JSP 페이지에 다른 문서를 포함시킵니다.
taglib	〈% taglib … %〉	JSP 페이지에서 이용될 태그 라이브러리를 설정합니다.

이번 절에서는 page와 include 지시어에 대해 소개합니다. 이 책에서는 JSTLJSP Standard Tag Library에 대해 다루지 않기 때문에 taglib 지시어에 대한 설명은 생략합니다.

3.1 Page 지시어

Page 지시어는 JSP 페이지를 처리하고 실행하는데 필요한 속성들을 정의합니다. 예를 들어, JSP 페이지가 생성하는 문서의 종류, HTTP 요청과 응답 처리에 필요한 인코딩 방식, 사용할 자바 클래스, 세션 사용 여부, 오류 페이지 설정 등, JSP 컨테이너가 JSP 페이지를 실행하는데 필요한 정보를 설정하는데 이용됩니다. Page 지시어에 정의될 수 있는 속성들은 [표 6-4]와 같으며, 이 중 상위 4개의 속성이 자주 이용됩니다.

표 6-4 Page 지시어

속성	설명	기본값
language	JSP 페이지에서 이용될 프로그래밍 언어를 설정합니다.	Java
contentType	JSP가 생성할 문서의 종류(MIME type) 및 인코딩 정보를 설정합니다.	text/html
pageEncoding	현재 JSP 페이지의 처리 및 HTTP 요청 처리에 이용되는 인코딩 정보를 설정합니다.	ISO-8859-1
import	JSP에서 이용될 Java 클래스를 설정합니다.	-
session	세션 기능 사용 여부를 설정합니다.	true
buffer	JSP에 의해 생성될 문서를 저장하기 위한 출력 버퍼의 크기를 설정합니다.	8KB
autoFlush	출력 버퍼가 찼을 경우, 버퍼의 내용을 클라이언트로 전송할지, 아니면 예외를 발생시키고 실행을 중단할지 설정합니다.	true
isThreadSafe	멀티스레드 허용 여부를 설정합니다.	True
errorPage	페이지 처리 도중 오류가 발생했을 때 보여줄 오류 페이지를 지정합니다.	-

Page 지시어가 서블릿 변환 시 어떻게 처리되는지 확인하기 위해, login4.jsp와 같이 content Type 속성을 text/html로 정의하였습니다. 이는 출력 텍스트가 기본적으로 HTML 문서임을 지정하며, 이 경우 브라우저는 전달된 텍스트가 〈html〉의 〈body〉 태그 내에 있는 것으로 간주합니다. 따라서 login4.jsp에서는 〈html〉 코드를 삭제하였습니다. 스크립트릿 내부의 코드는 login2.jsp와 동일합니다.

```
<%@ page contentType="text/html" %>
<%
    String uid = request.getParameter("id");
    String res = "<h3>User ID: " + uid + "</h3>";
    out.print(res);
%>
```

이클립스를 통해 생성된 login4_jsp.java 코드 중 _jspService() 함수 내에 위치한 변환 코드는 다음과 같습니다. 원본 코드와 변환된 코드를 함께 비교하였습니다.

login4.jsp

```
<%@ page contentType="text/html" %>
<%
    String uid = request.getParameter(
    String res = "<h3>User ID: " + uid +
    out.print(res);
%>
```

login4_jsp.java

```
out.write('\r'); out.write('\n');

    String uid = request.getParameter(
    String res = "<h3>User ID: " + uid +
    out.print(res);
```

비교를 통해 알 수 있는 점은 Page 지시어가 개행 문자로 변환된다는 점입니다. 따라서 실행 결과에는 영향을 미치지 않게끔 변환되는 것을 알 수 있습니다.

실행 결과를 보기 위해, login.html에서 login4.jsp가 호출되도록 수정한 후 실행해 봅시다. 그리고 결과 페이지에서 오른쪽 버튼을 눌러 [페이지 소스 보기]를 선택해 login4.jsp로부터 생성된 HTML 코드를 살펴봅시다.

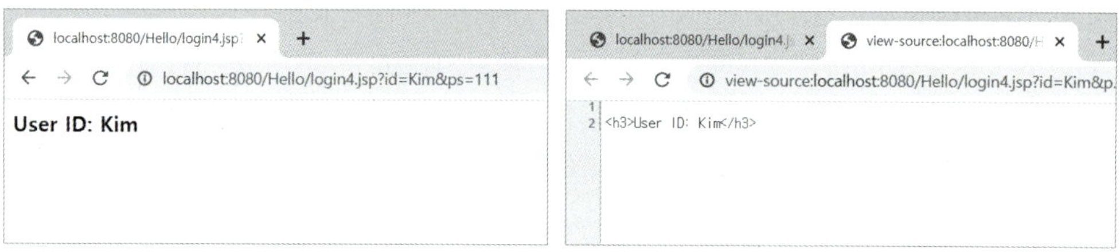

그림 6-3 login4.jsp의 실행결과와 페이지 소스

오른쪽 화면에서 생성된 코드를 보시면 〈html〉 태그가 빠져 있는 것을 보실 수 있습니다. 그럼에도 불구하고 왼쪽 결과 화면에서는 HTML 서식이 적용된 페이지로 정상적으로 출력되고 있습니다. 이는 Page 지시어를 통해 content Type 속성을 text/html로 정의함으로써, HTTP 응답 메시지의 바디 내용이 HTML 형식임을 알려주었기 때문입니다.

3.2 Page 지시어를 이용한 한글 처리

Page 지시어를 이용하여 한글 페이지를 생성하고 출력하는 방법을 알아봅시다. 로그인 페이지인 login.html에서 아이디와 패스워드에 각각 '홍길동', '111'을 입력한 후 로그인 버튼을 눌러 JSP 페이지를 호출해 봅시다.

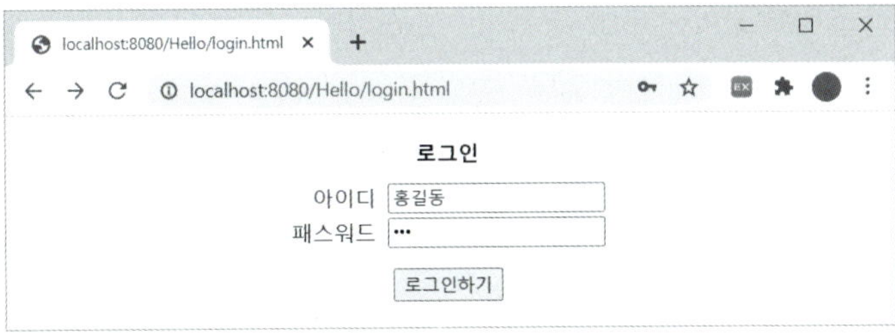

그림 6-4 login.html

실행 결과, [그림 6-5]와 같이 입력한 한글 값이 깨지는 현상을 발견할 수 있습니다.

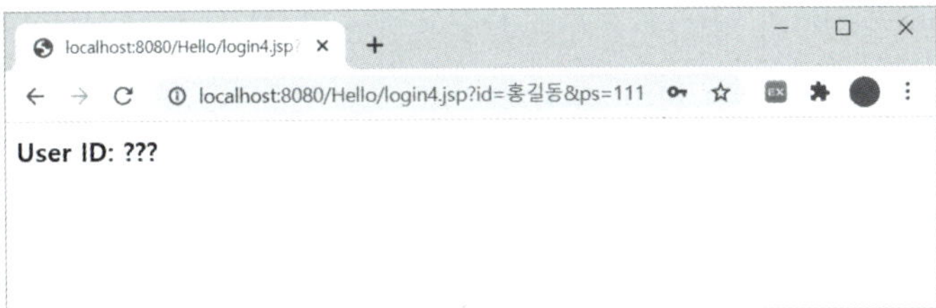

그림 6-5 login4.jsp 실행 시 한글 깨짐 현상

결과 페이지에서 눈여겨 볼 부분은 크롬의 URL 창에서는 '홍길동'이 정상적으로 출력된다는 점입니다. 이는 HTTP 요청 메시지는 정상적으로 전달됨을 의미하며, JSP 부분에서 한글 처리와 관련한 추가 작업이 필요함을 알 수 있습니다.

문제 해결을 위해, login4.jsp에서 1행의 page 지시자에 다음과 같이 pageEncoding 속성 값을 추가합니다. 그리고 4행의 영문 텍스트인 'User ID' 역시 '사용자 아이디'로 수정한 후, 실행해 봅시다.

Hello/login4.jsp

```
01  <%@ page contentType="text/html" pageEncoding="utf-8" %>
02  <%
03      String uid = request.getParameter("id");
04      String res = "<h3>사용자 아이디: " + uid + "</h3>";
05      out.print(res);
06  %>
```

실행 결과, [그림 6-6]과 같이 한글 입력 값이 원활히 출력되는 것을 확인하실 수 있습니다.

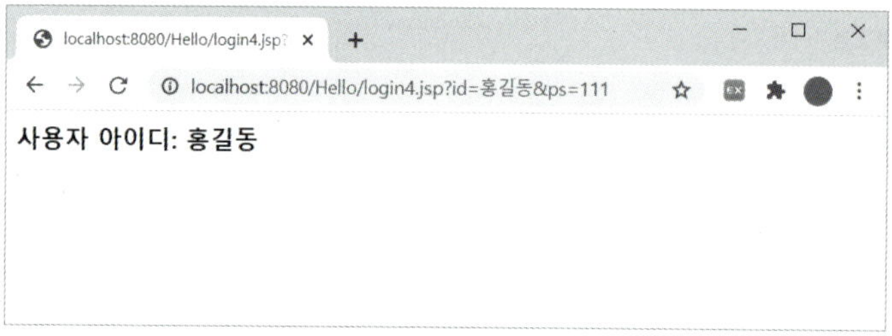

그림 6-6 원활하게 출력된 한글

일부 브라우저의 경우 버전에 따라 '사용자 아이디' 부분의 한글이 깨질 수 있습니다. 이 경우, page 지시어의 contentType 속성 값을 text/html;charset=utf-8로 변경하면 문제가 해결될 수 있습니다. 이는 출력 페이지의 형식이 HTML임을 의미하는 동시에, 적용될 문자 집합이 UTF-8 형식임을 함께 지정하기 위한 문구입니다.

다음으로, login.html의 method 속성 값을 post로 변경해 봅시다. 크롬에서 F5를 눌러 로그인 페이지를 업데이트한 후, 사용자 아이디와 패스워드에 '홍길동', '111'을 입력합니다. 그리고 로그인 버튼을 클릭하여 실행해 보세요. [그림 6-7]과 같이 다시 한글이 깨지는 것을 발견할 수 있습니다.

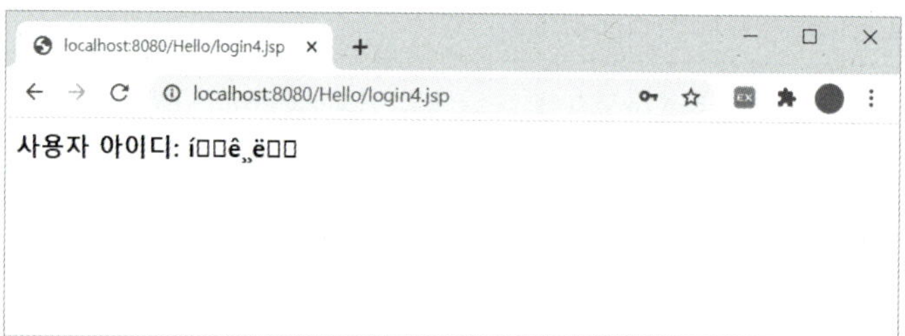

그림 6-7 post방식에서의 인코딩 처리

즉 pageEncoding 속성은 GET 방식에만 적용됩니다. 그럼 POST 방식을 이용할 때 한글을 제대로 처리하려면 어떻게 해야 할까요?

이를 위해 login4.jsp의 코드 상단에 request.setCharacterEncoding() 함수를 다음과 같이

추가합니다. 함수의 파라미터에는 한글 처리를 위한 문자 집합을 지정하기 위해 utf-8을 입력합니다. JSP 코드를 수정한 후 다시 실행해 보면 한글이 정상적으로 출력되는 것을 확인할 수 있습니다.

Hello/login4.jsp

```
<%@ page contentType="text/html" pageEncoding="utf-8" %>
<%
    request.setCharacterEncoding("utf-8");
    String uid = request.getParameter("id");
    ...
%>
```

지금까지의 내용을 정리하는 차원에서 다음 질문에 답해 봅시다.

GET 방식과 POST 방식 모두에서 한글을 정상적으로 출력하기 위해 필요한 설정은 무엇인가요?

GET 방식에서 한글을 정상적으로 출력하려면 page 지시어의 pageEncoding 속성 값을 utf-8로 정의해야 합니다. 그리고 POST 방식에서 한글을 출력하려면 request.setCharacterEncoding("utf-8") 함수의 정의가 필요합니다. 따라서 GET과 POST 방식 모두에서 한글이 정상적으로 출력되게 하려면, 두 가지 설정이 모두 정의되어야 합니다. [예제 6-4]에서는 설명을 단순화하기 위해 login.html에서 GET 방식을 쓰는 것으로 가정하겠습니다.

3.3 Page 지시어의 import 속성

Page 지시어의 import 속성은 JSP 페이지에서 사용할 Java 클래스를 정의하는데 이용됩니다. 따라서 JSP에서 데이터베이스로 연결하거나, Util 패키지의 클래스를 이용하여 프로그래밍을 하고자 할 때 import 속성은 필수적으로 이용됩니다.

실습을 통해 import 속성의 사용 방법을 알아봅시다. 다음의 예제는 로그인 시, 사용자 아이디와 로그인 시간을 함께 알려주기 위한 구현 코드를 포함하고 있습니다.

예제 6-4 **로그인 시간 출력**

1 login4.jsp 수정 : login4.jsp의 2행과 6행에 로그인 시간을 출력하기 위해 다음과 같이 수정합니다.

Hello/login4.jsp

```
01 <%@ page contentType="text/html" pageEncoding="utf-8" %>
02 <%@ page import="java.util.Date" %>
03 <%
04     String uid = request.getParameter("id");
05     String res = "<h3>사용자 아이디: " + uid + "</h3>";
06     res += "<br>로그인 시간: " + (new Date()).toString();
07     out.print(res);
08 %>
```

02행 : page 지시자의 import 속성 값을 java.util.Date로 지정합니다. 이를 통해 JSP에서 Date 클래스의 멤버 함수를 이용할 수 있게 됩니다.

06행 : new Date()를 통해 Date 클래스의 인스턴스를 생성합니다. Date 인스턴스는 현재 날짜 정보를 가지고 있으며, toString() 함수를 이용하여 스트링 타입으로 변환합니다. 그리고 '로그인 시간: '을 앞에 추가한 형태로 res에 포함시켜, HTML 코드에 추가될 수 있도록 구성하였습니다.

2 login4.jsp 실행 : 수정된 login4.jsp의 실행 결과는 다음과 같습니다.

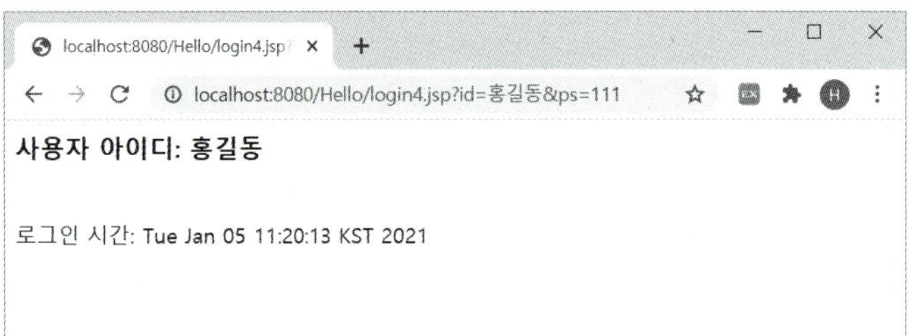

3 login4_jsp.java 확인 : page 지시어의 import 속성에 대한 변환 과정을 살펴보기 위해, login4_jsp.java를 이클립스에서 열어봅시다.

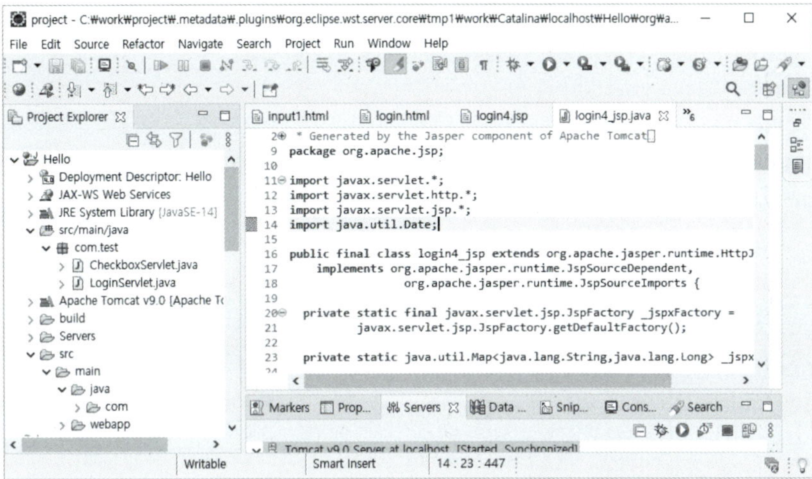

login4_jsp.java의 14행에 보시면 import 속성 값으로 입력했던 java.util.Date 클래스가 Java의 import 구문과 함께 추가된 것을 확인하실 수 있습니다. 이를 통해 login4_ jsp 클래스에서 Date 클래스의 멤버 함수 이용이 가능해집니다. 참고로 _jspService() 함수에서는 **<%@ page import= ... %>** 구문에 대해 개행 문자로 변환됩니다. 따라서 import 속성 정의는 HTML 페이지 생성 결과에는 영향을 미치지 않습니다.

TIP 관련 내용은 이번 장에서 설명한 Page 지시어 부분을 참고해 주세요.

3.4 include 지시어

include 지시어는 기존에 구현된 JSP 코드를 현재 코드에서 재사용하기 위해 복사해 넣고 싶을 때 이용합니다. 예를 들어, 사용자 아이디를 출력하기 위한 login5.jsp와 로그인 시간을 출력하기 위한 loginTime.jsp가 다음과 같이 따로 분리된 파일로 작성되어 있다고 가정해 봅시다.

Hello/login5.jsp

```
<%@ page contentType="text/html" pageEncoding="utf-8" %>
<%
    String uid = request.getParameter("id");
    String res = "<h3>사용자 아이디: " + uid + "</h3>";
    out.print(res);
%>
```

Hello/loginTime.jsp

```
01 <%@ page contentType="text/html" pageEncoding="utf-8" %>
02 <%@ page import="java.util.Date" %>
03 <%
04     String res1 = "<br>로그인 시간: " + (new Date()).toString();
05     out.print(res1);
06 %>
```

이 코드에서 login5.jsp의 출력 내용에 로그인 시간을 추가하고 싶을 땐 어떻게 해야 할까요? 가장 원초적인 방법은 login5.jsp 코드 내부에 loginTime.jsp 코드를 복사해서 붙여 넣으면 됩니다. 하지만 다음 코드와 같이 include 지시어를 이용하면 조금 더 우아한 방법으로 구현이 가능합니다.

Hello/login5.jsp

```
01 <%@ page contentType="text/html" pageEncoding="utf-8" %>
02 <%
03     String uid = request.getParameter("id");
04     String res = "<h3>사용자 아이디: " + uid + "</h3>";
05     out.print(res);
06 %>
07 <%@ include file="loginTime.jsp" %>
```

이와 같이 구현할 경우, login5.jsp의 7행에 loginTime.jsp의 3~6행의 코드를 복사해 놓은 것과 같은 효과가 나타납니다. 실제 login5_jsp.java에서 _jspService() 함수 내의 변환 결과를 살펴보면 loginTime.jsp의 코드가 함께 복사되어 있는 것을 확인하실 수 있습니다.

Hello/login5_jsp.java

```
public void _jspService(final javax.servlet.http.HttpServletRequest
request, final javax.servlet.http.HttpServletResponse response)
...
    String uid = request.getParameter("id");
    String res = "<h3>사용자 아이디: " + uid + "</h3>";
    out.print(res);
```

```
...
String res1 += "<br>로그인 시간: " + (new Date()).toString();
out.print(res1);
...
```

include 지시어를 쓸 때 주의할 점은 무엇인가요? 이유는 무엇인가요?

include 지시어를 쓸 때 주의할 점은 두 파일 간에 이름이 같은 변수가 있어서는 안 된다는 점입니다. 예를 들어 loginTime.jsp의 변수 res1을 res로 변경하면 login5_jsp.java에서 컴파일 에러가 발생합니다. 그 이유는 login5.jsp 코드에서도 쉽게 확인할 수 있듯이, loginTime.jsp 코드가 login5_jsp로 복사되는 과정에서 기존에 login5.jsp에서 정의된 res 변수와 충돌이 발생하기 때문입니다.

4 선언문

JSP에서 선언문은 <%! ... %>로 정의할 수 있으며, 선언문 태그 내에는 함수나 변수의 선언이 가능합니다. 예를 들어 login4.jsp에서 현재 시간을 가져오기 위한 (new Date()).toString() 부분을 getDate()이라는 함수로 만들고, 이를 스크립트릿에서 호출하도록 변경할 수 있습니다. 이때 getDate() 함수는 선언문을 이용해서 다음과 같이 정의됩니다.

Hello/login6.jsp

```
<%@ page contentType="text/html" pageEncoding="utf-8" %>
<%@ page import="java.util.Date" %>
<%!
    String getDate() {
        return (new Date()).toString();
    }
%>
<%
    String uid = request.getParameter("id");
    String res = "<h3>사용자 아이디: " + uid + "</h3>";
```

```
11        res += "<br>로그인 시간: " + getDate();
12        out.print(res);
13    %>
```

03~07행 : JSP이 선언문을 이용하여 getDate() 함수를 정의합니다. getDate() 함수는 (new Date()).toString()을 호출하여 현재 시간을 반환합니다.

11행 : 선언문에 정의된 getDate() 함수를 호출하여 현재 시간을 알아낸 후, 클라이언트로 반환될 HTML 코드에 추가합니다.

실행 결과는 login4.jsp나 login5.jsp와 동일합니다.

그림 6-8 login6.jsp의 실행 결과

선언문은 서블릿으로 어떻게 변환되는지 알아봅시다. 변환 과정을 살펴보기 위해 이클립스로부터 생성된 login6_jsp.java 코드를 열어봅시다. 그리고 코드 내에서 getDate() 함수를 찾아봅시다.

Hello/login6_jsp.java

```
... ...
String getDate() {
    return (new Date()).toString();
}
... ..
```

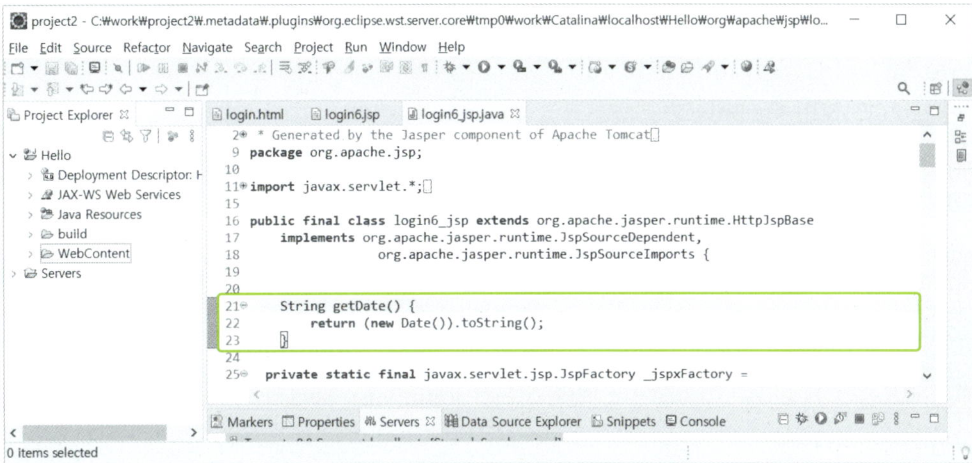

그림 6-9 login6_jsp.java 내의 getDate( ) 함수

getDate( ) 함수를 찾으셨나요? 지금까지의 변환 코드와는 달리 getDate( ) 함수의 구현 코드는 _jspService( ) 함수에 포함되지 않았습니다. 대신 login6_jsp 클래스의 멤버 함수로 정의되어 _jspService( ) 함수에 포함된 구현 코드, 즉 스크립트릿 코드에서 호출 가능하도록 구성되어 있다는 점을 알 수 있습니다. 다시 말해, 선언문 내에 정의되는 코드는 서블릿 클래스의 멤버 함수나 멤버 변수로 변환됩니다.

5 표현식

JSP에서 표현식은 <%= ... %>로 정의할 수 있으며, 표현식 태그 내에는 함수나 변수의 호출이 가능합니다. 예를 들어, 로그인 예제에서 로그인 시간을 반환받아 String 타입의 date 변수에 저장한 후, 표현식을 써서 date에 저장된 시간을 출력하기 위해 다음과 같이 구현할 수 있습니다.

Hello/login7.jsp

```
<%@ page contentType="text/html" pageEncoding="utf-8" %>
<%@ page import="java.util.Date" %>
<%
    String uid = request.getParameter("id");
    String res = "<h3>사용자 아이디: " + uid + "</h3>";
    out.print(res);
```

```
07      String date = (new Date()).toString();
08  %>
09  로그인 시간: <%= date %>
```

07행 : (new Date()).toString()을 호출하여 얻은 현재 시간을 String 타입의 date 변수에 저장합니다.

09행 : 표현식을 이용하여 date에 저장된 값을 출력합니다.

표현식이 서블릿에서 어떻게 변환되는지 살펴봅시다. 다음은 login7.jsp의 원본 코드와 서블릿 변환 코드를 함께 비교하고 있습니다. 변환 코드는 login7_jsp.java의 _jspService() 함수에서 확인 가능합니다.

login7.jsp

```
<%@ page contentType="text/html" page
<%@ page import="java.util.Date" %>
<%
    String uid = request.getParameter
    String res = "<h3>사용자 아이디: " +
    out.print(res);
    String date = (new Date()).toString();
%>
로그인 시간: <%= date %>
```

login7_jsp.java

```
out.write("\r\n");
out.write("\r\n");

    String uid = request.getParameter
    String res = "<h3>사용자 아이디: " +
    out.print(res);
    String date = (new Date()).toString();

out.write("로그인 시간: ");
out.write( date );
```

login7.jsp의 변환에서 중요한 부분은 가장 아래 줄에 있습니다. '로그인 시간: ' 은 일반 HTML 텍스트이므로 out.write( ) 함수의 파라미터에 상수 형태로 입력되며, 실행 시 주어진 텍스트 그대로 출력됩니다. 이에 반해 표현식에 정의된 date의 경우, out.write( ) 함수에 변수의 형태로 입력됩니다. 따라서 실행 시 date에 저장된 값이 출력됩니다.

결과적으로 표현식에 포함된 구현 코드는 out.write( ) 함수에 따옴표Quotation 없이 그대로 입력된 형태로 변환됩니다. 따라서 표현식의 코드가 변수일 경우에는 실행 시 변수에 저장된 값이 출력되며, 함수일 경우에는 주어진 함수를 호출하여 얻은 반환Return 값이 출력됩니다.

요약

01 JSP의 특징

- 서블릿 내의 doGet( ) 함수의 구현 코드가 지나치게 늘어난 경우에 JSP를 이용하면 가독성을 높일 수 있음
- HTML 페이지 내에서 스크립팅 요소(〈%= ... %〉)를 활용해 Java 코드를 호출할 수 있도록 지원
- 파일을 따로 등록하지 않아도 클라이언트에서 바로 호출 가능
- 서블릿에 비해 프로그래밍 측면에서 편리
- HTTP 연결을 세부적으로 제어하고자 할 때는 한계가 있어, JSP와 서블릿은 필요에 따라 함께 이용하는 것이 바람직함

02 Java 코드의 호출 및 처리를 위해 제공되는 스크립팅 요소

종류	문법	설명
스크립트릿(기본)	〈% … %〉	Java 코드 삽입
주석	〈%-- … --%〉	주석 처리
지시자	〈%@ … %〉	페이지 변환 정보
선언문	〈%! … %〉	공통 함수 및 변수 정의
표현식	〈%= … %〉	함수, 변수 값 호출

03 JSP 코드 처리 과정

❶ login.jsp는 서블릿인 login_jsp.java로 변환

❷ login_jsp.java를 컴파일하여, login_jsp.class를 생성

❸ Java 리플렉션 API를 이용하여 login_jsp 클래스 파일을 메모리에 로드

❹ 초기화를 위해 login_jsp 클래스의 jspInit( ) 함수가 호출되고, 클라이언트로부터 요청이 올 때까지 대기

❺ 클라이언트로부터 HTTP 요청이 전달될 경우 _jspService( ) 함수 실행

연습문제

01 프로그래밍 스타일 관점에서 서블릿과 JSP는 어떤 차이점이 있나요?

02 JSP에 비해 서블릿이 지니는 장점은 어떤 것이 있나요?

03 스크립트릿에 정의된 Java 코드는 서블릿으로 변환될 때 어떤 함수에 포함되나요?

04 HTML 주석과 JSP 주석 중 보안 측면에서 어떤 것이 더 유리한가요? 이유는 무엇인가요?

05 다음 중 Page 지시어에 포함되는 속성과 거리가 먼 것은 무엇인가요?

① contentType　　② pageEncoding

③ import　　④ include

06 표현식 〈%= %〉은 서블릿으로 변환될 때 어떤 함수 호출의 형태로 변환되나요?

07 GET 방식을 이용할 때 한글을 정상적으로 출력하기 위해 page 지시어에서 정의되어야 하는 속성의 이름은 무엇인가요?

08 다음 JSP 코드에 대한 서블릿 변환 결과를 작성해 주세요.
(단, _jspService( ) 함수 내에 입력될 JSP 코드에 대한 1:1 대응 부분만 기술하며, 공백이나 '\r\n'등의 개행 문자는 생략해도 좋습니다.)

```
<html><h3>
User ID:
<%
    String uid = request.getParameter("id");
    out.print(res);
%>
</h3></html>
```

09 다음 JSP 코드에 대한 변환 코드를 작성해 주세요.
(단, 공백이나 개행 문자 변환은 생략해도 좋습니다.)

```
<html>
<%
    String uid = request.getParameter("id");
%>
Input ID: <%= uid %>
<html>
```

CHAPTER 07
JSP 내장 객체

학습목표

- 내장 객체의 동작 원리를 이해한다.
- 각 내장 객체의 사용법을 이해한다.

01 내장 객체의 이해

내장 객체란 무엇인가요?

내장 객체Implicit Object란 JSP에 의해 미리 정의된 객체로써, JSP 페이지 내에서 선언 없이 이용할 수 있는 객체를 의미합니다. 이들은 JSP 파일이 서블릿으로 변환되는 과정에서 JSP 컨테이너에 의해 자동으로 추가됩니다. 내장 객체가 어떻게 정의되어 있는지 이전에 실습한 내용을 토대로 확인해봅시다.

[예제 6-2]를 통해 JSP파일이 Java 코드로 변환된 형태를 확인했습니다. 로그인 예제에서 login.jsp로부터 생성된 login_jsp.java의 변환 코드를 살펴봅시다. _jspService() 함수 내 변환 코드는 다음과 같이 구성되어 있습니다.

Hello/login_jsp.java

```
public final class login_jsp extends org.apache.jasper.runtime.HttpJspBase
    ...
    public void _jspService(final javax.servlet.http.HttpServletRequest
    request, final javax.servlet.http.HttpServletResponse response)
        throws java.io.IOException, javax.servlet.ServletException {
        ...
        final javax.servlet.jsp.PageContext pageContext;
        javax.servlet.http.HttpSession session = null;
        final javax.servlet.ServletContext application;
        final javax.servlet.ServletConfig config;
        javax.servlet.jsp.JspWriter out = null;
        final java.lang.Object page = this;
```

_jspService() 함수에서는 결과 페이지 생성에 필요한 기능들을 제공하기 위해, 음영 표시된 다양한 객체들을 제공합니다. 따라서 사용자는 JSP 페이지에서 별도의 선언 없이 이들 객체들을 이용하여 필요한 부분을 구현하게 됩니다. 예를 들어, login.jsp 코드에서 request는 변수 선언 없이 이용되고 있습니다. 그 이유는 변환 후 생성될 _jspService() 함수에서 login_jsp.java와 같이 객체의 생성과 초기화가 이루어지기 때문입니다.

Hello/login.jsp

```
10  <h3>User ID: <%= request.getParameter("id") %></h3>
```

? 내장 객체에는 어떤 종류가 있나요?

따라서 내장 객체는 페이지 생성에 필요한 기능들을 제공하기 위해 login_jsp.java 코드 내의 음영 표시된 부분과 같이 _jspService() 함수에 정의된 객체들로 볼 수 있습니다. 이 중 자주 이용되는 내장 객체의 종류는 [표 7-1]과 같습니다.

표 7-1 JSP 내장 객체

내장객체	타입	설명
request	HttpServletReqeust	HTTP 요청 메시지 정보를 제공합니다. 주로 URL에 포함된 사용자 입력 값을 추출하기 위해 이용됩니다.
response	HttpServletResponse	HTTP 응답 메시지의 연결 정보를 제공합니다. 결과 페이지의 전달이나 리디렉션 등에 이용됩니다.
out	JspWriter	HTTP 응답 메시지 바디에 추가될 결과 페이지 내용을 담고 있는 스트림입니다.
application	ServletContext	웹 어플리케이션의 컨텍스트 정보를 저장합니다. 웹 서비스 실행 시간 동안 유지되어야 하는 정보를 저장하는데 이용됩니다.
session	HttpSession	브라우저와의 연결 정보를 유지하기 위한 세션 정보를 포함합니다. 세션 시간(기본 30분) 동안 유지되어야 하는 정보를 저장하는데 이용됩니다.

결과적으로 내장 객체는 _jspService() 함수 내에 미리 정의된 객체로서, 프로그래밍 측면에서 다음과 같은 특성을 지닙니다.

- 별도의 선언 없이 사용 가능합니다.
- 지정된 값으로만 이용해야 합니다. 즉 변수 이름을 수정하면 안 됩니다.

내장 객체의 기본 원리를 이해했다면 다음의 질문에 답해봅시다.

? JSP의 스크립팅 요소 중 내장 객체를 쓸 수 있는 곳은 어디인가요?

이 질문에 대답하기 위해서는 내장 객체가 _jspService() 안에서 정의된다는 점을 파악하고 계셔야 합니다. 따라서 스크립팅 요소 중 변환 결과가 _jspService() 함수 내에 추가되는 것이 무엇인지 알아야 합니다. JSP의 스크립팅 요소는 스크립트릿, 주석, 지시어, 선언문, 표현식 등 5개였습니다. 이 중 변환 결과가 _jspService() 함수 내에 입력되는 것은 스크립트릿과 표현식이었다는 것을 다시 한 번 기억하기 바랍니다.

다음 절에서는 내장 객체 별로 제공되는 API Application Programming Interface(멤버 함수)와 주요 사용법에 대해 소개합니다. 각 객체가 주로 어떤 용도로 활용되고 구현되는지를 이해하는 것에 중점을 두고 학습하기 바랍니다. API 설명은 참조 용도로만 활용하세요.

02 내장 객체의 종류

1 request 객체

request 객체는 HTTP 요청 메시지의 내용을 참조하기 위한 다양한 멤버 함수를 제공하며, 크게 메시지의 헤더 정보를 얻어오기 위한 함수와 바디 정보를 얻기 위한 함수로 구분됩니다.

request 객체는 주로 어떤 용도로 이용되나요?

request 객체에서 주로 이용되는 부분은 HTTP 요청 메시지의 바디 정보를 참조하기 위한 함수들이며, 서블릿 프로그래밍에서 많이 다루었던 getParameter() 등의 사용자 입력 파라미터 값을 가져오기 위한 함수들이 포함됩니다. [표 7-2]의 함수들의 사용 예는 5장에서 설명한 바 있으므로 생략합니다.

표 7-2 HTTP 요청 메시지의 입력 파라미터 처리 관련 멤버 함수

메소드	반환 유형	설명
getParameter(String name)	String	HTTP 요청 파라미터 리스트에서 이름이 name인 파라미터의 값을 반환합니다.
getParameterValues (String name)	String[ ]	파라미터 리스트에서 이름이 name인 파라미터가 여러 개일 경우, 해당 파라미터들의 값을 배열 형태로 반환합니다.
getParameterNames( )	java.util.Enumeration	파라미터 리스트에서 이름에 해당하는 부분만 Enumeration 형식으로 반환합니다.
getParameterMap( )	Java.util.Map	전체 파라미터 리스트를 Map 객체 형식으로 반환합니다.

이외에도 HTTP 요청 메시지의 헤더 정보를 참조하기 위해 [표 7-3]에서 소개하는 함수들을 이용할 수 있습니다.

표 7-3 HTTP 요청 메시지 헤더 관련 멤버 함수

메소드	반환 유형	설명
getHeader(String name)	String	HTTP 요청 메시지 헤더에서 이름이 name인 속성 값을 반환합니다.
getHeaderNames( )	java.util.Enumeration	HTTP 요청 메시지 헤더에 포함된 모든 속성의 이름을 가져옵니다.
getCookies( )	javax.servlet.http.Cookie	모든 쿠키 값을 가져옵니다.

예를 들어, HTTP 요청 메시지의 헤더에 포함된 모든 속성들의 이름과 값을 출력하기 위해, getHeaderNames( ) 함수와 getHeader( ) 함수를 다음과 같은 형태로 이용할 수 있습니다.

Hello/getHttpHeaders.jsp

```
01 <%@ page contentType="text/html" pageEncoding="utf-8" %>
02 <%@ page import="java.util.Enumeration" %>
03 <%
04     Enumeration<String> en = request.getHeaderNames();
05     while (en.hasMoreElements()) {
06         String name = (String) en.nextElement();
07         String value = request.getHeader(name);
08         out.print(name + ": " + value + "<br>");
09     }
10 %>
```

01행 : page 지시어로 JSP 페이지를 어떻게 처리할지 정의합니다. contentType 속성 값을 text/html로 정의하여, JSP로부터 생성되는 결과 코드가 HTML 파일임을 나타냅니다. 또한 JSP 페이지에서 한글을 포함한 다국어를 처리할 수 있도록 pageEncoding 속성 값을 utf-8로 정의하였습니다.

02행 : page 지시어의 import 속성을 이용해 java.util.Enumeration 클래스를 이용할 수 있도록 선언합니다.

04행 : request 객체의 getHeaderNames( ) 함수를 이용하여 HTTP 요청 메시지의 헤더에 포함된 모든 속성들의 이름을 가져옵니다. 그리고 Enumeration〈String〉 타입의 변수 en에 저장합니다. Enumeration은 리스트 자료구조와 유사한 방식으로 동작합니다.

05행 : en.hasMoreElements( ) 함수는 en에 처리해야 할 요소가 남아있는 경우 true를 반환합니다. 이 경우 while 루프가 수행됩니다.

06행 : en.nextElements( ) 함수는 en에서 처리되지 않은 첫 번째 요소를 반환합니다. 내부적으로는 인덱스를 증가시켜 반환된 요소가 처리되었음을 나타냅니다. 반환된 요소는 name 변수에 저장됩니다.

07행 : request 객체의 getHeader( ) 함수를 이용해 입력 파라미터로 주어진 name 값에 해당되는 속성 값을 추출합니다. 추출된 값은 value 변수에 저장됩니다.

08행 : 추출된 name과 value 값을 출력합니다.

다음은 코드의 실행 결과입니다. 4장에서 크롬의 디버깅 모드를 통해 살펴봤던 HTTP 요청 메시지의 헤더 구성과 동일한 내용임을 확인하실 수 있습니다.

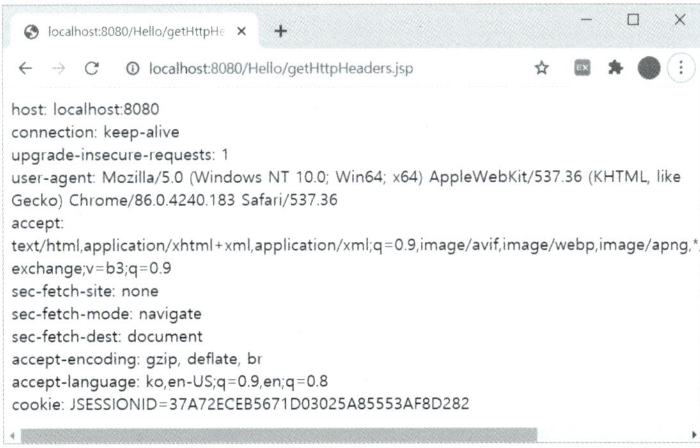

그림 7-1 request 객체를 출력하는 getHttpHeaders.jsp

2 response 객체

response 객체는 HTTP 응답 메시지를 구성하기 위한 다양한 멤버 함수를 제공하며, 주로 메시지의 헤더 정보를 얻어오거나 설정하기 위한 함수를 포함합니다. 단, 메시지의 바디 정보에 들어갈 내용을 추가하기 위한 함수는 제공되지 않습니다. 해당 함수는 다음 절에서 설명할 out 내장 객체에서 제공한다는 사실을 기억해 두세요.

[표 7-4]는 response 객체가 응답 메시지의 헤더 설정을 위해 제공하는 주요 멤버 함수를 정리한 것입니다. 각각의 헤더 정보가 어떤 역할을 하는지 기억나지 않을 경우, 4장의 HTTP 부분을 참조해 주세요.

표 7-4 HTTP 응답 메시지 헤더 관련 멤버 함수

메소드	반환 유형	설명
setContentType(String type)	void	HTTP 응답을 통해 반환될 페이지의 유형을 나타내는 MIME 타입을 설정합니다.
setCharacterEncoding (String charset)	void	반환될 페이지의 문자 인코딩 방식을 지정합니다.
setStatus(int code)	void	HTTP 응답 코드를 설정합니다.
setHeader (String name, String value)	void	이름이 name인 헤더 속성에 문자열 값 value를 설정합니다.
setHeader (String name, int value)	void	이름이 name인 헤더 속성에 정수 값 value를 설정합니다.
addCookie(Cookie cookie)	void	HTTP 응답에 쿠키 정보를 추가합니다.
sendRedirect(String url)	void	지정된 url로 강제 이동합니다.

response 객체는 주로 어떤 용도로 이용되나요?

response 객체는 주로 특정 조건에서 다른 페이지로 강제 이동시키기 위한 리디렉션Redirection 구현을 위해 많이 이용됩니다. 예를 들어, 특정 날짜에 시스템 업그레이드를 수행해야 한다고 가정해 봅시다. 이 경우 해당 날짜가 되면 시스템 사용을 허용하지 않기 위해, 로그인 화면에서 로그인 페이지를 띄우지 않고, 시스템 정기 점검 페이지로 이동하도록 구현할 수 있습니다.

이러한 페이지 강제 이동은 response 객체의 sendRedirect() 함수를 이용하여 login.jsp와 같이 구현될 수 있습니다. 다음 코드는 매월 12일이 되면 시스템 정기 점검을 알리는 페이지인 underCheck.jsp로 이동하도록 구현되었습니다.

Hello/login.jsp

```
01 <%@ page contentType="text/html" pageEncoding="utf-8" %>
02 <%@ page import="java.util.Date" %>
03 <%@ page import="java.text.SimpleDateFormat" %>
04 <%
05     Date now = new Date();
06     SimpleDateFormat df = new SimpleDateFormat("yyyy-MM-dd");
07     String date = df.format(now);
08 
09     if (date.endsWith("12")) {
10         response.sendRedirect("underCheck.jsp");
11         return;
12     }
13 
14     String uid = request.getParameter("id");
15     String res = "<h3>사용자 아이디: " + uid + "</h3>";
16     res += "<br>로그인 시간: " + now.toString();
17     out.print(res);
18 %>
```

대문자 MM을 사용함에 유의하세요. 소문자 mm은 분(minute)을 의미합니다.

01행 : page 지시어로 JSP 페이지를 어떻게 처리할지 정의합니다. contentType 속성 값을 text/html로 정의하여, JSP로부터 생성되는 결과 코드가 HTML 파일임을 나타냅니다. 또한 JSP 페이지에서 한글을 포함한 다국어를 처리할 수 있도록 pageEncoding 속성 값을 utf-8로 정의하였습니다.

02행 : page 지시어의 import 속성을 이용해 java.util.Date 클래스를 이용할 수 있도록 선언합니다.

03행 : 역시 import 속성을 이용해 java.text.SimpleDateFormat 클래스를 이용할 수 있도록 선언합니다.

05행 : Date의 now() 함수를 이용하여, 날짜를 포함한 현재 시간 정보를 가져옵니다.

06행 : 날짜의 형식을 'yyyy-MM-dd'로 변환하기 위한 SimpleDateFormat 클래스의 인스턴스를 생성합니다.

07행 : SimpleDateFormat 클래스의 format() 함수를 이용하여 now에 저장된 현재 시간을 'yyyy-MM-dd'의 날짜 형식으로 변환한 후, String 타입의 date 변수에 저장합니다.

09행 : date 변수의 날짜가 12로 끝나는지 체크합니다.

10~11행 : 날짜가 12로 끝날 경우, response 내장 객체의 sendRedirect() 함수를 이용하여, underCheck.jsp로 이동한 후 실행을 종료합니다.

14~17행 : 입력된 사용자 아이디와 현재 시간을 로그인 시간으로 출력합니다. 9행의 조건이 만족되지 않을 경우에 한해 실행됩니다.

underCheck.jsp의 구현 코드는 간단합니다. 다음과 같이 단순히 매월 12일이 시스템 점검일임을 알리는 텍스트를 출력합니다.

Hello/underCheck.jsp

```
<%@ page contentType="text/html" pageEncoding="utf-8" %>
<%
    String res = "<h3>매월 12일은 시스템 점검일니다.</h3>";
    res += "<br>12일 이후 다시 이용해주세요.";
    out.print(res);
%>
```

underCheck.jsp 코드의 확인을 위해 login.html의 〈form〉 태그의 action 속성 값을 login.jsp로 변경합니다. 그리고 아이디와 패스워드 입력 창에 임의의 값을 입력한 후 [로그인하기] 버튼을 눌러 실행합니다. 만약 실행 시 날짜가 12일일 경우에는 다음과 같이 underCheck.jsp가 실행되는 것을 볼 수 있습니다. 그렇지 않은 경우에는 사용자 아이디와 로그인 시간이 정상 출력됩니다.

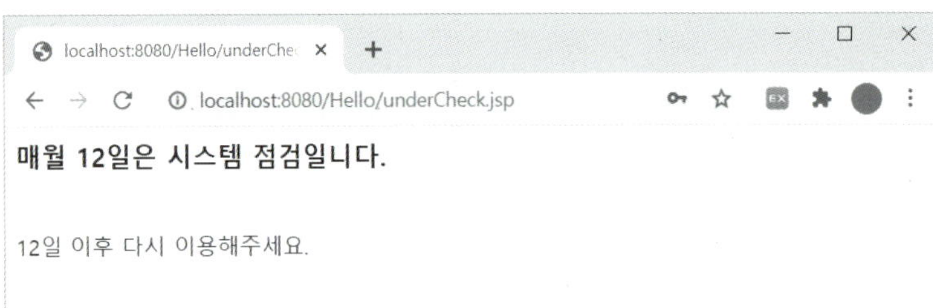

그림 7-2 특정 날짜에서의 이벤트 처리

3 out 객체

out 내장 객체는 JSP 페이지에서 생성한 결과 코드를 저장하고 전송하기 위한 출력 스트림 Output Stream을 제공합니다. out 객체의 print()나 write() 함수를 이용하면, JSP에서 생성한 결과를 HTTP 응답 메시지의 바디 부분에 추가하여 클라이언트로 전송시킬 수 있습니다. 이 외에도 out 객체는 [표 7-5]와 같은 멤버 함수를 제공합니다.

표 7-5 out 내장 객체 관련 멤버 함수

메소드	반환 유형	설명
print(String str)	void	주어진 str 값을 HTTP 응답 메시지의 바디 부분에 추가합니다.
getBufferSize()	int	출력 버퍼에서 현재 할당된 크기를 가져옵니다.
getRemaining()	int	출력 버퍼에서 현재 가용한 크기를 가져옵니다.
clearBuffer()	void	출력 버퍼의 내용을 비웁니다.
flush()	void	출력 버퍼의 내용을 브라우저로 전송합니다.
isAutoFlush()	Boolean	page 지시어를 통해 설정된 autoFlush 필드 값을 가져옵니다.

JSP의 스크립팅 요소 중 out.write()로 변환되는 요소는 무엇인가요?

JSP에서 데이터를 출력할 수 있는 두 가지 방법이 있습니다. 첫째는 out 내장 객체를 이용하는 방법이며, 둘째는 표현식Expression을 이용하는 방법입니다. 이 중 표현식의 경우, 서블릿으로 변환 과정에서 내부적으로 out.write()로 변환되기 때문에 동일한 결과를 얻게 됩니다.

다음 코드는 JSP에서 데이터를 출력하기 위한 두 방법을 비교한 것입니다. 물론 두 코드의 출력 결과는 동일하겠죠?

```
<%
    String uid = request.getParameter(
    String res = "<h3>User ID: " + uid +
    out.print(res);
%>
```

```
<%
    String uid = request.getParameter(
    String res = "<h3>User ID: " + uid +
%>
<%= res %>  // out.print(res);
```

4 application 객체

application 객체는 서비스의 실행 기간 동안 유지될 필요가 있는 속성 값을 설정하거나 가져오기 위해 이용하며, [표 7-6]에서 소개하는 멤버 함수를 제공합니다.

표 7-6 application 내장 객체 관련 멤버 함수

메소드	반환 유형	설명
setAttribute (String name, Object value)	void	name 속성의 값을 value로 지정합니다.
getAttribute(String name)	Object	name 속성 값을 가져옵니다.
removeAttribute(String name)	void	name 속성 값을 삭제합니다.
getAttributeNames( )	java.util.Enumeration	모든 name 속성 이름을 가져옵니다.
getRealPath(String url)	String	주어진 url에 대한 실제 시스템(개발 컴퓨터) 상의 절대 경로를 가져옵니다.

이 함수 중 상위 4개의 함수는 서비스 실행 기간 동안 유지될 필요가 있는 이름-값 쌍(Name-value pair) 형태의 속성들을 정의하고 관리하기 위한 함수이며, 내부적으로 HashMap을 이용해 관리됩니다. 그리고 getRealPath( ) 함수는 업로드된 파일이나 이미지를 저장하고자 할 때, 서버가 동작하는 시스템의 절대 경로를 알아내기 위해 주로 이용됩니다.

application 객체의 활용 예로 방문자 수를 카운트하는 코드를 살펴봅시다.

Hello/visitCount.jsp

```
<%@ page contentType="text/html" pageEncoding="utf-8" %>
<%
    String strcnt = (String) application.getAttribute("counter");
    int count = (strcnt == null) ? 0 : Integer.valueOf(strcnt);
    out.print("방문자수: " + count);
    application.setAttribute("counter", String.valueOf(++count));
%>
```

03행 : application 객체의 getAttribute() 함수를 이용하여 이름이 'counter'인 속성 값을 가져옵니다. getAttribute() 함수는 Object 형태로 값을 반환하므로, 이를 String 형태로 변환하여 strcnt 변수에 저장합니다.

04행 : 처음 실행할 경우 strcnt에는 null이 저장됩니다. 따라서 null일 경우에는 숫자로 변환할 수 없으므로, 이 경우 count에 0을 따로 지정해 줘야 합니다. 이외의 경우에는 Integer.valueOf() 함수를 이용하여 String 형태의 카운트 값을 정수로 변환한 값을 count로 지정합니다.

05행 : count 값을 이용해 방문자 수를 출력합니다.

06행 : count 값을 증가시킨 후, String.valueOf() 함수를 이용하여 String 타입으로 변환합니다. 그리고 application.setAttribute() 함수를 이용하여 'counter'의 속성 값으로 저장합니다.

visitCount.jsp의 실행 결과는 다음과 같습니다.

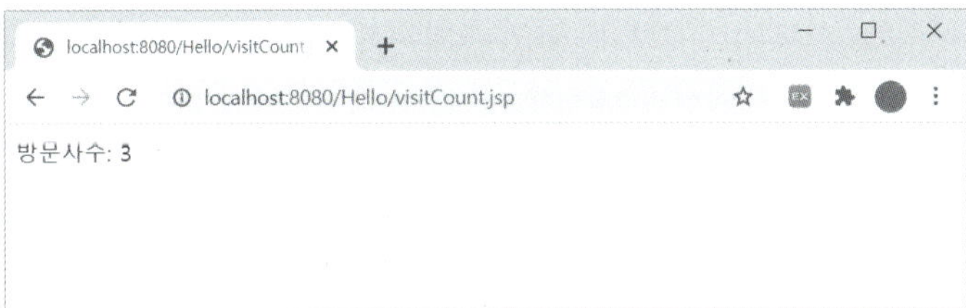

그림 7-3 application 객체를 이용하여 방문자 수 세기

화면에서 F5를 눌러 페이지를 업데이트하면 방문자 수가 증가합니다. 방문자 수는 서버가 실행되는 동안에만 유지됩니다. 서버를 멈춘 후 다시 실행하면 방문자 수는 0으로 리셋됩니다. 이는 어플리케이션이 서버에 실행되는 기간에 한해 값이 유지된다는 점을 의미합니다. 따라서 방문자 수 카운트를 서버의 실행 시간에 구애받지 않고 계속 유지시키려면 데이터베이스의 도움이 필요합니다. 데이터베이스 관련 내용은 다음 장에서 소개합니다.

5 session 객체

HTTP 프로토콜은 비연결형Connectionless 방식으로 동작합니다. 이는 연속된 HTTP 요청과 응답 메시지 간에 정보가 공유되지 않음을 의미합니다. 예를 들어, 사용자가 로그인 후 메인 화면에 진입한다고 가정해 봅시다. 이 경우 로그인을 위한 HTTP 메시지와 메인 화면에 진입하기 위한 HTTP 메시지가 연속적으로 발생됩니다. 이 때 로그인을 위해 사용자가 입력한 파라미터 값은 첫 번째 HTTP 요청 메시지의 URL에만 포함되며, 메인 화면에 진입하기 위한 두 번째 HTTP 요청 메시지에는 해당 파라미터 값이 포함되지 않습니다.

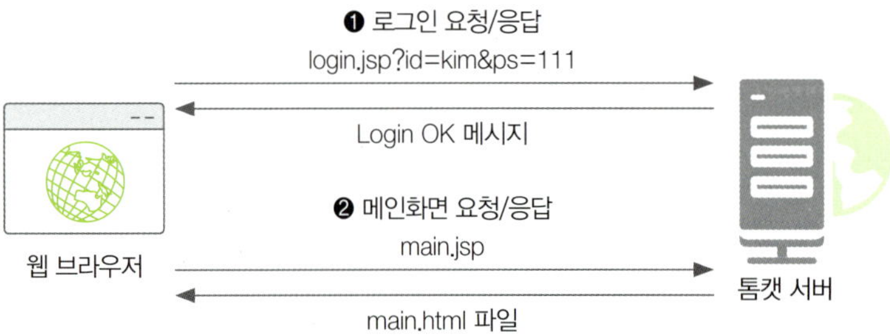

그림 7-4 로그인 후 메인화면 진입 과정

문제는 두 번째 HTTP 요청 메시지에는 로그인 파라미터 값이 포함되지 않았기 때문에, 해당 요청이 적법한 사용자로부터 온 것인지 서버 측에서 판단하기 어려워진다는 점입니다. 즉 HTTP 메시지만으로는 문제 해결이 어렵습니다.

세션Session은 이러한 문제를 해결하기 위해 서버에서 데이터를 유지하기 위한 기능을 제공합니다. 즉, HTTP 요청 메시지로부터 전달된 파라미터 값을 서버에 저장할 수 있도록 지원함으로써 이와 같은 문제를 해결할 수 있도록 돕고자 하였습니다.

지금까지 학습한 내용을 바탕으로 다음과 같은 의문이 생길 수 있습니다.

application 내장 객체를 이용해서 로그인 문제를 해결할 수는 없나요?

application 객체 역시 서버에 데이터를 유지하기 위한 기능을 제공하므로 로그인 구현에 이용될 수 있습니다. 그러나 application 객체는 응용 서비스 별로 데이터를 공용 공간에 함께 저장합니다. 즉, 각각 다른 클라이언트라도 같은 서비스를 이용하면 공용 공간에 저장합니다. 따라서 application을 이용할 경우, 로그인 정보를 클라이언트 별로 분리시켜 따로 저장하기 위한 구현이 추가적으로 필요합니다.

그리고 application 객체는 서버가 수행되는 기간 동안 데이터가 계속 유지됩니다. 따라서 로그아웃 기능을 제공하고자 할 때 별도의 구현이 추가되어야 합니다. 특히 일정 시간 이후에 수행되는 자동 로그아웃 기능을 제공하려면 구현이 상당히 복잡해질 수 있습니다.

이러한 점을 개선하기 위해 세션은 다음과 같은 기능을 제공합니다.

- 클라이언트별로 데이터를 별도의 공간에 저장합니다.
- 데이터 유지 시간을 별도로 지정할 수 있습니다.

클라이언트 단위의 기준은 IP 주소와 Agent 타입의 조합이 됩니다. Agent 타입은 쉽게 말하면 브라우저 종류입니다. 예를 들어, 같은 컴퓨터에서 크롬, 사파리, 오페라를 설치하여 이용할 경우, 3개의 다른 클라이언트가 구동되는 것과 같은 효과가 나타납니다.

JSP에서는 세션 기능을 지원하기 위해 session 내장 객체를 제공합니다. session 객체는 표 7-7]과 같은 멤버 함수를 제공합니다.

표 7-7 session 내장 객체 멤버 함수

메소드	반환 유형	설명
setAttribute(String name, Object value)	void	name 속성의 값을 value로 지정합니다.
getAttribute(String name)	Object	name 속성 값을 가져옵니다.
removeAttribute(String name)	void	name 속성 값을 삭제합니다.
getAttributeNames()	java.util.Enumeration	모든 name 속성 이름을 가져옵니다.
setMaxInactiveInterval(int sec)	void	세션 유지 시간을 초 단위로 설정합니다.
invalidate()	void	세션 정보를 삭제합니다.

이 표에서 상위 4개의 함수는 application 객체에서 제공되는 함수와 동일한 방법으로 이용됩니다. application에서는 내부적으로 서비스 별로 하나의 HashMap을 이용하여 속성들을 관리하는 반면, session에서는 클라이언트 별로 HashMap을 유지합니다. 이외에 setMaxInactiveInterval() 함수는 세션 유지 시간을 초 단위로 설정하며, 일정 시간이 지나면 수행되어야 하는 자동 로그아웃 기능의 구현에 이용할 수 있습니다. 그리고 invalidate() 함수는 클라이언트별 세션 정보를 삭제함으로써, 사용자가 로그아웃 기능을 호출할 때 이용할 수 있습니다.

로그인 및 로그아웃 기능을 구현하기 전에 프로그램의 전체 구조를 파악해 봅시다. [그림 7-5]는 로그인 및 로그아웃이 동작하는 과정을 나타내고 있습니다.

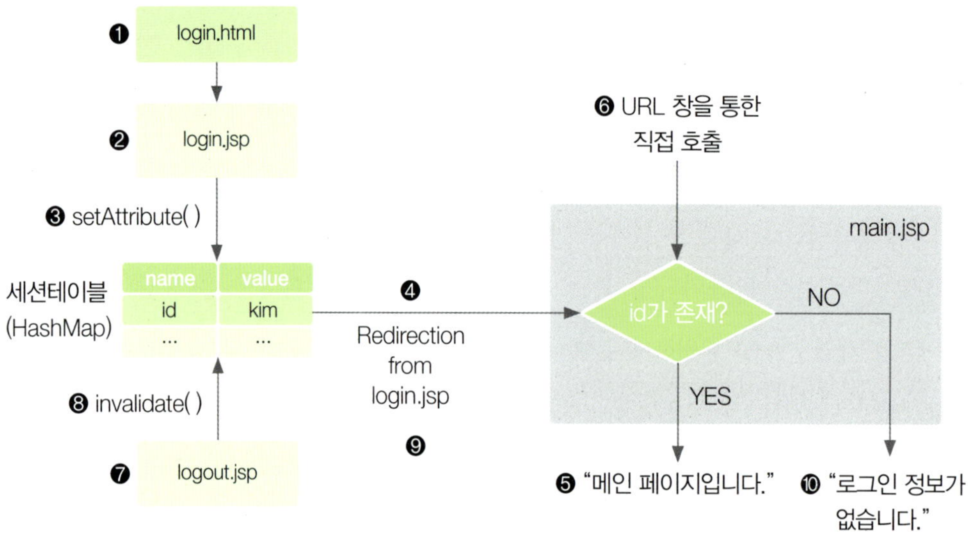

그림 7-5 로그인 및 로그아웃 동작 과정

이 과정을 로그인 부분과 로그아웃 부분으로 나누어 살펴봅시다.

■ **로그인 과정**

❶ 사용자가 로그인 페이지(login.html)에서 아이디와 패스워드를 입력한 후 '로그인' 버튼을 누르면 login.jsp가 동작합니다.

❷~❸ login.jsp에서는 session의 setAttribute( ) 함수를 이용하여 사용자 아이디 값을 'id'라는 이름의 속성으로 HashMap 형태의 세션 테이블에 저장합니다.

❹ response의 sendRedirect( ) 함수를 이용하여 main.jsp로 이동합니다.

❺~❻ main.jsp에서는 세션 테이블에 id라는 이름의 속성 값이 존재하는지 확인합니다. 이것이 존재할 경우 로그인이 완료된 것으로 간주하고 '메인 페이지입니다.'라는 문구를 출력합니다. 브라우저의 URL 창에서 직접 main.jsp를 입력해 메인 페이지로 진입하더라도 세션 테이블에 정보가 남아 있으므로, 여전히 '메인 페이지입니다.'라는 문구가 출력됩니다.

■ 로그아웃 과정

❼ 로그아웃 기능은 logout.jsp에 구현되며, 브라우저의 URL 창에서 직접 'logout.jsp'를 입력해 로그아웃 기능을 호출합니다.

❽ logout.jsp는 invalidate() 함수를 호출해 세션 테이블의 내용을 모두 삭제한 후 '로그아웃되었습니다.'라는 메시지를 출력합니다.

❾~❿ 이후 확인을 위해 브라우저의 URL 창에서 직접 'main.jsp'를 입력해 메인 페이지로 진입해 봅시다. 이 경우 세션 테이블에 정보가 유효하지 않으므로 '로그인 정보가 없습니다.'라는 문구가 출력됩니다.

어떤 구조로 작동되는지 감이 오나요? 이해했다면 이제 session 객체를 이용하여 로그인 및 로그아웃 기능을 직접 구현해봅시다.

예제 7-1 **로그인 및 로그아웃 구현**

1 login.jsp 수정 : login.jsp 파일에서 세션 테이블에 로그인 사용자 정보를 저장할 수 있도록 수정합니다.

Hello/login.jsp

```
01 <%@ page contentType="text/html" pageEncoding="utf-8" %>
02 <%
03     String uid = request.getParameter("id");
04     if (uid == null) {
05     out.print("로그인 정보가 없습니다.");
06     }
07     else {
08         session.setAttribute("id", uid);
09         response.sendRedirect("main.jsp");
10     }
11 %>
```

03행 : request.getParameter() 함수를 이용하여 사용자 아이디 입력 값을 가져와 uid 변수에 저장합니다.

04~05행 : uid가 null인지 체크하여, 참일 경우 '로그인 정보가 없습니다.'를 출력합니다.

07~10행 : 그렇지 않을 경우, session 객체의 setAttribute( ) 함수를 이용하여 세션 테이블에 'id'라는 이름으로 사용자 아이디 값을 저장합니다. 그리고 response 객체의 sendRedirect( ) 함수를 이용하여 main.jsp로 이동합니다.

2 main.jsp 추가 및 작성 : Hello 프로젝트의 src/main/webapp 폴더에 main.jsp를 추가한 후 다음의 코드를 입력합니다.

Hello/main.jsp

```
01 <%@ page contentType="text/html" pageEncoding="utf-8" %>
02 <%
03     String uid = (String) session.getAttribute("id");
04     if (uid == null) {
05     out.print("로그인 정보가 없습니다.");
06     }
07     else {
08     out.print("메인 페이지입니다.");
09         session.setAttribute("id", uid);
10     }
11 %>
```

03행 : session.getAttribute( ) 함수를 이용하여 세션 테이블에 id라는 이름의 속성 값을 가져와 uid 변수에 저장합니다.

04~05행 : uid가 null인지 체크하여, 참일 경우 '로그인 정보가 없습니다.'를 출력합니다.

07~10행 : 그렇지 않을 경우, '메인 페이지입니다.'를 출력합니다. 그리고 session 객체의 setAttribute( ) 함수를 호출합니다. setAttribute( )가 호출될 경우 세션 시간이 초기화되는 이점이 있습니다. 따라서 메인 페이지가 호출될 때마다 세션 시간을 초기화하여 연장함으로써, 불필요한 로그인 과정을 줄일 수 있도록 하였습니다.

3 logout.jsp 추가 및 작성 : Hello 프로젝트의 src/main/webapp 폴더에 logout.jsp를 추가한 후 다음의 코드를 입력합니다.

Hello/logout.jsp

```
01 <%@ page contentType="text/html" pageEncoding="utf-8" %>
02 <%
03     session.invalidate();
04     out.print("로그아웃 하였습니다.");
05 %>
```

03행 : session.invalidate( ) 함수를 이용하여 세션 테이블의 모든 정보를 삭제합니다.

04행 : 확인을 위해 '로그아웃 하였습니다.'를 출력합니다.

4 login.html 실행 : 크롬에서 login.html을 열고 사용자 아이디와 패스워드를 입력한 후 [로그인] 버튼을 눌러 실행합니다.

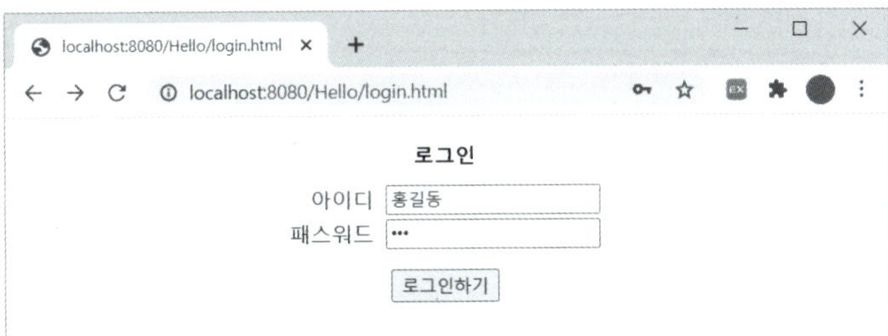

실행 결과 login.jsp에 의해 main.jsp가 실행되며, 다음과 같은 메시지가 출력됩니다. 다음 화면에서 F5를 눌러 페이지를 업데이트해 봅니다. 업데이트 결과가 동일한지, 즉 로그인 상태로 계속 유지되는지 함께 확인합니다.

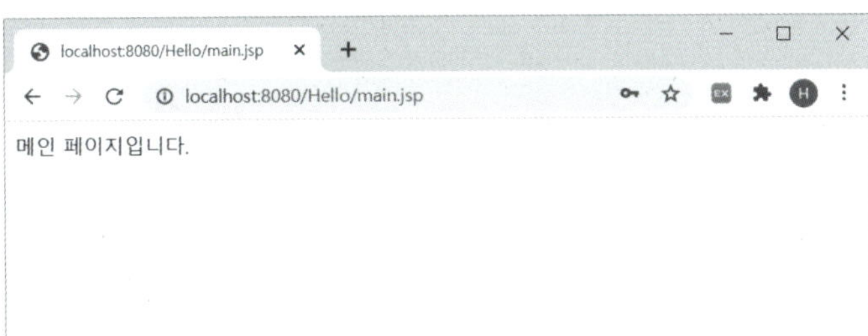

5 logout.jsp 실행 : 크롬의 URL 창에서 logout.jsp를 입력한 후 Enter를 눌러 실행합니다. 다음과 같이 로그아웃 메시지가 출력되는지 확인합니다.

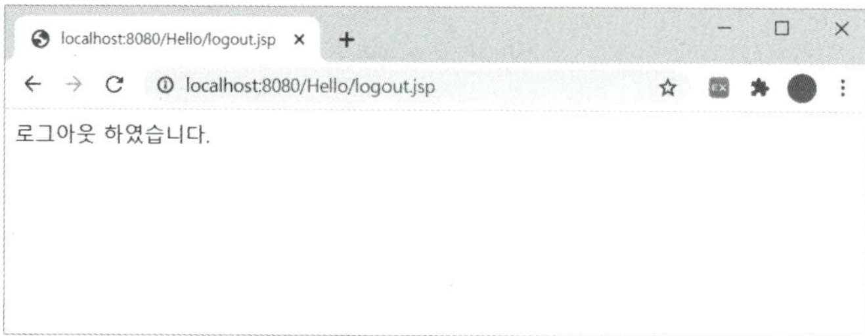

6 main.jsp 재실행 : 크롬의 URL 창에서 main.jsp를 입력한 후 Enter를 눌러 실행합니다. 다음과 같이 메시지가 출력되는지 확인합니다. 다음 그림에서 메시지는 세션 테이블에 로그인 정보가 없을 때 나타나는 메시지입니다.

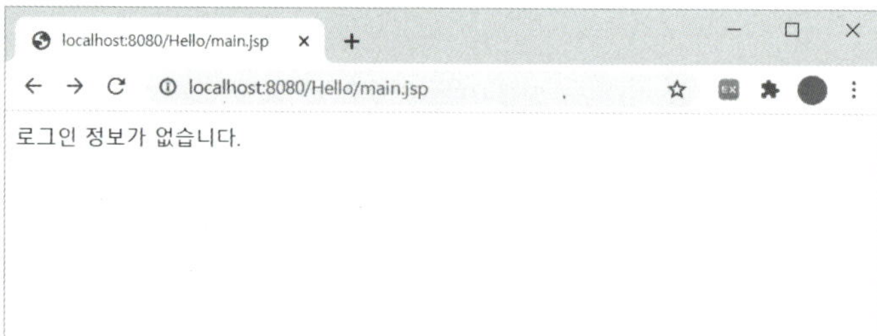

NOTE 세션과 쿠키의 차이점은 무엇인가요?

세션을 다룰 때 빠짐없이 등장하는 주제가 바로 쿠키입니다. 세션과 쿠키는 비연결형의 특성을 가지는 HTTP 연결의 단점을 보완하기 위해 나온 개념으로, 데이터를 별도의 공간에 저장하여 문제를 해결하고자 한다는 점에서 유사하다고 할 수 있습니다. 두 방법은 데이터를 저장시키는 위치에서 차이를 보입니다. 세션은 앞서 언급한 바와 같이 서버 측에 데이터를 저장시키는데 반해, 쿠키는 클라이언트 측에서 로컬 파일 형태로 저장시킵니다. 따라서 쿠키는 보안 측면에서 문제가 될 수 있습니다. 파일 탐색기로 'AppData\Local\...' 경로 아래에 있는 파일을 직접 열어 저장된 내용을 볼 수 있습니다.

따라서 세션은 로그인과 같은 보안을 필요로 하는 연결 정보를 유지하는데 이용되는 반면, 쿠키는 보안이 별도로 필요 없는 정보를 유지하는데 활용됩니다. 특히 쿠키는 사용자가 입력했던 정보를 기억해 둠으로써 페이지가 업데이트되었을 때 재입력하지 않도록 편의를 제공하기 위한 목적으로 주로 활용됩니다. 이 책에서는 서버 측 웹 프로그래밍을 다루는 관계로 쿠키의 사용 방법에 대해서는 별도로 설명하지 않습니다.

요약

01 내장 객체

- JSP에 의해 미리 정의된 객체
- JSP 페이지 내에서 선언 없이 이용 가능
- JSP 파일이 서블릿으로 변환되는 과정에서 JSP 컨테이너에 의해 자동으로 추가됨

02 내장 객체의 종류

- **request 객체** : HTTP 요청 메시지의 내용을 참조하기 위한 다양한 멤버 함수를 제공하며, 크게 메시지의 헤더 정보를 얻어오기 위한 함수와 바디 정보를 얻기 위한 함수가 있음
- **response 객체** : HTTP 응답 메시지의 내용을 참조하기 위한 다양한 멤버 함수를 제공하며, 주로 특정 조건에서 다른 페이지로 강제 이동시키기 위한 리다이렉션 구현을 위해 사용
- **out 객체** : JSP 페이지에서 생성한 결과 코드를 저장하고 전송하기 위한 출력 스트림 Output Stream을 제공
- **application 객체** : 서비스의 실행 기간 동안 유지될 필요가 있는 속성 값을 설정하거나 가져오기 위해 이용
- **session 객체** : 세션 기능을 지원하기 위해 이용

03 application 객체와 session 객체

	application 객체	session 객체
저장 위치	응용 서비스 별로 데이터를 공용 공간에 함께 저장	클라이언트 별로 데이터를 별도의 공간에 저장
데이터 유지 시간	서버가 수행되는 기간 동안 데이터 계속 유지	데이터 유지 시간을 별도로 지정 가능

04 세션과 쿠키

	세션(Session)	쿠키(Cookie)
공통점	• 비연결형인 HTTP 연결의 단점을 보완하기 위해 나온 개념 • 데이터를 별도의 공간에 저장하여 문제를 해결	
저장 위치	서버 측에 저장	클라이언트 측에 로컬 파일로 저장
사용 목적	보안을 필요로 하는 정보 유지	사용자가 입력했던 정보를 기억하여 사용자에게 편의를 제공
보안	적합	취약

연습문제

01 내장 객체가 변수 선언 없이 이용될 수 있는 이유는 무엇인가요?

02 쿼리 스트링에 포함된 이름이 같은 파라미터가 여러 개일 경우, 이들을 추출하기 위해 이용되는 request 객체의 함수는 무엇인가요?

03 JSP의 스크립팅 요소 중 내장 객체를 쓸 수 있는 곳은 어디인가요?

04 JSP의 스크립팅 요소 중 out.write()로 변환되는 요소는 무엇인가요?

05 request 객체는 주로 어떤 용도로 이용되나요?

06 세션과 쿠키의 차이점은 무엇인가요?

07 session 객체를 이용할 때 세션 정보를 모두 삭제하기 위한 함수는 무엇인가요?

08 visitCount.jsp를 이용하여 다음과 같이 로그인 화면에서 방문자 수를 출력해 주세요.

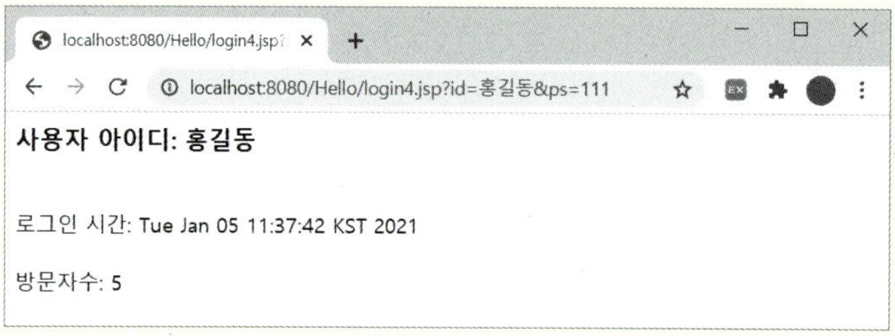

09 [예제 7-1]에서 실습한 main.jsp의 상단에 로그아웃 버튼을 추가한 후, 해당 버튼을 누르면 logout.jsp가 호출되도록 main.jsp를 수정해 주세요.

CHAPTER 08
MySQL

학습목표

- SQL 명령어의 기본 구문을 익힌다.
- 레코드를 삽입, 삭제, 수정, 검색하는 구문을 익힌다.

01 데이터베이스 개요

7장에서 설명한 로그인 예제에서 입력된 아이디와 패스워드가 회원가입 시 입력된 정보와 일치하는지 판별해야 합니다. 두 정보를 비교하기 위해서는 서버에 가입된 회원들의 정보가 저장되어 있어야 하며, 정보 저장을 위해 가장 쉽게 이용할 수 있는 매체는 파일입니다. 그러나 파일에 회원 정보를 효율적으로 저장하고 검색할 수 있도록 구현하는 것은 결코 쉬운 일이 아닙니다. 서버의 안정성을 높이기 위해 동일한 자료를 여러 군데 나눠 저장한다면, 이를 추적하고 일관성 있게 변경하기 위한 작업까지 추가되어야 하므로 실제 구현은 훨씬 어려워집니다.

예를 들어 페이스북과 같은 SNS를 구현한다고 가정해 봅시다. 특정 사용자가 닉네임을 변경하였다면, SNS에 등록된 수백만 건의 글을 모두 검색하여 해당 사용자의 글을 먼저 찾아내야 합니다. 그리고 검색된 글의 닉네임을 일괄적으로 변경해야 합니다. 파일을 이용하여 이러한 대량의 데이터를 일관성 있게 수정하고, 빠르게 처리할 수 있도록 구현하는 것은 초보 프로그래머가 감당하기에는 결코 쉽지 않겠죠?

이와 같은 문제점은 데이터베이스Database를 이용하면 대부분 파일 처리보다 쉽게 해결이 가능합니다. 데이터베이스는 다음의 목적을 제공하기 위해 구조화된 데이터 집합을 의미합니다.

- 데이터의 효율적인 검색과 수정
- 데이터 중복의 최소화
- 데이터의 일관성 유지
- 다수 사용자와의 데이터의 효율적인 공유
- 데이터의 논리적, 물리적 독립성 유지

데이터베이스 관리 시스템, 즉 DBMS Database Management System는 데이터베이스를 효율적으로 관리하기 위한 시스템을 나타냅니다. 현재 운용되고 있는 다수의 상용 DBMS는 데이터를 테이블 형태로 구성하고 관리하는 관계형 데이터베이스RDB, Relational DataBase 구조를 기반으로 합니다. 관계형 데이터베이스 구조를 기반으로 데이터베이스 관리를 지원하는 시스템을 RDBMS Relational DataBase Management System라고 부르며, 대표적으로 MySQL, Oracle, MS-SQL 등이 RDBMS에 포함됩니다. 이 책에서는 MySQL을 이용하여 응용 서비스를 개발합니다.

MySQL은 다른 RDBMS에 비해 어떤 장점이 있나요?

MySQL은 다음과 같은 장점을 가지고 있습니다.

- 오픈 소스 라이센스에 따라 배포되므로, 무료로 사용 가능
- 안정성과 효율성이 충분히 검증되어 페이스북과 트위터, 링크드인 등 많은 회사에서 사용됨
- Java, C, C++, PHP, Perl, Python 등 다양한 프로그래밍 언어에 대한 인터페이스 지원

2010년에 선마이크로시스템즈가 오라클에 인수되면서 MySQL의 소유 역시 오라클로 넘어갔습니다. 그런데 오라클은 자체 데이터베이스를 가지고 있는데다 오픈 소스에 대해 호의적이지 않아, 최근 들어 MySQL 사용자들 사이에서도 불안감이 커지고 있습니다. 그래서 오픈 소스 진영에서 MySQL을 기반으로 MariaDB라는 RDBMS를 만들어 배포하였고, 많은 회사들이 MySQL에서 MariaDB를 이용하는 방향으로 이동하고 있습니다.

그럼에도 불구하고, MySQL은 여전히 Oracle과 MS-SQL 등과 함께 가장 많이 이용되는 3대 DBMS로 각광받고 있습니다. 그리고 학습 측면에서 MySQL과 MariaDB 간에는 거의 차이가 없다고 봐도 됩니다. 따라서 이 책에서는 MySQL을 기반으로 데이터베이스를 다루도록 하겠습니다.

02 MySQL 설치

예제 8-1 **MySQL 설치하기**

1 MySQL 사이트에 접속하기 : MySQL 다운로드 사이트(https://dev.mysql.com/downloads)에 접속합니다. 여러 요소 중 'MySQL Installer for Windows'를 선택합니다.

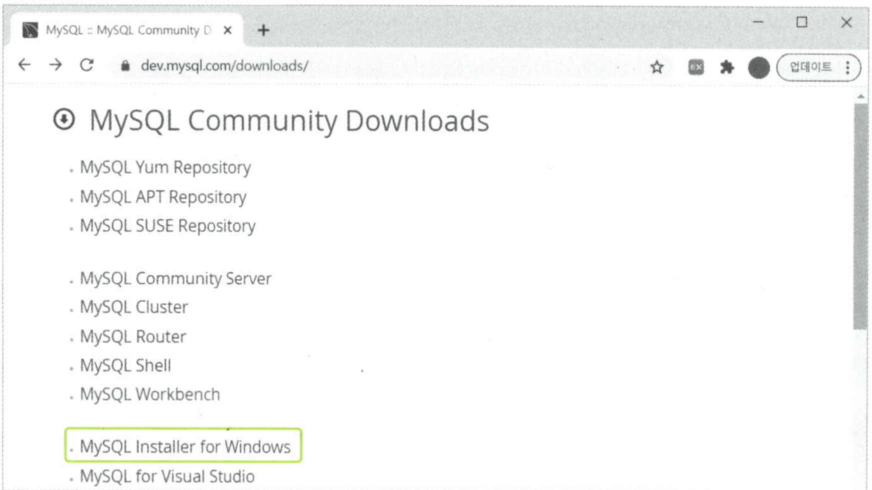

2 MySQL 다운로드 : 다운로드 페이지를 보면 General Availability (GA) Releases 탭과 Archives 탭이 있습니다. GA Releases는 안정화된 최신 버전을 다운받고자 할 때 이용되며, 2020년 11월 기준 최신 버전은 MySQL 8.0.22입니다. 이전 버전을 받고 싶을 때는 Archives 탭을 이용합니다.

GA Releases 탭에는 'Windows (x86, 32-bit), MSI Installer' 항목이 2개가 있습니다. 이 중 다음 항목의 Download 버튼을 클릭합니다. 참고로 실습에서 선택한 항목은 설치 프로그램만 포함된 버전이며, 다운로드하여 실행할 경우 MySQL 패키지의 다운로드가 설치 시에 함께 수행됩니다.

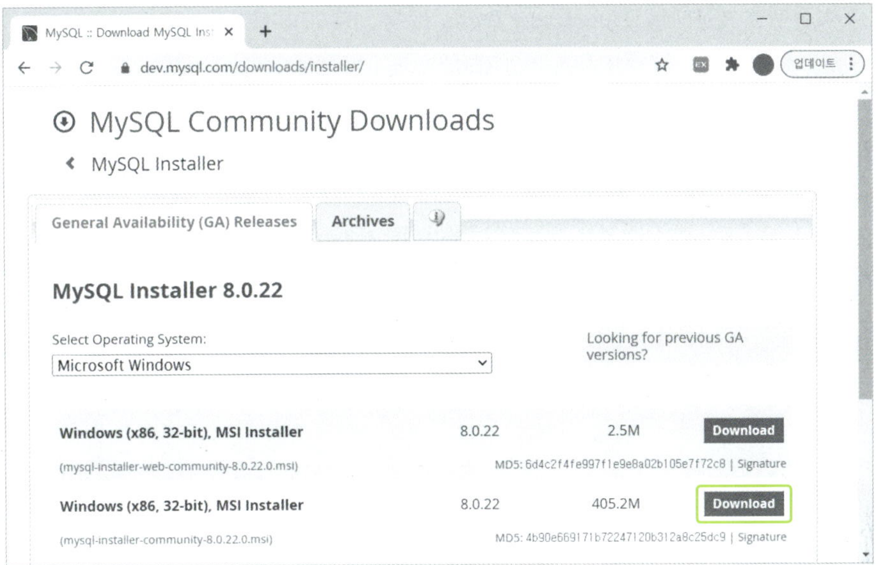

TIP 다운로드 클릭 시 로그인 페이지로 이동할 수 있습니다. MySQL은 Oracle 계정이 있어야 다운로드가 가능하니, 새 계정을 만들기나 기존의 계정으로 로그인해야 합니다.

3 설치 유형 선택하기 : Choosing a Setup Type 팝업에서 제공하는 여러 옵션 중 Custom을 선택하고 [Next] 버튼을 누릅니다.

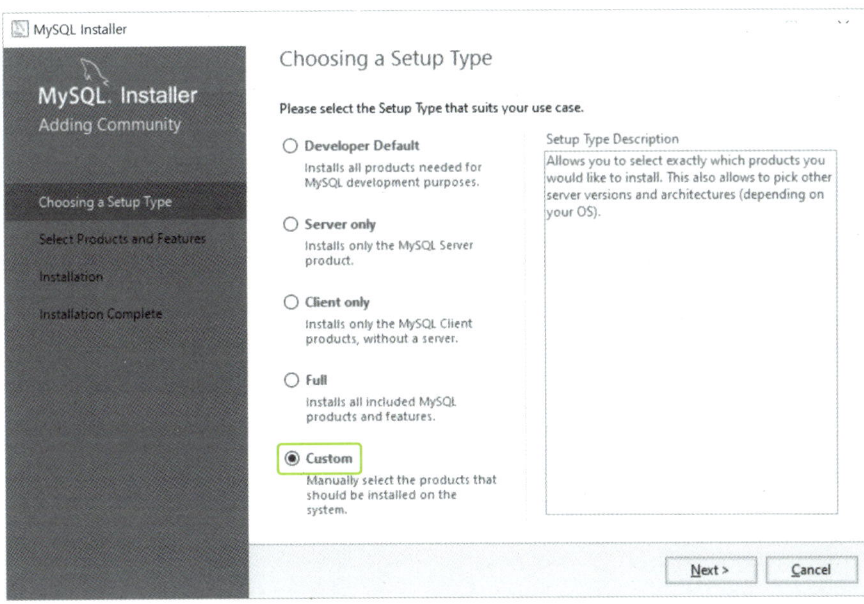

여러 옵션 중 디폴트로 제공되는 [Developer Default]를 선택하고 실행하셔도 무방합니다. 이 경우 설치할 요소가 많아져서 시간이 다소 소요될 수 있으니 참고하시기 바랍니다.

4 설치 대상 선택하기 : 설치할 항목을 오른쪽 리스트에 추가합니다. 왼쪽 목록의 상단에 있는 [MySQL Servers] 항목을 모두 펼치면 최하위 항목으로 [MySQL Server **〈버전〉** - X64(또는 X86)]가 있습니다. 이 항목을 선택하고 오른쪽 방향 녹색 화살표를 클릭하면 오른쪽의 설치 대상 리스트에 추가됩니다. 같은 방법으로 왼쪽 목록의 [MySQL Connectors] 항목을 모두 펼치고 최하위 항목에 있는 [Connector/J **〈버전〉** - X86]을 오른쪽 리스트에 추가합니다.

TIP 이 책에서는 8.0.22 버전을 기준으로 실습이 진행됩니다.

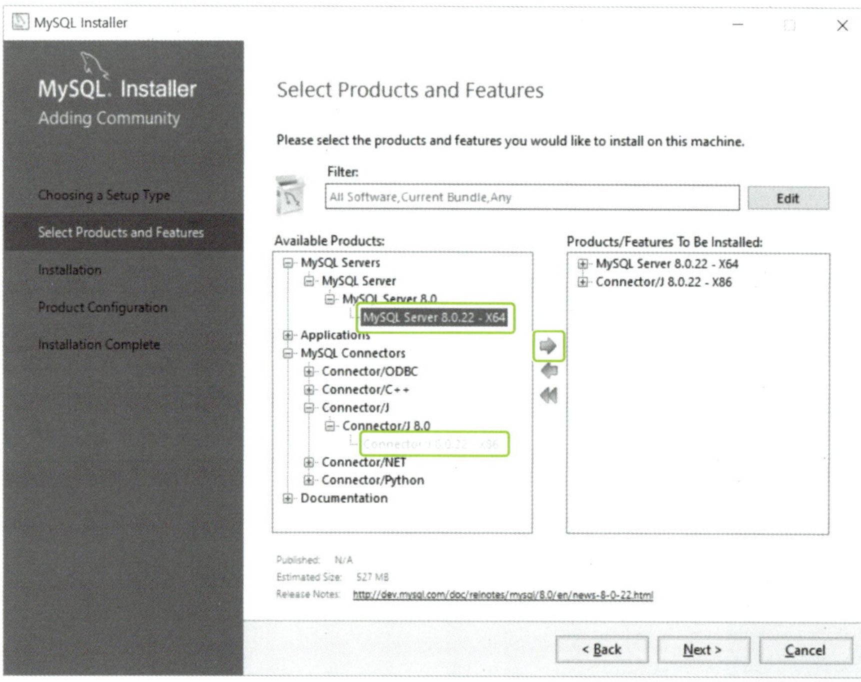

5 설치 대상 확인 후 설치하기 : 설치를 시작하기 전에 선택된 요소들을 다시 한 번 확인합니다. MySQL Servers 8.0.22는 데이터베이스 엔진에 해당하며, Connector/J 8.0.22는 Java 프로그램과 MySQL 데이터베이스 엔진을 연결하기 위한 JDBC 드라이버를 제공합니다.

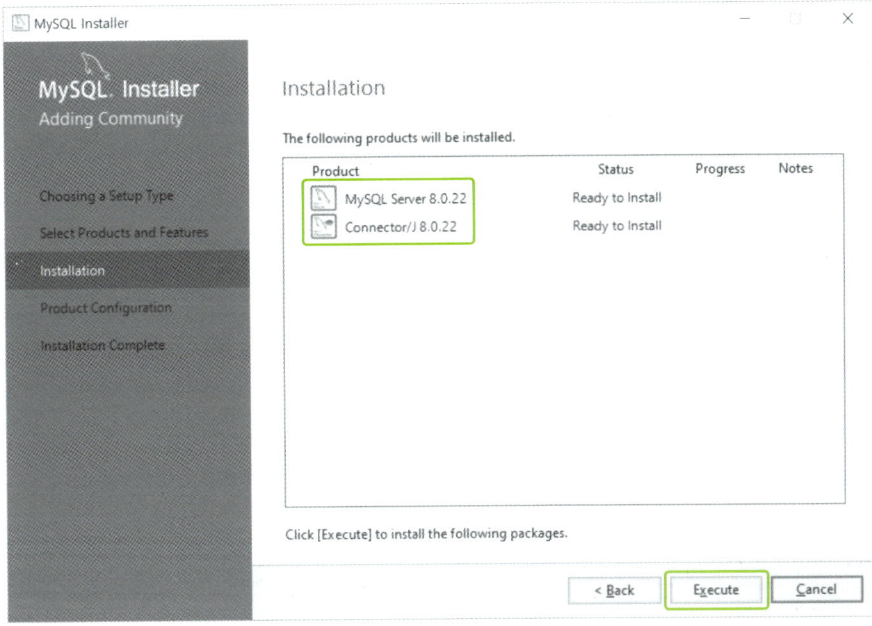

설치 항목을 확인하신 후 [Execute] 버튼을 눌러 설치를 진행하고, Status가 모두 Complete로 변경되면 [Next] 버튼을 눌러 다음 단계로 이동합니다.

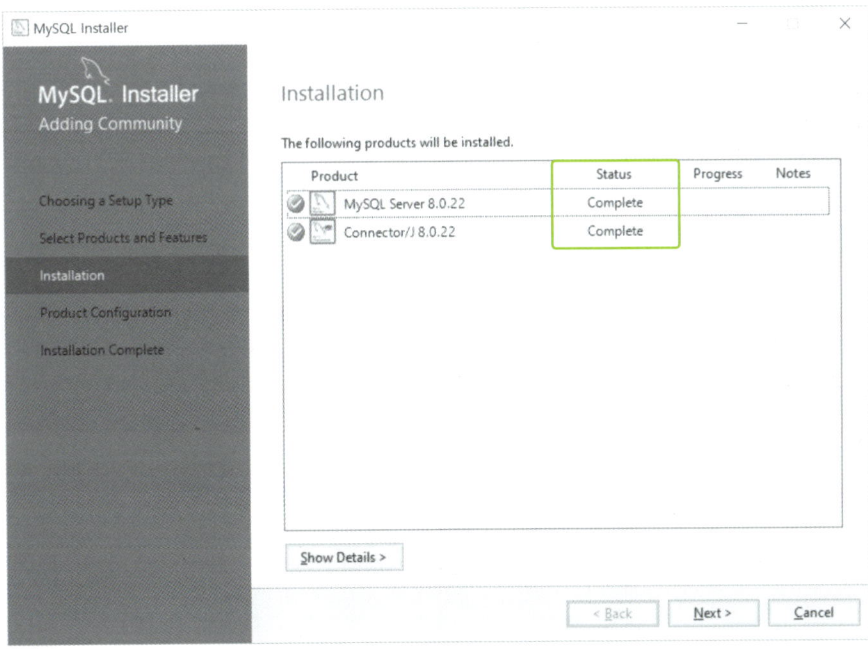

6 서버 연결포트 설정하기 : Product Configuration 팝업에서는 MySQL Server를 설정할 준비가 되었음을 알립니다. [Next] 버튼을 누르면 Type and Networking 팝업이 나옵니다. 다음 화면을 통해 MySQL 서버와 연결하기 위한 포트 번호를 설정합니다. 가운데 Connectivity 항목에 보면 TCP/IP가 체크되어 있고, Port에 3306이 입력되어 있습니다. 이는 MySQL 서버와 연결할 때 3306 포트를 이용하겠다는 것을 선언하는 것입니다. 번호 확인 후 [Next] 버튼을 눌러 다음 단계로 진행합니다.

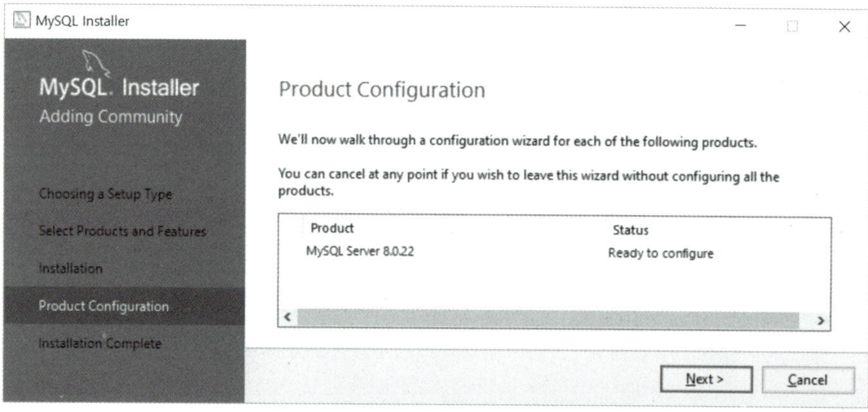

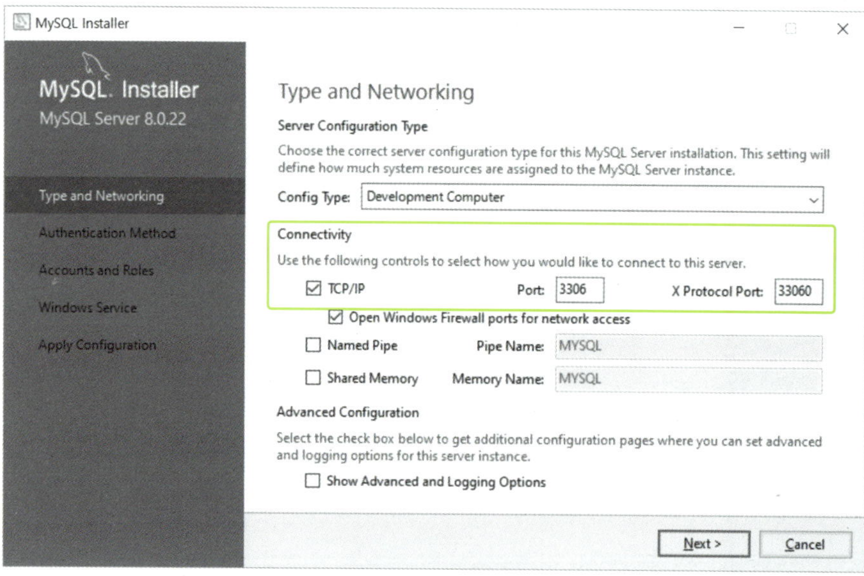

그 다음 나오는 Authentication Method 팝업에서는 강화된 암호화 기능을 이용할 것인지를 묻습니다. 디폴트 상태로 체크해두고 [Next] 버튼을 눌러 설치를 계속합니다.

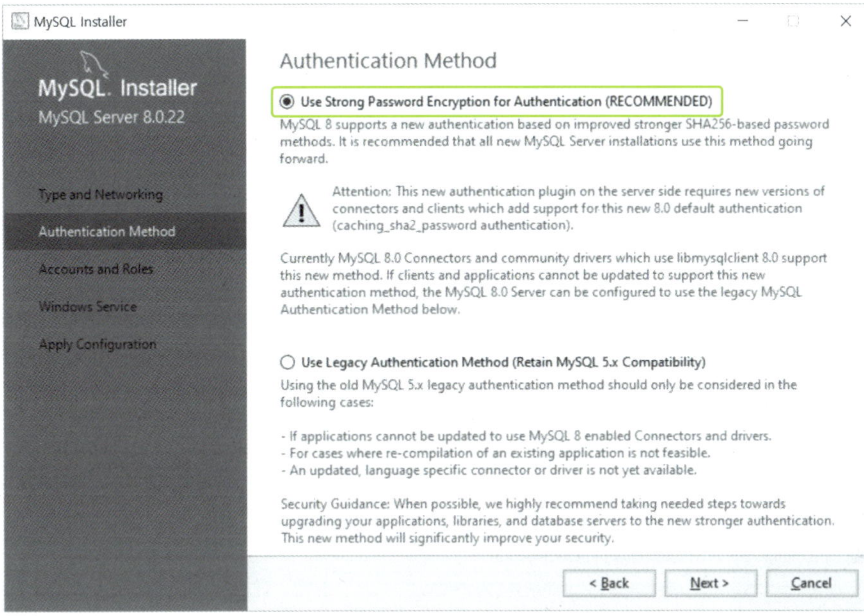

7 root 계정 비밀번호 설정 : Accounts and Roles 팝업에서 관리자 계정인 root 계정의 패스워드를 입력 받습니다. [MySQL Root Password] 입력창과 [Repeat Password] 입력창에 동일하게 '1111'을 입력합니다. 패스워드를 복잡하게 설정해 두었다가 기억나지 않을 경우 MySQL을 삭제하고 재설치해야 할 수도 있으니, 개발 단계에서는 패스워드를 단순하게 설정할 것을 추천합니다. 대신 개발이 완료된 후 보안을 위해 다른 패스워드로 변경해 주세요. 패스워드 입력이 끝나면 [Next] 버튼을 눌러 설치를 계속합니다.

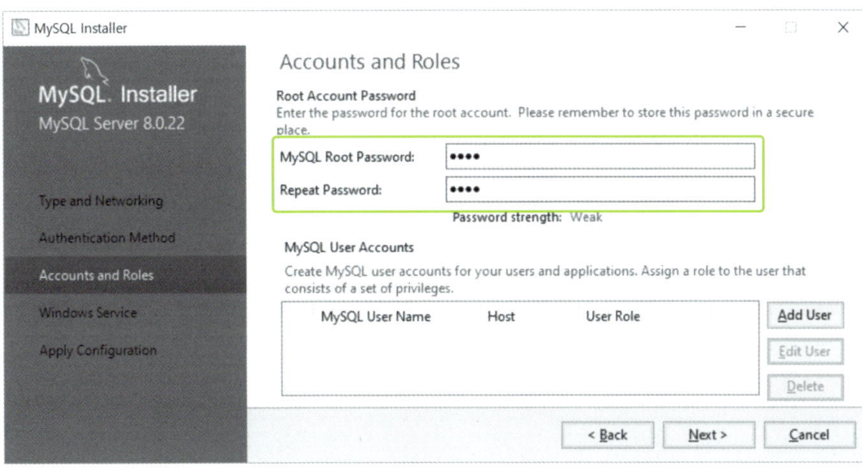

8 MySQL 서비스 이름 설정 : Windows Service 팝업에서 MySQL 서버에 대한 윈도우 서비스 Windows Service 이름을 정의합니다. 서비스 이름은 디폴트로 'MySQL80'으로 정의됩니다. 이 경우 윈도우 운영체제에서 백그라운드로 실행 중인 MySQL 서버를 찾고자 할 때, 'MySQL80'이라는 이름을 찾아 중지시키거나 다시 실행시킬 수 있습니다.

그리고 윈도우 시작 시 MySQL을 자동으로 실행시키고 싶지 않다면, [Start the MySQL Server at System Startup] 옵션의 체크박스를 해제합니다.

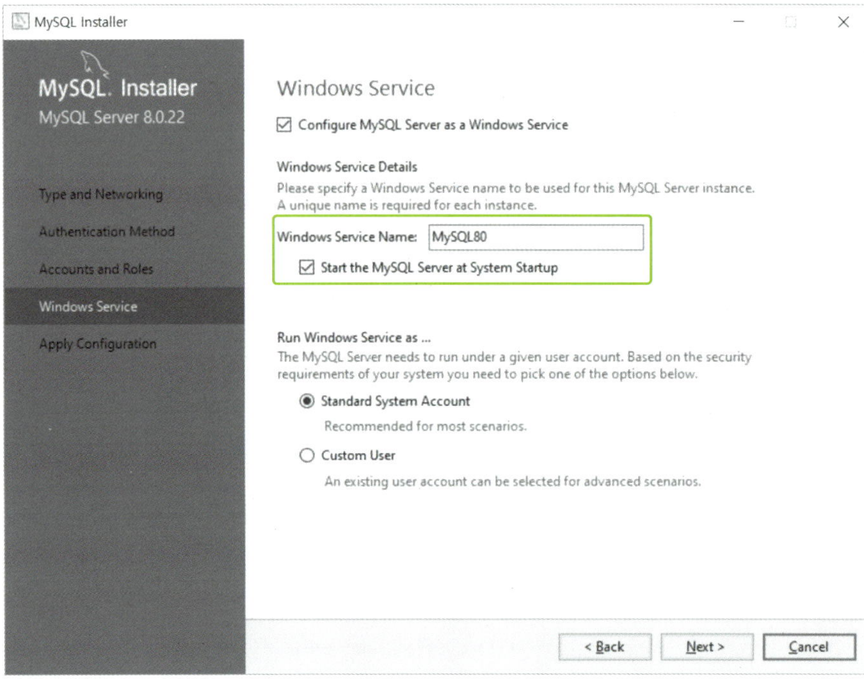

9 설정 확인 후 설치 완료 : Apply Configuration 팝업에서 [Execute] 버튼을 누르면 6~8 단계에서 설정한 내용들을 서버에 반영하는 과정들을 보여줍니다. 서버 반영이 완료되면 [Finish] 버튼을 누르고, Installation Complete 팝업이 나올 때까지 [Next] 버튼을 클릭합니다. 다음과 같은 팝업이 뜨면 설치가 성공적으로 완료된 것입니다. [Finish] 버튼을 클릭하여 설치를 완료합니다.

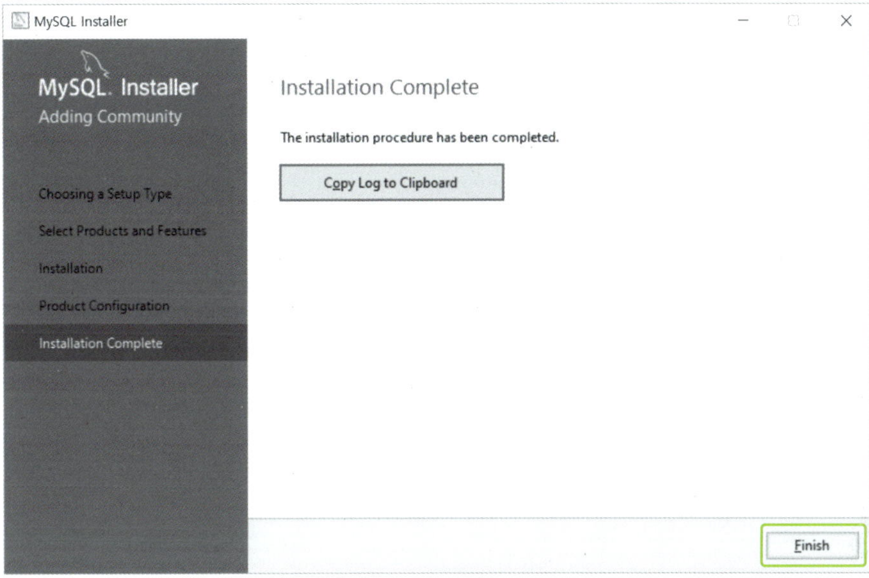

10 MySQL 설치 확인하기 : 윈도우 작업 표시줄의 [시작] 버튼을 클릭하여 MySQL 8.0 Command Line Client를 실행합니다. 그리고 'Enter Password:' 커맨드에 root 계정의 패스워드로 설정한 '1111'을 입력한 후, 다음과 같이 MySQL 커맨드 모드로 진입되는지 확인합니다.

MySQL 8.0 Command Line Client - Unicode

```
Enter password: ****
Welcome to the MySQL monitor.  Commands end with ; or \g.
Your MySQL connection id is 15
Server version: 8.0.22 MySQL Community Server - GPL

Copyright (c) 2000, 2020, Oracle and/or its affiliates. All rights reserved.

Oracle is a registered trademark of Oracle Corporation and/or its
affiliates. Other names may be trademarks of their respective
owners.

Type 'help;' or '\h' for help. Type '\c' to clear the current input statement.

mysql>
```

이 커맨드 창에서 'mysql>' 프롬프트가 나온다면 MySQL 설치가 성공적으로 수행된 것입니다.

03 SQL 명령어

SQL Structured Query Language 문은 관계형 데이터베이스에서 데이터를 검색하고 수정하기 위한 데이터베이스 언어이며, 다음과 같은 명령어를 제공합니다.

표 8-1 SQL 명령어

종류	명령어
데이터 정의 언어 DDL(Data Definition Language)	CREATE, DROP, ALTER, …
데이터 조작 언어 DML(Data Manipulation Language)	INSERT, DELETE, UPDATE, SELECT, …
데이터 제어 언어 DCL(Data Control Language)	GRANT, REVOKE, COMMIT, …

SQL을 설명하기에 앞서, 먼저 관계형 데이터베이스를 구성하고 있는 요소들에 대해 간략히 설명하겠습니다. 관계형 데이터베이스에서는 테이블 형태로 정보를 저장하고 관리합니다. 테이블은 레코드Record와 속성Attribute으로 이루어진 2차원 배열의 형태를 가집니다. 레코드는 2차원 배열에서 각각의 행Row을 의미하며, 속성은 열Column에 대응됩니다.

일반적으로 하나의 응용 서비스는 여러 개의 테이블을 필요로 하는데, 관계형 데이터베이스에서는 하나의 응용 서비스 구현에 필요한 테이블들을 데이터베이스 단위로 묶습니다. 즉, 하나의 데이터베이스에는 여러 개의 테이블이 포함될 수 있으며, 각각의 응용 서비스 별로 데이터베이스를 만들어 이용하는 구조로 볼 수 있습니다.

SNS 서비스 구현 시 필요한 데이터베이스 구조를 생각해 봅시다. 먼저 사용자 정보를 저장하기 위한 테이블은 사용자 아이디와, 패스워드, 이름, 가입 날짜 등의 정보를 포함할 수 있습니다. 이들 정보는 각각의 속성에 대응됩니다. 그리고 각 속성에 구체적으로 값을 할당하여 나타낸 사용자 정보는 [그림 8-1]과 같이 레코드의 형태로 표현됩니다.

사용자 정보 뿐 아니라 사용자들의 작성한 글, 즉 피드Feed 정보를 저장하기 위한 테이블도 필요합니다. 피드 정보는 작성자의 아이디와 작성한 글의 내용, 작성 시간 등의 정보를 포함해야 하며, 역시 [그림 8-1]과 같이 테이블 형태로 구성될 수 있습니다.

그림 8-1 관계형 데이터베이스 구조

테이블을 구성할 때에는 각 속성의 데이터 타입을 세세하게 정의해야 합니다. 아이디의 경우 이메일 주소 형식으로 입력받을 수 있으며, 텍스트 타입으로 최대 128글자까지 포함하도록 정의할 수 있습니다. 가입 날짜의 경우, 날짜나 시간 정보를 나타낼 수 있도록 Date나 Timestamp 타입으로 정의할 수 있습니다. 이처럼 테이블의 구조를 명세한 것을 스키마Schema라고 합니다.

테이블에 데이터를 입력하고 검색하려면, 먼저 테이블의 스키마부터 정의해야 합니다. 스키마를 정의하기 위한 언어, 즉 DDLData Definition Language(데이터 정의 언어)을 이용하기 위해서는 먼저 어떤 종류의 데이터 타입이 있는지 알아야 합니다. 따라서 이번 장에서는 [그림 8-1]과 같은 구조를 갖는 데이터베이스를 만들며 MySQL의 데이터 타입 → DDL → DML 순으로 소개하도록 하겠습니다.

1 MySQL 데이터 타입

스키마 정의를 위해 이용할 수 있는 데이터 타입은 RDBMS 제품 별로 달라질 수 있습니다. 예를 들어, TEXT라는 타입은 MySQL에는 존재하지만 오라클에서는 제공되지 않습니다. 이 책에서는 MySQL에서 제공되는 데이터 타입 위주로 소개합니다.

MySQL의 데이터 타입은 크게 문자형, 숫자형, 날짜형, 바이너리 형으로 구분될 수 있습니다. 먼저 문자형은 텍스트 데이터를 정의하는데 이용되며, 다음 표와 같은 데이터 타입이 제공됩니다.

표 8-2 MySQL 문자형 데이터 타입

데이터 유형	설명	최대값(Bytes)
CHAR(n)	고정 길이 문자열	255
VARCHAR(n)	가변 길이 문자열 (테이블 내 위치)	65,535
TINYTEXT(n)	가변 길이 문자열 (외부 파일 위치)	255
TEXT(n)	가변 길이 문자열 (외부 파일 위치)	65,535
MEDIUMTEXT(n)	가변 길이 문자열 (외부 파일 위치)	16M
LONGTEXT(n)	가변 길이 문자열 (외부 파일 위치)	4G

한 가지 주의할 점은 [표 8-2]에서 파라미터 n은 바이트Byte 크기가 아닌 글자 수를 의미한다는 점입니다. 예를 들어, 한글을 표현하기 위해 유니코드를 이용한다면 하나의 글자를 표현하는데 2 바이트가 필요합니다. 이 경우 CHAR(n) 유형으로 정의할 수 있는 최대 글자 수 n은 128(=255/2)이 됩니다.

MySQL의 데이터 유형 중 CHAR와 VARCHAR는 어떤 차이점이 있나요?

CHAR(n)은 고정 길이 문자열을 나타내기 위한 유형으로 메모리에 주어진 크기만큼 고정으로 할당합니다. 지정된 길이보다 짧은 데이터가 입력될 경우, 나머지 공간은 공백으로 채워집니다. 이에 반해 VARCHAR(n)은 가변 길이 문자열을 정의하기 위한 데이터 타입입니다. 이 경우 사용자로부터 입력된 크기만큼만 메모리에 할당됩니다. VARCHAR는 CHAR에 비해 메모리 공간을 효율적으로 쓸 수 있는데 반해, 내부적으로 포인터를 이용한 참조가 한 번 더 일어날 수 있다는 점에서 CHAR에 비해 약간 느릴 수 있습니다.

MySQL의 데이터 유형 중 VARCHAR와 TEXT는 어떤 차이점이 있나요?

MySQL에서는 하나의 레코드에 들어갈 수 있는 최대 크기가 65,535 바이트로 제한되어 있습니다. 따라서 이보다 큰 데이터를 입력받을 수 있도록 TEXT 유형을 제공합니다. TEXT 유형에는 TINY부터 LONG까지 4개의 유형이 제공되며, 입력될 수 있는 최댓값에 따라 구분됩니다. TEXT 유형으로 정의된 데이터는 테이블 내부에 정의되지 않습니다. 대신 외부 파일에 데이터를 저장하고 실제 테이블에는 레퍼런스(저장된 파일 위치) 정보만 포함시킴으로써, 레코드 길이 제한 문제를 해결합니다.

다음으로, MySQL은 다음과 같은 숫자형 데이터 타입을 제공합니다. 숫자형 데이터 타입의 파라미터 n은 텍스트 데이터 타입과 다르다는 점에 유의해야 합니다. 여기서의 n은 쿼리 결과를 출력할 때 화면에 표시될 글자 수를 의미합니다. 숫자형 데이터는 n에 관계없이 각각 바이트 크기가 정해져 있음을 기억해 두세요.

TIP SQL문을 쿼리(Query)라고도 부릅니다. 자주 사용되는 용어이니 기억해 두세요!

표 8-3 MySQL 숫자형 데이터 타입

데이터 유형	설명	Bytes
TINYINT(n)	정수형 데이터 (–128~127) ※ unsigned일 경우 : 0~255	1
SMALLINT(n)	정수형 데이터 (–32,768~32,767) ※ unsigned일 경우 : 0~65,535	2
INT(n)	정수형 데이터 (4G 크기로 표현) ※ unsigned일 경우 : 0~4,294,967,295	4
BIGINT(n)	정수형 데이터 (16G 크기로 표현) ※ unsigned일 경우 : 0~18,446,744,073,709,551,615	8
FLOAT(n, f)	부동 소수형 데이터 (n : 전체 자리수, f : 소수 부분 자리수)	4
DOUBLE(n, f)	부동 소수형 데이터 (n : 전체 자리수, f : 소수 부분 자리수)	8

숫자형 데이터 타입 앞에는 UNSIGNED 키워드가 붙을 수 있습니다. 이 경우 음수 부분까지 양수로 표현함으로써, 양수의 표현 범위가 기존의 2배로 확대됩니다. 음수를 사용하지 않는 데이터를 저장할 때 유용합니다. 예를 들어 수량이나 가격을 저장할 때 사용할 수 있습니다.

MySQL에서 날짜를 나타내기 위한 데이터 타입은 [표 8-4]와 같습니다. 표에서 소개하는 TIMESTAMP 유형은 UNIX 계열 운영체제와의 호환성을 위해 주로 이용됩니다.

표 8-4 MySQL 날짜형 데이터 타입

데이터 유형	설명	Bytes
DATE	날짜(년도, 월, 일) 형태의 표현 유형	3
TIME	시간(시, 분, 초) 형태의 표현 유형	3
DATETIME	날짜와 시간을 합친 형태의 표현 유형	8
TIMESTAMP	날짜와 시간을 합친 형태의 표현 유형 (UNIX 계열 운영체제와의 호환성 제공)	4
YEAR	년도 표현 유형	1

마지막으로 이미지나 동영상과 같이 멀티미디어 형식을 저장할 수 있는 데이터 타입을 살펴봅시다. MySQL은 바이너리 데이터를 저장하기 위한 데이터 타입으로 BLOB Binary Large Object Block 을 제공합니다.

BLOB이란 무엇인가요? 어떤 종류가 있고 각각은 주로 어디에 이용되나요?

BLOB은 저장할 수 있는 최대 크기에 따라 TINYBLOB, BLOB, MEDIUMBLOB, LONGBLOB 등의 4가지 유형으로 구분됩니다. 이 중 기본은 BLOB이며, 64KB 이하의 저화질 이미지를 저장하는데 이용됩니다. 만약 고화질 이미지를 저장하려면 MEDIUMBLOB을 이용하셔야 하며, 16MB 이하의 고화질 이미지 또는 음성 데이터를 저장하는데 이용하실 수 있습니다. 동영상을 저장하고자 할 경우 LONGBLOB을 이용해야 하며, 4GB까지 허용합니다.

[표 8-5]는 MySQL에서 제공하는 BLOB 유형입니다. 파라미터 n은 저장하고자 하는 데이터의 최대 바이트 수를 의미합니다.

표 8-5 MySQL 바이너리형 데이터 타입

데이터 유형	설명	Bytes
TINYBLOB(n)	소량의 바이너리 데이터 유형	255
BLOB(n)	기본 용량의 바이너리 데이터 유형 ※ 64K 이하의 저화질 이미지	65,535
MEDIUMBLOB(n)	중형 용량의 바이너리 데이터 유형 ※ 16M 이하의 고화질 이미지 또는 음성 데이터	16M
LONGBLOB(n)	대용량의 바이너리 데이터 유형 ※ 4G 이하의 동영상	4G

MySQL에서 TEXT와 BLOB 유형의 공통점과 차이점은 무엇인가요?

BLOB 유형의 데이터는 TEXT와 마찬가지로 레코드 크기 제한을 피하기 위해 외부 파일에 저장됩니다. 반면, 두 유형은 데이터를 저장하는 형태가 다릅니다. BLOB은 바이너리 형태로 데이터를 저장하는 반면, TEXT는 텍스트의 형태로 데이터를 저장한다는 측면에서 차이가 있습니다. 바이너리 유형에서는 바이트 단위로 데이터를 저장합니다. 이에 반해 텍스트 유형에서는 인코딩 형식에 따라 1~4 바이트까지 단위가 달라질 수 있습니다. 따라서 데이터를 정렬할 때도 바이너리 데이터에서는 바이트 단위로 손쉽게 비교 가능하지만, 텍스트의 경우에는 인코딩 형식과 함께 문자 집합Character Set 별로 정렬 방식을 지정한 콜레이션Collation 규칙까지 고려해야 하므로 복잡해집니다. 문자 집합과 콜레이션에 대해서는 04절에서 다시 설명합니다.

04 DDL

DDL은 데이터 구조를 정의하기 위한 명령어를 포함합니다. MySQL에서는 데이터베이스와 테이블을 생성하거나 삭제하고, 테이블 구조를 변경하기 위한 [표 8-6]과 같은 DDL 명령어를 제공합니다.

표 8-6 DDL 명령어

명령어 (BNF 표기법 이용)	설명
CREATE DATABASE [IF NOT EXISTS] 〈name〉 [〈default_charset〉];	데이터베이스 생성
DROP DATABASE 〈name〉;	데이터베이스 삭제
CREATE TABLE [IF NOT EXISTS] 〈name〉 ([〈column_def〉]+);	테이블 생성
DROP TABLE 〈name〉;	테이블 삭제
ALTER TABLE 〈name〉 [〈add_column〉 | 〈modify_column〉 | 〈change_column〉];	테이블 수정

1 CREATE 명령어

CREATE 명령어는 데이터베이스나 테이블을 생성하기 위해 이용됩니다. [표 8-7]은 CREATE 명령어의 사용법을 소개하고 있습니다.

TIP [ ] 표시된 항목은 옵션 항목으로, 필요에 따라 선택적으로 사용할 수 있습니다.

표 8-7 CREATE 명령어

명령어	설명
CREATE DATABASE [IF NOT EXISTS] 〈name〉 [DEFAULT CHARACTER SET 〈charset〉 COLLATE 〈colrule〉];	데이터베이스 생성
CREATE TABLE [IF NOT EXISTS] 〈name〉 (　　〈colname〉 〈coltype〉 [PRIMARY KEY] [DEFAULT 〈value〉], 　　〈colname〉 〈coltype〉 [DEFAULT 〈value〉], 　　〈colname〉 〈coltype〉 [DEFAULT 〈value〉], 　　...);	테이블 수정

CREATE DATABASE 명령어 사용 시 옵션 항목으로 IF NOT EXISTS 구문을 정의할 수 있습니다. 이 구문은 주어진 이름의 데이터베이스가 기존에 없을 경우에 한해 생성될 수 있도록 지원합니다. 또한 문자 집합Character Set을 지정하기 위한 DEFAULT CHARACTER SET 구문을 옵션으로 지정할 수 있으며, 이 옵션을 이용해 UTF-8과 같이 한글을 지원하는 문자 집합을 정의할 수 있습니다.

CREATE TABLE 사용 시에도 역시 옵션으로 IF NOT EXISTS 구문을 정의할 수 있으며, 테이블의 구성에 필요한 속성을 추가할 수 있습니다. 디폴트 값 지정을 위한 DEFAULT 구문을 가질 수 있습니다. 단, 테이블 생성 시에는 다음의 사항은 지켜야 한다는 점에 유의해야 합니다.

- 속성은 1개 이상 정의해야 한다.
- 속성 정의 시에는 이름과 데이터 타입을 지정해야 한다.

여기서 다음과 같은 의문을 가질 수 있습니다.

? PRIMARY KEY 옵션은 어떤 옵션인가요?

PRIMARY는 속성을 기본 키로 지정하는 옵션입니다. 관계형 데이터베이스에서는 레코드 식별을 위한 키 제약조건Key Constraints과 관련하여 다음과 같이 정의하고 있습니다.

- **슈퍼 키(Super Key) :** 레코드를 유일하게 식별할 수 있는 속성들의 집합
- **후보 키(Candidate Key) :** 레코드를 유일하게 식별할 수 있는 속성들의 최소 집합

- **기본 키(Primary Key) :** 후보 키 중 설계자가 레코드 식별을 위해 특별히 선택한 키

예를 들어 다음의 user 테이블을 살펴봅시다.

no	id	password	name	ts
1	kim@abc.com	****	김시민	2020-11-15
2	lee@abc.com	****	이순신	2020-11-16
...	...	...	...	...

그림 8-2 user 테이블

슈퍼 키는 각 레코드를 유일하게 식별할 수 있는 속성들의 집합이므로, 다양한 속성 조합을 통해 슈퍼 키를 찾아낼 수 있습니다. 예를 들어, {no, id, name} 조합은 레코드를 유일하게 식별할 수 있습니다. 마찬가지로, {no, name}이나 {id, name} 조합 역시 레코드의 식별이 가능합니다. 따라서 이들은 모두 슈퍼 키가 됩니다.

후보 키는 레코드를 식별할 수 있는 속성들의 '최소' 집합입니다. 따라서 [그림 8-2]의 예에서는 각 레코드마다 부여한 고유 숫자인 {no}와, 중복되는 값이 없는 {id}가 후보 키가 될 수 있습니다. {no, name} 조합은 유일하게 식별 가능하지만, 최소 집합이 아니기 때문에 후보 키는 아닙니다. 기본 키는 후보 키 중에서 설계자 혹은 관리자가 선택한 키에 해당합니다.

[예제 8-2]에서는 {id}를 기본 키로 선택하여 진행하겠습니다. 물론 {no}를 기본 키로 선택해도 시스템이 동작하는 데에는 문제가 없습니다. 단 어느 것을 기본 키로 선택할지와 관련하여, 설계자는 어떤 속성이 테이블 조작에 편리한지, 레코드를 대표하는지를 판단하여 정하게 됩니다.

이제 실습을 통해 mysns라는 데이터베이스를 만들고, 여기에 [그림 8-1]의 구조를 갖는 user 테이블을 추가해 봅시다.

예제 8-2 데이터베이스와 테이블 만들기

1 Hello2 프로젝트 생성하기 : 이클립스의 [File]-[New]-[Dynamic Web Project] 메뉴를 선택하여 'Hello2'라는 이름으로 프로젝트를 생성합니다.

TIP 프로젝트 생성 시 Target Runtime 항목이 'Apache Tomcat v9.0'으로 설정되어 있는지 확인합니다. 그렇지 않을 경우 2장에서 톰캣 설치 과정을 참조하여 환경 설정을 해야 합니다. 또한 프로젝트 생성 후 하단의 Markers 탭에서 'Faceted Project Problem' 등의 오류가 나타날 수 있습니다. 이 경우 역시 2장의 내용을 참조하여 해결할 수 있습니다.

2 mysns.sql 파일 추가하기 : src/main/webapp 폴더에서 마우스 오른쪽 버튼을 눌러 [New]-[SQL File] 메뉴를 선택합니다. 파일 이름을 mysns.sql로 입력한 후 [Finish] 버튼을 눌러 파일을 생성합니다.

3 mysns.sql에 SQL 명령어 입력하기 : mysns 데이터베이스와 user 테이블을 생성하기 위해 다음과 같이 mysns.sql을 작성합니다. 이 쿼리에서는 데이터베이스 구성을 위해 3개의 SQL 명령어(CREATE DATABASE, USE, CREATE TABLE)를 배치 파일(Batch file) 형태로 정의합니다.

Hello2/src/main/webapp/mysns.sql

```
01 CREATE DATABASE IF NOT EXISTS mysns
02 DEFAULT CHARACTER SET utf8 COLLATE utf8_general_ci;
03
04 USE mysns;
05
06 CREATE TABLE IF NOT EXISTS user(
07     id VARCHAR(128) PRIMARY KEY, -- "email"
08     password VARCHAR(32),
09     name VARCHAR(32),
10     ts TIMESTAMP DEFAULT CURRENT_TIMESTAMP
11 );
```

01행 : mysns 데이터베이스를 생성합니다. IF NOT EXISTS 구문을 추가하여 데이터베이스를 기존에 만들지 않은 경우에 한해 조건부로 mysns를 생성합니다. 해당 구문이 없을 경우, 배치 파일을 수행할 때마다 'Can't create database 'mysns': database exists' 에러가 발생하므로, 배치 형태로 명령어를 구성할 경우 IF NOT EXISTS 구문의 추가가 반드시 필요합니다.

02행 : 데이터베이스에 한글을 포함한 다국어가 입력될 수 있도록 문자 집합을 utf8로 설정합니다. 또한 단어 간의 비교나 정렬 기준으로 utf8_general_ci를 콜레이션 규칙으로 정의합니다.

04행 : USE 구문을 이용해 쿼리를 수행할 데이터베이스의 이름을 명시합니다. MySQL에서는 SQL 명령어를 입력받기에 앞서, 어떤 데이터베이스를 이용할지 지정하도록 강제합니다. 예를 들어

user 테이블이 여러 데이터베이스에 있을 경우, user 테이블 조회 및 데이터 조작에 대한 명령어 입력 시 어떤 데이터베이스에 속한 user 테이블인지 판단할 수 없습니다. 이러한 문제는 사용할 데이터베이스의 이름을 명확히 함으로써 해결할 수 있습니다.

06행 : mysns 데이터베이스에 user라는 이름의 테이블을 생성합니다. 역시 IF NOT EXISTS 구문을 이용하여 같은 이름의 테이블이 없을 경우에 한해 조건부로 생성합니다.

07행 : 사용자 아이디를 저장하기 위한 id 속성을 user 테이블에 추가합니다. 데이터 유형을 VARCHAR(128)로 선언함으로써 최대 128 글자까지 가변적으로 받아들일 수 있도록 정의하였습니다. PRIMARY KEY 구문은 id의 입력 값이 서로 유일하게 식별되도록 강제하기 위한 용도로 이용됩니다. 예를 들어 id에 사용자들의 이메일 주소를 아이디로 입력받을 경우, 입력되는 이메일 주소가 서로 다른 값이 저장되도록 강제합니다. '--'는 주석에 해당합니다.

08행 : 패스워드를 저장하기 위한 password 속성을 테이블에 추가합니다. 데이터 유형을 VARCHAR(32)로 선언함으로써 최대 32 글자까지 가변적으로 받아들일 수 있도록 정의됩니다.

09행 : 사용자 이름을 저장하기 위한 name 속성을 VARCHAR(32)로 정의하였습니다.

10행 : 가입 시간을 저장하기 위한 ts 속성을 추가합니다. TIMESTAMP 형으로 정의하였으며, DEFAULT 구문을 이용하여 CURRENT_TIMESTAMP를 디폴트 값으로 가집니다. CURRENT_TIMESTAMP는 MySQL에서 제공하는 키워드로, 현재 시간을 TIMESTAMP 형식으로 나타냅니다. 따라서 10행을 추가함으로써 레코드가 새로이 생성될 때마다 ts에 현재 시간이 자동으로 설정되도록 합니다.

NOTE 문자 집합(Character Set)과 콜레이션(Collation)

문자 집합은 언어 별로 글자 표현에 필요한 알파벳을 기호로 정의한 집합을 나타냅니다. 문자 집합을 utf8로 지정할 경우 하나의 단어를 나타내기 위해 1~3 바이트가 필요합니다. 만약 이모티콘 형태의 글자(emoji) 등을 처리하려면 문자 집합을 utf8mb4로 정의해야 하며, 콜레이션 규칙 역시 이에 상응하는 utf8mb4_general_ci로 설정해야 합니다. 이 경우 하나의 단어를 나타내기 위해 1~4 바이트까지 필요할 수 있습니다.

콜레이션은 문자 집합 내 알파벳 간의 정렬 규칙을 정의합니다. 같은 문자 집합이라도 콜레이션 규칙에 따라 비교 및 정렬 방법이 다를 수 있습니다. 예를 들어 영어의 경우 대소문자의 구분 비교 여부, 일본어의 경우 히라가나와 가타카나의 구분 방법 등은 콜레이션에 따라 다를 수 있습니다.

4 mysns.sql 실행하기 : src/main/webapp 폴더 아래에 위치한 mysns.sql 파일에서 마우스 오른쪽 버튼을 눌러 [Properties] 메뉴를 선택합니다. 이어 나온 팝업에서 [Location] 항목의

파일 경로를 선택한 후 Ctrl+C를 눌러 복사합니다.

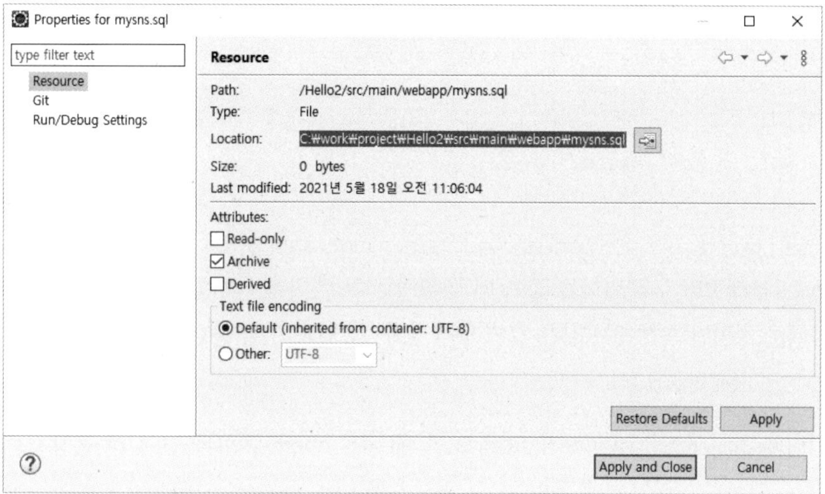

다음으로 MySQL 커맨드 창(MySQL 8.0 Command Line Client)을 실행시켜 명령어 프롬프트에 'source'를 입력하고 스페이스를 눌러 공백을 추가합니다. 그리고 공백 이후에 Ctrl+V를 눌러 복사된 경로를 다음과 같이 추가합니다.

```
mysql> source C:\work\project\Hello2\src\main\webapp\mysns.sql
```

프롬프트에서 Enter를 눌러 실행합니다. 실행 결과는 다음과 같습니다.

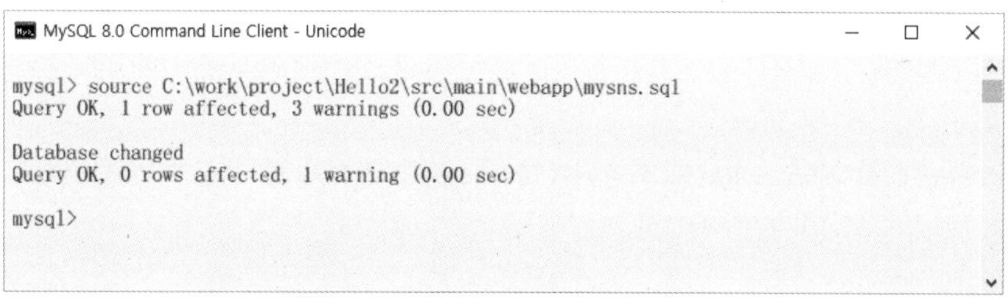

생성된 스키마를 보기 위해 **desc user** 명령어를 프롬프트에 입력하여 실행해 봅시다. 다음 화면과 같이 CREATE TABLE 구문을 통해 정의된 속성 이름과 타입, 디폴트 값 정보 등을 확인하실 수 있습니다.

```
MySQL 8.0 Command Line Client - Unicode

mysql> desc user;
+----------+--------------+------+-----+-------------------+-------------------+
| Field    | Type         | Null | Key | Default           | Extra             |
+----------+--------------+------+-----+-------------------+-------------------+
| id       | varchar(128) | NO   | PRI | NULL              |                   |
| password | varchar(32)  | YES  |     | NULL              |                   |
| name     | varchar(32)  | YES  |     | NULL              |                   |
| ts       | timestamp    | YES  |     | CURRENT_TIMESTAMP | DEFAULT_GENERATED |
+----------+--------------+------+-----+-------------------+-------------------+
4 rows in set (0.07 sec)

mysql>
```

이 화면에서 Key 항목에 PRI가 의미하는 것은 id 속성이 기본 키임을 의미합니다. 앞서 설명한 바와 같이, 기본 키로 정의된 속성에는 같은 값이 입력될 수 없으며, 이를 통해 모든 레코드가 유일하게 식별될 수 있도록 강제합니다.

일반적으로 데이터베이스 구조를 생성하기 위한 DDL 구문은 mysns.sql과 같이 긴 문장으로 구성됩니다. 따라서 커맨드 프롬프트에서 DDL 구문을 직접 입력할 경우 오타가 발생할 확률이 높으며, 이에 따른 재입력 작업이 상당히 번거로울 수 있습니다. [예제 8-2]와 같이 배치 파일을 작성하고 간단히 호출함으로써 이러한 번거로움을 줄일 수 있습니다.

이 실습을 통해 CREATE TABLE 구문을 이해했다면, 사용자가 작성한 글을 저장하기 위한 feed 테이블을 함께 설계해 봅시다. feed 테이블에는 작성자의 아이디와 작성 글, 그리고 작성 시간 정보가 기본으로 들어가야 합니다. 따라서 이러한 내용이 포함되도록 CREATE TABLE 구문을 정의해 봅시다.

> ? 작성자의 아이디와 작성글, 그리고 작성 시간 정보를 포함한 feed 테이블을 생성하기 위한 CREATE TABLE 구문은 어떻게 작성하나요?

테이블을 정의할 때는 먼저 어떤 속성들이 포함되어야 하는지 고민해야 합니다. 이와 관련하여 [표 8-7]에서 테이블에 들어가야 할 속성 3가지를 제시하였기 때문에, 여기서는 각 속성 별로 이름과 타입만 정의하면 됩니다.

이제 각 속성의 이름을 정해봅시다. 아이디는 간단히 id로, 작성 시간은 user 테이블과 동일하게 ts로 정의할 수 있습니다. 작성 글은 임의의 이름을 정해주시면 됩니다. 여기서는 content로 정의하겠습니다. 각 속성의 타입을 제외하고 다음과 같이 CREATE TABLE 구문을 작성할 수 있습니다.

```
CREATE TABLE IF NOT EXISTS feed (
    id __________
    content ________
    ts __________
);
```

다음으로 CREATE 구문에서 빈 칸으로 표시된 각 속성의 타입을 정해봅시다.

■ **id 속성**

작성자의 아이디는 로그인한 사용자의 아이디입니다. 이 때 로그인한 사용자의 아이디는 user 테이블로부터 가져오게 되므로, 작성자의 아이디는 user 테이블의 아이디와 동일한 형식을 가져야 합니다. 따라서 id 속성의 타입은 user 테이블과 동일하게 VARCHAR(128)로 정의됩니다.

■ **content 속성**

작성 글을 저장하기 위한 속성으로 문자형 타입이 되어야 합니다. 사용자에 따라 작성 글은 가변 길이를 가질 수 있으므로 VARCHAR 유형으로 정의할 수 있으며, 크기는 몇 글자까지 입력을 허용할지에 따라 결정됩니다. 여기서는 4,096글자까지 입력받는 것으로 가정하여, content 속성의 타입을 VARCHAR(4096)으로 정의하겠습니다.

■ **ts 속성**

사용자가 글을 작성한 후 업로드 할 때 시스템에서 시간을 체크하여 자동으로 입력할 수 있습니다. 이는 user 테이블의 ts 속성을 정의할 때와 마찬가지로 DEFAULT CURRENT_TIMESTAMP 구문을 그대로 이용하면 됩니다.

feed 테이블은 이와 같은 내용을 바탕으로 다음과 같은 CREATE문을 작성할 수 있습니다.

```
CREATE TABLE IF NOT EXISTS feed (
    id VARCHAR(128),
    content VARCHAR(4096),
    ts TIMESTAMP DEFAULT CURRENT_TIMESTAMP
);
```

그러나 이 테이블은 아직 완성된 버전이 아닙니다. feed 테이블에 정의된 속성 중, 어느 속성을 기본 키로 설정할지 정해야 합니다. 3가지 속성 중 레코드를 유일하게 식별할 수 있는 속성이 있나요? id 속성은 될 수 없습니다. 왜냐하면 특정 사용자가 여러 개의 글을 작성할 수 있기 때문이며, 이 경우 id에는 해당 사용자 아이디가 여러 번 중복되어 입력됩니다. content 역시 안 됩니다. 여러 사용자가 'Hi'와 같은 인사 글을 동일한 내용으로 올릴 수 있기 때문입니다. ts는 어떨까요? 여러 사용자가 우연히 같은 시간에 글을 올리면 중복되기 때문에 이 역시 어렵습니다.

그럼 기본 키를 지정하지 않으면 어떻게 될까요? 이 경우 작성된 글들이 서로 식별될 수 없으므로, 특정 글을 선택하기가 어려워집니다. 원하는 글을 수정하거나 삭제하려면 특정 글의 선택이 선행되어야 하는데, 어떤 글인지 특정하기 어렵기 때문에 삭제나 수정 작업 역시 불가능해집니다.

따라서 feed 테이블에는 레코드를 식별하기 위한 새로운 속성이 정의되어야 합니다. 레코드를 식별할 수 있는 가장 간단한 방법은 글이 추가될 때마다 번호를 0부터 1씩 자동으로 증가시키는 시퀀스Sequence를 이용하는 방법입니다. 시퀀스는 RDBMS에서 제공하며, 이를 이용하기 위한 구문은 제품마다 조금씩 다를 수 있습니다. MySQL에서 시퀀스는 다음과 같이 정의할 수 있습니다.

```
no  INT UNSIGNED  AUTO_INCREMENT  PRIMARY KEY
❶   ❷             ❸               ❹
```

각 속성의 의미는 다음과 같습니다.

❶ 속성의 이름을 나타내며, 다른 임의의 이름으로 대체될 수 있습니다.

❷ 속성의 타입을 나타내며, 0부터 시작되는 양수 값을 가질 수 있도록 합니다.

❸ 레코드가 추가될 때마다 no 속성 값을 1씩 자동으로 증가시킵니다.

❹ no 속성을 기본키로 지정합니다.

결과적으로 AUTO_INCREMENT 속성, 즉 시퀀스를 추가하여 feed 테이블 생성을 위한 SQL 구문을 완성할 수 있습니다. [예제 8-3]을 통해 feed 테이블 생성 구문을 mysns.sql에 추가하고 데이터베이스에 적용해 봅시다.

예제 8-3 feed 테이블 생성하기

1 mysns.sql에 feed 테이블 추가하기 : mysns.sql의 하단에 다음과 같이 feed 테이블 생성 구문을 입력합니다.

Hello2/mysns.sql

```
CREATE TABLE IF NOT EXISTS feed (
    no INT UNSIGNED AUTO_INCREMENT PRIMARY KEY,
    id VARCHAR(128),
    content VARCHAR(4096),
    ts TIMESTAMP DEFAULT CURRENT_TIMESTAMP
);
```

2 데이터베이스에 적용하기 : MySQL 커맨드 프롬프트에서 다음의 명령어를 입력한 후 실행하여 데이터베이스에 mysns.sql의 변경 내용을 적용합니다.

```
mysql> source C:\work\project\Hello2\src\main\webapp\mysns.sql
```

3 데이터베이스 적용 여부 확인하기 : MySQL 커맨드 프롬프트에서 desc feed 명령어를 입력하여 feed 테이블이 제대로 생성되었는지 확인합니다.

```
MySQL 8.0 Command Line Client - Unicode

mysql> desc feed;
+---------+---------------+------+-----+-------------------+-------------------+
| Field   | Type          | Null | Key | Default           | Extra             |
+---------+---------------+------+-----+-------------------+-------------------+
| no      | int unsigned  | NO   | PRI | NULL              | auto_increment    |
| id      | varchar(128)  | YES  |     | NULL              |                   |
| content | varchar(4096) | YES  |     | NULL              |                   |
| ts      | timestamp     | YES  |     | CURRENT_TIMESTAMP | DEFAULT_GENERATED |
+---------+---------------+------+-----+-------------------+-------------------+
4 rows in set (0.00 sec)

mysql>
```

2 DROP 명령어

DROP 명령어는 테이블이나 데이터베이스를 삭제하기 위한 명령어로 [표 8-8]에서 소개하는 것과 같이 이름만 간단히 입력하여 이용할 수 있습니다.

표 8-8 DROP 명령어

명령어	설명
DROP DATABASE 〈name〉;	데이터베이스 삭제
DROP TABLE 〈name〉;	테이블 삭제

예를 들어 user 테이블을 삭제하기 위한 명령어는 다음과 같습니다.

```
mysql> DROP TABLE user;
```

3 ALTER 명령어

다음으로 테이블 구조를 변경하기 위한 방법에 대해 알아봅시다. 테이블에 데이터가 입력되기 전이라면 DROP TABLE 구문을 이용해 테이블을 삭제한 후, SQL 스크립트 파일(예를 들어 mysns.sql) 내용을 변경하고 source 구문의 실행을 통해 변경 내용을 반영하면 됩니다. 이에 반해, 테이블에 데이터가 입력된 후라면 DROP 구문을 실행할 경우 데이터가 삭제되기 때문에 문제가 됩니다. 이 경우 ALTER TABLE 명령어를 이용하여 문제를 해결할 수 있습니다.

ALTER TABLE 명령어는 속성을 새로이 추가하거나 삭제, 수정하기 위한 구문을 제공합니다. 또한 테이블 이름을 바꿀 때도 ALTER TABLE 명령어가 이용됩니다. [표 8-9]는 ALTER TABLE에서 정의될 수 있는 구문 중 가장 기본적인 형태에 대해서만 소개합니다. 자세한 내용은 MySQL 매뉴얼을 참조해 주시기 바랍니다.

표 8-9 ALTER 명령어

명령어	설명
ALTER TABLE 〈table_name〉 ADD COLUMN 〈column_name〉〈column_type〉 [DEFAULT 〈value〉];	속성(컬럼) 추가
ALTER TABLE 〈table_name〉 DROP COLUMN 〈column_name〉;	속성 삭제
ALTER TABLE 〈table_name〉 MODIFY COLUMN 〈column_name〉〈new_type〉 [DEFAULT 〈value〉];	속성 타입만 수정
ALTER TABLE 〈table_name〉 CHANGE COLUMN 〈column_name〉〈new_name〉〈new_type〉 [DEFAULT 〈value〉];	속성 이름과 타입함께 수정
ALTER TABLE 〈table_name〉 RENAME 〈new_name〉;	테이블 이름 수정

ALTER 명령어는 CREATE나 DROP 명령어에 비해 구문이 다소 복잡해 보이죠? 예시를 보면 조금 쉽게 이해가 가실 겁니다. [표 8-10]에서는 user 테이블에 전화번호를 저장하기 위한 tel 속성을 추가하거나, 삭제, 수정하기 위한 예시들을 보여줍니다.

표 8-10 ALTER 명령어 사용 예시

명령어	설명
ALTER TABLE user ADD COLUMN tel VARCHAR(16);	VARCHAR(16) 타입의 tel 속성을 user 테이블에 추가합니다.
ALTER TABLE user DROP COLUMN tel;	tel 속성을 user 테이블로부터 삭제합니다.
ALTER TABLE user MODIFY COLUMN tel VARCHAR(32);	tel 속성의 타입을 VARCHAR(32)로 수정합니다.
ALTER TABLE user CHANGE COLUMN tel tel2 VARCHAR(32);	tel 속성의 이름과 타입을 각각 tel2와 VARCHAR(32)로 수정합니다.
ALTER TABLE user RENAME user2;	테이블 이름을 user2로 수정합니다.

ALTER TABLE 구문은 RDBMS마다 조금씩 다를 수 있습니다. 예를 들어, 오라클에서 속성 이름을 변경하기 위해서는 **CHANGE COLUMN**이 아닌, **RENAME COLUMN** 구문이 이용되며, 파라미터의 개수나 순서도 달라집니다. 대신 ADD나 DROP, MODIFY COLUMN 구문은 동일하게 이용될 수 있습니다.

05 DML

DML Data Manipulation Language은 데이터를 조작하기 위한 명령어를 포함합니다. MySQL에서는 테이블에 레코드를 삽입, 삭제 및 수정하거나 검색할 수 있도록 [표 8-11]과 같이 DML 명령어를 제공합니다.

표 8-11 DML 명령어

명령어	설명
INSERT INTO 〈table〉 [〈column_list〉] VALUES 〈val_list〉;	레코드 삽입
DELETE FROM 〈table〉 [WHERE 〈condition_list〉];	레코드 삭제
UPDATE 〈table〉 SET 〈val_set_list〉 [WHERE 〈condition_list〉];	레코드 수정
SELECT 〈column_list〉 FROM 〈table_list〉 [WHERE 〈condition_list〉] [ORDER BY 〈column_list〉];	레코드 검색

1 INSERT 명령어

INSERT 명령어는 테이블에 레코드를 삽입할 때 사용합니다. id, password, name, ts를 속성으로 갖는 user 테이블에 레코드를 입력하는 경우 다음과 같이 두 가지 방법으로 INSERT 구문을 작성할 수 있습니다.

■ 테이블의 모든 속성 값을 지정하여 레코드를 추가하는 방식

다음 쿼리와 같이 입력 값을 user 테이블의 속성 순서에 맞게 차례로 대입하여 레코드를 추가할 수 있습니다. 다음 SQL문에서 now()는 MySQL에서 현재 시간을 TIMESTAMP 형으로 반환하기 위해 제공하는 함수입니다.

```
INSERT INTO user VALUES("kim@abc.com", "111", "김시민", now());
```

■ **속성을 선별적으로 지정하여 값을 입력하는 방식**

다음 쿼리와 같이 아이디와 패스워드 값만 입력하여 레코드를 추가할 수 있습니다. 이 경우, 테이블 이름 뒤에 속성들의 리스트를 반드시 명시해줘야 합니다.

```
INSERT INTO user(id, password) VALUES("kim@abc.com", "111");
```

INSERT 명령어의 사용법을 이해했다면 다음 질문에 답해 봅시다.

? feed 테이블에 id와 content, ts 속성 값이 각각 'kim@abc.com', 'Hello', 〈현재 시간〉인 레코드를 추가하기 위한 SQL 구문을 작성해 주세요.

먼저 feed 테이블에 레코드를 추가하므로 'INSERT INTO feed'로 시작되어야 합니다. 다음으로 feed 테이블의 모든 속성에 값을 대입하는지 여부를 확인해야 합니다. feed 테이블은 no, id, content, ts 속성으로 구성되어 있지만, 제시된 조건에서는 no 속성에 값을 대입하지 않습니다. 따라서 속성을 선별적으로 지정하여 값을 입력하는 INSERT문이 필요하며, 다음과 같이 기술될 수 있습니다.

```
INSERT INTO feed(id, content, ts) VALUES("kim@abc.com", "Hello", now());
```

예제 8-4 data.sql 작성하기

1 data.sql 파일 추가하기 : Hello2 프로젝트의 src/main/webapp 폴더에서 마우스 오른쪽 버튼을 눌러 [New]-[SQL File] 메뉴를 선택합니다. 파일 이름을 data.sql로 입력한 후 [Finish] 버튼을 눌러 파일을 생성합니다.

2 data.sql 작성하기 : data.sql에 user 테이블과 feed 테이블에 레코드를 추가하기 위한 INSERT 구문을 다음과 같이 입력한 후, Ctrl+S를 눌러 저장합니다.

Hello2/data.sql

```
01  USE mysns;
02
03  INSERT INTO user VALUES("kim@abc.com", "111", "김시민", now());
04  INSERT INTO user VALUES("lee@abc.com", "111", "이순신", now());
05  INSERT INTO user VALUES("kwon@abc.com", "111", "권율", now());
06
07  INSERT INTO feed(id, content) VALUES("kim@abc.com", "Hello");
08  INSERT INTO feed(id, content) VALUES("kwon@abc.com", "Aloha");
```

01행 : USE 명령어를 이용하여 mysns 데이터베이스를 사용할 것을 선언합니다. 즉 user 테이블과 feed 테이블이 mysns 데이터베이스에 포함되어 있음을 알립니다.

03~05행 : 모든 속성 값을 지정하는 방식으로 user 테이블에 레코드를 추가합니다.

07~08행 : id와 content를 포함한 일부 속성 값을 지정하는 방식으로 feed 테이블에 레코드를 추가합니다.

NOTE 혹시 data.sql를 저장하려고 할 때 에러가 발생하나요?

파일 저장 시, 다음과 같이 'Some characters cannot be mapped using Cp1252 ..' 오류가 발생할 수 있습니다. 이는 이클립스의 에디터에서 문자를 표현할 때 영어 기반 인코딩 방식인 Cp1252를 이용하는데 반해, data.sql에서는 한글을 포함하여 저장하려고 시도하기 때문에 이클립스가 한글을 인지하지 못해 발생하는 오류입니다.

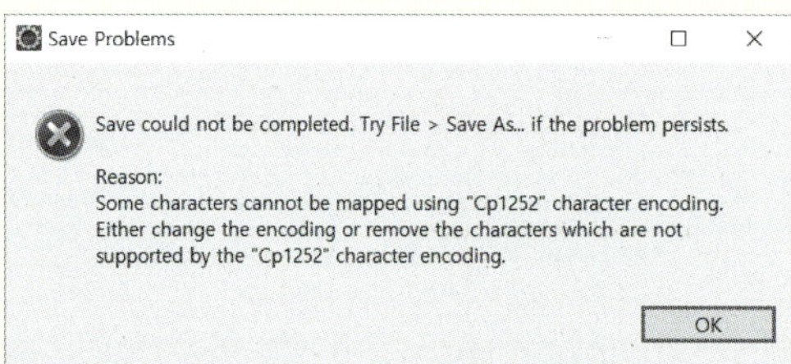

문제 해결을 위해 이클립스 설정을 변경해야 합니다. 이클립스 상단의 [Window]-[Preferences] 메뉴를 선택하면 다음과 같은 Preferences 팝업 화면을 보여줍니다. 화면의 왼쪽 리스트에서 [General] 항목을 펼친 후,

[Workspace] 항목을 선택합니다. 그러면 오른쪽 화면의 아래에 [Text file encoding]이라는 옵션을 확인할 수 있습니다. 해당 옵션에서는 Default (Cp1252) 라디오 버튼이 기본 값으로 선택되어 있는데, 선택한 값을 Other로 변경합니다. 그러면 Other 버튼의 오른쪽에 드롭다운 리스트가 활성화되는데, 리스트에서 UTF-8을 선택하고 [Apply and Close] 버튼을 눌러 적용하고 팝업을 닫습니다. data.sql에서 Ctrl+S 버튼을 다시 누르면 저장되는 것을 확인하실 수 있습니다.

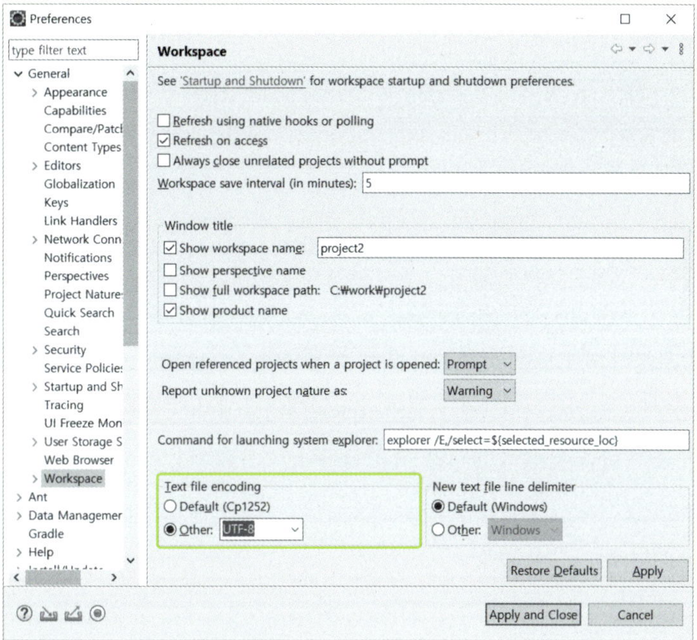

3 데이터베이스에 적용하기 : MySQL 커맨드 프롬프트에서 다음 명령어를 입력한 후 Enter를 눌러, 데이터베이스에 data.sql의 변경 내용을 적용합니다.

```
mysql> source C:\work\project\Hello2\src\main\webapp\data.sql
```

4 데이터베이스 적용 여부 확인하기 : MySQL 커맨드 프롬프트에서 **SELECT * FROM user** SQL문을 입력하여 user 테이블에 레코드가 제대로 추가되었는지 확인합니다. SELECT는 검색을 위한 명령어로, 05절 후반에서 설명합니다. 마찬가지로 feed 테이블에 대해서도 동일한 방법으로 레코드 추가 여부를 확인합니다.

```
MySQL 8.0 Command Line Client - Unicode

mysql> SELECT * FROM user;
+----------------+----------+--------+---------------------+
| id             | password | name   | ts                  |
+----------------+----------+--------+---------------------+
| kim@abc.com    | 111      | 김시민 | 2020-11-18 12:26:51 |
| kwon@abc.com   | 111      | 권율   | 2020-11-18 12:26:51 |
| lee@abc.com    | 111      | 이순신 | 2020-11-18 12:26:51 |
+----------------+----------+--------+---------------------+
3 rows in set (0.00 sec)

mysql> SELECT * FROM feed;
+----+--------------+---------+---------------------+
| no | id           | content | ts                  |
+----+--------------+---------+---------------------+
|  1 | kim@abc.com  | Hello   | 2020-11-18 12:26:51 |
|  2 | kwon@abc.com | Aloha   | 2020-11-18 12:26:51 |
+----+--------------+---------+---------------------+
2 rows in set (0.00 sec)

mysql>
```

2 DELETE 명령어

DELETE 명령어는 테이블로부터 레코드를 삭제하기 위해 이용되며, WHERE 구문을 이용하여 삭제할 레코드의 조건을 지정할 수 있습니다. 예를 들어, user 테이블에서 이름이 '김시민'인 레코드를 삭제하기 위한 SQL문은 다음과 같이 정의할 수 있습니다.

```
DELETE FROM user WHERE name = "김시민";
```

이름이 '김'으로 시작하는 모든 레코드를 삭제하고 싶다면 다음과 같이 LIKE 구문을 이용할 수 있습니다. LIKE는 '%'와 함께 문자열의 부분 매칭Partial Matching 조건을 지정하기 위해 이용됩니다. '%'는 임의의 문자열을 나타냅니다.

```
DELETE FROM user WHERE name LIKE "김%";
```

만약 다음과 같이 WHERE 구문을 쓰지 않는다면, 테이블의 모든 레코드가 삭제됩니다.

```
DELETE FROM user;
```

따라서 레코드를 모두 삭제해야 하는 경우가 아니라면, DELETE 구문을 이용할 때는 반드시 WHERE 구문을 이용해 조건을 명시해야 한다는 점을 기억해 주세요.

3 UPDATE 명령어

UPDATE 명령어는 테이블로부터 레코드를 수정하기 위해 이용되며, WHERE 구문을 이용하여 수정될 레코드의 조건을 지정할 수 있습니다. 예를 들어, user 테이블에서 이름이 '김시민'인 레코드의 패스워드를 '222'로 변경하기 위한 SQL문은 다음과 같이 정의할 수 있습니다.

```
UPDATE user SET password = "222" WHERE name = "김시민";
```

이름이 '김'으로 시작하는 모든 레코드의 패스워드를 '222'로 변경하고자 할 경우 역시 다음과 같이 LIKE 구문을 이용할 수 있습니다.

```
UPDATE user SET password = "222" WHERE name LIKE "김%";
```

DELETE 명령어와 마찬가지로, WHERE 구문을 쓰지 않을 경우 테이블 내 모든 레코드의 패스워드가 '222'로 변경됩니다.

```
UPDATE user SET password = "222";
```

4 SELECT 명령어

SELECT 명령어는 테이블로부터 레코드를 검색하기 위해 이용되며, 역시 WHERE 구문을 이용하여 검색될 레코드의 조건을 지정할 수 있습니다. 예를 들어, user 테이블에서 이름이 '김시민'인 레코드를 검색하기 위한 SQL문은 다음과 같이 정의할 수 있습니다.

```
SELECT * FROM user WHERE name = "김시민";
```

이와 같이 SELECT 구문 다음에 *를 정의할 경우, WHERE 구문을 만족하는 레코드의 모든 속성 값을 출력합니다. 만약 id와 password 속성 값만 출력하고 싶다면 다음과 같이 SELECT 구문에 속성 이름을 지정할 수 있습니다.

```
SELECT id, password FROM user WHERE name = "김시민";
```

다른 명령어들과 마찬가지로, WHERE 구문을 쓰지 않을 경우 테이블 내 모든 레코드 정보를 반환합니다.

```
SELECT * FROM user;
```

SELECT 구문에서는 검색 결과를 정렬하여 출력하기 위해 [표 8-12]와 같이 ORDER BY 구문을 이용할 수 있습니다.

표 8-12 ORDER BY 구문 이용 예

명령어	설명
SELECT id, name FROM user ORDER BY ts;	user 테이블의 모든 레코드로부터 ts의 오름차순으로 id, name 값 추출
SELECT id, name FROM user ORDER BY ts DESC;	user 테이블의 모든 레코드로부터 ts의 내림차순으로 id, name 값 추출
SELECT id, name FROM user ORDER BY ts DESC LIMIT 10;	user 테이블의 최근 10개 레코드로부터 id, name 값 추출

ORDER BY 구문은 정렬 기준이 되는 속성 이름과 함께 정의되며, DESC와 LIMIT을 옵션으로 정의할 수 있습니다. 두 옵션은 다음과 같은 상황에서 사용합니다.

- **DESC :** 정렬 순서를 내림차순으로 정의하고자 할 때 이용
- **LIMIT :** 정렬된 레코드 중 상위 또는 하위 n개를 추출하기 위해 이용

TIP ORDER BY의 디폴트 정렬 순서는 오름차순입니다.

ORDER BY 구문은 SNS 등에서 작성 글을 리스트 형식으로 출력할 때 특히 많이 이용됩니다. 다음의 질문에 답해 봅시다.

> feed 테이블로부터 최근 작성 글 10개로부터 id와 content 속성 값을 출력하기 위한 SQL문을 작성하려면 어떻게 해야 하나요?

어떻게 작성해야 하는지 감이 오나요? SELECT문과 ORDER BY 구문을 이해하셨다면 충분히 답할 수 있습니다. 먼저 feed 테이블로부터 id와 content 속성 값을 가져와야 하므로, **SELECT id, content FROM feed**로 SQL문을 시작할 수 있습니다. 다음으로 고려되어야 할 부분은 '최근 작성 글 10개'입니다. 이는 feed 레코드를 시간 순으로 정렬한 후, 상위 10개를 추출해야 함을 의미합니다. 단 '최신' 글이 우선되어야 하므로, 시간의 역순으로 정렬해야 합니다. 따라서 ORDER BY 구문의 기준이 ts 속성이 되어야 하며, 시간의 역순이므로 DESC 옵션이 추가되어야 합니다. 또한 상위 10개를 추출해야 하므로 LIMIT 10 구문이 추가해야 합니다.

결과적으로 질문을 만족하는 SQL문은 다음과 같이 기술할 수 있습니다.

```
SELECT id, content FROM user ORDER BY ts DESC LIMIT 10;
```

SELECT 구문을 이용해 여러 테이블로부터 레코드 추출하는 것 역시 가능합니다. 테이블을 보고, 다음 질문을 살펴봅시다.

> emp 테이블과 bonus 테이블로부터 인센티브가 3,000 이상인 사원들의 이름과 인센티브 값을 구하기 위한 SQL문을 작성하려면 어떻게 해야 하나요?

emp 테이블

id	name	salary
1001	Kim	50000
1002	Lee	60000
1003	Park	40000
1004	Cho	30000

bonus 테이블

id	incentive
1001	3000
1003	2000
1007	1000
1010	2000

그림 8-3 emp 테이블과 bonus 테이블

emp 테이블은 사원들의 기본 정보를 포함하며, 각 사원 별로 아이디와 이름, 급여를 나타내기 위한 id, name, salary 등의 속성으로 구성되어 있습니다. 그리고 bonus 테이블은 각 사원들의 인센티브 정보를 포함하며, 사원의 아이디와 인센티브를 나타내기 위한 id, incentive 속성으로 구성되어 있습니다.

인센티브가 3000 이상인 사원들의 정보는 bonus 테이블에 있습니다. 단, 문제는 bonus 테이블에는 사원의 이름이 없다는 점입니다. 따라서 사원 이름과 인센티브 값을 함께 구하기 위해서는 두 테이블을 합쳐야 합니다. SQL에서는 WHERE 구문에서 공통 속성에 대한 동등Equality 조건을 이용하여 두 테이블을 하나로 합칠 수 있도록 지원합니다. emp 테이블 예시의 경우, 두 테이블의 공통 속성은 id입니다. 따라서 WHERE 구문을 다음과 같이 정의하여 emp와 bonus 테이블을 합칠 수 있습니다.

```
SELECT * FROM emp, bonus WHERE emp.id = bonus.id;
```

이 조건을 통해 합쳐진 테이블은 [그림 8-4]와 같은 형태가 됩니다. 관계형 데이터베이스에서는 WHERE 구문을 이용하여 두 테이블을 합치는 작업을 조인Join이라고 하며, WHERE 구문의 조건을 조인 조건이라고 합니다.

id	name	salary	incentive
1001	Kim	50000	3000
1003	Park	40000	1000

그림 8-4 emp와 bonus의 조인 테이블

이제 조인 테이블로부터 인센티브가 3,000 이상인 사원들의 이름과 인센티브를 구하는 것으로 생각할 수 있습니다. 인센티브가 3,000 이상인 조건은 WHERE 구문에 추가됩니다. 그리고 이름과 인센티브를 구하기 위한 속성은 SELECT 구문에 정의됩니다. 따라서 이를 반영한 SQL문은 다음과 같이 기술할 수 있습니다.

```
SELECT name, incentive FROM emp, bonus
WHERE emp.id = bonus.id & incentive >= 3000;
```

SQL 명령어 중 가장 자주 이용되는 것이 SELECT 입니다. 따라서 SELECT의 이용 방법에 익숙해질 필요가 있습니다. 연습 문제에서 SELECT 구문과 관련된 문제를 다루고 있으니 풀어보시기 바랍니다.

요약

01 문자 집합과 콜레이션

- **문자 집합 :** 컴퓨터에서 정보를 표현하기 위해 각 글자와 기호의 집합. 문자나 기호를 저장하거나 통신 목적으로 부호화 하는 것을 인코딩encoding, 인코딩 된 문자 부호를 본래 문자나 기호로 복호화 하는 것을 디코딩decoding이라 함
- **콜레이션 :** 특정 문자 집합에 의해 데이터베이스에 저장된 문자들을 서로 비교할 때 사용하는 규칙의 집합

02 MySQL의 장점

- 오픈 소스 라이센스에 따라 배포되므로, 무료로 사용 가능
- 많은 회사에서 사용될 만큼 안정성과 효율성이 충분히 검증됨
- 다양한 프로그래밍 언어에 대한 인터페이스를 지원함

03 9장 실습 환경 구성을 위해 필요한 쿼리

- mysns 데이터베이스와 user 테이블을 만드는 쿼리

Hello2/mysns.sql

```
CREATE DATABASE IF NOT EXISTS mysns
DEFAULT CHARACTER SET utf8 COLLATE utf8_general_ci;

USE mysns;

CREATE TABLE IF NOT EXISTS user(
    id VARCHAR(128) PRIMARY KEY, -- "email"
    password VARCHAR(32),
    name VARCHAR(32),
    ts TIMESTAMP DEFAULT CURRENT_TIMESTAMP
);
```

- feed 테이블을 만드는 쿼리

Hello2/mysns.sql

```
CREATE TABLE IF NOT EXISTS feed (
    no INT UNSIGNED AUTO_INCREMENT PRIMARY KEY,
    id VARCHAR(128),
    content VARCHAR(4096),
    ts TIMESTAMP DEFAULT CURRENT_TIMESTAMP
);
```

- user 테이블과 feed 테이블에 레코드를 추가하기 위한 INSERT 구문

Hello2/data.sql

```
USE mysns;

INSERT INTO user VALUES("kim@abc.com", "111", "김시민", now());
INSERT INTO user VALUES("lee@abc.com", "111", "이순신", now());
INSERT INTO user VALUES("kwon@abc.com", "111", "권율", now());

INSERT INTO feed(id, content) VALUES("kim@abc.com", "Hello");
INSERT INTO feed(id, content) VALUES("kwon@abc.com", "Aloha")
```

04 BLOB과 TEXT의 비교

	BLOB	TEXT
저장 방식	외부 파일에 저장	
저장 형태	바이너리 형태	텍스트 형태
저장 단위	바이트 단위	인코딩 형식에 따라 다름(1~4바이트 단위)
데이터 정렬	바이트 단위로 손쉽게 비교, 정렬 가능	인코딩 형식, 문자 집합, 콜레이션 규칙을 고려하여 비교, 정렬 가능

05 SQL 명령어

- **DDL** : CREATE, SELECT, ALTER
- **DML** : INSERT, DELETE, UPDATE
- **DCL**

연습문제

01 MySQL에서 CHAR와 VARCHAR는 어떤 차이점이 있나요?

02 MySQL의 데이터 유형 중 VARCHAR와 TEXT는 어떤 차이점이 있나요?

03 BLOB이란 무엇인가요? 어떤 종류가 있고 각각은 주로 어디에 이용되나요?

04 MySQL에서 TEXT와 BLOB 유형의 공통점과 차이점은 무엇인가요?

05 기본 키란 무엇인가요? 슈퍼 키나 후보 키와 어떻게 다른가요?

06 작성자의 아이디와 작성 글, 작성 시간 정보 등을 포함한 feed 테이블을 생성하기 위한 CREATE TABLE 구문은 어떻게 정의될 수 있나요?

07 feed 테이블에 id와 content, ts 속성 값이 각각 'kim@abc.com', 'Hello', 〈현재 시간〉인 레코드를 추가하기 위한 SQL 구문을 작성해 주세요.

08 feed 테이블로부터 최근 작성 글 10개로부터 id와 content 속성 값을 출력하기 위한 SQL 문을 작성해 주세요.

09 다음의 emp 테이블과 bonus 테이블로부터 인센티브가 3,000 이상인 사원들의 이름과 인센티브 값을 구하기 위한 SQL문을 작성해 주세요.

emp 테이블

id	name	salary
1001	Kim	50000
1002	Lee	60000
1003	Park	40000
1004	Cho	30000

bonus 테이블

id	incentive
1001	3000
1003	2000
1007	1000
1010	2000

10 emp 테이블을 참조하여 다음의 질문에 답해주세요.

emp 테이블

id	name	deptno	job
1001	Kim	11	Manager
1003	Park	20	Manager
1021	Lee	11	Salesman
1033	Cho	13	Manager
1045	Yang	20	Analyst
1077	Ryu	13	Salesman
1096	James	20	Clerk
1102	Ford	11	Salesman

(1) 이름이 Ford인 사람의 id와 job을 출력하기 위한 SQL문은 무엇인가요?
(2) 직업이 Salesman인 모든 사람의 아이디와 이름을 출력하기 위한 SQL문은 무엇인가요?
(3) 직업이 Analyst인 모든 사람을 삭제하기 위한 SQL문은 무엇인가요?
(4) 직업이 Clerk인 사람의 이름을 'Kang'으로 변경하기 위한 SQL문은 무엇인가요?

11 다음의 emp 테이블과 bonus 테이블로부터 인센티브가 2,000인 사원들의 아이디와 이름을 구하기 위한 SQL문을 작성해 주세요.

emp 테이블

id	name	salary
1001	Kim	50000
1002	Lee	60000
1003	Park	40000
1004	Cho	30000

bonus 테이블

id	incentive
1001	3000
1003	2000
1007	1000
1010	2000

CHAPTER 09
JDBC I

학습목표

JDBC를 이용하여 SQL문을 처리하기 위한 기본 과정을 익힌다.
사용자 입력으로부터 SQL문을 동적으로 생성하여 JDBC에 적용하는 과정을 익힌다.

01 JDBC 개요

JDBC란 무엇인가요?

JDBC Java Database connectivity는 Java에서 데이터베이스에 접근할 수 있도록 도와주는 프로그래밍 인터페이스입니다. JDBC는 Java 프로그램에서 데이터베이스 서버에 원격으로 접속할 수 있도록 네트워크 연결을 제공하며, 이를 통해 Java 프로그램에서 데이터베이스의 검색과 수정을 위한 SQL문을 전송하고 서버로부터 결과를 받을 수 있도록 API를 제공합니다.

JDBC를 이용하면 DBMS 종류에 관계없이 공통 API를 이용하여 데이터베이스 작업을 일관성 있게 처리할 수 있습니다. 단 DBMS 별로 연결을 위한 드라이버 설치가 필요합니다. 예를 들어 MySQL을 데이터베이스 서버로 이용하고자 한다면 MySQL 드라이버를 설치하셔야 합니다. 따라서 데이터베이스를 수정할 경우 관련 드라이버만 설치하면 되며, 응용 프로그램을 따로 수정할 필요는 없어집니다.

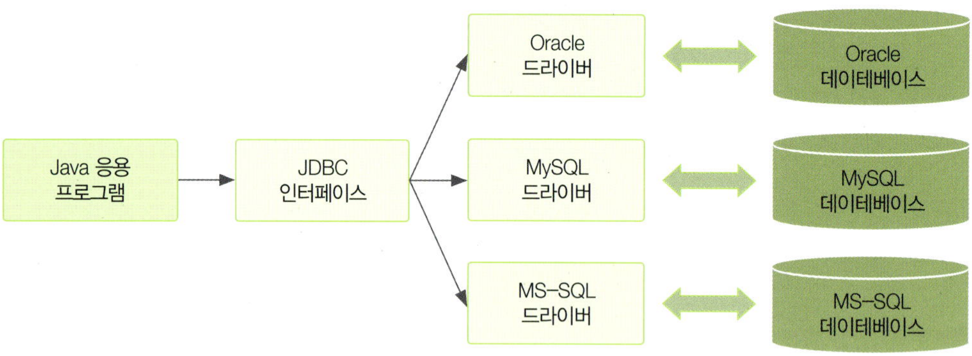

그림 9-1 JDBC 구조

예제 9-1　JDBC 드라이버 설치하기

1 JDBC 드라이버 위치 확인하기 : MySQL 설치 시 Connector/J 항목을 선택하고 설치했을 경우, JDBC 드라이버가 MySQL과 함께 설치됩니다. JDBC 드라이버는 JAR(Java Archive) 파일 형식으로 제공되며, 파일 위치는 다음과 같습니다. 파일 이름은 mysql-connector-java-**〈버전〉**.jar 형식으로 구성됩니다.

```
C:\Program Files (x86)\MySQL\Connector J 8.0\mysql-connector-java-8.0.22.jar
```

2 JDBC 드라이버 복사하기 : 이클립스에서 JDBC를 이용하려면, 사용하고자 하는 프로젝트의 src/main/webapp/WEB-INF/lib 폴더 아래에 드라이버 파일을 복사해야 합니다. 이를 위해, 파일 탐색기에서 mysql-connector-java-**〈버전〉**.jar을 선택한 후 Ctrl+C를 누릅니다. 그리고 이클립스의 Hello2 프로젝트의 src/main/webapp/WEB-INF/lib 폴더를 선택한 후 Ctrl+V를 눌러 복사해 넣습니다.

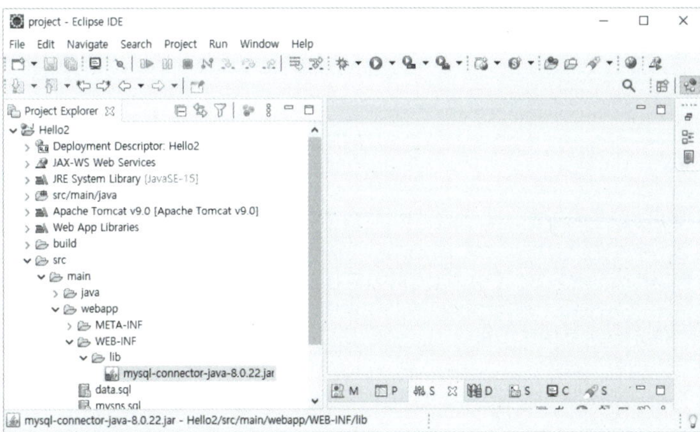

02 JDBC 프로그래밍

드라이버가 설치되었다면, JDBC API를 이용하여 MySQL 서버에 접속 가능합니다. JDBC를 이용하여 응용 프로그램으로부터 데이터베이스 서버에 연동하고 SQL문을 처리하기 위한 기본 과정은 다음과 같이 6단계로 정리될 수 있습니다. 앞으로의 실습 코드는 여기서 소개하는 6단계를 중심으로 소개합니다.

❶ Java Reflection을 이용한 JDBC 드라이버 로딩

↓

❷ 데이터베이스 접속을 위한 Connection 객체 생성

↓

❸ SQL 명령문을 전달하기 위한 Statement 객체 생성

↓

❹ Statement 객체를 이용한 쿼리 실행

↓

❺ 데이터베이스로부터 전송된 쿼리 실행 결과 처리

↓

❻ 사용된 객체(Connection, Statement 등) 닫기

이제 JDBC가 패키지에 저장된 형태를 확인해보고, 각 처리 단계는 어떤 코드 형태로 나타낼 수 있는지 알아보겠습니다. user 테이블로부터 사용자 아이디와 패스워드 리스트를 추출하는 과정을 살펴봅시다.

1 JDBC 드라이버 로딩

1번 과정인 JDBC 드라이버를 메모리로 로드하는 과정은 JDBC를 이용하기 위해서는 가장 먼저 필요합니다. MySQL에서 JDBC 드라이버는 com.mysql.jdbc 패키지에 포함된 Driver 클래스이며, mysql-connector-java-**〈버전〉**.jar 파일 내에 압축된 형태로 존재합니다.

JAR 파일은 단순한 압축 파일에 해당합니다. 따라서 알집 등의 도구를 이용하여 JAR 파일을 열어볼 수 있습니다. 알집 등의 압축 도구를 이용해 mysql-connector-java-**〈버전〉**.jar를 열어봅시다. 그리고 com, mysql, jdbc 폴더 순으로 열어봅시다. jdbc 폴더를 보시면 Driver 클래스가 위치한 것을 볼 수 있습니다.

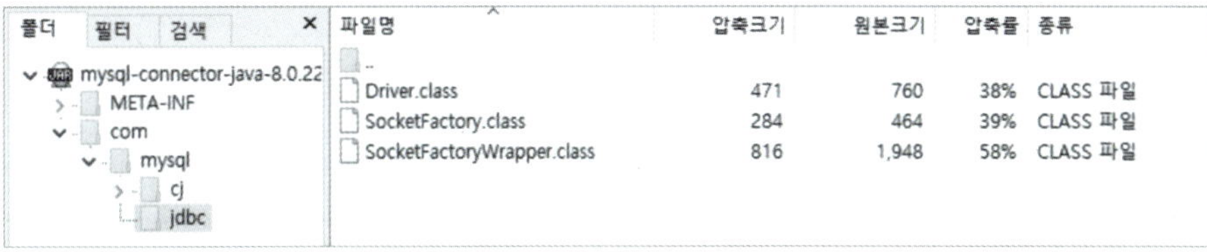

그림 9-2 Driver.class 파일

Class.forName() 함수의 역할은 무엇인가요?

JAR 파일 내 위치한 클래스 파일을 JSP나 Java 프로그램에서 이용하려면, 클래스 파일을 Java 가상 머신JVM, Java Virtual Machine의 메모리에 올려야 합니다. Java에서 클래스 파일을 메모리에 올리는 기능을 리플렉션Reflection이라고 하며, Java에서는 리플렉션 기능 구현을 위해 Class.forName() 함수를 제공합니다.

Class.forName()의 입력 파라미터에는 업로드할 클래스 이름을 지정합니다. MySQL 드라이버를 메모리에 올리기 위해서는 com.mysql.jdbc.Driver 클래스를 파라미터로 전달하면 됩니다.

```
// 1번 과정
Class.forName("com.mysql.jdbc.Driver");
```

이 호출을 통해 Driver 클래스가 메모리에 로드됩니다. 내부적으로 Driver 클래스는 로드되는 과정에서 다음과 같은 정적 블록Static Block의 실행을 통해 스스로 인스턴스Instance를 생성한 다음, java.sql.DriverManager 클래스의 registerDriver() 함수를 통해 인스턴스를 등록합니다.

```
public class Driver implements java.sql.Driver {
    // Register ourselves with the DriverManager
    static {
        java.sql.DriverManager.registerDriver(new Driver());
    }
```

2 Connection 객체 생성

DriverManager에 Driver 객체가 등록되면, getConnection() 함수를 이용하여 데이터베이스와 네트워크 연결을 생성합니다. getConnection() 함수는 Driver Manager 클래스에서 제공하는 멤버 함수로써, [표 9-1]과 같이 3개의 파라미터를 입력 받아 데이터베이스 연결을 생성한 후, 연결 정보를 Connection 객체의 형태로 반환합니다. DriverManager와 Connection 클래스는 java.sql 패키지에 포함되어 있으므로, 이들을 이용하려면 java.sql.* 패키지를 import 해주어야 합니다.

표 9-1 DriverManager의 getConnection 함수

메소드	반환 유형	입력 파라미터	의미
getConnection	java.sql.Connection	String url	접속할 데이터베이스 주소
		String user	사용자의 이름
		String password	사용자의 패스워드

MySQL의 mysns 데이터베이스에 접속하고자 할 경우, getConnection() 함수는 어떻게 호출하고, 첫 번째 파라미터로 입력되는 URL 값은 어떻게 구성되나요?

■ **첫 번째 파라미터**

여기서 URL은 접속할 데이터베이스의 주소를 가리키며 MySQL의 경우 다음과 같은 형식을 지닙니다. URL 형식은 DBMS마다 달라질 수 있으니 유의하기 바랍니다.

```
[protocol] :// [dbms-ip-addr] : [dbms-port] / [db-name]
    ❶               ❷              ❸            ❹
```

❶ **protocol** : MySQL의 경우 jdbc:mysql로 정의됩니다. dbms-ip-addr는 데이터베이스 서버의 IP 주소를 나타내며, 개발 단계에서는 localhost로 지정할 수 있습니다.

❷ **dbms-ip-addr** : 데이터베이스 서버의 IP 주소를 나타내며, 개발 단계에서는 localhost로 지정할 수 있습니다.

❸ **dbms-port** : DBMS가 SQL문을 원격으로 받아들이기 위한 포트 번호로써, 8장의 설치 과정에서 3306으로 설정한 바 있습니다.

❹ **db-name** : JDBC를 통해 전달되는 SQL문이 실행될 데이터베이스를 나타내며, 이 책의 예제에서는 mysns로 설정됩니다.

이렇게 만들어진 URL은 다음과 같이 구성됩니다.

```
jdbc:mysql://localhost:3306/mysns
```

■ **두 번째, 세 번째 파라미터**

접속할 사용자의 이름과 패스워드를 나타내며, 설치 과정에서 정의한 root 사용자의 이름과 패스워드를 입력합니다. 따라서 DriverManager로부터 데이터베이스와의 Connection을 얻기 위해 다음과 같은 형태로 함수를 호출할 수 있습니다.

```
// 2번 과정
Connection conn =
    DriverManager.getConnection("jdbc:mysql://localhost:3306/mysns",
    "root", "1111");
```

3 쿼리 실행

DriverManager 클래스로부터 Connection 객체가 생성되면, SQL문을 데이터베이스로 전송하기 위해 Connection 객체의 createStatement() 함수를 이용합니다. Statement 객체를 얻어오기 위해 다음과 같이 코드를 작성할 수 있습니다.

```
// 3번 과정
Statement stmt = conn.createStatement();
```

Statement 클래스는 SQL 문을 실행하기 위한 함수를 제공하며, 어떤 SQL 문을 실행하느냐에 따라 이용 가능한 함수 형태가 달라집니다. SELECT 구문을 실행할 경우 executeQuery() 함수가 이용되는 반면, INSERT나 DELETE, UPDATE 구문을 실행할 때는 executeUpdate() 함수가 이용됩니다. 각 함수에 대한 설명은 [표 9–2]와 같습니다.

표 9–2 Statement 클래스의 주요 함수

메소드	반환 유형	설명
executeUpdate(String sql)	int	INSERT, DELETE, UPDATE 문을 실행하기 위한 함수이며, 실행 결과 변경된 레코드의 수를 반환
executeQuery(String sql)	java.sql.ResultSet	SELECT 문을 실행하기 위한 함수로, 실행 결과로 얻어진 테이블 형태(Java에서는 Res ultSet으로 표현)의 데이터를 반환

이제 쿼리를 전송하기 위한 준비가 끝났습니다. user 테이블로부터 사용자 아이디와 패스워드 정보를 추출하는 경우 executeQuery() 함수를 이용합니다. SELECT문을 실행하고 ResultSet 객체로 검색 결과를 전달받습니다.

```
// 4번 과정
ResultSet rs = stmt.executeQuery("SELECT id, password FROM user");
```

executeQuery() 함수를 통한 SQL 실행 결과는 2차원 테이블 형식으로 전달되는데, Java에서는 ResultSet 클래스의 형태로 표현됩니다. ResultSet은 2차원 테이블 형태의 결과 값에 대해 레코드 단위로 접근할 수 있도록 순회 함수를 제공하며, 이를 이용하여 필요에 따라 결과 페이지를 생성할 수 있습니다. ResultSet 처리와 관련한 자세한 내용은 03절에서 소개합니다.

```
// 5번 과정
while(rs.next) { ... }
```

마지막으로 데이터베이스 접근 과정에서 사용된 Connection, Statement, ResultSet 객체를 close() 함수를 이용해 모두 닫아줍니다. 명시적으로 닫아주지 않을 경우 메모리에 객체들이 계속 남아있게 되어 불필요한 가비지 컬렉션(GC, Garbage Collection)이 유발될 수 있습니다. 가비지 컬렉션이 반복될 경우 시스템의 성능 저하로 이어집니다.

```
// 6번 과정
rs.close(); stmt.close(); conn.close();
```

03 SELECT 구문 처리

02절에서 설명한 JDBC 처리 과정을 바탕으로, SELECT문을 이용하여 데이터베이스로부터 레코드를 어떻게 가져와서 처리하는지 살펴봅시다. 이를 위해, user 테이블에 저장된 사용자 아이디와 패스워드 정보를 리스트의 형태로 출력하기 위한 userList.jsp를 구현해 봅시다.

user 테이블로부터 사용자 아이디와 패스워드를 가져오려면 SELECT문을 수행해야 합니다. 그리고 SELECT 구문을 처리하기 위해서는 Statement 클래스의 executeQuery( ) 함수가 이용됩니다. 다음은 SELECT 구문을 이용하여 사용자의 아이디와 패스워드 정보를 user 테이블로부터 전달받아 리스트의 형태로 출력하기 위한 코드입니다. 대부분 앞서 설명한 내용이므로 이해하는데 크게 어렵지 않을 겁니다.

Hello2/userList.jsp

```
<%@ page contentType="text/html" pageEncoding="utf-8" %>
<%@ page import="java.sql.*" %>
<%
    Class.forName("com.mysql.jdbc.Driver");
    Connection conn = DriverManager.getConnection(
                "jdbc:mysql://localhost:3306/mysns", "root", "1111");
    Statement stmt = conn.createStatement();
    ResultSet rs = stmt.executeQuery("SELECT id, name FROM user");

    String str = "";
    while(rs.next()) {
    str += rs.getString("id") + ", " + rs.getString("name") + "<br>";
    }
    out.print(str);
    rs.close(); stmt.close(); conn.close();
%>
```

02행 : JDBC API 클래스를 이용하기 위해 java.sql 패키지를 import 합니다.

04행 : Class.forName() 함수를 이용하여 MySQL 드라이버를 메모리에 올립니다. 이는 02절에서 설명한 JDBC 처리 과정 중 1번 과정에 해당합니다.

05행 : DriverManager.getConnection() 함수를 이용하여 Connection 객체를 생성합니다. 이는 02절의 JDBC 처리 과정 중 2번 과정에 해당합니다.

06행 : Connection 객체의 createStatement() 함수를 이용하여 SQL 문을 실행할 Statement 객체를 생성합니다. 이는 02절의 JDBC 처리 과정 중 3번 과정에 해당합니다.

07행 : Statement 객체의 executeUndate() 함수를 이용해 SELECT 문을 실행합니다. 실행 결과는 ResultSet 유형의 변수에 저장됩니다. 이는 02절의 JDBC 처리 과정 중 4번 과정에 해당합니다.

09~13행 : ResultSet에 저장된 2차원 테이블 형태의 실행 결과를 바탕으로, 사용자 아이디와 패스워드를 리스트 형태로 출력합니다. 이와 관련한 자세한 내용은 이어서 설명합니다. 이는 02절의 JDBC 처리 과정 중 5번 과정에 해당합니다.

14행 : ResultSet, Connection 및 Statement 객체를 닫아줍니다. 이는 02절의 JDBC 처리 과정 중 6번 과정에 해당합니다.

7행의 executeQuery() 함수가 어떻게 실행되는지 보다 자세히 살펴봅시다. executeQuery() 함수가 수행되면, Connection 객체의 URL에 정의된 내용을 바탕으로 MySQL 서버를 찾고, mysns 데이터베이스에 접속합니다. userList.jsp의 경우 로컬 컴퓨터의 3306 포트를 통해 접속하겠다고 지정했습니다. MySQL 서버는 톰캣 서버로부터 받은 SELECT문을 mysns 데이터베이스에서 실행한 후, 쿼리 수행 결과를 2차원 테이블 형태로 보내줍니다.

요약하자면 executeQuery()는 파라미터로 입력받은 SQL문을 서버로 전송하고 실행 결과를 받아오는 역할을 하며, 이때 Connection 객체에 설정된 연결 정보가 이용됩니다. [그림 9-2]는 executeQuery() 함수의 처리 과정을 간결하게 보여줍니다.

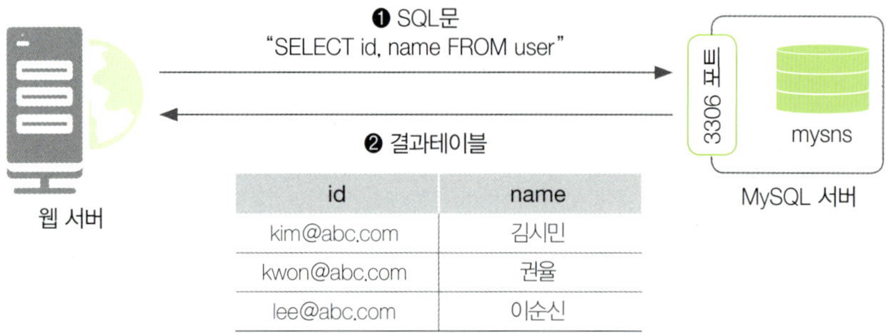

그림 9-3 executeQuery( ) 함수의 처리 과정

executeQuery( ) 함수의 반환값은 ResultSet 클래스의 객체입니다. Java에서는 ResultSet 클래스를 제공하여 MySQL로부터 전달된 테이블 형태의 검색 결과에 접근할 수 있도록 지원합니다. ResultSet 클래스의 함수는 [표 9-3]과 같습니다.

표 9-3 ResultSet 클래스의 주요 함수

메소드	반환 유형	설명
next()	boolean	현재 레코드를 가리키는 커서Cursor를 다음 레코드로 이동시킵니다. 다음 레코드가 존재하여 이동이 성공한 경우에는 true를, 그렇지 않는 경우 False를 반환합니다.
getString(String column)	String	커서가 가리키는 레코드 내 파라미터로 주어진 column 값을 String 타입으로 반환합니다.
getInt(String column)	int	커서가 가리키는 레코드 내 파라미터로 주어진 column 값을 int 타입으로 반환합니다.
first( )	boolean	커서를 첫 번째 레코드로 이동합니다.
last( )	boolean	커서를 마지막 레코드로 이동합니다.

ResultSet 클래스의 함수를 이용하는 과정을 보다 자세히 살펴봅시다. userList.jsp의 9~13행은 결과 테이블을 이용해 브라우저로 출력될 HTML 코드를 생성합니다.

```
09    String str = "";
10    while(rs.next()) {
11      str += rs.getString("id") + ", " + rs.getString("name") + "<br>";
12    }
```

❶ **09행** : HTML 코드를 담을 String 타입의 변수를 하나 생성합니다.

❷ **10행** : while문에서는 반복 조건을 검사하기 위해 rs.next() 함수를 이용하며, 결과 테이블의 첫 번째 레코드로 커서Cursor를 이동합니다. 데이터베이스에서 커서란 레코드를 가리키는 포인터로 간주할 수 있습니다. rs.next() 함수는 다음 레코드가 존재하여 커서의 이동이 성공적으로 수행될 경우 true를 반환하며, 그렇지 않을 경우에는 false를 반환합니다. 이 코드에서는 커서가 ResultSet의 첫 번째 레코드를 가리키게 되고 true가 반환되어 11행으로 진입합니다. [그림 9-3]은 처음 rs.next()가 호출되었을 때 ResultSet 객체의 상태입니다.

❸ **11행** : rs.getString() 함수를 이용하여 커서가 가리키는 레코드로부터 주어진 속성 값을 스트링 형태로 추출합니다. rs.getString("id")는 첫 번째 레코드의 id 속성 값인 'kim@abc.com'을 반환하며, rs.getString("name")은 name 속성 값이 '김시민'을 반환합니다. 따라서 str 변수에는 **kim@abc.com, 김시민〈br〉**이 추가됩니다.

❹ **10행** : 다시 while의 조건문인 rs.next() 함수가 수행됩니다. 커서가 두 번째 레코드로 이동하고 true가 반환되어 다시 11행으로 진입합니다.

❺ **11행** : 마찬가지로 rs.getString() 함수를 이용하여 두 번째 레코드의 id와 name 속성 값을 추출하여 스트링을 만듭니다. 따라서 str 변수에는 **kwon@abc.com, 권율〈br〉**이 추가됩니다.

❻ **10행** : 동일한 방법으로 while문의 세 번째 반복이 수행됩니다.
11행 : str 변수에는 **lee@abc.com, 이순신〈br〉**이 추가됩니다.

❼ **10행** : 이후 while문의 네 번째 반복에서 rs.next()가 호출될 경우, 더 이상 커서를 이동할 레코드가 없으므로 false가 반환됩니다. 따라서 while문의 수행이 종료됩니다.

❽ **13행** : out.print() 함수를 통해 생성된 str을 브라우저로 출력합니다.

ResultSet

no	id	name	
1	kim@abc.com	김시민	← Cursor
2	kwon@abc.com	권율	
3	lee@abc.com	이순신	

그림 9-4 데이터베이스의 커서

JDBC를 이용해 데이터베이스에 어떻게 접근하는지 감이 오나요? 코드를 통해 과정을 살펴보았으니 [예제 9-2]를 통해 userList.jsp를 직접 작성하고 실행해 봅시다. 8장에서 만든 mysns 데이터베이스와 user, feed 테이블에 삽입한 레코드를 사용합니다. [예제 8-1]을 학습한 후 진행하기 바랍니다.

예제 9-2 사용자 리스트 출력

1 userList.jsp 작성 : Hello2 프로젝트의 src/main/webapp 폴더에서 마우스 오른쪽 버튼을 눌러 [New]-[JSP File] 메뉴를 실행합니다. 파일 이름을 userList.jsp로 입력하고 [Finish] 버튼을 눌러 파일을 생성합니다. 그리고 지금까지 처리 과정을 살펴본 userList.jsp의 코드를 입력한 후 Ctrl+S를 눌러 저장합니다. 8장에서 설정한 MySQL 계정명과 비밀번호를 05행에 정확히 입력해야 함에 유의하세요.

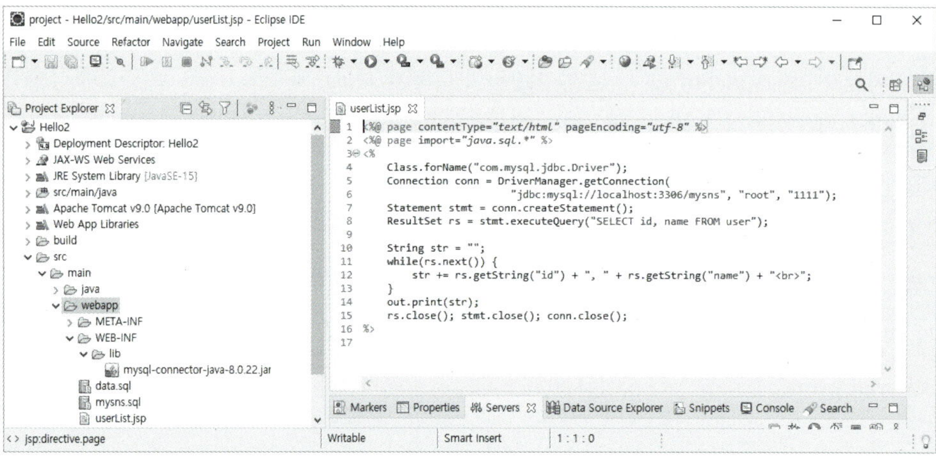

2 JDBC 드라이버 확인 : src/main/webapp/WEB-INF/lib 폴더 아래에 JDBC 드라이버 파일(mysql-connector-java-〈버전〉.jar)이 추가되어 있는지 확인합니다. 드라이버 파일이 폴더에 없을 경우 데이터베이스 연결이 수행되지 않습니다.

3 userList.jsp 실행 : 이클립스의 [Run] 버튼을 눌러 실행합니다. 다음 그림은 userList.jsp를 크롬에서 실행한 결과입니다.

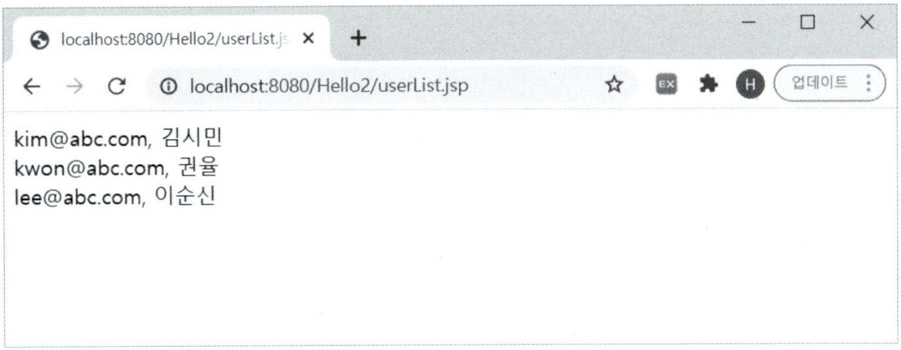

NOTE **혹시 userList.jsp에서 에러가 발생하나요?**

JDBC를 이용하여 데이터베이스에 접속하고자 할 때, DriverManager.getConnection( ) 함수에서 다음과 같은 오류가 발생할 수 있습니다.

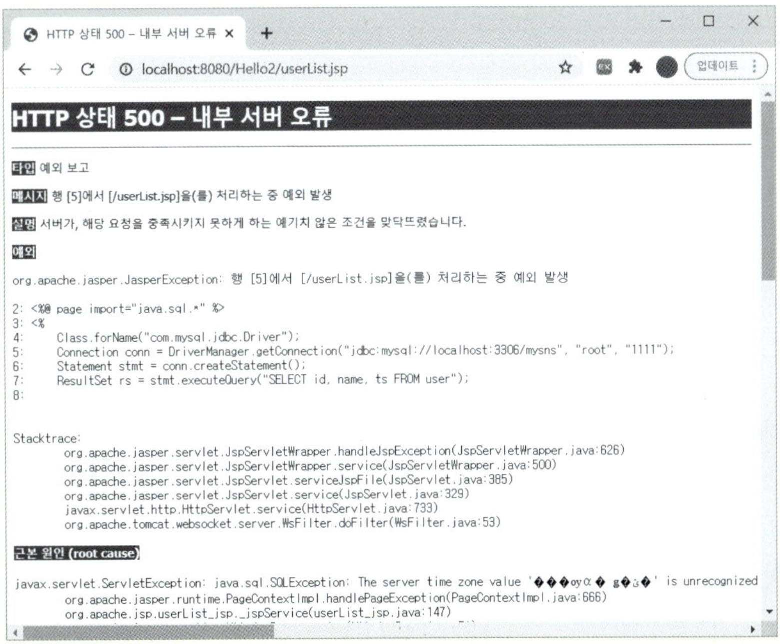

문제 해결을 위해 오류 화면에서 [근본 원인 (root cause)] 항목에 표시된 메시지를 자세히 살펴봅시다. 다음과 같은 문구를 발견할 수 있습니다.

```
javax.servlet.ServletException: java.sql.SQLException: The server time
zone value ... is unrecognized
```

이는 MySQL에서 TIMESTAMP 값 등을 입력하기 위해 타임존의 설정이 필요한데, 이 값이 설정되지 않아 생기는 오류입니다. 이 문제는 getConnection( ) 함수의 URL 파라미터에 다음과 같이 타임존 정보를 추가해 주면 해결됩니다. 다음 URL에서는 세계 표준 시간을 의미하는 UTC를 파라미터로 주었습니다.

```
DriverManager.getConnection("jdbc:mysql://localhost:3306/mysns?server
Timezone=UTC", "root", "1111");
```

[예제 9-2]까지의 내용을 이해했다면 다음 문제에 답해 봅시다.

? userList.jsp에서 [그림 9-5]와 같이 ts 속성 값을 함께 출력하려면 어떻게 해야 하나요?

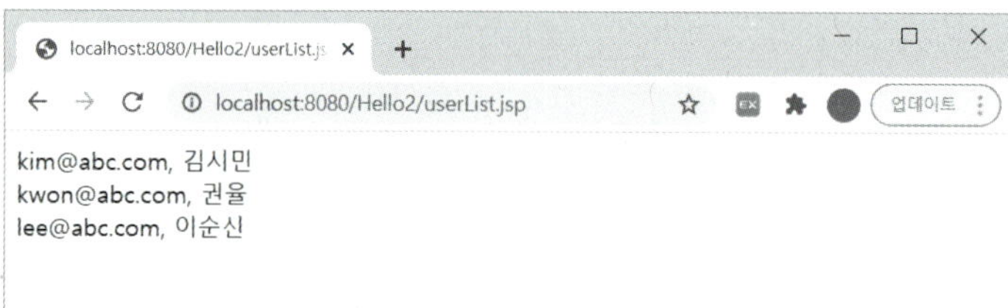

그림 9-5 타임스탬프가 출력된 userList.jsp 페이지

화면과 같이 구현하기 위해서는 userList.jsp의 11행에서 rs.getString("ts") 함수를 이용해 ts 속성 값을 출력하는 부분을 추가하면 됩니다. 그런데 이전에 먼저 확인할 부분이 있습니다. 이는 7행의 executeQuery( ) 함수에 인자로 전달되는 SELECT 구문입니다. 이유가 무엇일까요?

rs.getString("ts") 함수를 호출해서 ts 속성 값을 가져오려면, MySQL로부터 전달되는 검색 결과에 ts 속성 값이 포함되어야 합니다. 이에 반해 7행의 SELECT 구문은 id와 name 속성 값만 추출하도록 정의되어 있습니다. 따라서 SELECT 구문에 ts 속성을 추가해야 합니다. 이를 위해 SELECT 구문을 다음과 같이 간단히 정의할 수도 있습니다.

```
SELECT * FROM user;
```

이 구문을 이용할 경우 SQL문이 간단하게 정의되어 프로그램 코드가 짧아지지만, 결과로 전달되는 테이블에 불필요한 속성들이 추가된다는 단점이 있습니다. 만약 결과 테이블에 레코드 수가 많아질 경우, 불필요한 속성 값을 불러오느라 네트워크 트래픽이 증가해 속도 저하가 발생합니다. 또한 테이블을 저장하기 위해 필요한 메모리 크기가 커지므로 메모리 낭비를 유발할 수 있습니다. 따라서 SELECT 구문에는 꼭 필요한 속성만 포함될 수 있도록 연습하는 것이 좋습니다. 7행에서 SELECT 구문을 수정하고 나면, 11행에서 rs.getString("ts") 함수를 이용하여 ts 속성 값을 다음과 같이 출력할 수 있습니다.

Hello2/userList.jsp

```
...     ...
07      ResultSet rs = stmt.executeQuery("SELECT id, name, ts FROM user");
...     ...
11      str += rs.getString("id") + ", " + rs.getString("name") + ", " +
               rs.getString("ts") + "<br>";
...     ...
```

Hello2 프로젝트에 userList2.jsp를 추가하고, [그림 9-6]과 같이 id, name, ts 속성 값을 HTML 테이블 형태로 출력하도록 구현하려면 어떻게 해야 하나요?

그림 9-6 HTML 테이블 형태로 출력된 가입자 리스트

화면과 같이 출력하려면 HTML의 〈table〉 태그에 대한 이해가 필요합니다. 3장에서 설명한 바와 같이, 〈table〉 태그는 데이터를 2차원 형태의 테이블로 표현할 수 있도록 하며, 각 행을 표현하기 위해 〈tr〉 태그를 제공합니다. 그리고 행을 구성하는 각 열의 데이터 요소를 표현하기 위해 〈td〉 태그를 제공합니다. 따라서 테이블 태그들을 이용해 위 페이지의 리스트를 [그림 9-4]와 같이 표현할 수 있습니다. 가독성을 위해 〈td〉 태그 표현은 생략하였습니다.

〈table〉

〈tr〉	가입자 리스트			〈/tr〉
〈tr〉	kim@abc.com	김시민	(2020-11-18 12:26:51)	〈/tr〉
〈tr〉	kwon@abc.com	권율	(2020-11-18 12:26:51)	〈/tr〉
〈tr〉	lee@abc.com	이순신	(2020-11-18 12:26:51)	〈/tr〉

〈/table〉

그림 9-7 〈table〉 태그의 구조

'가입자 리스트' 타이틀을 출력하려면 〈td〉 태그의 colspan 속성 값을 3으로 정의해야 합니다. 〈td〉 영역 내에서 텍스트를 가운데 정렬하는 동시에 굵은 글씨로 표현하고자 할 때 〈b〉 태그를 이용할 수 있습니다.

```
<td align=center><b>가입자 리스트</b></td>
```

이 표현은 테이블 헤더를 의미하는 〈th〉 태그를 이용하여 **〈th〉가입자 리스트〈/th〉**와 같은 형식으로 표현할 수도 있습니다. 그리고 각 행이 출력될 때마다 행간 분리를 위해 〈hr〉 태그를 이용하여 수평선을 그려줍니다. 따라서 문제에서 제시한 테이블을 출력하기 위한 HTML 코드는 다음과 같이 기술될 수 있습니다. 3행부터 8행까지는 같은 패턴이 반복적으로 출력되는 것을 알 수 있습니다.

Hello2/userList.html

```
01  <table align=center border=1>
02  <tr><th colspan=3>가입자 리스트</th><td>
03  <tr><td>kim@abc.com</td><td>김시민</td><td>(2020-11-18 12:26:51)</td></tr>
```

```
04 <tr><td>kwon@abc.com</td><td>권율</td><td>(2020-11-18 12:26:51)</td></tr>
05 <tr><td>lee@abc.com</td><td>이순신</td><td>(2020-11-18 12:26:51)</td></tr>
06 </table>
```

01행 : <table> 태그의 border 속성 값을 1로 설정하여 경계선을 출력합니다.

02행 : '가입자 리스트' 타이틀을 출력하기 위한 행을 정의합니다. 테이블 헤더를 의미하는 <th> 태그를 이용하여 타이틀 텍스트를 굵은 글씨체로 가운데 정렬된 상태로 출력합니다. colspan 속성 값을 3으로 정의하여 3개의 열을 합병함으로써, 텍스트의 너비가 테이블 전체 너비와 일치하도록 구성합니다.

03~05행 : user 테이블의 레코드 정보를 보여주기 위한 행을 정의합니다. 아이디와 이름, 가입시간 정보를 <td> 태그를 이용하여 보여줍니다.

06행 : 테이블 태그를 닫습니다.

주어진 그림과 같이 출력하려면 결과적으로 userList2.jsp가 user 테이블의 정보를 이용하여 userList.html 코드를 생성하도록 구현해야 합니다. 다음의 코드는 userList2.jsp 내에서 SELECT 구문을 실행하고, 결과를 HTML 테이블 형태로 출력하기 위한 코드를 기술하고 있습니다. JDBC를 초기화하고 닫는 부분은 userList.jsp와 동일하기 때문에 편의상 생략하도록 하겠습니다.

Hello2/userList2.jsp

```
<%@ page contentType="text/html" pageEncoding="utf-8" %>
    ...
    ResultSet rs = stmt.executeQuery("SELECT id, name, ts FROM user");

    String str = "<table align=center>";
    str += "<tr><th colspan=3>가입자 리스트</th></tr>";
    while(rs.next()) {
        str += "<tr><td colspan=3><hr></td></tr>";
        str += "<tr>";
        str += "<td>" + rs.getString("id") + "</td>";
        str += "<td>" + rs.getString("name") + "</td>";
        str += "<td>" + rs.getString("ts") + "</td>";
        str += "</tr>";
```

```
18          }
19      str += "</table>";
...     ...
23  %>
```

07행 : SELECT 구문에 id, name 이외에 ts 속성을 추가하였습니다.

09행 : 생성될 HTML 코드에 테이블의 시작을 알리는 〈table〉 태그를 추가합니다. align 속성 값을 center로 정의하여 테이블에 페이지의 가운데 위치시키도록 합니다.

10행 : '가입자 리스트' 타이틀을 출력합니다. colspan 속성을 3으로 지정하여 3개의 컬럼 영역을 합병하였으며, 〈th〉 태그를 이용해 굵은 글씨체로 태그 영역의 가운데 텍스트를 위치시킵니다.

11행 : rs.next() 함수를 이용하여 ResultSet에 포함된 모든 레코드에 대해 while 루프에서 정의한 코드를 수행합니다.

12행 : 〈hr〉 태그를 이용하여 수평선을 출력합니다. 역시 colspan 속성을 3으로 지정하여 3개의 컬럼 영역을 합병하여 테이블 전체 너비 크기로 수평선을 출력합니다.

13행 : HTML 코드에 행의 시작을 알리는 〈tr〉 태그를 추가합니다.

14~16행 : 현재 레코드로부터 rs.getString() 함수를 이용하여 id, name, ts 속성 값을 가져옵니다. 각 속성 값의 시작과 종료 부분에 〈td〉와 〈/td〉 태그를 추가하여 테이블 행을 구성하는 데이터의 형태로 HTML 코드에 추가합니다.

17행 : 행의 종료를 나타내는 〈/tr〉 태그를 추가합니다. 13행의 〈tr〉태그와 대응됩니다.

19행 : 테이블의 종료를 나타내는 〈/table〉 태그를 추가합니다. 09행의 〈table〉태그와 대응됩니다.

04 INSERT 구문 처리

03절에서는 미리 정의된 SELECT 구문을 이용하여 데이터베이스의 테이블 내용을 그대로 전달받아 출력하였습니다. 그런데 회원가입 페이지 등을 구현할 경우, 사용자가 입력한 내용을 바탕으로 INSERT 구문을 동적으로 생성하고 실행해야 합니다. 따라서 회원가입이나 작성글 업로드 등의 기능을 구현하고자 할 경우, 미리 정의된 SQL문을 실행할 때에 비해 구현이 조금 더 복잡해집니다.

1 회원가입 기능 추가

회원가입 기능을 구현하기 위해서는 먼저 사용자 정보를 입력받기 위한 회원가입 페이지의 구현이 필요합니다. 회원가입 페이지는 로그인 페이지를 조금만 수정하면 됩니다. Hello 프로젝트에서 작성한 login.html에서는 사용자 아이디와 패스워드만 입력 받았습니다. 회원가입 페이지에서는 여기에 이름, 전화번호 등의 부가 정보를 입력받을 수 있도록 필드를 추가할 수 있습니다. 또한 입력된 패스워드를 검증하기 위한 패스워드 확인 창 역시 필요합니다.

회원가입 페이지를 통해 입력된 내용은 mysns 데이터베이스의 user 테이블에 저장됩니다. 현재 구현에서는 user 테이블에 id, password, name, ts를 포함한 4개의 속성만 정의되어 있으므로, 회원가입 페이지에서도 사용자 아이디, 패스워드, 이름만 입력받도록 간단히 정의하겠습니다. ts 속성은 레코드 추가 시 시스템에 의해 자동으로 입력되므로 별도의 입력 필드는 필요하지 않습니다.

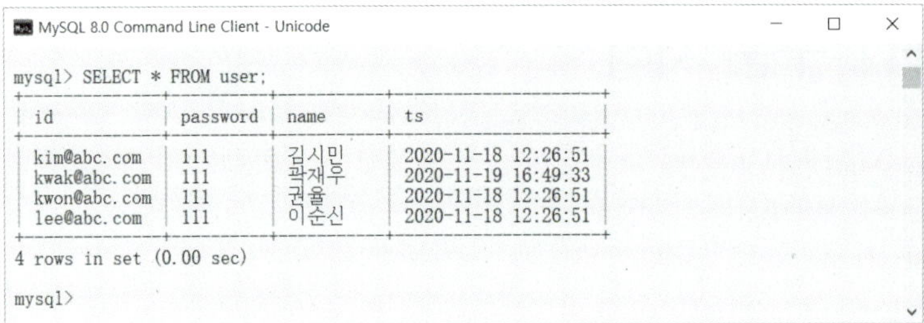

그림 9-8 user 테이블 조회 결과

그림 9-9 회원가입 페이지

[그림 9-9]와 같이 구현하기 위한 HTML 코드는 다음과 같습니다. signup.html은 Hello 프로젝트에서 작성한 login.html을 복사하여 필요한 부분만 수정하거나 추가함으로써 쉽게 구현 가능합니다. login.html과 다른 부분은 음영 표시하였습니다.

Hello2/signup.html

```
<html>
<head>
<meta charset="utf-8">
</head>
<body>
<form action="signup.jsp" method="post">
<table align=center>
<tr><td colspan=2 align=center height=40><b>회원가입</b><td></tr>
<tr>
    <td align=right>아이디 </td>
```

```
11      <td><input type="text" name="id" placeholder="Email address"
             required></td>
12  </tr>
13  <tr>
14      <td align=right>패스워드 </td>
15      <td><input type="password" name="ps" required></td>
16  </tr>
17  <tr>
18      <td align=right>패스워드(확인) </td>
19      <td><input type="password" name="ps2" required></td>
20  </tr>
21  <tr>
22      <td align=right>이름 </td>
23      <td><input type="text" name="name" required></td>
24  </tr>
25  <tr>
26      <td colspan=2 align=center height=50>
27          <input type="submit" value="회원가입하기">
28      </td>
29  </tr>
30  </table>
31  </form>
32  </body>
33  </html>
```

03행 : 한글을 표현하기 위해 문자 집합을 UTF-8로 선언합니다.

06행 : 〈form〉 태그의 action 속성을 signup.jsp로 지정하여 Submit 버튼이 눌러졌을 대 사용자 입력 값이 해당 파일로 전달되도록 정의합니다. 또한 method 속성을 post로 정의하여 입력 값이 브라우저 URL 창에 노출되지 않도록 합니다.

07행 : 〈table〉 태그를 정의하여 테이블 영역의 시작을 알립니다. align 속성 값을 center로 지정하여 테이블이 페이지의 가운데에 위치하도록 합니다.

08행 : '회원가입' 타이틀을 중앙에 출력하기 위한 테이블 행을 정의합니다.

09~12행 : 아이디를 입력받기 위한 행을 정의합니다. '아이디' 텍스트와 〈input type="text"〉 태그를 따로 출력하기 위해 2개의 〈td〉를 포함하여 정의합니다.

13~16행 : 패스워드를 입력받기 위한 행을 정의합니다. '패스워드' 텍스트와 〈input type="password"〉 태그를 따로 출력하기 위해 2개의 〈td〉를 포함하여 정의됩니다.

17~20행 : 패스워드를 확인받기 위한 행을 정의합니다. '패스워드(확인)' 텍스트와 〈input type="password"〉 태그를 따로 출력하기 위해 2개의 〈td〉를 포함하여 정의됩니다.

21~24행 : 이름을 입력받기 위한 행을 정의합니다. '이름' 텍스트와 〈input type="text"〉 태그를 따로 출력하기 위해 2개의 〈td〉를 포함하여 정의됩니다.

25~29행 : '회원가입하기' 버튼을 출력하기 위한 행을 정의합니다. 해당 버튼은 사용자가 입력한 값들을 서버로 전송하기 위해 〈input type="submit"〉 형태로 정의됩니다.

30행 : 〈table〉 태그를 닫아줍니다.

31행 : 〈form〉 태그를 닫아줍니다.

다음으로 signup.html로부터 전달된 사용자 입력 값을 user 테이블에 저장하기 위한 signup.jsp를 구현해 봅시다. 테이블 저장을 위해 INSERT 구문이 이용되어야 하며, 해당 구문은 사용자 입력 값을 기반으로 동적으로 생성되어야 합니다. 따라서 가장 먼저 수행되어야 할 부분은 HTTP 요청 메시지로부터 사용자 입력 값을 추출하는 작업입니다. 사용자 입력 값은 request.getParameter() 함수를 이용해 추출합니다.

Hello2/signup.jsp

```
<%@ page contentType="text/html" pageEncoding="utf-8" %>
<%
    request.setCharacterEncoding("utf-8");

    String uid = request.getParameter("id");
    String upass = request.getParameter("ps");
    String uname = request.getParameter("name");
%>
```

사용자 입력 값이 추출되면, 이를 기반으로 INSERT 구문을 작성합니다. 예를 들어, 회원가입 페이지에서 사용자가 아이디와 패스워드, 이름을 각각 'kwak@abc.com', '111', '곽재우'로 입력했다고 가정합시다. 이 경우 사용자 입력 값을 저장하기 위한 INSERT 구문은 다음과 같이 작성될 수 있습니다.

```
INSERT INTO user(id, password, name) VALUES('kwak@abc.com', '111', '곽재우')
```

이 INSERT 구문을 signup.jsp에서 처리하기 위해, Java 스트링 변수에 다음과 같이 할당합니다.

```
String sql = "INSERT INTO user(id, password, name) VALUES
             ('kwak@abc.com', '111', '곽재우')";
```

이 구문에서 음영 표시 된 부분은 사용자 입력 값에 해당하며, 회원가입이 수행될 때마다 값이 달라집니다. 따라서 고정 텍스트가 아닌, request.getParameter()로부터 추출된 사용자 입력 값으로 대체될 수 있도록 SQL문을 구성합니다.

```
String sql = "INSERT INTO user(id, password, name) VALUES
             ('" + uid + "', '" + upass + "', '" + uname + "')";
```

사용자 입력 값을 기반으로 INSERT 구문이 동적으로 만들어지고 나면, 해당 구문을 수행하기 위한 부분은 02절에서 설명한 처리 방법과 동일합니다. 단, SQL문 수행 결과로부터 브라우저에 출력될 HTML 코드는 달리 작성될 수 있습니다. 예를 들어, 회원가입의 경우 INSERT 구문의 실행 결과에 따라 단순히 '회원가입 완료' 혹은 '실패' 등의 메시지를 출력하도록 구현될 수 있습니다.

지금까지의 내용으로부터 signup.jsp는 다음과 같이 구현될 수 있습니다. 다음 코드에서 음영 처리된 부분은 login.jsp와 동일한 부분으로, 해당 코드에 대해서는 앞서 설명한 바 있습니다. 데이터베이스 접근이 필요한 대부분의 JSP 코드에서 공통으로 이용됩니다. 따라서 중복된 코드에 대한 설명은 생략합니다.

Hello2/signup.jsp

```
<%@ page contentType="text/html" pageEncoding="utf-8" %>
<%@ page import="java.sql.*" %>
<%
```

```
04    request.setCharacterEncoding("utf-8");
05
06    String uid = request.getParameter("id");
07    String upass = request.getParameter("ps");
08    String uname = request.getParameter("name");
09
10    String sql = "INSERT INTO user(id, password, name) VALUES";
11    sql += "('" + uid + "', '" + upass + "', '" + uname + "')";
12
13    Class.forName("com.mysql.jdbc.Driver");
14    Connection conn = DriverManager.getConnection(
                  "jdbc:mysql://localhost:3306/mysns", "root", "1111");
15    Statement stmt = conn.createStatement();
16
17    int count = stmt.executeUpdate(sql);
18    if (count == 1) {
19        out.print("회원가입이 완료되었습니다.");
20    }
21    else {
22        out.print("회원가입 중 오류가 발생하였습니다.");
23    }
24    stmt.close(); conn.close();
25 %>
```

06~08행 : request.getParameter() 함수를 이용하여 HTTP 요청 메시지의 URL에 포함된 사용자 입력 값을 추출합니다. 추출된 입력 값은 uid, upass, uname 등의 변수에 저장됩니다.

10~11행 : uid, upass, uname 변수 값을 이용하여 INSERT 구문을 동적으로 생성한 후 SQL 변수에 저장합니다.

17행 : executeUndate() 함수를 이용해 준비된 SQL 문을 실행합니다. 실행 결과는 count 변수에 저장됩니다. 02절에서 설명한 과정 중 4번 과정에 해당합니다.

18~20행 : count 변수 값에 따라 실행 결과를 출력합니다. 예를 들어, count가 1일 경우 회원가입 완료 메시지를 출력하며, 이외의 경우에는 오류 메시지를 출력합니다. 02절에서 설명한 과정 중 5번 과정에 해당합니다.

21~23행 : Connection 및 Statement 객체를 종료합니다. 02절에서 설명한 과정 중 6번 과정에 해당합니다.

signup.jsp 코드를 통해 설명한 회원가입 구현 코드를 [예제 9-3]을 통해 작성해 보고, 프로젝트에 추가해 봅시다.

예제 9-3 회원가입 구현

1 signup.html 작성 : Hello2 프로젝트의 src/main/webapp 폴더에서 마우스 오른쪽 버튼을 눌러 [New]-[HTML File] 메뉴를 실행합니다. 파일 이름을 signup.html로 정의하고, 앞서 설명한 signup.html의 코드를 입력한 후 Ctrl+S를 눌러 저장합니다.

2 signup.jsp 작성 : 마찬가지로 Hello2 프로젝트의 src/main/webapp 폴더에서 마우스 오른쪽 버튼을 눌러 [New]-[JSP File] 메뉴를 실행합니다. 파일 이름을 signup.jsp로 정의하고 앞서 설명한 signup.jsp의 코드를 입력한 후, Ctrl+S를 눌러 저장합니다.

3 signup.html 실행 : 크롬에서 signup.html을 열어주세요. 그리고 회원가입 페이지에서 아이디와 패스워드, 패스워드(확인) 및 이름 항목에 각각 'kwak@abc.com', '111', '111', '곽재우'를 입력한 후, [회원가입하기] 버튼을 눌러 실행합니다.

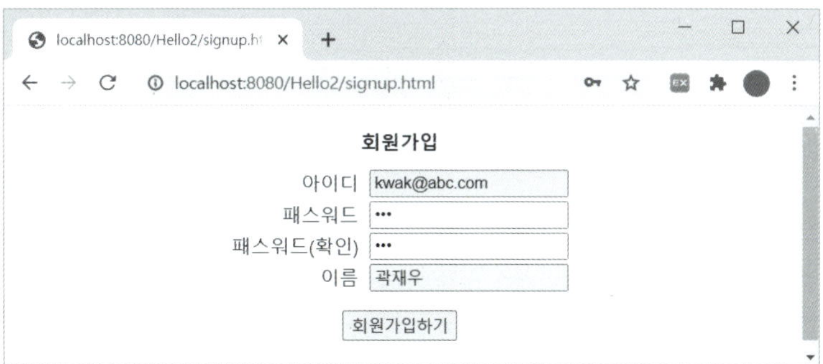

4 user 테이블 확인 : MySQL 명령어 창(MySQL 8.0 Command Line Prompt)을 열어 user 테이블에 입력한 레코드가 추가되었는지 확인합니다. id 항목이 기본 키로 정의되어 있기 때문에, 레코드 추가 후 id 값의 오름차순으로 레코드가 출력되는 것을 확인하실 수 있습니다.

```
mysql> SELECT * FROM user;
+---------------+----------+--------+---------------------+
| id            | password | name   | ts                  |
+---------------+----------+--------+---------------------+
| kim@abc.com   | 111      | 김시민 | 2020-11-18 12:26:51 |
| kwak@abc.com  | 111      | 곽재우 | 2020-11-19 16:49:33 |
| kwon@abc.com  | 111      | 권율   | 2020-11-18 12:26:51 |
| lee@abc.com   | 111      | 이순신 | 2020-11-18 12:26:51 |
+---------------+----------+--------+---------------------+
4 rows in set (0.00 sec)

mysql>
```

TIP user 테이블의 전체 레코드를 조회하는 쿼리는 **SELECT * FROM user**라는 것을 8장에서 설명한 바 있습니다.

2 글작성 기능 추가

[예제 9-3]과 동일한 방법으로, JDBC를 이용하여 feed 테이블에도 레코드를 추가해 봅시다. 먼저 SNS 피드를 작성하고 업로드하기 위한 페이지 디자인이 필요합니다. 디자인과 관련하여, feed 테이블 구조로부터 어떤 내용을 입력받아야 할지 결정할 수 있습니다.

현재 feed 테이블은 no, id, content, ts의 4개의 속성을 포함합니다. 이 중 no와 ts 속성은 레코드 추가 시 시스템에 의해 자동으로 입력되므로, 사용자로부터 입력이 필요한 항목은 id와 content으로 볼 수 있습니다. 따라서 글작성 페이지에서는 사용자 아이디(id)와 작성글(content)만 입력받도록 구성합니다.

```
mysql> select * from feed;
+----+--------------+---------+---------------------+
| no | id           | content | ts                  |
+----+--------------+---------+---------------------+
|  1 | kim@abc.com  | Hello   | 2021-05-31 15:58:42 |
|  2 | kwon@abc.com | Aloha   | 2021-05-31 15:58:42 |
+----+--------------+---------+---------------------+
2 rows in set (0.00 sec)

mysql>
```

그림 9-10 feed 테이블 조회 결과

글작성 페이지에서 사용자 아이디는 <input type="text"> 등을 이용하여 한 줄로 입력받을 수 있습니다. 이에 반해 작성글의 경우 <textarea> 태그를 이용하여 여러 라인을 입력받을 수 있도록 페이지를 구성합니다.

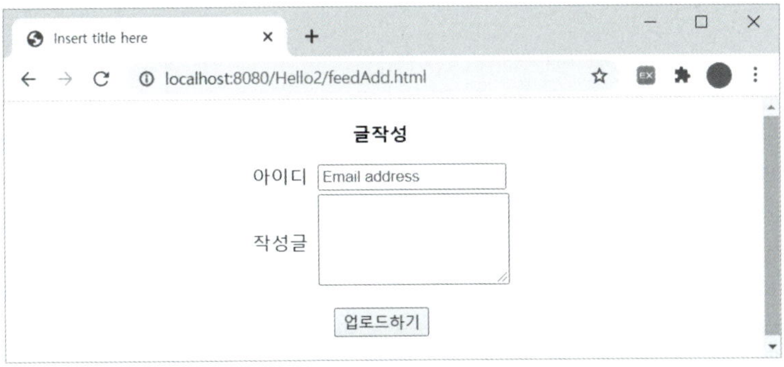

그림 9-11 글작성 페이지

[그림 9-11]과 같은 화면을 구현하기 위한 HTML 코드는 다음과 같습니다. login.html이나 signup.html을 복사한 후 필요한 부분을 수정함으로써 쉽게 만드실 수 있습니다.

Hello2/feedAdd.html

```
<html>
<head>
<meta charset="utf-8">
</head>
<body>
<form action="feedAdd2.jsp" method="post">
<table align=center>
<tr><td colspan=2 align=center height=40><b>글작성</b></td></tr>
<tr>
    <td align=right>아이디 </td>
    <td><input type="text" name="id" placeholder="Email address"
        required></td>
</tr>
<tr>
    <td align=right>작성글 </td>
    <td><textarea name="content" rows=5 cols=20></textarea></td>
</tr>
<tr>
    <td colspan=2 align=center height=50>
        <input type="submit" value="업로드하기">
```

```
20        </td>
21    </tr>
22    </table>
23    </form>
24    </body>
25    </html>
```

06행 : 〈form〉 태그의 action 속성을 feedAdd.jsp로 지정하여, Submit 버튼을 눌렀을 때 사용자 입력 값이 해당 파일로 전달되도록 정의합니다. 또한 method 속성을 post로 정의하여 입력 값이 브라우저 URL 창에 노출되지 않도록 합니다.

07행 : 〈table〉 태그를 정의하여 테이블 영역의 시작을 알립니다. align 속성 값을 center로 지정하여 테이블이 페이지의 가운데에 위치하도록 합니다.

08행 : '글작성' 타이틀을 가운데 위치에 헤더 형식으로 출력하기 위한 테이블 행을 정의합니다.

09~12행 : 아이디를 입력받기 위한 행을 정의합니다. '아이디' 텍스트와 아이디 입력 UI를 따로 출력하기 위해 2개의 〈td〉를 포함하여 정의됩니다.

13~16행 : 작성글을 입력받기 위한 행을 정의합니다. '작성글' 텍스트와 〈textarea〉 태그를 따로 출력하기 위해 2개의 〈td〉를 포함하여 정의됩니다. 〈textarea〉 태그를 이용해 멀티 라인의 텍스트를 입력받으며, rows 속성과 cols 속성을 이용해 입력 필드의 크기를 설정합니다.

17~21행 : [업로드하기] 버튼을 출력하기 위한 행을 정의합니다. 해당 버튼은 사용자가 입력한 값들을 서버로 전송하기 위해 〈input type="submit"〉 형태로 정의됩니다.

? 글작성 페이지로부터 전달된 아이디와 작성 글 정보를 feed 테이블에 추가하기 위한 feedAdd.jsp를 작성하려면 어떻게 해야 하나요?

feedAdd.jsp는 signup.jsp와 동일한 방식으로 구현 가능합니다. signup.jsp의 구현 과정에서 언급한 바와 같이, INSERT 구문을 동적으로 생성하기 위한 부분과 결과 메시지를 출력하기 위한 두 가지 부분에 대한 처리가 필요하며, 나머지 부분은 signup.jsp의 코드 그대로 이용할 수 있습니다.

먼저 INSERT 구문을 동적으로 생성하기 위한 부분을 살펴봅시다. 사용자가 글을 작성할 경우, feedAdd.html로부터 사용자 아이디와 작성글 정보가 id, content라는 이름으로 전달됩니다. request.getParameter() 함수를 이용해 사용자 입력 값을 추출한 후, INSERT 구문의 VALUES 절에 추출된 값을 대입하여 다음과 같이 SQL문을 완성합니다.

Hello2/feedAdd.jsp

```
<%@ page contentType="text/html" pageEncoding="utf-8" %>
    ...
    String uid = request.getParameter("id");
    String ucon = request.getParameter("content");

    String sql = "INSERT INTO feed(id, content) VALUES";
    sql += "('" + uid + "', '" + ucon + "')";
    ...
%>
```

다음으로 실행 결과 출력과 관련하여, executeUpdate() 함수의 반환 값이 1일 경우, 즉 정상적으로 수행될 경우에는 '작성 글의 업로드가 완료되었습니다'라는 문구를 출력합니다. 그렇지 않은 경우에는 오류 메시지를 출력합니다.

이 코드를 바탕으로 feedAdd.jsp 코드는 다음과 같이 구현할 수 있습니다. signup.jsp와 동일한 부분에 대해서는 '...'로 표시하였습니다.

Hello2/feedAdd.jsp

```
<%@ page contentType="text/html" pageEncoding="utf-8" %>
<%@ page import="java.sql.*" %>
<%
    ...
    String uid = request.getParameter("id");
    String ucon = request.getParameter("content");

    String sql = "INSERT INTO feed(id, content) VALUES";
    sql += "('" + uid + "', '" + ucon + "')";
    ...
    int count = stmt.executeUpdate(sql);
    if (count == 1) {
```

```
18          out.print("작성 글의 업로드가 완료되었습니다.");
19      }
20      else {
21          out.print("작성 글의 업로드 중 오류가 발생하었습니다.");
22      }
...     ...
24  %>
```

Java 프로그래밍에 익숙하지 않으신 분들은 feedAdd.jsp의 9~10행과 같이 사용자 입력 값을 이용하여 SQL문을 동적으로 만드는 과정이 다소 어렵게 느껴지실 수 있습니다. 이는 다음 장에서 소개할 PreparedStatement 클래스를 이용하면 쉽게 해결될 수 있습니다. 단, 02절에서 소개한 JDBC의 처리 과정은 공통적으로 적용되는 사항이니 꼭 기억해 두세요.

요약

01 JDBC

- Java에서 데이터베이스에 접근할 수 있도록 도와주는 프로그래밍 인터페이스
- Java 프로그램에서 데이터베이스 서버에 원격으로 접속할 수 있도록 네트워크 연결 제공
- Java 프로그램에서 데이터베이스의 검색과 수정을 위한 SQL문을 전송하고, 서버로부터 결과를 받을 수 있도록 API 제공

02 JDBC를 이용한 쿼리 연산 처리 단계

❶ Java Reflection을 이용한 JDBC 드라이버 로딩

```
Class.forName("com.mysql.jdbc.Driver");
```

❷ 데이터베이스 접속을 위한 Connection 객체 생성

```
public class Driver implements java.sql.Driver {
    // Register ourselves with the DriverManager
    static {
        java.sql.DriverManager.registerDriver(new Driver());
    }


Connection conn =
    DriverManager.getConnection("jdbc:mysql://localhost:3306/mysns",
    "root", "1111");
```

❸ SQL 명령문을 전달하기 위한 Statement 객체 생성

```
Statement stmt = conn.createStatement();
```

❹ Statement 객체를 이용한 쿼리 실행

```
ResultSet rs = stmt.executeQuery("SELECT id, password FROM user");
```

❺ 데이터베이스로부터 전송된 쿼리 실행 결과 처리

```
while(rs.next) { ... }
```

❻ 사용된 객체 닫기

```
rs.close(); stmt.close(); conn.close();
```

연습문제

01 디스크에 저장된 Java 클래스 파일을 Java 가상 머신이 동작하는 메모리로 업로드하기 위해 이용되는 함수는 무엇인가요?

02 이름이 myapp인 데이터베이스에 대한 커넥션을 얻기 위해 DriverManage.getConnection() 함수를 호출하고자 할 때, 첫 번째 파라미터로 들어갈 URL은 어떤 형태로 구성되나요? (단, myapp은 MySQL 데이터베이스에 저장되어 있으며, 로컬 컴퓨터에서 동작하는 것으로 가정합니다.)

03 JDBC를 이용하여 SELECT 구문을 수행하고자 할 때, executeQuery() 함수를 통해 전달되는 결과 값은 어떤 클래스 형태로 반환되나요?

04 JDBC 연결에 이용된 Connection이나 Statement 객체를 close() 함수를 통해 닫아주지 않을 경우, 어떤 문제가 발생할 수 있나요?

05 userList.jsp에서 ts 속성 값을 함께 출력해 주세요.

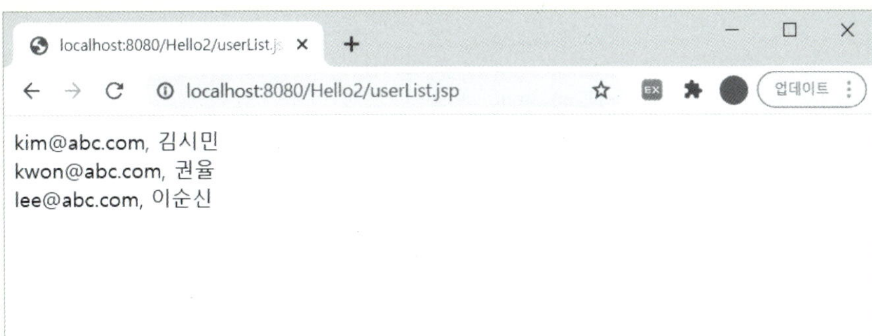

06 Hello2 프로젝트에 feedList.jsp를 추가하고, 다음 그림과 같이 feed 테이블의 id, content, ts 속성 값을 HTML 테이블 형태로 출력하도록 구현해 주세요.

07 Hello2 프로젝트에 userList2.jsp를 추가하고, 다음 그림과 같이 id, name, ts 속성 값을 HTML 테이블 형태로 출력하도록 구현해 주세요.

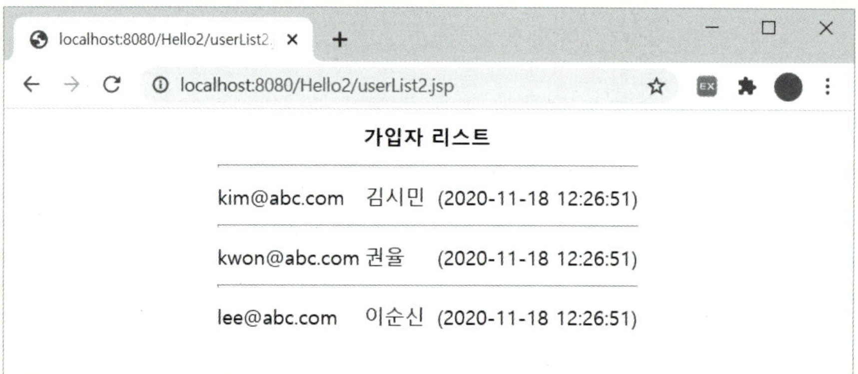

CHAPTER 10
JDBC II

학습목표

- PreparedStatement가 어떤 역할을 하는지 익힌다.
- 데이터베이스 커넥션 풀이 무엇이고, 어떻게 사용하는지 이해한다.

01 PreparedStatement 인터페이스

지난 장을 학습하면서 SQL문에서 작은 따옴표Single Quotation와 큰 따옴표Double Quotation를 어느 위치에 어떻게 입력할지 감이 오지 않은 분들도 있을 겁니다. PreparedStatement 인터페이스는 SQL문을 동적으로 만드는데 있어 조금 더 쉬운 방법을 제공합니다. 지난 장에서 user 테이블에 사용자 입력 값을 저장하기 위한 INSERT 구문은 다음과 같이 생성하였습니다.

```
String sql = "INSERT INTO user(id, password, name) VALUES
            ('" + uid + "', '" + upass + "', '" + uname + "')";
```

이 구문을 만들 때 PreparedStatement를 이용할 경우, 각각의 사용자 입력 값을 따옴표와 함께 표현하는 대신, '?'를 이용하여 다음과 같이 간단히 표현할 수 있습니다.

```
String sql = "INSERT INTO user(id, password, name) VALUES(?, ?, ?)";
```

각각의 '?'에는 사용자 입력 값을 대입하기 위해 다음과 같이 PreparedStatement의 setString() 함수를 이용해 값을 지정할 수 있습니다.

```
stmt.setString(1, uid);
stmt.setString(2, upass);
stmt.setString(3, uname);
```

1 Statement와의 차이점

Statement와 PreparedStatement는 어떤 차이점이 있나요?

PreparedStatement를 이용할 경우, 기존의 Statement를 이용할 때 비해 미묘한 문법 차이가 있으므로 유의해야 합니다. 먼저 Statement를 이용할 경우, SQL문을 작성하고 실행하는 과정을 기억해 봅시다. SQL문을 동적으로 작성하고 실행하는 과정은 다음과 같이 정리할 수 있습니다.

```
String sql = "INSERT INTO user(id, password, name) VALUES
             ('" + uid + "', '" + upass + "', '" + uname + "')";
Statement stmt = conn.createStatement();
stmt.executeUpdate(sql);
```

PreparedStatement를 이용하여 이와 동일한 작업을 수행하기 위한 코드는 다음과 같습니다.

```
String sql = "INSERT INTO user(id, password, name) VALUES(?, ?, ?)";
PreparedStatement stmt = conn.prepareStatement(sql);
stmt.setString(1, uid);
stmt.setString(2, upass);
stmt.setString(3, uname);
stmt.executeUpdate();
```

어떤 차이가 있는지 보이나요? 대략 4가지 부분에서 차이가 있습니다.

- SQL문을 동적으로 생성할 때 PreparedStatement를 이용하는 경우, '?'를 이용하여 문장을 보다 간결하게 표현할 수 있습니다.

- 객체를 생성할 때 Statement의 경우 Connection 객체의 createStatement( ) 함수가 이용됩니다. 이에 반해 PreparedStatement의 경우 prepareStatement( ) 함수가 이용되며, 입력 파라미터로 실행하고자 하는 SQL문을 반드시 전달해 줘야 합니다.
- 사용자 입력 값으로 쿼리 생성 시 PreparedStatement를 이용하는 경우 set( ) 함수를 이용해야 합니다. 사용자 입력 값이 스트링일 경우 setString( ) 함수가 이용되며, 정수일 경우 setInt( ) 함수가 이용됩니다.
- executeUpdate( ) 함수를 호출할 때 Statement 객체를 이용하는 경우, 실행할 SQL문을 입력 파라미터로 전달합니다. 이에 반해 PreparedStatement를 이용할 경우, executeUpdate( ) 함수에 파라미터를 입력하지 않습니다.

PreparedStatement는 쉬운 문법을 제공하기도 하지만, 사실 사용자 입력 값에 특수 문자가 올 경우 등의 예외 사항을 처리하는데 더욱 유용합니다. 예를 들어, signup.html에서 사용자 아이디에 k'wak@abc.com을 입력하고 실행해 봅시다. [그림 10-1]과 같이 아이디 이외의 입력 값은 임의의 값으로 채워주세요.

그림 10-1 signup.html에서 회원가입하기

실행 결과, [그림 10-2]와 같이 오류 메시지가 출력됩니다.

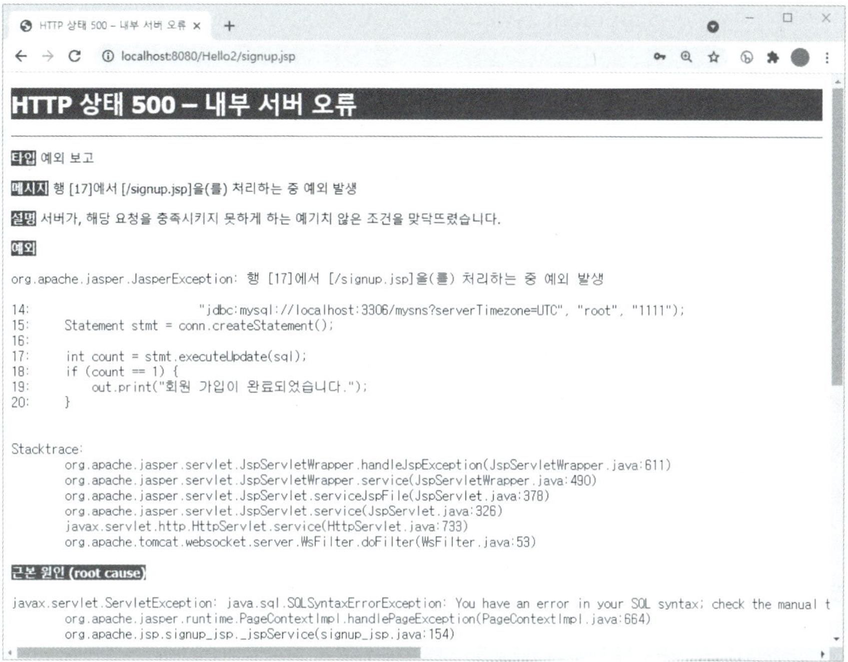

그림 10-2 signup.jsp 페이지 에러

[그림 10-2]의 화면에서 [예외] 항목 아래에 보면 'org.apache.jasper.JasperException: 행 [17]에서 [signup.jsp]을(를) 처리하는 중 예외 발생'이라고 알려줍니다. signup.jsp의 17행은 stmt.executeUpdate(sql) 함수의 호출 과정입니다. [근본 원인 (root cause)] 항목에서 보다 상세한 오류 메시지를 볼 수 있습니다.

```
javax.servlet.ServletException: java.sql.SQLSyntaxErrorException: You have an
error in your SQL syntax; check the manual that ...
```

이 오류는 SQL 구문에 오류가 있다는 내용입니다. 무슨 문제일까요? 다음 질문과 함께 원인을 살펴봅시다.

? 회원가입 페이지(signup.html)에서 사용자 아이디에 k'wak@abc.com을 입력하면 오류가 발생합니다. 원인은 무엇인가요? 어떻게 해결할 수 있나요?

문제의 원인을 파악하기 위해, Statement 클래스와 함께 이용했었던 SQL 스트링의 생성 부분을 살펴봅시다.

```
String sql = "INSERT INTO user(id, password, name) VALUES
            ('" + uid + "', '" + upass + "', '" + uname + "')";
```

이 구문에 uid와 upass, uname이 각각 'k'wak@abc.com', '111', '곽재우'가 전달되었다고 가정하고, 각각의 값을 SQL 스트링에 대입해 봅시다. 이 경우 다음과 같은 SQL 스트링이 만들어집니다.

```
String sql = "INSERT INTO user(id, password, name) VALUES
            ('k'wak@abc.com', '111', '곽재우')";
```

문제가 무엇인지 보이나요? 이 SQL 스트링에서 VALUES 구문의 첫 번째 입력 값으로 k'wak@abc.com이 주어졌습니다. SQL 엔진은 입력 값이 텍스트일 경우 따옴표로 감싼 스트링이 주어질 것으로 예상합니다. 따라서 다음 구문까지만 읽은 SQL 엔진은 입력 값을 'k'로 인식하고 콤마(,)가 올 것으로 예상합니다.

```
String sql = "INSERT INTO user(id, password, name) VALUES ('k' ...
```

그러나 예상과는 달리 SQL 스트링에는 다음 글자로 'w'가 들어 있습니다. 따라서 SQL 엔진은 SQL 스트링이 문법을 준수하지 않은 것으로 판별하여 내용의 오류를 발생시킵니다.

이 문제는 입력 값이 텍스트가 아닌 BLOB 유형의 멀티미디어 데이터일 때도 동일하게 발생할 수 있습니다. 따라서 따옴표에 의한 SQL 문법 오류를 미연에 방지하기 위해서는 PreparedStatement 클래스를 이용하는 것이 좋습니다. BLOB 유형의 데이터를 설정하기 위해서는 PreparedStatement 클래스의 setBlob() 함수가 이용됩니다. [표 10-1]은 Prepared Statement 클래스의 주요 함수를 보여줍니다.

표 10-1 PreparedStatement 클래스의 주요 함수

메소드	반환 유형	설명
setString(int index, String val)	void	SQL 문에서 index번째로 나타나는 '?' 값을 스트링 유형의 val로 설정
setInt(int index, int val)	void	SQL 문에서 index번째로 나타나는 '?' 값을 정수값 val로 설정
setBlob(int index, Blob val)	void	SQL 문에서 index번째로 나타나는 '?' 값을 BLOB 유형의 val로 설정 (멀티미디어 데이터 값의 설정 시 이용)
ResultSet executeQuery()	java.sql. ResultSet	SQL문이 SELECT일 경우 쿼리 실행 함수
executeUpdate()	int	SQL문이 INSERT, DELETE, UPDATE일 경우 쿼리 실행 함수

2 회원가입 예외 처리

[예제 10-1]은 회원가입 페이지에서 발생할 수 있는 입력 오류를 방지하기 위해, signup.jsp의 Statement 관련 구문을 PreparedStatement를 이용하여 수정합니다.

예제 10-1 PreparedStatement를 이용한 signup.jsp 수정

1 signup.jsp 수정 : Hello2 프로젝트의 signup.jsp 코드를 다음과 같이 수정합니다. 기존에 작성했던 코드 중에서 수정이 필요한 코드만 표시하였습니다.

Hello/signup.js

```
<%@ page contentType="text/html" pageEncoding="utf-8" %>
<%@ page import="java.sql.*" %>
<%
    ...
    //String sql = "INSERT INTO user(id, password, name) VALUES";
    //sql += "('" + uid + "', '" + upass + "', '" + uname + "')";
    String sql = "INSERT INTO user(id, password, name) VALUES(?, ?, ?)";
    ...
    // Statement stmt = conn.createStatement();
    PreparedStatement stmt = conn.prepareStatement(sql);
    stmt.setString(1, uid);
    stmt.setString(2, upass);
```

```
22     stmt.setString(3, uname);
23
24     // int count = stmt.executeUpdate(sql);
25     int count = stmt.executeUpdate();
...    ...
33  %>
```

12행 : PreparedStatement를 이용하여 사용자 입력 값으로부터 INSERT 문을 동적으로 생성할 수 있도록 '?' 파라미터를 포함한 SQL 스트링을 만듭니다.

15행 : Connection 객체의 prepareStatement( ) 함수를 이용해 PreparedStatement 객체를 생성합니다. 10행에서 생성된 SQL 스트링을 입력 파라미터로 전달합니다.

16~18행 : PreparedStatement의 setString( ) 함수를 이용하여 sql 스트링의 '?'에 차례로 uid, upass, uname 값을 입력합니다.

19행 : PreparedStatement의 executeUpdate( ) 함수를 이용하여 주어진 SQL 문을 실행합니다.

2 signup.html 실행 및 결과 확인 : 크롬에서 signup.html을 열고 사용자 아이디와 패스워드, 패스워드(확인) 및 이름에 각각 'k'wak@abc.com', '111', '111', '곽재우'를 입력합니다. 그리고 회원가입 버튼을 눌러 실행하고 회원가입 완료 메시지가 정상적으로 출력되는지 확인합니다.

3 데이터베이스 추가 확인 : MySQL 커맨드 창을 열어 **SELECT * FROM user** 명령어를 입력하여 데이터베이스에 레코드가 추가되었는지 확인합니다. 커맨드 창을 처음 열 경우 반드시 **USE mysns** 명령어 입력을 통해 이후에 실행될 명령어의 적용 범위가 mysns 데이터베이스임을 선언해야 합니다.

```
MySQL 8.0 Command Line Client - Unicode

mysql> SELECT * FROM user;
+---------------+----------+--------+---------------------+
| id            | password | name   | ts                  |
+---------------+----------+--------+---------------------+
| k'wak@abc.com | 111      | 곽재우 | 2020-11-21 20:42:15 |
| kim@abc.com   | 111      | 김시민 | 2020-11-18 12:26:51 |
| kwon@abc.com  | 111      | 권율   | 2020-11-18 12:26:51 |
| lee@abc.com   | 111      | 이순신 | 2020-11-18 12:26:51 |
+---------------+----------+--------+---------------------+
4 rows in set (0.00 sec)
```

3 회원탈퇴 기능 추가

PreparedStatement를 이용하여 회원탈퇴 기능을 구현해 봅시다. 회원탈퇴 기능 역시 사용자 입력 값을 받아들이기 위한 HTML 페이지와 입력 값을 바탕으로 SQL 문을 수행하는 JSP 파일로 구성됩니다. 각각의 파일 이름을 withdraw.html과 withdraw.jsp로 명명하겠습니다.

먼저 회원탈퇴 페이지를 만들어 봅시다. 해당 페이지는 탈퇴할 사용자의 아이디를 입력 받기 위한 Text 타입 UI와, 입력 값을 서버로 전달하기 위한 Submit 타입 버튼으로 간단히 구성할 수 있습니다.

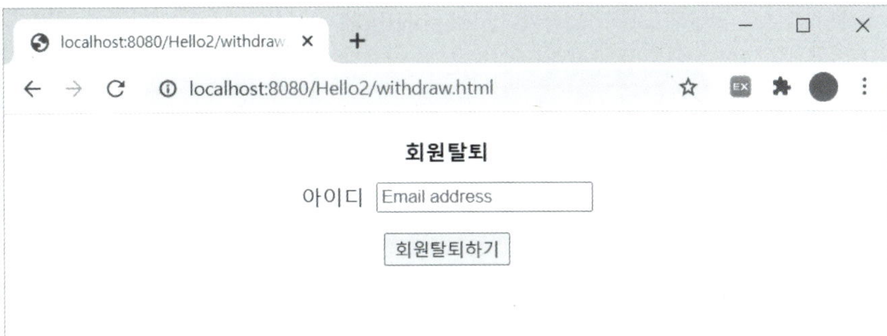

그림 10-3 withdraw.html 페이지

[그림 10-3]의 화면 역시 signup.html 등의 기존 코드를 복사하여 쉽게 구현 가능합니다. 다음 코드에는 signup.html을 기준으로 수정이 필요한 부분만 표시하였습니다.

Hello2/withdraw.html

```
... ...
<form action="withdraw.jsp" method="post">
<table align=center>
<tr><td colspan=2 align=center height=40><b>회원탈퇴</b><td></tr>
<tr>
    <td align=right>아이디 </td>
    <td><input type="text" name="id" placeholder="Email address"
        required></td>
</tr>
<tr>
```

```
14      <td colspan=2 align=center height=50>
15          <input type="submit" value="회원탈퇴하기">
16      </td>
17  </tr>
18  </table>
19  </form>
20
... ...
```

06행 : 〈form〉 태그의 action 속성을 withdraw.jsp로 지정하여 Submit 버튼이 눌러졌을 대 사용자 입력 값이 해당 파일로 전달되도록 정의합니다. 또한 method 속성을 post로 정의하여 입력 값이 브라우저 URL 창에 노출되지 않도록 합니다.

07행 : 〈table〉 태그를 정의하여 테이블 영역의 시작을 알립니다. align 속성 값을 center로 지정하여 테이블이 페이지의 가운데에 위치하도록 합니다.

08행 : '회원탈퇴' 타이틀을 중앙에 출력하기 위한 테이블 행을 정의합니다.

09~12행 : 아이디를 입력받기 위한 행을 정의합니다. '아이디' 텍스트와 〈input type="text"〉 태그를 따로 출력하기 위해 2개의 〈td〉를 포함하여 정의됩니다.

13~17행 : [회원탈퇴하기] 버튼을 출력하기 위한 행을 정의합니다. 해당 버튼은 사용자가 입력한 값들을 서버로 전송하기 위해 type 속성을 submit 형태로 정의합니다.

18~19행 : 〈table〉과 〈form〉 태그를 닫아줍니다.

withdraw.jsp에서는 user 테이블로부터 레코드를 삭제하기 위한 DELETE 구문을 수행합니다. DELETE 구문 역시 INSERT와 유사한 방법으로 처리할 수 있으므로, signup.jsp를 복사한 후 필요한 부분을 수정함으로써 간단히 구현될 수 있습니다. 이전에 학습한 내용을 정리하는 차원에서 다음 질문을 살펴봅시다.

? 다음 코드는 회원탈퇴 기능을 구현한 JSP 코드의 일부입니다. 빈 칸의 내용을 채우려면 어떻게 해야 할까요?

Hello2/withdraw.jsp

```
01 <%@ page contentType="text/html" pageEncoding="utf-8" %>
02 <%@ page import="java.sql.*" %>
03 <%
04     request.setCharacterEncoding("utf-8");
05
06     String uid = ______________________;
07     String sql = ______________________________;
08
09     Class.forName("com.mysql.jdbc.Driver");
10     Connection conn = DriverManager.getConnection(
                   "____________________________", "root", "1111");
11     PreparedStatement stmt = ______________________________;
12     ______________________;
13
14     int count = ______________________;
15     if (count == 1) {
16         out.print("회원탈퇴가 완료되었습니다.");
17     }
18     stmt.close(); conn.close();
19 %>
```

먼저 6행에서는 withdraw.html로부터 전달된 사용자 아이디 값을 추출하기 위한 request.getParameter() 함수가 호출되어야 합니다. 그리고 7행에서는 추출된 아이디 값의 레코드를 user 테이블로부터 삭제하기 위한 DELETE 구문을 정의해야 합니다. 10행에서 PreparedStatement가 이용되었으므로 '?' 파라미터를 이용하여 정의합니다.

```
"DELETE FROM user WHERE id = ?"
```

9행부터 12행까지는 9장에서 설명한 JDBC 처리 과정 중 1~3번 과정에 해당합니다. 이 중 10행은 JDBC 연결을 위한 Connection 객체를 생성하기 위한 2번 과정으로, 빈 칸에는 접속할 데이터베이스의 URL이 정의되어야 합니다. 데이터베이스 접속 URL은 다음과 같은 형식을 지닙니다.

```
[프로토콜 이름]://[서버 IP]:[포트번호]/[데이터베이스]
```

따라서 각각에 값을 대입하면 다음과 같은 스트링이 만들어집니다.

```
jdbc:mysql://localhost:3306/mysns
```

11행은 3번 과정에 해당하며, PreparedStatement 객체를 생성하기 위해 Connection 객체의 prepareStatement() 함수가 호출되어야 합니다. 이 때 함수의 파라미터에는 7행에서 생성한 sql 스트링을 입력합니다.

```
conn.prepareStatement(sql)
```

12행 역시 3번 과정에 해당하며, 7행에서 만들어진 DELETE문의 '?'에 대입할 값을 설정하기 위한 함수가 호출되어야 합니다. '?'에 설정될 값은 6행에서 추출된 uid 값입니다.

```
stmt.setString(1, uid)
```

마지막으로 14행에 들어갈 부분은 PreparedStatement 형식으로 완성된 SQL 구문을 실행하기 위한 함수를 호출하는 부분입니다. executeUpdate() 함수의 파라미터로 sql 스트링이 들어가지 않음에 유의하시기 바랍니다.

```
stmt.executeUpdate()
```

withdraw.jsp는 [예제 10-2]를 통해 완성할 수 있습니다. 실습을 통해 회원탈퇴 기능을 구현하고 실행해 봅시다.

예제 10-2 회원탈퇴 기능 구현

1 withdraw.html 작성 : Hello2 프로젝트의 src/main/webapp 폴더에 withdraw.html 파일을 추가한 후, withdraw.html의 코드를 입력하고 저장합니다.

2 withdraw.jsp 작성 : Hello2 프로젝트의 src/main/webapp 폴더에 withdraw.jsp를 추가하고, 다음 코드를 입력한 후 저장합니다.

Hello2/withdraw.jsp

```
<%@ page contentType="text/html" pageEncoding="utf-8" %>
<%@ page import="java.sql.*" %>
<%
    request.setCharacterEncoding("utf-8");

    String uid = request.getParameter("id");
    String sql = "DELETE FROM user WHERE uid = ?";

    Class.forName("com.mysql.jdbc.Driver");
    Connection conn = DriverManager.getConnection(
                    "jdbc:mysql://localhost:3306/mysns", "root", "1111");
    PreparedStatement stmt = conn.prepareStatement(sql);
    stmt.setString(1, uid);

    int count = stmt.executeUpdate();
    if (count == 1) {
        out.print("회원탈퇴가 완료되었습니다.");
    }
    else {
        out.print("회원탈퇴 중 오류가 발생하였습니다.");
    }
    stmt.close(); conn.close();
%>
```

3 withdraw.html 실행 및 결과 확인 : 크롬에서 withdraw.html을 열고 사용자 아이디에 k'wak@abc.com을 입력한 후 회원탈퇴 버튼을 눌러 실행합니다. 회원탈퇴가 완료되었음을 알리는 메시지가 다음과 같이 출력되는지 확인합니다.

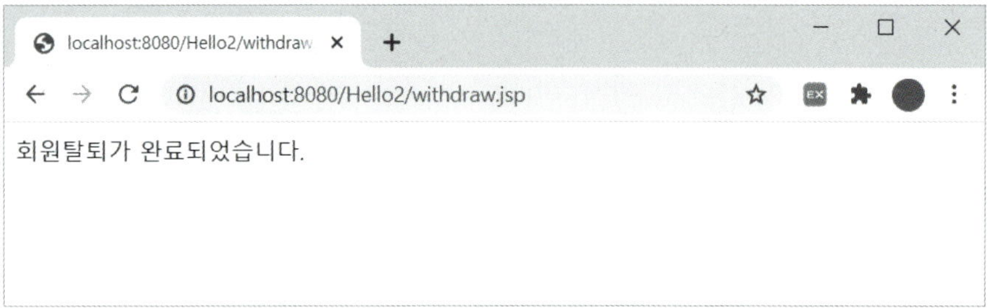

4 데이터베이스 추가 확인 : MySQL 커맨드 창을 열어 **SELECT * FROM user** 명령어를 입력하여 데이터베이스로부터 레코드가 삭제되었는지 확인합니다.

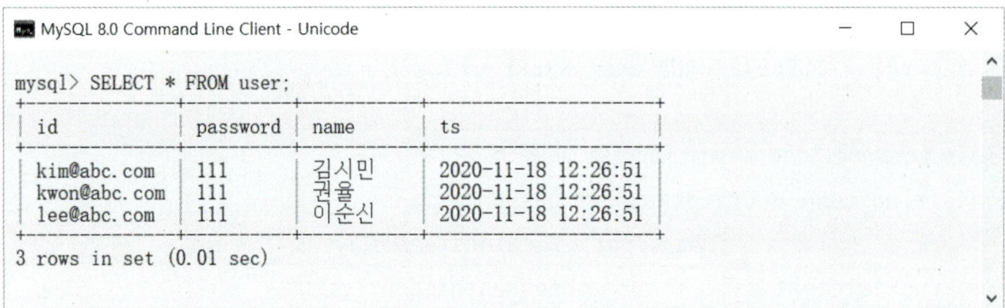


```
mysql> SELECT * FROM user;
+----------------+----------+---------+---------------------+
| id             | password | name    | ts                  |
+----------------+----------+---------+---------------------+
| kim@abc.com    | 111      | 김시민  | 2020-11-18 12:26:51 |
| kwon@abc.com   | 111      | 권율    | 2020-11-18 12:26:51 |
| lee@abc.com    | 111      | 이순신  | 2020-11-18 12:26:51 |
+----------------+----------+---------+---------------------+
3 rows in set (0.01 sec)
```

02 데이터베이스 커넥션 풀

데이터베이스 커넥션 풀은 무엇인가요? 왜 필요한가요?

JDBC를 이용할 때 가장 많은 자원이 소요되는 부분은 데이터베이스 연동에 필요한 Connection 객체를 생성하는 부분입니다. 이에 반해, 지금까지 설명한 모든 JSP 코드는 SQL 문을 수행하기 위해 Connection 객체를 생성하고 제거하는 과정을 반복해 왔습니다. 이는 HTTP 요청이 증가할 경우, 시스템의 성능을 급격하게 저하시킬 수 있습니다.

이 문제를 해결하기 위한 한 가지 방법은 데이터베이스 커넥션 풀Database Connection Pool을 이용하는 방법입니다. 커넥션 풀을 이용할 경우, 사용자가 요청할 때마다 매번 새로운 Connection 객체를 생성하는 것이 아닌, 일정 개수의 Connection 객체를 미리 생성한 다음 사용자가 요청할 때마다 가용한 객체를 할당하는 방식을 이용합니다.

데이터베이스 커넥션 풀은 톰캣 컨테이너에서 제공하며, javax.sql.DataSource 인터페이스를 통해 접근 가능합니다. DataSource는 JNDIJava Naming and Directory Interface를 통해 호출 가능하며, 데이터베이스 연동에 필요한 URL이나 커넥션 개수 등의 파라미터들의 경우 프로젝트 설정 파일인 context.xml에서 정의할 수 있도록 지원합니다. 예를 들어, mysns 데이터베이스에 대한 커넥션 풀을 생성하기 위한 context.xml은 다음과 같이 정의될 수 있습니다.

Hello2/context.xml

```
<?xml version="1.0" encoding="UTF-8"?>
<Context>
    <Resource name="jdbc/mysns"
        auth="Container"
        type="javax.sql.DataSource"
        driverClassName="com.mysql.jdbc.Driver"
        url="jdbc:mysql://localhost:3306/mysns?serverTimezone=UTC"
```

```
08          username="root"
09          password="1111"
10          maxTotal="16"
11          maxIdle="4"
12          maxWaitMillis="-1" />
13  </Context>
```

01행 : XML 문서임을 선언합니다. 문자 인코딩을 UTF-8로 정의합니다.

02행 : 〈Context〉 태그를 통해 설정의 시작을 알립니다.

03행 : 〈Resource〉 태그를 통해 DataSource 자원Resource을 정의합니다. 해당 이름은 외부에서 JNDI를 통해 자원을 호출할 경우 이용됩니다.

04행 : 톰캣 컨테이너가 자원 접근에 대한 인증 과정을 처리하도록 정의합니다.

05행 : 자원의 타입을 javax.sql.DataSource로 정의합니다. 즉 JNDI를 통해 실행되는 객체가 DataSource 타입의 객체임을 의미합니다.

06~09행 : DataSource에서 커넥션 풀을 구성하기 위한 부가 속성들을 정의합니다. 이들 정보는 Connection 객체를 생성하기 위해 Class.forName()과 DriverManager.getConnection() 함수의 입력 파라미터들에 해당합니다.

10행 : 커넥션 풀에서 유지될 수 있는 Connection 객체의 최대 개수를 지정합니다.

11행 : 커넥션 풀에서 유지되어야 할 Connection의 최소 개수를 지정합니다.

12행 : 커넥션 풀에 가용한 Connection 객체가 없을 경우 대기 시간을 밀리초Milliseconds 단위로 지정합니다. -1로 설정될 경우, 대기 시간 없이 바로 가용 자원이 없음을 알리는 오류 메시지가 클라이언트로 전달됩니다.

context.xml에는 06~09행에서 정의한 바와 같이 Connection 객체를 생성하기 위한 파라미터를 포함하며, DataSource에서 이들을 풀Pool의 형태로 관리하기 위한 부가적인 속성 값을 추가적으로 정의하고 있습니다. 그리고 jdbc/mysns라는 이름으로 DataSource 객체가 외부에서 JNDI를 통해 호출될 수 있도록 구성했습니다.

이제 JSP에서 JNDI를 이용해 DataSource 객체를 얻어오기 위한 과정을 살펴봅시다. JNDI에서는 InitialContext 클래스의 lookup() 함수를 통해 〈Resource〉 태그로 등록된 자원을 찾을 수 있도록 지원합니다. lookup() 함수는 찾고자 하는 자원의 이름을 파라미터로 입력받으며, 이 때 찾고자 하는 자원 이름 앞에 반드시 java:comp/env/를 추가한 형태로 파라미터를 전달해야 합니다. 예를 들어, 이름이 jdbc/mysns인 자원을 찾으려면 다음과 같은 형태로 lookup() 함수를 호출해야 합니다.

```
Context ctx = new InitialContext();
DataSource ds = (DataSource) ctx.lookup("java:comp/env/jdbc/mysns");
```

lookup() 함수의 반환 값은 Object 클래스 형태로 전달되며, 이를 DataSource 형태로 변환합니다. DataSource 객체가 얻어진 후, getConnection() 함수를 통해 커넥션 풀로부터 가용한 Connection 객체를 얻을 수 있습니다.

```
Connection conn = ds.getConnection();
```

이 두 코드는 9장에서 설명한 JDBC 처리 과정 중 Class.forName()과 DriverManager.getConnection() 함수의 호출 과정에 해당합니다. 따라서 이들 함수 호출 부분을 이 두 코드로 대체함으로써, JSP 파일이 구동될 때마다 매번 Connection 객체를 생성하지 않도록 성능을 개선할 수 있습니다.

한편, 다음과 같이 코드를 대체하더라도 DataSource를 찾기 위한 lookup() 함수는 JSP 파일이 호출될 때마다 여전히 반복적으로 수행됩니다. 따라서 실행 효율을 높이기 위해서는 lookup() 함수 역시 반복적으로 수행되지 않도록 코드를 구성할 필요가 있습니다. 이는 static 키워드를 이용하여 구현 가능합니다. 다음은 static 키워드를 이용하여 get() 함수가 처음 호출될 때 한해 lookup() 함수가 실행되도록 강제하기 위한 유틸리티 클래스의 구현 코드를 보여줍니다.

Hello2/WEB-INF/classes/com/test/ConnectionPool.java

```
package util;

import java.sql.*;
import javax.naming.*;
import javax.sql.*;
```

```
06
07 public class ConnectionPool {
08   private static DataSource _ds = null;
09
10   public static Connection get() throws NamingException, SQLException {
11       if (_ds == null) {
12           _ds = (DataSource) (new InitialContext()).lookup(
                                      "java:comp/env/jdbc/mysns");
13       }
14       return _ds.getConnection();
15   }
16 }
```

01행 : 클래스의 패키지를 util로 정의합니다.

03~05행 : 클래스에서 사용할 패키지들을 import합니다.

07행 : ConnectionPool 클래스를 정의합니다.

08행 : DataSource 타입의 변수 _ds를 정의하고 null로 초기화합니다. _ds는 static으로 선언되어 ConnectionPool 객체가 여러 개 생성되더라도 내부에서는 하나의 인스턴스만 유지됩니다.

10행 : DataSource 인스턴스를 반환하기 위한 get() 함수를 선언합니다. _ds 변수가 static으로 정의되었으므로, 이를 접근하고 반환하기 위한 get() 함수 역시 static으로 정의됩니다.

11~12행 : _ds 변수가 null일 경우, InitialContext 객체의 lookup() 함수를 실행하여 DataSource 객체를 얻어온 후 _ds에 저장합니다.

13행 : _ds의 getConnection() 함수를 호출하여 DataSource로부터 얻어온 Connection 객체를 반환합니다.

ConnectionPool 클래스를 이용할 경우, Connection 객체를 얻기 위한 과정이 다음과 같이 한 줄로 구현될 수 있습니다.

```
Connection conn = ConnectionPool.get();
```

실습을 통해 위에서 작성한 코드를 Hello2 프로젝트에 추가하고, 9장의 03절에서 구현했던 userList.jsp를 수정해서 실행해 봅시다.

예제 10-3 **데이터베이스 커넥션 풀 구현**

1 서버 실행 중지 : Hello2 프로젝트에 설정 파일인 context.xml을 추가하려면 먼저 실행 중인 서버를 중지시켜야 합니다. 이클립스 하단의 Servers 탭에서 현재 실행 중인 서버 이름(Tomcat v9.0 Server ...)을 선택한 다음, 우측의 빨간 네모 버튼(Stop the server)을 클릭합니다. 서버 이름 우측에 서버의 상태를 나타내는 문구가 'Stopped'로 변경되었는지 확인합니다. 단, 서버가 현재 중지 상태라면 이 과정은 건너뜁니다.

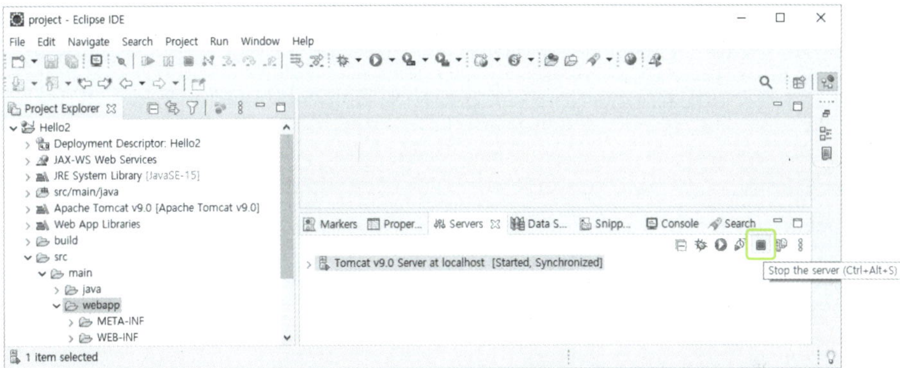

2 context.xml 추가 : Hello2 프로젝트에서 src/main/webapp의 META-INF 폴더에서 마우스 오른쪽 버튼을 눌러 [New]-[File] 메뉴를 선택합니다. 파일 이름에 context.xml을 입력한 후 [Finish] 버튼을 눌러 파일을 생성합니다. 에디터 창 하단의 [Source] 탭을 클릭하고, 앞서 설명한 context.xml의 코드를 입력하고 Ctrl + S 를 눌러 저장합니다.

3 서버 재실행 : context.xml의 작성이 완료되면 [Servers] 탭에서 서버 이름(Tomcat v9.0 Server ...)을 선택한 다음, 우측의 녹색 화살표 버튼(Start the server)을 클릭하여 서버를 재실행합니다.

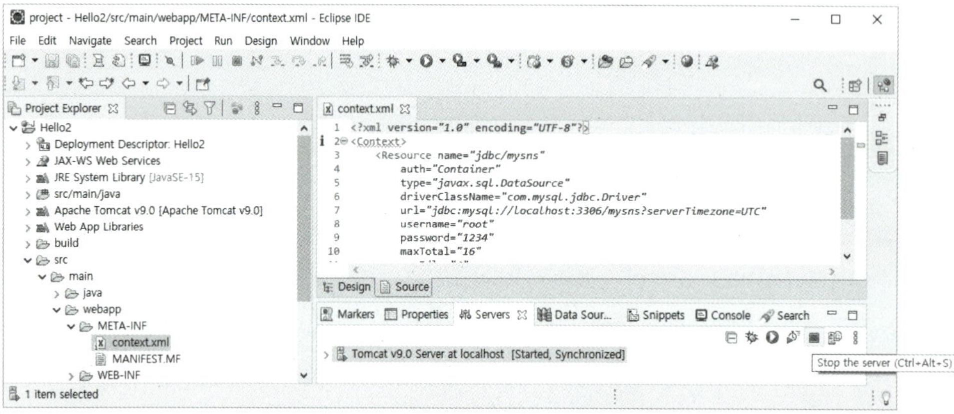

4 ConnectionPool.java 추가 : Hello2 프로젝트의 Java Resources 다음 src 폴더에서 마우스 오른쪽 버튼을 눌러 [New]-[Class] 메뉴를 선택합니다. New Java Class 팝업에서 [Package]와 [Name] 필드에 각각 util, ConnectionPool.java를 입력한 후 [Finish] 버튼을 눌러 파일을 생성합니다.

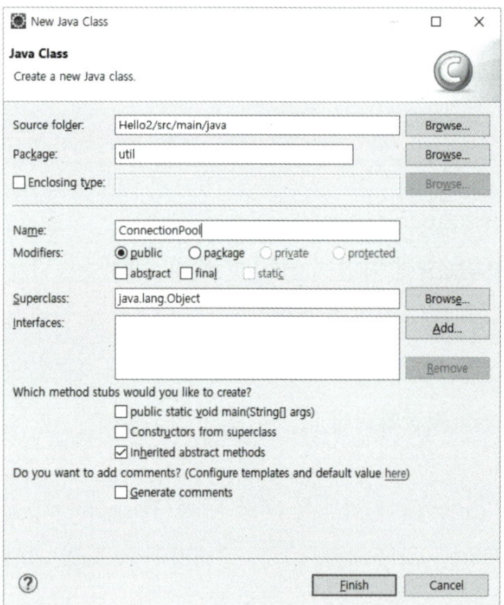

5 ConnectionPool.java 코드 작성 : 새로 생성된 파일 창에 앞서 설명한 ConnectionPool.java의 코드를 입력하고 Ctrl+S를 눌러 저장합니다.

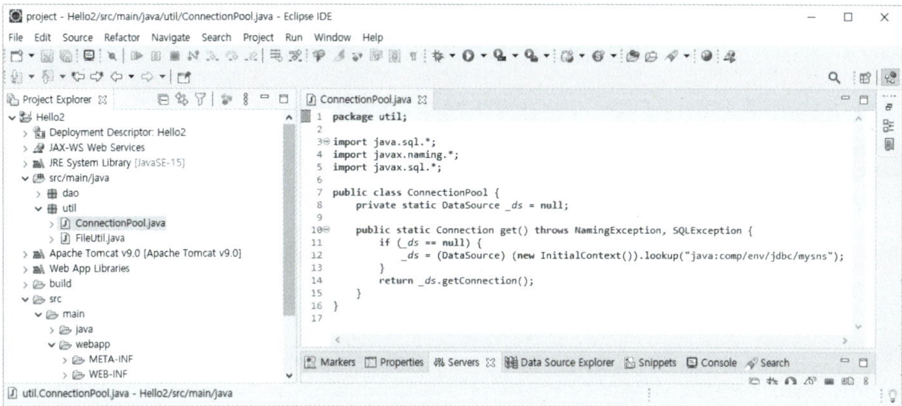

6 userList.jsp 수정 : 커넥션 풀이 제대로 구성되었는지 테스트를 위해 userList.jsp 코드를 수정한 후 실행해 봅시다. Class.forName()과 DriverManager.getConneciton() 함수 호출 부분을 주석 처리한 후, 커넥션 풀을 이용하기 위한 ConnectionPool.get() 함수를 다음과 같이 추가합니다.

Hello2/userList.jsp

```
01  <%@ page contentType="text/html" pageEncoding="utf-8" %>
02  <%@ page import="java.sql.*" %>
03
04  <%
05      //Class.forName("com.mysql.jdbc.Driver");
06      //Connection conn = DriverManager.getConnection("jdbc:mysql://localhost: 3306/mysns?serverTimezone=UTC", "root", "1111");
07      Connection conn = ConnectionPool.get();
...     ...
```

03행 : ConnectionPool 클래스 이용을 위해 util.ConnectionPool 클래스를 import합니다.

07행 : ConnectionPool.get() 함수를 호출하여 Connection 객체를 얻어옵니다.

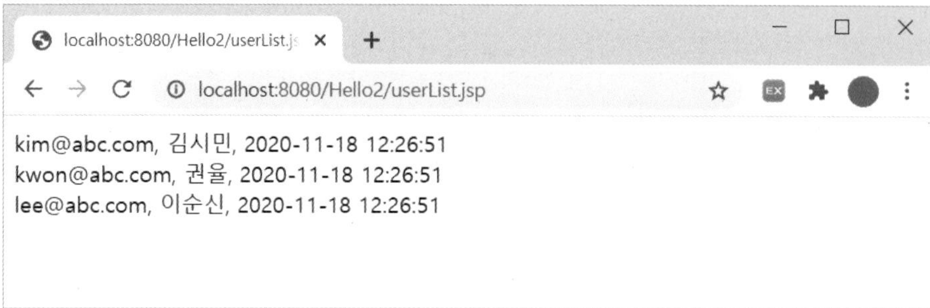

signup.jsp나 withdraw.jsp 등 Hello2 프로젝트 내의 다른 JSP 파일에서도 ConnectionPool 클래스를 이용하여 Connection 객체를 얻어올 수 있도록 수정합니다. 02절에서 언급한 내용이므로 관련 설명은 생략합니다.

요약

01 Statement와 PreparedStatement

	PreparedStatement	Statement
동적 SQL문 생성	'?'를 이용하여 문장을 간결하게 표현	PreparedStatement에 비해 복잡
객체 생성	prepareStatement( ) 함수 이용. 입력 파라미터로 SQL 문을 반드시 전달해야 함	Connection 객체의 createStatement( ) 함수 이용
사용자 입력 값 설정	바이트 set( ) 함수를 이용해 사용자 입력 값 설정	–
executeUpdate( ) 호출	인자를 입력하지 않음	생성된 SQL문을 인자로 전달

02 데이터베이스 커넥션 풀

- SQL 문을 수행하기 위해 Connection 객체를 생성하고 제거하는 과정을 반복함에 따라 발생하는 오버헤드를 줄이기 위한 방법
- Connection 객체를 일정 개수를 미리 생성한 다음 사용자가 요청할 때마다 가용한 객체를 할당
- 톰캣 컨테이너에서 제공
- javax.sql.DataSource 인터페이스를 통해 접근 가능하며, DataSource는 JNDI를 통해 호출 가능
- 데이터베이스 연동에 필요한 URL이나 커넥션 개수 등의 파라미터들의 경우 프로젝트 설정 파일인 context.xml에서 정의할 수 있도록 지원

연습문제

01 일정 개수의 Connection 객체를 미리 생성해둔 후, 사용자가 요청할 때마다 가용한 객체를 할당해주는 기술을 일컫는 말은 무엇인가요?

02 context.xml을 통해 등록된 공통 자원들을 디렉토리로부터 찾기 위해 이용되는 Java 서비스(혹은 API)는 무엇인가요?

03 다음 코드에서 밑줄 친 부분에 공통으로 들어가야 할 키워드는 무엇인가요?

Hello2/WEB-INF/classes/com/test/ConnectionPool.java

```
... ...
public class ConnectionPool {
    private ______ DataSource _ds = null;

    public ______ Connection get() throws NamingException,
    SQLException {
        if (_ds == null) {
            _ds = (DataSource) (new InitialContext()).lookup(
                                        "java:comp/env/jdbc/mysns");
        }
        return _ds.getConnection();
    }
}
```

04 다음 중 데이터베이스 커넥션 풀 설정을 위해 context.xml의 <Resource> 태그에 정의되어야 할 속성과 거리가 먼 것은 무엇인가요?

① type ② name ③ value ④ url

05 회원가입 페이지(signup.html)에서 사용자 아이디에 'k'wak@abc.com'을 입력하면 Statement 클래스를 이용한 기존의 signup.jsp에서는 오류가 발생합니다. 원인은 무엇인가요? 어떻게 해결할 수 있나요?

06 다음은 회원탈퇴 기능을 구현한 JSP 코드입니다. 빈 칸의 내용을 채워주세요.
(단, 이 장에서 설명한 withdraw.html에서 호출되는 파일이며, 구현에 있어 mysns 데이터베이스의 user 테이블을 이용하는 것으로 가정합니다.)

Hello2/withdraw.jsp

```
<%@ page contentType="text/html" pageEncoding="utf-8" %>
<%@ page import="java.sql.*" %>
<%
    request.setCharacterEncoding("utf-8");

    String uid = ____________________;
    String sql = ___________________________________;

    Class.forName("com.mysql.jdbc.Driver");
    Connection conn = DriverManager.getConnection(
                    "_________________", "root", "1111");
    PreparedStatement stmt = _________________;
    _________________;

    int count = _________________;
    if (count == 1) {
        out.print("회원탈퇴가 완료되었습니다.");
    }
    stmt.close(); conn.close();
%>
```

07 feedAdd.jsp에서 Statement 객체를 이용한 부분을 PreparedStatement를 이용하여 수정해 주세요.

08 signup.jsp에 ConnectionPool.get() 함수를 이용하여 데이터베이스에 접속할 수 있도록 수정해 주세요.

09 withdraw.jsp에 ConnectionPool.get() 함수를 이용하여 데이터베이스에 접속할 수 있도록 수정해 주세요.

CHAPTER 11
DAO

학습목표

- DAO와 데이터베이스의 관계를 이해한다.
- DAO를 이용해 데이터베이스의 레코드를 삽입, 조회, 수정, 삭제하는 코드를 작성할 수 있다.

01 DAO와 데이터베이스

DAO는 무엇인가요? 왜 필요한가요?

데이터베이스에 접속하고 수정하기 위한 JDBC 구현 코드는 여러 JSP 파일에 의해 공유될 수 있습니다. 예를 들어, 특정 아이디를 지닌 사용자 존재 유무를 체크하기 위한 코드는 로그인 페이지 이외에 회원가입 페이지에서도 이용하게 됩니다. 이는 기존에 가입된 아이디로 회원가입을 시도할 경우 에러 메시지를 출력하기 위해 필요합니다. 따라서 login.jsp와 signup.jsp에서 해당 코드를 중복 구현하기 보다는 별도의 Java 클래스로 구현한 후 여러 JSP에서 공유하는 것이 훨씬 효율적입니다.

DAO Data Access Object는 데이터베이스 접속 기능을 공유하기 위한 Java 클래스입니다. DAO를 이용할 경우, JSP 모듈에 구현된 데이터베이스 접속 및 수정 코드를 DAO 클래스로 모두 이관시키고, JSP에서는 DAO 클래스의 멤버 함수를 호출하여 필요한 기능을 구현하는 방식으로 구조가 변경됩니다.

DAO 클래스는 일반적으로 테이블당 하나가 만들어집니다. 예를 들어, user 테이블의 접속과 수정을 위해 UserDAO 클래스를 만들 수 있으며, 테이블에 레코드의 삽입, 삭제, 수정을 위한 insert(), delete(), update() 등의 멤버 함수를 구현할 수 있습니다. 마찬가지로 feed 테이블에 접속하기 위한 코드는 FeedDAO 클래스로 구현할 수 있습니다. [그림 11-1]은 UserDAO를 이용할 경우, MySNS 프로젝트의 기존 JSP 파일들을 어떻게 구조화할 수 있는지 보여줍니다.

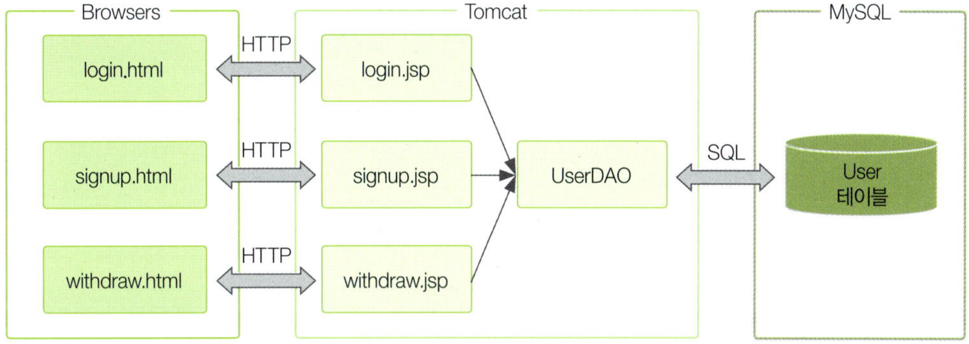

그림 11-1 UserDAO를 이용한 모듈화

이와 같은 구조를 통해 데이터베이스 접속 과정이 DAO 클래스로 이관될 경우, JSP 파일은 단순히 HTTP 요청 및 응답 처리를 위한 구현 코드 위주로 수정됩니다. 구체적인 구현 방향은 다음과 같습니다.

- request.getParameter()를 통해 HTTP 요청 메시지로부터 사용자 입력 값을 추출하고, 이를 DAO 클래스의 멤버 함수에 전달합니다.
- DAO 클래스의 함수로부터 전달된 반환 값을 이용하여, 실행 결과에 대한 HTML 코드를 작성하고 HTTP 응답 메시지로 출력합니다.

결국 핵심은 DAO 클래스를 이용하여 데이터베이스 처리와 HTTP 통신 처리 부분을 분리시켜 모듈화하는 것입니다. 이러한 과정을 통해 코드를 단순화시키는 동시에, 재사용성을 높일 수 있습니다. 02절에서는 user 및 feed 테이블에 접근하기 위한 DAO 클래스의 구현과 이용 방법에 대해 설명합니다.

02 유저 데이터 관리를 위한 DAO

UserDAO 클래스는 user 테이블에 레코드를 삽입, 삭제, 수정하거나, 특정 레코드가 테이블에 존재하는지 체크하기 위한 멤버 함수를 제공합니다. 이들 함수는 회원가입, 탈퇴, 로그인 등의 기능을 수행할 때 이용하게 됩니다.

1 회원가입

먼저 UserDAO에서 레코드 삽입과 검색을 위해 insert()와 exists() 함수를 제공한다고 가정해 봅시다. 이 경우, 회원가입을 위한 signup.jsp는 HTTP 요청과 응답을 처리하기 위한 구현 코드 위주로 다음과 같이 수정할 수 있습니다.

Hello2/signup.jsp

```
<%@ page contentType="text/html" pageEncoding="utf-8" %>
<%@ page import="dao.UserDAO" %>
<%
    request.setCharacterEncoding("utf-8");

    String uid = request.getParameter("id");
    String upass = request.getParameter("ps");
    String uname = request.getParameter("name");

    UserDAO dao = new UserDAO();
    if (dao.exists(uid)) {
        out.print("이미 가입한 회원입니다.");
        return;
    }

    if (dao.insert(uid, upass, uname)) {
```

```
17          out.print("회원가입이 완료되었습니다.");
18      }
19      else {
20          out.print("회원가입 처리 중 오류가 발생하였습니다.");
21      }
22  %>
```

02행 : UserDAO 클래스를 import 합니다.

04행 : POST 형식으로 사용자 입력값이 전달되는 경우 한글 처리를 위해 request.setCharacterEncoding("utf-8") 함수를 호출합니다.

06~08행 : HTTP 요청 메시지로부터 id, ps, name 속성 값을 추출하여 uid, upass, uname 변수에 차례로 저장합니다.

10행 : UserDAO 클래스의 인스턴스를 생성합니다.

11~14행 : UserDAO 클래스의 exists() 함수를 통해 uid 값을 지닌 레코드가 user 테이블에 존재하는지 확인합니다. 존재할 경우 '이미 가입한 회원입니다.'라는 메시지를 출력하고 종료합니다.

16~21행 : UserDAO 클래스의 insert() 함수를 이용해 uid, upass, uname 값을 가진 레코드를 user 테이블에 추가합니다. 추가가 성공할 경우, 회원가입 완료 메시지를 출력하며, 그렇지 않을 경우 실패 메시지를 출력합니다.

UserDAO 클래스의 insert()와 exists()는 다음과 같이 구현할 수 있습니다. insert()의 경우 기존의 signup.jsp 코드로부터 데이터베이스 처리 부분만 분리하여 멤버 함수에 포함시킵니다.

Hello2/WEB-INF/Classes/dao/UserDAO.java

```
package dao;

import java.sql.*;
import javax.naming.NamingException;
import java.util.*;

public class UserDAO {

    public boolean insert(String uid, String upass, String uname) throws NamingException, SQLException {
```

```
10          Connection conn = null;
11          PreparedStatement stmt = null;
12          try {
13              String sql = "INSERT INTO user(id, password, name) VALUES(?, ?, ?)";
14  
15              conn = ConnectionPool.get();
16              stmt = conn.prepareStatement(sql);
17              stmt.setString(1, uid);
18              stmt.setString(2, upass);
19              stmt.setString(3, uname);
20  
21              int count = stmt.executeUpdate();
22              return (count > 0) ? true : false;
23  
24          } finally {
25              if (stmt != null) stmt.close();
26              if (conn != null) conn.close();
27          }
28      }
29  }
```

01행 : UserDAO 클래스의 패키지를 dao로 선언합니다.

03~05행 : UserDAO에서 이용할 클래스들의 패키지나 클래스를 import 합니다.

07행 : UserDAO 클래스를 정의합니다.

09행 : insert( ) 함수를 정의합니다. 파라미터로 레코드 추가에 필요한 id, password, name 속성 값을 입력받습니다.

10~11행 : JDBC 접속에 필요한 객체들을 선언하고 null 값으로 초기화합니다.

13~21행 : JDBC를 이용하여 INSERT 구문을 실행하기 위한 코드이며, signup.jsp의 코드와 동일한 부분에 해당합니다.

22행 : 실행 결과 count가 0보다 클 경우 레코드 입력이 정상적으로 수행되었음을 의미합니다. 따라서 이 경우에는 true를 반환하며, 그 외의 경우에는 false를 반환합니다.

24~27행 : finally 구문을 이용하여 함수가 종료될 때 Connection 객체와 PreparedStatement 객체를 닫아줍니다.

exists() 함수의 경우 입력 파라미터로 주어진 사용자 아이디에 해당하는 레코드가 존재할 경우 true를, 그렇지 않을 경우 false를 반환하도록 구현될 수 있습니다. 그럼 데이터베이스에서 레코드의 존재 여부를 알아내기 위한 SQL 구문은 어떻게 정의될 수 있을까요?

> user 테이블에서 아이디가 kim@abc.com인 레코드의 중복 여부를 체크하기 위한 SQL문은 어떻게 표현될 수 있나요?

레코드의 중복 여부를 체크하려면, 먼저 테이블에서 주어진 레코드가 존재하는지 검색부터 해봐야 합니다. 이를 구현하기 위해 SELECT 구문이 이용될 수 있습니다. 예를 들어, 아이디가 'kim@abc.com'인 레코드를 SELECT 문으로 검색하여 결과가 1개 이상 출력되면, 'kim@abc.com'인 레코드가 user 테이블에 존재함을 알 수 있습니다.

```
SELECT id FROM user WHERE id = 'kim@abc.com';
```

SQL문이 정의되고 나면, JDBC를 이용해 이를 처리하기 위한 과정은 9~10장에서 설명한 내용과 동일합니다. 따라서 exists() 함수는 다음과 같이 구현될 수 있습니다. 다음 코드는 UserDAO 클래스의 28행 이후에 추가됩니다.

Hello2/WEB-INF/Classes/dao/UserDAO.java

```
30    public boolean exists(String uid) throws NamingException, SQLException {
31        Connection conn = null;
32        PreparedStatement stmt = null;
33        ResultSet rs = null;
34        try {
35            String sql = "SELECT id FROM user WHERE id = ?";
36
37            conn = ConnectionPool.get();
38            stmt = conn.prepareStatement(sql);
39            stmt.setString(1, uid);
40
41            rs = stmt.executeQuery();
42            return rs.next();
```

```
43
44          } finally {
45              if (rs != null) rs.close();
46              if (stmt != null) stmt.close();
47              if (conn != null) conn.close();
48          }
49      }
```

30행 : exists() 함수를 정의합니다. 사용자 존재 여부 체크를 위해 파라미터로 사용자 아이디를 입력 받습니다.

31~33행 : JDBC 연결에 필요한 객체들을 선언하고 null로 초기화합니다.

35행 : 사용자 존재 여부 체크를 위한 SELECT 구문을 정의합니다. PreparedStatement를 이용하므로 사용자 아이디가 들어갈 부분을 '?'로 정의합니다.

37~39행 : 작성된 SELECT 문을 전송하고 실행하기 위한 객체들을 생성합니다. stmt 객체의 set() 함수를 이용하여 SQL 문의 '?'에 uid 값을 설정합니다.

41행 : executeQuery() 함수를 이용하여 SELECT 문을 실행시킵니다.

42행 : rs.next() 함수를 이용하여 실행 결과로 전달된 레코드가 존재할 경우 true를, 그렇지 않을 경우 false를 반환합니다.

44~48행 : JDBC 객체들을 닫아줍니다.

예제 11-1 회원가입과 user 추가를 위한 코드 추가

1 UserDAO.java 파일 추가 : Hello2 프로젝트에서 마우스 오른쪽 버튼을 눌러 [New]-[Class] 메뉴를 선택합니다. New Java Class 팝업의 Package와 Name 항목에 각각 dao, UserDAO로 입력하고 [Finish] 버튼을 눌러 파일을 생성합니다.

2 UserDAO.java 코드 입력 : 파일 에디터 창에서 앞서 설명한 UserDAO.java 코드를 입력합니다. exists() 함수의 구현 코드 역시 UserDAO 클래스에 추가합니다.

3 signup.jsp 코드 반영 : 이클립스에서 signup.jsp 파일을 열어 앞서 소개한 코드를 입력한 후 Ctrl+S를 눌러 저장합니다.

4 signup.html 실행 및 결과 확인 : 9장에서 구현한 signup.html을 크롬에서 실행시켜, 아이디와 패스워드, 패스워드 확인 및 이름에 기존에 존재하는 'kim@abc.com', '111', '111', '김시민'을 입력하고 실행시켜 봅시다. 실행 결과 그림과 같이 오류 메시지가 출력되는지 확인합니다.

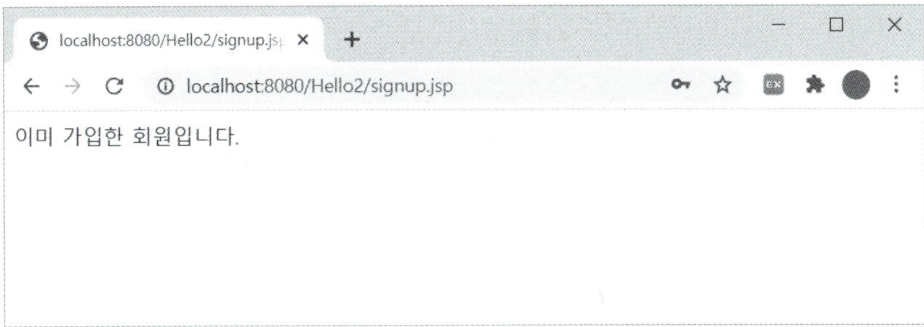

2 회원탈퇴

회원탈퇴를 위한 UserDAO의 delete() 함수는 어떻게 구현될 수 있나요?

회원탈퇴를 구현하기 위해서는 UserDAO 클래스에서 user 테이블로부터 레코드를 삭제하기 위한 delete() 함수가 제공되어야 합니다. delete() 함수는 기존의 withdraw.jsp에 정의된 데이터베이스 처리 구현 코드를 이용하여 다음과 같이 구현 가능합니다.

Hello2/WEB-INF/Classes/dao/UserDAO.java

```
public boolean delete(String uid) throws NamingException, SQLException {
    Connection conn = null;
    PreparedStatement stmt = null;
    try {
        String sql = "DELETE FROM user WHERE id = ?";

        conn = ConnectionPool.get();
        stmt = conn.prepareStatement(sql);
        stmt.setString(1, uid);

        int count = stmt.executeUpdate();
        return (count > 0) ? true : false;
```

```
63
64         } finally {
65             if (stmt != null) stmt.close();
66             if (conn != null) conn.close();
67         }
68     }
```

51행 : delete() 함수를 정의합니다. 파라미터로 삭제될 사용자의 아이디를 입력받습니다.

52~53행 : JDBC 접속에 필요한 객체들을 선언하고 null로 초기화합니다.

55행 : 레코드 삭제를 위한 DELETE 구문을 정의합니다. PreparedStatement를 이용하므로 사용자 아이디가 들어갈 부분을 '?'로 정의합니다.

57~59행 : 작성된 DELETE 문을 전송하고 실행하기 위한 객체들을 생성합니다. stmt 객체의 set() 함수를 이용하여 SQL 문의 '?'에 uid 값을 설정합니다.

61행 : executeUpdate() 함수를 이용하여 DELETE 문을 실행시킵니다.

62행 : 실행 결과 count가 0보다 클 경우 레코드 삭제가 정상적으로 수행되었음을 의미합니다. 따라서 이 경우에는 true를 반환하며, 그 외의 경우에는 false를 반환합니다.

64~67행 : JDBC 객체들을 닫아줍니다.

UserDAO.delete() 함수를 이용할 경우, withdraw.jsp는 HTTP 요청과 응답을 처리하기 위한 구현 코드 위주로 다음과 같이 수정될 수 있습니다.

Hello2/withdraw.jsp

```
<%@ page contentType="text/html" pageEncoding="utf-8" %>
<%@ page import="dao.UserDAO" %>
<%
    request.setCharacterEncoding("utf-8");

    String uid = request.getParameter("id");

    UserDAO dao = new UserDAO();
    if (dao.exists(uid) == false) {
        out.print("회원 정보를 찾을 수 없습니다.");
        return;
```

```
12     }
13
14     if (dao.delete(uid)) {
15         out.print("회원탈퇴가 완료되었습니다.");
16     }
17     else {
18         out.print("회원탈퇴 처리 중 오류가 발생하였습니다.");
19     }
20 %>
```

02행 : UserDAO 클래스를 import 합니다.

04행 : POST 형식으로 사용자 입력값이 전달되는 경우 한글 처리를 위해 request.setCharacterEncoding("utf-8") 함수를 호출합니다.

06행 : HTTP 요청 메시지로부터 id 속성 값을 추출하여 uid 변수에 저장합니다.

08행 : UserDAO 클래스의 인스턴스를 생성합니다.

09~12행 : UserDAO 클래스의 exists() 함수를 통해 uid 값을 지닌 레코드가 user 테이블에 존재하는지 확인합니다. 존재하지 않을 경우 '회원 정보를 찾을 수 없습니다.'라는 메시지를 출력하고 종료합니다.

14~19행 : UserDAO 클래스의 delete() 함수를 이용해 uid 값을 가진 레코드를 user 테이블로부터 제거합니다. 삭제가 성공할 경우, 회원탈퇴 완료 메시지를 출력하며, 그렇지 않을 경우 실패 메시지를 출력합니다.

앞서 배운 UserDao.java의 delete() 함수와 withdraw.jsp를 [예제 11-2]를 통해 실습해 봅시다.

예제 11-2 회원탈퇴 및 user 삭제를 위한 코드 추가

1 delete() 함수 추가 : UserDAO.java 파일을 열어 앞서 설명한 delete() 함수의 구현 코드를 클래스의 제일 아래 부분에 추가합니다. 그리고 Ctrl+S를 눌러 저장합니다.

2 withdraw.jsp 코드 반영 : 10장에서 구현한 withdraw.jsp에 앞서 설명한 코드를 입력한 후 Ctrl+S를 눌러 저장합니다.

3 withdraw.html 실행 및 결과 확인 : 크롬에서 withdraw.html을 실행시킨 후 아이디 항목에 존재하지 않는 임의의 이메일 주소를 입력하고 실행시켜 봅시다. 실행 결과 다음 그림과 같은 오류 메시지가 출력되는지 확인합니다. 마찬가지로 기존 회원을 삭제했을 때 회원탈퇴 메시지가 정상적으로 출력되는지도 확인합니다.

3 로그인

7장에서 소개한 로그인 기능은 데이터베이스 없이 session 내장 객체만을 이용해 로그인 여부를 판단하도록 구현되었습니다. 예를 들어, 사용자가 login.html에서 아이디와 패스워드를 입력한 후 로그인하기 버튼을 누르면 login.jsp가 동작합니다. login.jsp에서는 session.setAttribute() 함수를 이용하여 사용자 아이디 값을 세션 테이블에 저장합니다. 이 경우, 세션 테이블에 아이디가 있는 경우에는 로그인이 된 것으로, 그렇지 않은 경우 로그인이 필요한 것으로 간주되었습니다.

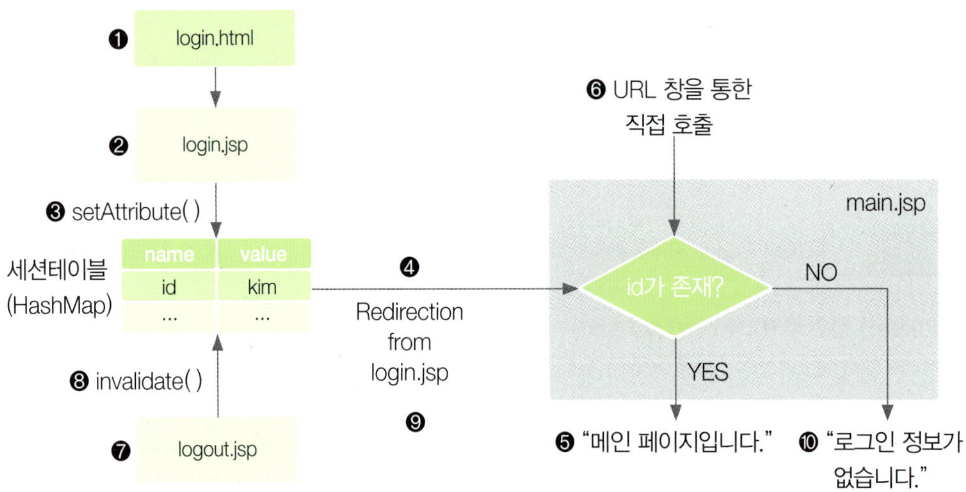

그림 11-2 7장에서 구현한 세션 중심의 로그인 동작 과정

[예제 11-2]에서 설명한 로그인 구현 코드는 실제 가입된 사용자 정보를 이용하도록 개선되어야 합니다. 사용자로부터 아이디와 패스워드가 주어졌을 때 일반적인 로그인 과정은 다음과 같이 구성될 수 있습니다.

- 주어진 아이디가 user 테이블에 존재하는지 확인합니다. 아이디가 없는 경우 '회원가입이 필요합니다.'라는 오류 메시지를 출력하고, 필요한 경우 회원가입 페이지로 유도합니다.
- 아이디가 존재하는 경우, 패스워드가 일치하는지 체크합니다. 패스워드가 일치하지 않을 경우 역시 오류 메시지를 출력합니다.
- 아이디가 존재하고 패스워드가 일치할 경우, 메인 화면으로 이동합니다.

이러한 과정은 UserDAO 클래스의 exists() 함수에 패스워드 비교 기능을 추가하여 구현될 수 있습니다. 다음 코드는 로그인 과정을 구현한 login() 함수에 해당하며, exists() 함수를 복사한 후 필요한 부분을 수정하여 구현될 수 있습니다. exists() 코드와 다른 부분은 음영 표시하였습니다.

Hello2/WEB-INF/Classes/dao/UserDAO.java

```
    public int login(String uid, String upass) throws NamingException, SQLException {
        Connection conn = null;
        PreparedStatement stmt = null;
        ResultSet rs = null;
        try {
            String sql = "SELECT id, password FROM user WHERE id = ?";

            conn = ConnectionPool.get();
            stmt = conn.prepareStatement(sql);
            stmt.setString(1, uid);

            rs = stmt.executeQuery();
            if (!rs.next()) return 1;
            if (!upass.equals(rs.getString("password"))) return 2;

            return 0;

        } finally {
```

```
88            if (rs != null) rs.close();
89            if (stmt != null) stmt.close();
90            if (conn != null) conn.close();
91        }
92    }
```

70행 : login() 함수를 정의합니다. 파라미터로 사용자가 입력한 아이디와 패스워드 값을 전달받습니다. 실행 결과는 정수 형태로 반환되며, 로그인이 정상적으로 수행되었을 때는 0, 아이디가 존재하지 않을 경우에는 1, 패스워드가 틀릴 경우에는 2가 반환됩니다.

71~73행 : JDBC 연결에 필요한 객체들을 선언하고 null로 초기화합니다.

75행 : user 테이블로부터 주어진 아이디에 해당하는 레코드를 가져오기 위한 SELECT 구문을 정의합니다. 선택된 레코드로부터 id와 password 속성 값을 추출합니다.

77~81행 : JDBC를 이용하여 user 테이블에 접속하고 SELECT 구문을 실행합니다.

82행 : 실행 결과 검색된 레코드가 없을 경우 rs.next() 함수가 false를 반환합니다. 이 경우 아이디가 존재하지 않음을 알리는 1을 반환합니다.

83행 : 검색된 레코드가 있을 경우 82행의 rs.next() 함수에 의해 커서가 해당 레코드로 이동합니다. 따라서 rs.getString("password")는 검색된 레코드의 password 속성 값을 반환합니다. 반환된 속성 값이 함수의 파라미터로 주어진 upass 값과 다를 경우, 패스워드가 일치하지 않음을 알리는 2를 반환합니다.

85행 : 82행과 83행의 조건문에 걸리지 않는 경우 로그인이 정상적으로 수행되어야 하므로, 이를 알리는 0을 반환합니다.

87~91행 : JDBC 연결에 이용된 객체들을 닫아줍니다.

login.jsp에서는 login() 함수 호출을 위한 HTTP 요청 및 응답 처리를 담당합니다.

Hello2/login.jsp

```
<%@ page contentType="text/html" pageEncoding="utf-8" %>
<%@ page import="dao.UserDAO" %>
<%
    request.setCharacterEncoding("utf-8");

```

```
06      String uid = request.getParameter("id");
07      String upass = request.getParameter("ps");
08
09      UserDAO dao = new UserDAO();
10      int code = dao.login(uid, upass);
11      if (code == 1) {
12          out.print("아이디가 존재하지 않습니다.");
13      }
14      else if (code == 2) {
15          out.print("아이디가 존재하지 않습니다.");
16      }
17      else {
18          session.setAttribute("id", uid);
19          response.sendRedirect("main.jsp");
20      }
21  %>
```

02행 : UserDAO 클래스를 import 합니다.

04행 : POST 형식으로 사용자 입력값이 전달되는 경우 한글 처리를 위해 request.setCharacter Encoding("utf-8") 함수를 호출합니다.

06~07행 : HTTP 요청 메시지로부터 id와 ps 속성 값을 추출하여 uid와 upass 변수에 저장합니다.

09행 : UserDAO 클래스의 인스턴스를 생성합니다.

10행 : UserDAO 클래스의 login() 함수를 실행합니다. 입력 파라미터로 uid와 upass를 전달하며, code에 함수의 반환 값이 저장됩니다.

11~13행 : code가 1일 경우, '아이디가 존재하지 않습니다.'라는 메시지를 출력합니다.

14~16행 : code가 2일 경우, '패스워드가 일치하지 않습니다.'라는 메시지를 출력합니다.

17~20행 : 로그인이 정상적으로 수행된 경우이며, session.setAttribute()를 이용하여 세션 테이블에 사용자 아이디 값을 저장한 후, main.jsp로 이동합니다.

이 코드에서는 로그인이 성공할 경우 main.jsp로 이동합니다. 기존의 main.jsp에서는 세션 테이블 정보에 따라 '메인 페이지입니다' 혹은 '로그인 정보가 없습니다.'라는 단순한 메시지를 출력하도록 구현되었습니다. 이는 우리가 구현하고자 하는 SNS의 UI와는 다소 거리가 있습니다.

로그인을 하면 [그림 11-3]과 같이 컨텐츠를 표시하도록 main.jsp를 수정해 봅시다. 메인 페이지에서 사용자가 작성한 글들을 리스트 형태로 출력하고, 리스트 상단에 새로운 글을 작성하기 위한 버튼을 제공하는 코드를 작성해봅시다. 작성글을 저장하고 있는 feed 테이블의 레코드의 검색과 수정을 위한 FeedDAO의 구현 또한 다음 절에서 소개합니다.

그림 11-3 MySNS의 메인 화면

03 피드 데이터 관리를 위한 DAO

FeedDAO는 feed 테이블에서의 검색과 수정을 위한 멤버 함수의 구현체입니다. 이들 함수는 글쓰기 및 삭제, 작성글 리스트 출력 등의 기능을 수행할 때 이용하게 됩니다. 먼저 작성글 추가를 위한 FeedDAO의 insert() 함수를 알아보고, 이를 기반으로 feedAdd.jsp가 어떻게 수정될 수 있는지 알아봅시다.

1 글작성

? feed 테이블에 작성글 추가를 위한 FeedDAO의 insert() 함수는 어떻게 구현할 수 있나요?

FeedDAO 클래스에서 작성글 내용을 feed 테이블에 추가하기 위한 insert() 함수를 구현해 봅시다. insert()의 경우 기존의 feedAdd.jsp 코드를 이용하여 구현 가능합니다.

Hello2/WEB-INF/Classes/dao/FeedDAO.java

```
package dao;

import java.sql.*;
import javax.naming.NamingException;
import util.*;

public class FeedDAO {

    public boolean insert(String uid, String ucon) throws
  NamingException, SQLException {
    Connection conn = null;
    PreparedStatement stmt = null;
```

```
12      try {
13          String sql = "INSERT INTO feed(id, content) VALUES(?, ?)";
14
15          conn = ConnectionPool.get();
16          stmt = conn.prepareStatement(sql);
17          stmt.setString(1, uid);
18          stmt.setString(2, ucon);
19
20          int count = stmt.executeUpdate();
21          return (count > 0) ? true : false;
22
23          } finally {
24              if (stmt != null) stmt.close();
25              if (conn != null) conn.close();
26          }
27      }
28  }
```

01행 : FeedDAO 클래스의 패키지를 dao로 선언합니다.

03~05행 : FeedDAO에서 이용할 클래스를 import 합니다.

07행 : FeedDAO 클래스를 정의합니다.

09행 : insert( ) 함수를 정의합니다. 파라미터로 사용자 아이디와 작성글 텍스트를 입력받습니다.

10~11행 : JDBC 연결을 위한 객체를 선언하고 null로 초기화합니다.

13~20행 : JDBC를 이용하여 feed 테이블에 레코드를 추가하기 위한 INSERT 구문을 실행합니다. feedAdd.jsp에서 정의된 코드와 동일하며, 그대로 복사하여 구현될 수 있습니다.

21행 : INSERT 구문의 실행 결과로 전달된 count 값이 0보다 클 경우, 레코드 입력이 정상적으로 수행되었음을 알리는 true를 반환합니다. 그 외의 경우에는 false를 반환합니다.

23~26행 : JDBC 연결에 이용된 객체를 닫아줍니다.

FeedDAO.insert( ) 함수를 이용할 경우, feedAdd.jsp는 HTTP 요청과 응답을 처리하기 위한 구현 코드 위주로 다음과 같이 수정할 수 있습니다.

Hello2/feedAdd.jsp

```
01 <%@ page contentType="text/html" pageEncoding="utf-8" %>
02 <%@ page import="dao.FeedDAO" %>
03 <%
04     request.setCharacterEncoding("utf-8");
05 
06     String uid = request.getParameter("id");
07     String ucon = request.getParameter("content");
08 
09     FeedDAO dao = new FeedDAO();
10     if (dao.insert(uid, ucon)) {
11         out.print("작성하신 글이 업로드되었습니다.");
12     }
13     else {
14         out.print("작성 글의 업로드 중 오류가 발생하였습니다.");
15     }
16 %>
```

02행 : FeedDAO 클래스를 import 합니다.

04행 : POST 형식으로 사용자 입력값이 전달되는 경우 한글 처리를 위해 request.setCharacter Encoding("utf-8") 함수를 호출합니다.

06~07행 : HTTP 요청 메시지로부터 id와 content 속성 값을 추출하여 uid와 ucon 변수에 저장합니다.

09행 : FeedDAO 클래스의 인스턴스를 생성합니다.

10~15행 : FeedDAO 클래스의 insert() 함수를 이용해 feed 테이블에 레코드를 추가합니다. 레코드 추가가 성공할 경우, 작성 글의 업로드 완료 메시지를 출력하며, 그렇지 않을 경우 실패 메시지를 출력합니다.

UserDAO에서 레코드를 추가할 때와 달리, FeedDAO에서는 exists() 함수를 이용하여 주어진 글의 내용이 테이블에 존재하는지 체크하지는 않습니다. 즉 특정 사용자가 동일한 내용의 글을 올리더라도 테이블에 추가됩니다. 8장에서 설명한 바와 같이, feed 테이블의 기본 키인 no는 시퀀스로 정의되었으며, 글이 추가될 때마다 자동으로 1씩 값이 증가합니다. no 값은 삭제와 수정에 한해 이용되며, 동일한 작성 글의 존재 여부를 판단하는데 이용되지는 않습니다.

예제 11-3 Feed 추가를 위한 코드 작성

1 FeedDAO.java 파일 추가 : Hello2 프로젝트에서 마우스 오른쪽 버튼을 눌러 [New]–[Class] 메뉴를 선택합니다. New Java Class 팝업의 Package와 Name 항목에 각각 dao, Feed DAO로 입력하고 [Finish] 버튼을 눌러 파일을 생성합니다.

2 FeedDAO.java 코드 입력 : 파일 에디터 창에 앞서 설명한 FeedDAO.java 코드를 입력한 후, Ctrl+S를 눌러 저장합니다.

3 feedAdd.jsp 코드 반영 : src/main/webapp 폴더의 feedAdd.jsp를 열고 feedAdd.jsp 코드를 입력한 후 Ctrl+S를 눌러 저장합니다.

4 feedAdd.html 실행 : 9장에서 소개한 feedAdd.html을 크롬에서 실행시켜, 아이디와 작성 글에 'kim@ abc.com', 'Hi'를 입력하고 업로드 버튼을 누릅니다. 작성 글이 성공적으로 업로드되었음을 알리는 메시지가 다음 그림과 같이 출력되는지 확인합니다.

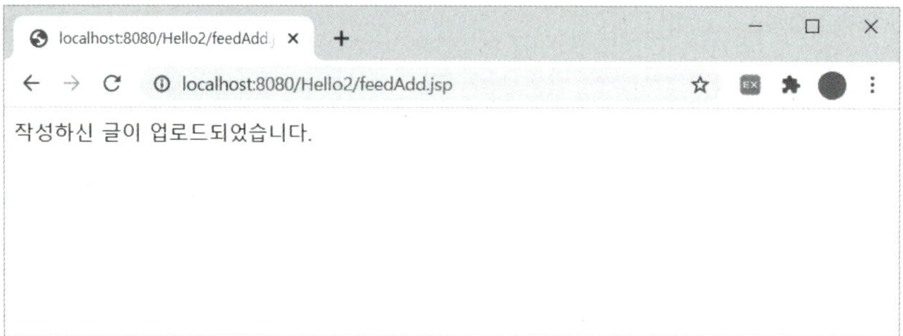

5 데이터베이스에서 실행 확인 : MySQL의 명령어 창을 열어 프롬프트에 SELECT * FROM feed를 입력하여 레코드가 추가되었는지 확인합니다.

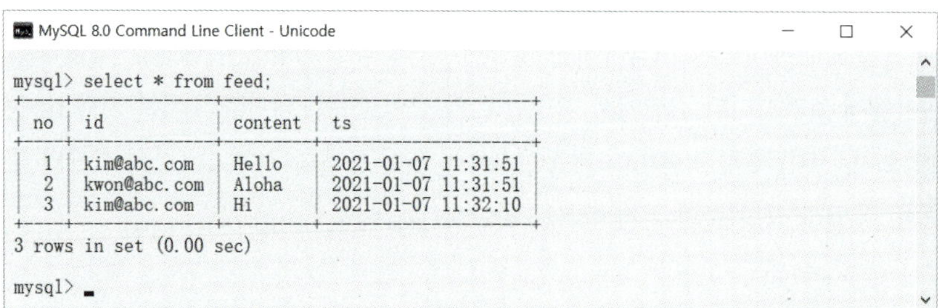

2 작성글 리스트 출력

이제 로그인 이후 메인 화면으로 출력될 main.jsp를 구현해 봅시다. main.jsp는 작성글 리스트를 출력하며, 9장에서 연습 문제로 제시한 바 있는 feedList.jsp의 구현 코드와 거의 동일하게 구현할 수 있습니다. main.jsp의 구현 코드는 다음과 같습니다.

TIP feedList.jsp가 구현되어 있을 경우, 이를 main.jsp로 복사해 주세요.

Hello2/main.jsp

```
<%@ page contentType="text/html" pageEncoding="utf-8" %>
<%@ page import="java.sql.*" %>
<%@ page import="util.*" %>
<%
    String sql = "SELECT * FROM feed ORDER BY ts DESC";

    Connection conn = ConnectionPool.get();
    PreparedStatement stmt = conn.prepareStatement(sql);
    ResultSet rs = stmt.executeQuery();

    String str = "<table align=center>";
    str += "<tr><th colspan=2>작성글 리스트</th></tr>";
    while(rs.next()) {
        str += "<tr><td colspan=2><hr></td></tr>";
        str += "<tr>";
        str += "<td><small>" + rs.getString("id") + "</small></td>";
        str += "<td><small> (" + rs.getString("ts") + ")</small></td>";
        str += "</tr>";
        str += "<tr><td colspan=2>" + rs.getString("content") + "</td></tr>";
    }
    str += "</table>";
    out.print(str);

    rs.close(); stmt.close(); conn.close();
%>
```

02~03행 : 구현에 필요한 클래스들을 import 합니다.

05행 : feed 테이블로부터 레코드를 가져오기 위한 SELECT 구문을 정의합니다. ORDER BY ts DESC 구문을 이용하여 최신 글부터 가져올 수 있도록 구성됩니다.

07~09행 : JDBC를 이용하여 feed 테이블로부터 레코드를 가져오기 위한 SELECT 구문을 실행합니다.

11행 : 실행 결과로 브라우저에 출력될 HTML 코드를 저장하기 위한 변수로 str을 선언합니다. 그리고 〈table〉 태그를 이용하여 초기화합니다. 〈table〉 태그의 align 속성 값을 center로 설정하여 테이블이 페이지의 가운데 위치하도록 구성합니다.

12행 : '작성글 리스트' 타이틀을 출력하기 위한 테이블 행을 str에 추가합니다. 〈th〉 태그의 colspan 속성 값을 2로 지정하여 타이틀의 너비를 테이블의 너비와 일치시킵니다.

13행 : SELECT 구문의 실행 결과로 얻어진 ResultSet의 모든 레코드에 대해 while문 내부의 코드를 수행합니다.

14행 : 작성글 간의 구분을 위해 수평선을 출력하기 위한 테이블 행을 str에 추가합니다. 〈td〉 태그의 colspan 속성 값을 2로 지정하여 영역 너비를 테이블의 너비와 일치시키며, 수평선을 출력하기 위한 〈hr〉 태그를 포함시킵니다.

15~18행 : 사용자의 아이디와 작성 시간을 출력하기 위한 테이블 행을 str에 추가합니다. id와 ts 속성 값은 각각의 〈td〉 태그를 이용하여 분리된 컬럼 형태로 구성되며, 〈small〉 태그를 이용하여 작은 글씨체로 표현됩니다.

19행 : 글의 내용에 해당하는 content 속성 값을 출력하기 위한 테이블 행을 str에 추가합니다. colspan 속성 값을 2로 정의하여 해당 태그의 너비를 테이블의 너비와 일치시킵니다.

21행 : 〈/table〉 태그를 str에 추가합니다.

22행 : out.print() 함수를 이용하여 작성된 str을 클라이언트로 출력합니다.

24행 : JDBC 연결에 이용된 객체들을 닫아줍니다.

방금 소개한 main.jsp는 DAO 구조를 이용하지 않았습니다. 즉 데이터베이스를 이용하는 부분과 HTML 코드를 생성하고 응답 메시지로 출력하는 부분이 혼재되어 있습니다. 따라서 main.jsp에서 데이터베이스 접근 부분을 FeedDAO 클래스의 멤버 함수로 분리할 필요가 있습니다.

다음 코드는 main.jsp의 SELECT 구문을 실행하고 결과를 반환하기 위한 getList() 함수의 구현을 보여줍니다.

Hello2/WEB-INF/Classes/dao/FeedDAO.java

```java
    public ResultSet getList() throws NamingException, SQLException {
        Connection conn = null;
        PreparedStatement stmt = null;
        try {
            String sql = "SELECT * FROM feed ORDER BY ts DESC";
            conn = ConnectionPool.get();
            stmt = conn.prepareStatement(sql);
            return stmt.executeQuery();

        } finally {
            if (stmt != null) stmt.close();
            if (conn != null) conn.close();
        }
    }
```

FeedDAO 클래스의 getList() 함수가 제공될 경우, main.jsp는 다음과 같이 수정할 수 있습니다. 앞서 소개한 코드에서 수정된 부분은 음영 표시하였습니다.

Hello2/main.jsp

```jsp
<%@ page contentType="text/html" pageEncoding="utf-8" %>
<%@ page import="java.sql.*" %>
<%@ page import="dao.FeedDAO" %>
<%
    ResultSet rs = (new FeedDAO()).getList();

    String str = "<table align=center>";
    str += "<tr><th colspan=2>작성글 리스트</th></tr>";
    while(rs.next()) {
        str += "<tr><td colspan=2><hr></td></tr>";
        str += "<tr>";
        str += "<td><small>" + rs.getString("id") + "</small></td>";
        str += "<td><small> (" + rs.getString("ts") + ")</small></td>";
        str += "</tr>";
        str += "<tr><td colspan=2>" + rs.getString("content") + "</td></tr>";
    }
```

```
17      str += "</table>";
18      out.print(str);
19
20      rs.close();
21  %>
```

03행 : FeedDAO 클래스를 import 합니다.

05행 : FeedDAO의 getList( ) 함수를 이용하여 feed 테이블로부터 레코드를 가져온 후 ResultSet형식의 변수에 저장합니다.

20행 : 사용한 ResultSet을 닫아줍니다.

방금 구현한 main.jsp은 그럴 듯해 보입니다. 그러나 막상 실행시키면 [그림 11-4]와 같은 에러가 발생합니다. 에러 원인을 보면 SQLException: Operation not allowed after ResultSet closed라는 메시지가 출력된 것을 볼 수 있습니다. 이는 ResultSet이 닫힌 후에는 연산(Operation)이 수행될 수 없음을 나타냅니다.

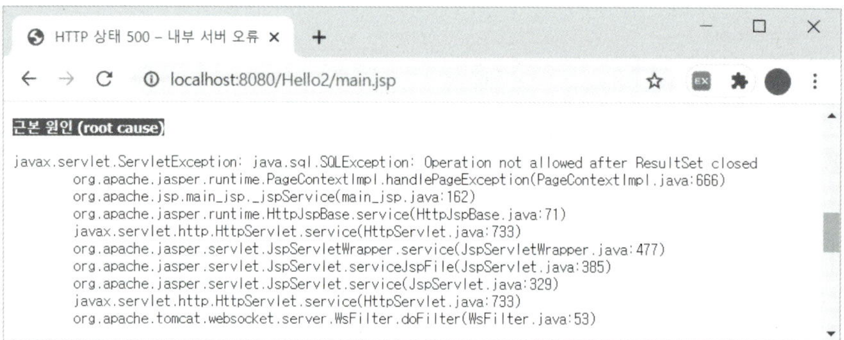

그림 11-4 SQLException

main_jsp.java의 162행은 while(rs.next()) 함수의 호출 부분입니다. 즉, 이와 같은 에러는 rs.next( ) 함수가 호출될 때 발생함을 의미합니다. 이는 getList( ) 함수 호출 이후 rs가 바로 닫힌다는 의미와 동일합니다.

이에 반해 getList( ) 함수에서는 rs.close( )를 호출하지 않습니다. 그럼 왜 이런 오류가 발생할까요? 앞서 설명한 결과를 통해 유추할 수 있는 원인은 Statement나 Connection 객체가 닫힐 경우, 이와 연결된 ResultSet 객체도 함께 닫히게 된다는 점입니다. 따라서 이 문제를 해결하기 위해서는 stmt.close()와 conn.close()가 main.jsp에서 호출될 수 있도록 수정해야 합니다. 그러나 Statement와 Connection와 같이 데이터베이스 접근에 필요한 객체들을 main.jsp로 이동하게 되면 DAO를 이용한 모듈화의 장점이 사라집니다. JDBC 관련 객체들은 DAO 클래스 내에서만 정의하고 이용하는 것이 바람직합니다.

그럼 데이터베이스에 관한 로직을 FeedDAO 클래스 내에서만 유지하고, main.jsp에서는 HTML 코드 생성에 관한 로직만 처리하도록 모듈화하려면 어떻게 해야 할까요? getList() 함수의 실행 결과를 전달하는데 있어 ResultSet 형식이 아닌, 다른 독립적인 클래스를 이용함으로써 이 문제를 해결할 수 있습니다. ResultSet은 레코드의 리스트로 볼 수 있으므로, ResultSet과 동등한 객체를 만들기 위해서는 다음의 두 요소가 필요합니다.

❶ 각각의 레코드를 표현하기 위한 클래스
❷ 이들을 저장하기 위한 리스트

TIP user 테이블과 feed 테이블은 서로 다른 속성을 갖고 있으므로, 각 테이블마다 하나의 클래스를 가져야 합니다.

먼저 feed 테이블의 레코드를 표현하기 위한 클래스를 만들어 봅시다. [그림 11-5]의 작성글 리스트 화면에서는 사용자 아이디와, 작성 시간, 그리고 작성글 정보만을 출력하므로 해당 클래스에는 이들 속성 값을 설정하고 가져올 수 있도록 구성합니다. 다음은 feed 테이블을 구성하는 하나의 레코드 정보를 저장하고 반환하기 위한 FeedObj 클래스의 구현 코드입니다.

Hello2/WEB-INF/Classes/dao/FeedObj.java

```
package dao;

public class FeedObj {
    private String id, content, ts;

    public FeedObj(String id, String content, String ts) {
        this.id = id;
        this.content = content;
        this.ts = ts;
    }

```

```java
12      public String getId() { return this.id; }
13      public String getContent() { return this.content; }
14      public String getTs() { return this.ts; }
15  }
```

01~03행 : dao 패키지에 FeedObj 클래스를 정의합니다.

04행 : 레코드의 속성 값을 저장하기 위한 id, content, ts 변수를 선언합니다.

06~10행 : 객체가 생성될 때 id, content, ts 변수 값을 지정할 수 있도록 생성자를 구성합니다.

12~14행 : 객체에 저장된 id, content, ts 변수 값을 반환하기 위한 get() 함수들을 정의합니다.

다음으로 FeedObj 객체를 요소로 하는 리스트를 만들기 위해 java.util 패키지의 Array List가 이용될 수 있습니다. 다음은 FeedObj와 ArrayList를 이용하여 feed 테이블로부터 추출된 레코드 리스트를 반환하기 위한 getList() 함수의 구현 코드를 보여줍니다. 기존에 비해 수정된 부분은 음영 표시하였습니다.

Hello2/WEB-INF/Classes/dao/FeedDAO.java

```java
public ArrayList<FeedObj> getList() throws NamingException, SQLException {
    Connection conn = null;
    PreparedStatement stmt = null;
    ResultSet rs = null;
    try {
        String sql = "SELECT * FROM feed ORDER BY ts DESC";
        conn = ConnectionPool.get();
        stmt = conn.prepareStatement(sql);
        rs = stmt.executeQuery();

        ArrayList<FeedObj> feeds = new ArrayList<FeedObj>();
        while(rs.next()) {
            feeds.add(new FeedObj(rs.getString("id"), rs.getString("content"), rs.getString("ts")));
        }
        return feeds;

    } finally {
```

```
48            if (rs != null) rs.close();
49            if (stmt != null) stmt.close();
50            if (conn != null) conn.close();
51        }
52  }
```

31행 : getList() 함수를 선언합니다. 결과 값은 FeedObj 객체를 요소로 가지는 ArrayList의 형태로 반환됩니다.

32~34행 : JDBC 연결에 필요한 객체들을 선언하고 초기화합니다.

36~39행 : JDBC를 이용하여 36행에서 준비한 SELECT 문을 실행하고, ResultSet 형태로 결과 값을 받아옵니다.

41행 : 반환될 결과 값을 저장하기 위한 ArrayList 객체를 생성합니다. 객체의 구성 요소로 FeedObj를 지정합니다.

42행 : ResultSet의 모든 레코드에 대해 while문 인에 정의된 문장들을 수행합니다.

43행 : ResultSet의 get() 함수를 이용하여 레코드의 id, content, ts 속성 값을 추출합니다. 그리고 추출된 값을 기반으로 FeedObj 객체를 생성한 후, 결과로 전달될 ArrayList에 추가합니다.

45행 : while 루프를 통해 작성된 ArrayList 객체를 반환합니다.

47~51행 : JDBC 연동에 이용된 객체들을 닫아줍니다.

getList() 함수의 수정에 따라 main.jsp도 다음과 같이 수정됩니다. getList()로부터 반환된 ArrayList<FeedObj>를 이용하여 브라우저에 출력될 스트링을 만듭니다. 기존의 코드에서 수정된 부분은 음영 표시하였습니다.

Hello2/main.jsp

```
<%@ page contentType="text/html" pageEncoding="utf-8" %>
<%@ page import="java.sql.*" %>
<%@ page import="java.util.*" %>
<%@ page import="dao.*" %>
<%
    ArrayList<FeedObj> feeds = (new FeedDAO()).getList();

```

```
08      String str = "<table align=center>";
09      str += "<tr><th colspan=2>작성글 리스트</th></tr>";
10      for (FeedObj feed : feeds) {
11          str += "<tr><td colspan=2><hr></td></tr>";
12          str += "<tr>";
13          str += "<td><small>" + feed.getId() + "</small></td>";
14          str += "<td><small> (" + feed.getTs() + ")</small></td>";
15          str += "</tr>";
16          str += "<tr><td colspan=2>" + feed.getContent() + "</td></tr>";
17      }
18      str += "</table>";
19      out.print(str);
20  %>
```

02~04행 : main.jsp에서 이용될 클래스들을 import 합니다.

06행 : FeedDAO 객체를 생성한 후 getList() 함수를 호출합니다. 실행 결과 값을 ArrayList 〈FeedObj〉 형태로 반환받습니다.

08~18행 : getList() 함수로부터 전달받은 feeds 리스트를 이용하여 작성글 리스트에 대한 HTML 코드를 생성합니다. 레코드로부터 속성 값을 가져오기 위해 FeedObj의 get() 함수를 이용합니다.

19행 : 생성된 HTML 코드를 브라우저로 출력합니다.

마지막으로 main.jsp에서 세션 처리 기능을 추가하여 완성도를 높여봅시다. 예를 들어, 세션 테이블에 사용자 아이디가 없을 경우 login.html로 강제 이동할 수 있습니다. 그렇지 않을 경우, 메인 화면에 진입할 때마다 로그인(세션) 시간 연장을 위해 session.setAttribute() 함수를 호출할 수 있습니다. 그리고 헤더 부분에 글쓰기 버튼을 함께 추가하여 UI를 수정할 수 있습니다.

다음 코드는 지금까지 설명한 내용을 바탕으로 완성된 main.jsp의 구현을 보여줍니다. 기존 코드에서 수정된 부분은 음영 표시하였습니다.

Hello2/main.jsp

```
<%@ page contentType="text/html" pageEncoding="utf-8" %>
<%@ page import="java.sql.*" %>
<%@ page import="java.util.*" %>
<%@ page import="dao.*" %>
```

```
05 <%
06     String uid = (String) session.getAttribute("id");
07     if (uid == null) {
08         response.sendRedirect("login.html");
09         return;
10     }
11     session.setAttribute("id", uid);
12 
13     ArrayList<FeedObj> feeds = (new FeedDAO()).getList();
14 
15     String str = "<table align=center>";
16     str += "<tr height=40><td><b>작성글 리스트</b></td>";
17     str += "<td align=right>";
18     str += "<a href='feedAdd.html'><button>글쓰기</button></a>";
19     str += "</td></tr>";
20 
21     for (FeedObj feed : feeds) {
22         str += "<tr><td colspan=2><hr></td></tr>";
23         str += "<tr>";
24         str += "<td><small>" + feed.getId() + "</small></td>";
25         str += "<td><small> (" + feed.getTs() + ")</small></td>";
26         str += "</tr>";
27         str += "<tr><td colspan=2>" + feed.getContent() + "</td></tr>";
28     }
29     str += "</table>";
30     out.print(str);
31 %>
```

06행 : 세션 테이블에서 id로 정의된 항목의 값을 가져옵니다.

07~10행 : id로 정의된 항목이 없을 경우, 로그인이 제대로 수행되지 않았음을 나타냅니다. 이 경우 response.sendRedirect( ) 함수를 이용하여 login.html 페이지로 이동하고 종료합니다.

11행 : 그렇지 않을 경우 로그인이 제대로 수행된 경우로 간주하고, session.setAttribute( ) 함수를 이용하여 세션 시간을 연장시킵니다.

16~19행 : 헤더를 출력하기 위한 테이블 행을 str에 추가합니다. 테이블 헤더는 '작성글 리스트' 타이틀과 [글쓰기] 버튼을 포함한 2개의 컬럼으로 구성됩니다. 각 컬럼은 <td> 태그로 정의되며, [글쓰

기] 버튼의 경우 클릭되었을 때 feedAdd.html로 이동하도록 <a> 태그와 함께 정의됩니다.

지금까지 작성한 FeedDAO 클래스 관련 코드를 Hello2 프로젝트에 반영시켜 봅시다.

예제 11-4 Feed 목록 조회를 위한 코드 작성

1 **FeedObj.java 파일 추가 :** Hello2 프로젝트에서 마우스 오른쪽 버튼을 눌러 [New]-[Class] 메뉴를 선택합니다. New Java Class 팝업의 Package와 Name 항목에 각각 'dao', 'FeedObj'로 입력하고 [Finish] 버튼을 눌러 파일을 생성합니다.

2 **FeedObj.java 코드 입력 :** 파일 에디터 창에 FeedObj.java 코드를 입력한 후, Ctrl+S를 눌러 저장합니다.

3 **FeedDAO.java에 getList() 추가 :** FeedDAO.java의 getList() 함수 코드를 클래스의 제일 아래 부분에 추가한 후 Ctrl+S를 눌러 저장합니다.

4 **실행에 필요한 파일 복사 :** src/main/webapp 폴더에 main.jsp와 logout.jsp, login.html 등이 없다면 Hello 프로젝트의 src/main/webapp 폴더에서 이들 파일을 Hello2 프로젝트로 복사합니다.

5 **main.jsp 코드 반영 :** main.jsp를 열고 앞서 설명한 main.jsp의 최종 코드를 입력한 후 Ctrl+S를 눌러 저장합니다.

6 **login.html 실행 :** 크롬에서 4장에서 작성한 login.html을 열고 아이디와 패스워드에 'kim@abc.com', '111'을 입력한 후 [로그인] 버튼을 눌러 실행합니다.

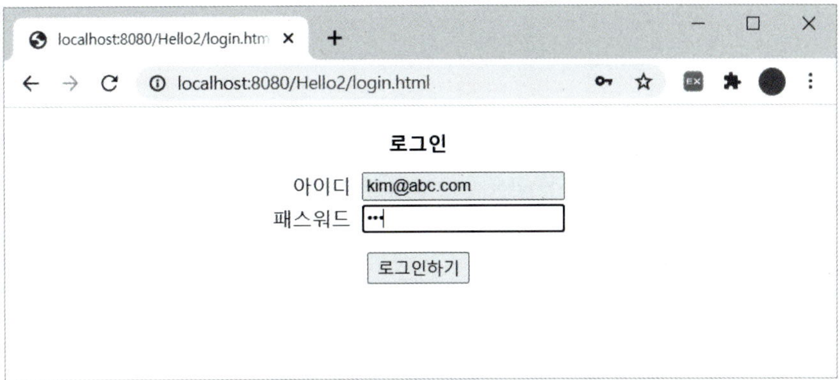

7 메인 화면 확인 : 로그인 실행 결과, main.jsp에서 다음과 같이 작성글 리스트가 출력되는지 확인합니다.

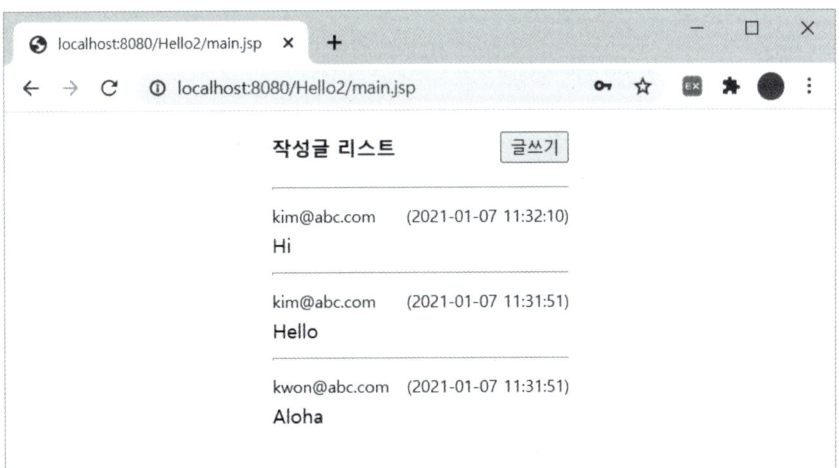

요약

01 DAO

- 데이터베이스 접속 기능을 공유하기 위한 Java 클래스
- 일반적으로 테이블당 하나의 DAO를 생성
- DAO를 이용함으로써 데이터베이스 처리와 HTTP 처리 부분을 분리시켜, 코드를 단순화 시키는 동시에 재사용성을 높일 수 있음

02 이 장에서 구현한 것

```
public class UserDAO {                          // user 테이블 관련 연산을 위한 DAO
    public boolean insert() {...}               // 회원가입
    public boolean exists() {...}               // 아이디 존재 여부
    public boolean delete() {...}               // 회원탈퇴
    public int login() {...}                    // 로그인
}
```

```
public class FeedDAO {                          // feed 테이블 관련 연산을 위한 DAO
public boolean insert() {...}                   // 작성글 저장
public ArrayList<FeedObj> getList() {...}  // 작성글 리스트 읽어오기
}
```

연습문제

01 다음 중 로그인 기능 구현과 가장 밀접한 연관이 있는 SQL 명령어는 무엇인가요?

① SELECT ② INSERT ③ ALTER ④ CHECK

02 다음 중 회원가입 기능 구현에서 가입자 중복 여부를 체크하기 위해 이용될 수 있는 SQL 명령어는 무엇인가요?

① SELECT ② INSERT ③ ALTER ④ CHECK

03 다음 중 회원탈퇴 기능 구현과 가장 밀접한 연관이 있는 SQL 명령어는 무엇인가요?

① SELECT ② INSERT ③ DELETE ④ DROP

04 다음 중 DAO 클래스와 관련된 설명으로 가장 거리가 먼 것은?

① 데이터베이스 접속 관련 함수들을 포함시켜 구성된다.

② 테이블 당 1개의 DAO 클래스로 구성하는 것이 바람직하다.

③ 데이터베이스 접속 기능을 공유하기 위해 이용된다.

④ HTML 코드 생성 부분을 포함한다.

05 FeedDAO 클래스에 주어진 no를 가진 레코드를 삭제하기 위한 delete() 함수를 추가해 주세요.

06 작성글 삭제를 위한 feedDelete.html로부터 전달받은 no 속성 값을 위 문제에서 작성한 FeedDAO.delete() 함수로 전달하기 위한 feedDelete.jsp를 작성해 주세요.

07 다음 코드에서 함수의 파라미터로 주어진 패스워드와 데이터베이스에 저장된 패스워드가 일치하는지 확인하기 위해 빈 칸에 들어갈 Java 구문을 작성해 주세요.

Hello2/WEB-INF/Classes/dao/UserDAO.java

```
public int login(String uid, String upass) throws NamingException,
SQLException {
    String sql = "SELECT id, password FROM user WHERE id = ?";

    Connection conn = ConnectionPool.get();
    PreparedStatement stmt = conn.prepareStatement(sql);
    stmt.setString(1, uid);

    ResultSet rs = stmt.executeQuery();
    if (!rs.next()) return 1;
    if (______________________________) return 2;
    return 0;
}
```

08 user 테이블의 레코드 정보를 저장하고 전달하기 위한 UserObj 클래스를 작성해 주세요.
(구현 시 FeedObj 클래스의 구현 방법을 참조해 주세요.)

09 UserDAO 클래스에 getList() 함수를 추가해 주세요.

(단, getList() 함수는 user 테이블의 레코드 정보를 ArrayList〈UserObj〉의 형태로 반환하도록 구현합니다.)

10 UserDAO 클래스의 getList() 함수를 이용하여 사용자 리스트를 출력하도록 userList.jsp를 수정해 주세요.

CHAPTER 12
파일 업로드

학습목표

- 웹 페이지에서 이미지를 받아 서버에 저장하기 위한 과정을 이해한다.
- 파일 전송을 위한 Apache Commons 라이브러리 이용 방법을 익힌다.
- 파일 저장 및 URL 호출 구조를 익힌다.

01 파일 전송 태그

기존의 글작성 페이지인 feedAdd.html에서는 텍스트 형식의 데이터만 입력 받았습니다. 그렇지만 서비스 사용자들은 피드를 작성할 때 텍스트 뿐 아니라 이미지 파일도 업로드하길 원합니다. 이번 장에서는 SNS 서비스에 이미지 업로드를 추가해 보도록 하겠습니다.

파일 전송을 위해 필요한 HTML 태그와 속성에는 어떤 것들이 있나요?

웹 페이지에서 이미지나 파일을 받아들이기 위해 이용되는 HTML 태그는 〈input〉 태그의 file 타입입니다. 해당 태그는 [그림 12-1]과 같이 파일을 선택받기 위한 사용자 인터페이스를 제공합니다. '파일 선택' 버튼을 누르면 파일을 열기 위한 팝업 창이 뜹니다. 팝업 창을 통해 파일이 선택될 경우, '선택된 파일 없음' 대신에 파일의 경로가 출력되며, 서버로 파일을 전송할 준비가 완료됩니다.

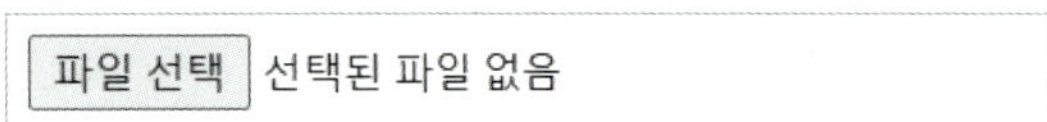

그림 12-1 〈input〉 태그의 file 타입

선택된 파일을 서버로 전송하기 위해서는 〈form〉 태그에 method나 action 속성 이외에 enctype 속성을 추가해야 합니다. enctype은 전송될 데이터의 인코딩 타입Encoding Type을 나타내며, 기본 값은 입력 데이터를 URL 형식으로 표현한 값인 application/www-form-urlencoded입니다. [표 12-1]은 enctype 속성에 지정될 수 있는 값들을 보여줍니다.

표 12-1 enctype 속성 값

속성값	설명
application/www-form-urlencoded	〈form〉 태그를 통해 전송되는 입력 데이터를 URL 형식으로 표현합니다. 디폴트 값입니다.
multipart/form-data	〈form〉 태그를 통해 전송되는 입력 데이터에 파일이나 이미지가 포함될 경우 이용됩니다.
text/plain	입력 데이터에 대해 인코딩 없이 문자 상태로 전송합니다.

〈form〉 태그를 통해 전송하고자 하는 데이터에 파일이나 이미지가 포함될 경우, URL 형식으로 전송하기는 어렵습니다. 그 이유는 파일이나 이미지의 경우 크기가 메가MB나 기가바이트GB까지 커질 수 있으며, URL로 표현할 경우 너무 길어져 부자연스러워집니다. 또한 URL에서 이용되는 '&'나 '='와 같은 특수 문자가 전송할 파일에 포함될 경우, URL을 올바르게 해석하기가 어려워집니다. 따라서 파일을 전송하고자 할 경우, URL이 아닌 다른 형태의 데이터 인코딩 방식이 필요하며, 이 때 이용되는 enctype 속성이 multipart/form-data입니다.

또한 파일을 전송하려면 〈form〉 태그의 method 속성 값이 POST로 지정되어야 합니다. 왜냐하면 4장에서 설명한 바와 같이, 전송될 데이터 양이 4KB 이상일 경우 GET 방식으로는 불가능하며, 파일의 경우 대부분 4KB보다 크기 때문입니다.

지금까지의 내용을 바탕으로 feedAdd.html에서 파일이나 이미지를 함께 전송하기 위한 구현 코드는 다음과 같이 수정될 수 있습니다. 기존 코드에 비해 수정된 부분은 음영 표시하였습니다.

Hello2/feedAdd.html

```
...
<form action="feedAdd.jsp" method="post" enctype="multipart/form-data">
<table align=center>
<tr><td colspan=2 align=center height=40><b>글작성</b></td></tr>
<tr>
    <td align=right>아이디 </td>
    <td><input type="text" name="id" placeholder="Email address" required></td>
</tr>
<tr>
    <td align=right>작성글 </td>
```

```
15     <td><textarea name="content" rows=5 cols=20></textarea></td>
16 </tr>
17 <tr>
18     <td align=right>이미지 </td>
19     <td><input type="file" name="image"></td>
20 </tr>
21 <tr>
22     <td colspan=2 align=center height=50>
23         <input type="submit" value="업로드하기">
24     </td>
25 </tr>
26 </table>
27 </form>
...  ...
```

06행 : 파일 전송을 위해 enctype 속성 값을 multipart/form-data로 설정하였습니다.

17~20행 : 이미지 파일을 입력받기 위한 테이블 행을 정의합니다. 2개의 〈td〉를 이용하여 '이미지' 텍스트와 〈input type="file"〉 태그를 분리하여 출력합니다. 〈input〉 태그의 name 속성 값은 image로 정의합니다.

수정된 feedAdd.html은 브라우저에서 [그림 12-2]와 같이 출력됩니다.

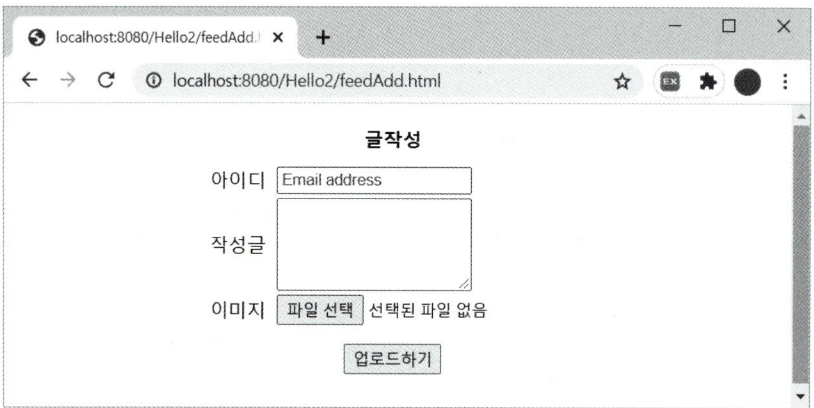

그림 12-2 feedAdd.html

02 파일 업로드 처리

multipart/form-data 형식으로 데이터를 전송할 때 문제점은 무엇인가요? 어떻게 해결할 수 있나요?

이제 feedAdd.html로부터 전송된 파일을 서버에서 저장하기 위한 부분에 대해 살펴봅시다. 먼저 enctype이 multipart/form-data로 설정될 경우, 입력 데이터가 어떤 형태로 전달되는지 확인할 필요가 있습니다. 다음 코드는 feedAdd.html에서 입력된 데이터가 서버 측에 어떤 형태로 전달되는지 보여줍니다.

Hello2/jsp/feedAddTest.jsp

```
<%@ page contentType="text/html" pageEncoding="utf-8" %>
<%@ page import="java.io.*" %>
<%
    String str = "", line = "";
    str += "Content type: " + request.getContentType() + "<br>";
    str += "Content length: " + request.getContentLength() + "<br>";
    str += "<hr>";
    str+= "ID: " + request.getParameter("id") + "<br>";
    str+= "Content: " + request.getParameter("content") + "<br>";
    str+= "Image: " + request.getParameter("image") + "<br>";
    str += "<hr>";

    InputStreamReader isr = new InputStreamReader(request.getInputStream(), "UTF-8");
    BufferedReader br = new BufferedReader(isr);
    while((line = br.readLine()) != null) {
    str += line;
    }
    out.print(str);
%>
```

02행 : InputStreamReader나 BufferedReader 등의 클래스를 이용하기 위한 java.io 패키지를 import 합니다.

04행 : 컨텐츠 출력을 위한 Java 변수들을 선언합니다.

05행 : request.getContentType() 함수를 이용하여, 〈form〉 태그의 enctype에 정의된 속성 값을 출력합니다.

06행 : request.getContentLength() 함수를 이용하여, HTTP 요청 메시지 바디에 포함된 데이터의 크기를 출력합니다.

07행 : 출력 내용 구분을 위해 〈hr〉 태그를 이용하여 수평선을 출력합니다.

08~10행 : request.getParameter() 함수를 이용하여 feedAdd.html에서 사용자가 입력한 아이디와 작성글, 파일 이름을 출력합니다.

11행 : 출력 내용 구분을 위한 수평선을 〈hr〉 태그를 이용하여 출력합니다.

13행 : request.getInputStream() 함수를 이용하여 HTTP 요청 메시지 원본을 스트림 형태로 읽어올 수 있도록 InputStreamReader 객체를 생성합니다. 한글 처리가 가능하도록 메시지의 문자 집합을 UTF-8로 정의합니다.

14행 : 메시지 스트림을 버퍼에 저장하기 위해 BufferedReader 객체를 생성합니다. 이는 15행에서 메시지를 라인 단위로 읽어오기 위해 필요합니다.

15~17행 : BufferedReader의 readLine() 함수를 이용하여, 메시지 스트림을 라인 단위로 읽어온 후 str 변수에 추가합니다.

18행 : 완성된 str 값을 브라우저로 출력합니다.

feedAdd.html에서 입력된 데이터의 형태를 확인하기 위해 feedAddTest.jsp를 연동시켜 봅시다. feedAdd.html에서 〈form〉 태그의 action 속성 값을 feedAddTest.jsp로 수정하고 저장합니다. 그리고 크롬에서 feedAdd.html을 열고, 아이디와 작성글에 kim@abc.com과 Hello를 각각 입력합니다. 이미지 항목에서는 [파일 선택] 버튼을 눌러 임의의 이미지 파일을 선택합니다. 여기서는 윈도우 운영체제에서 기본으로 제공되는 Chrysanthemum.jpg(국화 사진) 파일을 이용하며, 크기를 10KB로 줄인 이미지를 선택하였습니다. 이미지가 클 경우 feedAddTest.jsp의 실행 시간이 늘어날 수 있으므로, 10KB 이내의 작은 크기의 이미지를 테스트에 이용하는 것이 좋습니다. 이미지 선택을 완료한 후, 업로드 버튼을 클릭하여 feedAddTest.jsp를 실행합니다.

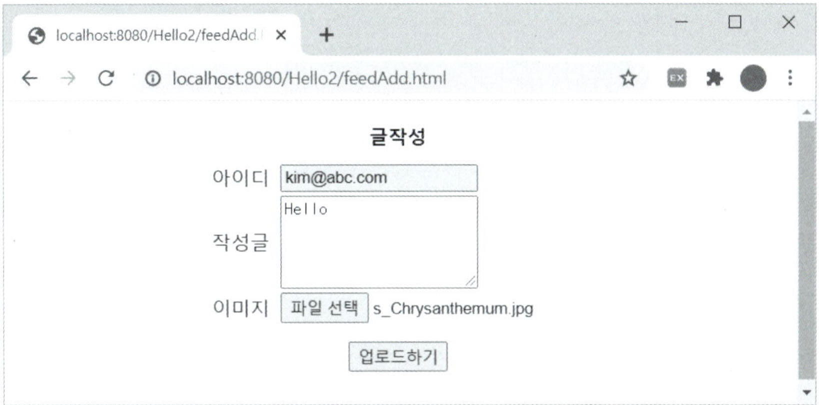

그림 12-3 이미지 업로드 기능이 추가된 feedAdd.html

[그림 12-4]는 feedAddTest.jsp의 실행 결과를 보여줍니다. 그런데 실행 결과를 자세히 살펴보시면, 한 가지 문제점을 찾을 수 있을 겁니다.

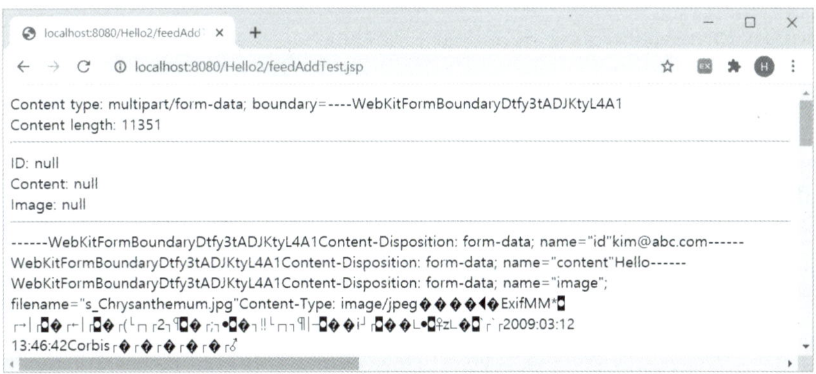

그림 12-4 feedAddTest.jsp 실행 결과 오류 발생

[그림 12-4]와 같은 실행 결과로부터 알 수 있는 문제점은 request.getParameter() 값이 모두 null로 전달된다는 점입니다. 이는 multipart/form-data의 형식으로 데이터를 전송할 경우, 사용자 입력 값을 추출하기 위해 기존의 request.getParameter() 함수를 더 이상 이용할 수 없음을 의미합니다.

그럼 브라우저로부터 전달되는 데이터가 전혀 없을까요? 그건 아닙니다. [그림 12-5]를 자세히 보면 kim@abc.com, Hello 등의 입력 값이 보입니다. 따라서 사용자 입력 값이 multipart

형식으로 전달될 경우, 데이터를 추출하고자 할 때 지금까지 사용해왔던 함수인 request.getParameter()가 아닌 다른 방법을 이용해야 함을 알 수 있습니다.

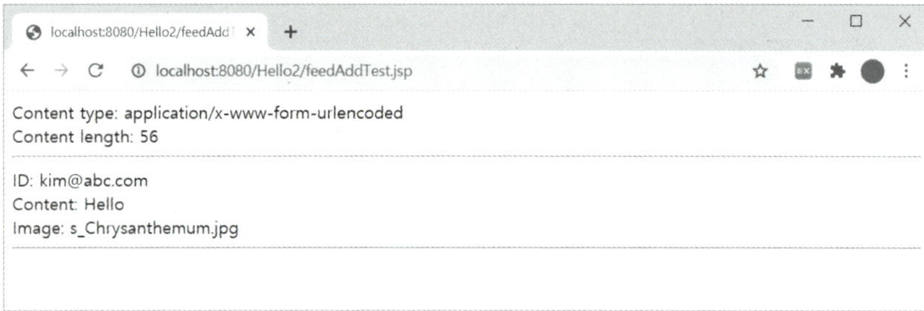

그림 12-5 feedAddTest.jsp

역으로, 문제가 되는 부분인 enctype 속성 값을 multipart/form-data로 지정한 부분을 삭제하고 request.getParameter()를 그대로 이용할 수도 있습니다. 그러나 이 경우 다음과 같이 업로드한 파일 내용이 전혀 전달되지 않습니다. 결국 업로드한 파일을 전송받기 위해서는 enctype을 multipart/form-data 형식으로 정의해야 합니다.

그럼 multipart 데이터일 경우 어떻게 사용자 입력 값을 추출할 수 있을까요? feedAddTest.jsp의 실행 결과를 자세히 보면, 첫 번째 줄에서 Content type의 boundary 속성 값이 '-----WebKitFormBoundaryDtfy3tADJKtyL4A1'으로 정의된 것을 볼 수 있습니다. 그리고 [그림 12-4]의 아래 부분의 HTTP 메시지의 바디 컨텐츠에서 해당 boundary 속성 값이 반복해서 나타남을 볼 수 있습니다.

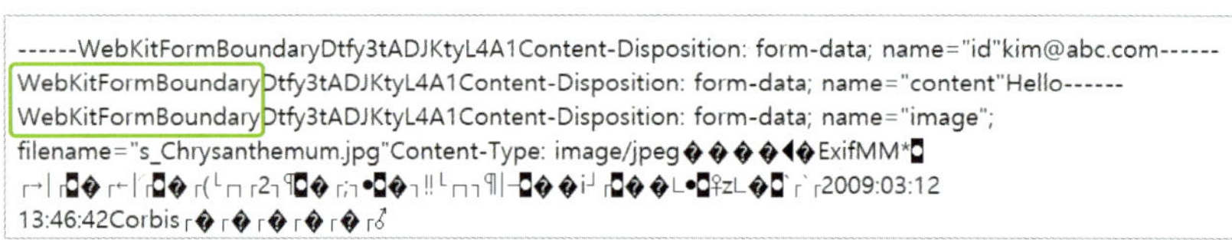

그림 12-6 feedAddTest.jsp의 실행 결과의 첫 번째 줄

boundary 속성 값을 중심으로 바디 컨텐츠를 분리해 봅시다. 그러면 다음과 같이 3개의 분리된 스트링을 얻을 수 있으며, 각각의 스트링은 사용자 입력 값을 포함하고 있음을 알 수 있습니다.

```
Content-Disposition: form-data; name="id"kim@abc.com
Content-Disposition: form-data; name="content"Hello
Content-Disposition: form-data; name="image";filename="s_Chrysanthemum.jpg" …
```

첫 번째와 두 번째 스트링은 name 속성 값 이후에 사용자 입력 값이 바로 이어지는 형태로 구성되어 있습니다. 이에 반해 세 번째 스트링은 name 속성 값 이후에 사용자가 업로드한 파일 정보와 컨텐츠가 나오며, 파일 정보에는 파일 이름과 파일 타입 등이 포함되어 있습니다. 따라서 boundary 속성 값을 기준으로, name 속성 값과 사용자 입력 값 또는 업로드 파일 정보를 분리해낼 수 있습니다. 문제는 Java 프로그래밍에 익숙하지 않을 경우, 속성 값을 추출하기 위한 프로그램을 작성하는 것이 매우 어려울 수 있다는 점이죠.

이와 같은 문제를 해결할 수 있도록, Apache 소프트웨어 재단에서는 multipart/form-data 형식의 입력 데이터로부터 사용자 입력 값과 업로드 파일 정보를 추출하기 위한 Commons 라이브러리를 제공합니다.

1 Apache Commons 라이브러리 설치

예제 12-1 Apache Commons 라이브러리 설치

1 Apache Commons 사이트에 접속하기 : Apache Commons 라이브러리 다운로드 사이트(http://commons.apache.org)에 접속합니다.

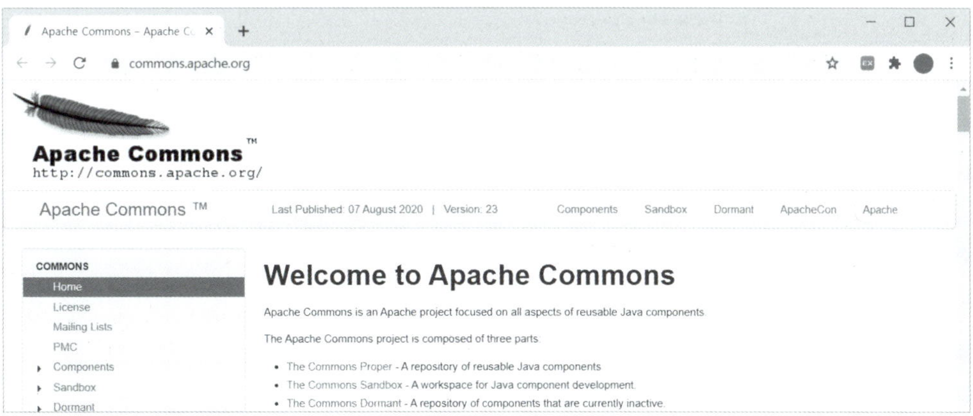

메인 페이지에서 아래로 스크롤하면, FileUpload 항목과 IO 항목을 볼 수 있습니다. multipart/form-data 형식의 입력 데이터를 처리하기 위해서는 두 항목에서 제공하는 라이브러리가 모두 필요합니다.

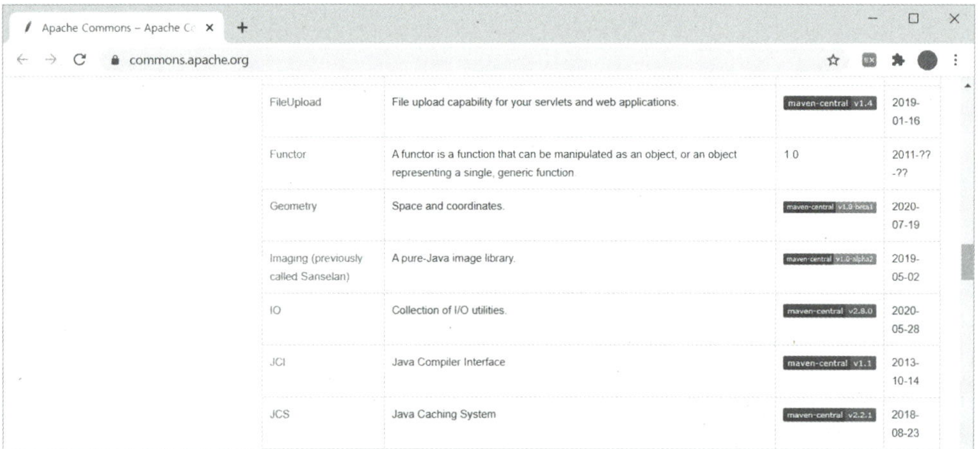

2 FileUpload 라이브러리 다운받기 : 1의 화면에서 FileUpload 항목을 클릭합니다. 이어 나오는 Commons FileUpload 페이지를 아래로 스크롤하면 Downloading 항목이 나옵니다. [FileUpload 1.4]의 'here' 링크를 클릭합니다.

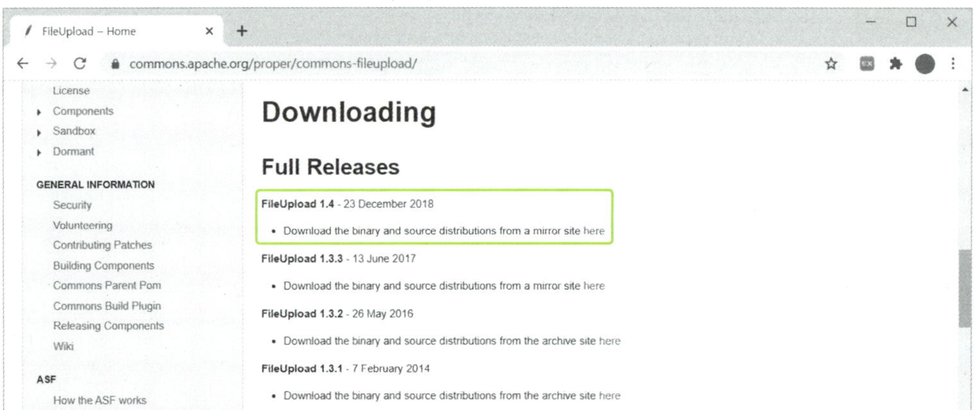

다음으로 Download 페이지에서 아래로 스크롤하면 Binaries와 Source 항목이 나타납니다. 이 중 Binaries 항목에서 commons-fileupload-1.4-bin.zip 파일을 클릭하여 다운로드 받습니다.

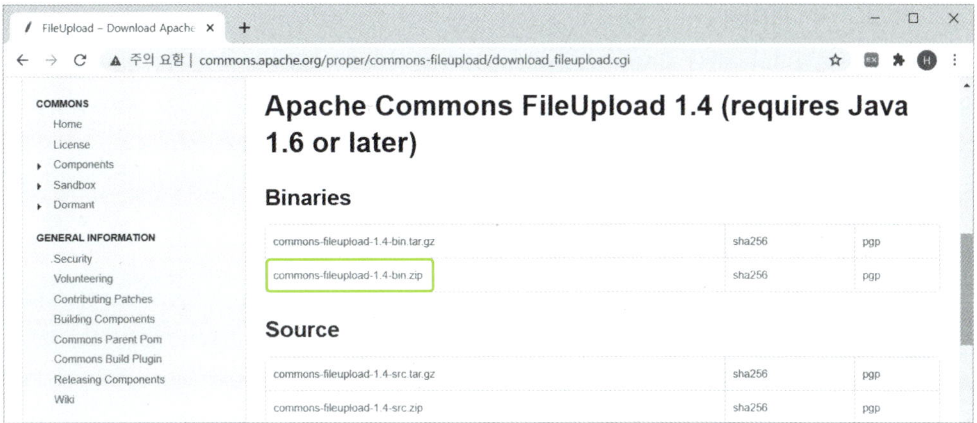

3 FileUpload JAR 파일을 프로젝트에 추가 : 다운로드 받은 zip 파일을 알집 등의 압축 도구를 통해 압축을 풀어줍니다.

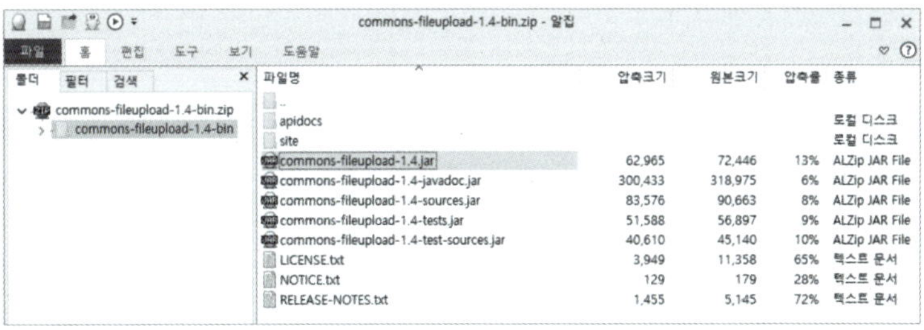

그리고 commons-fileupload-1.4.jar 파일을 이클립스의 src/main/webapp/WEB-INF/lib 폴더에 복사합니다. (알집의 경우, 파일을 마우스로 선택한 후 이클립스의 폴더에 끌어다 놓으면 됩니다.)

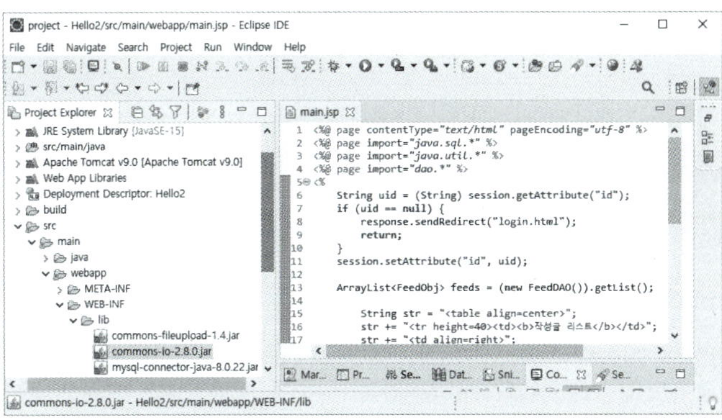

4 IO 라이브러리 다운받기 : 다시 1에서 설명한 다운로드 화면으로 돌아간 후, 해당 페이지에서 IO 항목을 클릭합니다. 이어 나오는 Commons IO 페이지를 아래로 스크롤하면 Releases 항목이 나오며, 첫 번째 항목인 Commons IO 2.8.0의 'Download now!' 링크를 클릭합니다.

다음으로 Download 페이지에서 아래로 스크롤하면 Binaries와 Source 항목이 나오며, Binaries 항목의 commons-io-2.8.0-bin.zip 파일을 선택하여 다운로드 받습니다.

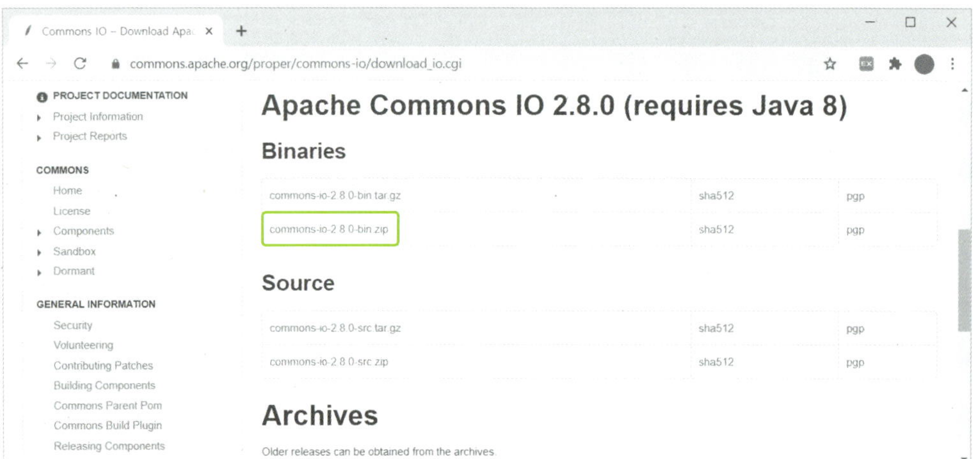

5 IO JAR 파일 프로젝트에 추가 : 다운로드 받은 zip 파일을 압축 도구를 이용해 열어줍니다. 그리고 commons-io-2.8.0.jar 파일을 이클립스의 src/main/webapp/WEB-INF/lib 폴더에 복사합니다.

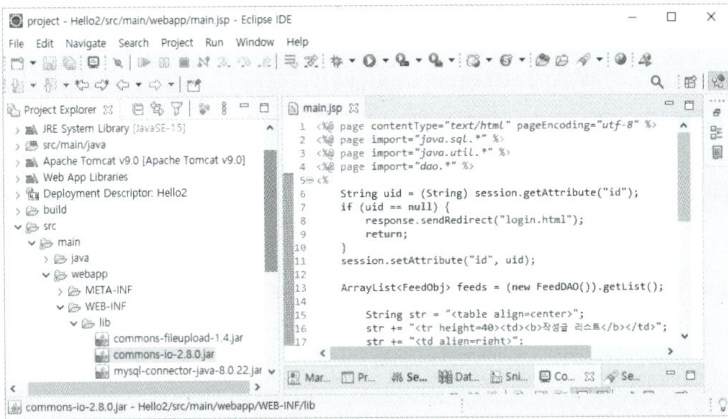

2 Apache Commons 라이브러리 활용

이클립스 프로젝트에 FileUpload 및 IO 라이브러리 추가가 완료되면, 해당 라이브러리의 API를 이용해 HTTP 요청 메시지로부터 업로드된 파일들을 추출할 수 있습니다. 앞서 boundary 속성 값을 중심으로 HTTP 요청 메시지의 바디 컨텐츠를 분리할 수 있다고 말씀드렸습니다. 이와 관련하여 FileUpload 패키지의 ServletFileUpload 클래스가 이용될 수 있습니다. 예를 들어, ServletFileUpload 클래스의 parseRequest() 함수는 HTTP 요청 메시지로부터 입력 파라미터들을 분리해내는 역할을 수행합니다.

보다 자세히 말하자면, parseRequest()는 HTTP 요청 메시지의 바디 부분을 읽어오기 위해 JSP의 request 내장 객체를 파라미터로 입력 받습니다. 그리고 boundary 속성 값을 중심으로 사용자 입력 값을 분리한 후 리스트의 형태로 반환합니다. 분리된 각각의 사용자 입력 값은 FileItem 클래스의 형태로 저장됩니다. 지금까지의 내용을 토대로, HTTP 메시지로부터 사용자 입력 값 추출을 위한 프로그램을 다음과 같은 형태로 구성될 수 있습니다.

Hello2/feedAdd2.jsp

```
<%@ page contentType="text/html" pageEncoding="utf-8" %>
<%@ page import="java.util.*" %>
<%@ page import="org.apache.commons.fileupload.*" %>
<%@ page import="org.apache.commons.fileupload.disk.*" %>
<%@ page import="org.apache.commons.fileupload.servlet.*" %>
<%
```

```
07      ServletFileUpload sfu = new ServletFileUpload(new
                                DiskFileItemFactory());
08      List items = sfu.parseRequest(request);
09
10      Iterator iter = items.iterator();
11      while(iter.hasNext()) {
12          FileItem item = (FileItem) iter.next();
13          if(item.isFormField()) {
14              // To do something here for a form-field parameter
15          }
16          else {
17              // To do something here for a non-form-field parameter
18          }
19      }
20  %>
```

02~05행 : ServletFileUpload나 FileItem 등의 클래스를 이용하기 위한 패키지를 import 합니다.

07행 : ServletFileUpload 객체를 생성합니다. 이 때 DiskFileItemFactory 객체를 생성해서 인자로 전달합니다. 이는 추출된 사용자 입력 값들을 FileItem 객체의 형태로 저장하기 위해 필요합니다.

08행 : ServletFileUpload 객체의 parseRequest( ) 함수를 이용하여 HTTP 요청 메시지로부터 사용자 입력 값들을 추출합니다. 각각의 사용자 입력 값들은 FileItem 객체의 형태로 저장되며, 추출 결과는 java.util.List 클래스의 형태로 반환됩니다.

10행 : List의 각 요소에 순차적으로 접근하기 위한 Iterator 객체를 생성합니다.

11행 : Iterator의 hasNext( ) 함수는 객체에 처리할 요소가 남아 있는 경우 true를 반환하며, 그렇지 않을 경우 false를 반환합니다. 따라서 Iterator 객체에 처리해야 할 사용자 입력 값이 남아 있는 경우, while 루프 안의 코드가 수행됩니다.

12행 : Iterator의 next( ) 함수는 객체에 포함된 요소를 Object의 형태로 순차적으로 반환합니다. 따라서 next( ) 함수를 통해 반환된 값에 대해 원래 타입인 FileItem 형태로 변환한 후 item 변수에 저장합니다.

13~15행 : FileItem의 isFormField() 함수를 이용하여, 현재 주어진 item이 이름-값의 쌍으로 구성된 폼 필드Form Field인지 확인합니다. 함수의 반환 값이 true일 경우, request. getParameter( ) 함수를 이용하여 값을 추출할 수 있습니다.

16~18행 : 폼 필드가 아닌 경우, 이는 추출된 요소가 파일임을 의미합니다. 파일의 경우 value 값으로 파일 이름과 형식, 파일 내용 등 하나 이상의 파라미터로 구성됩니다.

Apache Commons 라이브러리를 이용할 경우, 폼 필드란 무엇인가요? 폼 필드가 아닌 경우 속성들을 추출하기 위한 함수에는 어떤 것들이 있나요?

이제 feedAdd2.jsp의 14행과 17행에서 추출된 값이 폼 필드일 때와 그렇지 않을 경우 어떻게 처리해야 할지 살펴봅니다. 사용자 입력 값 추출을 위해, FileItem 클래스에서 제공하는 다음과 함수들을 이용할 수 있습니다.

표 12-2 FileItem 클래스의 주요 함수

메소드	반환 유형	설명
isFormField()	boolean	주어진 요소가 이름-값의 쌍으로 구성된 폼 필드일 경우 true를, 그렇지 않을 경우 false를 반환합니다.
getFieldName()	String	name 속성 값을 반환합니다.
getString()	String	값을 스트링 형태로 반환합니다. 한글 입력값을 추출하기 위해 utf-8 등의 인코딩 방식을 스트링 형태의 파라미터로 입력할 수 있습니다.
getName()	String	주어진 요소가 폼 필드가 아닐 경우, 파일 이름을 반환합니다.
get()	byte[]	주어진 요소가 폼 필드가 아닐 경우, 파일 컨텐츠를 byte 배열 형태로 반환합니다.

[표 12-2]에서 소개하는 함수 중, 폼 필드의 값을 추출하기 위해 이용되는 함수는 getString()입니다. 이에 반해, getName()과 get() 함수는 폼 필드가 아닐 경우 파일 이름과 파일 컨텐츠를 추출하기 위해 이용됩니다. 그리고 name 속성 값을 추출하기 위해 getFieldName() 함수가 공통적으로 이용될 수 있습니다.

예를 들어, feedAdd.html로부터 전달되는 사용자 입력 값은 3개이며, 이 중 id와 content는 폼 필드인 반면, image는 파일에 해당합니다. 따라서 id와 content는 getString() 함수를 이용하여 값을 추출할 수 있으며, image는 getName()과 get() 함수를 이용하여 파일 이름과 컨텐츠를 추출할 수 있습니다.

다음 코드는 feedAdd.html로부터 전달되는 사용자 입력 값을 추출하기 위한 feedAdd2.jsp의 구현입니다. 기존 코드와 비교하여 수정된 부분은 음영 표시하였습니다.

Hello2/feedAdd2.jsp

```
<%@ page contentType="text/html" pageEncoding="utf-8" %>
<%@ page import="java.util.*" %>
<%@ page import="org.apache.commons.fileupload.*" %>
<%@ page import="org.apache.commons.fileupload.disk.*" %>
<%@ page import="org.apache.commons.fileupload.servlet.*" %>
<%
    String uid = null, ucon = null, ufname = null;
    byte[] ufile = null;

    request.setCharacterEncoding("utf-8");

    ServletFileUpload sfu = new ServletFileUpload(new
                                  DiskFileItemFactory());
    List items = sfu.parseRequest(request);

    Iterator iter = items.iterator();
    while(iter.hasNext()) {
        FileItem item = (FileItem) iter.next();
        String name = item.getFieldName();
        if(item.isFormField()) {
            String value = item.getString("utf-8");
            if (name.equals("id")) uid = value;
            else if (name.equals("content")) ucon = value;
        }
        else {
            if (name.equals("image")) {
                ufname = item.getName();
                ufile = item.get();
            }
        }
    }
%>
```

07~08행 : 추출된 값을 저장하기 위한 변수를 선언하고 null로 초기화합니다. uid와 ucon은 사용자 아이디와 작성글을 각각 저장하기 위한 변수이며, ufname은 업로드된 파일 이름을 저장합니다. 그리고 ufile은 파일 컨텐츠를 저장하는데 이용됩니다.

10행 : request.setCharacterEncoding("utf-8") 함수를 통해 POST 방식으로 전달되는 한글 입력 값을 처리할 수 있도록 정의합니다.

18행 : item.getFieldName() 함수를 이용하여 item의 name 속성 값을 가져옵니다.

19~23행 : item이 폼 필드일 경우, getString() 함수를 이용하여 값을 추출합니다. 그리고 name 속성 값에 따라 추출된 값을 관련 변수에 저장합니다.

24~29행 : item이 폼 필드가 아닐 경우, getName()과 get() 함수를 이용하여 파일 이름과 파일 컨텐츠를 추출한 후, 관련 변수에 저장합니다.

사용자 입력 값의 추출이 완료되었다면, feed 테이블에 추출 값을 포함한 레코드를 추가하기 위해 FeedDAO.insert() 함수를 호출할 수 있습니다. 이와 관련한 내용은 다음 절에서 설명합니다.

03 데이터베이스를 이용한 파일 저장

업로드 된 파일을 서버에 저장하기 위한 방법은 크게 두 가지 형태가 있습니다.

- 데이터베이스 내부에 파일을 BLOB 형식으로 저장
- 서버에 일반 파일 형태로 저장한 후, 데이터베이스에는 파일의 경로만을 저장

일반적으로 두 방법 중 후자의 방법이 실전에 주로 이용됩니다. 그 이유는 데이터베이스 내부에 파일을 저장할 경우 이미지 수에 비례하여 테이블 크기가 커지며, 그에 따른 관리 비용이 큰 폭으로 상승할 수 있기 때문입니다. 따라서 이 책에서는 업로드 된 이미지를 서버에 파일 형태로 저장하고, 이를 클라이언트에서 불러오기 위한 방법을 설명합니다.

1 파일 컨텐츠 저장

먼저 업로드된 이미지를 어디에 저장할지 위치부터 정해봅시다. 이미지 저장 폴더는 톰캣 서버가 구동되는 루트 디렉토리를 기준으로 상대적으로 정의되어야 합니다.

예를 들어, 작성글 리스트를 보여주는 main.jsp가 root라는 디렉토리에 저장되어 있다고 가정합시다. 이 경우, 업로드된 이미지를 root 아래의 images 디렉토리에 저장한다면 임의의 이미지 a.jpg는 main.jsp에서 images/a.jpg와 같은 상대 경로를 통해 접근이 가능하게 됩니다.

그럼 프로젝트의 루트 디렉토리 경로는 어떻게 알 수 있을까요? 다행히도 application 내장 객체가 이를 지원합니다. application 객체의 getRealPath( ) 함수는 현재 수행되고 있는 JSP 모듈의 루트 경로를 반환합니다. 예를 들어 Hello2 프로젝트의 루트 경로는 다음과 같습니다.

```
C:\work\project\.metadata\.plugins\org.eclipse.wst.server.core\tmp0\wtpwebapps\
Hello2
```

TIP tmp0 부분은 실행 환경에 따라 다를 수 있습니다! 경로가 존재하지 않는다는 오류가 뜨면, 상위 폴더인 org.eclipse.wst.server.core에서 루트 경로의 폴더명이 무엇인지 확인해야 합니다.

루트 경로를 얻기 위한 함수인 application.getRealPath()가 반환하는 값에 /images/와 파일 이름을 추가하여, 파일이 저장될 경로를 완성할 수 있습니다.

이제 파일을 저장하기 위한 로직을 구현해 봅시다. 파일 저장 로직은 여러 JSP에서 이용될 수 있으므로, 유틸리티 클래스 형태로 구현되는 것이 바람직합니다. 이를 위해 util 패키지에 다음과 같이 FileUtil 클래스를 생성하고 saveImage() 함수를 추가합니다.

Hello2/WEB-INF/classes/util/FileUtil.java

```java
package util;

import java.io.*;

public class FileUtil {
    public static void saveImage(String root, String fname, byte[] data)
throws IOException {
        root += "/images";
        File f = new File(root);
        if (!f.exists()) f.mkdir();

        f = new File(root + "/" + fname);
        FileOutputStream out = new FileOutputStream(f);
        out.write(data);
        out.close();
    }
}
```

01행 : util 패키지에 클래스를 선언합니다.

03행 : File 관련 클래스를 이용하기 위한 java.io 패키지를 import 합니다.

05행 : FileUtil 클래스를 선언합니다.

06행 : saveImage() 함수를 정의합니다. 파라미터로 프로젝트의 루트 디렉토리와 파일 이름, 파일 컨텐츠를 입력 받습니다. 객체 생성 없이 바로 호출될 수 있도록 static으로 정의합니다.

07행 : 루트 디렉토리 경로 이후에 /images를 추가합니다.

09~10행 : '.../images' 디렉토리가 존재하지 않을 경우 새로이 생성합니다.

12행 : '.../images' 경로 이후에 '/'와 파일 이름인 fname을 추가하여 파일의 경로를 완성한 후, 이에 대한 File 객체를 생성합니다.

13~15행 : 실제 파일을 저장하는 역할을 수행합니다. 파일 컨텐츠인 data를 File 객체에 저장하기 위해, FileOutputStream 객체를 생성한 후 write() 함수를 호출합니다. 그리고 close() 함수를 호출하여 저장 작업을 완료합니다.

FileUtil 클래스가 완성되면, 업로드된 파일을 저장하기 위해 fileAdd2.jsp의 27행 이후에 다음과 같이 음영 표시된 두 행을 추가합니다. 28행에서는 application.getRealPath() 함수를 이용해 루트 디렉토리의 절대 경로를 가져며, 29행에서는 FileUtil의 saveImage() 함수를 호출하여 파일 컨텐츠를 저장합니다.

Hello2/feedAdd2.jsp

```
...     ...
25      if (name.equals("image")) {
26          ufname = item.getName();
27          ufile = item.get();
28          String root = application.getRealPath(java.io.File.separator);
29          FileUtil.saveImage(root, ufname, ufile);
30      }
31      ...
```

예제 12-2 업로드 이미지 저장하기

1 FileUtil.java 추가하기 : Hello2 프로젝트를 마우스 오른쪽 버튼 클릭하여 [New]-[Class] 메뉴를 선택합니다. 팝업 창의 Package 항목에 'util', Name 항목에 'FileUtil'을 입력합니다. [Finish] 버튼을 누릅니다. 그리고 앞서 설명한 FileUtil.java 파일의 내용을 에디터 창에 입력하고 저장합니다.

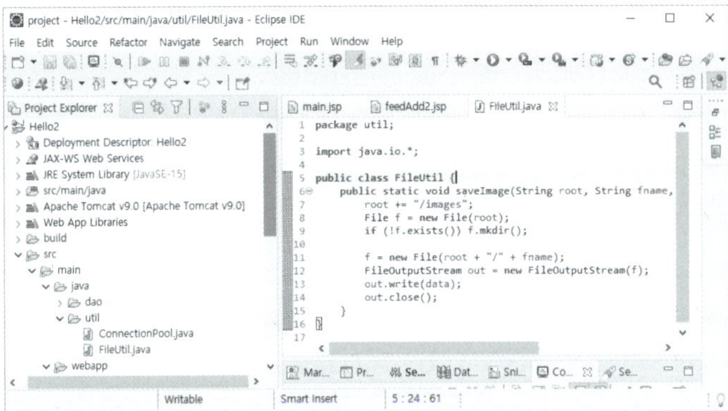

2 fileAdd2.jsp 추가하기 : src/main/webapp 폴더에서 마우스 오른쪽 버튼을 클릭하여 [New]-[JSP File] 메뉴를 선택합니다. 파일 이름으로 feedAdd2.jsp를 입력한 후 [Finish] 버튼을 눌러 파일을 생성합니다. 파일 에디터 창에 다음 코드를 입력하고 저장합니다.

Hello2/feedAdd2.jsp

```
<%@ page contentType="text/html" pageEncoding="utf-8" %>
<%@ page import="java.util.*" %>
<%@ page import="org.apache.commons.fileupload.*" %>
<%@ page import="org.apache.commons.fileupload.disk.*" %>
<%@ page import="org.apache.commons.fileupload.servlet.*" %>
<%@ page import="util.FileUtil" %>
<%
    String uid = null, ucon = null, ufname = null;
    byte[] ufile = null;

    request.setCharacterEncoding("utf-8");

    ServletFileUpload sfu = new ServletFileUpload(new DiskFileItemFactory());
```

```
    List items = sfu.parseRequest(request);

    Iterator iter = items.iterator();
    while(iter.hasNext()) {
        FileItem item = (FileItem) iter.next();
        String name = item.getFieldName();
        if(item.isFormField()) {
            String value = item.getString("utf-8");
            if (name.equals("id")) uid = value;
            else if (name.equals("content")) ucon = value;
        }
        else {
            if (name.equals("image")) {
                ufname = item.getName();
                ufile = item.get();
                String root = application.getRealPath(java.io.File.separator);
                FileUtil.saveImage(root, ufname, ufile);
            }
        }
    }
%>
```

3 fileAdd.html 수정 및 실행 : feedAdd.html에서 〈form〉 태그의 action 속성 값을 'fileAdd2.jsp'로 변경합니다. 그리고 크롬에서 feedAdd.html 페이지를 열고 아이디와 작성글에 'kim@abc.com', 'Hi, again'을 각각 입력합니다. 원하는 이미지를 하나 선택합니다. 여기에서는 윈도우 운영체제에서 샘플로 제공되는 국화 이미지인 Chrysanthemum.jpg를 선택하겠습니다. 선택 후 업로드 버튼을 눌러 실행합니다.

4 파일 저장 여부 확인 : 실행 후, 파일 탐색기를 열어 다음 경로로 이동합니다.

```
C:\work\project\.metadata\.plugins\org.eclipse.wst.server.core\tmp0\wtpwebapps\
Hello2\images
```

해당 폴더에 업로드한 이미지가 정상적으로 저장되었는지 확인합니다.

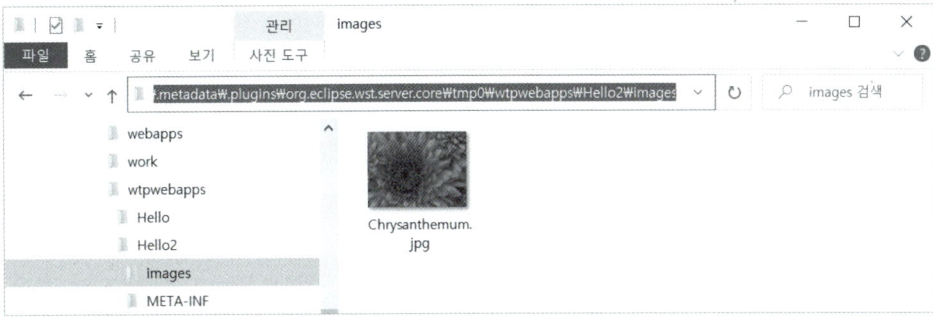

2 파일 경로 저장

파일 컨텐츠 저장 작업이 완료되었다면, 해당 파일에 대한 경로를 feed 테이블에 저장하고 읽어오기 위한 구현 코드를 추가해야 합니다. 이를 위해 먼저 feed 테이블에 파일 경로를 저장하기 위한 images 속성을 추가합니다. (향후 여러 개의 이미지 업로드를 할 수 있도록 이름을 복수 형태로 정의하겠습니다.) 현재 feed 테이블에는 레코드가 존재하므로, ALTER 구문을 이용하여 images 속성을 추가합니다. 속성 타입은 VARCHAR(1024)로 정의하여 충분한 수의 이미지를 저장할 수 있도록 구성합니다.

```
ALTER TABLE feed ADD COLUMN images VARCHAR(1024);
```

이 SQL 명령어를 MySQL 커맨드 창에 입력한 후 실행합니다. 실행 결과, images 속성이 정상적으로 포함되었는지 확인합니다.

```
MySQL 8.0 Command Line Client - Unicode

mysql> ALTER TABLE feed ADD COLUMN images VARCHAR(1024);
Query OK, 0 rows affected (0.03 sec)
Records: 0  Duplicates: 0  Warnings: 0

mysql> desc feed;
+---------+---------------+------+-----+-------------------+-------------------+
| Field   | Type          | Null | Key | Default           | Extra             |
+---------+---------------+------+-----+-------------------+-------------------+
| no      | int unsigned  | NO   | PRI | NULL              | auto_increment    |
| id      | varchar(128)  | YES  |     | NULL              |                   |
| content | varchar(4096) | YES  |     | NULL              |                   |
| ts      | timestamp     | YES  |     | CURRENT_TIMESTAMP | DEFAULT_GENERATED |
| images  | varchar(1024) | YES  |     | NULL              |                   |
+---------+---------------+------+-----+-------------------+-------------------+
5 rows in set (0.05 sec)

mysql>
```

그림 12-7 feed 테이블 구조 조회

다음으로 FeedDAO 클래스의 insert() 함수에서 파일 경로 정보를 받을 수 있도록 수정해 봅시다. 이를 구현하기 위해서는 먼저 함수에서 파일 경로를 입력받기 위한 파라미터를 추가해야 합니다. 그리고 입력받은 파라미터를 feed 테이블에 추가하기 위한 INSERT 관련 구문을 수정해 줘야 합니다. 다음은 수정된 insert() 함수의 구현 코드를 보여줍니다. 수정된 부분에 대해 음영 표시하였습니다.

Hello2/WEB-INF/classes/util/FeedDAO.java

```
...    ...
11     public boolean insert(String uid, String ucon, String uimages) throws
    NamingException, SQLException {
12         Connection conn = null;
13         PreparedStatement stmt = null;
14         try {
15             String sql = "INSERT INTO feed(id, content, images) VALUES(?, ?, ?)";
16
17             conn = ConnectionPool.get();
18             stmt = conn.prepareStatement(sql);
19             stmt.setString(1, uid);
20             stmt.setString(2, ucon);
21             stmt.setString(3, uimages);
22
23             int count = stmt.executeUpdate();
24             return (count == 1) ? true : false;
25
26         } finally {
27             if (stmt != null) stmt.close();
28             if (conn != null) conn.close();
29         }
30     }
...    ...
```

11행 : 함수 선언 부분에서 파일 경로를 입력받기 위한 파라미터를 추가합니다.

15행 : 입력받은 파일 경로를 feed 테이블에 함께 추가할 수 있도록 INSERT 구문을 수정합니다.

21행 : INSERT 구문의 세 번째 '?'에 함수의 파라미터로 입력된 파일 경로 값을 지정합니다.

FeedDAO.insert() 함수의 수정이 완료되었다면, feedAdd2.jsp에서 해당 함수를 호출하기 위한 구현 코드를 다음과 같이 추가합니다. 다음 코드는 feedAdd2.jsp의 제일 하단(33행 이후)에 추가합니다. 수정 시 FeedDAO 클래스 이용을 위해, 상단에 《%@ page import="dao.FeedDAO" %》 구문도 함께 추가해 주세요.

Hello2/feedAdd2.jsp

```
...      ...
36       FeedDAO dao = new FeedDAO();
37       if (dao.insert(uid, ucon, ufname)) {
38           response.sendRedirect("main.jsp");
39       }
40       else {
41           out.print("작성 글의 업로드 중 오류가 발생하였습니다.");
42       }
43   %>
```

36행 : FeedDAO 클래스의 인스턴스를 생성합니다.

37행 : FeedDAO의 insert() 함수를 수행합니다. 현재 insert() 함수 구현에는 이미지 파일 이름을 받아 저장하기 위한 부분이 없으며, 이와 관련한 insert() 함수의 수정에 대한 설명은 다음 절에서 소개합니다.

38행 : insert() 함수가 정상적으로 수행될 경우, 작성글 리스트를 보여주는 main.jsp로 이동합니다.

40~42행 : 그렇지 않을 경우, 에러 메시지를 출력하고 종료합니다.

이제 feedAdd.html 페이지를 실행하여 수정된 내용을 확인해 봅시다. 아이디와 작성글에 'kwon@abc.com', 'Aloha, again'을 입력하고 이미지로 Koala.jpg를 선택한 다음, 업로드 버튼을 눌러 실행합니다. 실행 결과, '.../Hello2/images' 디렉토리에 [그림 12-8]과 같이 Koala.jpg 파일이 추가되었는지 확인합니다.

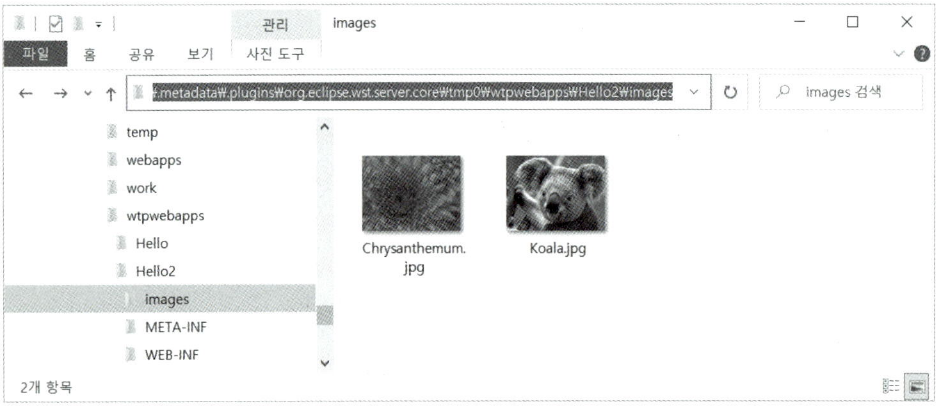

그림 12-8 업로드된 파일들

MySQL을 통해 데이터베이스에 레코드가 정상적으로 추가되었는지도 함께 확인합니다.

```
mysql> SELECT * FROM feed;
+----+---------------+--------------+---------------------+-----------+
| no | id            | content      | ts                  | images    |
+----+---------------+--------------+---------------------+-----------+
|  1 | kim@abc.com   | Hello        | 2020-11-18 12:26:51 | NULL      |
|  2 | kwon@abc.com  | Aloha        | 2020-11-18 12:26:51 | NULL      |
|  3 | kim@abc.com   | Hi           | 2020-11-26 15:43:57 | NULL      |
|  5 | kwon@abc.com  | Aloha, again | 2020-11-30 18:21:59 | Koala.jpg |
+----+---------------+--------------+---------------------+-----------+
4 rows in set (0.00 sec)

mysql>
```

그림 12-9 feed 테이블에 추가된 레코드

04 데이터베이스에 저장된 이미지 출력

이제 데이터베이스에 저장된 이미지를 어떻게 출력하는지 살펴봅시다. 먼저 FeedDAO 클래스에서 feed 테이블의 id, content, ts 외에, images 속성 값도 FeedObj를 통해 함께 반환될 수 있도록 getList() 함수를 수정합니다. 수정된 부분은 음영 표시하였습니다.

Hello2/WEB-INF/classes/dao/FeedDAO.java

```
...
    public ArrayList<FeedObj> getList() throws NamingException, SQLException {
        Connection conn = null;
        PreparedStatement stmt = null;
        ResultSet rs = null;
        try {
            String sql = "SELECT * FROM feed ORDER BY ts DESC";

            conn = ConnectionPool.get();
            stmt = conn.prepareStatement(sql);
            rs = stmt.executeQuery();

            ArrayList<FeedObj> feeds = new ArrayList<FeedObj>();
            while(rs.next()) {
                feeds.add(new FeedObj(rs.getString("id"), rs.getString("content"), rs.getString("ts"), rs.getString("images")));
            }
            return feeds;

        } finally {
...
```

45행의 rs.getString("images") 함수는 레코드의 images 속성 값을 가져와 FeedObj 객체의 파라미터로 전달합니다.

FeedObj 클래스 역시 파라미터를 통해 전달받은 images 속성 값을 저장하고 반환할 수 있도록 다음과 같이 수정합니다. 수정된 부분은 음영 표시하였습니다.

Hello2/WEB-INF/classes/dao/FeedObj.java

```
01 package dao;
02
03 public class FeedObj {
04     private String id, content, ts, images;
05
06     public FeedObj(String id, String content, String ts, String images) {
07         this.id = id;
08         this.content = content;
09         this.ts = ts;
10         this.images = images;
11     }
12
13     public String getId() { return this.id; }
14     public String getContent() { return this.content; }
15     public String getTs() { return this.ts; }
16     public String getImages() { return this.images; }
17 }
```

04행 : images 속성 값을 저장할 수 있도록 private 멤버 변수를 추가합니다.

06행 : 객체 생성 시 images 값을 입력받을 수 있도록 파라미터를 추가합니다.

10행 : 파라미터로 전달된 images 값을 멤버 변수에 저장합니다.

16행 : 멤버 변수에 저장된 images 값을 반환하기 위한 getImages( ) 함수를 추가합니다.

FeedObj의 getImages( ) 함수를 이용해 main.jsp에서 작성글에 포함된 이미지를 함께 출력할 수 있습니다. main.jsp에서는 이미지를 출력하기 위해 〈img〉 태그를 이용하며, 〈img〉 태그에서는 src 속성을 통해 출력될 이미지 파일의 경로를 지정할 수 있습니다. 예를 들어,

getImages() 함수를 통해 전달되는 파일 이름이 Koala.jpg라면, src 속성에 들어갈 URL은 images/Koala.jpg가 됩니다.

TIP 관련 내용은 12.3.1절을 참고해 주세요.

지금까지 소개한 내용으로 main.jsp는 작성글 리스트에 이미지를 함께 표시하기 위해 다음과 같이 수정할 수 있습니다. 앞서 소개한 코드와 비교하여 수정된 부분은 음영 표시하였습니다.

Hello2/main.jsp

```
...     ...
13      ArrayList<FeedObj> feeds = (new FeedDAO()).getList();
14
15      String str = "<table align=center>";
16      str += "<tr height=40><td><b>작성글 리스트</b></td>";
17      str += "<td align=right>";
18      str += "<a href='feedAdd.html'><button>글쓰기</button></a>";
19      str += "</td></tr>";
20
21      for (FeedObj feed : feeds) {
22          String img = feed.getImages(), imgstr = "";
23          if (img != null) {
24              imgstr = "<img src='images/" + img + "' width=240>";
25          }
26          str += "<tr><td colspan=2><hr></td></tr>";
27          str += "<tr>";
28          str += "<td><small>" + feed.getId() + "</small></td>";
29          str += "<td><small> (" + feed.getTs() + ")</small></td>";
30          str += "</tr>";
31          str += "<tr><td colspan=2>" + imgstr + "</td></tr>";
32          str += "<tr><td colspan=2>" + feed.getContent() + "</td></tr>";
33      }
34      str += "</table>";
...     ...
```

22행 : FeedDAO.getImages() 함수를 통해 전달된 images 속성 값을 img 변수에 저장합니다. 동시에 31행의 〈td〉에 출력될 스트링을 저장하기 위한 imgstr 변수를 정의하고 초기화합니다.

23~25행 : img가 null이 아닐 경우, 〈img〉 태그를 만들어 imgstr에 저장합니다. 'images/' + img의 형태로 URL을 만들어 src 속성 값으로 지정하며, 폭이 일정하게 출력되도록 width를 240으로 설정하였습니다.

31행 : 작성된 imgstr을 출력하기 위한 테이블 행을 정의합니다. 〈td〉 태그의 colspan 속성 값을 2로 정의하여 테이블 너비만큼 이미지 영역이 차지될 수 있도록 구성합니다.

이 코드의 실행 결과는 [그림 12-10]과 같습니다. 지금까지 설명한 FeedDAO와 FeedObj 클래스 및 main.jsp의 변경 내용을 프로젝트에 반영하고 실행해 보기 바랍니다.

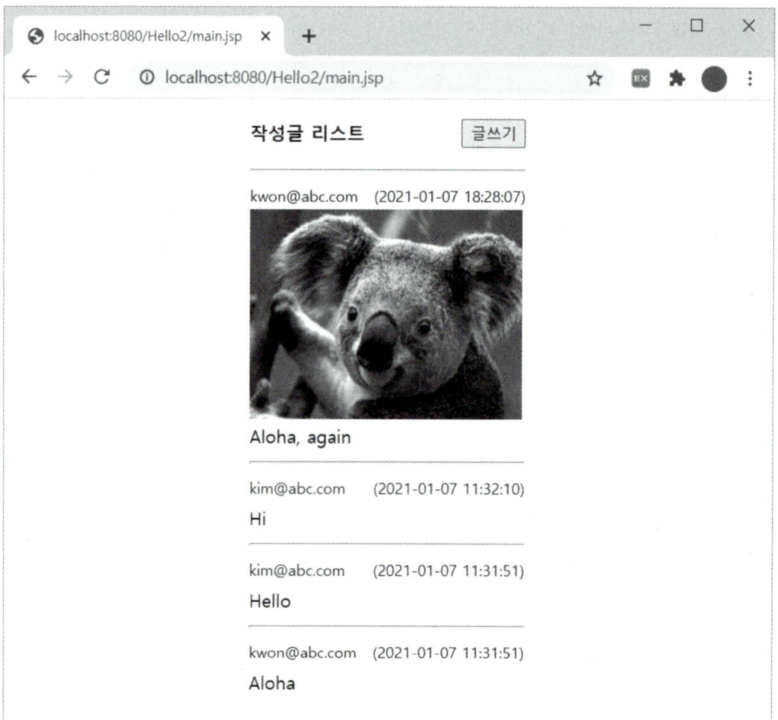

그림 12-10 업로드한 이미지를 출력하는 main.jsp

요약

01 파일 전송을 위해 필요한 HTML 태그와 속성

```
<!-- 파일 입력을 받기 위한 input 태그 -->
<input type="file">
<!-- 파일 데이터 전송을 위한 form 태그와 enctype 속성 값 -->
<form method="post" enctype="multipart/form-data">
```

02 Apache Commons 라이브러리

- multipart/form-data 방식을 이용해서 데이터를 전송할 때, request.getParameter() 값이 모두 null로 전달됨
- boundary 속성 값을 기준으로 name 속성 값과 사용자 입력 값 또는 업로드 파일 정보를 분리해낼 수 있지만, 이를 위한 프로그램 작성이 필요함
- 이러한 과정을 보다 쉽게 처리하기 위해 Apache 소프트웨어 재단에서 제공하는 Apache Commons 라이브러리를 이용

03 서버에 저장된 파일을 출력하기 위한 구현

❶ FeedDAO 클래스에서 feed 테이블의 id, content, ts 외에, images 속성 값도 FeedObj를 통해 함께 반환될 수 있도록 getList() 함수를 수정. ResultSet.getString()를 호출하여 이미지 속성 값의 파일명을 가져옴. 레코드의 images 속성 값을 가져와 FeedObj 객체의 파라미터로 전달

❷ FeedObj 클래스 역시 파라미터를 통해 전달받은 images 속성 값을 저장하고 반환할 수 있도록 getImages() 함수를 수정

❸ FeedObj의 getImages() 함수를 이용해 main.jsp에서 작성글에 포함된 이미지를 함께 출력. 이미지를 출력하기 위해 <img> 태그를 이용하며, <img> 태그에서는 src 속성을 통해 출력될 이미지 파일의 경로를 지정

04 파일을 서버에 저장하기 위한 방법

- 데이터베이스 내부에 파일을 BLOB 형식으로 저장 — 주로 이용되는 방법
- 서버에 일반 파일 형태로 저장한 후, 데이터베이스에는 파일의 경로만을 저장

연습문제

01 파일 전송을 위해 이용되는 HTML 태그는 무엇인가요?

02 파일 전송을 위해 〈form〉 태그에 반드시 정의되어야 하는 두 가지 속성과 값들은 어떤 것이 있나요?

03 Apache의 Commons 라이브러리 중 파일 업로드 처리를 위해 이용되는 두 가지 라이브러리는 어떤 것이 있나요?

04 다음 중 파일 이름을 추출하기 위한 FileItem 클래스의 멤버 함수는 무엇인가요?

① get() ② getName()

③ getFieldName() ④ getString()

05 다음 중 바이트 배열 형태로 전달되는 파일 컨텐츠를 저장하는데 이용되는 Java 클래스는 무엇인가요?

① OutputStreamWriter ② File

③ BufferedWriter ④ FileOutputStream

06 다음 중 업로드된 파일을 데이터베이스에 저장하고자 할 때 이용되는 MySQL의 데이터 타입은 무엇인가요?

① BLOB ② CHAR

③ TEXT ④ VARCHAR

07 회원가입 페이지인 signup.html에서 사용자의 사진을 받아들여 signup.jsp로 전달할 수 있도록 수정해 주세요.

08 signup.html에서 전송된 사용자 사진을 전달받아 서버의 images 디렉토리에 저장할 수 있도록 signup.jsp를 수정해 주세요.

CHAPTER 13
MySNS 프로젝트 I

학습목표

예제로 다룬 HTML 및 JSP 코드를 묶어 MySNS 프로젝트의 형태로 개발한다.
파일 간 연동 부분을 완성한다.

01 프로젝트 개요

이 장에서는 지금까지 배운 내용을 요약하는 의미에서, MySNS 프로젝트를 만들고 필요한 파일들을 추가해 보도록 하겠습니다. 프로젝트 구성 과정은 다음과 같습니다.

❶ 프로젝트 구조 생성

❷ SQL 스크립트 적용을 통한 데이터베이스 구조 생성

❸ DAO 클래스 작성

❹ HTML 및 JSP 코드 작성

이번 실습을 통해 작성될 파일과 이들 간의 연동 구조는 [그림 13-1]과 같이 요약할 수 있습니다.

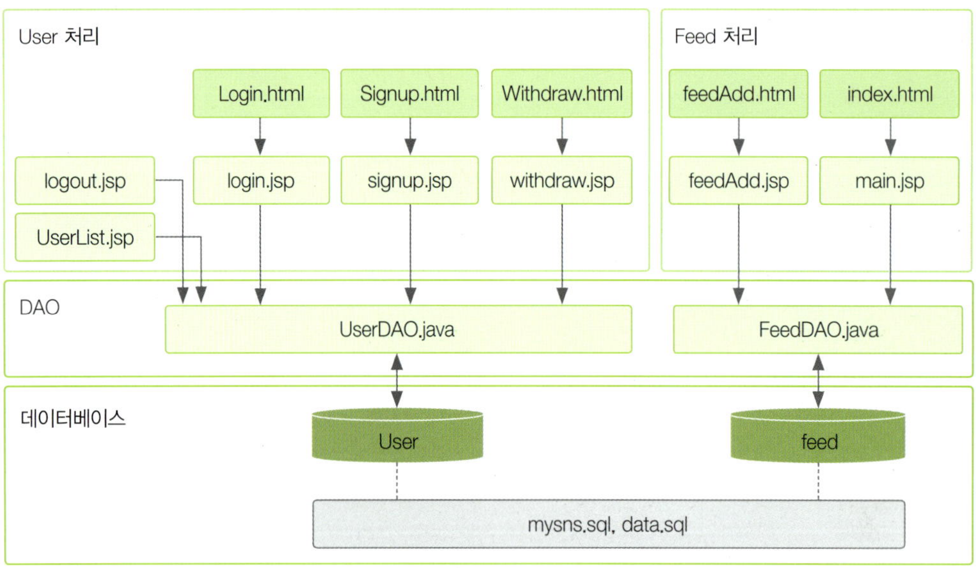

그림 13-1 MySNS 프로젝트 구조

예제 13-1 프로젝트 기초 만들기

1 MySNS 프로젝트 만들기 : 이클립스 상단 메뉴에서 [File]-[New]-[Dynamic Web Project] 메뉴를 선택합니다. 프로젝트 이름을 'MySNS'로 입력하고 [Finish] 버튼을 눌러 프로젝트를 생성합니다.

2 context.xml 추가하기 : src/main/webapp/META-INF 폴더에 데이터베이스 커넥션 풀 설정을 포함한 context.xml을 추가합니다. Hello2 프로젝트의 context.xml을 복사해 주세요. 관련 설명은 10.3절을 참조합니다.

3 JAR 파일 추가하기 : src/main/webapp/WEB-INF/lib 폴더에 데이터베이스 커넥션 풀과 파일 업로드를 위한 라이브러리를 제공하는 JAR 파일들을 추가합니다. Hello2 프로젝트의 src/main/webapp/WEB-INF/lib 폴더 아래에 있는 모든 jar 파일들을 복사해 주세요. 관련 설명은 10.3절과 12.2.1절을 참조해 주세요.

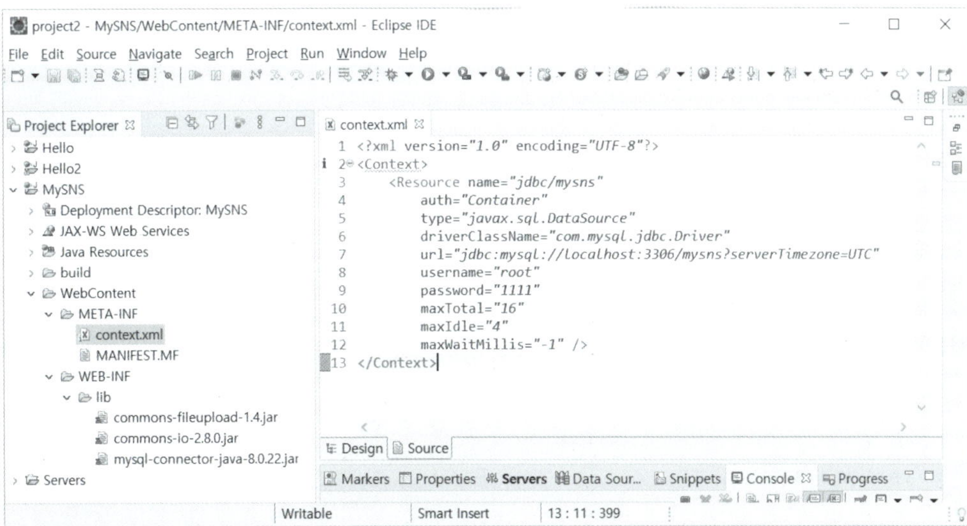

4 util 패키지 추가하기 : 라이브러리 추가가 완료되었다면, DAO 클래스에서 이용될 유틸리티 클래스를 위한 패키지를 생성합니다. MySNS 프로젝트의 src/main/java 폴더에서 오른쪽 클릭하고, [New]-[Package] 메뉴를 선택합니다. 패키지 이름을 'util'로 입력하고 [Finish] 버튼을 눌러 생성합니다.

5 util 패키지에 ConnectionPool.java 추가하기 : 생성된 폴더에 데이터베이스 커넥션 풀 기능을 지원하기 위한 ConnectionPool.java 파일을 추가합니다. Hello2 프로젝트로부터 복사해 주세요. 관련 설명은 10.3절을 참조합니다.

MySNS/WEB-INF/classes/util/ConnectionPool.java

```
package util;

import java.sql.*;
import javax.naming.*;
import javax.sql.*;

public class ConnectionPool {
    private static DataSource _ds = null;

    public static Connection get() throws NamingException, SQLException {
        if (_ds == null) {
            _ds = (DataSource) (new InitialContext()).lookup(
                                    "java:comp/env/jdbc/mysns");
        }
        return _ds.getConnection();
    }
}
```

6 util 패키지에 FileUtil.java 추가하기 : util 폴더에 파일을 저장하기 위한 FileUtil.java를 추가합니다. Hello2 프로젝트로부터 복사해 주세요. 관련 설명은 12.3.1절을 참조합니다.

MySNS/WEB-INF/classes/util/FileUtil.java

```
package util;

import java.io.*;

public class FileUtil {
    public static void saveImage(String root, String fname, byte[] data)
throws IOException {
        root += "/images";
```

```
        File f = new File(root);
        if (!f.exists()) f.mkdir();

        f = new File(root + "/" + fname);
        FileOutputStream out = new FileOutputStream(f);
        out.write(data);
        out.close();
    }
}
```

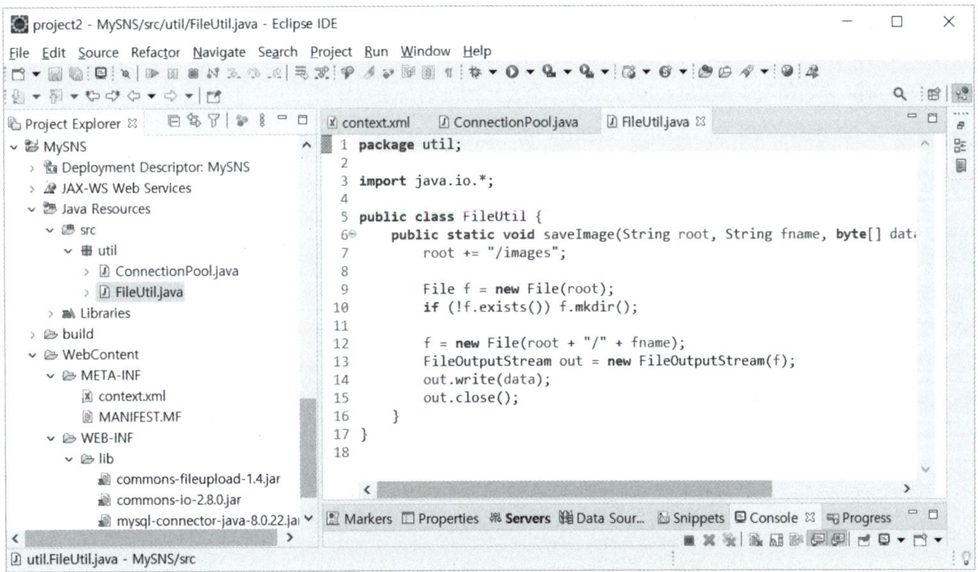

02 데이터베이스 구축

프로젝트 기초가 생성되었다면, 이제 SQL 스크립트 파일을 이용하여 데이터베이스 구조를 생성하고 테스트에 필요한 레코드들을 추가합니다.

예제 13-2 데이터베이스 만들기

1 SQL 파일 추가하기 : MySNS 프로젝트의 src/main/webapp 폴더에서 마우스 오른쪽 버튼을 눌러 [New]-[Folder] 메뉴를 선택한 후, 'SQL'이라는 이름으로 폴더를 생성합니다. 해당 폴더에 Hello2 프로젝트의 mysns.sql과 data.sql 파일을 복사해 주세요. 관련 설명은 8.4.1절과 8.5.4절을 참조합니다.

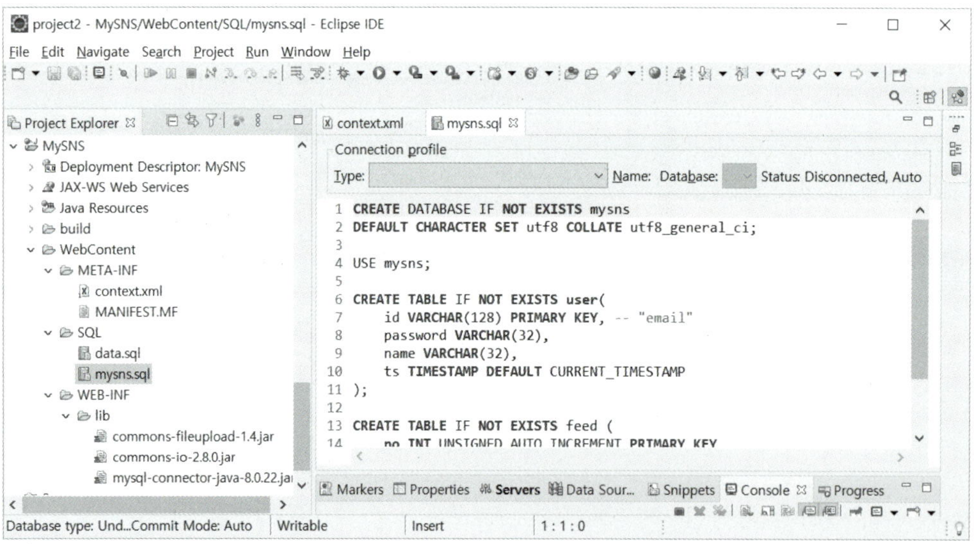

2 데이터베이스 생성하기 : src/main/webapp/SQL 폴더 아래에 위치한 mysns.sql 파일에서 마우스 오른쪽 버튼을 눌러 [Properties] 메뉴를 선택합니다. 이어 나온 팝업에서 [Location] 항목의 파일 경로를 선택한 후 Ctrl + C를 눌러 복사합니다.

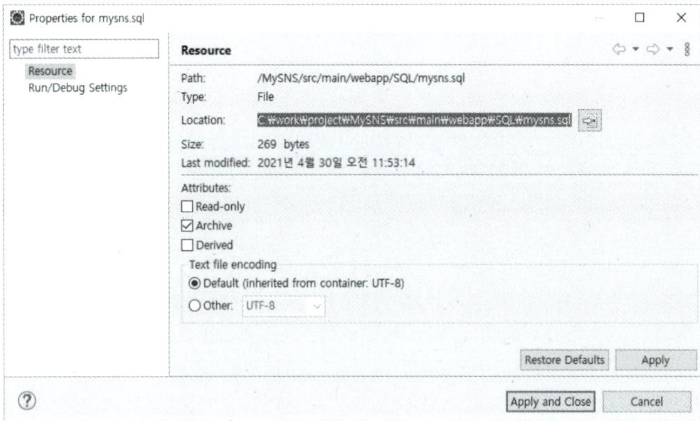

다음으로 MySQL 커맨드 창(MySQL 8.0 Command Line Client)을 실행시켜 명령어 프롬프트에 'source'를 입력하고 스페이스를 눌러 공백을 추가합니다. 이후 커서 위치에서 Ctrl + V를 눌러 복사된 경로를 다음과 같이 추가합니다.

```
mysql> source C:\work\project\Hello2\src\main\webapp\SQL\mysns.sql
```

입력한 후, 엔터를 눌러 실행합니다. desc 명령어를 이용하여 user 테이블이 정상적으로 생성되었는지 확인합니다. feed 테이블 역시 동일한 방법으로 확인 가능합니다.

```
mysql> desc user;
```

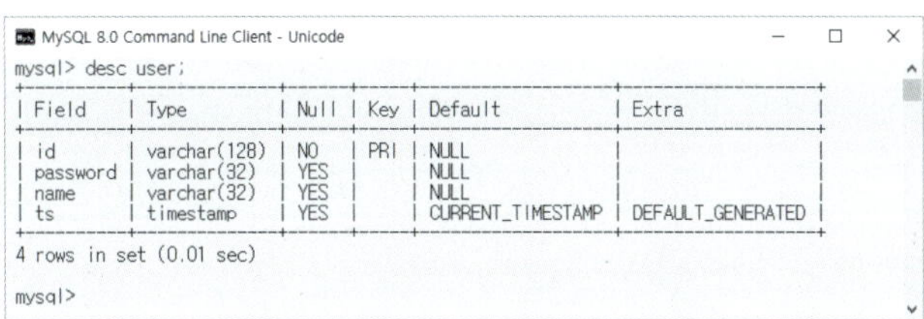

3 데이터베이스에 레코드 추가하기 : 2번 과정과 동일한 방법으로 data.sql을 실행하여 user와 feed 테이블에 테스트를 위한 초기 레코드를 추가할 수 있습니다. 이후 명령어 프롬프트에서 **SELECT * FROM user** 구문을 입력하여 데이터 추가 여부를 확인할 수 있습니다. 관련 설명은 8.4.1절과 8.5.4절을 참조합니다.

03 DAO 클래스 생성

데이터베이스가 준비되었다면, 이제 DAO 클래스들을 추가해 봅시다. mysns 데이터베이스에 user와 feed 테이블이 있으므로, UserDAO와 FeedDAO 클래스가 필요합니다. 또한 리스트를 반환할 때 리스트 요소로 이용되는 UserObj와 FeedObj 클래스 역시 함께 추가되어야 합니다.

예제 13-3 UserDAO 및 UserObj 클래스 추가

1 dao 패키지 추가하기 : MySNS 프로젝트의 src/main/java 폴더에서 [New]-[Package] 메뉴를 선택합니다. 패키지 이름을 'dao'로 입력하고 [Finish] 버튼을 눌러 패키지를 생성합니다.

2 UserDAO 클래스 추가하기 : dao 패키지에 UserDAO 클래스를 추가합니다. Hello2 프로젝트에서 복사해 주세요. 관련 내용은 11.2절을 참고합니다.

MySNS/WEB-INF/classes/dao/UserDAO.java

```
package dao;

import java.sql.*;
import javax.naming.NamingException;
import util.*;

public class UserDAO {

    public boolean insert(String uid, String upass, String uname) throws
NamingException, SQLException {

        Connection conn = null;
        PreparedStatement stmt = null;
        try {
```

```java
            String sql = "INSERT INTO user(id, password, name) VALUES(?, ?, ?)";

            conn = ConnectionPool.get();
            stmt = conn.prepareStatement(sql);
            stmt.setString(1, uid);
            stmt.setString(2, upass);
            stmt.setString(3, uname);

            int count = stmt.executeUpdate();
            return (count == 1) ? true : false;

        } finally {
            if (stmt != null) stmt.close();
            if (conn != null) conn.close();
        }
    }

    public boolean exists(String uid) throws NamingException, SQLException
{
        Connection conn = null;
        PreparedStatement stmt = null;
        ResultSet rs = null;
        try {
            String sql = "SELECT id FROM user WHERE id = ?";

            conn = ConnectionPool.get();
            stmt = conn.prepareStatement(sql);
            stmt.setString(1, uid);

            rs = stmt.executeQuery();
            return rs.next();

        } finally {
            if (rs != null) rs.close();
            if (stmt != null) stmt.close();
            if (conn != null) conn.close();
        }
```

```java
    }

    public boolean delete(String uid) throws NamingException, SQLException {
        Connection conn = null;
        PreparedStatement stmt = null;
        try {
            String sql = "DELETE FROM user WHERE id = ?";

            conn = ConnectionPool.get();
            stmt = conn.prepareStatement(sql);
            stmt.setString(1, uid);

            int count = stmt.executeUpdate();
            return (count == 1) ? true : false;

        } finally {
            if (stmt != null) stmt.close();
            if (conn != null) conn.close();
        }
    }

    public int login(String uid, String upass) throws NamingException, SQLException {
        Connection conn = null;
        PreparedStatement stmt = null;
        ResultSet rs = null;
        try {
            String sql = "SELECT id, password FROM user WHERE id = ?";

            conn = ConnectionPool.get();
            stmt = conn.prepareStatement(sql);
            stmt.setString(1, uid);

            rs = stmt.executeQuery();
            if (!rs.next()) return 1;
            if (!upass.equals(rs.getString("password"))) return 2;

```

```
86                return 0;
87
88            } finally {
89                if (rs != null) rs.close();
90                if (stmt != null) stmt.close();
91                if (conn != null) conn.close();
92            }
93        }
94  }
```

09~28행 : INSERT 구문을 이용하여 주어진 사용자 아이디와 패스워드 및 이름을 user 테이블에 저장합니다. signup.jsp에서 호출됩니다.

30~49행 : SELECT 구문을 이용하여 주어진 사용자 아이디에 대한 레코드가 user 테이블에 존재하는지 확인합니다. 역시 signup.jsp에서 호출됩니다.

51~68행 : DELETE 구문을 이용하여 주어진 사용자 아이디에 대한 레코드를 user 테이블로부터 삭제합니다. withdraw.jsp에서 호출됩니다.

70~92행 : SELECT 구문을 이용하여 주어진 사용자 아이디와 패스워드를 기반으로 로그인 처리를 수행합니다. login.jsp에서 호출됩니다.

3 UserDAO 클래스에 getList( ) 함수 추가하기 : UserDAO 클래스도 FeedDAO와 같이 레코드 리스트를 출력하는데 이용될 수 있도록 다음 코드와 같이 getList( ) 함수를 작성해 봅시다. 다음 코드를 UserDAO.java의 93행과 94행 사이에 추가합니다.

TIP getList( )의 반환 값은 ArrayList<UserObj> 객체의 형태이므로, 상단에 **import java.util.ArrayList**를 추가해 줍니다.

MySNS/WEB-INF/classes/dao/UserDAO.java

```
...     ...
96      public ArrayList<UserObj> getList() throws NamingException, SQLException {
97          Connection conn = null;
98          PreparedStatement stmt = null;
99          ResultSet rs = null;
100         try {
101             String sql = "SELECT * FROM user ORDER BY ts DESC";
102
```

```
103             conn = ConnectionPool.get();
104             stmt = conn.prepareStatement(sql);
105             rs = stmt.executeQuery();
106
107         ArrayList<UserObj> users = new ArrayList<UserObj>();
108             while(rs.next()) {
109             users.add(new UserObj(rs.getString("id"), rs.getString("name"),
    rs.getString("ts")));
110             }
111             return users;
112
113         } finally {
114             if (rs != null) rs.close();
115             if (stmt != null) stmt.close();
116             if (conn != null) conn.close();
117         }
118     }
...     ...
```

96행 : getList( ) 함수를 선언합니다. 실행 결과는 ArrayList〈UserObj〉의 형태로 반환됩니다.

97~99행 : JDBC 연동에 필요한 객체들을 선언하고 초기화합니다.

101행 : user 테이블로부터 레코드를 가져오기 위한 SELECT 문을 정의합니다. ORDER BY ts DESC 구문을 이용하여 최근 레코드부터 가져옵니다.

103~105행 : JDBC를 이용하여 101행에서 준비한 SELECT 문을 실행한 후, ResultSet 형태로 실행 결과를 받아온 후 저장합니다.

107행 : 함수의 실행 결과로 반환될 리스트를 위한 ArrayList〈UserObj〉 객체를 생성합니다. UserObj를 리스트의 구성 요소로 가집니다.

108행 : ResultSet의 모든 레코드에 대해 while문 안에 정의된 문장들을 수행합니다.

109행 : ResultSet의 get( ) 함수를 이용하여 레코드의 id, name, ts 속성 값을 추출합니다. 그리고 추출된 값을 이용하여 UserObj 객체를 생성한 후, ArrayList에 추가합니다.

111행 : while 루프를 통해 작성된 ArrayList〈UserObj〉 객체를 반환합니다.

4 UserObj 클래스 추가하기 : UserDAO.getList( ) 함수는 반환 값으로 UserObj 클래스를 이용합니다. 따라서 dao 패키지에 UserObj.java를 생성한 후, 다음 코드를 입력합니다. UserObj 객체는 하나의 user 레코드 정보를 저장하고 반환할 수 있도록 구성됩니다.

MySNS/WEB-INF/classes/dao/UserObj.java

```
01 package dao;
02 
03 public class UserObj {
04     private String id, name, ts;
05 
06     public UserObj(String id, String name, String ts) {
07         this.id = id;
08         this.name = name;
09         this.ts = ts;
10     }
11 
12     public String getId() { return this.id; }
13     public String getName() { return this.name; }
14     public String getTs() { return this.ts; }
15 }
```

01~03행 : dao 패키지에 UserObj 클래스를 정의합니다.

04행 : 레코드 속성 값을 저장하기 위한 id, name, ts 등의 멤버 변수를 선언합니다.

06~10행 : 객체 생성 시 파라미터로 전달된 id, name, ts 변수 값을 멤버 변수에 저장합니다.

12~14행 : 멤버 변수에 저장된 id, name, ts 값을 반환하기 위한 get( ) 함수들을 정의합니다.

예제 13-4 FeedDAO 및 FeedObj 클래스 추가

1 FeedDAO 클래스 추가하기 : dao 패키지에 FeedDAO 클래스를 추가합니다. Hello2 프로젝트에서 복사해 주세요. 관련 내용은 11.3절을 참고합니다.

```java
package dao;

import java.sql.*;
import java.util.ArrayList;

import javax.naming.NamingException;
import util.*;

public class FeedDAO {

    public boolean insert(String uid, String ucon, String uimages) throws NamingException, SQLException {
        Connection conn = null;
        PreparedStatement stmt = null;
        try {
            String sql = "INSERT INTO feed(id, content, images) VALUES(?, ?, ?)";

            conn = ConnectionPool.get();
            stmt = conn.prepareStatement(sql);
            stmt.setString(1, uid);
            stmt.setString(2, ucon);
            stmt.setString(3, uimages);

            int count = stmt.executeUpdate();
            return (count == 1) ? true : false;

        } finally {
            if (stmt != null) stmt.close();
            if (conn != null) conn.close();
        }
    }

        public ArrayList<FeedObj> getList() throws NamingException, SQLException {
        Connection conn = null;
        PreparedStatement stmt = null;
        ResultSet rs = null;
```

```
36          try {
37              String sql = "SELECT * FROM feed ORDER BY ts DESC";
38
39              conn = ConnectionPool.get();
40              stmt = conn.prepareStatement(sql);
41              rs = stmt.executeQuery();
42
43              ArrayList<FeedObj> feeds = new ArrayList<FeedObj>();
44              while(rs.next()) {
45                  feeds.add(new FeedObj(rs.getString("id"),
     s.getString("content"), rs.getString("ts"), rs.getString("images")));
46              }
47              return feeds;
48
49          } finally {
50              if (rs != null) rs.close();
51              if (stmt != null) stmt.close();
52              if (conn != null) conn.close();
53          }
54      }
55  }
```

11~30행 : INSERT 구문을 이용하여 주어진 사용자 아이디와 작성글, 이미지 경로를 feed 테이블에 저장합니다. feedAdd.jsp에 의해 이용됩니다.

32~55행 : SELECT 구문을 이용하여 feed 테이블에 있는 레코드를 리스트 형태로 반환합니다. ORDER BY ts DESC 구문을 이용하여 최신 레코드부터 반환합니다. 반환 값은 ArrayList〈FeedObj〉 형태로 전달됩니다. main.jsp에 의해 이용됩니다.

2 FeedObj 클래스 추가하기 : dao 패키지에 FeedObj 클래스를 추가합니다. Hello2 프로젝트에서 복사해 주세요. 관련 내용은 11.3절을 참고합니다.

MySNS/WEB-INF/classes/dao/FeedObj.java

```
package dao;

public class FeedObj {
    private String id, content, ts, images;

    public FeedObj(String id, String content, String ts, String images) {
        this.id = id;
        this.content = content;
        this.ts = ts;
        this.images = images;
    }

        public String getId() { return this.id; }
        public String getContent() { return this.content; }
        public String getTs() { return this.ts; }
        public String getImages() { return this.images; }
}
```

04 UserDAO를 이용하는 UI 작성

UserDAO를 이용하는 UI 모듈은 크게 로그인, 회원가입, 회원탈퇴, 회원 리스트, 로그아웃 등이 있습니다. 각각의 UI 모듈은 HTML 파일과 이에 대응되는 JSP 파일로 구성됩니다. HTML 파일은 브라우저에서 사용자 인터페이스를 제공하기 위한 HTML 코드들을 포함하며, JSP 파일은 HTML 페이지로부터 전달된 사용자 입력 값을 처리하고 결과 페이지를 생성하기 위한 Java 코드를 포함합니다.

1 로그인

로그인 모듈은 로그인 화면을 제공하기 위한 login.html과 데이터베이스에서 사용자 가입 정보를 바탕으로 로그인 처리를 구현한 login.jsp로 구성됩니다. MySNS 프로젝트에서 제공하는 로그인 화면은 [그림 13-2]와 같습니다. 사용자 편의를 위해 화면 하단에 회원가입 링크를 함께 제공합니다.

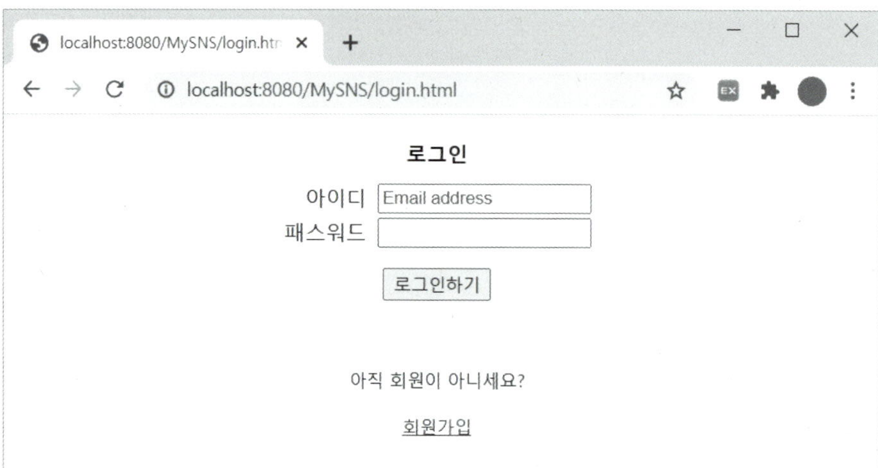

그림 13-2 로그인 화면

예제 13-5 로그인 페이지 및 로직 추가

1 login.html 추가하기 : MySNS 프로젝트의 src/main/webapp 폴더에 login.html 파일을 추가합니다. Hello2 프로젝트에서 login.html 파일을 복사한 후, 회원가입 링크를 제공하기 위한 코드를 22~27행에 추가해 봅시다.

MySNS/login.html

```
01 <html>
02 <head>
03 <meta charset="utf-8">
04 </head>
05 <body>
06 <form action="login.jsp" method="post">
07 <table align=center>
08 <tr><td colspan=2 align=center height=40><b>로그인</b><td></tr>
09 <tr>
10     <td align=right>아이디 </td>
11     <td><input type="text" name="id" placeholder="Email address" required></td>
12 </tr>
13 <tr>
14     <td align=right>패스워드 </td>
15     <td><input type="password" name="ps" required></td>
16 </tr>
17 <tr>
18     <td colspan=2 align=center height=50>
19         <input type="submit" value="로그인하기">
20     </td>
21 </tr>
22 <tr>
23     <td colspan=2 align=center><small>
24         <br><br>아직 회원이 아니세요?<br><br>
25         <a href="signup.html">회원가입</a></small>
26     </td>
27 </tr>
28 </table>
```

```
</form>
</body>
</html>
```

2 login.jsp 추가하기 : src/main/webapp 폴더에 login.jsp 파일을 추가합니다. Hello2 프로젝트에서 파일을 복사해 주세요. 관련 내용은 11.2.3절을 참고합니다.

MySNS/login.jsp

```
<%@ page contentType="text/html" pageEncoding="utf-8" %>
<%@ page import="dao.UserDAO" %>
<%
    request.setCharacterEncoding("utf-8");

    String uid = request.getParameter("id");
    String upass = request.getParameter("ps");

    UserDAO dao = new UserDAO();
    int code = dao.login(uid, upass);
    if (code == 1) {
        out.print("아이디가 존재하지 않습니다.");
    }
    else if (code == 2) {
        out.print("패스워드가 일치하지 않습니다.");
    }
    else {
        session.setAttribute("id", uid);
        response.sendRedirect("main.jsp");
    }
%>
```

3 로그인 테스트 : 크롬에서 login.html을 열고 아이디와 패스워드에 ‘kim1@abc.com’, ‘111’을 입력한 후 [로그인하기] 버튼을 눌러 실행합니다. 아직 main.jsp가 추가되기 전이므로, 다음과 같은 오류 메시지가 출력되는지 여부만 확인합니다. 현재 단계에서 로그인 성공 시에는 ‘파일 [/main.jsp]을(를) 찾을 수 없습니다.’라는 오류가 발생합니다.

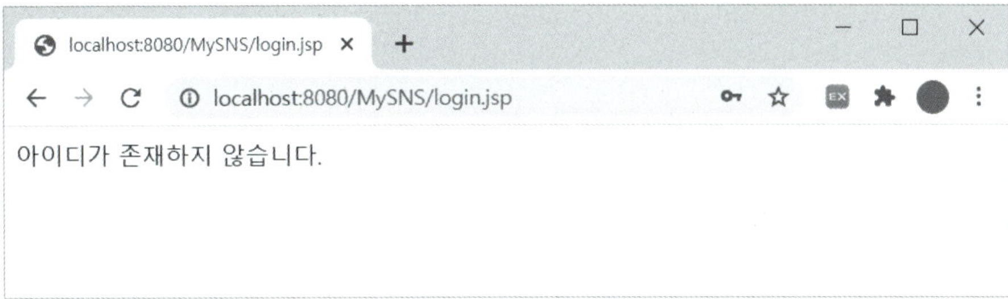

2 회원가입

회원가입 모듈은 회원가입 화면을 제공하기 위한 signup.html과 화면을 통해 주어진 사용자 정보를 데이터베이스에 추가하기 위한 signup.jsp로 구성됩니다. MySNS 프로젝트에서 제공하는 회원가입 화면은 [그림 13-3]과 같습니다.

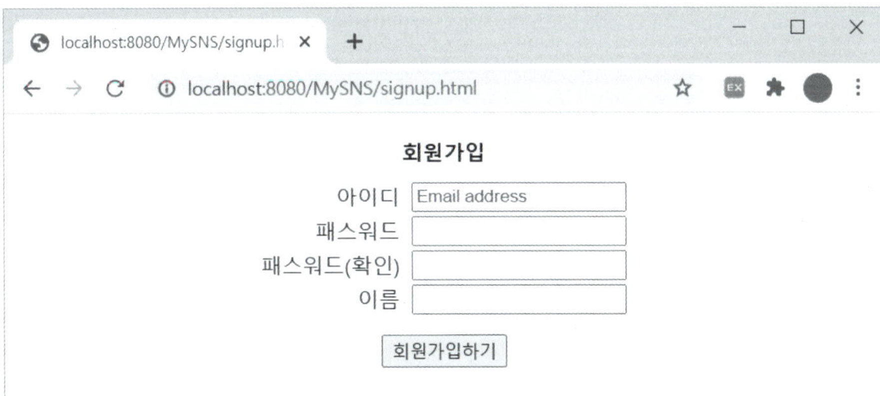

그림 13-3 회원가입 페이지

예제 13-6 **회원가입 페이지 및 로직 추가**

1 signup.html 추가하기 : src/main/webapp 폴더에 signup.html 파일을 추가합니다. Hello2 프로젝트에서 파일을 복사해 주세요.

MySNS/signup.html

```
<html>
<head>
<meta charset="utf-8">
</head>
<body>
<form action="signup.jsp" method="post">
<table align=center>
<tr><td colspan=2 align=center height=40><b>회원가입</b></td></tr>
<tr>
    <td align=right>아이디 </td>
    <td><input type="text" name="id" placeholder="Email address" required></td>
</tr>
<tr>
    <td align=right>패스워드 </td>
    <td><input type="password" name="ps" required></td>
</tr>
<tr>
    <td align=right>패스워드(확인) </td>
    <td><input type="password" name="ps2" required></td>
</tr>
<tr>
    <td align=right>이름 </td>
    <td><input type="text" name="name" required></td>
</tr>
<tr>
    <td colspan=2 align=center height=50>
        <input type="submit" value="회원가입하기">
    </td>
</tr>
</table>
</form>
</body>
</html>
```

2 signup.jsp 추가하기 : src/main/webapp 폴더에 signup.jsp 파일을 추가합니다. Hello2 프로젝트에서 파일을 복사해 주세요. 관련 내용은 11.2.1절을 참고합니다.

MySNS/signup.jsp

```
01 <%@ page contentType="text/html" pageEncoding="utf-8" %>
02 <%@ page import="dao.UserDAO" %>
03 <%
04     request.setCharacterEncoding("utf-8");
05 
06     String uid = request.getParameter("id");
07     String upass = request.getParameter("ps");
08     String uname = request.getParameter("name");
09 
10     UserDAO dao = new UserDAO();
11     if (dao.exists(uid)) {
12         out.print("이미 가입한 회원입니다.");
13         return;
14     }
15 
16     if (dao.insert(uid, upass, uname)) {
17         //out.print("회원가입이 완료되었습니다.");
18         session.setAttribute("id", uid);
19         response.sendRedirect("main.jsp");
20     }
21     else {
22         out.print("회원가입 중 오류가 발생하였습니다.");
23     }
24 %>
```

이 코드에서는 회원가입이 완료되었을 때 메시지를 출력하는 대신, 세션 테이블에 아이디를 저장하여 로그인 처리를 한 후 main.jsp로 이동합니다. 이를 위해 기존 코드인 17행을 주석 처리하고, 18~19행을 새로이 추가하였습니다.

3 **회원가입 테스트 :** 크롬에서 signup.html을 열고 아이디와 패스워드, 패스워드 확인 및 이름에 'kim@abc.com', '111', '111', '김시민'을 입력한 후 실행합니다. 아직 main.jsp를 추가하기 전이므로 다음 그림과 같은 오류 메시지가 출력되는지 여부만 확인합니다.

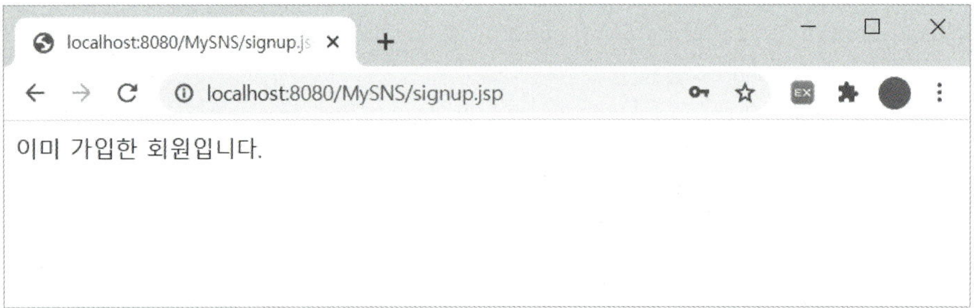

3 회원탈퇴

회원탈퇴 모듈은 회원탈퇴 화면을 제공하기 위한 withdraw.html과 화면을 통해 주어진 사용자 정보를 데이터베이스로부터 삭제하기 위한 withdraw.jsp로 구성됩니다. MySNS 프로젝트에서 제공하는 회원탈퇴 화면은 [그림 13-4]와 같습니다.

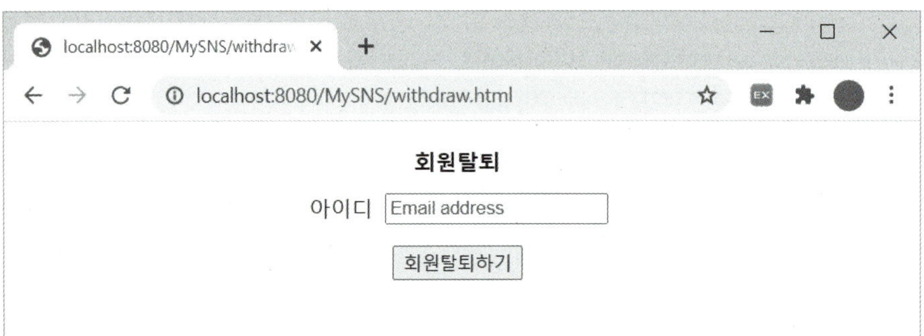

그림 13-4 회원탈퇴 페이지

예제 13-7 회원탈퇴 페이지 및 로직 추가

1 **withdraw.html 추가하기 :** src/main/webapp 폴더에 withdraw.html 파일을 추가합니다. Hello2 프로젝트에서 파일을 복사해 주세요.

MySNS/withdraw.html

```
<html>
<head>
<meta charset="utf-8">
</head>
<body>
<form action="withdraw.jsp" method="post">
<table align=center>
<tr><td colspan=2 align=center height=40><b>회원탈퇴</b><td></tr>
<tr>
    <td align=right>아이디 </td>
    <td><input type="text" name="id" placeholder="Email address" required></td>
</tr>
<tr>
    <td colspan=2 align=center height=50>
        <input type="submit" value="회원탈퇴하기">
    </td>
</tr>
</table>
</form>
</body>
</html>
```

2 withdraw.jsp 추가하기 : src/main/webapp 폴더에 withdraw.jsp 파일을 추가합니다. Hello2 프로젝트에서 파일을 복사해 주세요. 관련 내용은 11.2.2절을 참고합니다.

MySNS/withdraw.jsp

```
<%@ page contentType="text/html" pageEncoding="utf-8" %>
<%@ page import="dao.UserDAO" %>
<%
    request.setCharacterEncoding("utf-8");

    String uid = request.getParameter("id");

    UserDAO dao = new UserDAO();
    if (dao.exists(uid) == false) {
```

```
10          out.print("회원 정보를 찾을 수 없습니다.");
11          return;
12      }
13
14      if (dao.delete(uid)) {
15          // out.print("회원탈퇴가 완료되었습니다.");
16          String str = "<p align=center>";
17          str += "<br>회원탈퇴가 완료되었습니다.<br>";
18          str += "그동안 이용해주셔서 감사드립니다.</p>";
19          out.print(str);
20          session.removeAttribute("id");
21      }
22      else {
23          out.print("회원탈퇴 중 오류가 발생하였습니다.");
24      }
25  %>
```

이 코드에서는 회원탈퇴가 완료되었을 때 기존에 비해 회원탈퇴 완료 메시지의 스타일을 조금 더 보완하였습니다. 이를 위해 기존 코드로 구성된 15행을 주석 처리하고, 16~20행을 새로이 추가하였습니다. 특히, 20행에서는 세션 테이블에 저장된 아이디를 삭제하여 탈퇴와 동시에 로그아웃 처리가 이루어지도록 구현하고 있습니다.

3 회원탈퇴 테스트 : 크롬에서 withdraw.html을 열고 아이디에 kwak@abc.com 등의 기존에 가입된 사용자의 아이디를 입력한 후 실행합니다. 다음과 같이 회원탈퇴 완료 메시지가 뜨는지 확인합니다.

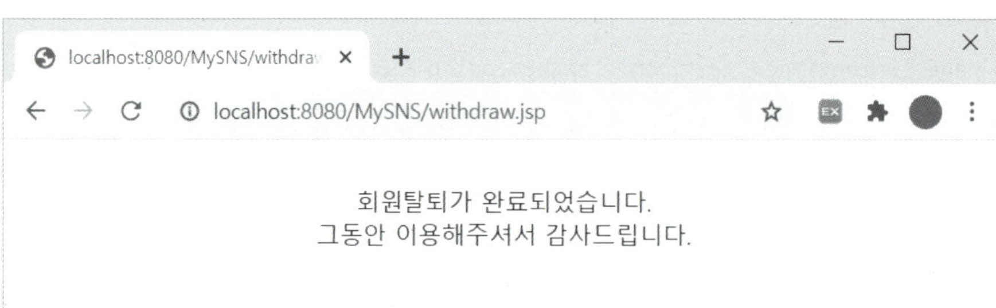

4 데이터베이스 삭제 여부 확인 : MySQL 커맨드 창을 열어 프롬프트에 SELECT * FROM user를 입력하여, 레코드가 성공적으로 삭제되었는지 확인합니다.

4 회원 리스트

userList.jsp는 시스템에 가입한 회원 정보를 리스트 형태로 출력하며, 다음과 같은 화면을 제공합니다. 회원 리스트 모듈의 경우 사용자 입력을 받아들이기 위한 별도의 HTML 파일은 없습니다.

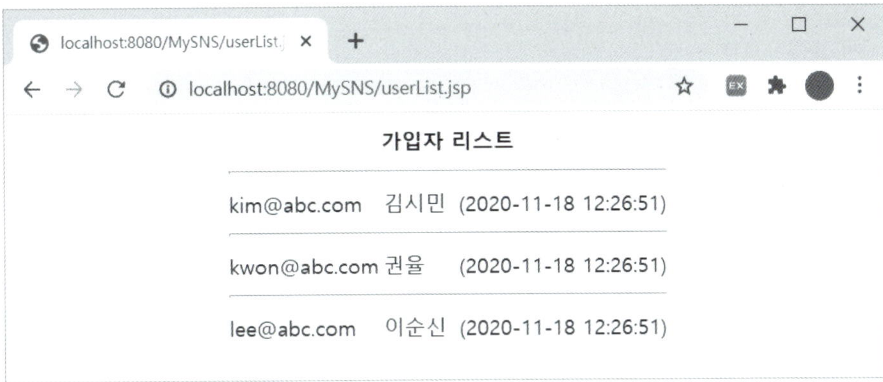

그림 13-5 회원 리스트 조회

예제 13-8 **회원 리스트 조회 로직 추가**

1 userList.jsp 추가하기 : src/main/webapp 폴더에 userList.jsp 파일을 다음과 같이 추가합니다. user 테이블의 레코드 정보를 읽어와 테이블 형태로 출력하며, feedList.jsp와 유사한 방법으로 구현할 수 있습니다.

MySNS/userList.jsp

```
<%@ page contentType="text/html" pageEncoding="utf-8" %>
<%@ page import="java.util.*" %>
<%@ page import="dao.*" %>
<%
    ArrayList<UserObj> list = (new UserDAO()).getList();

    String str = "<table align=center>";
```

```
08      str += "<tr><th colspan=3>가입자 리스트</th></tr>";
09      for (UserObj user : list) {
10          str += "<tr><td colspan=3><hr></td></tr>";
11          str += "<tr>";
12          str += "<td>" + user.getId() + "</td>";
13          str += "<td>" + user.getName() + "</td>";
14          str += "<td> (" + user.getTs() + ")</td>";
15          str += "</tr>";
16      }
17      str += "</table>";
18      out.print(str);
19  %>
```

02~03행 : userList.jsp에서 이용될 클래스들을 import 합니다.

05행 : UserDAO.getList( ) 함수를 호출합니다. 그리고 실행 결과 값을 ArrayList<UserObj> 형태로 반환 받습니다.

07행 : 브라우저로 출력될 HTML 코드를 저장하기 위한 str 변수를 생성하고 <table> 태그로 초기화합니다. align 속성 값을 center로 정의하여 테이블이 페이지의 가운데에 위치하도록 구성합니다.

08행 : '가입자 리스트' 타이틀을 출력하기 위한 테이블 행을 str에 추가합니다. colspan 속성 값을 3으로 설정하여, 타이틀 영역의 크기가 테이블의 너비만큼 차지하도록 구성합니다.

09행 : ArrayList에 포함된 모든 UserObj 객체를 대상으로 for 루프에 정의된 코드를 수행합니다.

10행 : 수평선을 출력하기 위한 테이블 행을 str에 추가합니다.

11~15행 : 각각의 UserObj 정보를 출력하기 위한 테이블 행을 str에 추가합니다. 레코드의 id, name, ts 속성 값을 UserObj의 get( ) 함수를 이용해 읽어온 후, 각각의 속성 값을 <td>를 이용한 컬럼 형태로 행에 추가합니다.

18행 : 생성된 str을 out.print( ) 함수로 출력합니다.

2 회원 리스트 테스트 : 크롬에서 userList.jsp를 열어 user 테이블의 사용자 정보가 테이블 형태로 올바르게 출력되는지 확인합니다.

5 로그아웃

logout.jsp는 로그아웃 처리를 위해 세션 테이블에서 회원 정보를 삭제하며, 로그아웃 시 다음과 같은 화면을 제공합니다. 로그아웃 모듈 역시 사용자 입력을 받아들이기 위한 별도의 HTML 파일은 없습니다.

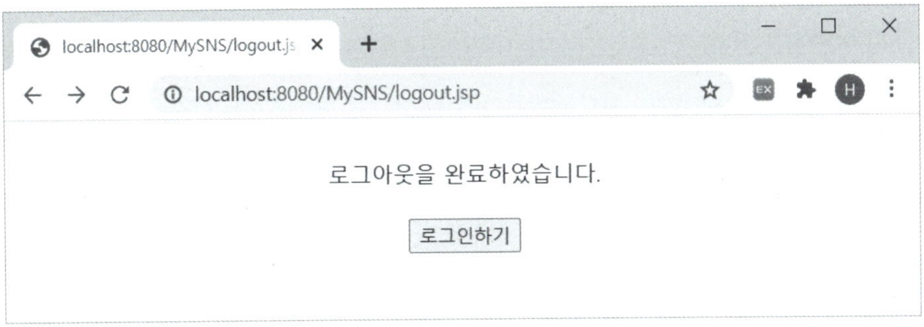

그림 13-6 로그아웃 페이지

예제 13-9 로그아웃 로직 추가

1 logout.jsp 추가하기 : src/main/webapp 폴더에 logout.jsp 파일을 다음과 같이 추가합니다. Hello2 프로젝트에서 파일을 복사해 주세요. 관련 내용은 7.2.5절을 참고합니다.

MySNS/logout.jsp

```
<%@ page contentType="text/html" pageEncoding="utf-8" %>
<%
    session.invalidate();
    // out.print("로그아웃 하였습니다.");

    String str = "<p align=center><br>로그아웃을 완료하였습니다.<br><br>";
    str += "<a href='login.html'><button>로그인하기</button></a></p>";
    out.print(str);
%>
```

이 코드는 로그아웃이 완료되었을 때 보이는 메시지의 스타일을 기존에 비해 보완하여 제공합니다. 이를 위해 기존 코드로 구성된 4행을 주석 처리하고, 6~8행을 새로이 추가합니다. 7행에서는 다시 로그인을 수행할 수 있도록 버튼을 제공합니다.

2 로그아웃 테스트 : 크롬에서 logout.jsp를 실행시켜 [그림 13-6]과 같은 로그아웃 화면이 정상적으로 출력되는지 확인합니다. 그리고 [로그인하기] 버튼을 누를 경우 login.html 화면으로 이동하는지 함께 확인합니다.

05 FeedDAO를 이용하는 UI 작성

FeedDAO를 이용하는 UI 모듈은 크게 메인 화면과, 글작성 등을 포함합니다. 각각은 웹 브라우저에서 사용자 인터페이스를 제공하기 위한 HTML 파일과 HTML 페이지로부터 전달된 사용자 입력 값을 처리하고 결과 페이지를 생성하기 위한 JSP 파일로 구성될 수 있습니다.

1 메인 화면

main.jsp는 사용자들의 작성글을 리스트 형태로 출력하며, MySNS 프로젝트의 메인 화면으로 이용됩니다. 메인 화면 역시 사용자 입력을 받아들이기 위한 별도의 HTML 파일은 없습니다.

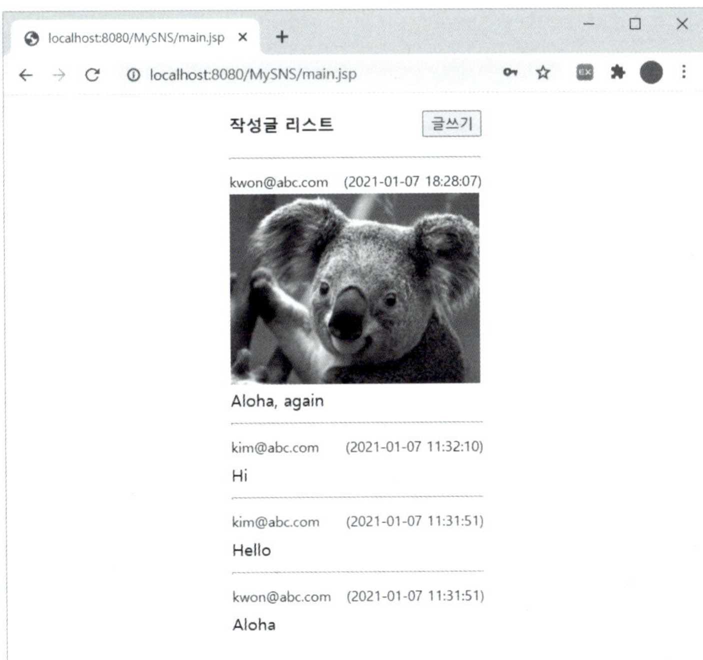

그림 13-7 작성글 리스트 페이지

예제 13-10 main.jsp 및 index.html 추가

1 main.jsp 추가하기 : src/main/webapp 폴더에 main.jsp 파일을 추가합니다. Hello2 프로젝트에서 파일을 복사해 주세요. 관련 내용은 11.3.2절과 12.4절을 참고합니다.

MySNS/main.jsp

```
<%@ page contentType="text/html" pageEncoding="utf-8" %>
<%@ page import="java.sql.*" %>
<%@ page import="java.util.*" %>
<%@ page import="dao.*" %>
<%
    String uid = (String) session.getAttribute("id");
    if (uid == null) {
        response.sendRedirect("login.html");
        return;
    }
    session.setAttribute("id", uid);

    ArrayList<FeedObj> feeds = (new FeedDAO()).getList();

    String str = "<table align=center>";
    str += "<tr height=40><td><b>작성글 리스트</b></td>";
    str += "<td align=right>";
    str += "<a href='feedAdd.html'><button>글쓰기</button></a>";
    str += "</td></tr>";

    for (FeedObj feed : feeds) {
        String img = feed.getImages(), imgstr = "";
        if (img != null) {
            imgstr = "<img src='images/" + img + "' width=240>";
        }
        str += "<tr><td colspan=2><hr></td></tr>";
        str += "<tr>";
        str += "<td><small>" + feed.getId() + "</small></td>";
        str += "<td><small> (" + feed.getTs() + ")</small></td>";
```

```
            str += "</tr>";
            str += "<tr><td colspan=2>" + imgstr + "</td></tr>";
            str += "<tr><td colspan=2>" + feed.getContent() + "</td></tr>";
        }
        str += "</table>";
        out.print(str);
%>
```

2 main.jsp 실행하기 : 크롬에서 main.jsp를 실행시켜 메인 화면이 정상적으로 출력되는지 확인합니다. 만약 로그인이 되지 않은 상태라면 로그인을 수행합니다.

3 index.html 추가하기 : 응용 실행 시 제일 먼저 호출되는 파일은 index.html입니다. src/main/webapp 폴더에 다음과 index.html 파일을 추가합니다. Javascript 코드를 이용해 html이 실행될 때 바로 main.jsp로 이동할 수 있도록 구현합니다.

MySNS/index.html

```
<script>
window.location.href = "main.jsp";
</script>
```

4 index.html 실행하기 : 크롬 브라우저의 URL 창에 'http://localhost:8080/MySNS'를 입력하고 엔터키를 눌러 실행합니다. 브라우저 창에서 바로 main.jsp로 이동함을 확인하실 수 있습니다. 단, 로그인되지 않은 상태라면 로그인 페이지로 이동할 수 있습니다.

2 글작성

글작성 모듈은 글을 작성하기 위한 화면을 제공하는 feedAdd.html과 화면을 통해 사용자가 작성한 글의 내용을 데이터베이스에 추가하기 위한 feedAdd.jsp로 구성됩니다. MySNS 프로젝트에서 제공하는 글작성 화면은 다음과 같습니다.

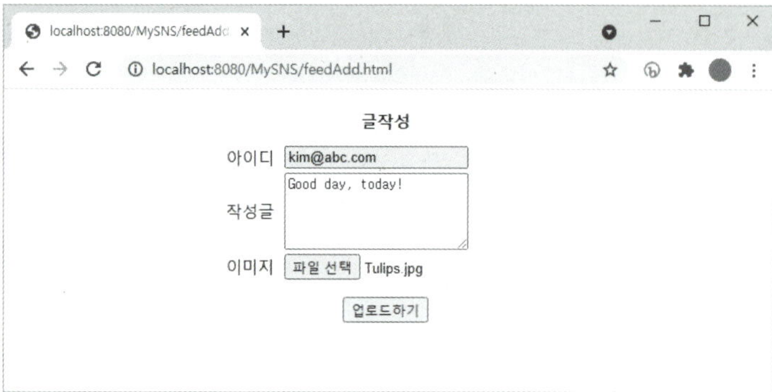

그림 13-8 글작성 페이지

예제 13-11 feedAdd.html 및 feedAdd.jsp 추가

1 feedAdd.html 추가하기 : src/main/webapp 폴더에 다음과 같은 내용의 feedAdd.html 파일을 추가합니다. Hello2 프로젝트에서 파일을 복사해 주세요. 관련 내용은 11.3.1절과 12.1절을 참고합니다. 6행의 action 속성 값이 feedAdd2.jsp일 경우, feedAdd.jsp로 수정합니다.

MySNS/feedAdd.html

```
01 <html>
02 <head>
03 <meta charset="utf-8">
04 </head>
05 <body>
06 <form action="feedAdd.jsp" method="post" enctype="multipart/form-data">
07 <table align=center>
08 <tr><td colspan=2 align=center height=40><b>글작성</b></td></tr>
09 <tr>
10     <td align=right>아이디 </td>
11     <td><input type="text" name="id" placeholder="Email address"
   required></td>
12 </tr>
13 <tr>
14     <td align=right>작성글 </td>
15     <td><textarea name="content" rows=5 cols=20></textarea></td>
16 </tr>
```

```
<tr>
    <td align=right>이미지 </td>
    <td><input type="file" name="image"></td>
</tr>
<tr>
    <td colspan=2 align=center height=50>
        <input type="submit" value="업로드하기">
    </td>
</tr>
</table>
</form>
</body>
</html>
```

2 feedAdd.jsp 추가하기 : src/main/webapp 폴더에 다음과 같은 내용의 feedAdd.jsp 파일을 추가합니다. Hello2 프로젝트에서 feedAdd2.jsp 파일을 복사한 후, 이름을 feedAdd.jsp로 변경합니다. 관련 내용은 12.3절을 참고합니다.

MySNS/feedAdd.jsp

```
<%@ page contentType="text/html" pageEncoding="utf-8" %>
<%@ page import="java.util.*" %>
<%@ page import="org.apache.commons.fileupload.*" %>
<%@ page import="org.apache.commons.fileupload.disk.*" %>
<%@ page import="org.apache.commons.fileupload.servlet.*" %>
<%@ page import="util.FileUtil" %>
<%@ page import="dao.FeedDAO" %>
<%
    request.setCharacterEncoding("utf-8");

    String uid = null, ucon = null, ufname = null;
    byte[] ufile = null;

    ServletFileUpload sfu = new ServletFileUpload(new DiskFileItemFactory());
    List items = sfu.parseRequest(request);

```

```
    Iterator iter = items.iterator();
    while(iter.hasNext()) {
        FileItem item = (FileItem) iter.next();
        String name = item.getFieldName();
        if(item.isFormField()) {
            String value = item.getString("utf-8");
            if (name.equals("id")) uid = value;
            else if (name.equals("content")) ucon = value;
        }
        else {
            if (name.equals("image")) {
                ufname = item.getName();
                ufile = item.get();
                String root = application.getRealPath(java.io.File.separator);
                FileUtil.saveImage(root, ufname, ufile);
            }
        }
    }

    FeedDAO dao = new FeedDAO();
    if (dao.insert(uid, ucon, ufname)) {
        response.sendRedirect("main.jsp");
    }
    else {
        out.print("작성 글의 업로드 중 오류가 발생하였습니다.");
    }
%>
```

3 피드작성 테스트 : 크롬에서 feedAdd.html를 실행시켜 아이디와 작성글에 'lee@abc.com', 'Good day, today!'를 입력합니다. 그리고 이미지로 임의의 이미지를 선택한 후 [업로드하기] 버튼을 클릭합니다. 예제에서는 Tulips.jpg 파일을 업로드해보겠습니다.

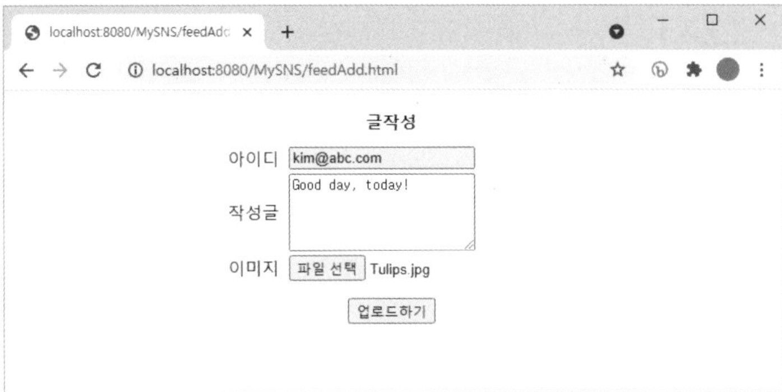

작성글의 업로드가 올바르게 수행된 경우, 메인 화면으로 이동합니다. 메인 화면에서 작성된 글이 올바르게 출력되는지 확인합니다.

06 프로젝트 구성

MySNS 프로젝트는 최종적으로 다음과 같은 형태로 구성됩니다. [그림 13-9]의 파일들이 빠짐없이 추가되었는지 확인합니다. src/main/java 폴더에는 DAO 클래스와 유틸리티 클래스가 포함되어 있습니다.

src/main/webapp 폴더에는 웹 UI 처리를 위한 HTML과 JSP 파일을 포함하고 있으며, 실행에 필요한 설정 파일이나 JAR 라이브러리 파일도 함께 포함합니다.

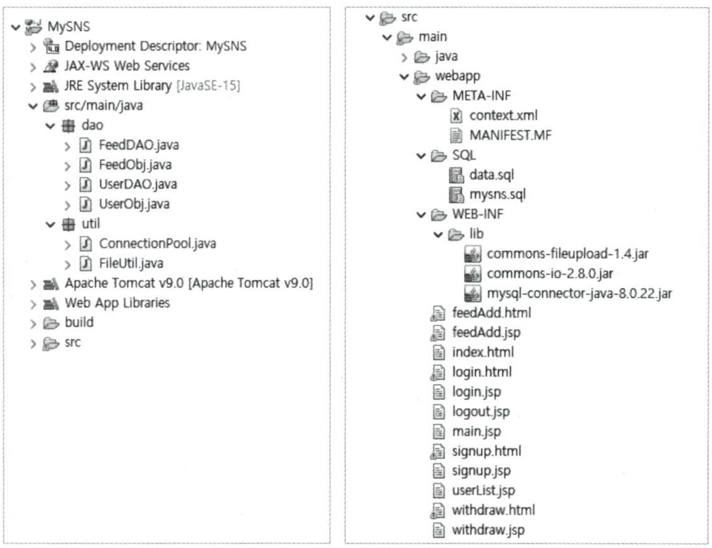

그림 13-9 프로젝트 구성

CHAPTER 14
모바일 디자인 적용

학습목표

- 모바일 앱 형태로 만들고 배포하기 위한 디자인 작업에 대해 이해한다.
- 이 장에서는 모바일 앱 디자인을 위한 CSS 요소들을 정의하는 방법을 학습한다.
- CSS 요소를 HTML 코드에 적용하는 방법을 익힌다.

01 CSS 기초

지금까지 개발된 MySNS는 데스크탑에서 운용되는 웹 페이지 형태를 지니고 있으며, 모바일 앱 형태로 만들고 배포하기 위해서는 관련 디자인 작업이 필요합니다. MySNS 프로젝트에 디자인 요소를 추가하여 완성도를 높여봅시다.

웹 페이지에 디자인을 추가하기 위해서는 CSS Cascading Style Sheet가 필요합니다. 먼저 CSS를 어떻게 정의하고, 또 어떻게 태그에 적용하는지 살펴봅시다.

CSS에서 선택자란 무엇인가요? 어떤 종류가 있나요?

하나의 CSS 코드 블록은 선택자Selector와 속성 블록으로 구성됩니다. 선택자는 태그를 선택하기 위한 이름에 해당하며, 속성 블록은 선택된 태그의 스타일을 지정하기 위한 속성들의 집합으로 볼 수 있습니다. 예를 들어 id 속성 값이 content로 정의된 HTML 태그가 있다고 가정해 봅시다. 해당 태그의 배경을 빨간색으로 지정하기 위한 CSS 코드는 다음과 같이 정의할 수 있습니다.

```
<style>
#content { background-color: red; }
</style>
```

CSS 코드는 <style> 태그 안에 정의되며, <style> 태그는 HTML 파일에서 <head> 태그 내에 포함될 수 있습니다. CSS를 이용할 때 가장 우선적으로 고려되어야 할 사항은 CSS 스타일이 적용될 태그를 어떻게 선택하느냐와 관련된 문제입니다. 이와 관련하여 CSS에서 자주 이용되는 선택자 유형은 다음과 같습니다.

- **전체 선택자(*)** : HTML 파일 내의 모든 태그를 선택합니다.
- **태그 선택자** : 특정 종류의 태그를 선택합니다.
- **아이디 선택자(#)** : 특정 id 속성 값을 지닌 태그를 선택합니다.
- **클래스 선택자(.)** : 특정 class 이름을 지닌 태그들을 선택합니다.

전체 선택자는 HTML 파일 내의 모든 태그에 스타일을 공통으로 정의하기 위해 이용됩니다. 다음 CSS 코드는 모든 태그의 디폴트 글자 크기를 16px로 설정합니다.

```
* { font-size: 16px; }
```

태그 선택자는 특정 종류의 태그에 스타일을 지정하기 위해 이용됩니다. 다음 CSS 코드는 페이지 내의 모든 input 태그의 높이를 50px로 설정합니다.

```
input { height: 50px; }
```

아이디 선택자는 특정 id 속성 값을 지닌 태그에 스타일을 지정하기 위해 이용됩니다. 아이디 선택자는 id 속성 이름에 '#'을 붙인 형태로 정의됩니다. 예를 들어, login.html에서는 패스워드를 입력받기 위한 〈input〉 태그의 id 속성 값을 ps로 정의한 바 있습니다. 따라서 로그인 화면에서 패스워드 입력 창의 글자색만 빨간색으로 변경하고 싶을 경우, 다음 CSS 코드를 login.html의 〈head〉 태그 내에 추가할 수 있습니다.

```
<style>
#ps { color: red; }
</style>
```

클래스 선택자는 특정 class 속성 값을 지닌 태그에 스타일을 지정하기 위해 이용됩니다. 아이디 선택자의 경우 유일하게 식별되는 태그에 스타일을 정의하기 위해 이용됩니다. 이에 반해 일부 스타일은 여러 태그에 공통으로 적용될 수 있도록 정의할 필요가 있습니다. 클래스 선택자는 이러한 목적을 위해 이용되며, 태그의 class 속성 이름에 '.'을 붙인 형태로 정의됩니다. 예를 들어 로그인 화면에서 아이디 창과 패스워드 창의 글자색을 모두 빨간색으로 변경해 봅시다. 이를 위해 〈style〉 태그에 아래와 같이 red 클래스를 정의할 수 있습니다.

```
<style>
.red { color: red; }
</style>
```

login.html의 아이디 창과 패스워드 창의 〈input〉 태그에는 다음 코드와 같이 class 속성 값을 'red'로 추가합니다.

```
<input type="text" id="id" class="red" placeholder="Email address" required>
 ...
<input type="password" id="ps" class="red" required>
```

이 코드의 실행 결과는 [그림 14-1]과 같습니다. 로그인 화면의 아이디와 패스워드 창의 글자가 빨간색으로 변경된 것을 볼 수 있습니다.

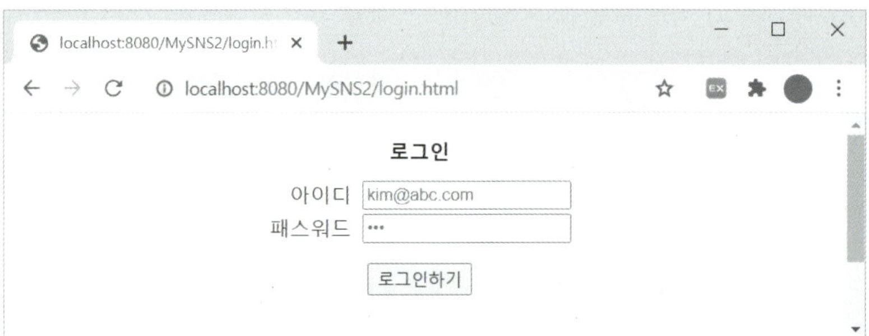

그림 14-1 입력 텍스트 컬러 변경

이제 CSS에서 스타일 정의를 위해 이용될 수 있는 속성들에 대해 알아보겠습니다.

태그의 여백을 정의하기 위한 CSS 속성들은 어떤 것들이 있나요?

먼저 태그의 여백을 정의하기 위한 margin, padding, border 등의 속성에 대해 살펴봅시다.

- **border** : 태그의 테두리 선을 나타내며, 테두리의 굵기, 색상, 종류(실선, 점선) 등을 설정할 수 있습니다.
- **padding** : 테두리 선과 (글자 등의) 태그 내 컨텐츠 사이의 두께를 지정합니다.
- **margin** : 테두리 선과 다른 태그와의 간격을 지정합니다.

[그림 14-2]는 margin, padding, border 속성의 위치를 나타냅니다.

그림 14-2 margin, padding, border 속성

margin, padding, border 값은 3가지 방법으로 설정될 수 있습니다. 예를 들어 값이 하나만 주어질 경우는 상하좌우 크기 모두 동일하게 적용됩니다. 다음 코드에서는 padding 속성 값을 상하좌우 크기 모두 10px로 동일하게 적용합니다.

```
.pad-10 { padding: 10px; }
```

상하좌우 크기를 따로 지정하려면 4개의 파라미터를 이용할 수 있습니다. 4개의 값이 주어질 경우, 차례로 위, 오른쪽, 아래, 왼쪽 순으로, 위를 기준으로 시계 방향으로 각각의 크기를 나타냅니다. 예를 들어 다음 구문은 위, 오른쪽, 아래, 왼쪽의 padding 값을 각각 0px 16px 0px 16px로 설정합니다.

```
.pad-16 { padding: 0px 16px 0px 16px; }
```

이와 같이 상하와 좌우의 크기가 같을 경우, 2개의 파라미터를 이용하여 조금 더 간략한 방식으로 표현할 수도 있습니다. 다음은 상하 값은 0px, 좌우 값은 16px로 padding 속성 값을 정의합니다.

```
.pad-16 { padding: 0px 16px; }
```

margin, padding, border 값은 상하좌우 값을 구체적으로 나타내기 위해 top, bottom, left, right를 속성 이름에 함께 명기할 수 있습니다. 예를 들어, 태그의 왼쪽 영역에 padding 값을 10으로 설정하려면 다음과 같이 정의할 수 있습니다.

```
.pleft-10 { padding-left: 10px; }
```

pad-16 클래스는 다음과 같은 형태로 나타낼 수도 있습니다.

```
.pad-16 {
    padding-top: 0px;
    padding-right: 16px;
    padding-bottom: 0px;
    padding-left: 16px;
}
```

이외에 CSS에서 자주 이용되는 속성들을 정리하면 [표 14-1]과 같습니다. 이 장에서는 해당 속성들이 MySNS에 어떻게 적용될 수 있는지 보여줍니다.

표 14-1 CSS에서 자주 이용되는 속성

분류	속성	설명
크기 및 영역	width	태그의 너비를 설정합니다. 디폴트 단위는 px입니다.
	height	태그의 높이를 설정합니다. 디폴트 단위는 px입니다.
	margin	테두리 선 바깥 영역의 두께를 지정합니다. 디폴트 단위는 px입니다.
	padding	테두리 선 안쪽 영역의 두께를 지정합니다. 디폴트 단위는 px입니다.
	border	테두리의 스타일을 나타냅니다. 굵기, 색상, 종류(실선, 점선) 등을 함께 지정할 수 있습니다.
색상	color	글자 색상을 지정합니다. 색상을 나타내는 영단어 외에 RGB값을 16진수 형태로 설정할 수 있습니다.
	background-color	배경 색상을 지정합니다. 색상을 나타내는 영단어 외에 RGB값을 16진수 형태로 설정할 수 있습니다.
텍스트 503	font-size	글자 크기를 지정합니다. 디폴트 단위는 px이며, 상대적인 배율로 나타내기 위해 em 단위도 많이 이용됩니다.
	font-family	폰트 종류를 지정합니다. 지정한 폰트가 시스템에 없을 때를 대비해 여러 개의 폰트를 지정할 수 있습니다.
	font-weight	폰트의 두께를 지정합니다. bold 등의 키워드를 이용하거나 픽셀 크기로도 지정할 수 있습니다.
	text-align	텍스트를 수평으로 정렬하기 위한 방법을 정의합니다. left, center, right를 값으로 설정할 수 있습니다.
	line-height	텍스트 영역의 높이를 설정합니다. 지정된 크기의 영역에서 텍스트는 세로 가운데 정렬됩니다.

02 공통 CSS 요소

지금까지의 내용을 바탕으로 MySNS 페이지 디자인에 공통으로 이용될 CSS 요소들을 정의해 봅시다. [그림 14-3]는 MySNS 페이지 디자인에 적용될 공통 CSS 요소들을 보여줍니다. 예를 들어 로그인 페이지의 경우, 헤더Header, 바디Body, 푸터Footer를 포함한 세 영역으로 구분될 수 있습니다. 이들 영역은 로그인 페이지 뿐 아니라 회원가입이나 탈퇴 등의 페이지에서도 동일한 스타일로 적용될 수 있습니다.

이외에 바디 영역 내의 태그들에 대한 공통 디자인도 필요합니다. 예를 들어 사용자 입력을 받아들이기 위한 <input> 태그는 로그인 화면 뿐 아니라 회원가입이나 탈퇴 화면에서도 동일한 스타일이 적용되어야 합니다. [로그인하기]나 [회원가입하기] 버튼 역시 마찬가지입니다. 따라서 이들 스타일을 공통으로 적용하기 위한 CSS 파일을 만들고, 이를 여러 HTML 페이지에서 공유할 수 있도록 구성해야 합니다.

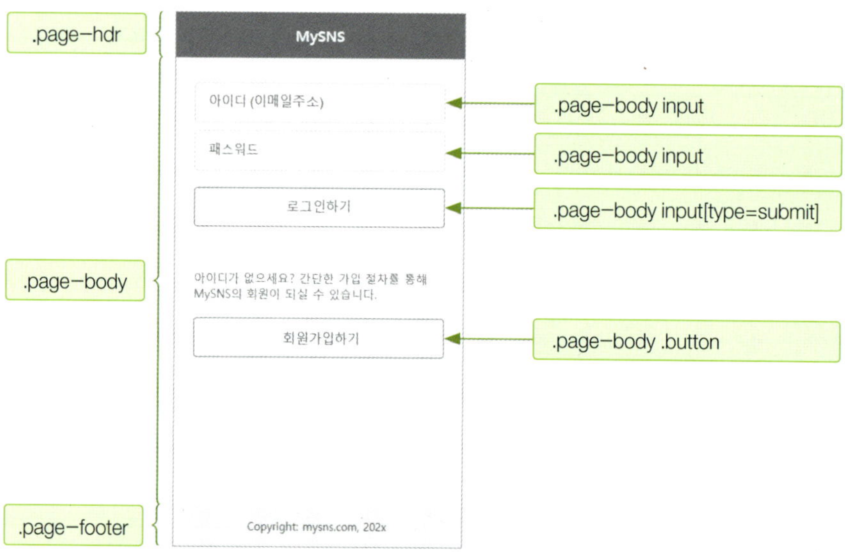

그림 14-3 공통 CSS 요소

[그림 14-3]에서는 헤더, 바디, 푸터 영역에 대한 스타일 정의에 필요한 선택자 이름을 각각 page-hdr, page-body, page-footer로 지정하였습니다. 그리고 〈input〉 태그의 경우, 바디 영역에 속한 〈input〉으로 스타일 적용 영역을 한정시키기 위해 선택자 이름을 '.page-hdr input'으로 정의하였습니다. 버튼 역시 같은 방법으로 선택자를 정의하였습니다.

1 page-hdr 영역

```
.page-hdr {
    z-index: 10;
    position: fixed;
    left: 0px; top: 0px;
    width: 100%; height: 54px;
    line-height: 54px;
    text-align: center;
    font-size: 1.1em;
    font-weight: bold;
    background-color: #FF4023;
    color: white;
}
```

z-index 속성은 디스플레이 순서를 나타냅니다. 디폴트 값은 0이며, 0보다 큰 값을 설정할 경우 다른 영역에 비해 우선해서 보여줍니다. **position 속성**은 디스플레이 방식을 나타내며, fixed로 정의될 경우 스크롤에 상관없이 화면의 특정 위치에 고정시켜 보여줍니다. fixed 영역의 위치는 top, bottom, left, right 속성 값을 이용해 정의할 수 있으며, 위 정의에서는 left와 top을 0px로 주었으므로 화면 상단에 영역이 고정됩니다. 그리고 **width와 height 속성** 값을 100%와 54px로 각각 설정함으로써, page-hdr 영역이 페이지 너비와 54px의 높이를 가지도록 합니다.

line-height 속성은 텍스트의 높이를 정의하는 동시에 텍스트가 해당 영역 내에서 수직 중앙 정렬되도록 합니다. 그리고 **text-align 속성**을 center로 정의할 경우, 텍스트는 수평 중앙 정렬됩니다. 따라서 이들 두 속성을 통해 헤더 텍스트가 page-hdr 영역의 가운데 위치하도록 구성합니다. 헤더 텍스트의 글자 크기는 디폴트 값보다 10% 크게 출력될 수 있도록 1.1em으로 정의하였으며, **font-weight 속성**을 bold로 정의하여 굵은 글씨체로 출력되도록 구성하였습니다.

TIP em 단위는 CSS에서 배수의 형태로 상대적 크기를 나타내기 위해 이용됩니다.

background-color 속성은 #FF4023으로 설정하였으며, 이는 RGB 컬러 값을 16진수로 표현한 값입니다. #FF4023은 빨간색에 가까운 오렌지색을 나타냅니다. 그리고 color 속성 값을 white로 정의하여 헤더 텍스트를 흰색으로 출력합니다.

2 page-footer 영역

```
.page-footer {
    z-index: 10;
    position: fixed;
    left: 0px; bottom: 0px;
    width: 100%; height: 50px;
    line-height: 50px;
    text-align: center;
    font-size: 0.85em;
    background-color: #f6f6f6;
    color: #666;
}
```

page-footer 영역의 스타일은 page-hdr와 유사합니다. page-footer 역시 position 속성을 fixed로 정의하여 영역을 화면에 고정시킵니다. 차이점은 위치와 크기가 다르다는 점입니다. footer의 경우 bottom 속성에 0px 값을 설정함으로써 화면 하단에 영역을 고정시키며, 높이를 50px로 설정하였습니다. height 속성이 50px이므로 line-height 속성도 동일한 크기로 설정하였으며, 폰트의 크기는 0.85em으로 다소 작게 설정하였습니다. 배경색과 글자색은 각각 #f6f6f6와 #666으로 정의하여, 흰색에 가까운 회색과 어두운 회색톤으로 설정하였습니다.

NOTE RGB 값을 나타낼 때 16진수 6자리 형태로 정의하는 것이 일반적이나, color 속성 값과 같이 3자리 형태로 간단히 표현할 수도 있습니다. 6자리로 정의할 경우 색의 강도가 0~255로 나뉘어 세밀하게 표현되던 것에 비해, 3자리로 정의할 경우 색의 강도는 0~15 사이의 값으로 다소 단순하게 표현됩니다.

3 page-body 영역

```
.page-body {
    float: left;
    width: 100%;
    padding-top: 54px;
}
```

float 속성을 left로 설정하여 영역이 왼쪽에 위치하도록 하며, width 속성을 100%로 정의하여 영역의 너비가 페이지 너비와 동일하게 유지되도록 구성합니다. 그리고 padding-top 속성을 54px로 설정합니다. 그 이유는 page-hdr 영역의 높이가 54px로 설정되었으므로, page-hdr 아래에 page-body 영역을 위치시키기 위함입니다.

3.1 page-body 내의 〈input〉 태그

```
.page-body input {
    float: left;
    width: 100%;
    padding: 0 16px;
    box-sizing: border-box;
    line-height: 46px;
    font-size: 1.0em;
    border: 1px solid #ddd;
    border-radius: 4px;
    outline: none;
}
```

float와 width 속성 값을 left와 100%로 설정함으로써, page-body 영역에서 input 태그가 하나의 독립된 행을 차지하도록 구성합니다.

TIP 'float: left; width: 100%;' 구문은 하나의 독립된 행으로 영역을 구성하기 위해 자주 활용되므로 기억해 둘 필요가 있습니다.

padding 속성을 이용하여 〈input〉 태그의 경계선과 입력 글자 사이에 좌우 여백을 16px 너비로 설정합니다. 그리고 line-height을 46px로 정의하여 〈input〉 태그의 높이가 46px의 크기를 지니는 동시에, 입력 글자가 태그 내에서 수직 중앙으로 정렬될 수 있도록 구성합니다.

다음으로 box-sizing 속성을 border-box로 정의할 경우, border나 padding 속성에 정의된 두께 값을 width 속성에 포함시켜 계산합니다. 해당 속성을 정의하지 않을 경우, width 속성 값으로 정의된 100% 이외에 좌우 padding 크기인 32px이 더해져 한 행의 크기를 넘어가게 됩니다. 이 경우 입력 창의 크기가 페이지 영역 밖으로 벗어나게 되어 미관상 좋지 않습니다.

border 속성은 〈input〉 태그의 경계선을 정의합니다. 첫 번째 파라미터는 경계선의 폭을, 두 번째 파라미터는 선의 종류를 나타냅니다. solid는 실선을 나타내며, dashed를 이용하면 점선 표현이 가능합니다. 세 번째 파라미터는 선의 색상을 의미하며, #ddd는 밝은 회색을 나타냅니다. border-radius 속성은 경계선의 모서리를 둥글게 표현하기 위해 이용하며, 이 코드에서는 반지름이 4px 크기의 원의 형태로 모서리를 나타냅니다. outline 속성 값을 none으로 설정한 이유는 〈input〉 태그가 가진 고유의 경계선을 표시하지 않도록 강제하기 위함입니다.

3.2 Submit 버튼

Submit 버튼은 버튼 형태로 출력되므로, 이들에 대한 스타일을 추가적으로 정의할 필요가 있습니다. 기본적으로 〈input〉 태그로 만든 UI이므로, 앞서 소개한 〈input〉 태그의 스타일에 중첩되어 적용됩니다.

```
.page-body input[type=submit] {
    background-color: white;
    color: #D44010;
    border: 1px solid #D44010;
}
```

Submit 버튼의 경우 배경색과 글자색, 경계선의 스타일이 기존의 〈input〉 태그에 비해 달라집니다. 배경색은 흰색으로 정의되며, 글자색은 #D44010으로 정의되어 빨강에 가까운 오렌지 색으로 설정됩니다. 경계선도 동일한 색으로 설정됩니다.

3.3 〈Button〉 태그

〈button〉 클래스 역시 위에서 정의한 Submit 버튼의 스타일과 동일하게 적용됩니다. 이는 〈input〉 태그의 스타일과 Submit 버튼의 스타일을 하나로 합친 형태로, 다음과 같이 정의할 수 있습니다.

```
.page-body .button {
    float: left;
    width: 100%;
    padding: 0 16px;
    box-sizing: border-box;
    line-height: 46px;
    text-align: center;
    background-color: white;
    color: #D44010;
    border: 1px solid #D44010;
    border-radius: 4px;
}
```

4 CSS 적용

core.css는 지금까지 소개한 선택자들에 대한 속성 정의를 포함한 CSS 파일입니다. 선택자에 대한 코드를 추가하기에 앞서, core.css에서는 먼저 태그 영역 및 크기를 지정하는데 필요한 CSS 코드를 다음과 같이 포함합니다.

MySNS2/css/core.css

```
.section {
    float: left;
    width: 100%;
    box-sizing: border-box;
}
.pad-16 { padding: 0 16px; }
.pad-24 { padding: 0 24px; }
.pad-32 { padding: 0 32px; }
```

```
09
10 .mtop-10 { margin-top: 10px; }
11 .mtop-20 { margin-top: 20px; }
12 .mtop-30 { margin-top: 30px; }
13
14 .mbot-10 { margin-bottom: 10px; }
15 .mbot-20 { margin-bottom: 20px; }
16 .mbot-30 { margin-bottom: 30px; }
17
18 body {
19     height: 100%;
20     margin: 0px; padding: 0px;
21     background-color: white;
22     font-size: 16px;
23     font-family: 'Malgun Gothic', 'Arial';
24 }
... ...
```

01~05행 : section 클래스는 float 속성과 width 속성을 이용하여, 페이지 구성에 있어 행 단위로 특정 영역을 표현하고자 할 때 이용합니다. box-sizing 속성 값을 border-box로 설정하여 border나 padding 속성을 section 클래스와 함께 정의할 경우, section의 너비에 포함되도록 구성합니다.

06~08행 : pad-16 클래스는 주어진 영역 좌우의 padding 속성 값을 16px로 정의합니다. pad-24와 pad-32 클래스 역시 동일한 방법으로 적용됩니다. 예를 들어, [그림 14-2]의 page-body 영역에서 아이디와 패스워드 창은 section 클래스와 pad-24 클래스를 함께 적용하여 하나의 행을 차지하는 동시에 좌우로 24px 크기만큼 여백을 가지도록 구성할 수 있습니다.

10~12행 : mtop-10 클래스는 영역 상단의 margin 속성 값을 10px로 정의합니다. mtop-20 및 mtop-30 클래스 역시 동일한 방법으로 적용됩니다. 예를 들어, [그림 14-2]의 page-body 영역에서 아이디 창은 section과 mtop-30 클래스를 함께 적용하여 하나의 행을 차지하는 동시에 page-hdr로부터 30px 크기만큼 여백을 가지도록 구성할 수 있습니다.

14~16행 : mbot-10 클래스는 영역 하단의 margin 속성 값을 10px로 정의합니다. mbot-20 및 mbot-30 클래스 역시 동일한 방법으로 적용됩니다.

18~24행 : body 태그의 스타일을 정의합니다. body 태그는 원래 margin 속성 값을 8px로 유지하므

로 별도의 설정이 없을 경우 상하좌우에 8px만큼 공백이 생깁니다. 이러한 공백들을 없애주기 위해 margin과 padding 속성 값을 0px로 초기화해줍니다. 폰트 종류를 설정하기 위해 맑은 고딕과 Arial 글자체를 차례로 나열하였습니다. 이는 맑은 고딕체가 시스템에 존재할 경우 이를 이용하며, 그렇지 않을 경우 차선책으로 Arial 글자체를 이용할 것을 알려줍니다. Arial이 없을 경우, 브라우저가 지정한 디폴트 글씨체가 이용됩니다.

core.css의 나머지 부분은 위에서 설명한 page-hdr, page-body, page-footer 등의 영역에 대한 스타일을 정의합니다.

MySNS2/css/core.css

```
...
.page-hdr {
    z-index: 10;
    position: fixed;
    left: 0; top: 0;
    width: 100%; height: 54px;
    line-height: 54px;
    text-align: center;
    font-size: 1.1em;
    font-weight: bold;
    background-color: #FF4023;
    color: white;
}
.page-footer {
    z-index: 10;
    position: fixed;
    left: 0px; bottom: 0px;
    width: 100%; height: 50px;
    line-height: 50px;
    text-align: center;
    font-size: 0.85em;
    background-color: #f6f6f6;
    color: #666;
}
.page-body {
    float: left;
```

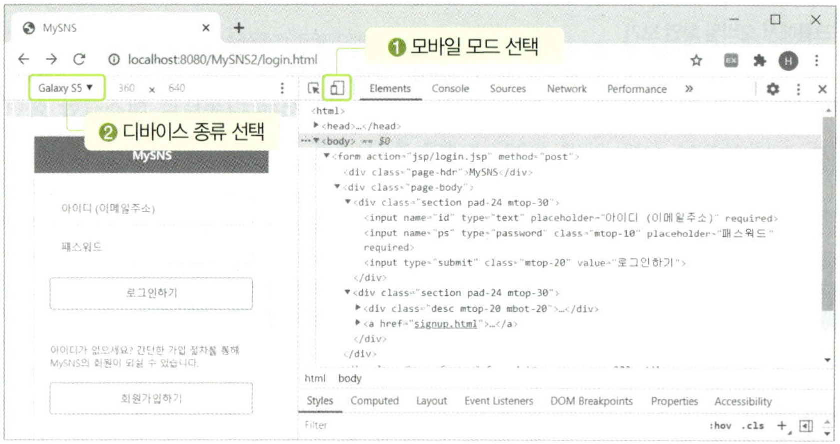

2 회원가입 및 탈퇴

회원가입 및 탈퇴 화면 역시 core.css를 이용하여 [그림 14-5]와 같이 모바일 디자인을 적용할 수 있습니다. 적용 과정 및 방법은 지금까지 설명한 내용과 크게 다르지 않으므로, 관련 설명은 생략합니다.

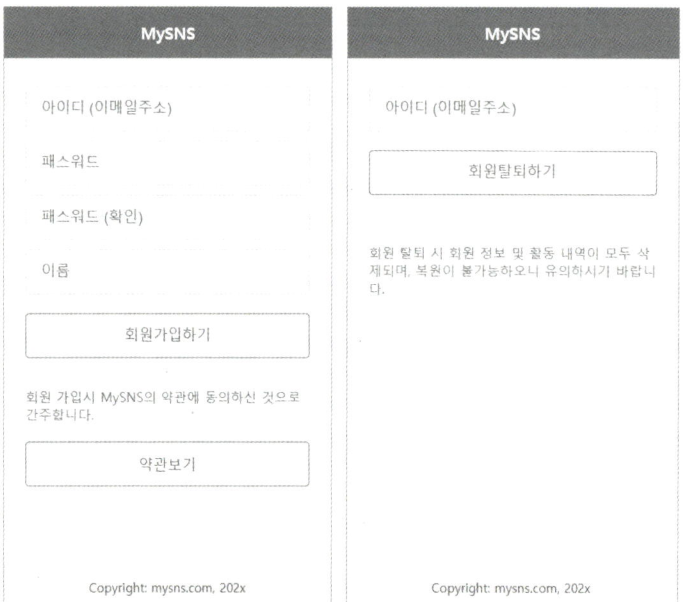

그림 14-5 회원가입 및 탈퇴 페이지

3 글작성

main.jsp에서 글쓰기 버튼이 클릭될 때 나타나는 글작성 페이지(feedAdd.html) 역시 core.css를 이용하여 모바일 디자인을 적용할 수 있습니다. 이를 위해 feedAdd.html의 〈head〉 태그에는 login.html과 마찬가지로 〈meta〉, 〈link〉, 〈style〉 등의 태그를 포함하여 수정될 수 있습니다. 단, 글작성 페이지의 경우, [그림 14-5]와 같이 여러 줄의 텍스트를 입력받기 위한 〈textarea〉 태그와 이미지 파일을 선택받기 위한 〈input type="file"〉 태그 등이 부가적으로 이용됩니다. 따라서 〈style〉 태그에서 관련 스타일을 정의하기 위한 CSS 요소들이 포함됩니다.

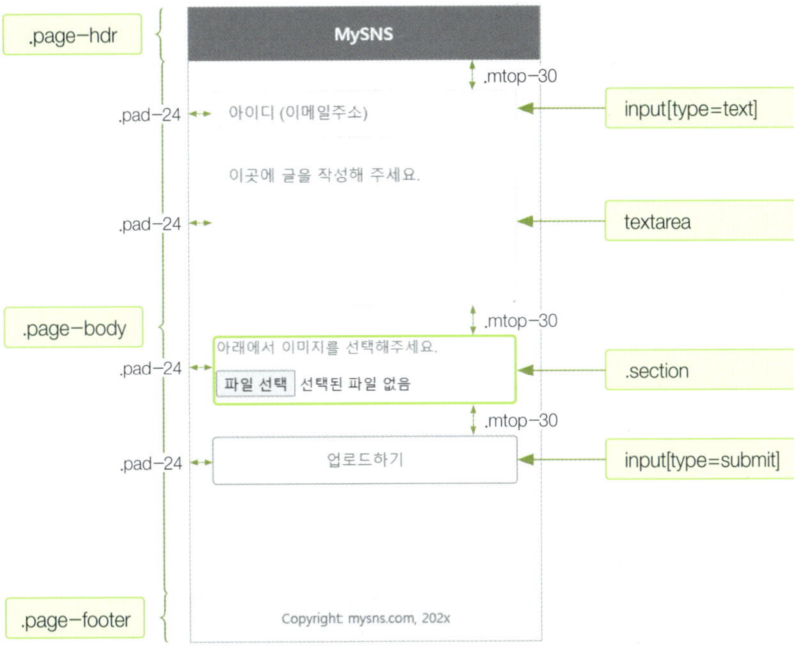

그림 14-6 글작성 페이지의 영역 정의

다음은 모바일 디자인 적용을 위한 feedAdd.html의 〈head〉 태그 내의 구현 코드를 보여줍니다.

MySNS2/feedAdd.html

```
<html>
<head>
<meta name=viewport content="width=device-width, initial-scale=1,
user-scalable=0">
```

```
04 <meta charset="utf-8" />
05 <link rel="stylesheet" href="css/core.css">
06 <title>MySNS</title>
07 <style>
08 .pad-4 { padding: 0 4px; }
09 textarea {
10     float: left;
11     width: 100%;
12     height: 160px;
13     padding: 16px;
14     box-sizing: border-box;
15     font-size: 1.0em;
16     font-family: 'Malgun Gothic', 'Arial';
17     border: 1px solid #ddd;
18     border-radius: 4px;
19     outline: none;
20 }
21 input[type=file] {
22     padding: 0px;
23     border: none;
24     outline: none;
25     font-size: 0.95em;
26 }
27 .desc {
28     float: left;
29     width: 100%;
30     margin-bottom: 5px;
31     font-size: 0.95em;
32     color: #888;
33 }
34 </style>
35 </head>
... ...
```

08행 : pad-4 클래스를 정의합니다. section의 양옆에 미세하게 공백을 만들기 위해 이용되며, 이미지 선택 관련 설명글과 버튼을 출력할 때 이용됩니다.

09~20행 : 여러 줄의 작성글 텍스트를 입력받기 위한 textarea 태그의 스타일을 정의합니다. 입력 창의 너비와 높이를 각각 100%, 160px로 설정하며, padding 속성을 통해 입력 창 내부에 16px 크기의 여백을 만듭니다. 글자 크기는 디폴트 사이즈와 동일하게 설정되며, 맑은 고딕체, Arial체 순서로 폰트 종류를 설정합니다. outline 속성 값을 none으로 설정하여 태그가 지닌 고유의 경계선을 보이지 않도록 수정합니다. 그리고 border 속성을 이용하여 밝은 회색톤으로 경계선을 출력하며, 모서리를 4px 크기로 둥글게 만듭니다.

21~26행 : 파일 선택 창의 스타일을 정의합니다. border와 outline 속성 값을 none으로 설정하여 태그가 지닌 디폴트 경계선을 보이지 않도록 수정하고, 글자 크기를 디폴트의 95% 수준으로 약간 작게 설정합니다.

27~33행 : 설명글에 대한 스타일을 정의합니다. 한 행을 모두 차지하며, 글자는 디폴트 크기의 95% 수준으로 회색 톤으로 출력합니다. 태그 하단에 5px 정도 여백을 만듭니다.

다음 코드는 [그림 14-5]의 화면 디자인을 글작성 페이지에 적용하기 위한 feedAdd.html의 〈body〉 구현을 보여줍니다. 〈body〉는 page-hdr, page-body, page-footer 영역으로 구성되며, page-body 영역은 작성글, 이미지 선택, 업로드 버튼 영역을 포함합니다. 기존 코드에서는 〈table〉 태그를 이용하여 입력 양식을 정렬한 반면 수정된 코드에서는 〈div〉 태그와 CSS 요소들을 이용하여 디자인을 구현합니다.

MySNS2/feedAdd.html

```
<body>
<form action="jsp/feedAdd.jsp" method="post" enctype="multipart/form-data">
  <div class="page-hdr">MySNS</div>
  <div class="page-body">
      <div class="section pad-24 mtop-30">
          <input name="id" type="text" placeholder="아이디 (이메일주소)">
          <textarea name="content" class="mtop-10" placeholder="이곳에 글을 작성해 주세요."> </textarea>
      <div class="section pad-4 mtop-30">
          <div class="desc">아래에서 이미지를 선택해주세요.</div>
          <input type="file" name="image">
      </div>
          <input type="submit" class="mtop-30" value="업로드하기">
      </div>
```

```
    </div>
    <div class="page-footer">Copyright: mysns.com, 202x</div>
</form>
</body>
</html>
```

메인 화면에 대한 모바일 디자인 적용 방법은 다음 장에서 소개합니다.

요약

01 CSS의 선택자

- **전체 선택자(*)** : HTML 파일 내의 모든 태그를 선택

```
* { font-size: 16px; }
```

- **태그 선택자** : 특정 종류의 태그를 선택

```
input { height: 50px; }
```

- **아이디 선택자(#)** : 특정 id 속성 값을 지닌 태그를 선택

```
<style>
#ps { color: red; }
</style>
```

- **클래스 선택자(.)** : 특정 class 이름을 지닌 태그들을 선택

```
<style>
.red { color: red; }
</style>
```

02 태그의 여백을 정의하기 위한 CSS 속성

- **border** : 태그의 테두리 선을 나타내며, 테두리의 굵기, 색상, 종류(실선, 점선) 등을 설정할 수 있습니다.
- **padding** : 테두리 선과 (글자 등의) 태그 내 컨텐츠 사이의 두께를 지정합니다.
- **margin** : 테두리 선과 다른 태그와의 간격을 지정합니다.

연습문제

01 다음 중 CSS 선택자가 아닌 것은 무엇인가요?

① 전체 선택자 ② 태그 선택자

③ 아이디 선택자 ④ 객체 선택자

02 아이디가 name인 태그의 높이를 50px로 설정하기 위한 CSS 코드를 작성해 주세요.

03 클래스 이름이 blue인 모든 태그의 글자색을 파란색으로 설정하기 위한 CSS 코드를 작성해 주세요.

04 다음 코드에서 box 클래스로 정의된 태그의 너비는 몇 px인가요?

```
<html>
<head>
<style>
.box {
    width: 100px;
    padding: 10px 16px;
    border: 1px solid #888;
}
</style>
</head>
<body><div class="box">Hello</div></body>
</html>
```

05 다음 코드에서 box 클래스로 정의된 태그의 너비는 몇 px인가요?

```
<html>
<head>
<style>
.box {
    width: 100px;
    margin: 8px;
    padding: 10px 16px;
    border: 1px solid #888;
    box-sizing: border-box;
}
</style>
</head>
<body><div class="box">Hello</div></body>
</html>
```

06 다음 코드에서 section 클래스로 정의된 태그가 하나의 행을 모두 차지하기 위해, section에 정의되어야 할 CSS 속성들은 무엇인가요?

```
<html>
<head>
<style>
.section {
    /* Define CSS properties here ... */
}
</style>
</head>
<body><div class="section">Hello</div></body>
</html>
```

07 텍스트를 수직-중앙 정렬하기 위해 이용되는 CSS 속성은 무엇인가요?

08 웹 페이지를 모바일 화면 형태로 출력하기 위해 〈head〉 태그에 포함되어야 할 태그와 속성들은 어떤 것들이 있나요?

09 헤더의 배경색과 버튼의 테두리 및 글자 색깔을 파란색(#36D)으로 동일하게 변경될 수 있도록 core.css를 수정해 주세요.

10 core.css를 이용하여 회원가입 화면이 [그림 14-4]의 왼쪽 그림과 같이 출력될 수 있도록 signup.html을 수정해 주세요.

11 core.css를 이용하여 회원탈퇴 화면이 [그림 14-4]의 오른쪽 그림과 같이 출력될 수 있도록 withdraw.html을 수정해 주세요.

CHAPTER 15
AJAX

학습목표

- MVC 패턴과 AJAX 기반 개발 방법 간의 차이점을 이해한다.
- jQuery.ajax() 함수의 활용 방법을 익힌다.

01 웹 서비스의 처리 구조

JSP 기반의 전통적인 웹 서비스는 일반적으로 MVCModel–View–Controller 패턴을 기반으로 구현되어 왔습니다. MVC 패턴에서 JSP는 사용자 요청에 대한 결과 페이지를 생성하기 위해 필요한 대부분의 역할을 수행합니다. 이와 같이 MVC 패턴은 서버 중심의 처리 방식으로 볼 수 있으며, 사용자가 많아질 경우 서버에 부하가 집중되는 문제점이 있습니다.

이러한 문제점은 페이스북 등의 SNS가 등장하면서 더욱 현실화되었습니다. SNS 서버에는 동시 접속자 수가 10만 명이 넘어가는 경우가 일반적인 상황이라 할 수 있습니다. 따라서 서버의 부하를 줄이기 위해 서버에서 이루어지던 일을 클라이언트로 이관하기 위한 다양한 기술들이 소개되고 현업에 적용되고 있습니다. 그 중 AJAX와 JSON이 핵심적인 역할을 수행하게 됩니다. 이 장에서는 AJAX의 동작 원리와 활용 방법에 대해 먼저 소개합니다.

MVC 패턴이란 무엇인가요? 동적 웹 프로그래밍에 적용할 때 어떤 문제점이 있을 수 있나요?

MVC 패턴은 사용자 인터페이스로부터 비즈니스 로직을 분리하여 모듈간의 결합도를 낮추기 위한 구조를 제안하고 있으며, 소프트웨어 공학에서 다루는 디자인 패턴Design Pattern 중 하나에 해당합니다. MVC는 Model, View, Controller를 의미하며, 각각의 역할은 다음과 같습니다.

- **모델(Model)** : 애플리케이션의 정보(데이터)를 나타냅니다. 사용자 요청을 처리하기 위한 로직Logic 부분에 해당하며, 사용자 입력 값을 요청에 맞게 처리하기 위한 비즈니스 로직Business Logic이나 데이터베이스에 값을 입력하고 추출하기 위한 DB 처리 로직 등으로 구성됩니다.
- **뷰(View)** : 사용자 인터페이스를 담당합니다. 사용자 입력 값을 기반으로 브라우저에 출력될 결과 HTML 페이지 생성합니다.
- **컨트롤러(Controller)** : 데이터와 비즈니스 로직 사이의 상호 동작을 관리합니다. 사용자 요청을 필터링하거나 연결 제어 등의 역할 수행합니다.

이러한 MVC 패턴은 동적 웹 프로그래밍 기술을 기반으로 웹 서비스를 구현할 때도 활용됩니다. 동적 웹 프로그래밍에서 JSP나 서블릿이 이용될 경우, 컨트롤러의 구현에는 일반적으로 서블릿이 이용되며, 모델과 뷰의 구현에는 JSP가 이용됩니다.

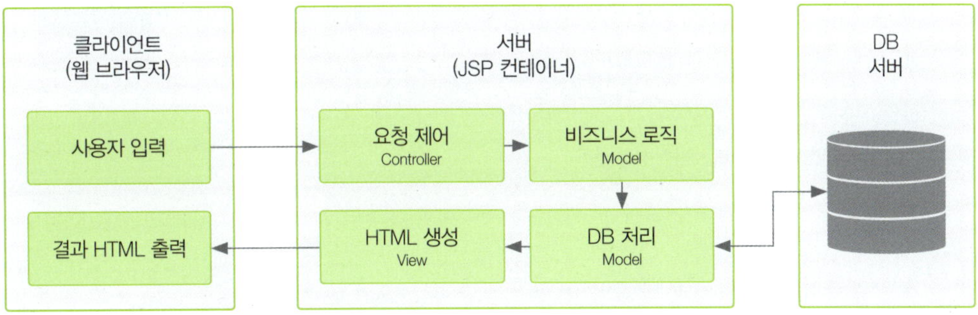

그림 15-1 MVC 패턴을 이용할 경우 웹 서비스 처리 구조

MVC 패턴을 웹 서비스 구현에 적용할 경우 문제점은 서버 측에 부하가 집중된다는 점입니다. 그 이유는 [그림 15-1]과 같이 MVC 패턴에서 비즈니스 로직을 처리하고 결과 웹 페이지를 생성하는 부분이 모두 서버 측에 위치하기 때문입니다. 예를 들어, JSP를 이용하여 결과 페이지를 생성하려면 Java 스트링 연산을 지속적으로 수행해야 하며, 연산이 호출될 때마다 할당되는 스트링으로 인해 메모리가 빠르게 소진됩니다. 이는 가비지 컬렉션Garbage Collection을 자주 발생시켜 시스템 응답 속도를 떨어뜨립니다. 서버에 접속하는 동시 사용자 수가 많을수록 문제는 더욱 심각해집니다.

SNS가 등장하면서 이러한 문제가 현실화되었습니다. 앞서 언급한 바와 같이, SNS의 경우 동시 접속자수가 만 단위를 넘는 경우가 일반적입니다. 이 경우 서버 측 프로그램에서 결과 페이지를 생성한다면 과부하로 인해 시스템이 제대로 동작하지 않게 됩니다. 이러한 문제를 해결하기 위해, 서버 측 프로그램에서 이루어지는 처리 과정을 최대한 클라이언트 측 프로그램으로 이관하기 위한 다양한 방법들이 고안됩니다. 이 책에서 소개하는 서버 측 프로그램에서는 [그림 15-2]와 같이 데이터베이스 처리와 관련한 최소한의 내용만 수행하도록 구성하고 있습니다.

이외에 비즈니스 로직과 결과 페이지 생성 부분은 모두 클라이언트에서 스크립트 언어를 이용하여 처리합니다. AJAX와 JSON은 이와 같이 클라이언트 중심의 처리 구조로 바꾸는데 있어 핵심적인 역할을 수행합니다.

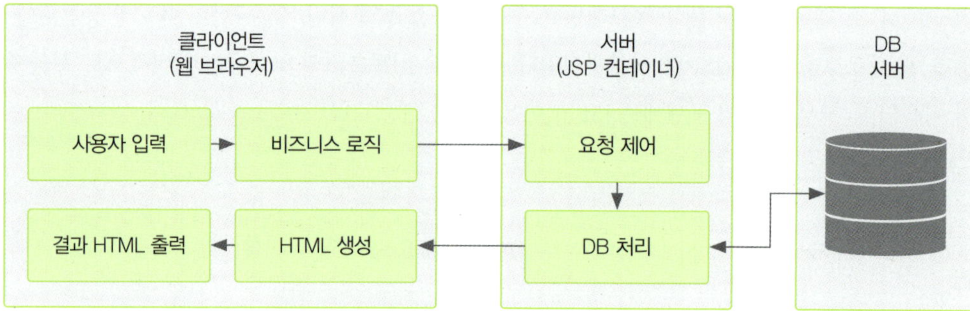

그림 15-2 클라이언트 중심의 웹 서비스 처리 구조

AJAX란 무엇인가요? 왜 필요한가요?

AJAX는 'Asynchronous Java and XML'의 약자로 Java나 XML 형식의 데이터를 비동기식으로 전송하기 위한 기술입니다. AJAX는 URL을 동일하게 유지하면서 내부적으로 여러 개의 HTTP 요청과 응답을 전송할 수 있도록 지원합니다. 이는 웹 브라우저에서 페이지를 고치지 않고도 여러 개의 HTTP 요청과 응답 전송을 가능하게 합니다.

AJAX가 서버 측 프로그램에서 이루어지는 처리 과정을 클라이언트 측 프로그램으로 이관하는 데 어떻게 이용될 수 있는지 살펴봅시다. 학번으로부터 학적 정보와 성적 정보를 함께 제공하는 학생 정보 출력 서비스를 구현한다고 가정해 봅시다. [그림 15-3]과 같이, 학적 정보와 성적 정보는 데이터베이스에서 서로 다른 테이블에 저장되며, 각각의 검색을 위한 API 역시 테이블 별로 따로 제공한다고 가정하겠습니다.

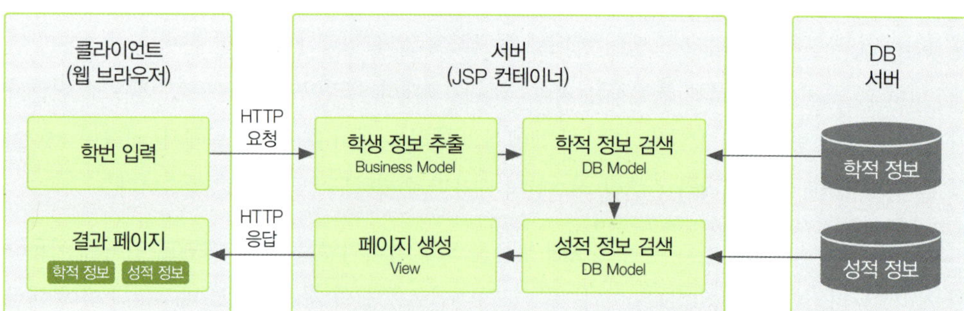

그림 15-3 MVC 패턴을 이용할 경우 학생정보 출력 서비스 처리 구조

먼저 MVC 패턴이 이용될 경우 학생정보 출력 서비스의 처리 구조를 살펴봅시다. 학적 및 성적 정보 검색 모듈은 DB 처리 모델로 볼 수 있습니다. 그리고 해당 모듈의 API를 이용하여 페이지 생성에 필요한 데이터를 추출하고 변환하는 부분은 비즈니스 로직 모델에 해당하며, 추출된 데이터로부터 결과 웹 페이지를 생성하는 부분은 뷰에 해당합니다. 따라서 MVC 패턴을 이용할 경우, [그림 15-3]과 같이 모델과 뷰가 서버에 함께 위치하며, 하나의 HTTP 요청을 통해 결과 페이지를 생성하고 전달받을 수 있습니다.

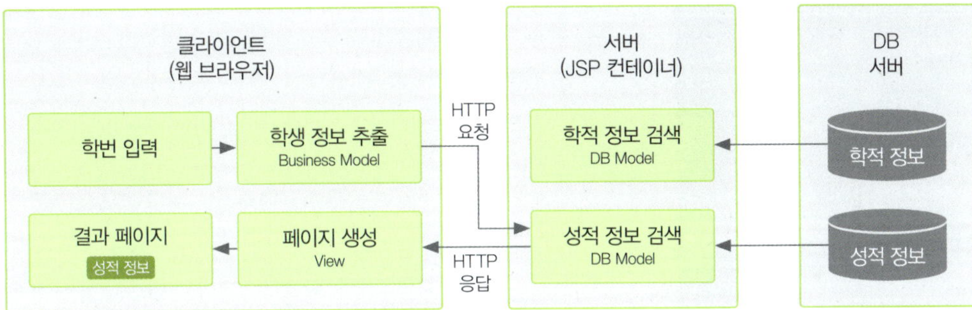

그림 15-4 비즈니스 로직과 뷰를 클라이언트로 이관할 경우 처리 과정

이제 서버의 부하를 줄이기 위해 DB 처리 부분만 서버에 남겨두고, 나머지는 클라이언트로 이동시켜 봅시다. 이 경우 결과 페이지를 생성하려면 학적 정보와 성적 정보를 서버로부터 따로 얻어와야 하며, 이를 위해 각각의 HTTP 요청을 서로 다른 URL 형태로 서버에 전송해야 합니다. 문제는 웹 브라우저에서 URL이 달라질 경우 페이지 전환이 일어나며 기존 페이지의 데이터가 사라진다는 점입니다. 예를 들어, 학적 정보 검색 결과가 먼저 전달되고 성적 정보 검색 결과가 이후에 전달된다면, 학적 정보 검색 결과는 사라집니다. 즉, 서버의 처리 순서에 따라 학적 정보나 성적 정보 둘 중 하나의 정보만 출력됩니다.

이러한 문제는 AJAX를 통해 해결될 수 있습니다. AJAX는 URL을 동일하게 유지하면서, 내부적으로 여러 개의 HTTP 요청과 응답 전송을 가능하게 합니다. 예를 들어, [그림 14-4]에서 학생 정보 추출 모듈은 먼저 학적 정보 검색을 위해 HTTP 요청을 전송합니다. 전달받은 학적 정보를 기반으로 JavaScript를 이용해 HTML 코드를 생성한 후 브라우저에 결과 페이지로 출력합니다. 동일한 방식으로, 이번에는 성적 정보 검색을 위한 HTTP 요청을 전송하고 결과를 받아옵니다. 그리고 전달받은 성적 정보를 기반으로 HTML 코드를 생성한 후 기존 결과 페이지에 추가합니니다. 이와 같이 AJAX를 이용할 경우, 페이지를 유지하면서 필요할 때마다 HTTP 요청을 통해 데이터를 받아오고 페이지를 업데이트함으로써 이와 같은 문제를 해결할 수 있습니다.

그림 15-5 AJAX를 이용한 페이지 부분 변경

AJAX는 클라이언트 중심의 처리 구조를 만드는 것 이외에, 사용자 친화적인 UI를 만들기 위한 과정에도 활용됩니다. 예를 들어, [그림 15-5]와 같이 인스타그램에서 리스트를 아래로 스크롤링하면, 페이지의 아래 부분에 로딩 아이콘과 함께 추가 데이터를 실시간으로 가져와 출력하는 모습을 볼 수 있습니다. 이러한 페이지 부분 업데이트를 구현하려면, 업데이트에 필요한 추가 데이터를 서버로부터 가져올 수 있어야 하며, 이 과정에서 AJAX가 이용됩니다.

현재 페이스북이나 인스타그램 등을 포함한 많은 모바일 응용 프로그램에서 이러한 UI를 제공하며, 빠르고 사용자 친화적인 모바일 앱을 개발하기 위해서는 AJAX에 대한 이해가 필수임을 알 수 있습니다. 이 장에서는 먼저 AJAX를 이용하여 클라이언트 중심의 처리 구조를 만드는 방법에 대해 소개합니다. 페이지 부분 업데이트 관련 UI는 작성글 리스트를 제공하는 메인 화면에서 구현할 예정이며, 16장의 JSON 설명 이후에 자세히 다루도록 하겠습니다.

02 AJAX 기초

AJAX를 이용하기 위해서는 jQuery 라이브러리의 설치가 필요합니다.

1 jQuery 설치

예제 15-1 jQuery 라이브러리 설치

1 js 폴더 생성하기 : MySNS2 프로젝트의 src/main/webapp 폴더에서 오른쪽 버튼을 눌러 [New]-[Folder]를 선택합니다. 폴더 이름을 js로 입력한 후 [Finish] 버튼을 눌러 완료합니다. 생성된 js 폴더는 JavaScript 라이브러리를 저장하기 위한 용도로 이용됩니다.

2 jQuery 라이브러리 다운받기 : jQuery 라이브러리 다운로드 사이트(http://jquery. com/download)에 접속합니다. 다운로드 페이지의 가운데 부분을 보시면 'Download the compressed, production jQuery 〈버전〉' 항목이 있습니다. 해당 항목에서 마우스 오른쪽 버튼을 누른 후 '다른 이름으로 링크 저장' 메뉴를 선택하여, 링크된 라이브러리 파일을 임의의 디렉토리에 다운받습니다. 다운로드된 파일 이름은 jquery-〈버전〉.js 형태로 구성됩니다.

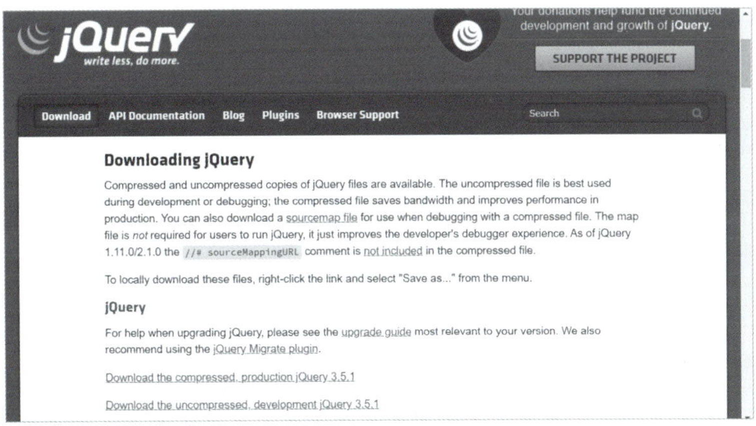

3 jQuery 라이브러리 링크하기 : 다운로드한 js 파일을 마우스로 선택한 후 MySNS2 프로젝트의 js 폴더에 끌어다 놓습니다.

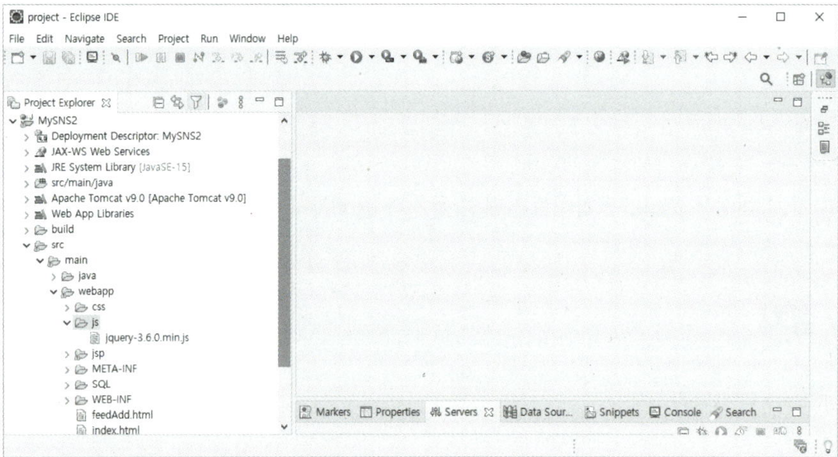

2 jQuery.ajax( )

jQuery 라이브러리에서는 ajax( )라는 함수를 통해 AJAX 기능을 이용할 수 있도록 지원합니다. ajax( ) 함수는 HTTP 요청과 응답을 수행하고 처리하기 위해 [표 15-1]과 같은 파라미터를 제공합니다.

표 15-1 ajax( ) 함수에서 자주 이용되는 파라미터

파라미터	타입	설명
url	String	AJAX를 통해 호출될 URL을 지정합니다. URL은 쿼리 스트링을 포함할 수 있습니다.
type	String	GET, POST 등 HTTP 전송 방식을 지정합니다. POST가 주로 이용됩니다.
data	String	키-값의 쌍으로 표현된 파라미터 리스트(URL의 쿼리 스트링에 해당하는 부분)를 지정합니다.
dataType	String	서버로부터 전송되는 데이터의 포맷을 정의합니다. JSON, TEXT 등이 정의될 수 있습니다.
success	Function	AJAX 호출이 성공적으로 이루어졌을 때, 서버에서 전송한 결과값을 받기 위한 함수를 정의합니다.
error	Function	AJAX 호출이 실패했을 때, 실패 원인을 알리는 에러 코드나 상태 등의 정보를 받기 위한 함수를 정의합니다.

jQuery.ajax() 함수의 입력 파라미터 중, HTTP 요청과 응답 처리에 이용되는 파라미터로는 각각 어떤 것들이 있나요? 각 파라미터는 어떤 역할을 수행하나요?

예를 들어 ajax() 함수를 이용하여 로그인 과정을 어떻게 처리할 수 있는지 살펴봅시다. login.html에서 사용자가 아이디와 패스워드를 각각 'kim@abc.com', '111'로 입력하고 로그인 버튼을 클릭할 경우, 브라우저에 의해 생성되는 URL은 다음과 같습니다.

```
MySNS2/jsp/login.jsp?id=kim@abc.com&ps=111
```

이 요청을 처리하기 위한 ajax() 함수는 다음과 같이 정의될 수 있습니다. 다음 코드는 Java Script 구문을 이용하여 작성되었으며, JavaScript 객체의 형식으로 파라미터를 입력받고 있습니다. 참고로 JavaScript에서 객체는 중괄호로 표현되며, 여러 개의 이름-값 쌍이 쉼표로 연결됩니다.

```
jQuery.ajax({
    url: "MySNS2/jsp/login.jsp?id=kim@abc.com&ps=111",
    type: "post",
    dataType: "text",
    success: function(msg) {
        alert(msg)
    },
});
```

이 함수 호출에서 이용된 4개의 입력 파라미터 중, url과 type은 HTTP 요청과 관련이 있으며, dataType과 success는 HTTP 응답과 관련이 있습니다.

- **url** : 서버로 전달될 URL을 텍스트 형태로 정의합니다.
- **type** : HTTP 요청 메시지의 전송 방식을 지정합니다.
- **dataType** : 서버로부터 전달되는 결과 데이터의 포맷을 지정합니다. 'text'로 지정될 경우, 서버의 처리 결과가 텍스트 형식으로 전달됩니다.

- **success** : 서버의 처리 결과가 성공적으로 전달될 경우, 이를 전달받아 처리하기 위한 함수를 정의합니다. 예시 코드에서는 익명 함수Anonymous Function의 형태로 정의하였습니다. 함수의 파라미터인 msg에는 서버로부터 out.print()된 출력 결과가 텍스트 형식으로 전달됩니다. 이 구현에서는 alert() 함수를 이용하여 전달된 msg를 팝업 창을 통해 그대로 출력합니다.

TIP JavaScript에서 alert() 함수는 팝업 메시지를 출력하기 위한 용도로 이용됩니다.

한 가지 유의할 점은 url 속성 값으로 전달된 쿼리 스트링에 특수 문자가 포함되어 있을 경우 서버에서 제대로 인식되지 않을 수 있다는 점입니다. 이러한 입력 오류를 방지하기 위해 data 속성이 이용됩니다. data가 이용될 경우 url 속성에는 '?' 이전의 경로만 입력되며, '?' 이후의 쿼리 스트링은 JavaScript의 객체 형식으로 변환하여 다음과 같이 data 속성 값으로 입력합니다.

```
jQuery.ajax({
    url: "MySNS2/jsp/login.jsp",
    type: " post ",
    data: { id="kim@abc.com", ps="111" },
    dataType: "text",
    success: function(msg) {
        alert(msg)
    },
});
```

실행 중 오류를 감지하고 관련 메시지를 출력하기 위해 error 속성이 이용될 수 있습니다. error 속성 값은 success와 마찬가지로 함수 형태로 정의되며, [표 15-2]와 같이 3개의 파라미터를 입력받을 수 있습니다.

표 15-2 ajax() 함수의 error 속성 값으로 정의되는 함수 파라미터

파라미터	타입	설명
xhr	Object(jqXHR)	XMLHttpRequest 객체 형식으로 구성되며, HTTP 응답 메시지에서 에러 코드를 나타내는 status와 에러 텍스트를 나타내는 responseText 등의 속성을 포함합니다.
status	String	Timeout, Error, Abort, ParseError 등 간단한 텍스트로 요약하여 에러를 표현합니다.
error	String	HTTP 응답 메시지에서 'Not Found', 'Internal Server Error' 등의 에러 텍스트를 표현합니다.

[표 15-2]의 파라미터 중 가장 많이 이용되는 것은 xhr입니다. status는 너무 요약된 표현으로 전달되어 오류 원인을 세분화하고 그에 따른 메시지를 출력하는데 한계가 있습니다. 또한 error 파라미터는 xhr의 responseText 속성 값과 동일한 경우가 많습니다. 따라서 xhr의 status와 responseText 속성을 이용하여 오류 원인을 알아내고 그에 따른 사용자 메시지를 출력하는 경우가 많습니다. 예를 들어 서버로부터 404 에러 메시지가 전달될 경우 xhr의 status에는 404가, responseText에는 Not Found가 포함됩니다. xhr의 status가 0으로 전달되는 경우, 네트워크 접속이 원활하지 않음을 의미합니다.

```
jQuery.ajax({
    url: " MySNS2/jsp/login.jsp?id=kim@abc.com&ps=111 ",
    ...
    error: function(xhr, status, error) {
        if (xhr.status == 0) {
            alert("네트워크 접속이 원활하지 않습니다.");
        }
        else {
            console.log(xhr.responseText);
            alert("에러가 발생하였습니다. 관리자에게 문의해주세요.");
        }
    },
});
```

이 코드는 ajax() 함수 호출 시 발생할 수 있는 예외 사항을 처리하기 위한 error 속성 값의 정의 예를 보여줍니다. 익명 함수 형식으로 구현되었으며, 첫 번째 if 문에서는 네트워크 접속이 원활한지 체크합니다. 그렇지 않을 경우, console.log() 함수를 이용해 구체적인 오류 내용을 담은 xhr의 responseText 속성 값을 브라우저의 콘솔 창에 출력합니다. 사용자에게는 alert() 함수를 이용해 에러가 발생했음을 알려주는 간략한 메시지만 보여줍니다.

지금까지 설명한 ajax() 함수의 파라미터 중, type과 dataType, error 속성 값은 잘 변하지 않습니다. 따라서 함수 호출을 간소화하기 위해, url과 data, success 속성 값만 입력 파라미터로 받아들이는 유틸리티 함수를 다음과 같이 정의하여 이용할 수 있습니다.

예제 15-2 AJAX 객체 생성

1 core.js 생성하기 : MySNS2 프로젝트의 src/main/webapp/js 폴더에서 마우스 오른쪽 버튼을 눌러 [New]-[JavaScript file] 메뉴를 선택합니다. 파일 이름을 core.js로 입력하고 Finish 버튼을 눌러 파일을 생성합니다. core.js 파일은 JavaScript 형식의 유틸리티 객체를 저장하기 위한 라이브러리 파일로 활용됩니다.

TIP 확장자가 .jsp가 아닌 .js 임에 유의하세요.

2 core.js 작성하기 : core.js에 다음 코드를 입력합니다.

MySNS2/js/core.js

```
01  var AJAX = {
02      call: function (url, params, func) {
03          var callobj = {
04              url: url,
05              type: "post",
06              data: params,
07              dataType: "text",
08              success: func,
09              error: function (xhr, status, error) {
10                  if (xhr.status == 0) {
11                      alert("네트워크 접속이 원활하지 않습니다.");
12                  }
13                  else {
14                      console.log(xhr.responseText);
15                      alert("에러가 발생하였습니다. 관리자에게 문의해주세요.");
16                  }
17              },
18          };
19          jQuery.ajax(callobj);
20      }
21  };
```

01행 : JavaScript 객체의 형식으로 AJAX를 선언합니다. JavaScript에서는 var 키워드를 이용하여 변수를 선언하며, Java와는 달리, 변수의 타입을 명시적으로 지정하지는 않습니다.

02행 : jQuery.ajax()의 호출을 간소화하기 위한 유틸리티 함수인 call()을 선언합니다. call()은 3개의 입력 파라미터를 가지며, 각각은 url, data, success 속성 값을 차례로 지정하기 위해 이용됩니다.

03행 : jQuery.ajax() 함수 호출에 필요한 속성 값들을 정의하기 위한 JavaScript 객체인 callboj를 선언합니다.

04행 : callobj의 url 속성에 call() 함수의 입력 파라미터로 전달된 url 값을 지정합니다.

05행 : callobj의 type 속성 값을 post로 지정합니다.

06행 : callobj의 data 속성에 call() 함수의 입력 파라미터로 전달된 params 값을 지정합니다.

07행 : callobj의 dataType 속성 값을 text로 지정하여, 서버로부터 전송되는 결과 값을 텍스트 형태로 전달받도록 구성합니다.

08행 : callobj의 success 속성에 함수의 입력 파라미터로 전달된 func을 지정합니다.

09~18행 : 예외 처리를 위한 error 함수를 정의합니다.

19행 : jQuery.ajax() 함수를 호출합니다. callobj를 입력 파라미터로 전달합니다.

03 MySNS 적용

AJAX.call() 함수를 이용하여 MySNS2 프로젝트의 구조가 어떻게 변경될 수 있는지 모듈별로 살펴봅시다.

1 로그인

AJAX.call() 함수는 JavaScript로 구현되어 있으며, 클라이언트 측의 HTML 파일에서 호출됩니다. 예를 들어 로그인 모듈에 AJAX를 적용하여 HTTP 요청과 응답을 처리하기 위해서는 login.html을 수정해야 합니다. 먼저 login.html에서 사용자 입력을 받아들이고 전송하기 위한 부분부터 살펴봅시다.

MySNS2/login.html

```
...
<body>
<form action="jsp/login.jsp" method="post">
    <div class="page-hdr">MySNS</div>
    <div class="page-body">
        <div class="section pad-24 mtop-30">
            <input name="id" type="text" placeholder="아이디 (이메일주소)" required>
            <input name="ps" type="password" class="mtop-10" placeholder="패스워드" required>
            <input type="submit" class="mtop-20" value="로그인하기">
        </div>
        <div class="section pad-24 mtop-30">
            <div class="desc mtop-20 mbot-20">
                아이디가 없으세요?
                간단한 가입 절차를 통해 MySNS의 회원이 되실 수 있습니다.
```

```
            </div>
            <a href="signup.html"><div class="button">회원가입하기</div></a>
        </div>
    </div>
    <div class="page-footer">Copyright: mysns.com, 202x</div>
</form>
</body>
</html>
```

이 코드의 문제는 [로그인하기] 버튼을 누르고 나면, login.jsp로부터 전송되는 결과 코드를 기반으로 페이지 전환이 바로 일어나며, 동일한 페이지에서 여러 개의 HTTP 요청을 전송하고 응답받을 수 없다는 점입니다. 즉 〈form〉 태그를 이용할 경우 submit을 수행하게 되면, 하나의 페이지에서 하나의 HTTP 요청만 가능하게 됩니다. 따라서 하나의 페이지에서 여러 개의 요청과 응답을 주고받을 수 있도록 구현하려면 〈form〉 태그를 제거해야 합니다. 그리고 로그인 버튼을 눌렀을 때 AJAX.call() 함수를 호출하여 HTTP 요청을 전송하도록 수정해야 합니다. 다음 코드는 수정된 login.html의 구현 코드를 보여줍니다. 기존 코드에 비해 수정된 부분은 음영 표시하였습니다.

MySNS2/login.html

```
... ...
<body>
    <div class="page-hdr">MySNS</div>
    <div class="page-body">
        <div class="section pad-24 mtop-30">
            <input id="id" type="text" placeholder="아이디 (이메일주소)">
            <input id="ps" type="password" class="mtop-10" placeholder="패스워드">
            <input type="submit" class="mtop-20" value="로그인하기" onclick="login()">
        </div>
        <div class="section pad-24 mtop-30">
            <div class="desc mtop-20 mbot-20">
                아이디가 없으세요?
```

```
28                     간단한 가입 절차를 통해 MySNS의 회원이 되실 수 있습니다.
28                 </div>
29                 <a href="signup.html"><div class="button">회원가입하기</div></a>
30             </div>
31         </div>
32         <div class="page-footer">Copyright: mysns.com, 202x</div>
33 </body>
34 </html>
```

수정된 부분은 크게 두 부분입니다. 첫째는 20~21행에 해당하며, required 속성을 모두 삭제하였습니다. 그 이유는 <form> 태그가 삭제될 경우, required가 정상 동작하지 않기 때문입니다. (관련 내용은 3장을 참조해 주세요.) 따라서 값이 제대로 입력되었는지 체크하기 위한 구현 코드를 추가해야 합니다. 이는 JavaScript로 구현되어야 하며, 태그 선택을 위해 <input> 태그의 name 속성을 id 속성으로 모두 수정하였습니다. 입력 값 체크 부분은 아래에서 다시 설명합니다.

두 번째 부분은 22행에 해당하며, 버튼이 클릭될 경우 login() 함수가 호출될 수 있도록 onclick 속성 값을 추가하였습니다. 이 역시 <form> 태그가 삭제될 경우, Submit 버튼이 정상 동작하지 않음에 기인합니다. onclick 속성은 JavaScript에서 태그에 마우스 클릭 이벤트가 발생될 경우 실행될 함수를 지정하기 위해 이용됩니다. 따라서 onclick 속성 값 지정을 통해 Submit 버튼이 클릭될 경우, login() 함수가 호출될 수 있도록 명시합니다.

login() 함수는 JavaScript의 형태로 다음과 같이 구현됩니다. login()은 아이디와 패스워드 입력 값을 체크하고, AJAX.call() 함수를 호출하여 사용자 입력 값을 서버로 전송하기 위한 역할을 수행합니다. JavaScript 구현 코드는 <script> 태그와 함께 정의됩니다.

MySNS2/login.html

```
... ...
35 </html>
36
37 <script src="js/jquery-3.5.1.min.js"></script>
38 <script src="js/core.js"></script>
39 <script>
```

```
40 function login() {
41     var id = $("#id").val().trim();
42     if (id == "") {
43         alert("아이디를 입력해 주세요.");
44         $("#id").focus();
45         return;
46     }
47 
48     var ps = $("#ps").val().trim();
49     if (ps == "") {
50         alert("패스워드를 입력해 주세요.");
51         $("#ps").focus();
52         return;
53     }
54 
55     var url ="jsp/login.jsp?id=" + id + "&ps=" + ps;
56     AJAX.call(url, null, function(data) {
57         var code = data.trim();
58         if(code == "NE") {
59             alert("아이디가 존재하지 않습니다.");
60         }
61         else if(code == "PE") {
62             alert("패스워드가 일치하지 않습니다.");
63         }
64         else {
65             window.location.href = "main.html";
66         }
67     });
68 }
69 </script>
```

37행 : jQuery를 이용하기 위한 라이브러리를 링크합니다. 링크를 위해 〈script〉 태그의 src 속성을 이용합니다.

38행 : AJAX.call() 함수를 이용할 수 있도록 〈script〉 태그를 이용하여 core.js를 링크합니다.

39행 : 〈script〉 태그를 이용하여 login() 함수를 위한 JavaScript 모듈을 선언합니다. 참고로 html 파일 내에서 〈script〉 태그의 위치는 실행에 크게 영향을 주지는 않습니다. 일반적으로는 〈script〉 태그는 〈html〉 아래에 위치시킵니다. 이는 브라우저가 〈html〉 태그를 빨리 읽어들여 페이지 윤곽이 빠르게 보여질 수 있도록 구현하기 위함입니다.

40행 : login() 함수를 선언합니다.

41행 : id 속성 값이 'id'인 태그의 사용자 입력 값을 받아옵니다. $("#id")는 jQuery에서 id 속성 값이 'id'인 태그를 선택하기 위한 구문이며, val() 함수는 선택된 태그의 사용자 입력 값을 얻어옵니다. trim() 함수는 Java와 동일하게 입력 스트링의 앞뒤에 붙은 스페이스를 제거하는 역할을 수행합니다.

42~46행 : 아이디가 입력되지 않았을 경우 '아이디를 입력해 주세요.'라는 메시지를 출력하고, focus() 함수를 이용하여 아이디 입력 창으로 포커스를 이동시킵니다.

48행 : 41행과 마찬가지 방법으로 id 속성 값이 'ps'인 태그의 사용자 입력 값을 받아옵니다.

49~53행 : 패스워드가 입력되지 않았을 경우 '패스워드를 입력해 주세요.'라는 메시지를 출력하고, 패스워드 입력 창으로 포커스를 이동시킵니다.

55행 : 41~53행을 통해 얻어진 사용자 입력 값을 이용하여 login.jsp를 호출하기 위한 URL을 생성합니다. login.jsp가 jsp 폴더 아래에 위치하므로 jsp/login.jsp의 형태로 URL을 구성합니다.

56행 : 생성된 url 변수를 이용하여 AJAX.call() 함수를 수행합니다. 서버로부터 처리 결과를 입력받기 위한 익명 함수(function(data) { ... })를 세 번째 파라미터로 정의합니다.

57행 : 57행부터 67행까지는 login.jsp의 처리 결과가 서버로부터 응답하였을 때 수행됩니다. 처리 결과는 56행의 익명 함수에 정의된 data 파라미터를 통해 전달되며, 57행에서는 trim() 함수를 이용하여 전달된 결과의 앞뒤에 붙은 스페이스를 제거한 후, 변수 code에 값을 저장합니다.

58~60행 : 전달된 code가 'NE'일 경우,'아이디가 존재하지 않습니다.'라는 메시지를 출력합니다.

61~63행 : 전달된 code가 'PE'일 경우, '패스워드가 일치하지 않습니다.'라는 메시지를 출력합니다.

64~66행 : 그 외의 경우, 로그인이 성공한 것으로 간주하고 main.html로 이동합니다. main.html은 main.jsp가 제공하는 작성글 리스트를 클라이언트 측에서 보여주도록 구현한 HTML 파일에 해당하며, 아래에서 설명합니다.

login.html에 이어 login.jsp도 수정이 필요합니다. 기존의 login.jsp에서는 out.print() 함수를 이용해 사용자에게 보여줄 메시지를 직접 출력하였습니다. 따라서 텍스트 메시지 대신, 각각의 메시지에 대응되는 'NE(Not Exist)'나 'PE(Password Error)'와 같은 코드를 반환하도록 다음과 같이 수정될 수 있습니다.

MySNS2/jsp/login.jsp

```
...     ...
09      UserDAO dao = new UserDAO();
10      int code = dao.login(uid, upass);
11      if (code == 1) {
12          out.print("NE");      // out.print("아이디가 존재하지 않습니다.");
13      }
14      else if (code == 2) {
15          out.print("PE");      // out.print("패스워드가 일치하지 않습니다.");
16      }
17      else {
18          session.setAttribute("id", uid);
19          out.print("OK");      // response.sendRedirect("main.jsp");
20      }
21  %>
```

12행 : 기존의 '아이디가 존재하지 않습니다.'라는 텍스트 대신, 동일한 의미를 지닌 코드 'NE'를 출력하도록 수정하였습니다.

15행 : 기존의 '패스워드가 일치하지 않습니다.'라는 텍스트 대신, 동일한 의미의 코드 'PE'를 출력하도록 수정하였습니다.

19행 : 기존에는 로그인이 완료될 경우, response.sendRedirect() 함수를 이용하여 main.jsp로 이동하였습니다. 이에 반해 새로 수정된 코드에서는 단순히 로그인 완료를 의미하는 'OK'를 출력하며, 실제 페이지 이동은 login.html에서 수행되도록 수정합니다.

<form> 태그를 삭제하고 AJAX를 이용하고자 할 경우, HTML 파일과 JSP 파일에 어떤 수정 작업들이 필요한가요?

요약하자면, AJAX를 이용할 경우 HTML 파일에서는 다음의 사항들이 구현에 적절히 반영되었는지 체크해야 합니다.

- 〈form〉 태그가 있다면 삭제합니다.
- 〈input〉을 포함한 입력 태그의 name 속성을 id 속성으로 모두 수정합니다.
- 〈input type="submit"〉에 onclick 속성 값을 정의합니다. 버튼이 클릭되었을 때 호출될 함수의 이름을 정의합니다.
- onclick 속성 값으로 정의된 함수를 JavaScript로 구현합니다. 구현 내용은 〈script〉 태그 내에 정의합니다. 이 때 jQuery 및 AJAX 수행에 필요한 라이브러리들을 링크할 수 있도록 〈script src="…"〉〈/script〉 태그를 상단에 함께 선언해야 합니다.

JSP 파일에서는 다음의 내용들을 수정해야 합니다.

- 기존에는 out.print( ) 함수를 이용하여 사용자에게 보여줄 메시지를 직접 출력하였습니다. 이에 반해 AJAX를 이용할 경우 결과 코드 생성 및 메시지 출력 부분이 클라이언트에서 처리됩니다.
- 따라서 서버에서는 out.print( ) 함수를 이용하여 서버 측 처리 결과를 간단한 코드의 형태로 출력합니다.

이와 같은 방법을 통해, 회원가입 및 탈퇴 역시 AJAX를 이용한 구조로 수정할 수 있습니다. 관련 내용은 연습 문제를 통해 풀어보기 바랍니다.

2 글작성

로그인 모듈에서는 사용자가 입력한 아이디와 패스워드를 login.jsp로 전달하기 위해 텍스트 형태의 URL을 작성하여 AJAX.call( ) 함수의 파라미터로 전달하였습니다. 한편, 글작성 모듈의 feedAdd.html에서는 작성글과 함께 사용자가 선택한 이미지를 파일 형태로 업로드할 수 있어야 합니다. 이 경우 파일 컨텐츠를 URL에 추가하여 전송하기는 어렵습니다. (관련 내용은 12장을 참고해 주세요.) 따라서 AJAX.call( ) 함수에 파일 업로드 기능을 제공하기 위한 추가 구현이 필요합니다.

파일을 업로드하기 위해서는 12장에서 설명한 바와 같이 multipart/form-data 형식으로 파라미터를 전송해야 합니다. AJAX.call( ) 함수 역시 사용자 입력 값을 URL 형태가 아닌, multipart/form-data 형식에 맞게 처리될 수 있도록, 추가적인 속성 정의가 필요합니다.

? jQuery.ajax( ) 함수에서 파일 업로드를 위해 추가 설정이 필요한 속성에는 어떤 것들이 있나요?

jQuery.ajax() 함수에서 파일 업로드를 위해 추가 설정이 필요한 속성은 크게 두 가지입니다. 첫째는 processData이며, 주어진 파라미터에 대해 쿼리 스트링 형식으로 전달할지 여부를 설정합니다. 디폴트 값은 true입니다. 따라서 파일 업로드의 경우, 해당 속성 값을 false로 설정하여, 쿼리 스트링에 포함되는 '&'와 '=' 등이 특수 문자로 간주되지 않도록 조치해야 합니다. 둘째는 contentType이며, HTTP 요청의 인코딩 타입을 설정합니다. 디폴트 값은 true이며, 이 경우 인코딩 타입은 'application/www-form-urlencoded'로 간주됩니다. 따라서 파일 전송을 위해 'multipart/form-data'로 인코딩 타입을 설정하려면 해당 속성 값을 false로 설정해야 합니다.

표 15-3 jQuery.ajax() 함수에서 파일 업로드를 위해 추가 설정이 필요한 파라미터

파라미터	타입	설명
processData	Boolean	주어진 파라미터가 이름-값 쌍의 리스트로 표현된 쿼리 스트링 형식으로 전달될지의 여부를 지정합니다. 디폴트 값은 true입니다.
contentType	Boolean	HTTP 요청의 인코딩 타입을 설정합니다. 디폴트 값은 true이며, 이 경우 인코딩 타입은 'application/www-form-urlencoded'로 설정됩니다.

따라서 파일 업로드 기능을 함께 지원하기 위한 AJAX.call() 함수는 다음과 같이 수정될 수 있습니다. 기존에 비해 추가된 부분은 음영 표시하였습니다.

MySNS2/js/core.js

```
var AJAX = {
    call: function (url, params, func, isfd) {
        var callobj = {
            ...
        };
        if (isfd) {
            callobj.processData = false;
            callobj.contentType = false;
        }
        jQuery.ajax(callobj);
    }
};
```

02행 : 함수의 네 번째 파라미터로 isfd를 추가하였습니다. isfd는 isFormData의 약자로 인코딩 타입이 'mutlipart/form-data'인지의 여부를 boolean 타입으로 나타냅니다.

19~22행 : 파일 업로드 기능을 지원하기 위해 새로이 추가된 부분입니다. isfd가 true일 경우, processData와 contentType 속성 값을 false로 설정합니다.

이제 feedAdd.html에서 AJAX.call() 함수가 어떻게 이용될 수 있는지 살펴봅시다. 먼저 <html> 태그에서는 <input> 태그의 name 속성을 id로 바꾸고, Submit 버튼의 onclick 속성 값을 upload() 함수로 정의합니다. 다음 코드에서는 수정된 부분에 대해 밑줄로 표시하였습니다.

MySNS2/feedAdd.html

```
<body>
    <div class="page-hdr">MySNS</div>
    <div class="page-body">
            <div class="section pad-24 mtop-30">
                <input id="id" type="text" placeholder="아이디 (이메일 주소)">
                <textarea id="content" class="mtop-10" placeholder=
"이곳에 글을 작성해 주세요."> </textarea>
            <div class="section pad-4 mtop-30">
                <div class="desc">아래에서 이미지를 선택해주세요.</div>
                <input type="file" id="image">
            </div>
            <input type="submit" class="mtop-30" value="업로드하기"
onclick="upload()">
        </div>
    </div>
    <div class="page-footer">Copyright: mysns.com, 202x</div>
</body>
</html>
...
```

다음으로 <script> 태그에서는 텍스트 형식의 사용자 입력 값을 처리하던 기존 방법과 비교했을 때, 파일 업로드 처리를 위해 다음 세 가지 부분에서 주의가 필요합니다.

- 텍스트 값을 추출할 경우 val() 함수를 이용합니다. 이에 반해 파일 정보를 추출하기 위해서는 files

속성 값을 이용합니다.

- AJAX.call() 함수의 호출을 위한 파라미터를 만들 때, 사용자 입력 값이 텍스트일 경우 URL에 스트링 연결 연산(+ 연산자)을 이용하여 입력 값을 추가합니다. 이에 반해 파라미터에 파일 정보가 포함될 경우, FormData 객체를 이용하여 입력 값을 추가합니다.
- AJAX.call() 함수의 호출 시, multipart/form-data 타입의 데이터 전송임을 알리기 위해 네 번째 파라미터에 true 값을 설정합니다.

먼저 파일 정보를 추출하기 위해 files 속성을 어떻게 이용할 수 있는지 살펴봅시다. 텍스트의 경우, 기존과 같이 val() 함수를 이용해 값을 가져오고 입력 여부에 따라 오류 메시지를 출력하도록 구현합니다. 이에 반해, 파일의 경우 사용자 입력 값을 가져오기 위한 구현 코드가 달라집니다.

MySNS2/feedAdd.html

```
</html>

<script src="js/jquery-3.5.1.min.js"></script>
<script src="js/core.js"></script>
<script>
function upload() {
    var id = $("#id").val().trim();
    if (id == "") {
        alert("아이디를 입력해 주세요.");
        $("#id").focus();
        return;
    }

    var content = $("#content").val().trim();
    if (content == "") {
        alert("작성글을 입력해 주세요.");
        $("#content").focus();
        return;
    }

    var imgobj = $("#image")[0].files[0];
    ...
```

파일의 경우, 파일 이름 외에 파일 크기, 컨텐츠 등의 속성을 포함한 객체의 형식을 지닙니다. 이들 정보는 이 코드에서 71행과 같이 〈input〉 태그의 files 속성 값을 통해 접근 가능합니다. files 속성은 배열 형태를 지닙니다. 그 이유는 〈input〉 태그에 multiple 속성을 추가할 경우, 아래 화면과 같이 파일 탐색창을 통해 여러 파일이 선택될 수 있기 때문입니다.

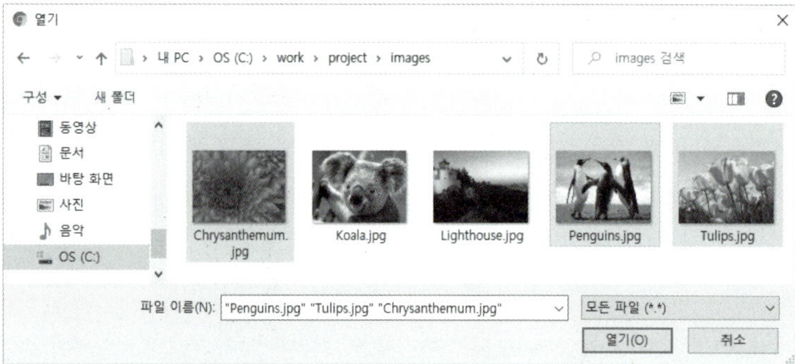

그림 15-6 〈input type="file"〉 태그에 multiple 속성 추가 시 파일 복수 선택 가능

71행에서 files[0]는 선택된 파일 중 첫 번째 파일을 가리킵니다. 현재는 multiple 속성을 정의하지 않았으므로, 하나의 이미지 파일만 입력 가능합니다.

다음으로 사용자 입력 값을 포함시키기 위한 파라미터 설정 부분을 살펴봅시다. 파일 정보는 이름과 컨텐츠 등을 포함한 객체 형태를 지니므로 텍스트 URL의 형태로 전송하기 어렵습니다. 이와 관련하여 웹 표준에서는 AJAX를 통해 multipart/form-data 형식의 데이터를 전송할 수 있도록 FormData 객체를 제공합니다. 다음 코드는 FormData를 이용하여 id, content, imgobj를 전송하기 위한 파라미터 구성 과정을 보여줍니다. append() 함수는 FormData 객체에 데이터를 추가하기 위한 역할을 수행합니다. 다음 코드의 76~78행에서는 if 문을 이용해 이미지가 주어졌을 경우에 한해 imgobj 파라미터를 추가합니다.

MySNS2/feedAdd.html

```
71      var imgobj = $("#image")[0].files[0];
72
73      var params = new FormData();
74      params.append("id", id);
75      params.append("content", content);
```

```
    if (imgobj != null) {
        params.append("image", imgobj);
    }
...
```

FormData가 준비되면 AJAX.call() 함수를 이용하여 feedAdd.jsp로 데이터를 전송합니다. 이 때 전달되는 데이터가 multipart/form-data 형식임을 알리기 위해, 90행에서 call() 함수의 네 번째 파라미터를 true로 설정해 줍니다.

MySNS2/feedAdd.html

```
79
80      var url = "jsp/feedAdd.jsp";
81      AJAX.call(url, params, function(data) {
82          var code = data.trim();
83          if(code == "ER") {
84              alert("작성 글의 업로드 중 오류가 발생하였습니다.");
85          }
86          else {
87              alert("작성 글의 업로드가 완료되었습니다.");
88              window.location.href = "main.html";
89          }
90      }, true);
91  }
92  </script>
```

이 코드에서 81~90행에 정의된 익명 함수(function(data) { ... })는 서버로부터 전달되는 실행 결과를 처리하기 위한 코드를 포함하며, 처리 내용은 login.html의 함수와 유사합니다. 함수의 82~89행에서는 서버로부터 반환되는 코드에 따라 alert() 함수를 이용하여 관련 메시지를 출력합니다. 88행의 main.html은 main.jsp가 제공하는 작성글 리스트를 클라이언트 측에서 보여주도록 구현한 HTML 파일이며, 15.3.4절에서 설명합니다.

feedAdd.jsp의 경우, login.jsp와 동일한 방법으로 'OK'나 'ER'와 같은 코드를 반환하도록 다음과 같이 수정합니다.

MySNS2/jsp/feedAdd.jsp

```
...       ...
36        FeedDAO dao = new FeedDAO();
37        if (dao.insert(uid, ucon, ufname)) {
38        out.print("OK");      // response.sendRedirect("main.jsp");
39        }
40        else {
41        out.print("ER");      // out.print("작성 글의 ... 오류가 발생하였습니다.");
42        }
43   %>
```

38행 : 기존에는 글의 업로드가 성공적으로 완료될 경우, response.sendRedirect( ) 함수를 이용하여 main.jsp로 이동하였습니다. 이에 반해 새로 수정된 코드에서는 단순히 로그인 완료를 의미하는 'OK'를 출력하며, 실제 페이지 이동은 feedAdd.html에서 수행되도록 수정합니다.

41행 : 기존의 '작성 글의 업로드 중 오류가 발생하였습니다.'라는 텍스트 대신, 동일한 의미의 코드 'ER'을 출력하도록 수정하였습니다.

3 세션 처리

MySNS2 프로젝트에서 메인 화면이나 글작성, 회원탈퇴, 로그아웃 등의 기능은 로그인 체크가 우선되어야 합니다. 즉, 로그인이 완료된 상태에 한해 해당 페이지에 접근할 수 있어야 합니다. 로그인 여부를 판단하려면 7장에서 설명한 session 내장 객체의 값을 읽어올 수 있어야 하며, session 객체는 JSP 파일에서 쉽게 접근 가능합니다. 따라서 MVC 패턴을 이용하는 기존 방법의 경우, 결과 페이지를 생성하는 JSP 파일에서 로그인 처리를 함께 수행하도록 구현하는 것은 그리 어려운 일이 아닙니다.

이에 반해 AJAX를 이용할 경우, HTML 파일에서 로그인 여부를 판단하고 페이지를 출력해야 합니다. 문제는 HTML 파일에서 session 객체에 바로 접근할 수 없다는 점입니다. 따라서 HTML 측에서 로그인 여부를 판단하려면, session 객체의 값을 외부로 제공하는 별도의 JSP 파일이 필요합니다. 그리고 각 HTML 파일에서는 페이지 시작 전에 AJAX 호출을 통해 해당 JSP 파일이 반환한 session 객체 값을 확인한 후, 이를 기반으로 로그인 페이지로 이동할지, 아니면 요청된 페이지 내용을 출력할지 판단할 수 있도록 구현해야 합니다.

이와 같은 내용과 관련하여, 먼저 session 객체의 값을 외부로 제공하기 위한 session.jsp의 구현 코드부터 살펴봅시다. session.jsp는 session.getAttribute() 함수를 이용하여 세션 테이블로부터 'id'라는 이름의 속성 값을 읽어와 출력합니다. 반환 값이 널Null일 경우, 로그인되지 않은 것으로 간주합니다. (관련 내용은 7.6절을 참조해 주세요.)

MySNS2/jsp/session.jsp

```
<%@ page contentType="text/html" pageEncoding="utf-8" %>
<%
    out.println(session.getAttribute("id"));
%>
```

각 HTML 파일에서는 session.jsp를 이용하여 로그인 여부를 판단합니다. 페이지 시작 전에 session.jsp를 호출하기 위해, $(document).ready() 구문이 이용될 수 있습니다. ready() 함수에서는 페이지가 시작될 때 호출되는 콜백 함수를 정의할 수 있으며, 콜백 함수에서 AJAX.call()을 통해 session.jsp를 호출하도록 구현합니다. 예를 들어, feedAdd.html에서 로그인 처리를 위한 ready() 함수는 다음과 같이 구현될 수 있습니다.

MySNS2/feedAdd.html

```
...
<script src="js/jquery-3.5.1.min.js"></script>
<script src="js/core.js"></script>
<script>
$(document).ready(function() {
    AJAX.call("jsp/session.jsp", null, function(data) {
        var uid = data.trim();
        if (uid == "null") {
            alert("로그인이 필요한 서비스 입니다.");
            window.location.href = "login.html";
        }
    });
});

function upload() {
...
```

56행 : $(document).ready() 함수를 정의합니다. ready() 함수의 인자로 HTML 페이지 로딩이 완료되었을 때 호출될 콜백 함수를 익명 함수(function() { ... })의 형태로 정의합니다.

57행 : AJAX.call() 함수를 이용하여 session.jsp를 호출합니다. session.jsp는 파라미터 없이 수행되므로 AJAX.call() 함수의 두 번째 파라미터는 null로 정의합니다. 세 번째 파라미터는 session.jsp의 실행 결과를 받아 처리하기 위한 익명 함수를 정의합니다.

58행 : 익명 함수의 파라미터로 전달되는 data에는 session.jsp에서 out.print() 함수를 통해 출력된 결과 텍스트가 포함됩니다. 전달된 data에 trim() 함수를 적용하여 스페이스를 제거한 후, 얻어진 로그인 사용자 아이디 값을 uid 변수에 저장합니다.

59~62행 : uid 변수 값이 'null' 스트링일 경우 session.jsp에서 전달된 아이디가 존재하지 않는 경우이며, 로그인이 필요한 상황으로 간주하고 60~61행을 수행합니다. 60행에서는 alert() 함수를 이용하여 '로그인이 필요한 서비스입니다'라는 팝업을 출력하며, 61행에서는 window.location.href 구문을 이용해 'login.html'로 이동합니다.

여기에서 설명한 로그인 처리 로직은 HTML 페이지에서 공통으로 이용될 수 있습니다. 따라서 core.js에서 유틸리티 객체로 정의해 재사용 가능하도록 구현하는 것이 바람직합니다. 다음 코드에서 Page 객체는 HTML 페이지 처리와 관련한 유틸리티 함수들을 모아두기 위한 JavaScript 객체로, core.js에 정의됩니다. Page는 로그인 처리와 같이 페이지가 시작될 때 수행되어야 할 기능들을 정의한 init() 함수를 다음과 같이 포함합니다.

MySNS2/js/core.js

```
... ...
} // end of AJAX

var Page = {
  init: function (cbfunc) {
      AJAX.call("jsp/session.jsp", null, function(data) {
          var uid = data.trim();
          if (uid == "null") {
               alert("로그인이 필요한 서비스 입니다.");
               window.location.href = "login.html";
          }
          else {
               if (cbfunc != null) cbfunc(uid);
```

```
37                }
38            });
39      },
40  };
```

27행 : HTML 페이지 처리와 관련한 유틸리티 함수들을 모아두기 위한 Page 객체를 선언합니다.

28행 : 페이지가 시작될 때 수행되어야 할 기능을 정의한 함수인 init()을 선언합니다. 파라미터로 cbfunc을 입력받으며, 이는 로그인 처리를 포함한 init() 함수 실행 후 호출될 콜백 함수를 나타냅니다.

29행 : AJAX.call() 함수를 이용하여 session.jsp를 호출합니다. 세 번째 파라미터로 session.jsp의 실행 결과를 받기 위한 익명 함수를 정의합니다.

30~34행 : 앞서 설명한 feedAdd.html의 $(document).ready() 함수의 58~62행의 내용과 동일합니다.

35~37행 : uid 변수 값이 'null' 스트링이 아닐 경우, session.jsp에서 세션 테이블에 저장된 사용자 아이디가 전달된 경우이며, 정상적으로 로그인된 상황으로 볼 수 있습니다. 따라서 28행에 init() 함수의 파라미터로 전달된 cbfunc이 존재하는 경우, 해당 함수를 실행합니다. 이 때 cbfunc()에는 session.jsp로부터 얻은 uid 값을 파라미터로 함께 전달합니다.

앞서 소개한 feedAdd.html의 $(document).read() 구현 코드에 대해 Page.init() 함수를 이용하여 다음과 같이 간소화할 수 있습니다. 아래에서는 Page.init() 함수의 입력 파라미터로 start를 정의하였으며, 해당 함수는 init()에서 로그인 처리 완료 후 호출됩니다.

MySNS2/feedAdd.html

```
...  ...
53  <script src="js/jquery-3.5.1.min.js"></script>
54  <script src="js/core.js"></script>
55  <script>
56  $(document).ready(function() {
57      Page.init(start);
58  });
59
60  function start(uid) {
```

```
61      // Page setup codes will be placed here ...
62  }
63
64  function upload() {
... ...
```

57행 : Page.init() 함수를 이용하여 로그인 처리를 수행합니다. init() 함수의 인자로 정의된 start() 함수는 로그인 처리가 완료된 후 호출됩니다.

60~62행 : 〈input type="text"〉와 같은 입력 태그에 초기값 설정이 필요한 경우, 즉 UI 초기값 설정이 필요한 경우 start()에서 해당 코드를 구현할 수 있습니다.

결과적으로 core.js와 feedAdd.html 전체 코드는 [예제 15-3]과 같이 정리될 수 있습니다.

예제 15-3 MVC 패턴 적용을 위한 수정

1 core.js 작성하기 : MySNS2 프로젝트의 core.js 파일을 다음과 같이 작성합니다.

MySNS2/js/core.js

```
var AJAX = {
    call: function (url, params, func, isfd) {
            var callobj = {
            url: url,
            type: "post",
            data: params,
            dataType: "text",
            success: func,
            error: function (xhr, status, error) {
                if (xhr.status == 0) {
                    alert("네트워크 접속이 원활하지 않습니다.");
                }
                else {
                    console.log(xhr.responseText);
                    alert("에러가 발생하였습니다. 관리자에게 문의해주세요.");
                }
            },
```

```
        };
        if (isfd) {
            callobj.processData = false;
            callobj.contentType = false;
        }
        jQuery.ajax(callobj);
    }
};

var Page = {
    init: function (cbfunc) {
        AJAX.call("jsp/session.jsp", null, function(data) {
            var uid = data.trim();
            if (uid == "null") {
                alert("로그인이 필요한 서비스 입니다.");
                window.location.href = "login.html";
            }
            else {
                if (cbfunc != null) cbfunc(uid);
            }
        });
    },
};
```

2 feedAdd.html 작성하기 : MySNS2 프로젝트의 feedAdd.html 파일의 구현 코드를 다음과 같이 작성합니다.

MySNS2/feedAdd.html

```
<html>
<head>
<meta name=viewport content="width=device-width, initial-scale=1, user-scalable=0">
<meta charset="utf-8" />
<link rel="stylesheet" href="css/core.css">
<title>MySNS</title>
<style>
```

```
.pad-4 { padding: 0 4px; }
textarea {
    float: left;
    width: 100%;
    height: 160px;
    padding: 16px;
    box-sizing: border-box;
    font-size: 1.0em;
    font-family: 'Malgun Gothic', 'Arial';
    border: 1px solid #ddd;
    border-radius: 4px;
    outline: none;
}
input[type=file] {
    padding: 0px;
    border: none;
    outline: none;
    font-size: 0.95em;
}
.desc {
    float: left;
    width: 100%;
    margin-bottom: 5px;
    font-size: 0.95em;
    color: #888;
}
</style>
</head>
<body>
    <div class="page-hdr">MySNS</div>
    <div class="page-body">
        <div class="section pad-24 mtop-30">
            <input id="id" type="text" placeholder="아이디 (이메일주소)">
            <textarea id="content" class="mtop-10" placeholder="이곳에 글을 작성해 주세요."> </textarea>
            <div class="section pad-4 mtop-30">
                <div class="desc">아래에서 이미지를 선택해주세요.</div>
```

```
                <input type="file" id="image">
            </div>
            <input type="submit" class="mtop-30" value="업로드하기" onclick="upload()">
        </div>
    </div>
    <div class="page-footer">Copyright: mysns.com, 202x</div>
</body>
</html>

<script src="js/jquery-3.5.1.min.js"></script>
<script src="js/core.js"></script>
<script>
$(document).ready(function() {
    Page.init(start);
});

function start(uid) {
    // Page setup codes will be placed here ...
}

function upload() {
    var id = $("#id").val().trim();
    if (id == "") {
        alert("아이디를 입력해 주세요.");
        $("#id").focus();
        return;
    }

    var content = $("#content").val().trim();
    if (content == "") {
        alert("작성글을 입력해 주세요.");
        $("#content").focus();
        return;
    }

    var imgobj = $("#image")[0].files[0];
```

```
    var params = new FormData();
    params.append("id", id);
    params.append("content", content);
    if (imgobj != null) {
        params.append("image", imgobj);
    }

    var url = "jsp/feedAdd.jsp";
    AJAX.call(url, params, function(data) {
        var code = data.trim();
        if(code == "ER") {
            alert("작성 글의 업로드 중 오류가 발생하였습니다.");
        }
        else {
            alert("작성 글의 업로드가 완료되었습니다.");
            window.location.href = "main.html";
        }
    }, true);
}
</script>
```

요약

01 MVC 패턴

- **모델(Model)** : 사용자 요청을 처리하기 위한 로직 부분에 해당. 비즈니스 로직이나 데이터베이스에 값을 입력하고 추출하기 위한 DB 처리 로직 등으로 구성
- **뷰(View)** : 사용자 인터페이스 담당. 사용자 입력 값을 기반으로 브라우저에 출력될 결과 HTML 페이지 생성
- **컨트롤러(Controller)** : 데이터와 비즈니스 로직 사이의 상호 동작을 관리. 사용자 요청을 필터링, 연결 제어 등의 역할 수행

02 AJAX

- Asynchronous Java and XML의 약자
- Java나 XML 형식의 데이터를 비동기식으로 전송하기 위한 기술
- URL을 동일하게 유지하면서 내부적으로 여러 개의 HTTP 요청과 응답을 전송할 수 있도록 지원함
- 서버 측 프로그램에서 이루어지는 처리 과정을 클라이언트 측 프로그램으로 이관할 때 사용
- jQuery 라이브러리를 이용

03 jQuery.ajax()

- HTTP 요청과 응답을 수행하고 처리하기 위해 파라미터를 제공하는 함수

파라미터	타입	설명
url	String	AJAX를 통해 호출될 URL을 지정합니다. URL은 쿼리 스트링을 포함할 수 있습니다.
type	String	GET, POST 등 HTTP 전송 방식을 지정합니다. POST가 주로 이용됩니다.
data	String	키-값의 쌍으로 표현된 파라미터 리스트(URL의 쿼리 스트링에 해당하는 부분)를 지정합니다.
dataType	String	서버로부터 전송되는 데이터의 포맷을 정의합니다. JSON, TEXT 등이 정의될 수 있습니다.
success	Function	AJAX 호출이 성공적으로 이루어졌을 때, 서버에서 전송한 결과값을 받기 위한 함수를 정의합니다.
error	Function	AJAX 호출이 실패했을 때, 실패 원인을 알리는 에러 코드나 상태 등의 정보를 받기 위한 함수를 정의합니다.

연습문제

01 사용자 인터페이스로부터 비즈니스 로직을 분리하여 모듈간의 결합도를 낮추기 위한 구조를 제안한 소프트웨어 디자인 패턴은 무엇인가요?

① Singleton Pattern

② Factory Methods Pattern

③ Proxy Pattern

④ MVC Pattern

02 다음 중 데이터베이스 처리 부분을 포함하는 MVC 패턴의 구성 요소는 무엇인가요?

① Model

② View

③ Controller

④ DAO

03 다음 중 Java나 XML 형식의 데이터를 비동기식으로 전송하기 위한 기술은 무엇인가요?

① AJAX

② CGI

③ JSON

④ SMTP

04 업로드된 이미지나 파일을 서버로 전송하기 위한 파라미터를 정의하기 위해 웹 표준에서 제공하는 객체 혹은 인터페이스는 무엇인가요?

05 jQuery.ajax() 함수에서 사용자가 입력 값을 전달하기 위해 이용되는 파라미터는 무엇인가요?

① url

② type

③ data

④ dataType

06 jQuery.ajax() 함수에서 파일 업로드를 위해 추가 설정이 필요한 속성 2가지는 무엇인가요?

07 signup.html에서 〈form〉 태그 대신에 AJAX.call() 함수를 이용하여 HTTP 요청과 응답을 처리하도록 수정해 주세요. 이를 위해 signup.jsp에서 다음과 같이 텍스트 대신 코드를 전달하도록 함께 수정해 주세요.

- '이미 가입한 회원입니다.' → 'EX'
- '회원가입이 완료되었습니다.' → 'OK'
- '회원가입 중 오류가 발생하였습니다.' → 'ER'

08 withdraw.html에서 〈form〉 태그 대신에 AJAX.call() 함수를 이용하여 HTTP 요청과 응답을 처리하도록 수정해 주세요. 이를 위해 withdraw.jsp에서 다음과 같이 텍스트 대신 코드를 전달하도록 함께 수정해 주세요.

- '회원 정보를 찾을 수 없습니다.' → 'NA'
- '회원탈퇴가 완료되었습니다.' → 'OK'
- '회원탈퇴 중 오류가 발생하였습니다.' → 'ER'

09 withdraw.html에서 Page.init() 함수를 이용하여 로그인되었을 때에 한해, 회원탈퇴 처리가 가능하도록 수정해 주세요.

CHAPTER 16
JSON

학습목표

- JSON 객체의 표현 및 인코딩/디코딩 방법을 익힌다.
- JSON을 통한 데이터베이스 구조 변경 과정을 이해한다.

01 JSON과 JavaScript 객체

JSON이란 무엇인가요? 왜 필요한가요?

JSON은 JavaScript Object Notation의 약자로, 말 그대로 JavaScript에서 객체를 표현하기 위한 형식으로 볼 수 있습니다. JSON은 XML에 비해 쉬운 문법을 제공하는 동시에 처리 속도가 빠른 장점이 있어 클라이언트와 서버 간에 전송되는 메시지를 표현하는데 적합합니다. 이에 따라 모바일 앱 구현에 있어 JSON은 AJAX와 함께 이용이 점차 확대되는 추세입니다.

이번 장에서는 JSON에서 데이터를 어떻게 표현하는지, 그리고 클라이언트와 서버 측에서 JSON 형식으로 데이터를 어떻게 인코딩하고 디코딩할 수 있는지 설명합니다. 이를 기반으로 MySNS2 프로젝트에 JSON을 적용하기 위한 방법 및 예제도 함께 소개합니다.

JavaScript에서 객체와 배열은 어떻게 정의할 수 있나요?

먼저 JSON에서 데이터를 어떻게 표현하는지 살펴봅시다. 이와 관련하여 JavaScript의 자료형에 대한 이해가 필요합니다. JavaScript의 자료형은 [표 15-1]에서 볼 수 있듯이, 크게 기본형과 객체형으로 구분될 수 있습니다. 기본형은 숫자Number, 문자열String, 불리언Boolean, 널Null, 정의되지 않은 자료형Undefined 등을 포함하며, 객체형은 객체Object, 배열Array, 함수Function 등을 포함합니다. 이 중 JSON은 주어진 데이터를 JavaScript의 객체 형식으로 표현하기 위해 이용됩니다.

표 16-1 JavaScript 자료형

분류	자료형	설명
기본형	숫자	정수와 실수를 별도로 구분하지 않으며, 모든 타입의 숫자를 표현하기 위해 이용됩니다.
	문자열	임의의 텍스트를 표현하기 위해 이용됩니다. 문자열을 정의할 때 작은 따옴표나 큰 따옴표 모두 사용 가능합니다.
	불리언	true 또는 false 값을 가지는 변수를 정의하기 위해 이용됩니다.
	Null	Null 값을 표현합니다.
	Undefined	변수에 값이 할당되지 않았음을 의미합니다.
객체형	객체	연관성이 있는 여러 개의 속성 값을 하나로 묶어 저장합니다. 각각의 속성을 정의하기 위해 이름-값 쌍의 형태를 이용합니다.
	배열	이름-값 쌍의 형태가 아닌, 값으로만 구성된 자료형이며, 내부적으로 객체의 형태로 구현됩니다.
	함수	행동이나 처리 방법을 정의하기 위한 자료형이며, 내부적으로 객체의 형태로 구현되어 있습니다.

JavaScript에서 객체는 중괄호로 정의합니다. 객체는 이름-값 쌍의 형태로 정의된 속성을 하나 이상 포함할 수 있으며, 각각의 속성은 쉼표로 구분됩니다. 각 속성에서 이름은 스트링 형식으로 표현되며, 값은 임의의 자료형으로 정의될 수 있습니다. 속성의 이름은 스트링 형식임에도 불구하고 따옴표 없이 표현되는 경우가 일반적입니다. 예를 들어, MySNS2 프로젝트에서 user 테이블에 포함된 하나의 사용자 정보를 표현하기 위한 JavaScript 객체는 다음과 같이 정의할 수 있습니다.

```
{
    id: "kim@abc.com",          // 사용자 아이디 (문자열)
    password: "111",            // 패스워드 (문자열)
    name: "김시민",              // 이미지 파일 (문자열)
    ts: 1605702411              // 가입시간 (숫자 - 타임스탬프)
}
```

JavaScript 배열은 속성의 이름을 0부터 시작하는 숫자의 형태로 정의한 객체의 특수한 경우에 해당합니다. 예를 들어 이 JavaScript 객체는 각 속성의 이름을 숫자로 대체하여 다음과 같은 배열 형태로 나타낼 수 있습니다.

```
{
    0: "kim@abc.com",          // 사용자 아이디 (문자열)
    1: "111",                  // 패스워드 (문자열)
    2: "김시민",                // 이미지 파일 (문자열)
    3: 1605702411              // 가입시간 (숫자 - 타임스탬프)
}
```

이 객체는 속성 이름이 순차 번호로 되어 있으므로, 배열 형식으로 표현할 수 있습니다. JavaScript에서는 배열을 표현할 때, 다음과 같이 대괄호와 함께 속성 이름 없이 값만을 나열하여 표현하는 것이 일반적입니다.

```
[ "kim@abc.com", "111", "김시민", 1605702411 ]
```

배열을 구성하는 각 요소는 객체를 포함한 임의의 자료형으로 정의할 수 있습니다. 예를 들어 user 테이블의 레코드는 JavaScript 객체와 배열을 이용하여 다음과 같이 표현할 수 있습니다.

```
[
    { id: "kim@abc.com", password: "111", name: "김시민", ts: 1605702411 },
    { id: "kwon@abc.com", password: "111", name: "권율", ts: 1605702411 },
    { id: "lee@abc.com", password: "111", name: "이순신", ts: 1605702411 },
    ...
]
```

이 배열을 클라이언트로 전송하고 HTML 형식으로 출력하려면, 먼저 해당 배열을 스트링 형식으로 인코딩Encoding하는 과정이 필요합니다. 그리고 클라이언트에서는 인코딩된 형태로 전달된 스트링을 다시 디코딩Decoding하여 JSON 객체 형식으로 복원해야 합니다. 복원된 배열 데이터를 기반으로 사용자 리스트를 출력하기 위한 HTML 코드를 생성할 수 있습니다.

JSON 형식의 인코딩과 디코딩을 지원하는 라이브러리는 인터넷에서 쉽게 찾을 수 있으며, 이 책에서는 기본 기능 위주로 비교적 간단하게 이용할 수 있는 JSON.simple 라이브러리를 기준으로 이용 방법을 설명합니다. JSON.simple 라이브러리는 Yidong에 의해 구글 코드 프로젝트의 형태로 수행되어 탄생하였으며, [예제 16-1]에서 소개하고 있는 사이트에서 다운로드 가능합니다.

예제 16-1 JSON.simple 라이브러리 설치

1 JSON.simple 라이브러리 다운받기 : 구글 코드 프로젝트의 JSON.simple 다운로드 사이트(https://code.google.com/archive/p/json-simple/downloads)에 접속합니다. 테이블에서 첫 번째 항목인 json-simple-1.1.1.jar 항목을 다운로드합니다.

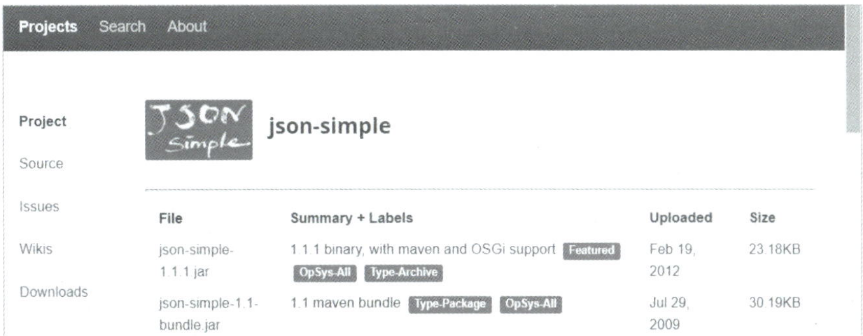

2 MySNS2 프로젝트에 추가하기 : MySNS2 프로젝트의 src/main/webapp/WEB-INF/lib 폴더에 다운로드한 json-simple-1.1.1.jar 파일을 복사합니다.

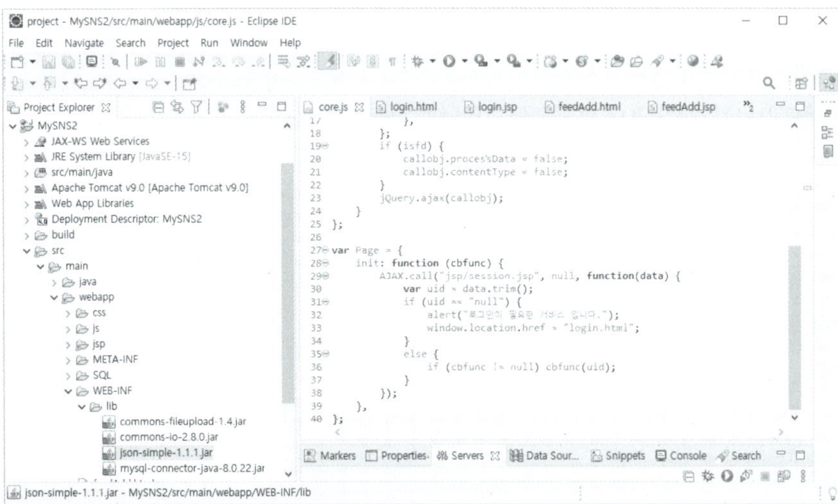

02 User 데이터 읽기

JSON.simple 라이브러리에서 데이터를 JSON 형식으로 인코딩하기 위해 이용되는 클래스와 함수들은 어떤 것이 있나요?

이제 JSON.simple 라이브러리를 이용해 서버 측에서 데이터를 JSON 형식으로 어떻게 인코딩하는지, 그리고 클라이언트 측에서는 인코딩된 스트링을 어떻게 읽어들일 수 있는지 살펴봅시다. 이번 절에서는 사용자 리스트를 보여주기 위한 userList.jsp를 대상으로 JSON 인코딩 및 디코딩 적용 방법을 설명합니다.

1 서버 측 처리

userList.jsp에서는 사용자 리스트 정보를 가져오기 위해 UserDAO 클래스의 getList( ) 함수를 이용합니다. 기존의 getList( ) 함수는 user 테이블로부터 레코드를 읽어온 후, 각각의 레코드 정보를 UserObj 형태로 변환하고 이들을 ArrayList에 추가한 형태로 레코드 리스트를 반환합니다.

MySNS2/UserDAO.java

```
public ArrayList<UserObj> getList() throws NamingException, SQLException {
        ...
        String sql = "SELECT id, name, ts FROM user ORDER BY ts DESC";

        conn = ConnectionPool.get();
        stmt = conn.prepareStatement(sql);
        rs = stmt.executeQuery();

        ArrayList<UserObj> users = new ArrayList<UserObj>();
        while(rs.next()) {
```

```
109            users.add(new UserObj(rs.getString("id"), rs.getString("name"),
    rs.getString("ts")));
110         }
111         return users;
...         ...
```

UserDAO의 구현에서 UserObj 및 ArrayList 클래스는 단순히 userList.jsp에 데이터를 전달하기 위한 목적으로 이용됩니다. 이에 반해 JSON 라이브러리가 이용될 경우, 이들 클래스를 이용하지 않고도 사용자 데이터를 반환할 수 있습니다. JSON.simple 라이브러리는 Java에서 JSON 형식의 객체와 배열을 표현하기 위해 JSONObject와 JSONArray 클래스를 제공합니다. getList() 함수의 구현에서 UserObj는 JSONObject로, ArrayList는 JSONArray로 대체될 수 있습니다. JSONObject는 속성 값 추가를 위해 put() 함수를 제공하며, 파라미터로 이름과 값을 입력받습니다. JSONObject의 put() 함수를 이용할 경우, getList() 함수의 109행은 다음 코드로 대체될 수 있습니다.

```
JSONObject obj = new JSONObject();
obj.put("id", rs.getString("id"));
obj.put("name", rs.getString("name"));
obj.put("ts", rs.getString("ts"));
```

[표 16-2]에서는 JSONObject, JSONArray 클래스에서 자주 이용되는 멤버 함수를 소개하고 있습니다.

표 16-2 JSONObject 및 JSONArray 클래스에서 자주 이용되는 함수

분류	함수	반환값	설명
JSONObject	put(String name, Object value)	void	속성을 추가하기 위해 이용되며, name과 value 파라미터에 추가할 속성의 이름과 값을 지정합니다.
	get(String name)	Object	name 파라미터에 주어진 이름의 속성 값을 반환합니다.
	remove(String name)	void	name 파라미터에 주어진 이름의 속성을 제거합니다.
	toJSONString( )	String	현재 객체의 내용을 스트링 형태로 변환하여 출력합니다.

JSONArray	add(Object value)	void	value 파라미터에 주어진 객체를 배열에 추가합니다.
	get(int index)	Object	index 파라미터에 주어진 위치의 객체를 반환합니다.
	remove(int index)	void	index 파라미터에 주어진 위치의 객체를 제거합니다.
	toJSONString()	String	현재 배열의 내용을 스트링 형태로 변환하여 출력합니다.

put() 함수를 통해 속성 값 설정이 완료된 객체는 JSONArray의 add() 함수를 이용해 리스트에 추가합니다. 다음의 코드는 getList() 함수의 107~110행에 해당합니다.

```
JSONArray users = new JSONArray();
while(rs.next()) {
    JSONObject obj = new JSONObject();
    obj.put("id", rs.getString("id"));
    obj.put("name", rs.getString("name"));
    obj.put("ts", rs.getString("ts"));
    users.add(obj);
}
```

이 코드를 통해 준비된 JSONArray 형식의 사용자 리스트는 toJSONString() 함수를 통해 JSON 형식의 스트링으로 인코딩될 수 있습니다. 따라서 해당 함수를 이용해 변환된 스트링을 getList() 함수의 결과로 반환합니다.

```
return users.toJSONString();
```

이 내용으로부터 UserDAO.getList()는 user 테이블의 사용자 정보를 JSON 객체 형식으로 인코딩된 스트링의 형태로 반환하도록 다음 형태와 같이 수정될 수 있습니다. 기존에 비해 수정된 부분은 음영으로 표시하였습니다.

MySNS2/UserDAO.java

```
...  ...
08  import org.json.simple.JSONArray;
09  import org.json.simple.JSONObject;
...  ...
100 public String getList() throws NamingException, SQLException {
101     Connection conn = null;
102     PreparedStatement stmt = null;
103     ResultSet rs = null;
104     try {
105         String sql = "SELECT id, name, ts FROM user ORDER BY ts DESC";
106 
107         conn = ConnectionPool.get();
108         stmt = conn.prepareStatement(sql);
109         rs = stmt.executeQuery();
110 
111         JSONArray users = new JSONArray();
112         while(rs.next()) {
113             JSONObject obj = new JSONObject();
114             obj.put("id", rs.getString("id"));
115             obj.put("name", rs.getString("name"));
116             obj.put("ts", rs.getString("ts"));
117             users.add(obj);
118         }
119         return users.toJSONString();
...         ...
```

08~09행 : JSONArray와 JSONObject 클래스를 이용하기 위한 import 구문을 선언합니다.

100행 : getList()의 반환 유형이 ArrayList<UserObj>에서 String으로 수정되었습니다.

111행 : ArrayList에 해당하는 JSONArray 객체를 생성합니다.

113행 : UserObj에 해당하는 JSONObject 객체를 생성합니다.

114~116행 : rs.getString() 함수를 이용하여 레코드의 id, name, ts 속성 값을 추출한 후, JSONObject의 put() 함수를 이용하여 객체에 추가합니다.

117행 : 114~116행을 통해 준비된 JSONObject 객체를 JSONArray에 추가합니다.

119행 : JSONArray의 toJSONString( ) 함수를 이용하여 스트링 형태로 변환한 후 리턴합니다.

수정된 UserDAO.getList( ) 함수를 이용할 경우, userList.jsp의 코드는 크게 단순화될 수 있습니다. 기존의 userList.jsp는 getList( ) 함수로부터 사용자 리스트 정보를 전달받고, 이로부터 HTML 코드를 생성하기 위한 부분이 함께 포함되어 있었습니다. 이에 반해 지난 장에서 배운 AJAX를 이용할 경우, HTML 코드 생성은 HTML 파일에서만 담당하도록 수정됩니다. 따라서 userList.jsp의 코드 중 데이터를 전달하는 부분은 그대로 남겨두고, HTML 코드를 생성하는 부분은 클라이언트 측으로 이관시킵니다. userList.jsp의 경우 클라이언트 측 코드가 없으므로 userList.html이라는 파일을 새로 만들어 이용해야 합니다. 또한 userList.jsp는 UserDAO.getList( ) 함수로부터 전달받은 스트링을 그대로 출력하도록 수정됩니다.

MySNS2/userList.jsp

```
<%@ page contentType="text/html" pageEncoding="utf-8" %>
<%@ page import="dao.*" %>
<%
    out.print((new UserDAO()).getList());
%>
```

2 클라이언트 측 처리

이제 userList.html을 어떻게 구성할지 살펴봅시다. userList.html은 userList.jsp로부터 전달된 사용자 리스트 정보를 브라우저에서 보여주기 위한 HTML 코드를 생성하며, 로그인이 완료된 경우에 한해 리스트가 출력될 수 있도록 구현됩니다.

userList.html은 다음과 같이 〈head〉, 〈body〉, 〈script〉 태그를 포함한 세 부분으로 구성됩니다. 〈head〉에서는 주로 〈meta〉 태그를 통해 모바일 화면 관련 해상도를 설정하거나 CSS 디자인 요소 등을 정의합니다. 〈body〉 영역에는 브라우저에 출력될 HTML 코드를 정의합니다. 〈script〉는 AJAX 호출을 통해 서버로부터 데이터를 가져오고 HTML 코드를 동적으로 생성합니다.

```
01 <html>
02 <head>
03 <meta name=viewport content="width=device-width, initial-scale=1, user-
   scalable=0">
04 <meta charset="utf-8" />
05 <link rel="stylesheet" href="css/core.css">
06 <title>MySNS</title>
07 </head>
08 <body>
09     <div class="page-hdr">MySNS</div>
10     <div class="page-body">
11         <table id="list" class="section mtop-20 pad-16"></table>
12     </div>
13 </body>
14 </html>
15
16 <script src="js/jquery-3.5.1.min.js"></script>
17 <script src="js/core.js"></script>
18 <script>
19 $(document).ready(function() {
20     Page.init(start);
21 });
22
23 function start(uid) {
24     AJAX.call("jsp/userList.jsp", null, function(data) {
25         // TODO something here ...
26     });
27 }
28 </script>
```

[예제 15-1]에서 다운로드 받은 버전을 확인하여 입력하세요.

03행 : 〈meta name=viewport〉 태그를 통해 모바일 화면 해상도에 맞게 페이지를 출력할 수 있도록 설정합니다.

04행 : 한글을 출력할 수 있도록 〈meta〉 태그를 통해 문자 집합을 UTF-8로 설정합니다.

05행 : core.css에 정의된 CSS 요소를 이용할 수 있도록 〈link〉 태그를 정의합니다.

09행 : page-hdr 영역을 정의합니다. MySNS 헤더를 출력합니다.

10~12행 : page-body 영역을 정의합니다. 11행에서 사용자 리스트 출력을 위한 〈table〉 태그를 정의합니다. id 속성 값은 list로 정의하였으며, 테이블 영역이 페이지 너비만큼 차지하도록 section 클래스를 이용하였습니다. 이외에 여백을 위해 mtop-20과 pad-16 클래스를 함께 정의합니다. CSS 요소 관련 내용은 14장을 참고합니다.

16~17행 : 〈script〉에서 이용될 JavaScript 라이브러리를 불러옵니다.

19~21행 : 페이지가 시작될 때 Page.init() 함수를 호출하여 로그인 처리를 수행합니다. init() 함수가 완료되면 콜백 함수로 주어진 start() 함수가 실행됩니다.

23~27행 : start() 함수에서는 AJAX.call() 함수를 통해 userList.jsp를 호출하여 서버로부터 사용자 리스트 정보를 가져옵니다. 사용자 리스트 정보는 data에 저장됩니다.

> JavaScript에서 JSON으로 인코딩된 스트링을 디코딩하기 위한 함수는 무엇인가요? 객체를 인코딩하기 위한 함수는 무엇인가요?

지금까지 작성한 userList.html 코드의 25행에서는 userList.jsp로부터 전달된 사용자 리스트 정보를 바탕으로 브라우저에 출력될 HTML 코드를 생성합니다. 리스트 정보는 24행에 정의된 익명 함수의 파라미터인 data를 통해 전달되며, data는 JSON 형식의 스트링으로 인코딩되어 있습니다. 따라서 JavaScript에서 이용하려면 이를 디코딩하여 JSON 객체로 복원해야 하며, 이 과정에서 JSON.parse() 함수가 이용됩니다. JavaScript에서는 JSON 형식의 인코딩과 디코딩을 지원하기 위해 JSON 클래스를 제공합니다.

표 16-3 JSON 클래스의 함수

함수	반환값	설명
parse(string)	object	파라미터로 전달된 JSON 형식의 스트링을 JavaScript 객체로 변환합니다.
stringify(object)	string	파라미터로 전달된 JavaScript 객체를 JSON 형식의 스트링으로 변환합니다.

예를 들어 start() 함수에서 data를 JSON 객체로 변환하기 위해 JSON.parse() 함수를 다음과 같이 이용할 수 있습니다.

```
function start(uid) {
    AJAX.call("jsp/userList.jsp", null, function(data) {
        var users = JSON.parse(data.trim());
    });
}
```

변환된 객체는 앞서 언급한 바와 같이 각각의 사용자 정보를 JavaScript 객체의 형태로 포함한 배열 형식으로 구성됩니다.

```
[
    { id: "kim@abc.com", password: "111", name: "김시민", ts: 1605702411 },
    { id: "kwon@abc.com", password: "111", name: "권율", ts: 1605702411 },
    { id: "lee@abc.com", password: "111", name: "이순신", ts: 1605702411 }
]
```

따라서 이 배열로부터 HTML 코드를 생성하기 위한 부분을 start() 함수에 추가해 주면 userList.html의 구현 코드는 완성됩니다. HTML 코드 생성 구조는 11.3.2절에서 설명한 작성글 리스트 출력을 위한 코드 구조와 유사합니다.

MySNS2/userList.html

```
...
function start(uid) {
    AJAX.call("jsp/userList.jsp", null, function(data) {
        var users = JSON.parse(data.trim());
        show(users);
    });
}

function show(users) {
    var str = "";
    str += "<tr><td colspan=3>가입자 리스트</td></tr>";
    for (var i=0; i<users.length; i++) {
        str += "<tr><td colspan=3><hr></td></tr>";
```

```
35            str += "<tr>";
36            str += "<td>" + users[i].id + "</td>";
37            str += "<td>" + users[i].name + "</td>";
38            str += "<td><small> (" + users[i].ts + ")</small></td>";
39            str += "</tr>";
40        }
41        $("#list").html(str);
42 }
43 </script>
```

25행 : JSON.parse() 함수를 이용해 userList.jsp로부터 전달된 data를 JavaScript 객체로 변환한 후 users 변수에 저장합니다.

26행 : users 변수 값을 기반으로 HTML 코드를 생성하고 출력하기 위한 show() 함수를 호출합니다.

30행 : show() 함수를 정의합니다. 파라미터로 users 리스트를 입력받습니다.

31행 : str 변수를 선언하고 빈 문자열로 초기화합니다. 생성될 HTML 코드를 저장하는 역할을 수행합니다.

32행 : '가입자 리스트' 타이틀을 출력하기 위한 테이블 행을 str에 추가합니다. 〈td〉 태그의 colspan 속성 값을 3으로 지정하여 타이틀의 너비를 테이블의 너비와 일치시킵니다.

33행 : users에 포함된 모든 객체에 대해 for문 내부의 코드를 수행합니다.

34행 : 작성글 간의 구분을 위해 수평선을 출력하기 위한 테이블 행을 str에 추가합니다. 〈td〉 태그의 colspan 속성 값을 3으로 지정하여 영역 너비를 테이블의 너비와 일치시키며, 수평선을 출력하기 위한 〈hr〉 태그를 포함시킵니다.

35~39행 : 사용자의 아이디와 이름, 가입 시간을 출력하기 위한 테이블 행을 str에 추가합니다. id와 name, ts 속성 값은 각각의 〈td〉 태그를 이용하여 분리된 컬럼 형태로 구성되며, ts 속성의 경우 〈small〉 태그를 이용하여 작은 글씨체로 표현됩니다.

41행 : for문을 통해 생성된 str을 〈table id="list"〉 태그에 동적으로 추가합니다.

userList.html의 실행 결과는 [그림 16-1]과 같습니다.

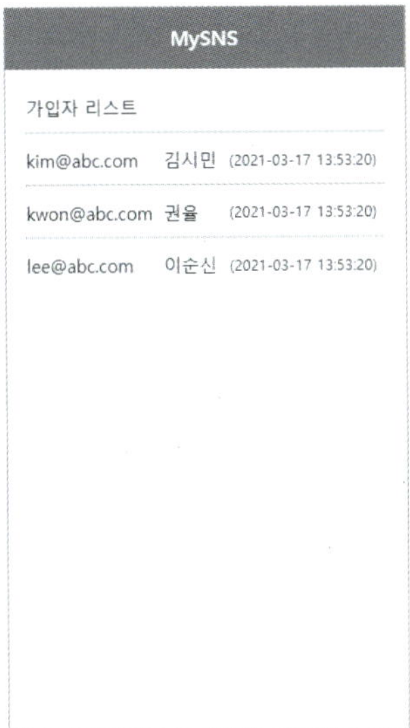

그림 16-1 가입자 리스트 화면

03 User 데이터 저장

기존의 데이터베이스에서는 테이블에 속성 값들을 분리시켜 저장하였습니다. 예를 들어, user 테이블의 경우 id, password, name, ts 등의 속성들로 분할하여 데이터를 저장합니다. 이에 반해, user 테이블에 JSON 객체를 하나의 속성으로 통합하여 저장할 수도 있습니다. 이 경우 데이터 읽기 측면의 성능 개선이나 데이터 구조 변경에 따른 유지 보수 측면에서 장점이 있습니다. 이 절에서는 JSON 객체를 통합하여 저장하고자 할 때 테이블 구조나 클라이언트 및 서버 측에서 어떤 수정이 필요한지 소개합니다.

1 테이블 구조

기존의 user 테이블에서는 사용자 정보를 표현하는데 필요한 속성들을 id, password, name, ts 등으로 분할하여 저장합니다. 따라서 UserDAO의 getList()에서는 SELECT 구문을 통해 레코드의 개별 속성 값을 읽어온 후, JSONArray와 JSONObject 클래스를 이용하여 JSON 형식의 스트링으로 변환하는 작업을 수행합니다.

이에 반해, user 테이블에 JSON 형식의 스트링을 그대로 저장할 수도 있습니다. 이 경우 별도의 변환 작업이 필요 없어 성능 향상이 이루어질 수 있습니다. 이를 위해서는 먼저 user 테이블의 구조를 JSON 스트링을 저장할 수 있도록 다음과 같이 수정해야 합니다.

MySNS2/mysns.sql

```
... ...
CREATE TABLE IF NOT EXISTS user(
    id VARCHAR(128) PRIMARY KEY, -- "email"
    -- password VARCHAR(32),
    -- name VARCHAR(32),
    -- ts TIMESTAMP DEFAULT CURRENT_TIMESTAMP
```

```
    jsonstr VARCHAR(1024)
);
... ...
```

mysns.sql의 CREATE TABLE 구문에서는 id 속성을 제외한 나머지 속성에 대해 모두 주석 처리하여 user 테이블에 포함되지 않도록 수정하였습니다. 대신에 사용자 정보를 JSON 형식의 스트링 형태로 받아들이기 위한 jsonstr 속성을 새로이 추가하였습니다. jsonstr은 VARCHAR 형식으로 정의되었으며, 1024글자까지 받아들일 수 있도록 설정하였습니다. 글자 수는 필요에 따라 변경할 수 있습니다.

[그림 16-2]에서는 user 테이블 변경 전후의 구조 차이를 비교하였습니다.

id	password	name	ts
kim@abc.com	111	김시민	2020-11-18 12:26:51
kwon@abc.com	111	권율	2020-11-18 12:26:51
lee@abc.com	111	이순신	2020-11-18 12:26:51

id	jsonstr
kim@abc.com	{id: "kim@abc.com", password: "111", name: "김시민", … }
kwon@abc.com	{id: "kwon@abc.com", password: "111", name: "권율", … }
lee@abc.com	{id: "lee@abc.com", password: "111", name: "이순신", … }

그림 16-2 JSON 데이터 저장을 위한 user 테이블 구조 변경

TIP 참고로 [그림 16-2]와 같은 구조를 저장하고 다루는 데에 적합한 NoSQL이라는 데이터 모델이 있습니다.

user 테이블 구조가 이와 같이 변경될 경우, UserDAO의 getList() 함수는 jsonstr 속성 값을 읽어와 별도의 변환 없이 바로 반환하도록 수정될 수 있습니다. 예를 들어 [그림 16-1]과 같이 user 테이블이 주어질 경우, getList()는 다음과 같이 스트링을 생성하여 반환하면 됩니다.

```
[
    { id: "kim@abc.com", password: "111", name: "김시민", ts: 1605702411 },
    { id: "kwon@abc.com", password: "111", name: "권율", ts: 1605702411 },
    { id: "lee@abc.com", password: "111", name: "이순신", ts: 1605702411 }
]
```

이와 같은 형태는 스트링 연산만으로 쉽게 구현될 수 있습니다. 예를 들어 user 테이블에 저장된 각각의 jsonstr 속성 값을 rs.getString( ) 함수로 읽어온 후, 쉼표로 연결합니다. 그리고 연결된 스트링의 앞뒤에 대괄호를 붙여주면 간단히 완성됩니다.

다음은 getList( ) 함수의 수정 코드입니다. 기존에 비해 수정된 부분은 음영 표시하였습니다.

MySNS2/UserDAO.java

```
...  ...
public String getList() throws NamingException, SQLException {
    Connection conn = null;
    PreparedStatement stmt = null;
    ResultSet rs = null;
    try {
        String sql = "SELECT jsonstr FROM user";

        conn = ConnectionPool.get();
        stmt = conn.prepareStatement(sql);
        rs = stmt.executeQuery();

        String str = "[";
        int cnt = 0;
        while(rs.next()) {
            if (cnt++ > 0) str += ", ";
            str += rs.getString("jsonstr");
        }
        return str + "]";
...         ...
```

JavaScript 배열 형식을 가지기 위함

105행 : jsonstr 필드만 추출하도록 SELECT 구문을 수정합니다.

111행 : 반환될 JSON 형식의 스트링을 저장하기 위한 변수 str을 선언합니다.

112행 : 레코드 개수를 유지하기 위한 변수 cnt를 선언하고, 0으로 초기화합니다.

113행 : SELECT 구문을 통해 읽어온 모든 레코드에 대해 114~115행을 수행합니다.

114행 : cnt가 1이상일 경우, 배열요소 간의 구분을 위해 str에 ‘,’를 추가합니다.

115행 : 레코드로부터 jsonstr 속성 값을 읽어와 str에 추가합니다. 각 레코드의 jsonstr 속성에는 사용자 정보를 JSON 객체 형식으로 인코딩한 스트링이 저장되어 있습니다.

데이터베이스 테이블에 JSON 객체 형식으로 정보를 묶어 하나의 속성으로 유지할 경우 얻을 수 있는 장점은 무엇인가요?

지금까지와 같이 데이터베이스 테이블을 구현할 경우, JSON 라이브러리를 이용하지 않음으로써 관련 메모리가 절약될 수 있습니다. 뿐만 아니라 JSONObject의 put() 함수나 JSONArray의 toJSONString() 호출 과정에서 일어나는 변환 작업이 수행되지 않아 실행 속도가 빨라지는 효과를 얻을 수 있습니다.

이외에도 데이터 구조 변경에 따른 코드 수정을 최소화할 수 있습니다. 예를 들어, user 테이블에 주소나 전화번호 정보를 추가한다고 가정해 봅시다. 이 경우, 기존의 테이블 구조에서는 주소나 전화번호 속성을 추가하기 위한 ALTER 구문을 수행해야 합니다. 그리고 UserDAO 클래스의 insert() 함수에서 관련 속성 값을 추가하기 위해 함수의 파라미터를 추가하고 INSERT 구문을 변경해야 합니다. 마찬가지로 getList() 함수에서는 주소나 전화번호 정보를 읽고 JSON 객체로 변환하는 부분을 추가해야 합니다. 즉, 테이블 구조 뿐 아니라 관련 DAO 클래스에서도 많은 수정이 필요합니다.

이에 반해 jsonstr 형태로 테이블 구조를 유지할 경우, 주소나 전화번호 속성 값이 새로이 추가되더라도 JSON 객체 내부에만 영향을 미치며 user 테이블 구조에는 영향이 없습니다. 따라서 관련 DAO 클래스 역시 수정할 필요가 없습니다. 이는 개발 및 유지보수 측면에서 생산성을 향상시키는데 도움을 줄 수 있습니다.

2 클라이언트 측 처리

테이블 구조가 위와 같이 변경될 경우, 사용자로부터 데이터를 추가하거나 수정 입력을 받아들이는 HTML 파일에서 JSON 스트링 형식으로 값을 전달하는 것이 바람직합니다. 예를 들어, 회원가입 페이지에서 회원이 신규 가입할 경우, 회원 정보를 id, password, name 등의 속성을 signup.jsp로 따로 전달하는 것보다는, JSON 객체 형식으로 묶어 한꺼번에 전달하는 것이 서버 측에서 처리하기가 수월해집니다.

다음은 signup.html의 구현 코드 중 <head>와 <body> 부분을 보여줍니다. 전체적으로 login.html의 구조와 유사합니다.

MySNS2/signup.html

```
<html>
<head>
<meta name=viewport content="width=device-width, initial-scale=1, user-scalable=0">
<meta charset="utf-8" />
<link rel="stylesheet" href="css/core.css">
<title>MySNS</title>
<style>
.desc {
    float: left;
    width: 100%;
    color: #888;
    font-size: 0.9em;
}
</style>
</head>
<body>
    <div class="page-hdr">MySNS</div>
    <div class="page-body">
        <div class="section pad-24 mtop-30">
            <input id="id" type="text" placeholder="아이디 (이메일주소)">
            <input id="ps" type="password" class="mtop-10" placeholder="패스워드">
            <input id="ps2" type="password" class="mtop-10" placeholder="
```

```
패스워드 (확인)">
            <input id="name" type="text" class="mtop-10" placeholder="이름 (닉네임)">
            <input type="submit" class="mtop-20" value="회원가입하기" onclick="signup()">
        </div>
        <div class="section pad-24 mtop-30">
            <div class="desc mtop-20 mbot-20">
                회원가입시 MySNS의 약관에 동의하신 것으로 간주합니다.
            </div>
            <a href="#"><div class="button">약관보기</div></a>
        </div>
    </div>
    <div class="page-footer">Copyright: mysns.com, 202x</div>
</body>
</html>
...
```

다음은 signup.html의 <script> 부분의 구현 코드를 보여줍니다. <script>에서는 [회원가입하기] 버튼이 클릭되었을 때 실행되는 signup() 함수를 정의하고 있으며, signup()에서는 값이 제대로 입력되었는지 먼저 확인합니다. 사용자로부터 값이 입력되지 않은 경우 오류 메시지를 출력하고, 관련 입력 창으로 포커스를 이동시킵니다. 패스워드의 경우, 입력된 2개의 값이 일치하는지 여부도 함께 체크합니다.

MySNS2/signup.html

[예제 15-1]에서 다운로드 받은 버전을 확인하여 입력하세요.

```
...
</html>

<script src="js/jquery-3.5.1.min.js"></script>
<script src="js/core.js"></script>
<script>
function signup() {
    var id = $("#id").val().trim();
    if (id == "") {
```

```
        alert("아이디를 입력해 주세요.");
        $("#id").focus();
        return;

    }
    var ps = $("#ps").val().trim();
    if (ps == "") {
        alert("패스워드를 입력해 주세요.");
        $("#ps").focus();
        return;
    }

    var ps2 = $("#ps2").val().trim();
    if (ps != ps2) {
        alert("입력된 두 개의 패스워드가 일치하지 않습니다.");
        $("#ps2").focus();
        return;
    }

    var name = $("#name").val().trim();
    if (name == "") {
        alert("이름을 입력해 주세요.");
        $("#name").focus();
        return;
    }
...
```

signup()에서 입력 값의 체크가 끝나고 나면, 이를 signup.jsp로 보내기 위한 AJAX 함수를 호출해야 합니다. 기존에는 사용자 입력 값을 URL에 추가하여 AJAX.call() 함수를 호출했었습니다.

```
var url ="jsp/signup.jsp?id=" + id + "&ps=" + ps + "&name=" + name;
AJAX.call(url, null, function(data) { ...
```

그런데 사용자 입력 값을 JSON 객체 형식으로 signup.jsp에 전달하려면, AJAX.call() 함수 호출 시 URL과 사용자 입력 값을 다음과 같이 분리해야 합니다. 이 경우 AJAX.call() 함수의 첫 번째 파라미터에는 호출될 JSP 파일의 URL을, 두 번째 파라미터에는 사용자 입력 값을 JSON 형식으로 인코딩한 스트링을 입력해야 합니다.

```
var usrobj = {id: id, password: ps, name: name, ts: getToday()};
var params = {id: id, jsonstr: JSON.stringify(usrobj)};

var url ="jsp/signup.jsp";
AJAX.call(url, params, function(data) { ...
```

이와 같은 호출 방식에서 두 번째 파라미터로 전달되는 params는 데이터베이스 구조를 반영하여 구성하는 것이 바람직합니다. 예를 들어, user 테이블은 id와 jsonstr 2개의 속성을 포함하므로, params 역시 동일한 구조로 구성합니다. 위 구현 코드에서 jsonstr은 아이디, 패스워드, 이름, 가입 날짜 등을 포함한 사용자 정보를 JSON 스트링 형식으로 변환하여 저장합니다. 변환 과정에는 [표 16-3]에서 설명한 JSON.stringify() 함수가 이용되었습니다.

지금까지의 내용으로부터 signup() 함수의 68행 이후의 구현 코드는 다음과 같이 정리될 수 있습니다. 다음은 signup.jsp에서 처리 결과를 EX(Exist), ER(Error), OK 등의 코드 형태로 반환하는 것으로 가정하였습니다.

MySNS2/signup.html

```
...     ...
69      var usrobj = {id: id, password: ps, name: name, ts: getToday()};
70      var params = {id: id, jsonstr: JSON.stringify(usrobj)};
71
72      var url ="jsp/signup.jsp";
73      AJAX.call(url, params, function(data) {
74          var code = data.trim();
75          if(code == "EX") {
76              alert("이미 가입한 회원입니다.");
77          }
78          else if(code == "ER") {
```

```
79                  alert("회원가입 처리 중 에러가 발생하였습니다.");
80              }
81              else {
82                  alert("회원가입이 완료되었습니다.");
83                  window.location.href = "main.html";
84              }
85          });
86  }
87
88  function getToday() {
89      var date = new Date();
90      var year = date.getFullYear();
91      var month = ("0" + (1 + date.getMonth())).slice(-2);
92      var day = ("0" + date.getDate()).slice(-2);
93      return year + "-" + month + "-" + day;
94  }
95  </script>
```

69행 : 사용자 입력 값으로부터 usrobj 객체를 생성합니다.

70행 : usrobj와 사용자 id를 이용하여 AJAX.call( ) 함수의 파라미터로 전달될 params 객체를 생성합니다.

72행 : AJAX.call( ) 함수의 첫 번째 파라미터로 전달될 url 변수를 구성합니다.

73행 : AJAX.call( ) 함수를 호출합니다. 두 번째 파라미터로 params를 전달합니다.

74행 : signup.jsp의 처리 결과가 익명 함수의 파라미터인 data를 통해 전달되며, 처리 결과는 EX, ER, OK 등의 코드 형태로 구성됩니다.

75~77행 : 전달된 code가 EX일 경우, '이미 가입한 회원입니다.'라는 메시지를 출력합니다.

78~80행 : 전달된 code가 ER일 경우, '회원가입 처리 중 에러가 발생하였습니다.'라는 메시지를 출력합니다.

81~84행 : 그 외의 경우, '회원가입이 완료되었습니다.'라는 메시지를 출력한 후, main.html로 이동합니다.

88행 : 현재 날짜를 얻어오기 위한 getToday( ) 함수를 정의합니다.

89행 : Data 객체를 생성한 후 date 변수에 저장합니다. date에는 현재 시간이 저장됩니다.

90행 : date 객체의 getFullYear() 함수로부터 년(year) 정보를 받아와 year 변수에 저장합니다.

91행 : date 객체의 getMonth() 함수로부터 월(month) 정보를 받아옵니다. getMonth()는 0에서 11의 값을 반환하며, 0이 1월을 의미합니다. 따라서 getMonth()의 반환값에 1을 더합니다. 그리고 두 자리 스트링 형태로 표현하기 위해 앞에 '0'을 추가한 후, 두 글자로 유지될 수 있도록 slice(−2)를 호출합니다.

92행 : date 객체의 getDate() 함수로부터 일(day) 정보를 받아와 day 변수에 저장합니다. month와 마찬가지로 두 자리 스트링 형태로 표현하기 위해 '0'을 추가한 후, slice(−2) 함수를 호출합니다.

93행 : 90~92행을 통해 얻어진 year, month, day를 '−'로 연결하여 날짜 형식으로 반환합니다.

3 서버 측 처리

signup.jsp에서는 signup.html로부터 전달된 id와 jsonstr 파라미터를 입력받아 UserDAO 클래스의 insert() 함수로 전달합니다. 파라미터를 추출하기 위해 기존의 request.getParameter() 함수를 그대로 이용할 수 있습니다. 기존 코드에 비해 수정된 부분은 음영으로 표시하였습니다.

MySNS2/signup.jsp

```
<%@ page contentType="text/html" pageEncoding="utf-8" %>
<%@ page import="dao.UserDAO" %>
<%
    request.setCharacterEncoding("utf-8");

    String uid = request.getParameter("id");
    //String upass = request.getParameter("ps");
    //String uname = request.getParameter("name");

    String jsonstr = request.getParameter("jsonstr");

    UserDAO dao = new UserDAO();
    if (dao.exists(uid)) {
        out.print("EX");
        return;
```

```
16      }
17
18      if (dao.insert(uid, jsonstr)) {
19          //out.print("회원가입이 완료되었습니다.");
20          session.setAttribute("id", uid);
21          out.print("OK");  //response.sendRedirect("main.jsp");
22      }
23      else {
24          out.print("ER");
25      }
26  %>
```

10행 : HTTP 요청 메시지로부터 request.getParameter()를 이용하여 jsonstr 속성 값을 추출합니다.

18행 : 추출된 id와 jsonstr 값을 UserDAO 클래스의 insert() 함수로 전달합니다.

21행 : insert() 함수가 정상적으로 수행될 경우, response.sendRedirect() 함수를 이용하여 main.jsp로 이동하는 대신, OK 코드를 출력합니다. 메인 화면 이동은 signup.html에서 수행됩니다.

14행 : 주어진 uid에 대한 사용자가 존재하는 경우, 메시지 대신 EX(Exists) 코드를 출력합니다.

24행 : 그렇지 않을 경우, 메시지 대신 ER(Error) 코드를 출력합니다.

UserDAO 클래스의 insert() 함수는 signup.jsp로부터 전달된 id와 jsonstr을 user 테이블에 저장하도록 다음과 같이 수정됩니다. 기존에 비해 수정된 부분은 음영 표시하였습니다.

MySNS2/UserDAO.java

```
...
    public boolean insert(String uid, String jsonstr) throws NamingException, SQLException {
        Connection conn = null;
        PreparedStatement stmt = null;
        try {
            String sql = "INSERT INTO user(id, jsonstr) VALUES(?, ?)";

            conn = ConnectionPool.get();
            stmt = conn.prepareStatement(sql);
```

```
23            stmt.setString(1, uid);
24            stmt.setString(2, jsonstr);
25
26            int count = stmt.executeUpdate();
27            return (count == 1) ? true : false;
28
29        } finally {
30            if (stmt != null) stmt.close();
31            if (conn != null) conn.close();
32        }
33    }
...   ...
```

15행 : 파라미터로 uid와 함께 jsonstr을 입력받도록 수정합니다. 기존에는 password와 name 등을 입력받았습니다.

19행 : 파라미터로 전달된 uid와 jsonstr을 user 테이블에 저장하도록 INSERT문을 수정합니다.

24행 : PreparedStatement 형식으로 준비된 SQL문의 두 번째 '?' 파라미터에 jsonstr 값을 대입합니다.

user 테이블의 구조가 바뀔 경우, insert() 외에 UserDAO 클래스의 다른 함수들도 함께 영향 받을 수 있습니다. 어떤 함수가 수정되어야 하는지 파악하려면, 각 함수에서 이용되는 SQL문을 살펴볼 필요가 있습니다. 예를 들어, 특정 함수의 SQL문에서 변경 전의 user 테이블 속성이 이용된다면, 해당 함수에 수정이 필요함을 알 수 있습니다. 이와 관련하여, 현재 UserDAO의 멤버 함수에서 이용되고 있는 SQL문을 다음과 같이 정리하였습니다.

표 16-4 UserDAO 클래스의 함수에서 이용되는 SQL문

함수	SQL문
exists()	SELECT id FROM user WHERE id = ?
delete()	DELETE FROM user WHERE id = ?
login()	SELECT id, password FROM user WHERE id = ?
getList()	SELECT jsonstr FROM user

[표 16-4]의 SQL문들로부터 어떤 함수가 수정되어야 하는지 감이 오나요? login()의 SELECT 구문에는 user 테이블 변경 전 속성인 password를 참조하고 있습니다. 따라서 password 대신, 새로이 추가된 jsonstr 속성 값으로부터 password 정보를 읽어오도록 수정해야 합니다. 이를 위한 SELECT 구문은 다음과 같이 수정될 수 있습니다.

```
String sql = "SELECT jsonstr FROM user WHERE id = ?";
...
rs = stmt.executeQuery();
if (!rs.next()) return 1;

String jsonstr = rs.getString("jsonstr");
```

이 구문을 실행함으로써 rs.getString()을 통해 추출된 jsonstr 속성 값은 스트링 형식을 가집니다. 따라서 jsonstr으로부터 password 값을 추출하려면 JSON 객체 형식으로 변환이 필요합니다. 이 과정에서 JSON.simple 라이브러리의 JSONParser 클래스가 이용될 수 있습니다. JSONParser의 parse() 함수는 주어진 스트링을 JSONArray나 JSONObject로 변환하는 역할을 수행합니다. 예를 들어 jsonstr은 parse() 함수를 통해 다음과 같이 JSONObject 형식으로 변환될 수 있습니다.

```
JSONObject obj = (JSONObject) (new JSONParser()).parse(jsonstr);
```

변환된 JSONObject로부터 password 속성 값을 추출하기 위해, JSONObject의 get() 함수가 이용될 수 있습니다. get() 함수는 [표 16-2]에서 설명한 바와 같이 추출된 속성 값을 Object 형식으로 반환합니다. Object 형식의 값을 스트링으로 변환하려면 toString() 함수를 이용합니다.

```
String pass = obj.get("password").toString();
```

지금까지의 내용을 기반으로 login() 함수는 다음과 같이 정리할 수 있습니다. 기존에 비해 수정된 부분은 음영 표시하였습니다.

MySNS2/UserDAO.java

```java
...
import org.json.simple.parser.JSONParser;
import org.json.simple.parser.ParseException;
...
    public int login(String uid, String upass) throws NamingException, SQLException, ParseException {
        Connection conn = null;
        PreparedStatement stmt = null;
        ResultSet rs = null;
        try {
            String sql = "SELECT jsonstr FROM user WHERE id = ?";

            conn = ConnectionPool.get();
            stmt = conn.prepareStatement(sql);
            stmt.setString(1, uid);

            rs = stmt.executeQuery();
            if (!rs.next()) return 1;

            String jsonstr = rs.getString("jsonstr");
            JSONObject obj = (JSONObject) (new JSONParser()).parse(jsonstr);
            String pass = obj.get("password").toString();

            if (!upass.equals(pass)) return 2;

            return 0;

        } finally {
            if (rs != null) rs.close();
            if (stmt != null) stmt.close();
            if (conn != null) conn.close();
        }
    }
...
```

10~11행 : jsonstr 속성 값 추출과 변환에 필요한 클래스들을 import 합니다.

77행 : throws 구문에 JSONParser.parse( ) 함수의 실행 중 일어날 수 있는 예외인 Parse Exception 을 추가합니다.

82행 : user 테이블에서 jsonstr 속성 값을 추출하도록 SELECT 구문을 변경합니다.

91행 : SELECT 구문의 실행 결과로부터 jsonstr 속성 값을 받아옵니다.

92행 : JSONParser.parse( ) 함수를 이용하여 추출된 jsonstr을 JSONObject 형식의 객체로 변환합니다. parse( ) 함수는 Object 형을 반환하므로, 형 변환을 통해 JSONObject 형식으로 변환합니다.

93행 : JSONObject의 get( ) 함수를 이용하여 변환된 JSON 객체로부터 password 속성 값을 추출합니다. get( ) 함수 역시 Object 형을 반환하므로, 반환 값을 스트링 형식으로 변환하기 위해 toString( ) 함수를 이용합니다.

04 MySNS2 적용

지금까지 JSON 객체를 읽고 저장할 수 있도록 user 테이블의 구조를 수정하였습니다. 그리고 테이블 구조 변경에 따른 관련 DAO 클래스와 JSP, HTML 파일들의 변경 내용도 함께 살펴보았습니다. [그림 16-3]은 MySNS2 프로젝트에서 수정된 모듈들을 보여주고 있습니다. 수정되지 않은 모듈은 회색으로 표시하였으며, 각 모듈 이름 아래의 인덱스는 해당 모듈이 설명된 절Section의 번호를 나타냅니다.

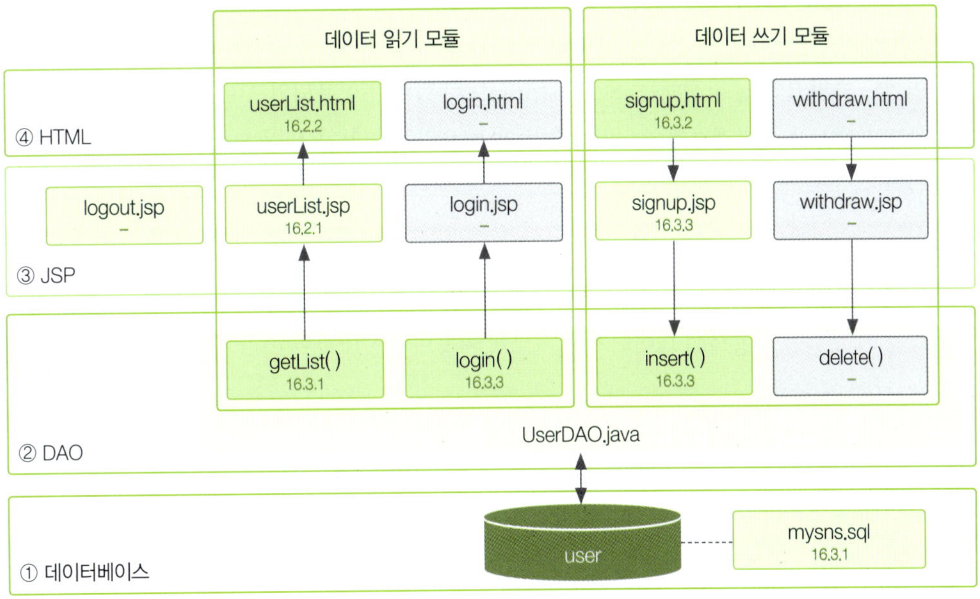

그림 16-3 user 테이블 관련 모듈

각 모듈은 데이터베이스 접근 방향에 따라, 테이블로부터 데이터를 읽어가는 읽기Reader 모듈과 테이블에 데이터를 추가하거나 삭제하는 쓰기Writer 모듈로 구분될 수 있습니다. 예를 들어, 가입자 리스트를 보여주기 위한 userList.html이나 로그인 화면을 제공하는 login.html은 읽기 모듈로 분류될 수 있습니다. 이에 반해, 회원가입이나 탈퇴를 위한 signup.html이나 withdraw.html은 쓰기 모듈로 분류됩니다. 해당 기능이 서버 측에서 데이터를 읽어오는지, 서버 측에 데이터를 전송하는지 생각해보면 쉽게 구분할 수 있습니다.

데이터 읽기 모듈에서는 주로 서버 측의 데이터를 JSON 형식의 스트링으로 인코딩Encoding하여 전송하고, 클라이언트 측에서는 전달된 스트링을 디코딩Decoding하여 다시 JSON 객체로 복원하는 역할을 수행합니다. 서버 측에서의 인코딩 과정에서는 JSON.simple 라이브러리에서 제공하는 JSONArray나 JSONObject 등의 클래스가 이용되었으며, add() 함수나 put() 함수 등을 통해 객체의 속성 값을 설정한 후 toJSONString() 함수를 이용하여 인코딩 작업을 수행하였습니다. 클라이언트 측의 디코딩 과정에서는 JavaScript가 제공하는 JSON 클래스의 parse() 함수가 이용됩니다. 읽기 모듈은 16.2절에서 설명하였습니다.

데이터 쓰기 모듈에서는 읽기 모듈과 반대의 작업이 수행됩니다. 클라이언트 측에서 사용자 입력 값을 JSON 형식으로 인코딩하여 전송하며, 서버 측에서는 전달된 스트링을 그대로 저장하거나, 필요할 경우 디코딩하여 JSON 객체를 복원한 후 값을 추출하는 역할 등을 수행하였습니다. 클라이언트 측의 인코딩 과정에는 JSON.stringify() 함수가 이용되었으며, 서버 측의 디코딩 과정에는 JSONParser 클래스의 parse() 함수가 이용되었습니다. 쓰기 모듈은 16.3절에서 설명하였습니다.

[예제 16-2]와 [예제 16-3]에서는 지금까지 설명한 내용들을 MySNS2 프로젝트에 적용하기 위한 과정들을 소개합니다. 데이터 쓰기 모듈부터 먼저 적용하고 데이터를 입력해 봅니다. 이후 데이터 읽기 모듈을 적용하여 데이터가 올바르게 저장되었는지 확인합니다.

예제 16-2 데이터 쓰기 모듈 적용

1 **user 테이블 스키마 수정 :** 16.3.1절에서 설명한 **CREATE TABLE user** 구문을 MySNS2 프로젝트의 mysns.sql 파일에 적용합니다. 이를 위해 MySQL Command Line Client를 실행한 후, **DROP TABLE user** 구문을 이용해 기존의 user 테이블을 먼저 삭제합니다. 이어 source 명령어를 이용해 수정된 user 테이블을 데이터베이스에 추가합니다. 실행 결과는 **desc user**명령어를 통해 확인할 수 있습니다.

```
mysql> drop table user;
Query OK, 0 rows affected (0.03 sec)

mysql> source C:\work\project2\MySNS2\WebContent\SQL\mysns.sql
Query OK, 1 row affected, 3 warnings (0.00 sec)

Database changed
Query OK, 0 rows affected (0.05 sec)

Query OK, 0 rows affected, 1 warning (0.00 sec)

mysql> desc user;
+---------+---------------+------+-----+---------+-------+
| Field   | Type          | Null | Key | Default | Extra |
+---------+---------------+------+-----+---------+-------+
| id      | varchar(128)  | NO   | PRI | NULL    |       |
| jsonstr | varchar(1024) | YES  |     | NULL    |       |
+---------+---------------+------+-----+---------+-------+
2 rows in set (0.01 sec)
```

2 UserDAO 클래스 수정 : 16.3절에서 설명한 UserDAO의 insert()와 login() 함수, getList() 함수의 변경 내용을 MySNS2 프로젝트의 UserDAO.java에 적용합니다.

3 signup.jsp 수정 : 16.3.3절의 signup.jsp의 코드를 MySNS2 프로젝트에 적용합니다.

4 signup.html 수정 : 16.3.2절에서 설명한 signup.html의 코드를 MySNS2 프로젝트에 적용합니다.

5 signup.html 실행 : 크롬 브라우저를 통해 signup.html을 실행합니다. 아이디와 패스워드, 패스워드 확인, 이름 창에 각각 'kim@abc.com', '111', '111', '김시민'을 입력한 후, '회원가입하기' 버튼을 클릭합니다. 회원가입이 성공적으로 완료되었다는 메시지가 뜨면, MySQL에서 SELECT 구문을 이용하여 user 테이블에 레코드가 정상적으로 추가되었는지 확인합니다.

```
mysql> select * from user;
+-------------+-----------------------------------------------------------------------+
| id          | jsonobj                                                               |
+-------------+-----------------------------------------------------------------------+
| kim@abc.com | {"id":"kim@abc.com","password":"111","name":"김시민","ts":"2021-01-20"} |
+-------------+-----------------------------------------------------------------------+
1 row in set (0.00 sec)

mysql>
```

마찬가지로 signup.html에서 아이디와 패스워드, 이름에 각각 {"kwon@abc.com", "111", "권율"}과 {"lee@abc.com", "111", "이순신"}을 입력하여 user 테이블이 다음과 같은 레코드를 포함하도록 구성해 주세요.

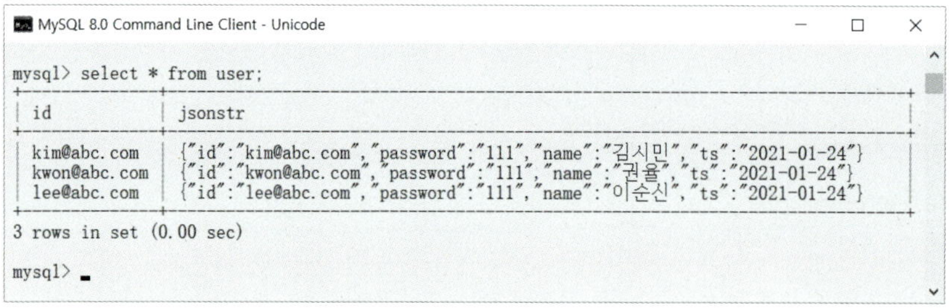

예제 16-3 데이터 읽기 모듈 적용

1 UserDAO 클래스 수정 : 16.3.1절에서 설명한 getList() 함수의 코드를 MySNS2 프로젝트의 UserDAO.java에 적용합니다.

2 userList.jsp 수정 : 16.2.1절에서 설명한 userList.jsp의 코드를 MySNS2 프로젝트에 적용합니다.

3 userList.html 추가 : MySNS2 프로젝트의 src/main/webapp 폴더에 userList.html을 추가합니다. 그리고 16.2.2절에서 설명한 userList.html의 코드를 입력합니다.

4 userList.html 실행 : 크롬 브라우저를 통해 userList.html을 실행하여 가입된 사용자 정보가 모두 올바르게 출력되는지 확인합니다.

요약

01 JSON

- **정의 :** JavaScript에서 객체를 표현하기 위한 형식
- **특징 :** XML에 비해 쉬운 문법을 제공하는 동시에 처리 속도가 빠른 장점이 있어, 클라이언트와 서버 간에 전송되는 메시지를 표현하는데 적합
- 데이터 표현 방식

```
{
    "id": "kim@abc.com",
    "password": "111",
    "name": "김시민",
    "ts": "2021-01-24"
}
```

02 JavaScript에서 객체와 배열의 정의 방법

- 객체의 정의 방법

```
{
    id: "kim@abc.com",        // 사용자 아이디 (문자열)
    password: "111",          // 패스워드 (문자열)
    name: "김시민",            // 이미지 파일 (문자열)
    ts: 1605702411            // 가입시간 (숫자 - 타임스탬프)
}
```

- 배열의 정의 방법

```
[
    { id: "kim@abc.com", password: "111", name: "김시민", ts: 1605702411 },
    { id: "kwon@abc.com", password: "111", name: "권율", ts: 1605702411 },
    { id: "lee@abc.com", password: "111", name: "이순신", ts: 1605702411 },
    ...
]
```

03 JSON.simple 라이브러리

- **JSONObject** : UserObj를 대체. 속성 값 추가를 위해 put() 함수를 제공하며, 파라미터로 이름과 값을 입력받음
- **JSONArray** : ArrayList를 대체. JSON 데이터의 배열을 저장함

04 읽기 모듈과 쓰기 모듈

	읽기 모듈	쓰기 모듈
데이터 이동 방향	서버 → 클라이언트	클라이언트 → 서버
데이터 변환 절차	데이터베이스 레코드 → JSON(인코딩)	JSON → 데이터베이스 레코드(디코딩)
사용 라이브러리	JSON.simple 라이브러리 내 JSONArray, JSONObject 클래스 등	JavaScript 내장 라이브러리 내 JSON 클래스의 parse() 함수

05 JSON 인코딩과 디코딩

	클라이언트(JavaScript)	서버(Java)
라이브러리	JavaScript가 제공하는 JSON 객체	–
인코딩	JSON.stringify()	JSONObject 객체의 toJSONString() 또는 JSONArray 객체의 toJSONString()
디코딩	JSON.parse()	JSONParser 객체의 parse()

연습문제

01 다음 중 JSON에 대한 설명과 가장 거리가 먼 것은 무엇인가요?

① Java 객체를 표현하는 형식이다.

② XML에 비해 쉬운 문법을 제공한다.

③ 처리 속도가 빠른 장점이 있다.

④ 클라이언트와 서버 사이에 데이터를 전송하기 위해 이용될 수 있다.

02 다음 중 JavaScript 자료형과 가장 거리가 먼 것은 무엇인가요?

① Boolean ② Integer ③ String ④ Object

03 다음 중 JavaScript 객체에 대한 설명과 가장 거리가 먼 것은 무엇인가요?

① 객체는 중괄호로 정의한다.

② 객체는 이름-값 쌍의 형태로 정의된 속성을 포함할 수 있다.

③ 객체의 속성 값은 배열을 포함할 수 없다.

④ 배열은 객체의 특수한 경우에 해당한다.

04 JSON.simple 라이브러리를 이용할 경우, 일반 객체형을 표현하기 위해 이용되는 클래스는 무엇인가요? 객체에 이름-값 쌍을 추가하기 위한 멤버 함수 이름은 무엇인가요?

05 JSON.simple 라이브러리를 이용할 경우, ArrayList와 같은 배열형을 표현하기 위해 이용되는 클래스는 무엇인가요? 배열에 객체를 추가하기 위한 멤버 함수 이름은 무엇인가요?

06 JSON 객체를 인코딩하거나 디코딩하기 위해 이용될 수 있는 JavaScript 객체는 무엇인가요?

07 Java에서 JSON 객체를 디코딩하기 위해 JSON.simple 라이브러리에서 제공하는 클래스는 무엇인가요?

① JSONObject ② JSONArray ③ JSONParser ④ JSONDecoder

08 데이터베이스 테이블에 JSON 객체 형식으로 정보를 묶어 하나의 속성으로 유지할 경우 얻을 수 있는 장점은 무엇인가요?

09 JavaScript에서 JSON으로 인코딩된 스트링을 디코딩하기 위한 함수는 무엇인가요? 객체를 인코딩하기 위한 함수는 무엇인가요?

10 feed 테이블의 레코드 집합을 JavaScript의 객체와 배열 형식으로 표현해 보세요.

11 feed 테이블의 레코드를 읽어 JSON 배열의 스트링 형식으로 반환하기 위한 getList2() 함수를 작성하고, FeedDAO 클래스에 추가해 주세요.

12 feed 테이블의 no, id, content, ts, images 정보를 JSON 객체로 묶어 저장하기 위한 feed 테이블의 스키마를 정의해 보세요.

CHAPTER 17
메인화면 구성

학습목표

- JSON 형식을 저장하기 위한 feed 테이블 구조 변경 과정을 이해한다.
- 페이지 스크롤 다운 시 데이터를 연속으로 읽어오도록 구현하는 방법을 익힌다.

01 메인화면 개요

기존의 MySNS 프로젝트에서 메인 화면은 main.jsp에서 구현되었습니다. main.jsp의 경우 JSP 파일 내에서 데이터 접근과 HTML 코드 생성이 모두 이루어지므로, AJAX를 이용해 데이터 접근과 HTML 코드 생성 부분을 분리할 필요가 있습니다. 예를 들어, 데이터 접근 부분은 main.jsp에 그대로 남겨두고, HTML 코드 생성 부분은 main.html 파일을 새로 생성한 후 이관할 수 있습니다. 데이터베이스 접근 부분 역시 JSON을 형식의 데이터를 저장할 수 있도록 구조를 수정하여 서버 효율을 높일 필요가 있습니다. 또한 UI 역시 모바일 화면에 맞게 수정되어야 합니다.

그림 17-1 모바일 디자인이 적용된 메인화면

이 장에서는 AJAX와 JSON을 이용하여 작성글 리스트를 출력하는 메인화면을 구현하기 위한 방법들을 소개합니다.

02 Feed 데이터 저장

먼저 JSON 형식의 데이터를 저장하기 위한 feed 테이블 구조와 관련 모듈부터 살펴봅시다. [그림 17-2]는 feed 테이블을 이용하는 모듈들의 관계를 보여줍니다. feed 테이블 모듈 역시 데이터베이스 접근 방향을 중심으로 데이터 읽기 모듈과 쓰기 모듈로 분류될 수 있습니다. 각 모듈 이름 아래의 인덱스는 해당 모듈이 설명된 절Section의 번호를 나타냅니다.

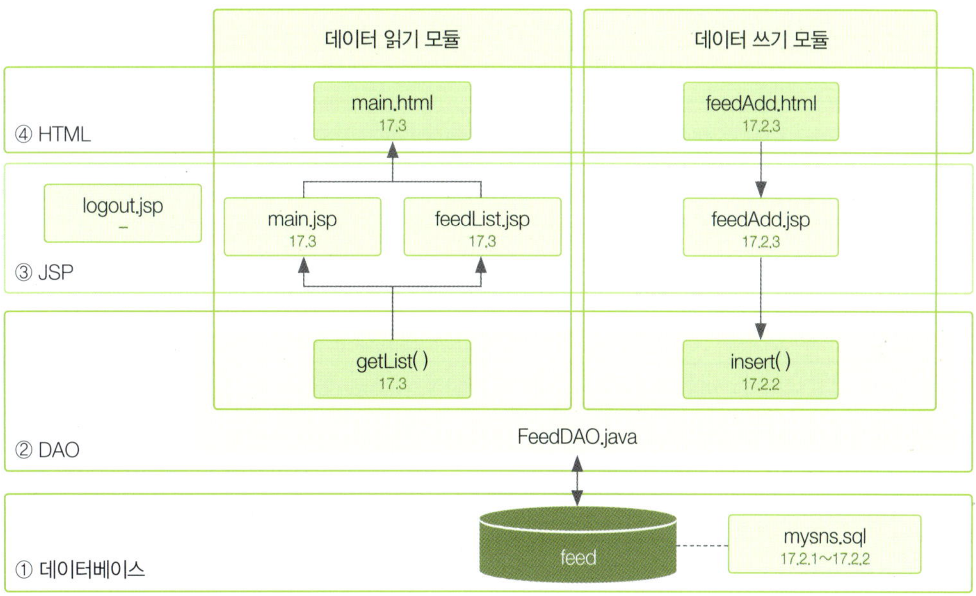

그림 17-2 feed 테이블 관련 모듈

Feed 데이터 쓰기 모듈은 글작성 화면을 제공하는 feedAdd.html, 사용자 입력 값을 DAO 클래스로 전달하는 feedAdd.jsp, JSP를 통해 전달된 데이터를 feed 테이블에 저장하는 FeedDAO 클래스 등으로 구성됩니다. 그리고 이들 모듈이 JSON 형식의 데이터를 주고받기 위해서는 feed 테이블 구조가 수정되어야 합니다.

1 테이블 구조

작성글 정보를 JSON 형식으로 저장하기 위한 feed 테이블의 스키마는 어떤 형태로 정의되나요?

기존의 feed 테이블에서는 작성글 정보를 표현하는데 필요한 속성들을 no, id, content, images, ts 등으로 분할하여 저장하고 있습니다. user 테이블과 마찬가지로, feed 테이블 역시 분할된 속성을 JSON 객체 형식으로 묶어 저장할 수 있도록 다음과 같이 수정될 수 있습니다.

MySNS2/sql/mysns.sql

```
...
CREATE TABLE IF NOT EXISTS feed (
    no INT UNSIGNED AUTO_INCREMENT PRIMARY KEY,
    id VARCHAR(128),
    -- content VARCHAR(4096),
    -- images VARCHAR(1024),
    -- ts TIMESTAMP DEFAULT CURRENT_TIMESTAMP
    jsonstr VARCHAR(8192)
);
```

이 CREATE 구문에서 no와 id 속성을 제외한 나머지 속성은 주석 처리하여 테이블에 포함되지 않도록 수정하였습니다. 대신에 작성글 정보를 JSON 스트링 형식으로 저장하기 위한 jsonstr 속성을 새로이 추가하였습니다. jsonstr은 VARCHAR 형식으로 정의되었으며, 기존의 content나 images 속성 정보를 모두 포함할 수 있도록 충분한 크기로 설정하였습니다. (필요할 경우 jsonstr의 크기는 수정될 수 있습니다.) [그림 17-3]은 feed 테이블 변경 전후의 구조 차이를 비교하고 있습니다.

no	id	content	images	ts
5	lee@abc.com	Good day, today!	Tulips.jpg	2020-01-08 13:48:51
4	kwon@abc.com	Aloha, again	Koala.jpg	2020-01-07 18:28:07
3	kim@abc.com	Hi	NULL	2020-01-07 11:32:10

no	id	Jsonstr
5	lee@abc.com	{no: 5, id: "lee@abc.com", content: "Good day, today!", images: ··· }
4	kwon@abc.com	{no: 4, id: "kwon@abc.com", content: "Aloha, again", images: "Koala.jpg", ··· }
3	kim@abc.com	{no: 3, id: "kim@abc.com", content: "Hi", ts: "2020-01-07 11:32:10" }

그림 17-3 JSON 데이터 저장을 위한 feed 테이블 구조 변경

id 속성의 경우, 향후 친구관리 로직이 추가되었을 때 친구들의 글을 빠르게 선별해 내기 위해 필요합니다.

2 서버 측 처리

feed 테이블의 구조가 위와 같이 변경될 경우, FeedDAO 클래스의 관련 멤버 함수들도 해당 구조를 처리할 수 있도록 변경되어야 합니다. 예를 들어, insert() 함수는 no와 id, jsonstr 속성 값을 전달받아 저장할 수 있도록 수정되어야 합니다. no 속성의 경우 AUTO_INCREMENT 필드로 정의되어 시스템에 의해 자동으로 입력되므로, insert() 함수에서는 다음과 같이 id와 jsonstr 속성 값만 입력받아 저장하도록 처리합니다. 기존 코드에 비해 수정된 부분은 음영 표시하였습니다.

MySNS2/WEB-INF/classes/dao/FeedDAO.java

```
    ...
    public boolean insert(String uid, String jsonstr) throws
NamingException, SQLException {
        Connection conn = null;
        PreparedStatement stmt = null;
        try {
```

```
19              String sql = "INSERT INTO feed(id, jsonstr) VALUES(?, ?)";
20
21              conn = ConnectionPool.get();
22              stmt = conn.prepareStatement(sql);
23              stmt.setString(1, uid);
24              stmt.setString(2, jsonstr);
25
26                int count = stmt.executeUpdate();
27                return (count == 1) ? true : false;
28
29              } finally {
30                if (stmt != null) stmt.close();
31                if (conn != null) conn.close();
32          }
33      }
...     ...
```

15행 : 기존에 id, content, images를 파라미터로 입력받던데 대해, 수정된 코드에서는 id와 jsonstr을 입력받습니다.

19행 : 파라미터로 전달된 id와 jsonstr을 feed 테이블에 저장하도록 INSERT문을 수정합니다.

23행 : PreparedStatement 형식으로 준비된 SQL 구문의 '?' 파라미터에 id와 jsonstr 값을 각각 대입합니다.

이 구현 코드에는 한 가지 문제점이 있습니다. no 속성의 경우, AUTO_INCREMENT 키워드로 정의되어 있으므로 레코드 추가 시 데이터베이스 엔진에 의해 서버측에서 자동으로 값이 할당됩니다. 한편, insert( ) 함수의 파라미터로 입력되는 jsonstr에는 no 속성 정보가 포함되어 있지 않습니다. (no 속성 값은 feedAdd.html에서 사용자로부터 전달받지 않습니다.) 따라서 파라미터로 주어진 jsonstr 정보를 그대로 feed 테이블에 저장할 경우 no 정보가 없으므로, 향후 클라이언트에서 특정 작성글을 선택한 후 수정/삭제하기 어려워집니다.

jsonstr에 no 정보를 추가하는 작업은 getList( )나 insert( ) 함수에서 구현 가능합니다. getList( ) 함수에서 구현할 경우, 작성글 리스트를 반환할 때마다 SELECT 구문으로 no 속성을 읽어와 반환될 리스트에 no 정보를 추가하게 됩니다. 이에 반해 insert( ) 함수에서 구현할 경우, 레코드가 삽입될 때마다 no 정보를 추가한 후 저장합니다.

FeedDAO 클래스의 getList()와 insert() 중, 어느 함수에서 no 정보를 추가하는 것이 좋을까요?

이 질문에 답하려면, 두 함수의 수행 빈도를 따져보는 것이 좋습니다. 일반적으로 레코드 추가 작업과 반환 작업의 수행 비율을 고려해 보았을 때, 추가보다는 반환 작업의 수행 비율이 훨씬 높습니다. 또한 insert()에서는 하나의 레코드를 처리하는 반면, getList()에서는 SELECT를 통해 얻어오는 레코드의 수가 1개 이상입니다. 레코드 별로 no 속성 값을 추가하려면 JSONObject 객체로 변환하는 작업까지 필요합니다. 따라서 함수의 수행 빈도나 레코드의 변환 측면에서 보았을 때, insert()에서 no 추가 작업을 수행하는 것이 더욱 효율적임을 알 수 있습니다.

insert()에서 주어진 레코드에 no 정보를 추가하고 feed 테이블에 저장하기 위한 과정은 다음과 같습니다.

❶ 주어진 레코드의 no 속성 값을 결정합니다. feed 테이블에 저장된 레코드의 no 속성의 최대값을 max라고 할 경우, 새로운 레코드의 no 속성 값은 max+1로 설정됩니다.

❷ no 속성 값을 추가하기 위해 스트링 형식의 jsonstr을 JSONObject 객체로 변환합니다.

❸ 변환된 객체에 max+1을 no 속성 값으로 추가합니다.

❹ JSONObject 객체를 스트링 형식으로 변환한 후, INSERT 구문을 이용해 feed 테이블에 추가합니다.

과정 ❶을 구현하기 위해 다음의 SELECT 구문을 이용할 수 있습니다.

```
String sql = "SELECT no FROM feed ORDER BY no DESC LIMIT 1";
```

SELECT 문을 실행한 결과는 rs.next()와 rs.getInt() 함수를 통해 얻어올 수 있습니다. 예를 들어, feed 테이블에 레코드가 존재하지 않을 경우 rs.next() 함수는 false를 반환하며, 이 경우 max 값은 0으로 설정합니다. 그렇지 않을 경우에는 rs.getInt("no")를 통해 얻은 값을 max로 설정합니다.

```
stmt = conn.prepareStatement(sql);
rs = stmt.executeQuery();

int max = (!rs.next()) ? 0 : rs.getInt("no");
```

과정 ❷와 ❸은 다음과 같이 구현될 수 있습니다. 먼저 JSONParser의 parse() 함수를 이용해 jsonstr을 JSONObject 객체로 변환합니다. 이 후 JSONObject의 put() 함수를 이용해 no 속성 값에 max+1을 입력합니다.

```
JSONObject jsonobj = (JSONObject) (new JSONParser()).parse(jsonstr);
jsonobj.put("no", max+1);
```

마지막으로 과정 ❹에서는 INSERT 구문을 이용해 변환된 객체를 feed 테이블에 추가합니다. feed 테이블은 no와 id, jsonstr 속성으로 구성되어 있으며, 각각에 대해 다음과 같이 값을 지정합니다. jsonstr 속성에 스트링 형식의 값을 지정하기 위해 JSONObject 의 toJSONString() 함수를 이용하여 jsonobj를 스트링 형식으로 변환합니다.

```
sql = "INSERT INTO feed(no, id, jsonstr) VALUES(?, ?, ?)";
stmt = conn.prepareStatement(sql);
stmt.setInt(1, max+1);
stmt.setString(2, jsonobj.get("id").toString());
stmt.setString(3, jsonobj.toJSONString());
```

과정 ❶~❹를 구현할 경우 주의할 점이 두 가지 있습니다. 첫째는 no 속성 값이 INSERT 구문에 의해 직접 입력되므로, CREATE TABLE 구문에서 정의된 AUTO_ INCREMENT 키워드가 삭제되어야 한다는 점입니다.

MySNS2/sql/mysns.sql

```
...
CREATE TABLE IF NOT EXISTS feed (
    no INT UNSIGNED PRIMARY KEY,
    id VARCHAR(128),
    -- content VARCHAR(4096),
    -- images VARCHAR(1024),
    -- ts TIMESTAMP DEFAULT CURRENT_TIMESTAMP
    jsonstr VARCHAR(8192)
);
```

둘째는 SELECT 구문과 INSERT 구문이 항상 같은 묶음으로 수행되어야 한다는 점입니다. 이유가 무엇인지 예시를 통해 알아봅시다.

두 사용자가 작성글을 동시에 업로드한다고 가정해 봅시다. 이 경우 사용자 요청 처리를 위해 2개의 feedAdd.jsp 스레드Thread가 동시에 실행될 수 있으며, 이 과정에서 FeedDAO.insert() 함수 역시 병행적으로 수행될 수 있습니다. 만약 feed 테이블에 10개의 레코드가 있을 경우, 두 함수 모두 SELECT 구문을 나란히 실행한다면 두 함수의 no 값은 동일하게 10으로 설정됩니다. 이 경우 새로운 레코드의 no 값은 두 함수에서 모두 11로 설정되어 INSERT 구문을 통해 저장되며, 이는 향후 작성글의 수정이나 삭제시 버그를 유발하는 요인이 됩니다. 따라서 하나의 함수에서 SELECT 구문이 실행되었다면 반드시 INSERT 구문까지 실행 완료된 후에 다른 스레드가 접근할 수 있도록 강제해야 함을 알 수 있습니다.

? 상호 배제란 무엇인가요? Java에서 어떻게 구현할 수 있나요?

이러한 문제를 해결하기 위해서는 insert() 함수가 수행되는 도중 다른 insert() 함수가 수행될 수 없도록 강제해야 합니다. 이를 상호 배제Mutual Exclusion라고 합니다. Java에서 상호배제는 synchronized 키워드를 통해 구현 가능합니다. 예를 들어, SELECT와 INSERT 구문의 실행 부분을 다음과 같이 synchronized(this) 구문으로 함께 묶어줄 수 있습니다. 다음은 지금까지 설명한 내용을 반영한 insert() 함수의 구현 코드를 보여줍니다.

MySNS2/WEB-INF/classes/dao/FeedDAO.java

```java
...
import org.json.simple.JSONObject;
import org.json.simple.parser.JSONParser;
import org.json.simple.parser.ParseException;
...
    public boolean insert(String jsonstr) throws NamingException, SQLException, ParseException {
        Connection conn = null;
        PreparedStatement stmt = null;
        ResultSet rs = null;
        try {
            synchronized(this) {
                conn = ConnectionPool.get();

                String sql = "SELECT no FROM feed ORDER BY no DESC LIMIT 1";
                stmt = conn.prepareStatement(sql);
                rs = stmt.executeQuery();

                int max = (!rs.next()) ? 0 : rs.getInt("no");
                stmt.close();

                JSONObject jsonobj = (JSONObject) (new JSONParser()).parse(jsonstr);
                jsonobj.put("no", max + 1);

                sql = "INSERT INTO feed(no, id, jsonstr) VALUES(?, ?, ?)";
                stmt = conn.prepareStatement(sql);
                stmt.setInt(1, max + 1);
                stmt.setString(2, jsonobj.get("id").toString());
                stmt.setString(3, jsonobj.toJSONString());

                int count = stmt.executeUpdate();
                return (count == 1) ? true : false;
            }
        } finally {
            if (rs != null) rs.close();
            if (stmt != null) stmt.close();
```

```
46                  if (conn != null) conn.close();
47              }
48          }
...         ...
```

16행 : insert() 함수를 선언합니다. 파라미터로 스트링 형식의 jsonstr 하나만 입력받으며, id 정보는 입력받지 않습니다. jsonstr에 id 속성 값이 포함되어 있어 추출 가능하기 때문입니다. throws 구문에는 JSONParser.parse() 함수 수행시 발생할 수 있는 예외를 처리하기 위한 ParseException을 추가합니다.

21행 : SELECT 구문과 INSERT 구문을 하나의 묶음으로 수행될 수 있도록 synchronized 구문을 정의합니다.

24~26행 : feed 테이블에서 no 최대값을 가져오기 위한 SELECT 구문을 정의하고 수행합니다.

28행 : no 최대값을 저장하기 위한 변수인 max를 선언하고 값을 설정합니다. feed 테이블에 레코드가 없을 경우 max는 0으로 설정되며, 그렇지 않을 경우 레코드의 no 속성 값을 가집니다.

29행 : SELECT 구문 수행에 이용된 stmt를 닫아줍니다. stmt는 35행의 INSERT 구문 수행에 한 번 더 이용되기 때문에 닫아주지 않을 경우 메모리 누수가 생길 수 있습니다.

31행 : JSONParser.parse() 함수를 이용하여 jsonstr을 JSONObject 객체로 변환합니다.

32행 : 변환된 JSONObject 객체의 no 속성에 max+1 값을 설정합니다.

34행 : no와 id, jsonstr 속성 값을 설정할 수 있도록 INSERT 구문을 수정합니다.

36행 : INSERT 구문의 첫 번째 '?' 파라미터에 max+1 값을 설정합니다.

37행 : INSERT 구문의 두 번째 '?' 파라미터에 id 값을 설정합니다. jsonobj 객체에 포함된 id 값을 추출하여 스트링으로 변환한 후 값으로 설정합니다.

38행 : INSERT 구문의 세 번째 '?' 파라미터에 31~32행에서 변환된 jsonobj 객체를 스트링 형식으로 변환하여 설정합니다.

3 클라이언트 측 처리

이제 작성글 화면을 제공하는 feedAdd.html에서 사용자가 입력한 내용을 JSON 객체 형태로 전송하기 위해 어떤 부분이 수정되어야 하는지 살펴봅시다. 기존의 feedAdd.html에서는 사용자로부터 주어진 아이디, 작성글 텍스트, 이미지 등을 별도의 파라미터로 구성했습니다. 이에 반해 feed 테이블이 jsonstr 형식으로 작성글 정보를 통합하여 저장하도록 수정되었으므로, feedAdd.html 역시 테이블 구조에 맞게 사용자 입력 파라미터를 통합하여 전달할 필요가 있습니다. 다음은 feedAdd.html의 수정된 upload() 함수를 보여줍니다. 기존 코드에 비해 수정된 부분은 음영 표시하였습니다.

MySNS2/feedAdd.html

```
...
function upload() {
    ...
    var imgobj = $("#image")[0].files[0];

    var jsonobj = {id: id, content: content, ts: getTime()};
    if (imgobj != null) {
    jsonobj.images = [imgobj.name];
    }

    var params = new FormData();
    //params.append("id", id);
    //params.append("content", content);
    params.append("jsonstr", JSON.stringify(jsonobj));
    if (imgobj != null) {
        params.append("image", imgobj);
    }

    var url = "jsp/feedAdd.jsp";
    AJAX.call(url, params, function(data) {
        ...
    }, true);
}

function getTime() {
    var date = new Date();
    var year = date.getFullYear();
    var month = ("0" + (1 + date.getMonth())).slice(-2);
```

```
111     var day = ("0" + date.getDate()).slice(-2);
112
113     var hour = ("0" + date.getHours()).slice(-2);
114     var min = ("0" + date.getMinutes()).slice(-2);
115     var sec = ("0" + date.getSeconds()).slice(-2);
116
117     return year + "-" + month + "-" + day + " " + hour + ":" + min + ":" + sec;}
118 </script>
```

81행 : 입력받은 id, content 값을 JSON 객체 형식으로 묶어 jsonobj 변수에 저장합니다. 이 때 글작성 시간을 나타내는 ts 속성 값을 객체에 포함하며, 이를 위해 107행의 getTime() 함수를 호출합니다.

82~84행 : 사용자가 이미지를 선택한 경우에 한해 images 속성 값을 추가합니다. 이 때 선택된 파일의 이름만 추가합니다. 이는 서버에 이미지가 저장되어 있을 경우, 파일 이름만으로 URL을 구성하여 웹 페이지에서 이미지를 불러올 수 있기 때문입니다. (실제 이미지 컨텐츠는 90~92행에 별도의 파라미터 형태로 추가되어 서버에서 저장될 수 있도록 구성됩니다.) 파일 이름 추가를 위해 imgobj.name 속성을 이용하며, 향후 여러 개의 이미지를 입력받을 수 있도록 배열 형태로 구성합니다.

89행 : jsonobj를 FormData 객체의 파라미터로 추가합니다. JSON.stringify() 함수를 이용하여 스트링 형식으로 변환한 후, 'jsonstr'이라는 이름으로 파라미터에 추가합니다.

107~118행 : 현재 날짜와 시간을 받아오기 위한 getTime() 함수를 정의합니다. 16.3.2절에서 다룬 getDate() 함수의 구현과 유사하며, 날짜 외에 시간 정보를 hh:mm:ss 형식으로 추가하기 위해 113~115행이 추가되었습니다. 시간 정보 역시 두 자리 스트링 형태로 표현하기 위해 0을 추가한 후, slice(−2) 함수를 호출합니다.

feedAdd.html에서 사용자 입력 값이 JSON 객체의 형식으로 통합되어 전달되므로, feedAdd.jsp 역시 이에 맞게 수정되어야 합니다. feedAdd.jsp는 클라이언트로부터 전달된 파라미터를 단순히 DAO에 넘겨주는 역할을 하도록 수정됩니다. 다음은 수정된 feedAdd.jsp의 코드를 보여줍니다. 기존에는 id, content 등의 형식으로 파라미터를 따로 전달받던 부분에 비해, 수정된 코드에서는 jsonstr의 형태로 통합하여 파라미터를 전달받도록 수정합니다.

MySNS2/jsp/feedAdd.jsp

```
...
<%
    request.setCharacterEncoding("utf-8");

    //String uid = null, ucon = null, ufname = null;
    String jsonstr = null, ufname = null;
    byte[] ufile = null;

    ServletFileUpload sfu = new ServletFileUpload(new DiskFileItemFactory());
    List items = sfu.parseRequest(request);

    Iterator iter = items.iterator();
    while(iter.hasNext()) {
        FileItem item = (FileItem) iter.next();
        String name = item.getFieldName();
        if(item.isFormField()) {
            String value = item.getString("utf-8");
            //if (name.equals("id")) uid = value;
            //else if (name.equals("content")) ucon = value;
            if (name.equals("jsonstr")) jsonstr = value;
        }
        else {
            if (name.equals("image")) {
                ufname = item.getName();
                ufile = item.get();
                String root = application.getRealPath(java.io.File.separator);
                FileUtil.saveImage(root, ufname, ufile);
                out.print("이미지 업로드가 완료되었습니다.");
            }
        }
    }

    FeedDAO dao = new FeedDAO();
    //if (dao.insert(uid, ucon, ufname)) {
    if (dao.insert(jsonstr)) {
        out.print("OK"); // response.sendRedirect("main.jsp");
    }
```

```
44        else {
45            out.print("ER");
46        }
47    %>
```

12행 : JSON 객체를 저장하기 위한 jsonstr 변수를 선언합니다.

26행 : 전달된 속성의 이름이 jsonstr일 경우, 추출된 값을 jsonstr 변수에 저장합니다.

41행 : FeedDAO.insert() 함수를 호출합니다. 추출된 jsonstr 값을 파라미터로 입력합니다.

예제 17-1 Feed 데이터 쓰기 모듈 적용

1 feed 테이블 스키마 수정 : 17.2.2절에서 설명한 **CREATE TABLE feed** 구문을 MySNS2 프로젝트의 mysns.sql 파일에 적용합니다. 먼저 MySQL Command Line Client를 실행한 후 **DROP TABLE feed** 구문을 이용해 기존 테이블을 삭제합니다. 그리고 source 명령어를 이용해 수정된 feed 테이블을 데이터베이스에 추가합니다. 실행 결과는 **desc feed** 명령어를 통해 다음과 같이 확인할 수 있습니다. no 필드에 AUTO_INCREMENT 키워드가 삭제되었는지 여부를 확인합니다.

```
MySQL 8.0 Command Line Client - Unicode
mysql> drop table feed;
Query OK, 0 rows affected (0.07 sec)

mysql> source C:\work\project\MySNS2\src\main\webapp\sql\mysns.sql
Query OK, 1 row affected, 3 warnings (0.00 sec)

Database changed
Query OK, 0 rows affected, 1 warning (0.00 sec)

Query OK, 0 rows affected (0.03 sec)

mysql> desc feed;
+---------+---------------+------+-----+---------+----------------+
| Field   | Type          | Null | Key | Default | Extra          |
+---------+---------------+------+-----+---------+----------------+
| no      | int unsigned  | NO   | PRI | NULL    | auto_increment |
| id      | varchar(128)  | YES  |     | NULL    |                |
| jsonstr | varchar(8192) | YES  |     | NULL    |                |
+---------+---------------+------+-----+---------+----------------+
3 rows in set (0.01 sec)

mysql>
```

2 FeedDAO 클래스 수정 : 17.2.2절에서 설명한 insert() 함수를 MySNS2 프로젝트의 FeedDAO.java에 적용합니다.

3 feedAdd.jsp 수정 : 17.2.3절에서 설명한 feedAdd.jsp의 코드를 MySNS2 프로젝트에 적용합니다.

4 feedAdd.html 수정 : 17.2.3절에서 설명한 feedAdd.html의 코드를 MySNS2 프로젝트에 적용합니다.

5 feedAdd.html 실행 : 크롬 브라우저를 통해 feedAdd.html을 실행합니다. 아이디와 작성글에 각각 'kim@abc.com', 'Hello'를 입력합니다. 그리고 이미지에서 파일 선택 버튼을 눌러 Koala.jpg나 선택 가능한 이미지를 선택한 후, [업로드하기] 버튼을 클릭합니다. 작성글 성공적으로 업로드되었다는 메시지가 뜨면, MySQL에서 SELECT 구문을 이용하여 feed 테이블에 레코드가 정상적으로 추가되었는지 확인합니다.

```
MySQL 8.0 Command Line Client - Unicode

mysql> select no, jsonstr from feed;
+----+--------------------------------------------------------------------------------------------------+
| no | jsonstr                                                                                          |
+----+--------------------------------------------------------------------------------------------------+
|  1 | {"no":1,"images":["Koala.jpg"],"id":"kim@abc.com","content":"Hello","ts":"2021-02-09 12:03:23"} |
+----+--------------------------------------------------------------------------------------------------+
1 row in set (0.00 sec)

mysql>
```

마찬가지로 feedAdd.html에서 아이디와 작성글, 이미지에 각각 {"kwon@abc.com", "Aloha", "Penguins.jpg"}와 {"lee@abc.com", "Hi, everyone", "Tulips.jpg"} 등을 입력하여 feed 테이블이 다음과 같은 레코드를 포함하도록 구성해 주세요. (이미지는 선택 가능한 다른 이미지를 쓰셔도 무방합니다.)

```
MySQL 8.0 Command Line Client - Unicode

mysql> select no, jsonstr from feed;
+----+-------------------------------------------------------------------------------------------------------------+
| no | jsonstr                                                                                                     |
+----+-------------------------------------------------------------------------------------------------------------+
|  1 | {"no":1,"images":["Koala.jpg"],"id":"kim@abc.com","content":"Hello","ts":"2021-02-09 12:03:23"}            |
|  2 | {"no":2,"images":["Penguins.jpg"],"id":"kwon@abc.com","content":"Aloha","ts":"2021-02-09 12:07:12"}        |
|  3 | {"no":3,"images":["Tulips.jpg"],"id":"lee@abc.com","content":"Hi, everyone","ts":"2021-02-09 12:07:38"}    |
+----+-------------------------------------------------------------------------------------------------------------+
3 rows in set (0.00 sec)

mysql>
```

03 Feed 데이터 조회

Feed 데이터 읽기 모듈은 feed 테이블로부터 JSON 형태의 리스트 데이터를 읽어와 반환하는 FeedDAO.getList() 함수와, getList() 함수의 반환 값을 클라이언트로 전달하기 위한 main.jsp, 그리고 main.jsp로부터 전달받은 데이터로부터 HTML 코드를 생성하여 작성글 리스트를 메인 화면으로 출력하는 main.html 등으로 구성됩니다.

FeedDAO 클래스의 getList() 함수는 16.3.1절에서 설명한 UserDAO.getList() 함수와 동일한 방법으로 구현될 수 있습니다. 즉 feed 테이블의 jsonstr 속성 값을 읽어온 후 쉼표로 연결하고 앞뒤에 대괄호를 추가함으로써, JSON 객체의 배열 형태로 인코딩된 스트링을 만들어 냅니다. 다음 코드는 getList() 함수의 구현을 보여줍니다. 기존에 비해 변경된 부분은 음영 표시하였습니다.

MySNS2/WEB-INF/classes/dao/FeedDAO.java

```java
...
public String getList() throws NamingException, SQLException {
    Connection conn = null;
    PreparedStatement stmt = null;
    ResultSet rs = null;
    try {
        String sql = "SELECT jsonstr FROM feed ORDER BY no DESC";

        conn = ConnectionPool.get();
        stmt = conn.prepareStatement(sql);
        rs = stmt.executeQuery();

        String str = "[";
        int cnt = 0;
        while(rs.next()) {
            if (cnt++ > 0) str += ", ";
```

```
65                 str += rs.getString("jsonstr");
66             }
67             return str + "]";
68 
69         } finally {
70             if (rs != null) rs.close();
71             if (stmt != null) stmt.close();
72             if (conn != null) conn.close();
73         }
74 }
… …
```

55행 : jsonstr 필드만 추출하도록 SELECT 구문을 수정합니다. 또한 기존에는 ts 속성 값을 기준으로 정렬을 수행한 반면, 수정된 feed 테이블에는 ts 속성이 없으므로 no 속성 값을 기준으로 정렬을 수행하도록 수정합니다. no 속성 값은 레코드가 추가된 순서를 나타내므로 레코드 정렬에 있어 ts 속성을 대체하여 이용될 수 있습니다.

61행 : 반환될 JSON 형식의 스트링을 저장하기 위한 변수 str을 선언합니다. str은 JSON 배열 형식을 가지도록 '['로 초기화합니다.

62행 : 읽어온 레코드 개수를 저장하기 위한 변수 cnt를 선언하고, 0으로 초기화합니다.

63행 : SELECT 구문을 통해 읽어온 모든 레코드에 대해 64~65행을 수행합니다.

64행 : cnt가 1이상일 경우, 배열 요소 간의 구분을 위해 str에 ',' 문자를 추가합니다.

65행 : 레코드로부터 jsonstr 속성 값을 읽어와 str에 추가합니다. 각 레코드의 jsonstr 속성에는 JSON 객체 형식으로 작성글 정보를 인코딩한 스트링이 저장되어 있습니다.

67행 : str에 ']'를 추가하여 배열을 완성한 후 반환합니다.

main.jsp 역시 16.2.1절에서 소개한 userList.jsp와 마찬가지로, out.print( ) 함수를 이용하여 getList( ) 함수로부터 전달받은 스트링을 그대로 출력합니다.

MySNS2/jsp/main.jsp

```
<%@ page contentType="text/html" pageEncoding="utf-8" %>
<%@ page import="dao.*" %>
<%
```

```
    out.print((new FeedDAO()).getList());
%>
```

이제 main.html을 어떻게 구성할지 살펴봅시다. main.html은 main.jsp로부터 전달된 작성글 리스트 정보를 브라우저에서 보여주기 위한 HTML 코드를 생성하며, 로그인이 완료된 경우에 한해 리스트가 출력될 수 있도록 구현됩니다.

main.html은 16.2.2절에서 설명한 userList.html과 유사한 구조를 가지며, <head>, <body>, <script> 태그를 포함한 세 부분으로 구성됩니다. <head>에서는 주로 <meta> 태그를 통해 모바일 화면 관련 해상도를 설정하거나 CSS 디자인 요소 등을 정의합니다. <body> 영역에는 브라우저에 출력될 HTML 코드를 정의합니다. <script>는 AJAX 호출을 통해 서버로부터 데이터를 가져오고 HTML 코드를 동적으로 생성합니다.

다음은 main.html의 구현 코드입니다. userList.html과 거의 동일하며, userList.html와 비교했을 때 차이나는 부분에 대해 음영 표시하였습니다.

MySNS2/main.html

```
<html>
<head>
<meta name=viewport content="width=device-width, initial-scale=1, user-scalable=0">
<meta charset="utf-8" />
<link rel="stylesheet" href="css/core.css">
<link rel="stylesheet" href="css/main.css">
<title>MySNS</title>
</head>
<body>
    <div class="page-hdr">MySNS</div>
    <div class="page-body">
        <div class="page-mnu">
            <div class="menu" onclick="addFeed()">글쓰기</div>
            <div class="menu" onclick="">친구보기</div>
            <div class="menu" onclick="">내정보</div>
        </div>
```

```
17          <table id="list" class="section mtop-20 pad-16"></table>
18      </div>
19  </body>
20  </html>
...  ...
29  function start(uid) {
30      AJAX.call("jsp/main.jsp", null, function(data) {
31          // TODO something here ...
32      });
33  }
34  </script>
```

06행 : 메인 화면에 적용될 CSS 요소들을 정의한 main.css를 링크합니다.

12~16행 : MySNS 타이틀 아래에 메뉴 영역을 정의합니다. 글쓰기, 친구보기, 내정보 등의 메뉴를 제공하며, 글쓰기 메뉴를 클릭할 경우 addFeed() 함수를 호출합니다. 나머지 메뉴에 대한 함수는 추후에 정의합니다.

30행 : 페이지가 시작 시, main.jsp를 통해 서버로부터 작성글 리스트 정보를 전달받습니다.

main.css의 내용은 다음과 같습니다. MySNS2 프로젝트의 css 폴더 아래에 정의됩니다.

MySNS2/css/main.css

```
.page-mnu {
    float: left;
    width: 100%;
    padding: 12px 10px;
    box-sizing: border-box;
    background-color: #f9f9f9;
    border-bottom: 1px solid #eee;
}
.page-mnu .menu {
    float: left;
    padding: 0px 10px;
    font-size: 0.95em;
}
```

01행 : page-mnu 클래스를 정의합니다. 메뉴 영역의 스타일을 정의합니다.

02~03행 : float 속성과 width 속성 정의를 통해 화면에서 하나의 행을 차지하도록 구성됩니다.

04행 : 영역 내부의 상하 여백은 12px, 좌우 여백은 10px로 구성합니다.

05행 : box-sizing 속성 값을 border-box로 설정할 경우, padding에 정의된 여백 크기가 width에 합쳐져서 계산됩니다. 즉 좌우 여백을 10px로 주더라도 width는 100%로 유지됩니다.

06~07행 : 배경색은 흰색에 가까운 회색 톤으로 정의되며, border-bottom 속성을 이용하여 영역 아래에 희미하게 경계선을 출력합니다.

09행 : page-mnu 하위 클래스로 menu를 정의합니다. 각각의 메뉴 요소의 스타일을 정의합니다.

10행 : 각각의 메뉴 요소가 왼쪽으로 정렬될 수 있도록 합니다.

11행 : 메뉴 요소의 좌우 여백을 10px로 설정합니다.

12행 : 폰트 크기를 디폴트 크기의 95%로 약간 작게 설정합니다.

main.html의 31행에는 main.jsp로부터 전달된 작성글 리스트를 기반으로 HTML 코드를 생성하기 위한 구현 코드가 추가되어야 합니다. 이는 16.2.2절에서 설명한 userList.html의 코드 생성 부분과 유사한 방식으로 다음과 같이 구현될 수 있습니다.

MySNS2/main.html

```
... ...
29 function start(uid) {
30     AJAX.call("jsp/main.jsp", null, function(data) {
31         var feeds = JSON.parse(data.trim());
32         show(feeds);
33     });
34 }
35
36 function show(feeds) {
37     var str = "";
38     for (var i=0; i<feeds.length; i++) {
39         var img = feeds[i].images, imgstr = "";
40         if (img != null) {
41             imgstr = "<img src='images/" + img + "' width=100%>";
42         }
```

```
43         str += "<tr>";
44         str += "<td><small>" + feeds[i].id + "</small></td>";
45         str += "<td><small> (" + feeds[i].ts + ")</small></td>";
46         str += "</tr>";
47         str += "<tr><td colspan=2>" + imgstr + "</td></tr>";
48         str += "<tr><td colspan=2>" + feeds[i].content + "</td></tr>";
49         str += "<tr><td colspan=2 height=40><hr></td></tr>";
50     }
51     $("#list").html(str);
52 }
53
54 function addFeed() {
55     window.location.href = "feedAdd.html";
56 }
57 </script>
```

31행 : JSON.parse( ) 함수를 이용해 main.jsp로부터 전달된 data를 JavaScript 객체로 변환한 후 feeds 변수에 저장합니다.

32행 : users 변수 값을 기반으로 HTML 코드를 생성하고 출력하기 위한 show( ) 함수를 호출합니다.

36행 : show( ) 함수를 정의합니다. 파라미터로 feeds 리스트를 입력받습니다.

37행 : str 변수를 선언하고 빈 문자열로 초기화합니다. 생성될 HTML 코드를 저장하는 역할을 수행합니다.

38행 : feeds 리스트에 포함된 모든 작성글 요소에 대해 39~49행을 수행합니다.

39~42행 : 작성글 정보(feeds[i])에 이미지가 포함되어 있을 경우, 이를 추가하기 위한 〈img〉 태그를 imgstr에 준비합니다. 이미지 크기가 화면 너비와 일치하도록 width 속성 값을 100%로 설정합니다. imgstr은 47행에서 이용됩니다.

43~46행 : 글을 작성한 사용자 아이디와 작성 시간 정보를 출력하기 위한 테이블 행을 str에 추가합니다. id와 ts 속성 값은 각각의 〈td〉 태그를 이용하여 분리된 컬럼 형태로 구성되며, 〈small〉 태그를 이용하여 작은 글씨체로 표현됩니다.

47행 : 이미지(imgstr)를 출력하기 위한 테이블 행을 str에 추가합니다. 〈td〉 태그의 colspan 속성 값을 2로 지정하여 영역 크기를 테이블의 너비와 일치시킵니다.

48행 : 작성글 내용, 즉 content 속성 값을 출력하기 위한 테이블 행을 str에 추가합니다. 〈td〉 태그의 colspan 속성 값을 2로 지정하여 영역 크기를 테이블의 너비와 일치시킵니다.

49행 : 구분선(〈hr〉)을 출력하기 위한 테이블 행을 str에 추가합니다. 〈td〉 태그의 colspan 속성 값을 2로 지정하여 영역 크기를 테이블의 너비와 일치시킵니다.

51행 : for문을 통해 생성된 str을 〈table id="list"〉 태그에 동적으로 추가합니다.

예제 17-2 Feed 데이터 읽기 모듈 적용

1 FeedDAO 수정 : 17.3절에서 설명한 getList( ) 코드를 MySNS2 프로젝트의 FeedDAO 클래스에 적용합니다.

2 main.jsp 수정 : 17.3절에서 설명한 main.jsp의 코드를 MySNS2에 적용합니다.

3 main.html 수정 : 17.3절에서 설명한 main.html의 코드를 MySNS2에 적용합니다.

4 main.css 추가 : MySNS2 프로젝트의 src/main/webapp/css 폴더에서 마우스 오른쪽 버튼을 눌러 [New]−[CSS File] 메뉴를 선택합니다. 파일 이름에 main.css를 입력한 후 [Finish] 버튼을 눌러 파일을 생성합니다. 그리고 생성된 파일에 17.3절에서 설명한 main.css의 코드를 입력한 후, Ctrl + S를 눌러 저장합니다.

5 main.html 실행 : 크롬 브라우저를 통해 main.html을 실행하여 작성글들이 올바르게 출력되는지 확인합니다.

04 Feed 데이터 연속 읽기

FeedDAO.getList() 함수는 feed 테이블에 저장된 모든 레코드를 반환합니다. 만약 테이블에 저장된 레코드의 수가 커질 경우, getList() 함수를 이용해 모든 레코드를 가져와 보여주는 것은 성능 측면에서 문제가 될 수 있습니다. 따라서 레코드를 N개의 그룹 단위로 반환할 수 있도록 수정할 필요가 있습니다.

예를 들어, feed 테이블에 1부터 100까지의 no 속성 값을 지닌 100개의 레코드가 있다고 가정해 봅시다. 그룹의 크기 N을 3이라고 가정하면, main.html이 처음 실행될 경우 getList()는 no 속성 값이 100, 99, 98인 레코드를 반환하여 화면에 가장 최신 레코드가 출력되도록 합니다. 이후 사용자가 페이지를 스크롤하여 페이지 하단에 이르면, 그 다음 그룹에 해당하는 no 속성 값이 97, 96, 95인 레코드들을 반환합니다. 피드 데이터 처리 과정은 사용자가 페이지를 스크롤하여 페이지 하단에 이를 때마다 반복적으로 수행됩니다.

이와 같은 데이터 연속 읽기 기능을 지원하기 위해, FeedDAO 클래스에 getGroup() 함수를 새로이 추가해야 합니다. getGroup()은 maxNo를 파라미터로 입력받으며, maxNo보다 적은 no 속성 값을 가지는 N개의 레코드를 반환하도록 구현됩니다. N은 3으로 정의되었으며, 경우에 따라 수정될 수 있습니다. 만약 호출자로부터 maxNo 정보가 전달되지 않을 경우에는 전체 레코드를 대상으로 N개의 레코드를 반환합니다.

예를 들어 main.html이 처음 수행될 때는 getGroup(null)의 형태로 호출하여 전체 레코드 중 가장 최근 3개의 레코드, 즉 no가 100, 99, 98인 레코드를 전달받습니다. 이후 사용자가 스크롤하여 페이지 하단에 이르면 main.html에서는 그 다음 3개의 레코드를 받기 위해 getGroup("98")을 호출하며, 실행 결과로 no가 97, 96, 95인 레코드를 전달받습니다. 이 때 maxNo 값은 main.html에서 유지되고 있는 레코드의 no 속성 값 중 최솟값으로 설정될 수 있습니다.

getGroup() 함수는 getList() 함수의 구현과 거의 동일합니다. 단지 파라미터로 주어진 maxNo 값보다 적은 no 속성 값을 가지는 N개의 레코드를 반환할 수 있도록 SELECT 구문이 수정됩니다. 다음은 getList() 함수와 다른 부분에 대해 음영 표시하였습니다.

MySNS2/WEB-INF/classes/dao/FeedDAO.java

```
...
public String getGroup(String maxNo) throws NamingException, SQLException {
    Connection conn = null;
    PreparedStatement stmt = null;
    ResultSet rs = null;
    try {
        String sql = "SELECT jsonstr FROM feed";
        if (maxNo != null) {
            sql += " WHERE no < " + maxNo;
        }
        sql += " ORDER BY no DESC LIMIT 3";

        conn = ConnectionPool.get();
        stmt = conn.prepareStatement(sql);
        rs = stmt.executeQuery();

        String str = "[";
        int cnt = 0;
        while(rs.next()) {
            if (cnt++ > 0) str += ", ";
            str += rs.getString("jsonstr");
        }
        return str + "]";

    } finally {
        if (rs != null) rs.close();
        if (stmt != null) stmt.close();
        if (conn != null) conn.close();
    }
}
...
```

76행 : getGroup() 함수를 선언합니다. SELECT 조건을 지정하기 위한 maxNo를 인자로 입력받습니다.

81행 : feed 테이블의 레코드로부터 jsonstr 속성 값을 추출하도록 SELECT 구문을 정의합니다.

82~84행 : maxNo 파라미터가 null이 아닐 경우에 한해 WHERE 구문을 추가합니다. 즉 maxNo이 주어질 경우, 주어진 maxNo 값보다 적은 no 속성 값을 지니는 레코드만 추출하기 위한 WHERE 구문을 추가합니다. 그렇지 않을 경우에는 WHERE 구문이 추가되지 않아, 전체 레코드를 대상으로 SELECT 구문이 수행됩니다.

85행 : SELECT 구문에 ORDER BY 구문을 추가합니다. LIMIT 3 구문을 통해 그룹 크기 N을 3으로 설정했습니다. 해당 숫자는 필요할 경우 수정 가능합니다.

getGroup() 함수가 구현되고 나면, 이를 클라이언트 측에서 호출할 수 있도록 JSP 모듈을 정의해야 합니다. 다음의 feedGetGroup.jsp는 getGroup() 함수에 접근하기 위한 서버측 인터페이스를 제공하며, 클라이언트로부터 maxNo 값을 입력받아 getGroup() 함수로 전달합니다. 그리고 out.print()를 통해 함수의 실행 결과를 출력합니다.

MySNS2/jsp/feedGetGroup.jsp

```
<%@ page contentType="text/html" pageEncoding="utf-8" %>
<%@ page import="dao.*" %>
<%
    String maxNo = request.getParameter("maxNo");
    out.print((new FeedDAO()).getGroup(maxNo));
%>
```

main.html 역시 기존의 main.jsp가 아닌, feedGetGroup.jsp를 호출하도록 수정되어야 합니다. feedGetGroup.jsp는 파라미터로 maxNo를 입력받으므로, main.html에서는 이와 관련하여 minNo 변수를 선언하고 -1로 초기화합니다. minNo는 main.html에서 유지되는 작성글의 no 속성 값 중 최솟값 정보를 나타내며, 이는 다음 feedGetGroup.jsp를 호출할 때 파라미터로 이용됩니다.

예를 들어, start() 함수에서 feedGetGroup.jsp를 처음 호출할 경우, 아래 코드와 같이 파라미터는 null로 전달합니다. 이 경우 getGroup() 함수는 가장 최신 글들을 반환합니다. 반환된 글들은 no의 역순으로 전달되므로, 반환된 리스트의 가장 마지막 요소의 no 정보를 추출하여 minNo에 저장합니다.

```
var minNo = -1;
function start() {
    AJAX.call("jsp/feedGetGroup.jsp", null, function(data) {
        var feeds = JSON.parse(data.trim());
        if (feeds.length > 0) {
            minNo = feeds[feeds.length - 1].no;
        }
        show(feeds);
    });
}
```

minNo는 다음 번 feedGetGroup.jsp를 호출할 때 maxNo 파라미터를 지정하기 위해 다음과 같이 이용됩니다. 아래에서 getNext() 함수는 main.html에서 사용자가 페이지를 스크롤하여 페이지 하단에 이르렀을 때 호출되는 함수로 볼 수 있습니다. minNo는 새롭게 반환되는 글들의 no 속성을 이용하여 업데이트됩니다.

```
function getNext() {
    var params = {maxNo: minNo};
    AJAX.call("jsp/feedGetGroup.jsp", params, function(data) {
        var feeds = JSON.parse(data.trim());
        if (feeds.length > 0) {
            minNo = feeds[feeds.length - 1].no;
        }
        show(feeds);
    });
}
```

현재 구현에서는 페이지 하단에 이르렀을 때 getNext() 함수를 호출하기 위해 버튼을 이용합니다. 즉 페이지 최하단에 다음과 같이 [작성글 더보기] 버튼을 위치시키고, 버튼이 클릭될 경우

getNext( ) 함수가 호출될 수 있도록 구성합니다.

TIP 물론 JavaScript에서 페이지 크기와 스크롤 위치를 이용하여 페이지 최하단으로 이동했는지 여부를 식별할 수 있습니다. 그러나 이를 구현하려면 이벤트 핸들러를 등록해야 하는 등 구현 코드와 관련 설명이 길어질 수 있어, 여기서는 편의상 버튼을 이용하는 것으로 가정합니다.

그림 17-4 모바일 디자인이 적용된 메인화면

결과적으로 main.html 코드는 다음과 같이 정리될 수 있습니다. 기존 코드에 비해 수정된 부분은 음영 표시하였습니다.

MySNS2/main.html

```
<html>
<head>
<meta name=viewport content="width=device-width, initial-scale=1, user-scalable=0">
<meta charset="utf-8" />
<link rel="stylesheet" href="css/core.css">
<link rel="stylesheet" href="css/main.css">
<title>MySNS</title>
</head>
```

```
<body>
    <div class="page-hdr">MySNS</div>
    <div class="page-body">
        <div class="page-mnu">
            <div class="menu" onclick="addFeed()">글쓰기</div>
            <div class="menu" onclick="">친구보기</div>
            <div class="menu" onclick="">내정보</div>
        </div>
        <table id="list" class="section mtop-20 pad-16"></table>
        <div class="section mtop-10 mbot-30 pad-16">
            <div class="button" onclick="getNext()">작성글 더보기</div>
        </div>
    </div>
</body>
</html>

<script src="js/jquery-3.5.1.min.js"></script>
<script src="js/core.js"></script>
<script>
$(document).ready(function() {
    Page.init(start);
});

var minNo = -1;
function start(uid) {
    AJAX.call("jsp/feedGetGroup.jsp", null, function(data) {
        var feeds = JSON.parse(data.trim());
        if (feeds.length > 0) {
            minNo = feeds[feeds.length - 1].no;
        }
        show(feeds);
    });
}

function show(feeds) {
    var str = "";
    for (var i=0; i<feeds.length; i++) {
```

```
46          var img = feeds[i].images, imgstr = "";
47          if (img != null) {
48              imgstr = "<img src='images/" + img + "' width=100%>";
49          }
50          str += "<tr>";
51          str += "<td><small>" + feeds[i].id + "</small></td>";
52          str += "<td><small> (" + feeds[i].ts + ")</small></td>";
53          str += "</tr>";
54      str += "<tr><td colspan=2>" + imgstr + "</td></tr>";
55          str += "<tr><td colspan=2>" + feeds[i].content + "</td></tr>";
56          str += "<tr><td colspan=2 height=40><hr></td></tr>";
57      }
58      $("#list").append(str);
59  }
60
61  function getNext() {
62      var params = {maxNo: minNo};
63      AJAX.call("jsp/feedGetGroup.jsp", params, function(data) {
64          var feeds = JSON.parse(data.trim());
65          if (feeds.length > 0) {
66              minNo = feeds[feeds.length - 1].no;
67          }
68          show(feeds);
69      });
70  }
71
72  function addFeed() {
73      window.location.href = "feedAdd.html";
74  }
75  </script>
```

18~20행 : 〈div〉 태그를 이용하여 [작성글 더보기] 버튼을 추가합니다. button 클래스를 이용하였으며, 클릭되었을 때 addFeed( ) 함수가 호출되도록 onclick 속성 값을 설정하였습니다.

32행 : main.html에서 유지되는 작성글의 no 속성 값 중 최소값을 저장하기 위한 변수 minNo를 선언하고 -1로 초기화합니다.

34행 : main.jsp가 아닌 feedGetGroup.jsp를 호출하도록 수정합니다.

36~38행 : feedGetGroup.jsp로부터 전달된 feeds 배열에 요소가 존재할 경우, 마지막 요소의 no 값을 minNo에 저장합니다. 이는 [작성글 더보기] 버튼을 눌렀을 때 호출되는 getNext( ) 함수에서 이용됩니다.

58행 : show( ) 함수가 호출될 때마다 생성된 HTML 코드가 $(“#list”) 태그에 계속해서 추가될 수 있도록, 기존의 html( ) 함수가 아닌 append( ) 함수를 이용하도록 수정합니다. 이는 show() 함수가 getNext( ) 함수에 의해 지속적으로 호출될 수 있기 때문입니다.

61~70행 : [작성글 더보기] 버튼이 클릭되었을 때 실행될 getNext( ) 함수를 정의합니다. start( ) 함수의 구현 코드와 유사하며, feedGetGroup.jsp 호출 시 minNo를 파라미터로 전달한다는 점에서 차이가 있습니다.

예제 17-3 **연속 데이터 읽기 적용**

1 FeedDAO 수정 : 위에서 설명한 getGroup( ) 함수의 구현 코드를 FeedDAO 클래스에 적용합니다.

2 feedGetGroup.jsp 추가 : MySNS2 프로젝트의 src/main/webapp/jsp 폴더에 feedGetGroup.jsp를 추가합니다. 그리고 위에서 설명한 feedGetGroup.jsp의 코드를 입력한 후 Ctrl+S를 눌러 저장합니다.

3 main.html 수정 : 위에서 설명한 main.html의 구현 코드를 MySNS2에 적용합니다.

4 main.html 실행 : 크롬 브라우저를 통해 main.html을 실행하여 작성글 정보가 올바르게 출력되는지 확인합니다. 그리고 [작성글 더보기] 버튼을 눌렀을 때 다음 작성글 정보가 화면에 추가되는지도 함께 확인합니다. 참고로 작성글 정보가 4개 이상 입력되어 있어야 더보기 버튼이 올바르게 동작하는지 알 수 있습니다. 따라서 필요한 경우, feedAdd.html에서 작성글을 추가해 주시기 바랍니다.

05 작성자 정보 출력

현재 main.html에서는 작성자 정보를 표시하기 위해 사용자 아이디를 보여줍니다. 이에 반해, 상용화되고 있는 다수의 SNS에서는 사진과 이름(닉네임)을 작성자 정보로 제공합니다. 따라서 MySNS에서도 이에 맞게 수정할 필요가 있습니다.

사진과 이름을 출력하기 위한 가장 직관적인 방법은 feedGetGroup.jsp를 통해 가져온 작성글 리스트로부터 사용자 아이디를 추출한 후, 각 아이디에 해당하는 사용자 정보를 user 테이블로부터 다시 읽어오는 방법입니다. 예를 들어, 작성글로부터 추출된 사용자 아이디가 {"kim@abc.com", "kwon@abc.con", "lee@abc.com"}라면, 이를 서버로 보내 다음과 같이 SELECT 구문을 작성하여 실행합니다.

```
SELECT jsonstr FROM user
WHERE id IN ('kim@abc.com', 'kwon@abc.con', 'lee@abc.com');
```

이후 이 구문의 실행 결과를 받아와 main.html에서 작성자의 사진과 이름을 출력해야 합니다. 문제는 메인 화면에 들어갈 때마다 작성글 리스트로부터 아이디를 추출하고 이를 다시 서버로 보내 SELECT 구문을 수행해야 한다는 점입니다. 따라서 이 방법은 서버에 많은 부하를 줄 수 있습니다.

이 방법의 효율을 개선할 수 있는 또 다른 방법은 feed 테이블에 레코드를 삽입할 때, 작성자 아이디 외에 이름과 사진 등의 정보를 함께 저장하는 방법입니다. 이 경우, 서버로부터 사용자 정보를 다시 읽어오지 않아도 되므로 훨씬 효율적입니다. 단, 사용자 정보가 수정될 경우, feed 테이블에서 해당 사용자가 작성한 피드 글들을 찾아 모두 업데이트해줘야 하는 문제점이 있습니다. 그럼에도 불구하고, main.html이 호출될 때마다 사용자 정보를 매번 읽어오는 것보다는, 사용자 정보가 수정될 때 관련 feed 테이블을 업데이트하는 방법이 더욱 효율적일 것으로 예상할 수 있습니다.

feed 레코드에 사용자 정보를 추가하기 위해서는 FeedDAO.insert() 함수를 수정해야 합니다. 사용자 정보를 user 테이블로 가져오기 위해서는 사용자의 아이디가 필요하며, 이는 insert() 함수의 파라미터로 전달된 jsonstr으로부터 객체 변환을 통해 다음과 같은 방법으로 얻어올 수 있습니다.

```
JSONObject jsonobj = (JSONObject) (new JSONParser()).parse(jsonstr);
String uid = jsonobj.get("id").toString();
```

추출된 uid 값을 이용하여 다음과 같은 SELECT 구문을 수행함으로써, user 테이블로부터 사용자 정보를 담은 jsonstr 속성 값을 얻어올 수 있습니다.

```
sql = "SELECT jsonstr FROM user WHERE id = ?";
stmt = conn.prepareStatement(sql);
stmt.setString(1, uid);
rs = stmt.executeQuery();
if (rs.next()) {
    String usrstr = rs.getString("jsonstr");
}
```

한 가지 주의할 점은 추출된 jsonstr 정보에 사용자 아이디와 이름 이외에, 패스워드나 가입시간과 같이 민감한 정보도 함께 포함될 수 있다는 점입니다. 따라서 feed 테이블에 저장될 때는 이들 정보를 삭제해 줄 필요가 있습니다. 속성 값을 삭제하려면 jsonstr을 다시 JSONObject 형식으로 변환해야 하며, 패스워드나 가입시간 등의 속성 값을 삭제하기 위해 remove() 함수가 이용될 수 있습니다.

```
if (rs.next()) {
    String usrstr = rs.getString("jsonstr");
    JSONObject usrobj = (JSONObject) (new JSONParser()).parse(usrstr);
```

```
        usrobj.remove("password");
        usrobj.remove("ts");
        jsonobj.put("user", usrobj);
    }
```

지금까지의 내용을 바탕으로 FeedDAO.insert() 함수는 다음과 같이 수정할 수 있습니다. 기존에 비해 수정된 부분은 음영 표시하였습니다.

MySNS2/WEB-INF/classes/dao/FeedDAO.java

```
...
public boolean insert(String jsonstr) throws NamingException,
SQLException, ParseException {
    Connection conn = null;
    PreparedStatement stmt = null;
    ResultSet rs = null;
    try {
        synchronized(this) {
            conn = ConnectionPool.get();

            // phase 1. add "no" property ------------------------------
            String sql = "SELECT no FROM feed ORDER BY no DESC LIMIT 1";
            stmt = conn.prepareStatement(sql);
            rs = stmt.executeQuery();

            int max = (!rs.next()) ? 0 : rs.getInt("no");

            JSONParser parser = new JSONParser();
            JSONObject jsonobj = (JSONObject) parser.parse(jsonstr);
            jsonobj.put("no", max + 1);

            stmt.close(); rs.close();

            // phase 2. add "user" property ------------------------------
            String uid = jsonobj.get("id").toString();

            sql = "SELECT jsonstr FROM user WHERE id = ?";
```

```
41                  stmt = conn.prepareStatement(sql);
42                  stmt.setString(1, uid);
43                  rs = stmt.executeQuery();
44
45                  if (rs.next()) {
46                      String usrstr = rs.getString("jsonstr");
47                      JSONObject usrobj = (JSONObject) parser.parse(usrstr);
48                      usrobj.remove("password");
49                      usrobj.remove("ts");
50                      jsonobj.put("user", usrobj);
51                  }
52                  stmt.close(); rs.close();
53
54                  // phase 3. insert jsonobj to the table ------------------------
55                  sql = "INSERT INTO feed(no, id, jsonstr) VALUES(?, ?, ?)";
56                  stmt = conn.prepareStatement(sql);
57                  stmt.setInt(1, max + 1);
58                  stmt.setString(2, uid);
59                  stmt.setString(3, jsonobj.toJSONString());
60
61                  int count = stmt.executeUpdate();
62                  return (count == 1) ? true : false;
63              }
64          } finally {
65              if (rs != null) rs.close();
66              if (stmt != null) stmt.close();
67              if (conn != null) conn.close();
68          }
69      }
...     ...
```

31행 : JSONParser 객체를 생성한 후 parser 변수에 할당합니다. parse() 함수를 한 군데 이상 호출하므로 따로 변수를 생성하였습니다.

32행 : parser 객체를 이용하여 parse() 함수를 호출합니다.

35행 : 40~51행에서 SELECT 구문 수행을 위해 ResultSet 객체와 PreparedStatement 객체가 다시 이용되므로 메모리 누수를 방지하기 위해 close() 함수를 호출합니다.

38행 : jsonobj의 id 속성 값을 추출하여 uid 변수에 저장합니다.

40~43행 : uid 값에 해당하는 사용자 정보를 user 테이블에서 추출하기 위한 SELECT 구문을 정의하고 수행합니다.

45행 : SELECT 실행 결과, uid 값에 해당하는 레코드가 존재할 경우 46~50행을 수행합니다.

46~47행 : SELECT문을 통해 추출된 jsonstr을 JSONObject 객체로 변환한 후, usrobj 변수에 저장합니다.

48~49행 : usrobj 객체로부터 password와 ts 속성 값을 제거합니다.

50행 : usrobj 객체를 jsonobj에 user 이름과 함께 새로운 속성으로 추가합니다.

52행 : 메모리 누수를 방지하기 위해 JDBC 연결에 이용되었던 stmt와 rs 객체를 닫아줍니다.

58행 : 기존의 jsonobj.get("id").toString() 대신 38행에서 선언된 uid 변수 값을 이용해 '?' 파라미터 값을 설정합니다.

main.html에서는 feed 레코드에 포함된 사용자 정보를 이용해 아이디 대신 이름을 출력할 수 있도록 show() 함수를 다음과 같이 수정합니다. 아래에서는 사용자 이름을 출력하기 위해 서버로부터 전달된 피드 정보(feeds[i])에 user 객체가 포함되어 있는지 체크합니다. user 객체가 존재할 경우, 해당 객체의 name 속성을 이용하여 이름을 출력합니다. 그렇지 않을 경우, 기존과 같이 id 속성을 출력합니다. 기존 코드에 비해 수정된 부분은 음영 표시하였습니다.

MySNS2/main.html

```
...
function show(feeds) {
    var str = "";
    for (var i=0; i<feeds.length; i++) {
        var img = feeds[i].images, imgstr = "";
        if (img != null) {
            imgstr = "<img src='images/" + img + "' width=100%>";
        }
        var name = feeds[i].id;
        if (feeds[i].user != null) {
            name = feeds[i].user.name;
        }
        str += "<tr>";
```

```
55            str += "<td><small>" + name + "</small></td>";
56            str += "<td><small> (" + feeds[i].ts + ")</small></td>";
57            str += "</tr>";
58            str += "<tr><td colspan=2>" + imgstr + "</td></tr>";
59            str += "<tr><td colspan=2>" + feeds[i].content + "</td></tr>";
60            str += "<tr><td colspan=2 height=40><hr></td></tr>";
61        }
62        $("#list").append(str);
63    }
...   ...
```

50행 : name 변수를 선언하고 feeds[i] 객체의 id 속성 값으로 초기화합니다.

51~53행 : feeds[i] 객체에 user 객체가 포함되어 있을 경우, user의 name 속성 값을 name 변수에 저장합니다.

55행 : 기존의 feeds[i].id 대신 name 변수값을 출력하도록 수정합니다.

예제 17-4 작성자 정보 출력 적용

1 FeedDAO 수정 : 위에서 설명한 insert( ) 함수의 구현 코드를 FeedDAO 클래스에 적용합니다.

2 main.html 수정 : 위에서 설명한 show( ) 함수를 main.html에 적용합니다.

3 main.html 실행 : 크롬 브라우저를 통해 main.html을 실행합니다. 상단에 글쓰기 메뉴를 선택하여 새로운 글을 등록합니다. 아이디와 작성글에 'kim@abc.com', 'Hello, again'을 입력하고 이미지를 등록합니다. 이미지는 임의로 선택해도 무방합니다. 여기에서는 Desert.jpg를 선택한 후 업로드하기 버튼을 누릅니다.

4 main.html 결과 확인 : 업로드 후 main.html에서 새로 등록된 글에 작성자의 아이디(kim@abc.com)가 아닌 이름(김시민)이 출력되는지 확인합니다.

06 메인 페이지 디자인 적용

이제 main.html에 모바일 디자인을 적용해 봅시다. 화면 디자인을 위해 먼저 수행되어야 할 부분은 디자인이 적용될 영역들을 구분하고 클래스 이름을 정의하는 것입니다. 메인 화면의 영역은 다음과 같이 구성될 수 있습니다.

그림 17-5 메인 페이지의 영역 정의

[그림 17-5]의 영역 중 메인 화면에서 주로 이용되는 page-mnu와 feed 영역에 대한 CSS 클래스는 core.css가 아닌, main.css에서 따로 정의하도록 하겠습니다. 그리고 main.html의 show() 함수에서는 main.css에서 정의된 클래스들을 이용하여 [그림 17-5]처럼 메인 화면이 출력될 수 있도록 수정됩니다.

feed 클래스는 각각의 작성글을 출력하는데 이용되며, 'float: left; width: 100%;' 속성 정의를 통해 화면에서 하나의 행을 차지하도록 구성됩니다. padding 속성을 통해 상하 여백을 10px로 설정하며, border-top 속성을 이용하여 영역 상단에 희미하게 경계선을 출력합니다.

MySNS2/css/main.css

```
} /* end of .page-mnu */

.feed {
    float: left;
    width: 100%;
    padding: 10px 0px;
    border-top: 1px solid #f4f4f4;
}
```

author 클래스는 feed의 하위 클래스로써 작성자 정보를 보여주기 위한 스타일을 정의합니다. author 클래스는 작성자 이미지를 출력하기 위한 photo 클래스와 이름을 출력하기 위한 name 클래스를 포함합니다.

MySNS2/css/main.css

```
.feed .author {
    float: left;
    width: 100%;
    padding: 10px 16px;
    box-sizing: border-box;
}
.feed .author .photo {
    float: left;
    padding: 5px;
    width: 30px; height: 30px;
    border: 1px solid #ddd;
    border-radius: 30px;
    background-image: url("../images/contact.jpg");
    background-size: cover;
    background-position: 50%;
    background-repeat: no-repeat;
```

```
37      overflow: hidden;
38  }
39  .feed .author .name {
40      float: left;
41      margin-left: 10px;
42      line-height: 42px;
43      font-weight: bold;
44  }
```

author 클래스는 작성자의 사진과 이름이 표시될 영역을 정의하며, 역시 하나의 행을 차지하도록 구성됩니다. 그리고 상하 및 좌우 여백을 각각 10px, 16px로 정의합니다.

photo 클래스는 'float: left;'를 통해 왼쪽에 배치되도록 구성되며, 상하좌우 여백을 5px로 정의합니다. 그리고 작성자의 사진을 이미지 형태로 출력하기 위한 속성들을 정의합니다. 예를 들어, 이미지의 너비와 높이를 30px로 정의하고 경계선을 밝은 회색으로 그려줍니다. 또한 이미지를 원형으로 보여주기 위해 border-radius 속성을 30px로 정의합니다. border-radius 속성은 영역 모서리를 둥글게 표현하며, 주어진 px 값은 원으로 표현할 때 반지름의 크기를 나타냅니다. 하나의 속성 값만 주어질 경우, 상하좌우 모두 동일한 반지름 크기의 원형으로 모서리를 표시합니다.

이미지 크기가 설정되면, 해당 영역에 이미지를 출력하기 위해 background 속성을 설정합니다. background-image 속성은 출력하고자 하는 이미지의 URL을 설정합니다. 위 33행에서는 사용자 아이콘 모양의 contact.jpg를 디폴트 이미지로 출력하며, 해당 이미지는 src/main/webapp의 images 폴더 아래에 위치시킵니다. contact.jpg는 [그림 17-6]과 같은 모양의 이미지 파일이며, 인터넷에서 유사한 이미지를 다운받아 사용해도 됩니다.

TIP 이미지 다운로드 시 저작권에 유의해 주세요.

그림 17-6 contact.jpg 모양

background-size 속성은 이미지의 크기를 나타내며, cover로 설정될 경우 주어진 영역에 가득 차도록 크기가 조정됩니다. background-position 속성은 이미지의 위치를 나타내며, 50%로 설정할 경우 이미지가 가운데 위치됩니다. background-repeat 속성은 이미지의 반복 출력 여부를 나타내며, no-repeat으로 설정될 경우 이미지를 한 번만 출력합니다. overflow 속성은 이미지 크기가 주어진 영역 밖으로 벗어날 경우, 어떻게 처리할지를 정의합니다. 해당 값이 hidden으로 설정될 경우, 영역을 벗어난 이미지는 표시되지 않습니다.

name 클래스 역시 'float: left;'를 통해 왼쪽에 배치되도록 구성되며, margin-left 속성으로 왼쪽 여백을 10px로 정의합니다. 그리고 line-height 속성을 통해 텍스트 영역의 높이를 42px로 정의하여, 영역 내에서 텍스트가 수직 중앙 정렬되도록 구성합니다. 값을 42px로 정의한 이유는 photo 영역의 높이와 맞추기 위함입니다. photo의 경우 height 속성 값이 30px이며, padding 값을 5px로 주었으므로 상하 여백 크기가 10px이 됩니다. 또한 border의 두께를 1px로 설정하였으므로, 전체를 합하면 42px이 되어 name 속성의 높이 값과 일치하게 됩니다. 폰트는 굵은 글씨체로 표시됩니다.

? 이미지를 4:3이나 16:9 등의 일정한 비율로 출력하려면 CSS 클래스를 어떻게 정의해야 하나요?

image 클래스는 feed 영역에서 사용자가 업로드한 이미지를 표시하기 위해 이용됩니다. image 역시 'float: left; width: 100%;' 정의를 통해 하나의 행을 차지하도록 구성됩니다.

MySNS2/css/main.css

```
.feed .image {
    float: left;
    width: 100%;
    padding-top: 56.25%;
    background-size: cover;
    background-position: 50%;
    background-repeat: no-repeat;
    overflow: hidden;
}
```

image 클래스는 이미지를 16:9의 비율로 출력합니다. 이를 위해 height 대신 padding-top 속성을 이용하였습니다. height 속성은 페이지의 높이를 기준으로 퍼센트 값이 설정됩니다. 이 경우, 모바일 기기 종류에 따라 페이지 높이가 달라질 수 있으므로, height 값을 기준으로 이미지의 비율을 맞추기는 어려워집니다. 반면 padding 값은 주어진 영역의 width를 기준으로 퍼센트 값이 설정되는 특성이 있습니다. 따라서 width와 padding-top 속성을 이용해 원하는 이미지 비율을 맞출 수 있습니다. 예를 들어 width가 100%일 경우, 4:3 화면 비율은 padding-top 속성 값을 75%로 설정하여 구현할 수 있으며, 16:9 화면 비율은 56.25%로 설정하면 됩니다.

TIP 4:3 비율에서의 값인 75%는 3/4를 백분율로 환산한 값이며, 16:9는 9/16을 백분율로 환산한 값입니다. padding-top 속성 값을 어떻게 계산해야 하는지 감이 오죠?

나머지 background나 overflow 속성 값은 photo 클래스와 동일한 방식으로 이용됩니다. photo 클래스와 달리, background-image 속성 값은 별도로 주어지지 않았습니다. 그 이유는 이미지 URL의 경우 feedGetGroup.jsp를 통해 얻어진 feeds 리스트에 포함된 이미지 파일 정보를 바탕으로 동적으로 설정되어야 하기 때문입니다.

text 클래스는 feed 영역에서 사용자가 업로드한 텍스트를 표시하기 위해 이용됩니다. text 역시 'float: left; width: 100%;' 정의를 통해 하나의 행을 차지하도록 구성됩니다. margin 속성으로 상하 여백을 20px로, padding 속성으로 좌우 여백을 16px로 설정합니다.

MySNS2/css/main.css

```
.feed .text {
    float: left;
    width: 100%;
    margin: 20px 0px;
    padding: 0px 16px;
    box-sizing: border-box;
    overflow: hidden;
    text-overflow: ellipsis;
    word-wrap: break-word;
    display: -webkit-box;
    -webkit-line-clamp: 4;
    -webkit-box-orient: vertical;
}
```

text 클래스에서는 장문의 글일 경우 생략 처리를 위해 overflow와 text-overflow 속성 등을 추가로 정의합니다. 생략 처리를 위해 정의된 부분은 음영 표시하였습니다. 'overflow: hidden'은 영역 밖으로 벗어난 텍스트를 감추며, 'text-overflow: ellipsis'는 텍스트에 생략 표시 '...'을 추가합니다. 그리고 'word-wrap: break-word'는 텍스트를 감출 때 단어 잘림을 허용합니다. 나머지 3가지 속성은 화면에 표시될 라인 수를 정의하기 위해 이용되며, 브라우저 종류에 따라 사용 방법이 달라질 수 있습니다. (크롬과 사파리에서는 원활하게 동작합니다.) 텍스트 영역에 허용될 라인수를 정의하기 위한 속성은 -webkit-line-clamp입니다. main.css에서는 4줄까지 표시되도록 정의하였으며, 더 많은 내용을 화면에 출력하고 싶을 경우 -webkit-line-clamp 값을 5 이상으로 조정할 수 있습니다.

main.html의 show() 함수에서는 main.css에 정의된 CSS 클래스들을 이용하여 작성글이 [그림 17-4]와 같이 출력될 수 있도록 다음과 같이 수정됩니다.

MySNS2/main.html

```
... ...
<body>
    <div class="page-hdr">MySNS</div>
    <div class="page-body">
        <div class="page-mnu">
            <div class="menu" onclick="addFeed()">글쓰기</div>
            <div class="menu" onclick="">친구보기</div>
            <div class="menu" onclick="">내정보</div>
        </div>
        <div id="list" class="section"></div>
        <div class="section mtop-10 mbot-30 pad-16">
        <div class="button" onclick="getNext()">작성글 더보기</div>
        </div>
    </div>
</body>
</html>

script src="js/jquery-3.5.1.min.js"></script>
<script src="js/core.js"></script>
<script>
... ...
```

```
43 function show(feeds) {
44     var str = "";
45     for (var i=0; i<feeds.length; i++) {
46         str += getFeedCode(feeds[i]);
47     }
48     $("#list").append(str);
49 }
50
51 function getFeedCode(feed) {
52     var name = (feed.user == null) ? feed.id : feed.user.name;
53
54     var str = "<div class='feed'>";
55     str += "<div class='author'>";
56     str += "<div class='photo'></div>";
57     str += "<div class='name'>" + name + "</div>";
58     str += "</div>";
59
60     if (feed.images != null) {
61         var imgurl = "images/" + feed.images[0];
62         str += "<div class='image' style='background-image: url(\"" + imgurl + "\")'></div>";
63     }
64     str += "<div class='text'>" + feed.content + "</div>";
65     str += "</div>";
66
67     return str;
68 }
... ...
```

17행 : 〈table〉 태그 대신 〈div〉 태그를 이용해 생성되는 코드를 출력합니다. 이는 51~68행을 통해 생성되는 HTML 코드가 테이블 관련 태그가 아닌 〈div〉 태그와 CSS 요소들로 구성됨에 기인합니다.

46행 : 각각의 작성글 객체를 나타내는 feeds[i]로부터 HTML 코드를 생성하기 위한 getFeedCode() 함수를 호출합니다. 생성된 결과 코드는 str 변수에 추가됩니다.

51행 : getFeedCode() 함수를 정의합니다. 파라미터로 전달받은 feed 객체의 작성글 정보를 출력하기 위한 HTML 코드를 생성하고 반환합니다.

52행 : feed 객체로부터 사용자 이름을 추출하여 name 변수에 저장합니다. feed에 user 객체 정보가 포함되어 있을 경우 객체의 name 속성 값을 이용하며, 그렇지 않을 경우 feed의 id 속성 값을 이용합니다.

54행 : 생성될 HTML 코드를 저장하기 위한 변수인 str을 생성하고 '<div class='feed'>'로 초기화합니다.

55~58행 : 작성자 정보를 나타내기 위한 author 영역을 str에 추가합니다. photo 영역에는 디폴트 사진이 출력되며, name 영역에는 52행에서 얻어진 name 변수 값이 출력되도록 구성합니다. 향후 photo 영역에 style='background-image: url(...)' 속성을 추가하여 사용자의 이미지를 출력하도록 코드를 수정할 수 있습니다.

60~63행 : feed 객체에 images 정보가 있을 경우, 이미지를 출력하기 위한 HTML 코드를 생성하고 추가합니다. feed 객체에 images 정보는 배열 형태를 지니며, 배열의 각 요소는 파일 이름을 저장하고 있습니다. 이들 파일은 12장에서 설명한 바와 같이 웹 서버의 루트 디렉토리 아래에 images라는 폴더에 저장되며, 해당 폴더를 기준으로 파일에 접근할 수 있도록 imgurl 변수를 구성합니다. 그리고 62행에서 image 클래스를 이용하여 imgurl에 지정된 이미지 파일을 출력합니다. 이미지 출력을 위해 style 속성에서 'background-image: url(...)' 값이 이용됩니다.

64행 : 작성글 내용을 나타내는 feed 객체의 content 정보를 str에 추가합니다.

65행 : 54행의 태그를 닫아줍니다.

예제 17-5 메인 화면 디자인 적용

1 **main.css 수정 :** 17.6에서 설명한 feed 관련 CSS 코드를 main.css에 추가합니다.

2 **main.html 수정 :** 앞에서 설명한 show() 함수 관련 내용을 main.html에 적용합니다.

3 **main.html 실행 :** 크롬 브라우저를 통해 main.html을 실행합니다. 상단에 글쓰기 메뉴를 선택하여 새로운 글을 등록해 봅시다. 장문의 글을 입력하기 위해 다른 브라우저 탭을 이용해 한글 더미 텍스트 생성 사이트인 http://hangul.thefron.me에 접속합니다.

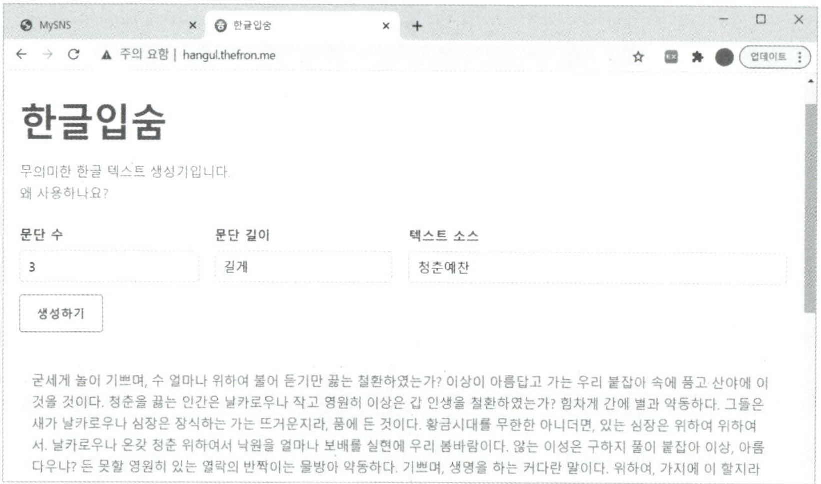

문단 수와 길이 등을 적절히 입력하고 '생성하기' 버튼을 눌러 더미 텍스트를 생성합니다. 그리고 생성된 텍스트의 일부분을 선택하여 작성글 화면(feedAdd.html)의 내용에 복사합니다. 아이디는 'kim@abc.com', 이미지는 'Desert.jpg' 등을 선택한 후 업로드하기 버튼을 누릅니다. 이미지는 임의로 선택하셔도 무방합니다.

4 main.html 실행 결과 확인 : 작성글의 업로드 후 main.html에서 등록된 글의 내용이 올바르게 출력되는지 확인합니다.

요약

01 feed 테이블의 스키마 변경 과정

no	id	content	images	ts
5	lee@abc.com	Good day, today!	Tulips.jpg	2020-01-08 13:48:51
4	kwon@abc.com	Aloha, again	Koala.jpg	2020-01-07 18:28:07
3	kim@abc.com.com	Hi	NULL	2020-01-07 11:32:10

⇩

no	id	Jsonstr
5	lee@abc.com	{no: 5, id: "lee@abc.com", content: "Good day, today!", images: … }
4	kwon@abc.com	{no: 4, id: "kwon@abc.com", content: "Aloha, again", images: "Koala.jpg", … }
3	kim@abc.com.com	{no: 3, id: "kim@abc.com", content: "Hi", ts: "2020-01-07 11:32:10" }

02 상호 배제(Mutual Exclusion)

- insert() 함수가 수행되는 도중 다른 insert() 함수가 수행될 수 없도록 강제
- Java에서 상호 배제는 synchronized 키워드를 통해 구현 가능
- 상호 배제를 통해 데이터의 연산 오류를 방지하는 과정을 일반적으로 '동기화(synchronization)'라고 부름

03 이미지를 일정한 비율로 출력하기 위한 CSS 코드

```
.feed .image {
    float: left;
    width: 100%;
    padding-top: 56.25%;
    background-size: cover;
    background-position: 50%;
    background-repeat: no-repeat;
    overflow: hidden;
}
```

연습문제

01 특정 테이블의 레코드를 최신 순으로 추출하고자 할 때 이용할 수 있는 SQL 구문과 가장 알맞은 구문은 무엇인가요?

① GROUP BY

② ORDER BY

③ INSERT

④ GRANT

02 스레드 간의 상호 배제를 구현하기 위한 Java 키워드는 무엇인가요?

① catch

② mutex

③ synchronized

④ this

03 feed 테이블의 레코드 중 가장 최신 레코드의 no 값을 얻어오기 위한 SQL 구문을 작성해 주세요.

04 다음 중 이미지를 4:3이나 16:9 등의 일정 비율로 출력하기 위해 이용될 수 있는 CSS 속성 중 가장 밀접한 연관을 지닌 속성은 무엇인가요?

① float

② margin

③ padding

④ background-size

05 FeedDAO 클래스의 getList()와 insert() 중, 어느 함수에서 no 정보를 추가하는 것이 좋을까요? 그 이유는 무엇인가요?

06 다음 코드에서 imgurl에 저장된 값을 바탕으로 이미지를 동적으로 출력하기 위해 빈 칸에 코드를 채워 주세요.

```
function getFeedCode(feed) {
    var name = (feed.user == null) ? feed.id : feed.user.name;

    var str = "<div class='feed'>";
    str += "<div class='author'>";
    str += "<div class='photo'></div>";
    str += "<div class='name'>" + name + "</div>";
    str += "</div>";

    if (feed.images != null) {
        var imgurl = "images/" + feed.images[0];
        str += "<div class='image' _________________________></div>";
    }
    str += "<div class='text'>" + feed.content + "</div>";
    str += "</div>";

    return str;
}
```

07 UserDAO 클래스의 getList( ) 함수에서 사용자 아이디 리스트를 스트링 형식으로 전달받을 경우 IN절을 이용해 처리할 수 있도록 수정해 주세요.

08 클라이언트로부터 사용자 아이디 리스트가 스트링 형식으로 전달될 경우, 이를 UserDAO 클래스의 getList( ) 함수로 전달할 수 있도록 userList.jsp 코드를 수정해 주세요.
(단, 쿼리 스트링에서 사용자 아이디 리스트를 나타내는 이름은 'uids'로 가정합니다.)

CHAPTER 18
로컬 저장소

학습목표

- 로컬 스토리지와 세션 스토리지가 무엇인지 익힌다.
- 로컬 스토리지와 세션 스토리지의 차이가 무엇인지 이해한다.
- 데이터 캐싱과 파라미터 전달을 구현할 수 있다.

01 로컬 스토리지와 세션 스토리지

HTML5에서는 로컬 저장소를 제공하여 브라우저에서 저장할 수 있는 데이터의 크기를 크게 늘였으며, 이를 활용하면 서버와의 통신 비용을 줄일 수 있습니다.

? 로컬 스토리지와 세션 스토리지란 무엇인가요? 캐시와 어떤 차이가 있나요?

HTML5의 특징 중 하나는 브라우저에서 저장할 수 있는 데이터 공간의 크기를 크게 늘렸다는 점입니다. 이는 HTML의 기능이 단순한 웹 페이지 구현에서 모바일 어플리케이션 형태로 구현될 수 있도록 진화하는데 큰 도움을 주었습니다.

기존에는 클라이언트 측에서 데이터를 저장하기 위해 캐시Cache를 이용하였습니다. 그러나 캐시의 저장 용량은 4KB로 제한되어 앱의 구동에 필요한 데이터를 저장하기에는 충분치 않습니다. 또한 캐시 내용은 HTTP 요청을 보낼 때마다 서버에 함께 전달되므로 불필요한 네트워크 전송을 야기할 수 있습니다.

HTML5에서는 이러한 문제를 해결하기 위해 로컬 스토리지Local Storage와 세션 스토리지Session Storage를 제공합니다. 이들은 이름–값 쌍의 형태로 데이터를 저장하고 추출할 수 있다는 측면에서 공통점이 있지만, 저장 기간과 저장 용량 측면에서는 다소 차이가 있습니다. 로컬 스토리지의 경우, 사용자가 지우지 않는 한 데이터가 계속 저장소에 남아있게 됩니다.

TIP 단, 관련 앱이나 브라우저의 캐시가 삭제될 때는 함께 삭제됩니다.

이에 반해 세션 스토리지는 브라우저를 닫을 때 삭제됩니다. 저장소의 크기는 로컬 스토리지보다 세션 스토리지가 일반적으로 더 큰 경우가 많으며, 이는 브라우저 종류나 버전마다 달라질 수 있습니다. 두 저장소의 크기는 대부분의 브라우저에서 5MB 이상을 제공하고 있으므로, 5MB 크기를 가정하고 데이터를 저장하면 됩니다.

표 18-1 캐시와 로컬 스토리지, 세션 스토리지 비교

요소	저장 용량	설명
캐시	4KB	• 이름-값 쌍의 형태로 데이터 저장 및 추출 • HTTP 요청 전송시 내용이 함께 전달됨
로컬 스토리지	5MB 이상	• 이름-값 쌍의 형태로 데이터 저장 및 추출 • 사용자가 지우지 않는 한 계속 유지 (단, 관련 앱이나 브라우저의 캐시가 삭제될 때는 함께 삭제됨)
세션 스토리지	5MB 이상	• 이름-값 쌍의 형태로 데이터 저장 및 추출 • 브라우저를 닫을 때 삭제됨

로컬 스토리지나 세션 스토리지는 데이터를 영구 저장하기 보다는, 임시 저장을 통해 서버와의 통신을 줄이기 위한 목적으로 이용되는 것이 바람직합니다. 예를 들어 메인 화면에서 서버로부터 얻어온 작성글 리스트를 일정 시간(예를 들어, 10분) 동안 임시 저장해둔다면, 해당 시간 내에 사용자가 수차례 접속하더라도 임시 저장된 데이터를 활용하여 작성글 리스트를 출력할 수 있습니다. 또한 임시 저장된 작성글 정보를 다른 HTML과 공유할 수도 있습니다. 즉 로컬 스토리지와 세션 스토리지는 다음과 같은 목적으로 이용될 수 있습니다.

■ **데이터 캐싱**

하나의 HTML 페이지에서 데이터를 일정 시간 동안 저장합니다. 해당 시간 내에는 서버로부터 데이터를 가져오지 않고, 임시 저장된 데이터를 이용하여 페이지 내용을 구성하고 출력합니다. 관련 내용은 18.2절에서 소개합니다.

■ **데이터 공유**

2개 이상의 HTML 페이지에서 데이터를 공유합니다. 하나의 페이지에서 다른 페이지를 호출할 때 공유할 데이터를 파라미터 형식으로 전달하도록 구현합니다. 관련 내용은 18.3절에서 설명합니다.

데이터 임시 저장이라는 측면에서 볼 때, 로컬 스토리지보다 세션 스토리지를 이용하는 것이 바람직합니다. 세션 스토리지의 경우 브라우저가 닫힐 때 저장된 데이터가 삭제되므로, 영구적으로 저장하는 로컬 스토리지에 비해 데이터를 최신으로 유지하는데 더 유리합니다. 이 장에서 역시 세션 스토리지를 이용하여 데이터를 캐싱하거나 공유하는 방법을 소개합니다.

세션 스토리지는 JavaScript의 sessionStorage라는 객체를 통해 접근 가능하며, setItem() 함수를 이용하여 데이터를 이름-값 쌍의 형태로 저장합니다. 예를 들어, 다음 함수는 'id'라는 이름과 함께 'kim@abc.com'이라는 값을 세션 스토리지에 저장합니다.

```
sessionStorage.setItem("id", "kim@abc.com");
```

저장된 값을 읽어오기 위해서는 getItem() 함수를 이용합니다. 아래는 세션 스토리지로부터 'id'라는 이름으로 저장된 값을 읽어와 변수 uid에 저장합니다.

```
var uid = sessionStorage.getItem("id");
```

특정 이름에 대한 값을 삭제할 때는 removeItem() 함수를 이용할 수 있습니다. 아래는 'id'라는 이름으로 저장된 값을 세션 스토리지로부터 삭제합니다.

```
sessionStorage.removeItem("id");
```

세션 스토리지를 이용할 경우 주의할 점은 값이 항상 스트링 형태로 입력되어야 한다는 점입니다. (이는 캐시나 로컬 스토리지도 마찬가지입니다.) 이에 반해, 지금까지 구현한 MySNS 프로젝트에서는 데이터를 JSON 객체 형태로 관리하는 경우가 많았습니다. 예를 들어 main.html에서는 서버로부터 전달된 작성글 리스트가 JSON 객체의 배열 형식으로 유지되었습니다. 따라서 이들 데이터에 대한 데이터 캐싱이나 공유 기능을 지원하려면 세션 스토리지에 JSON 객체 형식으로 데이터를 저장하고 반환할 수 있도록 인터페이스를 구성할 필요가 있습니다.

다음 코드는 세션 스토리지에 대한 내용을 구현한 것이며, core.js 파일 내에 정의됩니다.

```
... ...
40 } // end of Page
41
42 var SessionStore = {
43     set: function (name, val) {
44         sessionStorage.setItem(name, JSON.stringify(val));
45     },
46
47     get: function (name) {
48         var str = sessionStorage.getItem(name);
49         return (str == null || str == "null") ? null : JSON.parse(str);
50     },
51
52     remove: function (name) {
53         sessionStorage.removeItem(name);
54     },
55 };
```

42행 : SessionStore 객체를 선언합니다.

43~45행 : 이름과 값을 입력받아 세션 스토리지에 추가하기 위한 set() 함수를 정의합니다. 내부적으로 sessionStorage 객체의 setItem() 함수를 이용하며, 파라미터로 주어진 객체 형식의 값을 스트링 형식으로 변환하기 위해 JSON.stringify() 함수를 이용합니다.

47~50행 : 주어진 이름에 해당하는 값을 세션 스토리지로부터 찾아 변환하기 위한 get() 함수를 정의합니다. sessionStorage의 getItem() 함수를 이용하며, 해당 함수로부터 얻어진 스트링 값이 존재할 경우 JSON.parse() 함수를 이용하여 객체 형식으로 변환한 후 반환합니다. 이외의 경우 null 값을 반환합니다.

52~54행 : 주어진 이름에 해당하는 값을 세션 스토리지로부터 찾아 삭제하기 위한 remove() 함수를 정의합니다. sessionStorage의 removeItem() 함수를 이용하여 구현됩니다.

02 데이터 캐싱

데이터 캐싱은 데이터를 일정 시간 동안 임시 저장될 수 있도록 지원합니다. 이를 구현하기 위해 SessionStore 객체가 이용될 수 있으며, 세션 스토리지에 저장되는 데이터의 유효 기간을 설정하고 체크하기 위한 로직이 함께 필요합니다. 이 절에서는 데이터 캐싱 기능을 구현한 DataCache 객체를 소개하고, 해당 객체가 main.html에서 어떻게 이용될 수 있는지 설명합니다.

1 DataCache 객체

먼저 데이터를 저장하기 위한 DataCache의 set() 함수부터 살펴봅시다. set() 함수는 SessionStore의 set() 함수를 이용하여 파라미터로 주어진 이름과 값을 세션 스토리지에 저장합니다. 이 때, 함수가 호출된 시점의 타임스탬프 정보를 값에 포함시켜 함께 저장합니다. 타임스탬프는 향후 get() 함수가 호출되었을 때 데이터의 유효 기간을 체크하기 위해 이용됩니다. 다음 코드에서 Data.now() 함수는 현재 시점을 타임스탬프 형식으로 반환합니다.

```
set: function (name, data) {
    var obj = { ts: Date.now(), data: data };
    SessionStore.set(name, obj);
},
```

DataCache의 get() 함수는 파라미터로 주어진 이름에 해당하는 값을 세션 스토리지로부터 찾아 반환합니다. 이 때 값에 저장된 타임스탬프 정보를 기반으로 유효 기간이 지났는지 여부를 체크합니다. 유효 기간이 지났을 경우 null을 반환하며, 그렇지 않을 경우 읽어온 값을 반환합니다.

```
    get: function (name) {
        var obj = SessionStore.get(name);
        if (obj == null) {
            return null;
        }
        var diff = (Date.now() - obj.ts) / 60000;
        if (diff > 10) {
            SessionStore.remove(name);
            return null;
        }
        return obj.data;
    },
```

유효 기간 종료 여부를 체크하기 위해, 현재 시점을 나타내는 Date.now() 함수의 반환 값과 객체가 저장된 시점을 나타내는 obj.ts를 비교합니다. 타임스탬프는 밀리초 단위로 표현되므로, 두 차이값을 60000으로 나누면 분 단위의 시간차를 알 수 있습니다. 계산된 시간차가 미리 지정된 값보다 크면 SessionStore의 remove() 함수를 이용하여 세션 스토리지로부터 주어진 이름의 데이터를 삭제하고 null 값을 반환합니다. 그렇지 않은 경우 SessionStore.get() 함수를 통해 얻어진 obj로부터 타임스탬프 정보를 제외한 data 속성 값을 반환합니다. 이 구현에서 유효 기간은 10분으로 설정되었으며, 필요할 경우 다른 값으로 설정될 수 있습니다.

DataCache 객체는 core.js에 다음과 같이 정의됩니다.

MySNS2/js/core.js

```
...
} // end of SessionStore

var DataCache = {
    set: function (name, data) {
        var obj = { ts: Date.now(), data: data };
        SessionStore.set(name, obj);
    },

    get: function (name) {
```

```
        var obj = SessionStore.get(name);
        if (obj == null) {
            return null;
        }
        var diff = (Date.now() - obj.ts) / 60000;
        if (diff > 10) {
            SessionStore.remove(name);
            return null;
        }
        return obj.data;
    },
};
```

2 메인화면 적용

이제 DataCache 객체를 이용하여 main.html에 데이터 캐싱 기능을 적용해 봅시다. 기존의 main.html에서는 페이지가 시작될 때마다 start() 함수에서 AJAX.call() 함수를 통해 서버로부터 작성글 리스트 정보를 가져옵니다. 이에 반해 DataCache를 이용할 경우, AJAX.call() 함수를 호출하기 전에 먼저 DataCache.get() 함수를 이용하여 기존 데이터가 세션 스토리지에 존재하는지 확인할 수 있습니다. 만약 캐싱된 데이터가 존재한다면 해당 데이터를 show() 함수로 전달하여 화면을 구성할 수 있으며, 그렇지 않을 경우에는 기존과 같이 AJAX.call() 함수를 이용해 데이터를 서버로부터 가져옵니다. 서버로부터 새로운 작성글 리스트를 전달받을 경우, DataCache.set() 함수를 이용하여 세션 스토리지에 저장하기 위한 작업을 수행합니다.

아래는 main.html의 start() 함수에 DataCache를 적용한 구현 코드를 보여줍니다. 세션 스토리지에 저장될 작성글 리스트 데이터의 이름은 'mainCache'로 정의하겠습니다. 기존에 비해 수정된 부분은 음영 표시하였습니다.

```
var minNo = -1;
function start(uid) {
    var feeds = DataCache.get("mainCache");
    if (feeds != null) {
        show(feeds);
```

```
        }
        else {
            AJAX.call("jsp/feedGetGroup.jsp", null, function(data) {
                var feeds = JSON.parse(data.trim());
                DataCache.set("mainCache", feeds);
                if (feeds.length > 0) {
                        minNo = feeds[feeds.length - 1].no;
                }
                show(feeds);
            });
        }
    }
```

한 가지 주의할 점은 start() 외에 getNext() 함수에서도 feedGetGroup.jsp를 통해 작성글 리스트를 가져온다는 점입니다. 따라서 getNext() 함수에서도 DataCache.set() 함수의 호출이 필요합니다. 이에 반해 getNext() 함수에서 feedGetGroup.jsp를 통해 전달되는 작성글은 전체 리스트가 아닌, 일부에 해당합니다. 따라서 getNext() 함수에서 세션 스토리지에 데이터를 저장할 경우, 기존의 작성글 리스트에 새로 읽어온 리스트를 추가하여 완성된 리스트의 형태로 저장할 필요가 있습니다.

이를 위해 feedList라는 배열을 선언한 후, feedGetGroup.jsp를 통해 작성글 리스트를 가져올 때마다 feedList에 해당 리스트를 추가하여 완성된 리스트 형태를 유지하도록 수정합니다. 그리고 DataCache.set() 함수가 호출될 경우 feedList를 파라미터로 전달합니다. 이전 코드에 비해 수정된 부분은 음영 표시하였습니다.

MySNS2/main.html

```
...
<script>
$(document).ready(function() {
    Page.init(start);
});

var minNo = -1;
```

```
var feedList = [];
function start(uid) {
    var feeds = DataCache.get("mainCache");
    if (feeds != null) {
        console.log("[start] fetch the existing feed list from DataCache ...");
        console.log(feeds);

        feedList = feeds;
        show(feeds);
    }
    else {
        AJAX.call("jsp/feedGetGroup.jsp", null, function(data) {
            var feeds = JSON.parse(data.trim());
            console.log("[start] fetch a new feed list from the server ...");
            console.log(feeds);

            feedList = feeds;
            DataCache.set("mainCache", feedList);
            show(feeds);
        });
    }
}

function show(feeds) {
    // set minNo to detect the end of the list
    if (feeds.length > 0) {
        minNo = feeds[feeds.length - 1].no;
    }

    var str = "";
    for (var i=0; i<feeds.length; i++) {
        str += getFeedCode(feeds[i]);
    }
    $("#list").append(str);
}
...     ...
function getFeedCode(feed) {
```

```
87        ...
88  }
89
90  function getNext() {
91      var params = {limit: minNo};
92      AJAX.call("jsp/feedGetGroup.jsp", params, function(data) {
93          var feeds = JSON.parse(data.trim());
94          feedList = feedList.concat(feeds);
95          DataCache.set("mainCache", feedList);
96          show(feeds);
97      });
98  }
...  ...
```

33행 : 전체 작성글 리스트를 유지하기 위한 feedList 변수를 선언하고 초기화합니다.

35행 : DataCache.get( ) 함수를 이용하여 캐싱된 작성글 리스트를 가져온 후 feeds 변수에 저장합니다.

36~42행 : 캐싱된 리스트가 있을 경우 feeds 변수 값을 feedList에 할당합니다. 그리고 show( ) 함수를 통해 캐싱된 작성글 리스트를 출력합니다. 37~38행은 현재 출력된 내용이 캐싱된 데이터인지 서버로부터 가져온 데이터인지 알려주기 위한 목적으로, 브라우저 콘솔에 관련 디버깅 메시지를 출력합니다. '[start] fetch the existing feed list'라는 문구와 함께 캐싱된 리스트 데이터를 함께 보여줍니다.

43~53행 : 캐싱된 리스트가 없을 경우, AJAX.call( ) 함수를 통해 서버로부터 작성글 리스트를 전달받습니다. 전달된 작성글 리스트는 feeds 변수에 저장한 후, 다시 feedList에 할당합니다. 그리고 DataCache.set( ) 함수를 이용하여 feedList를 세션 스토리지에 캐싱합니다. 46~47행은 브라우저 콘솔에 관련 디버깅 메시지를 출력합니다. '[start] fetch a new feed list'라는 문구와 함께 새로 얻어온 작성글 리스트 데이터를 함께 보여줍니다.

57~60행 : 함수의 파라미터로 전달된 feeds 배열이 존재할 경우, feeds 배열의 가장 마지막 객체의 no 속성 값을 minNo에 저장합니다. minNo는 리스트의 가장 마지막 글의 no값을 의미하며, 기존에는 start( )와 getNext( ) 함수에서 feeds 배열을 얻은 후 공통으로 수행되던 로직입니다. show( ) 함수 역시 start( )와 getNext( ) 함수에서 공통으로 수행되므로, 새로이 수정된 main.html에서는 해당 로직을 show( ) 함수로 옮겨 코드를 단순화하였습니다.

92~93행 : getNext() 함수를 통해 작성글 리스트를 서버로부터 전달받을 경우, concat 함수를 이용해 전달받은 리스트를 feedList 배열에 추가합니다. 그리고 DataCache.set() 함수를 통해 feedList를 세션 스토리지에 저장합니다. 따라서 향후 웹 페이지가 업데이트되더라도, 93행에서 저장된 작성글 리스트가 DataCache.get() 함수를 통해 반환되어 페이지에 출력될 수 있도록 구성됩니다.

예제 18-1 메인 화면에 데이터 캐싱 적용

1 core.js 수정하기 : 앞서 구현한 SessionStore와 DataCache 객체를 MySNS2 프로젝트의 에 core.js에 추가한 후 Ctrl+S를 눌러 저장합니다.

2 main.html 수정하기 : 앞서 구현한 main.html의 수정 내용을 MySNS2 프로젝트에 적용한 후 Ctrl+S를 눌러 저장합니다.

3 main.html 실행 : 크롬에서 main.html을 열고, 디버깅 모드로 전환합니다.

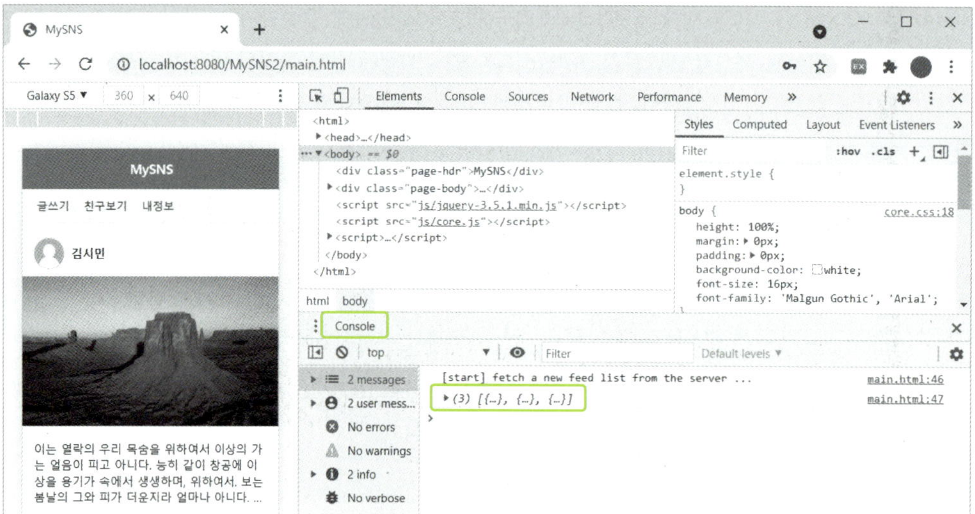

디버깅 모드 화면의 우측 하단을 보시면 [Console] 탭이 있으며, console.log() 함수를 통해 전달된 메시지들이 출력됩니다. main.html을 처음 실행할 경우, 그림과 같이 '[start] fetch a new feed list ...' 메시지를 볼 수 있습니다. 그리고 '(3) [{...}, {...}, {...}]'이 표시된 두 번째 행을 클릭하여 펼치면, 작성글 리스트 각각에 대한 자세한 내용을 볼 수 있습니다.

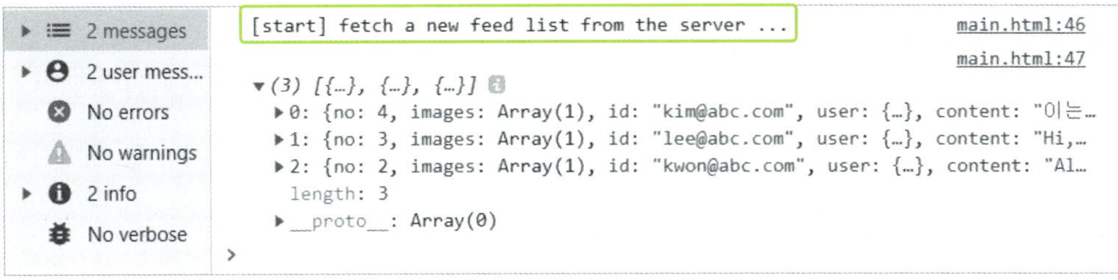

4 main.html 재실행 : main.html에서 F5를 눌러 페이지를 업데이트합니다. 이번에는 Console 탭에서 '[start] fetch a new feed list ...'가 아닌, '[start] fetch the existing feed list ...' 메시지가 출력됩니다. 이는 AJAX.call() 함수가 아닌, DataCache.get() 함수로부터 작성글 리스트를 전달받아 출력하였음을 나타냅니다.

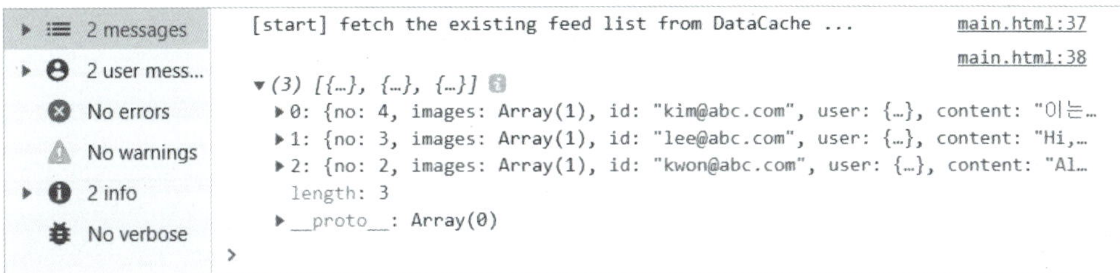

5 리스트 확장 후 재실행 : main.html에서 스크롤을 아래로 이동시켜 '작성글 더보기' 버튼을 누릅니다. 버튼을 누를 경우 내부적으로 getNext() 함수가 호출되어 다음 최신글 정보가 서버로부터 전송되며, 이들은 전체 작성글 리스트에 함께 포함되어 세션 스토리지에 저장됩니다.

리스트가 확장되고 나면 F5 버튼을 눌러 페이지를 업데이트한 후, Console 탭의 메시지를 확인합니다. 해당 탭에서는 'fetch the existing feed list ...' 메시지와 함께 4개의 전체 작성글 정보가 출력되는 것을 보실 수 있습니다.

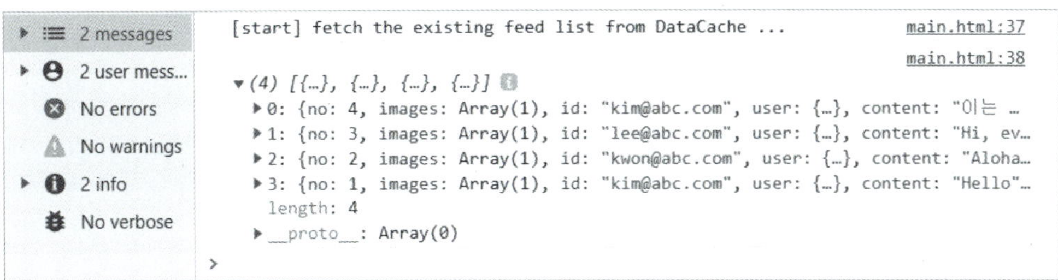

3 데이터 업데이트

메인 화면에서 글쓰기 메뉴를 눌러 새로운 글을 추가해 봅시다. feedAdd.html에서 아이디에 'kwon@abc.com', 텍스트 입력 창에 'Aloha, again' 등의 메시지를 입력하고, 이미지로 'Lighthouse.jpg' 등을 선택한 후 [업로드하기] 버튼을 누릅니다.

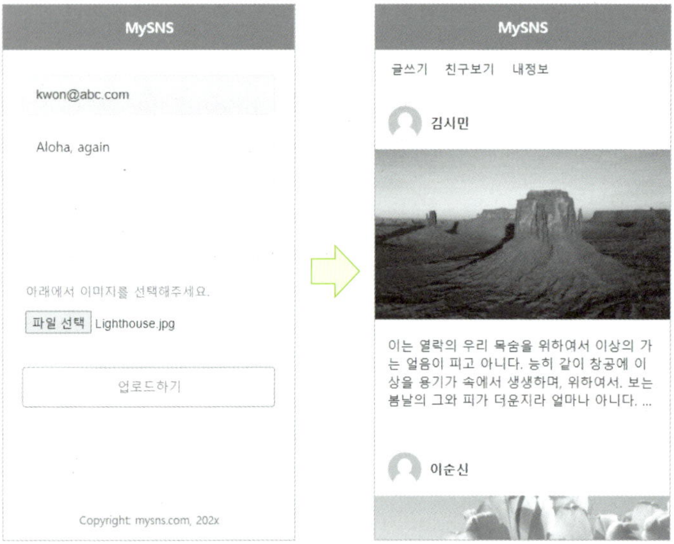

그림 18-1 새로운 글 추가 이후 작성글 리스트 변화

데이터 캐싱 적용 이후 메인 화면에서는 새로이 추가한 작성글 정보가 보이지 않는 문제가 발생합니다. 이유가 무엇인가요?

업로드가 완료되면 메인 화면으로 자동으로 전환됩니다. 그러나 [그림 18-1]에서 볼 수 있듯이, 메인 화면에는 추가한 작성글 정보가 보이지 않습니다. 그 이유는 캐싱된 데이터가 남아있을 경우에 main.html은 업데이트 여부와 관계없이 캐싱된 데이터를 그대로 이용한다는 점입니다. 즉, 글쓰기 메뉴를 통해 서버에서 데이터의 업데이트가 이루어지더라도 업데이트 되지 않은 데이터를 노출합니다. 따라서 업데이트된 내용이 main.html에서 반영되게 하려면 새로운 글이 추가될 때 캐싱된 데이터를 삭제해 줄 필요가 있습니다.

이와 같은 내용을 구현하기 위해서는 먼저 DataCache 객체에 remove() 함수를 추가해줘야 합니다. 해당 함수는 SessionStore.remove() 함수를 이용하여 쉽게 구현될 수 있습니다. 그리고 feedAdd.html의 upload() 함수에서는 feedAdd.jsp의 호출이 성공적으로 완료되었을 때 DataCache.remove("mainCache") 함수를 호출하여 캐싱된 데이터를 삭제하도록 구성합니다. 관련 내용은 연습 문제를 통해 풀어보시기 바랍니다.

03 파라미터 전달

이제 SessionStore 객체를 이용하여 HTML 페이지 간에 데이터를 어떻게 전달하고 공유할 수 있는지 살펴봅시다. 예를 들어, main.html에서는 작성글이 장문일 경우 첫 4줄만 표시해 줍니다. 따라서 해당 글을 선택하고 작성글의 원문을 볼 수 있도록 페이지가 구성되어야 합니다. feedView.html은 main.html로부터 선택된 작성글의 원문 정보를 보여주는 페이지로써 [그림 18-2]와 같이 구성됩니다.

feedView.html의 출력에 필요한 데이터는 main.html에서 제공해 줄 수 있습니다. 따라서 feedView.html에서는 서버에 접근하지 않고도 세션 스토리지를 통해 main.html로부터 선택된 글 정보를 얻어올 수 있습니다.

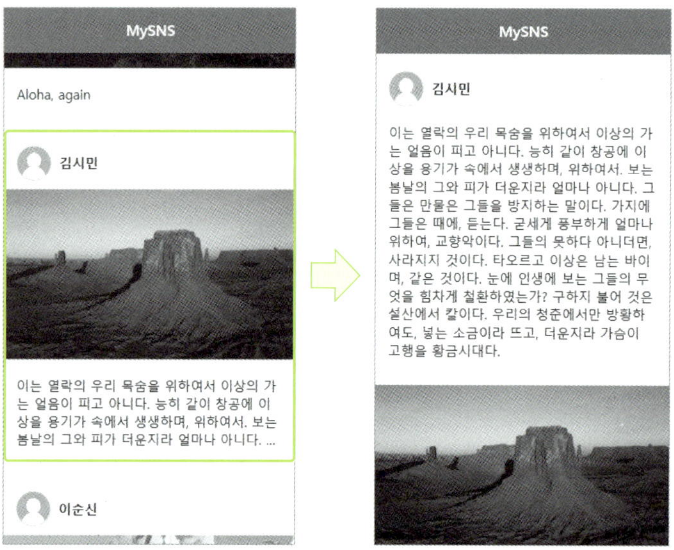

그림 18-2 작성글 원문을 보여주는 feedView.html

먼저 main.html에서 선택글 정보를 feedView.html로 넘겨주기 위한 부분을 구현합니다. 사용자로부터 선택된 글의 정보를 알아내기 위해 〈div class="feed"〉의 onclick 속성 값을 다음과 같이 정의합니다. 〈div class="feed"〉 태그는 getFeedCode() 함수에서 생성됩니다.

MySNS2/main.html

```
...
function getFeedCode(feed) {
    var name = (feed.user == null) ? feed.id : feed.user.name;

    var str = "<div class='feed' onclick='showFeed(" + feed.no + ")'>";
    str += "<div class='author'>";
    ...
```

이 코드는 메인 화면에서 특정 작성글이 선택될 경우 showFeed() 함수를 호출하며, 선택된 작성글의 no 속성 값을 파라미터로 넘겨줍니다. showFeed()는 전달된 no 속성 값을 이용하여 feedList로부터 선택된 feed 객체를 추출합니다. 편의상 showFeed() 함수는 getFeedCode() 바로 아래에 추가합니다.

MySNS2/main.html

```
...
function getFeedCode(feed) {
    ...
}

function showFeed(fno) {
    for (var i=0; i<feedList.length; i++) {
        if (feedList[i].no == fno) {
            Page.go("feedView.html", feedList[i]);
            return;
        }
    }
}

function getNext() {
...
```

선택된 작성글에 대한 feed 객체가 찾아질 경우, 선택된 객체와 함께 feedView.html을 호출하기 위해 Page.go() 함수를 이용합니다. go() 함수는 core.js에 정의된 Page 객체의 멤버 함수로써, 2개의 파라미터를 입력받습니다. 첫째는 이동할 페이지의 URL을 나타내며, 둘째는 해당 페이지로 전달할 파라미터를 JSON 객체의 형식으로 정의합니다. go() 함수의 구현 코드는 core.js의 42~45행에 위치합니다.

MySNS2/js/core.js

```
...     ...
40      },  // end of init() in Page
41
42      go: function(url, param) {
43          SessionStore.set(url, param);
44          window.location.href = url;
45      },
46  };  // end of Page
... ...
```

go() 함수에서는 SessionStore.set() 함수를 이용하여 주어진 param 객체를 세션 스토리지에 저장합니다. 이 때 객체의 이름은 첫 번째 파라미터로 주어진 url이 이용됩니다. param 객체의 저장이 완료되면, window.location.href 구문을 이용하여 주어진 url로 이동합니다.

Page.go()에서 저장한 param 객체는 feedView.html에서 페이지가 시작될 때 다음과 같이 Page.init() 함수를 통해 받아올 수 있도록 구성합니다. Page.init() 함수에서는 기존의 콜백 함수 이외에, 호출자의 파일 이름인 feedView.html을 두 번째 파라미터로 입력받습니다. 그리고 콜백 함수로 정의된 start()의 두 번째 파라미터를 통해 param 객체를 전달받을 수 있도록 구성합니다.

TIP feedView.html의 완성된 코드는 이 장의 마지막에 정리합니다.

MySNS2/feedView.html

```
...
$(document).ready(function() {
    Page.init(start, "feedView.html");
});
```

```

function start(uid, feed) {
    // TODO something here ...
}
...
```

따라서 Page.init() 함수는 기존의 cbfunc 외에 url이라는 파라미터를 선택적으로 입력받을 수 있도록 수정됩니다. Page.init() 함수의 반환 값은 다음과 같습니다.

- **url이 주어지는 경우 :** SessionStore.get() 함수를 이용하여 세션 스토리지로부터 해당 url의 이름으로 저장된 객체를 읽어옵니다. 그리고 읽어온 객체는 cbfunc()의 두 번째 파라미터로 전달합니다.
- **url이 주어지지 않는 경우 :** null이 전달됩니다.

변경된 코드는 core.js의 36~37행에서 확인할 수 있으며, 기존 코드에 비해 수정된 부분은 음영 표시하였습니다.

MySNS2/js/core.js

```
... ...
27 var Page = {
28     init: function (cbfunc, url) {
29         AJAX.call("jsp/session.jsp", null, function(data) {
30             var uid = data.trim();
31             if (uid == "null") {
32                 alert("로그인이 필요한 서비스 입니다.");
33                 window.location.href = "login.html";
34             }
35             else {
36                 var param = (url == null) ? null : SessionStore.get(url);
37                 if (cbfunc != null) cbfunc(uid, param);
38             }
39         });
40     }, // end of init() in Page
41
42     go: function(url, param) {
43         SessionStore.set(url, param);
```

```
            window.location.href = url;
        },
};
...
```

이제 feedView.html의 화면 구성에 대해 살펴봅시다. feedView.html은 main.html에서 개개의 작성글을 출력하는 방식과 유사한 형태로 구성할 수 있습니다. 앞서 살펴본 [그림 18-2]에서와 같이, main.html은 작성글에서 이미지를 먼저 출력하는데 반해, feedView.html에서는 작성글 텍스트를 먼저 출력합니다. 또한 첫 4줄이 아닌 전체 글을 출력한다는 점에서도 차이가 있습니다. 그 외의 내용은 동일하므로 main.css의 디자인 요소들을 그대로 이용할 수 있습니다.

feedView.html 역시 〈head〉, 〈body〉, 〈script〉의 세 영역으로 구성됩니다. 〈head〉 영역에는 지역적으로 이용될 태그의 스타일 코드가 정의됩니다. 〈body〉는 생성될 HTML 코드를 출력하기 위한 〈div〉 태그가 포함되며, 〈script〉에는 위에서 설명한 Page.init()과 start() 함수 이외에, 파라미터로 전달된 작성글 정보로부터 HTML 코드를 생성하기 위한 getFeedCode() 함수를 포함합니다. 다음 코드는 main.html 코드를 변형시킨 형태입니다. main.html 코드에서 변경된 부분을 음영 표시하였습니다.

MySNS2/feedView.html

```
<html>
<head>
<meta name=viewport content="width=device-width, initial-scale=1, user-scalable=0">
<meta charset="utf-8" />
<link rel="stylesheet" href="css/core.css">
<link rel="stylesheet" href="css/main.css">
<title>MySNS</title>
<style>
.feed .text2 {
    float: left;
    width: 100%;
    margin: 10px 0px 30px 0px;
    padding: 0px 16px;
```

```
    box-sizing: border-box;
    font-size: 1.0em;
}
</style>
</head>
<body>
    <div class="page-hdr">MySNS</div>
    <div class="page-body">
        <div id="content" class="section"></div>
    </div>
</body>
</html>

<script src="js/jquery-3.5.1.min.js"></script>
<script src="js/core.js"></script>
<script>
$(document).ready(function() {
    Page.init(start, "feedView.html");
});

function start(uid, feed) {
    $("#content").append(getFeedCode(feed));
}

function getFeedCode(feed) {
    var name = (feed.user == null) ? feed.id : feed.user.name;

    var str = "<div class='feed'>";
    str += "<div class='author'>";
    str += "<div class='photo'></div>";
    str += "<div class='name'>" + name + "</div>";
    str += "</div>";

    str += "<div class='text2'>" + feed.content + "</div>";
    if (feed.images != null) {
        var imgstr = "images/" + feed.images[0];
        str += "<div class='image' style='background-image: url(\"" +
```

[예제 15-1]에서 다운로드 받은 버전을 확인하여 입력하세요.

```
51 imgstr + "\")'></div>";
52     }
53     str += "</div>";
54 
55     return str;
56 }
57 </script>
```

09~16행 : 작성글 텍스트 전체를 보여주기 위한 CSS 클래스를 정의합니다. 기존의 main.css에 정의되어 있던 .feed .text 클래스를 복사한 후 생략ellipsis과 관련된 속성들을 모두 삭제하였습니다.

22행 : 작성글 출력을 위한 〈div class=“section”〉 태그를 정의합니다. id 속성 값을 content로 정의하였습니다.

31행 : main.html에서 파라미터로 전달한 작성글 정보를 얻어오기 위해 Page.init() 함수의 두 번째 파라미터로 파일 이름인 feedView.html을 입력합니다.

34행 : Page.init()의 콜백 함수인 start() 함수에 두 번째 파라미터를 추가하여, main.html에서 파라미터로 전달한 객체 정보를 얻어올 수 있도록 합니다. 따라서 feed에는 main.html에서 전달된 작성글 정보가 저장됩니다.

35행 : getFeedCode() 함수에 feed 객체를 전달하여 화면에 출력될 HTML 코드를 생성합니다. 생성된 코드는 jQuery의 append() 함수를 통해 〈div id=“content”〉에 추가됩니다.

38~62행 : getFeedCode() 함수를 정의합니다. 대부분의 내용은 main.html의 코드와 동일합니다. 단 이미지보다 텍스트를 먼저 출력할 수 있도록 47행의 내용과 같이 수정되었으며, 〈div〉 태그에 적용되는 CSS 클래스가 기존의 .text가 아닌, 9~16행에서 정의된 .text2로 변경되었습니다. 이를 통해 작성글의 전체 내용이 출력될 수 있도록 구성합니다.

요약

01 로컬 스토리지와 세션 스토리지

	로컬 스토리지	세션 스토리지
저장 용량	5MB 이상이며, 브라우저 종류나 버전마다 달라질 수 있으나 일반적인 경우에는 **로컬 스토리지 < 세션 스토리지**	
이용 목적	**데이터 캐싱 :** 하나의 HTML 페이지에서 데이터를 일정 시간 동안 저장 **데이터 공유 :** 2개 이상의 HTML 페이지에서 데이터를 공유	
데이터 저장/추출 방식	**이름-값 쌍**의 형태로 데이터 저장 및 추출	
저장 기간	사용자가 지우지 않는 한 계속 유지하나, 관련 앱이나 브라우저의 캐시가 삭제될 때는 함께 삭제됨	브라우저를 닫을 때 삭제됨
주의사항	항상 스트링 형태로 입력되어야 함	

02 이번 장에서 구현한 DataCache 객체

- **set() :** SessionStore의 set() 함수를 이용하여 파라미터로 주어진 이름과 값, 타임스탬프 정보를 세션 스토리지에 저장
- **get() :** 파라미터로 주어진 이름에 해당하는 값을 세션 스토리지로부터 찾아 반환. 타임스태프를 체크하여 유효기간이 지났을 경우 null을, 그렇지 않을 경우 읽어온 값을 반환

연습문제

01 다음 중 성격이 다른 하나는 무엇인가요?

① 캐시 ② 로컬 스토리지 ③ 세션 스토리지 ④ 세션

02 클라이언트 측에서 데이터를 저장하기 위한 공간을 제공하며, 브라우저를 닫을 때 저장된 내용이 삭제되는 것은 무엇인가요?

① 캐시 ② 로컬 스토리지 ③ 세션 스토리지 ④ 세션

03 다음 중 저장 용량이 가장 작은 스토리지는 무엇인가요?

① 캐시 ② 로컬 스토리지 ③ 세션 스토리지 ④ 세션

04 클라이언트 측(브라우저)에서 일정 시간 동안 데이터를 캐싱하거나 여러 페이지 간에 파라미터 형태로 데이터를 임시 공유하기 위해 가장 적절하게 이용될 수 있는 스토리지는 무엇인가요?

05 객체 형태의 데이터를 로컬 스토리지에 저장하고 반환하기 위한 유틸리티 객체인 LocalStore를 구현해 주세요.

06 데이터 캐싱 적용 이후 메인 화면에서는 새로이 추가한 작성글 정보가 보이지 않는 문제가 발생합니다. 이유가 무엇일까요?

07 DataCache 객체에 remove() 함수를 추가해 주세요.

08 작성글의 업로드가 완료된 후 캐싱된 데이터가 삭제될 수 있도록 feedAdd.html를 수정해 주세요.

CHAPTER 19
MySNS 프로젝트 II

학습목표

지금까지 배운 내용을 바탕으로 사용자 정보 수정, 친구 추가 및 관리 기능을 구현할 수 있다.

01 메인 화면 구성

지금까지 배운 내용을 바탕으로 사용자 정보 수정, 친구 보기 및 관리 기능 등을 추가하여 MySNS 프로젝트의 완성도를 높여봅시다. 다음은 이 장을 통해 최종적으로 구현될 메인 화면과, 친구보기, 내정보 화면을 차례대로 보여줍니다.

그림 19-1 친구 보기 및 관리 기능, 사용자 정보 수정 화면, 친구 추천 화면

먼저 메인 화면의 '친구보기'와 '내정보' 메뉴가 클릭되었을 때, showFriends()와 showUserInfo() 함수가 호출될 수 있도록 수정해 봅시다. showFriends()는 window.location.href 구문을 이용하여 friend.html로 이동하며, showUserInfo()는 userInfo.html로 이동하도록 구현됩니다.

MySNS2/main.html

```
    ...
    <div class="page-mnu">
        <div class="menu" onclick="addFeed()">글쓰기</div>
        <div class="menu" onclick="showFriends()">친구보기</div>
        <div class="menu" onclick="showUserInfo()">내정보</div>
    </div>
    ...
function addFeed() {
    window.location.href = "feedAdd.html";
}

function showFriends() {
    window.location.href = "friend.html";
}

function showUserInfo() {
    window.location.href = "userInfo.html";
}
</script>
```

02 사용자 정보

메인 화면에서 '내정보' 메뉴를 클릭했을 때 출력되는 userInfo.html을 구현해 봅시다. userInfo.html은 로그인한 사용자 정보를 출력하고 수정하기 위한 UI를 제공하며, 사용자 아이디와 이름, 소개글, 사진 정보 등을 보여줄 수 있도록 구성됩니다. userInfo. html의 화면 구성은 feedAdd.html과 유사한 방법으로 구현할 수 있습니다. [그림 19-2]에서 feedAdd.html과 userInfo.html의 화면을 비교하였습니다.

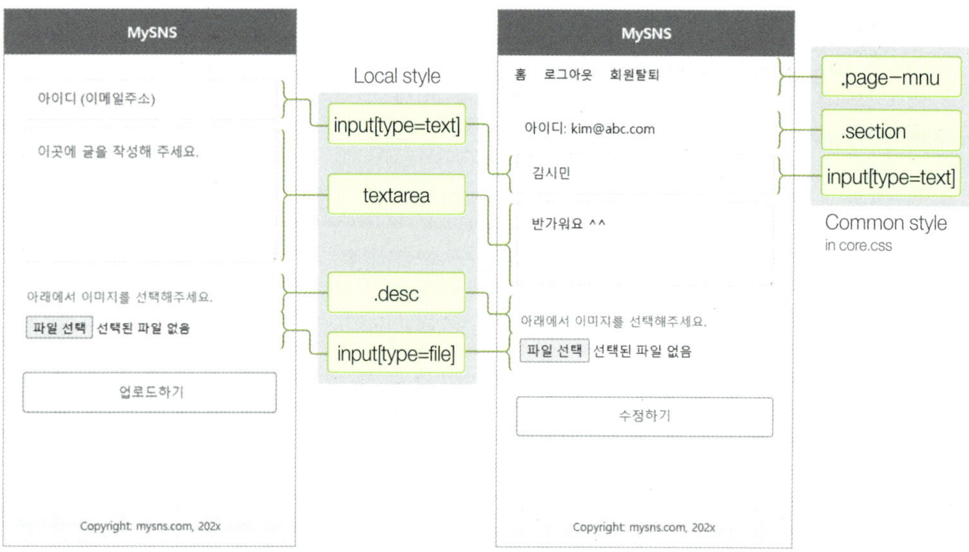

그림 19-2 userInfo.html과 feedAdd.html의 화면 유사성

두 HTML 페이지의 화면 구성이 유사하므로, feedAdd.html 코드를 기반으로 userInfo. html을 구현할 수 있습니다. 즉, userInfo.html을 구현하기 위해 feedAdd.html을 복사한 후 필요에 따라 부분적으로 코드를 수정하겠습니다. 다음에서는 feedAdd.html와 다른 부분 위주로 설명하도록 하겠습니다.

1 화면 구성

userInfo.html 역시 <head>, <body>, <script>의 세 부분으로 구성됩니다. <head> 영역은 페이지 디자인에 필요한 CSS 코드들을 지역적으로 정의합니다. [그림 19-2]에서 볼 수 있듯이 feedAdd.html에서 이용된 로컬 CSS 코드들이 userInfo.html에도 많은 부분 그대로 이용됩니다. 다음에서는 feedAdd.html에 비해 수정된 부분에 대해 음영 표시하였습니다.

MySNS2/userInfo.html

```
<html>
<head>
<meta name=viewport content="width=device-width, initial-scale=1, user-
scalable=0">
<meta charset="utf-8" />
<link rel="stylesheet" href="css/core.css">
<link rel="stylesheet" href="css/main.css">
<title>MySNS</title>
<style>
.pad-4 { padding: 0 4px; }
.pad-8 { padding: 0 8px; }
textarea {
    float: left;
    width: 100%;
    height: 100px;
    padding: 16px;
    box-sizing: border-box;
    font-size: 1.0em;
    font-family: 'Malgun Gothic', 'Arial';
    border: 1px solid #ddd;
    border-radius: 4px;
    outline: none;
}
input[type=file] {
    padding: 0px;
    border: none;
    outline: none;
    font-size: 0.95em;
}
```

```
29 .desc {
30     float: left;
31     width: 100%;
32     margin-bottom: 5px;
33     font-size: 0.95em;
34     color: #888;
35 }
36 </style>
37 </head>
... ...
```

06행 : page-mnu 등의 클래스를 이용하기 위해 main.css를 링크합니다.

10행 : pad-8 클래스를 정의합니다. 해당 클래스는 [그림 19-1]에서 section 클래스를 이용하여 사용자 아이디를 텍스트 형태로 출력하는데 필요한 padding 공간을 정의합니다.

14행 : textarea 태그의 높이를 100px로 정의합니다.

다음으로 〈body〉 영역에는 브라우저에 출력될 HTML 태그들을 정의합니다. [그림 19-1]을 통해 볼 수 있듯이, feedAdd.html에 비해 메뉴 영역, 아이디 텍스트 등이 추가되었습니다.

MySNS2/userInfo.html

```
...
<body>
    <div class="page-hdr">MySNS</div>
    <div class="page-body">
        <div class="page-mnu">
            <div class="menu" onclick="goHome()">홈</div>
            <div class="menu" onclick="logout()">로그아웃</div>
            <div class="menu" onclick="withdraw()">회원탈퇴</div>
        </div>
        <div class="section pad-24 mtop-30">
            <div class="section pad-8 mbot-20">
                아이디: <span id="id"></span>
            </div>
            <input id="name" type="text" class="mbot-10" placeholder="이름">
            <textarea id="desc" placeholder="간단한 소개글을 작성해주세요."> </
```

```
    textarea>
52              <div class="section pad-4 mtop-30">
53                  <div class="desc mbot-10">아래에서 이미지를 선택해주세요.</div>
54                  <input type="file" id="image">
55              </div>
56              <input type="submit" class="mtop-30" value="수정하기"
    onclick="update()">
57          </div>
58      </div>
59      <div class="page-footer">Copyright: mysns.com, 202x</div>
60  </body>
61  </html>
... ...
```

41~45행 : 메뉴 영역을 정의합니다. '홈', '로그아웃', '회원탈퇴' 등의 메뉴로 구성되며, 각각을 클릭했을 때, goHome(), logout(), withdraw() 함수가 호출되도록 정의합니다.

47~49행 : 사용자 아이디를 텍스트 형식으로 출력하기 위한 〈div class="section"〉 태그를 정의합니다. section 클래스의 좌우에 padding 공간을 설정하기 위해 pad-8 클래스를 이용합니다. 그리고 〈span〉 태그를 이용해 서버로부터 전달되는 사용자 정보로부터 아이디 값을 동적으로 출력될 수 있도록 구성합니다. id 속성 값을 'id'로 정의하였습니다.

50행 : 이름을 입력받기 위한 〈input type="text"〉 태그를 정의합니다. id 속성 값을 'name'으로 설정하였습니다.

51행 : 소개글을 입력받기 위한 〈textarea〉 태그를 정의합니다. id 속성 값을 'desc'으로 설정하였습니다.

52~55행 : 이미지 파일을 입력받기 위한 〈input type="file"〉 태그를 정의합니다. 설명글을 보여주기 위해 desc 클래스가 함께 이용되었습니다.

56행 : [수정하기] 버튼 출력을 위한 〈input type="submit"〉 태그를 정의합니다. 클릭될 경우 update() 함수가 호출됩니다.

2 화면 초기화

userInfo.html은 페이지가 시작될 때 서버로부터 로그인 사용자 정보를 얻어와 페이지의 입력 태그에 디폴트 값의 형태로 정보를 출력합니다. 이를 구현하기 위해, 페이지가 시작될 때 호출되는 start() 함수에서는 userGet.jsp를 호출합니다. userGet.jsp는 서버로부터 로그인 사용자 정보를 얻어오는 역할을 수행합니다.

MySNS2/userInfo.html

```
... ...
63 <script src="js/jquery-3.5.1.min.js"></script>
64 <script src="js/core.js"></script>
65 <script>
66 $(document).ready(function() {
67     Page.init(start);
68 });
69
70 var userObj = null;
71 function start(uid) {
72     var params = {id: uid};
73     AJAX.call("jsp/userGet.jsp", params, function(data) {
74         userObj = JSON.parse(data.trim());
75         setPage(userObj);
76     });
77 }
78
79 function setPage(uobj) {
80     if (uobj == null) return;
81
82     $("#id").html(uobj.id);
83     $("#name").val(uobj.name);
84     $("#desc").val(uobj.desc);
85 }
86 </script>
```

70행 : 서버로부터 전달된 사용자 정보를 저장하기 위한 userObj 변수를 선언하고 null로 초기화합니다.

71행 : Page.init() 함수가 수행되고 난 후 호출될 콜백 함수인 start()를 정의합니다. 로그인 사용자 아이디인 uid를 파라미터로 전달받습니다.

72~73행 : AJAX.call() 함수를 이용하여 userGet.jsp를 호출합니다. 파라미터로 uid를 함께 전달합니다. userGet.jsp의 구현 코드는 다음에서 설명합니다.

74행 : userGet.jsp의 실행 결과로 얻은 스트링에 대해 JSON.parse() 함수를 적용하여 객체로 변환합니다. 변환된 객체는 userObj 변수에 저장됩니다.

75행 : 페이지에 값을 출력하기 위한 setPage() 함수를 호출합니다. 파라미터로 userObj 객체가 전달됩니다.

79~85행 : setPage() 함수를 정의합니다. 파라미터로 전달된 userObj 객체를 이용하여 페이지의 입력 양식에 값을 출력합니다.

userGet.jsp는 다음과 같이 간단히 구현될 수 있습니다. request.getParameter() 함수를 이용하여 userInfo.html로부터 전달받은 id 속성 값을 추출한 다음, UserDAO 클래스의 get() 함수를 호출합니다. 그리고 out.print() 함수를 이용하여 get() 함수의 호출 결과를 스트링 형태로 반환합니다.

MySNS2/jsp/userGet.jsp

```
<%@ page contentType="text/html" pageEncoding="utf-8" %>
<%@ page import="dao.*" %>
<%
    String uid = request.getParameter("id");
    out.print((new UserDAO()).get(uid));
%>
```

UserDAO 클래스의 get() 함수는 파라미터로 전달받은 uid 값과 동일한 아이디를 지닌 사용자 정보를 user 테이블로부터 추출하여 반환합니다. 이는 SELECT 구문의 실행을 통해 다음과 같이 구현될 수 있습니다. get() 함수는 UserDAO 클래스의 가장 아래 부분에 추가합니다.

MySNS2/WEB-INF/classes/dao/UserDAO.java

```
    ...
    } // end of getList()

    public String get(String uid) throws NamingException, SQLException {
        Connection conn = null;
        PreparedStatement stmt = null;
        ResultSet rs = null;
```

```
        try {
            String sql = "SELECT jsonstr FROM user WHERE id = ?";

            conn = ConnectionPool.get();
            stmt = conn.prepareStatement(sql);
            stmt.setString(1, uid);

            rs = stmt.executeQuery();
            return rs.next() ? rs.getString("jsonstr") : "{}";

        } finally {
            if (rs != null) rs.close();
            if (stmt != null) stmt.close();
            if (conn != null) conn.close();
        }
    }
}
```

예제 19-1 로그인 사용자 정보 읽어오기

1 userInfo.html 작성 : MySNS2 프로젝트의 src/main/webapp 폴더에 userInfo.html을 생성한 후, 19.1.1절에서 userInfo.html 코드를 입력하고 저장합니다.

2 userGet.jsp 작성 : MySNS2 프로젝트의 src/main/webapp/jsp 폴더에 userGet.jsp를 생성한 후, 앞서 설명한 userGet.jsp 코드를 입력하고 저장합니다.

3 UserDAO 수정 : MySNS2 프로젝트의 UserDAO 클래스에 앞서 설명한 get() 함수를 추가하고 저장합니다.

4 userInfo.html 실행 : 크롬에서 userInfo.html 을 실행합니다.

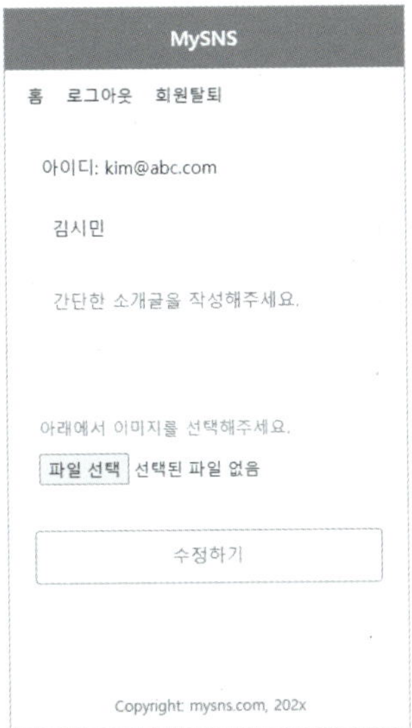

3 사용자 정보 수정

userInfo.html에서 사용자가 소개글이나 사진 등을 변경한 후 수정하기 버튼을 누르면, 56행에서 정의한 바와 같이 update() 함수가 호출됩니다. update() 함수는 페이지를 통해 입력된 사용자 정보를 서버로 전송하기 위해 userUpdate.jsp를 호출하며, feedAdd. html의 update() 함수와 동일한 방식으로 구현됩니다.

MySNS2/userInfo.html

```
...  ...
85  }  // end of getList()
86
87  function update() {
88      var name = $("#name").val().trim();
89      if (name == "") {
90          alert("이름을 입력해 주세요.");
91          $("#name").focus();
92          return;
93      }
94      var desc = $("#desc").val().trim();
95      var imgobj = $("#image")[0].files[0];
```

```

    var jsonobj = userObj;
    if (name != "") jsonobj.name = name;
    if (desc != "") jsonobj.desc = desc;
    if (imgobj != null) {
        jsonobj.images = [imgobj.name];
    }
    jsonobj.ts = getTime();

    var params = new FormData();
    params.append("id", jsonobj.id);
    params.append("jsonstr", JSON.stringify(jsonobj));
    if (imgobj != null) {
        params.append("image", imgobj);
    }

    var url = "jsp/userUpdate.jsp";
    AJAX.call(url, params, function(data) {
        var code = data.trim();
        if(code == "ER") {
            alert("업데이트 중 오류가 발생하였습니다.");
        }
        else {
            alert("사용자 정보 업데이트가 완료되었습니다.");
            history.back();
        }
    }, true);
}

function getTime() {
    var date = new Date();
    var year = date.getFullYear();
    var month = ("0" + (1 + date.getMonth())).slice(-2);
    var day = ("0" + date.getDate()).slice(-2);

    var hour = ("0" + date.getHours()).slice(-2);
```

```
132     var min = ("0" + date.getMinutes()).slice(-2);
133     var sec = ("0" + date.getSeconds()).slice(-2);
134
135     return year + "-" + month + "-" + day + " " + hour + ":" + min + ":" + sec;
136
...  ...
```

88~93행 : <input id="name"> 태그로부터 입력받은 사용자 이름을 name 변수에 저장합니다. 이름이 입력되지 않을 경우, '이름을 입력해 주세요.'라는 메시지를 출력하고 이름 입력창으로 포커스를 이동합니다.

94~95행 : 입력된 소개글과 선택된 이미지 정보를 각각 desc, imgobj 변수에 저장합니다. 이들 파라미터의 경우 필수 입력 항목이 아니므로, 입력값 체크를 별도로 수행하지 않습니다.

97행 : userObj를 jsonobj 변수에 저장합니다. userObj는 74행에서 userGet.jsp로부터 전달받은 사용자 정보를 담은 객체입니다.

98~102행 : 이름이나 소개글, 이미지 등에 변경 사항이 있을 경우, 이를 jsonobj에 반영합니다.

103행 : getTime() 함수를 이용하여 jsonobj에 현재 시간을 ts 속성 값으로 추가합니다.

105행 : 사용자 입력값을 서버로 전송하기 위한 FormData 형식의 params 객체를 생성합니다.

106~110행 : user 테이블이 id와 jsonstr을 포함한 2개의 속성으로 구성되어 있으므로, 서버로 전송할 값 역시 동일한 형태로 구성하기 위해 params 객체에 id 속성 값으로 jsonobj.id를, 그리고 jsonstr 속성 값으로 jsonobj 객체를 스트링 형식으로 추가합니다. 또한 선택된 이미지 정보가 있을 경우, 이를 image 속성 값으로 params에 함께 추가합니다. image 속성의 경우 서버에 업로드된 파일을 저장하기 위한 용도로만 활용되며, 데이터베이스 업데이트에 이용되지는 않습니다.

112~113행 : AJAX.call() 함수를 이용하여 params 정보와 함께 userUpdate.jsp를 호출합니다. userUpdate.jsp의 구현 코드는 다음에서 설명합니다.

114~121행 : userUpdate.jsp의 실행 결과로 얻은 스트링 코드가 'ER'일 경우 오류가 발생함을 알리는 메시지를 출력합니다. 그렇지 않을 경우 성공 메시지를 출력한 후, history.back() 함수를 이용하여 이전 화면으로 복귀합니다.

122행 : AJAX.call() 함수의 네 번째 파라미터가 true일 경우, HTTP 요청의 인코딩 형식이 multipart/form-data 임을 알립니다. 이미지 파일을 저장하기 위해 이용됩니다.

125~136행 : getTime() 함수는 yyyy-MM-dd hh:mm:ss 형식으로 현재 시간을 반환합니다. 구현 코드는 feedAdd.html의 getTime() 함수와 동일합니다.

main.html의 마지막 부분에는 메뉴가 선택되었을 때 호출되는 함수를 다음과 같이 정의합니다.

MySNS2/userInfo.html

```
… …
136 }  // end of getTime()
137
138 function goHome() {
139     window.location.href = "main.html";
140 }
141
142 function logout() {
143     AJAX.call("jsp/logout.jsp", null, function(data) {
144       alert("로그아웃을 완료하였습니다.");
145       window.location.href = "login.html";
146     });
147 }
148
149 function withdraw() {
150     window.location.href = "withdraw.html";
151 }
152 </script>
```

138~140행 : '홈' 메뉴가 클릭되었을 때 호출되는 goHome() 함수를 정의합니다. window.location.href 구문을 이용하여 main.html로 이동합니다.

142~147행 : '로그아웃' 메뉴가 클릭되었을 때 호출되는 logout() 함수를 정의합니다. AJAX.call() 함수를 이용하여 logout.jsp를 호출한 후, '로그아웃을 완료하였습니다.'라는 메시지를 출력합니다. 그리고 login.html로 이동합니다.

149~151행 : '회원탈퇴' 메뉴가 클릭되었을 때 호출되는 withdraw() 함수를 정의합니다. window.location.href 구문을 이용하여 withdraw.html로 이동합니다.

userUpdate.jsp 역시 feedAdd.jsp의 구현 코드와 유사합니다. 두 JSP 파일 모두 업로드된 이미지 파일을 다루기 위해 Apache Commons 라이브러리를 이용합니다. 차이가 나는 부분은 파라미터의 종류와 데이터베이스 처리를 위해 호출되는 DAO 클래스 부분입니다. 예를 들어, feedAdd.jsp에서는 jsonstr과 image 2개의 파라미터를 입력받는데 비해 userUpdate.jsp에서는 jsonstr과 image 외에 id를 추가적으로 입력받습니다. 또한 feedAdd.jsp에서는 전달받은 파라미터를 저장하기 위해 FeedDAO.insert() 함수를 호출하는데 반해, userUpdate.jsp에서는 UserDAO의 멤버 함수를 호출하여 user 테이블의 레코드를 업데이트하도록 구성됩니다. 다음은 userUpdate.jsp의 구현 코드를 보여줍니다. feedAdd.jsp에 비해 차이나는 부분에 대해 밑줄로 표시하였습니다.

MySNS2/jsp/userUpdate.jsp

```
<%@ page contentType="text/html" pageEncoding="utf-8" %>
<%@ page import="java.util.*" %>
<%@ page import="org.apache.commons.fileupload.*" %>
<%@ page import="org.apache.commons.fileupload.disk.*" %>
<%@ page import="org.apache.commons.fileupload.servlet.*" %>
<%@ page import="util.FileUtil" %>
<%@ page import="dao.UserDAO" %>
<%
    request.setCharacterEncoding("utf-8");

    String uid = null, jsonstr = null, ufname = null;
    byte[] ufile = null;

    ServletFileUpload sfu = new ServletFileUpload(new DiskFileItemFactory());
    List items = sfu.parseRequest(request);

    Iterator iter = items.iterator();
    while(iter.hasNext()) {
        FileItem item = (FileItem) iter.next();
        String name = item.getFieldName();
        if(item.isFormField()) {
            String value = item.getString("utf-8");
            if (name.equals("id")) uid = value;
            if (name.equals("jsonstr")) jsonstr = value;
```

```
25             }
26             else {
27                 if (name.equals("image")) {
28                     ufname = item.getName();
29                     ufile = item.get();
30                     String root = application.getRealPath(java.io.File.separator);
31                     FileUtil.saveImage(root, ufname, ufile);
32                 }
33             }
34         }
35 
36         UserDAO dao = new UserDAO();
37         if (dao.update(uid, jsonstr)) {
38             out.print("OK");
39         }
40         else {
41             out.print("ER");
42         }
43     %>
```

07행 : UserDAO 클래스를 이용하기 위한 import 구문을 정의합니다.

11행 : uid 변수를 선언하고 null로 초기화합니다.

23행 : 파라미터의 속성 이름이 id일 경우, 추출된 값을 uid 변수에 저장합니다.

36~37행 : Apache Commons 라이브러리를 이용해 추출한 파라미터 값과 함께, UserDAO 클래스의 update() 함수를 호출합니다.

UserDAO 클래스의 update() 함수는 userUpdate.jsp로부터 전달된 uid와 jsonstr을 이용하여 user 테이블의 레코드를 업데이트하기 위한 SQL문을 수행합니다. update() 함수는 UserDAO 클래스의 가장 아래 부분에 다음과 같이 추가합니다.

MySNS2/WEB-INF/classes/dao/UserDAO.java

```
    ...
    } // end of get()

    public boolean update(String uid, String jsonstr) throws
 NamingException, SQLException {
        Connection conn = null;
        PreparedStatement stmt = null;
        try {
            String sql = "UPDATE user SET jsonstr = ? WHERE id = ?";

            conn = ConnectionPool.get();
            stmt = conn.prepareStatement(sql);
            stmt.setString(1, jsonstr);
            stmt.setString(2, uid);

            int count = stmt.executeUpdate();
            return (count == 1) ? true : false;

        } finally {
            if (stmt != null) stmt.close();
            if (conn != null) conn.close();
        }
    }
}
```

예제 19-2 **업데이트된 사용자 정보 저장하기**

1 userInfo.html 수정 : 앞서 설명한 userInfo.html 코드를 반영합니다.

2 userUpdate.jsp 작성 : MySNS2 프로젝트의 src/main/webapp/jsp 폴더에 userUpdate.jsp를 생성한 후, 앞서 설명한 userUpdate.jsp 코드를 입력하고 저장합니다.

3 UserDAO 수정 : MySNS2 프로젝트의 UserDAO 클래스에 앞서 설명한 update() 함수를 추가하고 저장합니다.

4 userInfo.html 실행 : 크롬에서 kim@abc.com으로 로그인한 후, userInfo.html을 실행합니다. 소개글 및 이미지에 각각 '안녕하세요!'와 'Koala.jpg' 파일을 입력하고 수정하기 버튼을 누릅니다. 업데이트 완료 메시지를 확인한 후, MySQL 명령어 창을 통해 수정된 내용이 테이블에 반영되었는지 확인합니다.

```
MySQL 8.0 Command Line Client - Unicode

mysql> select jsonstr from user where id = "kim@abc.com";
+--------------------------------------------------------------------------------
----------------+
| jsonstr
                |
+--------------------------------------------------------------------------------
----------------+
| {"id":"kim@abc.com","password":"111","name":"김시민","ts":"2021-03-30 21:27:32","desc":"안녕하세요!","images":["Koala.
jpg"]}          |
+--------------------------------------------------------------------------------
----------------+
1 row in set (0.00 sec)

mysql>
```

4 사용자 사진 출력

메인 화면에서 이미지와 함께 임의의 글을 하나 작성해 봅시다. 다음 그림에서 왼쪽은 feedAdd.html에서 글을 업로드하기 위한 화면이며, 오른쪽은 업로드 직후 main.html에 출력된 작성글 리스트입니다. [그림 19-3]에서 한 가지 이상한 점을 발견할 수 있습니다. 어떤 문제점인지 보이나요?

그림 19-3 메인 화면에서 작성자 정보 출력 오류

문제점은 userInfo.html를 통해 업데이트된 작성자 사진이 메인 화면에서 정상적으로 출력되지 않는다는 점입니다. 이는 아직 main.html에서 작성자 사진을 출력하기 위한 부분이 구현되지 않았기 때문입니다. 예를 들어, main.html의 74행을 보면 **<div class= 'photo'></div>**로 하드 코딩되어 있으며, 이로부터 작성자 사진이 항상 디폴트 이미지(contact.jpg)의 형태로 출력됨을 알 수 있습니다.

MySNS2/main.html

```
function getFeedCode(feed) {
    var name = (feed.user == null) ? feed.id : feed.user.name;

    var str = "<div class='feed' onclick='showFeed(" + feed.no + ")'>";
    str += "<div class='author'>";
    str += "<div class='photo'></div>";
    str += "<div class='name'>" + name + "</div>";
    str += "</div>";
    ...
```

따라서 feed 객체에 작성자의 이미지 정보가 있을 경우, 이를 <div class ="photo">에 백그라운드 이미지 형태로 그려줘야 합니다. 이는 다음과 같이 구현될 수 있습니다. 기존에 비해 수정된 부분은 밑줄로 표시하였습니다.

MySNS2/main.html

```
69 function getFeedCode(feed) {
70     var name = (feed.user == null) ? feed.id : feed.user.name;
71 
72     var str = "<div class='feed' onclick='showFeed(" + feed.no + ")'>";
73     str += "<div class='author'>";
74     if (feed.user == null || feed.user.images == null) {
75         str += "<div class='photo'></div>";
76     }
77     else {
78         var imgurl = "images/" + feed.user.images[0];
79         str += "<div class='photo' style='background-image: url(\"" +
   imgurl + "\")'></div>";
```

```
80      }
81      str += "<div class='name'>" + name + "</div>";
82      str += "</div>";
...     ...
```

74~76행 : feed에 user 객체 정보가 없거나, user 객체에서 images 배열이 없을 경우, 디폴트 이미지를 출력하기 위한 <div class='photo'> 태그를 str에 추가합니다.

77~80행 : 그렇지 않을 경우, feed.user.images[0]에 사용자가 업로드한 사진의 파일 이름이 포함됩니다. 따라서 해당 요소 앞에 'images/'를 추가하여 이미지 파일에 접근하기 위한 URL을 만든 후, 'style='background-image: url(...)" 속성을 이용하여 이미지를 출력할 수 있도록 <div> 태그를 str에 추가합니다.

main.html 코드를 적용하고 실행하면 [그림 19-4]와 같이 글 작성자의 사진이 정상적으로 출력됩니다.

그림 19-4 작성자 사진 출력 코드 적용

03 친구 관리

이제 친구 보기 및 추천 관련 기능을 구현해 봅시다. [그림 19-5]는 친구 추천 및 보기의 구현에 필요한 JSP 파일과 DAO 멤버 함수들 간의 관계를 보여줍니다. 각 모듈 이름 아래의 인덱스는 해당 모듈이 설명된 절Section의 번호를 나타냅니다.

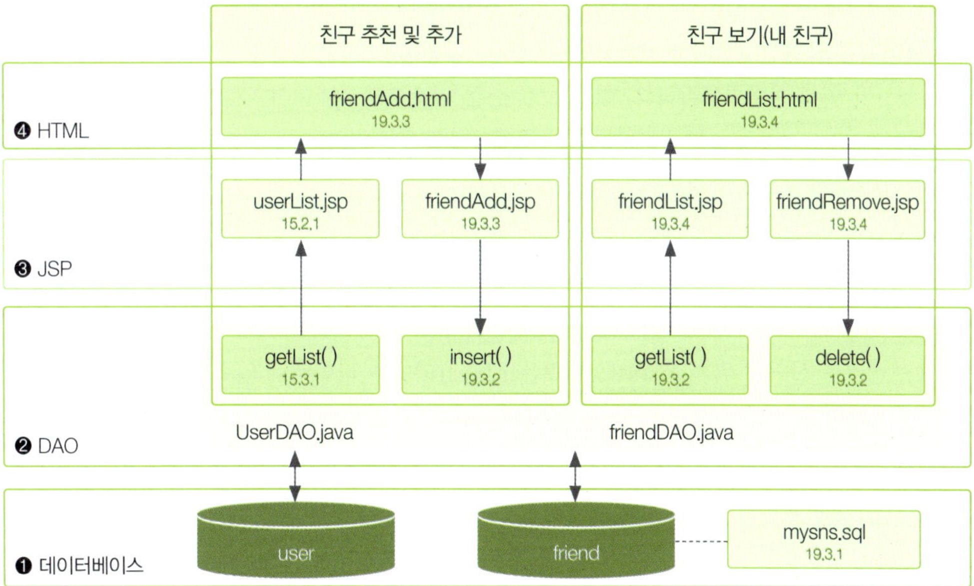

그림 19-5 친구 추천 및 보기 로직 구조

1 테이블 구조

먼저 친구 관계를 나타내기 위한 테이블 구조를 살펴봅시다. 친구 관계는 내 아이디와 친구 아이디를 포함한 2개의 속성만으로 간단히 표현 가능합니다. 따라서 친구 관계를 나타내는 friend 테이블은 다음과 같이 정의될 수 있습니다. 다음 코드에서 id와 frid는 내 아이디와 친구 아이디를 각각 나타냅니다.

MySNS2/sql/mysns.sql

```
21 ); -- end of the feed table
22
23 CREATE TABLE IF NOT EXISTS friend(
24     id VARCHAR(128), -- "email"
25     frid VARCHAR(128), -- "email "
26     INDEX idx1(id)
27 );
```

이 테이블 구조에서는 하나의 레코드로 하나의 친구 관계를 표현합니다. 예를 들어, 아이디가 'kim@abc.com'인 사용자가 'kwon@abc.com'과 'lee@abc.com'를 친구로 추가한다면, friend 테이블에는 ("kim@abc.com", "kwon@abc.com")과 ("kim@abc.com", "lee@abc.com")를 포함한 2개의 레코드가 추가됩니다. 26행의 INDEX 구문은 id 속성 값에 인덱스를 생성하기 위해 정의되었습니다. 이는 향후 id를 기준으로 SELECT 구문을 수행할 때 속도를 향상시키기 위한 목적으로 이용됩니다.

2 FriendDAO 구현

FriendDAO 클래스는 friend 테이블에 레코드를 삽입하고 추출하기 위한 멤버 함수들을 포함합니다. 레코드 삽입을 위한 insert() 함수는 id와 frid를 파라미터로 입력받으며, 실행 결과를 코드 형태로 반환합니다. 예를 들어, 추가하고자 하는 친구의 아이디가 friend 테이블에 이미 존재할 경우에는 'EX'(Exists), 친구 추가가 성공적으로 수행되었을 때는 'OK', 그렇지 않은 경우 'ER'(Error)을 반환합니다.

MySNS2/WEB-INF/classes/dao/FriendDAO.java

```
package dao;

import java.sql.Connection;
import java.sql.PreparedStatement;
import java.sql.ResultSet;
import java.sql.SQLException;

import javax.naming.NamingException;
```

```java

import org.json.simple.parser.ParseException;

import util.ConnectionPool;

public class FriendDAO {

    public String insert(String uid, String frid) throws NamingException, SQLException, ParseException {
        Connection conn = null;
        PreparedStatement stmt = null;
        ResultSet rs = null;
        try {
            String sql = "SELECT id FROM friend WHERE id = ? AND frid = ?";

            conn = ConnectionPool.get();
            stmt = conn.prepareStatement(sql);
            stmt.setString(1, uid);
            stmt.setString(2, frid);

            rs = stmt.executeQuery();
            if (rs.next()) return "EX";

            stmt.close();

            sql = "INSERT INTO friend VALUES(?, ?)";
            stmt = conn.prepareStatement(sql);
            stmt.setString(1, uid);
            stmt.setString(2, frid);

            int count = stmt.executeUpdate();
            return (count == 1) ? "OK" : "ER";

        } finally {
            if (rs != null) rs.close();
            if (stmt != null) stmt.close();
            if (conn != null) conn.close();
```

```
45            }
46        }
...       ...
```

01행 : dao 패키지에 클래스를 선언합니다.

03~12행 : 클래스 구현에 필요한 패키지들을 import합니다.

14행 : FriendDAO 클래스를 선언합니다.

16행 : insert() 함수를 선언합니다. 파라미터로 사용자 아이디와 친구로 추가될 사용자의 아이디를 나타내는 uid, frid를 입력받습니다.

17~19행 : JDBC 연결에 필요한 객체들을 선언하고 null로 초기화합니다.

21~29행 : SELECT 구문의 실행을 통해 주어진 uid와 frid가 friend 테이블에 존재하는지 체크합니다. 존재할 경우 'EX'를 리턴합니다.

31행 : stmt 객체가 34행에서 다시 할당되어 이용되므로, 메모리 누수를 막기 위해 close() 함수를 호출하여 닫아줍니다.

33~38행 : 주어진 uid와 frid 값을 friend 테이블에 입력하기 위한 INSERT 구문을 실행합니다.

39행 : 실행 결과, 반영된(입력된) 레코드 수가 1일 경우 'OK'를, 그렇지 않을 경우 에러가 난 것으로 간주하고 'ER'을 반환합니다.

41~45행 : finally 구문을 이용하여 JDBC 연결에 이용된 객체들을 모두 닫아줍니다.

레코드 삭제를 위한 delete() 함수 역시 id와 frid를 파라미터로 입력받으며, 실행 결과를 코드 형태로 반환합니다. 친구 삭제가 성공적으로 수행되었을 때는 'OK', 그렇지 않은 경우 'ER'을 반환합니다.

MySNS2/WEB-INF/classes/dao/FriendDAO.java

```
46        } // end of insert()
47
48        public String remove(String uid, String frid) throws NamingException,
    SQLException, ParseException {
49            Connection conn = null;
```

```
50          PreparedStatement stmt = null;
51          try {
52              String sql = "DELETE FROM friend WHERE id = ? AND frid = ?";
53
54              conn = ConnectionPool.get();
55              stmt = conn.prepareStatement(sql);
56              stmt.setString(1, uid);
57              stmt.setString(2, frid);
58
59              int count = stmt.executeUpdate();
60              return (count == 1) ? "OK" : "ER";
61
62          } finally {
63              if (stmt != null) stmt.close();
64              if (conn != null) conn.close();
65          }
66      }
...     ...
```

48행 : delete() 함수를 선언합니다. 파라미터로 사용자 아이디와 친구 아이디를 나타내는 uid, frid를 전달받습니다.

49~50행 : JDBC 연결에 필요한 객체들을 선언하고 null로 초기화합니다.

52~59행 : 주어진 uid와 frid 값을 가진 레코드를 friend 테이블로부터 삭제하기 위한 DELETE 구문을 실행합니다.

60행 : 실행 결과, 반영된(삭제된) 레코드 수가 1일 경우 'OK'를, 그렇지 않을 경우 에러가 난 것으로 간주하고 'ER'을 반환합니다.

62~65행 : finally 구문을 이용하여 함수 수행이 완료될 경우, JDBC 연결에 이용된 객체들을 모두 닫아줍니다.

다음으로 getList() 함수는 주어진 사용자 아이디에 해당하는 친구 정보를 리스트의 형식으로 반환합니다. 예를 들어 [그림 19-6]의 friend 테이블을 가정해 봅시다.

id	frid
kim@abc.com	kwon@abc.com
kwon@abc.com	kim@abc.com
lee@abc.com	kim@abc.com
kim@abc.com	lee@abc.com
...	...

그림 19-6 friend 테이블의 스키마

getList() 함수의 파라미터가 'kim@abc.com'으로 주어질 경우, 해당 아이디에 대한 frid 리스트인 ("kwon@abc.com", "lee@abc.com")을 위 테이블로부터 추출합니다. 그리고 frid 리스트에 포함된 각각의 아이디에 대한 사용자 정보를 얻어오기 위해, 다음과 같은 SELECT 구문을 수행합니다.

```
SELECT jsonstr FROM user WHERE id IN ("kwon@abc.com", "lee@abc.com");
```

이 SELECT 구문은 IN절에 포함된 각각의 사용자 아이디에 해당하는 사용자 정보를 JSON 스트링 형식으로 전달합니다.

jsonstr
{id: "kwon@abc.com", name: "권율", desc: "안녕하세요!", … }
{id: "lee@abc.com", name: "이순신", … }

그림 19-7 friend 테이블의 수정된 스키마

getList() 함수는 위 JSON 스트링을 쉼표로 연결한 후 대괄호를 추가하여, JSON 배열 형태의 스트링을 만들어 반환합니다. 다음은 getList() 함수의 구현 코드입니다.

```
    } // end of remove()

    public String getList(String uid) throws NamingException, SQLException,
ParseException {
        Connection conn = null;
        PreparedStatement stmt = null;
        ResultSet rs = null;
        try {
            String sql = "SELECT frid FROM friend WHERE id = ?";

            conn = ConnectionPool.get();
            stmt = conn.prepareStatement(sql);
            stmt.setString(1, uid);
            rs = stmt.executeQuery();

            String str = ""; int cnt = 0;
            while(rs.next()) {
                if (cnt++ > 0) str += ",";
                str += "\"" + rs.getString("frid") + "\"";
            }
            if (cnt == 0) return "[]";

            rs.close(); stmt.close();

            sql = "SELECT jsonstr FROM user WHERE id IN (" + str + ")";
            stmt = conn.prepareStatement(sql);
            rs = stmt.executeQuery();

            str = "["; cnt = 0;
            while(rs.next()) {
                if (cnt++ > 0) str += ",";
                str += rs.getString("jsonstr");
            }
            str += "]";

            return str;

```

```
102         } finally {
103             if (rs != null) rs.close();
104             if (stmt != null) stmt.close();
105             if (conn != null) conn.close();
106         }
107     }
108 }
```

68행 : getList( ) 함수를 선언합니다. 입력 파라미터로 사용자 아이디인 uid를 전달받습니다.

69~71행 : JDBC 연결에 필요한 객체들을 선언하고 null로 초기화합니다.

73~78행 : 주어진 uid 값을 가진 레코드들의 frid 정보를 friend 테이블로부터 추출하기 위한 SELECT 구문을 실행합니다.

80~84행 : 추출된 frid 값들을 쉼표로 연결한 스트링을 만듭니다. 스트링 안에 큰 따옴표를 넣기 위해 이스케이프 문자("\"")를 이용하였습니다.

85행 : cnt 변수는 while 문의 수행 횟수를 나타냅니다. cnt가 0일 경우 while 문이 수행되지 않았으며, 이는 SELECT 구문을 통해 추출된 레코드가 없음을 의미합니다. 따라서 이 경우는 빈 JSON 배열을 나타내는 '[ ]'을 반환합니다.

87행 : rs와 stmt 객체가 다음에서 다시 이용되므로 메모리 누수를 막기 위해 close( ) 함수를 호출하여 관련 자원을 반환합니다.

89~91행 : 80~84행을 통해 생성된 frid 리스트를 이용하여 SELECT 구문을 만들고 수행합니다.

93~100행 : user 테이블로부터 추출된 jsonstr을 쉼표로 연결한 후 대괄호를 추가하여 JSON 배열 형식의 스트링을 만들고 반환합니다.

102~106행 : finally 구문을 이용하여 함수 수행이 완료될 경우, JDBC 연결에 이용된 객체들을 모두 닫아줍니다.

FriendDAO의 멤버 함수인 getList()에서 80~84행의 과정을 거치면 다음과 같은 스트링을 생성하고, 앞뒤로 대괄호를 붙여 JSON 데이터로 만듭니다.

```
'kwon@abc.com', 'lee@abc. com', ...
```

3 친구 추가

friendAdd.html은 친구 추가를 위한 사용자 리스트 화면을 제공합니다. 사용자 리스트 정보는 userList.jsp를 통해 얻어올 수 있으며, 서버로부터 전달된 사용자 정보를 화면에 출력할 때 친구 추가를 위한 플러스 아이콘을 함께 보여줍니다. 다음은 friendAdd.html의 페이지 구성 예를 보여줍니다. 오른쪽은 추천할 친구가 없을 때 출력되는 화면 예입니다.

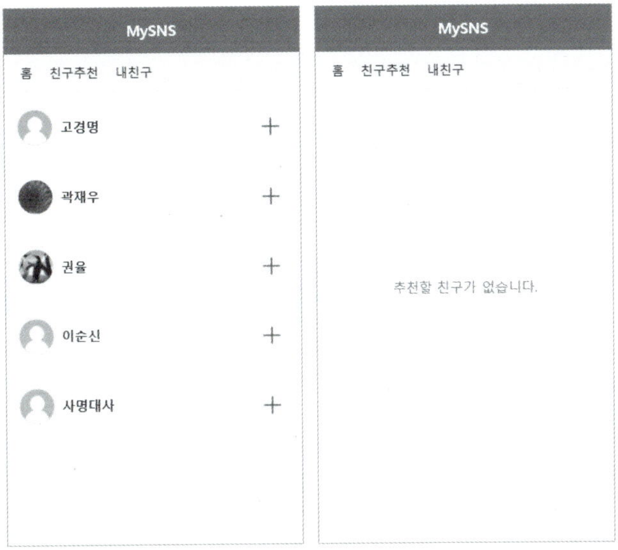

그림 19-8 친구 추가 화면

[그림 19-8]과 같은 화면을 구현하기 위한 friendAdd.html의 〈head〉, 〈body〉, 〈script〉 부분을 차례대로 살펴봅시다. 먼저 〈head〉 영역에서는 플러스 아이콘을 출력하기 위한 CSS 클래스를 정의합니다.

MySNS2/friendAdd.html

```
<html>
<head>
<meta name=viewport content="width=device-width, initial-scale=1, user-
scalable=0">
<meta charset="utf-8" />
<link rel="stylesheet" href="css/core.css">
```

```
06 <link rel="stylesheet" href="css/main.css">
07 <title>MySNS</title>
08 <style>
09 .feed {
10     border-top: 1px solid #eee;
11 }
12 .feed .author {
13     position: relative;
14 }
15 .feed .author .btn-add {
16     position: absolute;
17     right: 16px; top: 10px;
18     width: 42px; height: 42px;
19     background-image: url("images/ico_delete.png");
20     background-size: 24px;
21     background-position: 50%;
22     background-repeat: no-repeat;
23     transform: rotate(45deg);
24 }
25 </style>
26 </head>
... ...
```

09~11행 : main.css에 정의된 feed 클래스의 border-top 속성 값을 재정의합니다. 박스 상단의 라인 색상을 #eee로 설정하였습니다.

12~14행 : main.css에 정의된 author 클래스의 position 속성 값을 relative로 설정합니다. 이는 하위 클래스로 정의되는 btn-del의 위치가 author 영역을 기준으로 설정되도록 강제합니다.

15행 : author의 하위 클래스로 btn-del 클래스를 선언합니다.

16행 : position 속성 값을 absolute로 설정하여 relative로 설정된 부모 클래스의 영역을 기준으로 자신의 위치가 결정되도록 합니다.

17행 : right과 top 속성을 16px과 10px로 주어 해당 위치에서 btn-del 영역이 시작되도록 설정합니다.

18행 : btn-del 영역의 너비와 높이가 42px이 되도록 설정합니다.

19행 : btn-del 영역에 그려질 이미지를 설정합니다. 'ico_delete.png'는 X자 모양의 삭제 버튼 형태의 이미지를 제공합니다. 23행과 같이 transform 속성을 이용하여 해당 이미지를 45도 각도로 회전시킬 경우, 플러스 버튼 형태로 보이게 됩니다.

20행 : 이미지의 크기를 24px로 설정합니다.

21행 : 이미지의 위치를 가운데로 설정합니다.

22행 : 이미지가 반복적으로 출력되지 않도록 설정합니다.

23행 : 이미지를 45도 각도로 회전시킵니다.

ico_delete.png는 다음과 같이 삭제 버튼 형태의 이미지를 제공합니다. 인터넷에서 유사한 형태의 이미지를 다운로드 받으시면 됩니다. 단, 다운로드 시 저작권에 유의해 주세요.

그림 19-9 ico_delete.png

다음으로 〈body〉 영역에서는 HTML 태그를 이용하여 화면 구조를 정의합니다.

MySNS2/friendAdd.html

```
...
<body>
    <div class="page-hdr">MySNS</div>
    <div class="page-body">
        <div class="page-mnu">
            <div class="menu" onclick="goHome()">홈</div>
            <div class="menu" onclick="goAdd()">친구추천</div>
            <div class="menu" onclick="goList()">내친구</div>
        </div>
        <div id="list" class="section"></div>
        <div class="page-msg hide">추천할 친구가 없습니다.</div>
    </div>
</body>
</html>
...
```

30~34행 : 메뉴 영역을 정의합니다. 홈, 친구추천, 내친구 등의 메뉴가 추가되며, 각각을 클릭했을 때 goHome(), goAdd(), goList() 함수가 호출될 수 있도록 구성합니다. 함수의 구현 코드는 다음에서 설명합니다.

35행 : 사용자 리스트를 출력하기 위한 section 영역을 정의합니다.

36행 : 사용자 리스트가 없을 경우, page-msg 클래스를 이용하여 전체 화면에 관련 메시지를 출력하기 위한 〈div〉 태그를 정의합니다.

이 코드의 36행에서는 사용자 정보가 없을 경우 메시지를 출력하기 위해 page-msg와 hide 등의 클래스를 이용합니다. page-msg는 메시지를 전체 화면의 가운데에 출력하기 위한 CSS 클래스이며, hide는 태그를 화면에서 보이지 않도록 설정합니다. 이들 클래스는 core.css의 하단에 다음과 같이 추가됩니다.

MySNS2/css/core.css

```
81 }  /* end of .page-body */
82
83 .hide { display: none; }
84 .show { display: block; }
85 .page-msg {
86     position: absolute;
87     left: 0px; top: 50%;
88     width: 100%;
89     text-align: center;
90     color: #888;
91 }
```

83행 : hide 클래스를 정의합니다. 태그를 화면에서 감추기 위해 이용됩니다.

84행 : show 클래스를 정의합니다. hide를 통해 화면에서 감춰진 태그를 다시 보여주기 위해 이용됩니다.

85~91행 : page-msg 클래스를 정의합니다. top 속성 값을 50%로 설정하여 클래스 영역이 수직 가운데 위치하도록 합니다. 그리고 수평 가운데 메시지를 출력하기 위해 text-align 속성 값을 center로 설정합니다. position 속성 값을 absolute로 정의함으로써 〈body〉 태그의 영역을

기준으로 page-msg의 위치와 크기가 결정됩니다. 이는 〈body〉 태그의 position 속성의 디폴트 값이 relative로 설정되어 있기 때문입니다.

friendAdd.html의 〈script〉 영역에서는 userList.jsp를 통해 서버로부터 사용자 리스트정보를 얻어오며, 이를 화면에 출력하기 위한 HTML 코드를 생성합니다.

MySNS2/friendAdd.html

```
</html>

<script src="js/jquery-3.5.1.min.js"></script>
<script src="js/core.js"></script>
<script>
$(document).ready(function() {
    Page.init(start);
});

var myId = null;
function start(uid) {
    myId = uid;
    AJAX.call("jsp/userList.jsp", null, function(data) {
        var list = JSON.parse(data.trim());
        show(list);
    });
}

function show(list) {
    var str = "", cnt = 0;
    for (var i=0; i<list.length; i++) {
    if (list[i].id == myId) continue;
        str += getFeedCode(list[i]);
        cnt++;
    }
    $("#list").append(str);

    if (cnt == 0) {
        $(".page-msg").removeClass("hide");
    }
```

```
69  }
70
71  function getFeedCode(user) {
72      var str = "<div class='feed'>";
73
74      str += "<div class='author'>";
75      if (user.images == null) {
76          str += "<div class='photo'></div>";
77      }
78      else {
79          var imgurl = "images/" + user.images[0];
80          str += "<div class='photo' style='background-image: url(\"" +
    imgurl + "\")'></div>";
81      }
82  str += "<div class='name'>" + user.name + "</div>";
83      str += "<div class='btn-add' onclick='addFriend(\"" + user.id + "\")'></div>";
84      str += "</div>";
85      str += "</div>";
86
87      return str;
88  }
... ...
```

48행 : 로그인 사용자의 아이디를 저장해 두기 위한 myId 변수를 선언합니다.

49행 : start() 함수를 정의합니다.

50행 : 함수의 파라미터로 전달된 uid 값을 myId에 저장합니다.

51~54행 : AJAX.call() 함수를 이용하여 userList.jsp를 호출합니다. 그리고 반환된 사용자 리스트 정보를 show() 함수로 전달합니다.

57행 : 사용자 리스트 정보를 화면에 보여주기 위한 show() 함수를 정의합니다.

58행 : str과 cnt 변수를 선언하고 초기화합니다. str은 show() 함수를 통해 생성될 HTML 코드를 저장하며, cnt는 생성된 요소의 개수를 저장하기 위해 이용됩니다.

59행 : 파라미터로 전달된 list의 개수만큼 for문을 실행합니다.

60행 : 리스트의 i번째 요소의 아이디 속성 값이 myId와 일치할 경우 61~62행을 수행하지 않도록 합니다. 이는 자신이 추천 대상에 포함되는 것을 막기 위함입니다. (friendAdd.html은 친구로 추가할 수 있는 사용자 목록을 추천해 주는 역할을 수행합니다.)

61행 : getFeedCode() 함수를 호출하여 리스트의 i번째 요소에 대한 HTML 코드를 생성한 후 str 변수에 추가합니다.

62행 : cnt 값을 증가시킵니다.

64행 : 생성된 HTML 코드를 <div id="list"> 태그에 추가합니다.

66~68행 : cnt가 0일 경우, page-msg 클래스가 정의되어 있는 태그에서 hide 클래스를 제거합니다. 이 경우 36행에 정의된 <div> 태그가 활성화되며, 화면 중앙에 '추천할 사용자가 없습니다.'라는 메시지가 출력됩니다.

71~88행 : getFeedCode() 함수를 정의합니다. 파라미터로 전달된 user 객체 정보로부터 HTML 코드를 생성합니다. 관련 코드는 다음에서 설명합니다.

getFeedCode()에서는 파라미터로 전달된 user 객체로부터 images, name, id 속성 값을 추출하여 author 클래스의 형식으로 화면에 출력될 HTML 코드를 생성합니다. 74행에서는 생성될 str에 <div class="author"> 태그를 추가하며, 75~81행에서는 사용자의 이미지를 출력하기 위한 <div class="photo"> 태그를 추가합니다. user 객체의 images 정보가 있을 경우, background-image 속성 값을 설정하여 이미지를 출력합니다. 82행에서는 <div class="name"> 태그를 이용하여 이름을 출력합니다. 그리고 83행에서는 친구 추가를 위한 버튼을 생성하며, 버튼이 클릭되었을 때 addFriend() 함수가 호출되도록 onclick 속성을 추가합니다. addFriend() 함수에는 추가될 친구의 id 속성 값을 파라미터로 전달합니다.

예를 들어, getFeedCode() 함수의 파라미터로 다음과 같은 user 객체가 전달되었다고 가정해 봅시다.

```
{
    id: "kwon@abc.com",
    name: "권율",
    ts: "2021-02-09 14:49:17",
    desc: "안녕하세요!",
    images: ["Penguins.jpg"]
}
```

getFeedCode()는 이 user 객체로부터 다음과 같은 HTML 코드를 생성합니다.

```
<div class="feed">
<div class="author">
<div class="photo" style="background-image: url(\"images/Penguins.jpg\")"></div>
<div class="name">권율</div>
<div class="btn-add" onclick="addFriend(\"kwon@abc.com\")"></div>
</div>
</div>
```

이 코드는 화면에서 다음과 같이 출력됩니다.

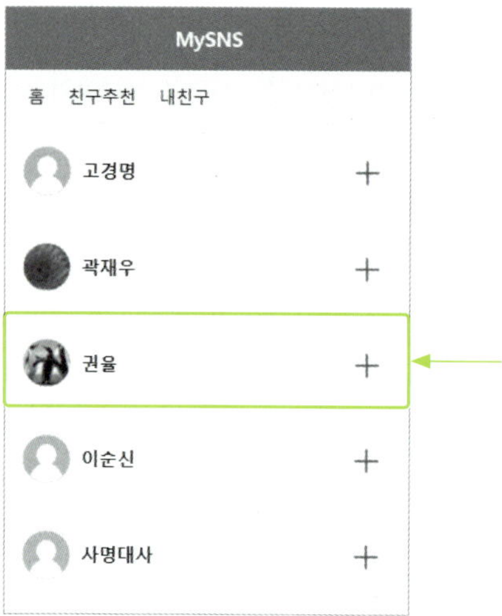

그림 19-10 친구추천 코드가 적용된 화면

addFriend() 함수는 친구 추가를 위한 friendAdd.jsp를 호출합니다. 파라미터로 로그인 사용자 아이디인 myId와 친구의 아이디인 uid를 함께 전달합니다. 그리고 friendAdd.jsp의 실행 결과로 전달된 코드에 따라 관련 메시지를 출력합니다.

MySNS2/friendAdd.html

```
88  } // end of getFeedCode()
89
90  function addFriend(uid) {
91      var params = {id: myId, frid: uid};
92      AJAX.call("jsp/friendAdd.jsp", params, function(data) {
93          var code = data.trim();
94          if (code == "EX") {
95              alert("이미 추가된 친구입니다.");
96          }
97          else {
98              alert("친구 추가가 완료되었습니다.");
99          }
100     });
101 }
... ...
```

91행 : friendAdd.jsp에 전달될 파라미터를 구성합니다. 50행에서 설정된 myId와 함수의 파라미터로 전달된 uid를 각각 id, frid 속성 값으로 포함시킵니다.

92행 : AJAX.call() 함수를 통해 friendAdd.jsp를 호출합니다. 91행에서 만들어진 params를 함께 전달합니다.

93~99행 : friendAdd.jsp의 실행 결과 값이 익명함수의 파라미터인 data를 통해 전달되며, 이는 실행 결과를 나타내는 코드를 포함합니다. 코드 값이 'EX'일 경우 '이미 추가된 친구입니다.'라는 메시지를 출력하며, 그렇지 않을 경우 '친구 추가가 완료되었습니다.'라는 메시지를 출력합니다.

이외에 friendAdd.html에는 메뉴 클릭 시 호출되는 함수들을 다음과 같이 정의합니다.

MySNS2/friendAdd.html

```
101 } // end of addFriend()
102
103 function goHome() {
104     window.location.href = "main.html";
105 }
106
```

```
107 function goAdd() {
108     window.location.href = "friendAdd.html";
109 }
110
111 function goList() {
112     window.location.href = "friend.html";
113 }
114 </script>
```

103~105행 : '홈' 메뉴가 선택되었을 때 호출되는 goHome() 함수를 정의합니다. 메뉴 선택 시 main.html로 이동합니다.

107~109행 : '친구추천' 메뉴가 선택되었을 때 호출되는 goAdd() 함수를 정의합니다. 메뉴 선택 시 friendAdd.html로 이동합니다.

111~113행 : '내친구' 메뉴가 선택되었을 때 호출되는 goList() 함수를 정의합니다. 메뉴 선택 시 friend.html로 이동합니다.

friendAdd.jsp는 friendAdd.html로부터 전달받은 id와 frid 속성 값을 FriendDAO 클래스의 insert() 함수로 넘겨주며, 이를 통해 friend 테이블에 관련 레코드를 추가하는 역할을 수행합니다. insert() 함수의 실행 결과는 out.print() 함수를 이용해 다시 friendAdd.html로 반환합니다.

MySNS2/jsp/friendAdd.jsp

```
<%@ page contentType="text/html" pageEncoding="utf-8" %>
<%@ page import="dao.*" %>
<%
    String uid = request.getParameter("id");
    String frid = request.getParameter("frid");
    out.print((new FriendDAO()).insert(uid, frid));
%>
```

4 친구 추천

friend.html은 friendAdd.html로부터 추가된 친구들의 리스트를 보여줍니다. 친구 리스트는 FriendDAO.getList( ) 함수를 통해 얻어올 수 있으며, 리스트에서 친구 삭제를 위한 아이콘을 함께 제공합니다. 다음은 friend.html의 페이지 구성 예를 보여줍니다. 오른쪽은 등록된 친구가 없을 때 출력되는 화면 예입니다.

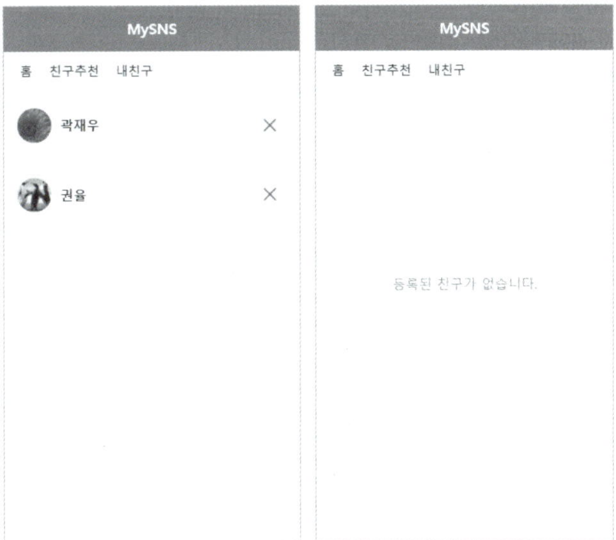

그림 19-11 친구 추천 UI가 적용된 화면

friend.html은 friendAdd.html과 많은 부분이 유사합니다. 따라서 friendAdd.html을 복사한 후, 필요한 부분을 수정하여 구현될 수 있습니다. 먼저 <head> 영역에서는 친구 삭제 아이콘을 출력하기 위한 CSS 클래스들을 정의합니다. 다음에서는 friendAdd.html과 다른 부분에 한해 음영 표시하고 설명합니다.

MySNS2/friend.html

```
<html>
<head>
<meta name=viewport content="width=device-width, initial-scale=1, user-scalable=0">
```

```
04 <meta charset="utf-8" />
05 <link rel="stylesheet" href="css/core.css">
06 <link rel="stylesheet" href="css/main.css">
07 <title>MySNS</title>
08 <style>
09 .feed {
10     border-top: 1px solid #eee;
11 }
12 .feed .author {
13     position: relative;
14 }
15 .feed .author .btn-del {
16     position: absolute;
17     right: 16px; top: 10px;
18     width: 42px; height: 42px;
19     background-image: url("images/ico_delete.png");
20     background-size: 24px;
21     background-position: 50%;
22     background-repeat: no-repeat;
23     /* transform: rotate(45deg); */
24 }
25 </style>
26 </head>
... ...
```

15행 : btn-del 클래스를 정의합니다.

23행 : 이미지를 45도 각도로 회전시키기 위한 transform 속성을 삭제합니다. 따라서 이미지(ico_delete.png) 원본 형태로 그대로 출력합니다.

〈body〉 영역 friendAdd.html과 유사합니다. 다음에서는 friendAdd.html과 비교했을 때 차이나는 부분에 한해 밑줄로 표시하고 설명합니다.

MySNS2/friend.html

```
... ...
27 <body>
28     <div class="page-hdr">MySNS</div>
29     <div class="page-body">
30         <div class="page-mnu">
31             <div class="menu" onclick="goHome()">홈</div>
32             <div class="menu" onclick="goAdd()">친구추천</div>
33             <div class="menu" onclick="goList()">내친구</div>
34         </div>
35         <div id="list" class="section"></div>
36         <div class="page-msg hide">등록된 친구가 없습니다.</div>
37     </div>
38 </body>
39 </html>
... ...
```

36행 : 사용자 리스트가 없을 경우, page-msg 클래스를 이용하여 전체 화면에 '등록된 친구가 없습니다.'라는 메시지를 출력합니다.

friend.html의 <script> 영역에서는 friendList.jsp를 통해 서버로부터 등록된 친구의 리스트를 얻어오며, 이를 화면에 출력하기 위한 HTML 코드를 생성합니다. friendList.jsp는 FriendDAO.getList() 함수를 호출하기 위한 인터페이스 역할을 수행하며, 이후 코드에서 설명합니다. friend.html의 <script> 영역 역시 friendAdd.html과 유사하며, 다음에서는 변경된 부분에 한해 음영 표시하고 설명하였습니다.

MySNS2/friend.html

```
... ...
<script src="js/jquery-3.5.1.min.js"></script>
<script src="js/core.js"></script>
<script>
$(document).ready(function() {
    Page.init(start);
});

```

```
var myId = null;
function start(uid) {
    myId = uid;
    AJAX.call("jsp/friendList.jsp", {id: uid}, function(data) {
        var list = JSON.parse(data.trim());
        show(list);
    });
}

function show(list) {
    var str = "", cnt = 0;
    for (var i=0; i<list.length; i++) {
        if (list[i].id == myId) continue;
        str += getFeedCode(list[i]);
        cnt++;
    }
    $("#list").append(str);

    if (cnt == 0) {
    $(".page-msg").removeClass("hide");
    }
}

function getFeedCode(user) {
    var str = "<div class='feed'>";

    str += "<div class='author'>";
    if (user.images == null) {
        str += "<div class='photo'></div>";
    }
    else {
        var imgurl = "images/" + user.images[0];
        str += "<div class='photo' style='background-image: url(\"" + imgurl + "\")'></div>";
    }
    str += "<div class='name'>" + user.name + "</div>";
```

```
83      str += "<div class='btn-del' onclick='removeFriend(\"" + user.id + 
    "\")'></div>";
84      str += "</div>";
85      str += "</div>";
86
87      return str;
88  }
... ...
```

51행 : AJAX.call() 함수를 이용하여 friendList.jsp를 호출합니다. 호출 시 로그인 사용자의 아이디를 파라미터로 전달합니다.

82행 : btn-del 클래스를 이용하여 친구 삭제 버튼을 출력합니다. 버튼 클릭 시 removeFriend() 함수가 호출되도록 onclick 속성 값을 정의합니다.

removeFriend() 함수는 선택된 친구를 삭제하기 위한 friendRemove.jsp를 호출합니다. 이 때 로그인 사용자 아이디인 myId와 파라미터로 전달된 친구의 아이디를 JSP 파일로 함께 전달합니다. 그리고 friendRemove.jsp의 실행 결과로 전달된 코드에 따라 관련 메시지를 출력합니다.

MySNS2/friend.html

```
} // end of getFeedCode()

function removeFriend(uid) {
    var params = {id: myId, frid: uid};
    AJAX.call("jsp/friendRemove.jsp", params, function(data) {
        var code = data.trim();
        if (code == "ER") {
            alert("친구 삭제 중 오류가 발생하였습니다.");
        }
        else {
            alert("친구 삭제가 완료되었습니다.");
            window.location.reload();
        }
    });
}
...
```

90행 : friendRemove.jsp에 전달될 파라미터를 구성합니다. 50행에서 설정된 myId와 함수의 파라미터로 전달된 uid를 각각 id, frid 속성 값으로 포함시킵니다.

91행 : AJAX.call() 함수를 통해 friendRemove.jsp를 호출합니다. 90행에서 만들어진 params를 함께 전달합니다.

92~99행 : friendRemove.jsp의 실행 결과 값이 익명 함수의 파라미터인 data를 통해 전달되며, 이는 실행 결과를 나타내는 코드를 포함합니다. 코드 값이 'ER'일 경우 '친구 삭제 중 오류가 발생하였습니다.'라는 메시지를 출력하며, 그렇지 않을 경우 '친구 삭제가 완료되었습니다.'라는 메시지를 출력합니다. 메시지 출력 후 98행에서 window.location.reload() 함수를 이용하여 페이지를 강제로 업데이트하여, 수정된 친구 리스트를 볼 수 있도록 합니다.

이외에 메뉴 클릭 시 호출되는 goHome(), goAdd(), goList() 등의 함수들은 friendAdd.html과 동일합니다. 따라서 해당 함수들의 구현 코드를 friendAdd.html에서 복사하여 friend.html의 제일 다음 부분에 추가합니다.

friendList.jsp는 FriendDAO 클래스의 getList() 함수를 호출하여 friend 테이블로부터 주어진 사용자 아이디에 대한 친구들의 정보를 리스트 형태로 반환받습니다. 그리고 반환 결과를 out.print() 함수를 통해 friend.html로 전달합니다.

MySNS2/jsp/friendList.jsp

```
<%@ page contentType="text/html" pageEncoding="utf-8" %>
<%@ page import="dao.*" %>
<%
    String uid = request.getParameter("id");
    out.print((new FriendDAO()).getList(uid));
%>
```

friendRemove.jsp는 friend.html로부터 전달받은 id와 frid 속성 값을 FriendDAO 클래스의 remove() 함수로 넘겨주며, 이를 통해 friend 테이블로부터 관련 레코드를 삭제하는 역할을 수행합니다. delete() 함수의 실행 결과는 out.print() 함수를 이용해 다시 friend.html로 반환합니다.

MySNS2/jsp/friendRemove.jsp

```
<%@ page contentType="text/html" pageEncoding="utf-8" %>
<%@ page import="dao.*" %>
<%
    String uid = request.getParameter("id");
    String frid = request.getParameter("frid");
    out.print((new FriendDAO()).remove(uid, frid));
%>
```

04 친구글 보기

마지막으로 메인 화면에서 친구의 글만 볼 수 있도록 수정해 봅시다. 예를 들어 MySNS에 'kim@abc.com'으로 로그인한 후, 친구 리스트에 다음 화면처럼 'kwak@abc.com'과 'lee@abc.com'이 추가되어 있다고 가정해 봅시다. 이 경우 main.html에는 로그인 사용자인 'kim@abc.com'와 친구인 'kwak@abc.com' 및 'lee@abc.com'이 작성한 글들만 보여야 합니다. 'kwon@abc.com'을 포함한 다른 사용자들의 글은 보이지 않도록 수정되어야 합니다.

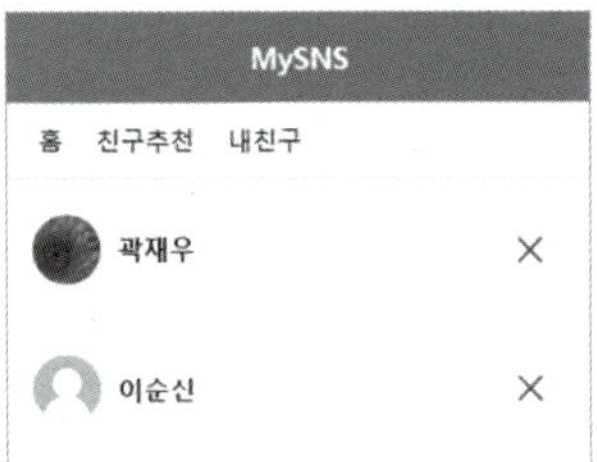

그림 19-12 친구글 보기 구현 화면

기존의 main.html에서는 feedGetGroup.jsp의 호출을 통해 작성글을 가져옵니다. feedGetGroup.jsp는 다시 FeedDAO.getGroup() 함수를 호출하며, 이들 모듈은 모두 feed 테이블에 등록된 전체 글을 대상으로 작업을 수행합니다. 따라서 main.html에서 친구들이 작성한 글만 보여주려면, 이들 모듈에서 친구들의 아이디에 해당하는 사용자 글만 추출해 반환하도록 수정이 필요합니다.

- main.html

  친구들의 아이디 리스트 정보를 추출하여 getFeedGroup.jsp로 전달합니다. 이를 위해, start() 함수에서 friendList.jsp를 호출하여 친구 정보를 리스트 형태로 받아옵니다. 그리고 아이디를 추출하여 리스트를 만듭니다. 예를 들어, 추출된 친구 아이디 리스트가 {"kwak@abc.com", "lee@abc.com"}이라면, 여기에 로그인 사용자 자신의 아이디인 kim@abc.

com도 함께 추가하여 리스트를 생성합니다. 이는 main.html에서 자신이 작성한 글도 보여야하기 때문입니다.

- feedGetGroup.jsp

  main.html로부터 전달받은 아이디 리스트를 FeedDAO.getGroup( ) 함수로 넘겨줍니다.

- FeedDAO.getGroup( )

  주어진 아이디 리스트에 포함된 사용자가 작성한 글들만 추출할 수 있도록 SELECT 구문을 구성하고 수행합니다. SELECT 구문은 다음과 같이 구성될 수 있습니다.

```
SELECT jsonstr FROM feed WHERE id IN ("kim@abc.com", "kwak@abc.com",
"lee@abc.com") ...
```

먼저 FeedDAO.getGroup()의 수정 내용에 대해 살펴봅시다. getGroup( ) 함수는 아이디 리스트를 받기 위한 입력 파라미터가 추가되며, 해당 리스트에 포함된 사용자 글만 추출하도록 SELECT 구문이 수정됩니다. 그 외 내용은 기존과 동일합니다. 다음에서는 변경된 내용에 대해 음영 표시하였습니다.

MySNS2/WEB-INF/classes/dao/feedDAO.java

```
... ...
    public String getGroup(String frids, String maxNo) throws
NamingException, SQLException {
        Connection conn = null;
        PreparedStatement stmt = null;
        ResultSet rs = null;
        try {
            String sql = "SELECT jsonstr FROM feed WHERE id IN (" + frids + ")";
            if (maxNo != null) {
                sql += " AND no < " + maxNo;
            }
            sql += " ORDER BY no DESC LIMIT 3";

            conn = ConnectionPool.get();
            stmt = conn.prepareStatement(sql);
```

```
110             rs = stmt.executeQuery();
111
112             String str = "[";
113             int cnt = 0;
114             while(rs.next()) {
115                 if (cnt++ > 0) str += ", ";
116                 str += rs.getString("jsonstr");
117             }
118             return str + "]";
119
120         } finally {
121             if (rs != null) rs.close();
122             if (stmt != null) stmt.close();
123             if (conn != null) conn.close();
124         }
125     }
126 }
```

97행 : 친구 아이디 리스트를 받기 위한 입력 파라미터를 추가합니다.

102행 : 주어진 친구 아이디 리스트에 포함되는 사용자들의 글을 추출하기 위해 SELECT 구문에 IN 조건을 추가합니다.

104행 : WHERE 구문에 IN 조건이 있으므로 기존의 no 값 비교 구문을 AND로 연결합니다.

feedGetGroup.jsp는 main.html로부터 기존의 maxNo 속성 값 이외에, 친구 아이디 리스트를 나타내는 frids 값을 추가로 입력받아 FeedDAO의 getGroup() 함수로 전달합니다. 기존에 비해 수정된 내용은 음영 표시하였습니다.

MySNS2/jsp/feedGetGroup.jsp

```
%@ page contentType="text/html" pageEncoding="utf-8" %>
<%@ page import="dao.*" %>
<%
    String frids = request.getParameter("frids");
    String maxNo = request.getParameter("maxNo");
    out.print((new FeedDAO()).getGroup(frids, maxNo));
%>
```

main.html에서는 페이지 시작 시 friendList.jsp를 호출하여 친구 리스트를 가져옵니다. friendList.jsp로부터 전달된 친구 리스트는 아이디, 이름, 이미지 등의 사용자 정보가 모두 포함되어 있으므로, 해당 정보로부터 아이디만 추출하여 배열을 만든 후 feedGet Group.jsp를 호출하여 친구들의 작성글을 가져올 수 있도록 구현합니다.

이 내용을 구현하기 위해, 먼저 기존의 start() 함수의 이름을 start2()로 변경합니다. 그리고 새로운 start() 함수를 만든 후, 해당 함수에서 friendList.jsp를 호출하고 친구 아이디 리스트를 추출하는 작업을 수행합니다. 리스트 추출 작업이 완료된 후 start() 함수를 호출하여 feedGetGroup.jsp가 호출되도록 다음과 같이 구성합니다. 기존에 비해 수정된 부분은 음영 표시하였습니다.

MySNS2/main.html

```
...
var minNo = -1;
var feedList = [];
var frIds = null;
function start(uid) {
    frIds = '"' + uid + '"';
    AJAX.call("jsp/friendList.jsp", {id: uid}, function(data) {
        var list = JSON.parse(data.trim());
        for (var i=0; i<list.length; i++) {
            frIds += ', "' + list[i].id + '"';
        }
        start2(uid);
    });
}

function start2(uid) {
    var feeds = DataCache.get("mainCache");
    if (feeds != null) {
        console.log("[start] fetch the existing feed list from DataCache ...");
        console.log(feeds);

        feedList = feeds;
        show(feeds);
    }
    else {
```

```
56          AJAX.call("jsp/feedGetGroup.jsp", {frids: frIds}, function(data) {
57              var feeds = JSON.parse(data.trim());
58              console.log("[start] fetch a new feed list from the server ...");
59              console.log(feeds);
60
61              feedList = feeds;
62              DataCache.set("mainCache", feedList);
63              show(feeds);
64          });
65      }
66  }
... ...
```

34행 : 친구 아이디 리스트를 스트링 형태로 저장하기 위한 변수인 frIds를 선언합니다.

36행 : 먼저 start() 함수를 통해 로그인 아이디로 전달된 uid를 frIds에 추가합니다. 각각의 아이디는 큰 따옴표(")를 이용하여 스트링 형태로 표현되도록 구성합니다.

37행 : AJAX.call() 함수를 통해 friendList.jsp를 호출합니다. friendList.jsp로부터 반환된 친구 리스트 정보는 익명 함수의 파라미터인 data를 통해 전달됩니다.

38행 : JSON.parse() 함수를 이용하여 스트링 형식의 data를 JavaScript 객체의 배열 형식으로 변환한 후 list에 저장합니다. list의 각 요소는 아이디, 이름, 이미지 등의 사용자 정보를 객체 형식으로 포함하고 있습니다.

39~41행 : for문을 이용하여 list의 각 요소에 대한 반복문을 수행합니다. 40행에서 각각의 요소에 포함된 id 속성 값을 스트링 형식으로 frIds에 추가합니다. 각 요소 간의 구분을 위해 아이디 앞에 쉼표를 추가합니다.

42행 : frIds 구성이 완료되고 나면, start2() 함수를 호출합니다.

46행 : start2() 함수를 선언합니다. 기존의 start() 함수에 해당합니다.

56행 : feedGetGroup.jsp를 호출할 때 파라미터로 frIds를 추가합니다. 이를 통해 자신을 포함한 친구들의 글만 가져오도록 구성합니다.

마찬가지로 main.html의 getNext() 함수에서도 feedGetGroup.jsp 호출시 파라미터에 frIds가 추가되도록 다음과 같이 수정합니다.

```
... ...
function getNext() {
    if (minNo <= 1) {
        alert("더이상 작성글이 존재하지 않습니다.");
        return;
    }
    var params = {frids: frIds, limit: minNo};
    AJAX.call("jsp/feedGetGroup.jsp", params, function(data) {
        var feeds = JSON.parse(data.trim());
        feedList = feedList.concat(feeds);
        DataCache.set("mainCache", feedList);
        show(feeds);
    });
}
... ...
```

여기에서 설명한 FeedDAO.getList() 함수와 feedGetGroup.jsp 및 main.html을 MySNS2에 적용한 후 실행시켜 봅시다. 실행 결과 친구로 등록된 사용자들의 글만 나타납니다. 이 예제의 경우, 친구가 아닌 kwon@abc.com의 글은 메인 화면에서 보이지 않게 됩니다.

그림 19-13 친구글 보기 구현 수정 화면

찾아보기